V&R

Nach dem Boom

Herausgegeben von
Anselm Doering-Manteuffel und Lutz Raphael

Raphael Emanuel Dorn

Alle in Bewegung

Räumliche Mobilität in der Bundesrepublik Deutschland 1980–2010

Mit 25 Abbildungen und 2 Tabellen

Vandenhoeck & Ruprecht

Gedruckt mit Mitteln des Gottfried Wilhelm Leibniz-Programms
der Deutschen Forschungsgemeinschaft sowie mit freundlicher Unterstützung
der Geschwister Boehringer Ingelheim Stiftung für Geisteswissenschaften
in Ingelheim am Rhein.

Zugleich: Dissertation Universität Trier 2016.

Die in diesem Buch enthaltenen, vom Autor erstellten Abbildungen sind online abrufbar
unter: www.vandenhoeck-ruprecht-verlage.com/alle_in_bewegung.

Bibliografische Information der Deutschen Nationalbibliothek:
Die Deutsche Nationalbibliothek verzeichnet diese Publikation in
der Deutschen Nationalbibliografie; detaillierte bibliografische Daten
sind im Internet über http://dnb.de abrufbar.

Umschlagabbildung: BeneA / photocase.de

Satz: textformart, Göttingen | www.text-form-art.de
Druck und Bindung: ⊕ Hubert & Co BuchPartner, Göttingen
Printed in the EU

Vandenhoeck & Ruprecht Verlage | www.vandenhoeck-ruprecht-verlage.com

ISSN 2566-7238
ISBN 978-3-525-37060-5

Inhalt

I. Einleitung

1. Fragestellung und Forschungslandschaft

»Mobilität verkörpert [...] das Lebenselixier der Moderne und das Geschwür, das seinen Niedergang beschleunigt.«[1] So wie der Sozialgeograf Tim Cresswell charakterisieren viele Sozialtheoretiker sinngemäß die zeitgenössische Gesellschaft. Die Rede von der Mobilität ist allgegenwärtig. Heute scheint ein jeder stets in Bewegung zu sein. Zu Zeiten verstärkter Globalisierungstendenzen hätten Begleiterscheinungen wie Dezentralisierungsmaßnahmen oder Flexibilitätsanforderungen das Leben verändert, sodass viele Forscher einen sozialen Wandel diagnostizierten.[2] Hierbei forderte gerade die Flexibilitätsprämisse eines vom Menschen ein: Mobilität. Die dramatische Ausdrucksweise mancher Autoren lässt aufgrund des enormen Flexibilitätsdrucks sogar eine Steigerung hin zu einer ungebremsten Mobilität vermuten.[3] Dem Szenario des Forschers Günter Voß zufolge beugte sich der Mensch der jüngeren Vergangenheit einem enormen Mobilitätsdruck und wird »wieder zu einem [...] Nomaden, der als neuartiger Jäger und Sammler umherziehen muss«[4]. Die soziologischen Modernitätstheoretiker nahmen einen neuen Typus Mensch wahr: den Neonomaden. Im Einzelnen ist vom »Mobilitätspionier«[5], »Jobnomaden«[6], »Transmigrant[en]«[7], »Digi-

1 Die deutsche Übersetzung lautet im Original: »Mobility is [...] the lifeblood of modernity and the virus that threatens to hasten its downfall.« Cresswell (2006): On the Move, S. 20.

2 Neben Tim Cresswell sind insbesondere Zygmunt Bauman und John Urry zu nennen. So heißt es etwa bei Bauman: »Nowadays we are all on the move. [...] In the world we inhabit, distance does not seem to matter much.« Bauman (1998): Globalization, S. 77. Und Urry schreibt in einem Beitrag zusammen mit Mimi Sheller: »All the world seems to be on the move.« Sheller / Urry (2006): The New Mobilities, S. 207. Auch beim Geografen Tim Cresswell heißt es: »[M]obility is everywhere.« Cresswell (2006): On the Move, S. 1.

3 Vgl. hinsichtlich eines ähnlichen Verständnisses von Mobilität und Flexibilitätsdruck etwa Borscheid (2004): Das Tempo-Virus, S. 377; Castells (1999): Space Flow, S. 65; Cresswell (2006): On the Move, S. 222. Die Notwendigkeit gesteigerter Mobilitätsanforderungen fand in vielen Forschungsarbeiten keine Infragestellung. Nur einzelne Stimmen mahnten die sozialen Kosten einer ständigen Flexibilität und eines Mobilitätszwangs an. Prominent wies etwa Ulrich Beck in seiner Monografie *Risikogesellschaft* auf Problemlagen räumlicher Mobilität für das soziale Zusammenleben hin. Vgl. Beck (1986): Risikogesellschaft, S. 125. Auf Gefahren für das gesellschaftliche Gefüge verwies nachdrücklich auch Richard Sennett. Vgl. Sennett (1998): Corrosion of Character.

4 Voß (2010): Subjektivierung und Mobilisierung, S. 122.

5 Bonß / Kesselring / Weiß (2004): Society on Move, S. 262.

6 Englisch (2001): Jobnomaden.

7 Glick-Schiller / Basch / Blanc-Szanton (1992): Transnationalism, S. 1.

tal[en] Nomad[en]«[8] und »Drifter«[9] die Rede. Diesem neuen Bild vom Menschen entsprechend ist die Öffentlichkeit als Mobilitätsgesellschaft zu begreifen. Vertreter der skizzierten soziologischen Position stellen Mobilität für die Moderne als integralen, konstitutiven Bestandteil der gesellschaftlichen Ordnung heraus.[10] Viele Wissenschaftler verstanden räumliche Mobilität nachgerade als das »Schlüsselphänomen der Moderne«[11]. Entsprechend meinte Stephan Rammler zwischen Mobilität und Moderne eine Wahlverwandtschaft zu erkennen.[12] Mobilität wird als Signum der aktuellen Epoche gedeutet, die eine Entgrenzung und Verflüssigung von Strukturen bedinge.[13] Mit ihrem Verständnis von Mobilität als einem zentralen Phänomen des gesellschaftlichen Lebens proklamierten Soziologen wie John Urry seit Mitte der 1990er Jahre einen Mobility Turn in den Wissenschaften.[14] Da Mobilität als Totalphänomen Gültigkeit habe, seien alle sozialen Prozesse unter Berücksichtigung der Mobilitätsperspektive neu zu durchdenken.

Festzuhalten ist, dass nach dem allgemeinen Tenor jener Forschermeinung der erfolgte Strukturwandel des Arbeitsmarktes seit den 1970er Jahren räumliche Mobilität in bisher unbekanntem Ausmaße bedingte. Diese Sicht der Soziologen teilt auch der Zeithistoriker Anselm Doering-Manteuffel. Während des deutschen Nachkriegswirtschaftsbooms prägte ihm zufolge die Ortsgebundenheit der Arbeitskräfte an festen Unternehmensstandorten das allgemeine Bild, doch habe sich dies mit dem Niedergang etlicher Industriezweige wie dem Bergbau, Schiffbau sowie der Textil- und Bekleidungsindustrie geändert. »Die relativ statischen Strukturen des keynesianisch-fordistischen Modells wurden [im Laufe der 1980er, 1990er und 2000er Jahre] durch Mobilität auf vielen Ebenen regelrecht unterspült. [...] Die Arbeitskräfte mußten sich flexibel auf

8 Makimoto / Manners (1997): Digital Nomad.

9 Ohnmacht / Frei / Axhausen (2008): Mobilitätsbiografie und Netzwerkgeografie, S. 159. Er bezieht sich mit dieser Bezeichnung auf Richard Sennett.

10 Vgl. Hochstadt (1983): Migration in Preindustrial, S. 213; Schreiber (1975): Wanderungsursachen und Verhaltensmuster, S. 23; Bundesinstitut für Bau-, Stadt- und Raumforschung (2012): Raumordnungsbericht 2011, S. 74; Urry (2000): Sociology Beyond Societies; Schneider (2005): Einführung, S. 93.

11 Hesse / Scheiner (2007): Mobilität im Kontext, S. 138. Vgl. auch Urry (2000): Sociology Beyond Societies, S. 49; Schneider / Limmer / Ruckdeschel (2002): Berufsmobilität und Lebensform, S. 17; Voß (2010): Subjektivierung und Mobilisierung, S. 109.

12 Die vormoderne Gesellschaft stellt sich Rammler explizit statisch vor. Vgl. Rammler (2008): Wahlverwandtschaft of Modernity, S. 59–62. Ähnlich äußerten sich ebenso Wolfgang Bonß mit seinen Forscherkollegen, wenn sie davon sprechen, dass »Mobilität [...] ein Basisprozess der Moderne« sei. Bonß / Kesselring / Weiß (2004): Society on Move, S. 258.

13 Vgl. Urry (2006): Globale Komplexitäten, S. 87.

14 Im Zusammenhang mit einem vermeintlichen *Mobility Turn* stehen besonders folgende Veröffentlichungen: Vgl. Urry (2007): Mobilities; Cresswell (2006): On the Move; Canzler / Kaufmann / Kesselring (2008): Tracing Mobilities; Grieco / Urry (2011): Mobilities.

geographisch verstreute Standorte einstellen und zum Wechsel zwischen ihnen bereit sein.«[15]

An diese Beschreibung knüpft die Fragestellung der vorliegenden Arbeit an. Ist die Bedeutung räumlicher Mobilität in den letzten Jahrzehnten in Deutschland tatsächlich deutlich angestiegen, sodass hinsichtlich des Ausmaßes von Wanderungen und der Alltagspräsenz beruflichen Pendelns in jüngerer Vergangenheit ein Umbruch ersichtlich wird? Bleibt die jüngere Entwicklung beispiellos oder lassen sich historische Vorläufer ausmachen, denen zufolge das räumliche Mobilitätsverhalten der letzten Jahrzehnte in einer zeitlichen Kontinuität zu früheren gesellschaftlichen Erfahrungen steht? Hierzu möchte diese Abhandlung eine Antwort geben.

Die Arbeit ist als zeithistorische Studie zu verstehen, die demnach die Vorgeschichte der Gegenwart behandelt. Eine derartige Untersuchung muss nicht bei der Betrachtung von Entwicklungen der Nachkriegsjahrzehnte stehen bleiben, sondern kann auch die Jahrzehnte nach dem Boom, also nach Mitte der 1970er Jahre erforschen.[16] Entscheidend ist es, dass die aufgeworfenen Mobilitätsfragen, welche auch Gegenwartsbezüge tangieren, in einen historischen Rahmen eingebettet werden. Die mittelbare Bezugnahme auf die Phase nach dem Boom würden die 1970er Jahre als angemessenen Startpunkt des Untersuchungszeitraums nahelegen. Dies erlaubt indes die gewählte Quellenbasis nur in Maßen. Speziell mit der Konzentration auf den Datenbestand des Sozio-oekonomischen Panels ist ein zeitlich späterer Betrachtungsschwerpunkt vorgezeichnet. Entsprechend ist der Untersuchungsbeginn Anfang der 1980er Jahre zu verorten. Zwar thematisiert die Arbeit ebenso zeitlich frühere Erfahrungen, jedoch geschieht dies in der Ausarbeitung nur punktuell, sodass dies am Beginn des Kernuntersuchungszeitraums nichts ändert. Der Blick richtet sich vielmehr auf vermeintliche Beschleunigungsphasen innerhalb der Phase nach dem Boom. Das Ende der 2000er Jahre – und damit die Zeit der Finanz- und Eurokrise – beschließt den Untersuchungszeitraum. Der angeführte Endzeitpunkt scheint sinnvoll, da ein Mindestmaß an historischem Abstand zu wahren ist, ohne den die Konturen zwischen Gegenwart und Vergangenheit verschwimmen. Die hier vorliegende Arbeit will – ausgehend von Gegenwartsfragen und Zeitdiagnosen – längere Zeitreihen in den Blick nehmen, um Rhythmus und Richtungswechsel von

15 Doering-Manteuffel (2007): Nach dem Boom, S. 575. Vgl. auch ebd., S. 573 f.; ähnlich ebenso in Doering-Manteuffel/Raphael (2011): Epochenbruch in 1970er, S. 38. Diese Zeitdiagnose harmoniert mit dem Narrativ des flexiblen Menschen. Danach prägten steigende Flexibilisierungs- und Mobilitätszwänge die Gesellschaftsentwicklung. Vgl. insbesondere Sennett (2006): Der flexible Mensch.

16 Vgl. Erker (1993): Zeitgeschichte als Sozialgeschichte, S. 202 f.; Hockerts (1993): Zeitgeschichte in Deutschland, S. 124; Doering-Manteuffel/Raphael (2012): Nach dem Boom, S. 25 f.; Jarausch (2008): Verkannter Strukturwandel, S. 9. Siehe auch weiterführend zur Zeit *nach dem Boom*, also der Phase nach dem Ende des Wirtschaftsbooms der Nachkriegsjahrzehnte Doering-Manteuffel/Raphael (2012): Nach dem Boom; Reitmayer/Schlemmer (2014): Anfänge der Gegenwart.

Veränderungen präziser zu erfassen. Bezogen auf die letzten drei Jahrzehnte ist die Betrachtung räumlicher Mobilitätsfragen im Fach der Geschichte ein bisher wenig behandelter Aspekt.[17] Doch gerade weil Mobilität in Gegenwartsdiagnosen eine zentrale Rolle spielt, kommt die vorliegende Studie einem bisherigen Forschungsdesiderat nach. Eine derartige Untersuchung ist auch mit Blick auf die Nachbardisziplinen essentiell, da nur bedingt auf umfassende Analysen aus den benachbarten Geisteswissenschaften, allen voran der Soziologie, Ethnologie und Humangeografie, zurückgegriffen werden kann. Die genannten Fachdisziplinen beschäftigen sich zwar zuweilen ausgiebig mit räumlicher Mobilität, jedoch bieten diese Studien lediglich lückenhafte Befunde für den Zeitraum nach dem Boom. Vielmehr erweist es sich an den – vornehmlich soziologischen – Zeitdiagnosen als problematisch, dass sie die Gegenwart absolut setzten und ihnen die historische Tiefe fehlt.

Bevor wichtige Facetten des Forschungsstandes zu räumlichen Mobilitätsprozessen erörtert werden, ist zunächst der Begriff des Mobility Turns im allgemeinen wissenschaftlichen Sprachgebrauch einzuordnen. In den Geisteswissenschaften versteht man unter einem Turn eine methodische Neuausrichtung, welche dazu dient, mittels einer neuen Perspektive soziale Phänomene differenzierter zu betrachten, und dadurch einen entscheidenden wissenschaftlichen Mehrwert generiert. Das Mobilitätsparadigma war nicht die einzige proklamierte methodische Neuorientierung in den letzten Jahrzehnten. Am prominentesten und tonangebendsten dürften die linguistische, kulturelle, ikonische und räumliche Wende gewesen sein.[18] Doch es war in der Wissenschaft ebenso vom Interpretative Turn, Performative Turn, Reflexive Turn, Postcolonial Turn, Translational Turn, Digital Turn, Mnemonic Turn, Biographical Turn, Praxeological Turn, Body Turn, Material Turn, Sensory Turn, Ethical Turn oder

17 Dies trifft auch auf den Teilbereich der räumlichen Binnenmobilität zu. Der Sozialhistoriker Josef Ehmer moniert, dass bisher eine Erklärung für eine niedrige geografische Mobilität in der zweiten Hälfte des 20. Jahrhunderts fehle. Vgl. hierzu Ehmer (2013): Bevölkerungsgeschichte und Demographie, S. 22, 84 f.

18 In der deutschen Geschichtswissenschaft wird eine vermeintliche räumliche Wende – zumeist als *Spatial Turn* bezeichnet – im Besonderen mit dem Wissenschaftler Karl Schlögel und seinem essayistischen Buch *Im Raume lesen wir die Zeit* in Zusammenhang gebracht. Darin verdeutlicht Schlögel die Ortsgebundenheit vergangenen Handelns und möchte dadurch für die große Relevanz räumlicher Zusammenhänge sensibilisieren. Dass historische Abläufe generell neben einer zeitlichen Komponente gleichfalls von einer räumlichen Dimension durchdrungen sind, darauf hatten bereits zuvor Forscher direkt oder indirekt verwiesen. Diesbezüglich könnte man etwa die vermehrte Hinwendung auf kleine Raumeinheiten in der Sozial- und Wirtschaftsgeschichte sowie in der Alltagsgeschichte seit den 1970er Jahren anführen. Explizit sprach auch Jürgen Osterhammel im Zusammenhang einer geopolitischen Geschichtsbetrachtung von der Wiederkehr des Raumes. Vgl. Schlögel (2003): Im Raume lesen, S. 9, 68; Osterhammel (1998): Wiederkehr des Raumes. Die Historiker Christof Dipper und Lutz Raphael stellten indes im Jahr 2011 fest, dass sich in der deutschen Geschichtswissenschaft keine grundlegende Raumwende vollzogen habe. Vgl. Dipper / Raphael (2011): Raum in Geschichte, S. 28.

Realistic Turn die Rede.[19] Eine derartige Inflation vermeintlicher Wenden in der Forschung wirkt grotesk. Damit verbundene inhaltliche Aussagen drohen durch die beständige Verkündung von grundsätzlich Neuartigem entwertet und als bloße Modeerscheinung wahrgenommen zu werden. Dem Mobility Turn ist zugutezuhalten, dass er für eine größere Beachtung von realen Bewegungsprozessen im Raum als auch deren Verwendung im metaphorischen Sinne sensibilisiert. Denn in der Tat stellten räumliche Bewegungen einen in der Forschung unterbelichteten Faktor dar. Ob deswegen eine neuerliche, vermeintlich stärkere Fokussierung auf Mobilitätsabläufe als Wende zu bezeichnen ist, sei dahingestellt. Die Beachtung von Bewegungen im Raum bedeutete in jedem Fall in den Geisteswissenschaften keine Neuheit.[20]

Gemeinhin dominierten Migrationsthemen die Mobilitätsforschung. In der sehr umfangreichen geisteswissenschaftlichen Literatur zu diesem Spezialgebiet zeigten sich im Laufe der Zeit inhaltliche und methodische Verschiebungen. Zum Ende des 19. und Anfang des 20. Jahrhunderts überwog eine nationalökonomische und politisch-publizistische Perspektive – vornehmlich auf Ein- und Auswanderungsverläufe zwischen Nationalstaaten. Hierbei richtete sich das Augenmerk insbesondere auf die Abwanderung in die Vereinigten Staaten von Amerika.[21] Im Laufe des 20. Jahrhunderts widmeten sich zusehends auch Soziologen, Geografen und Historiker dem Themenfeld. Die Mobilitätsforschung der Nachkriegszeit war von soziologischen und geografischen Studien geprägt. Letztere wandten sich zusehends kleinteiligerem und alltäglichem Mobilitätsgeschehen wie dem Phänomen des Berufspendlers zu.[22] Die historische Mobilitätsforschung machte erst in den 1970er Jahren wieder verstärkt auf sich aufmerksam. Das Wirken von Hartmut Kaelble, der sich vor allem auf soziale

19 Vgl. Riedl (2011): Mode oder Methode, S. 29 f.; Conrad (2006): Dynamik der Wenden, S. 151; Bavaj (2006): Spatial Turn, S. 457; Kümin / Usborne (2013): Home and Workplace, S. 306.

20 Bereits Georg Simmel als einer der Wegbereiter der deutschen Soziologie befasste sich in Abhandlungen ausgiebig mit der *Soziologie des Raumes*. Vgl. Simmel (1903): Soziologie des Raumes.

21 Vgl. etwa Mönckmeier (1912): Deutsche überseeische Auswanderung; Philippovich (1892): Auswanderung und Auswanderungspolitik. In den 1970ern lebte ein verstärktes Forschungsinteresse zur Überseewanderung nach Amerika noch einmal auf. Siehe Marschalck (1973): Deutsche Überseewanderung; Moltmann (1976): Deutsche Amerikaauswanderung.

22 Eine verbesserte statistische Datenlage begünstigte eine zunehmende Betrachtung des Arbeitsweges. Vgl. etwa Geipel (1954): Die Pendelwanderung; Nellner (1956): Pendelwanderung in Deutschland. In den späten 1960ern und 1970ern erlebte die Pendlerforschung im Kontext der Regional- und Raumordnungspolitik einen erneuten Aufschwung. Jene Wissenschaftler behandelten das Pendlerproblem vornehmlich als Verkehrsproblem. Vgl. etwa Uthoff (1967): Pendelverkehr um Hildesheim; Stöckmann (1971): Wohnort- und Arbeitsplatzmobilität; Neuloh / Bieg (1973): Raumordnung und Pendlerfrage. In noch stärkerem Maße traf selbiges für die Wanderungsforschung zu. Vgl. etwa Wieting / Hübschle (1968): Struktur und Motive; Schwarz (1969): Analyse der Bevölkerungsbewegung; Albrecht (1972): Soziologie der Mobilität; Mackensen / Vanberg / Krämer (1975): Probleme regionaler Mobilität; Genosko (1978): Ursachen und Auswirkungen.

Prozesse konzentrierte, und die Arbeiten von Wolfgang Köllmann, der einen räumlichen Fokus einnahm, belebten diesen Forschungszweig im Besonderen wieder.[23] Bezüglich räumlicher Mobilität nahm die Geschichtsforschung seinerzeit vor allem Bewegungen in der vor- und hochindustriellen Zeit sowie Stadt-Land-Wanderungen in den Blick. Als einer der ersten deutschen Historiker griff Wolfgang Köllmann das Binnenwanderungsthema wissenschaftlich auf und erkannte einen ursächlichen Zusammenhang zwischen Mobilitätsgeschehen, Urbanisierung und Industrialisierungsprozess, wobei er sich auf den nicht unumstrittenen Ethnologen und Sozialwissenschaftler Wilhelm Brepohl bezog.[24] Hinsichtlich Umfang und Strukturen der deutschen Binnenwanderung knüpften Forscher wie Dieter Langewiesche und Steve Hochstadt an die Arbeiten von Wolfgang Köllmann an.[25] Zu Fragen transnationaler Migrationsströme tat sich namentlich Klaus Bade hervor, aktuelle politische Themen in der Forschung aufzugreifen, um damit einen Dialog zwischen Wissenschaft und Öffentlichkeit zu befördern. In diesem Zusammenhang ist auch seine Diagnose eines gewandelten Deutschlands zu sehen, welches sich von einem Auswanderungs- zu einem Einwanderungsland entwickelt hatte. Mit seinem Entwurf einer sozialhistorischen Migrationsforschung und seinem dadurch artikulierten Verständnis von Migration als sozialem, multikausalem Prozess fungierte Bade als wichtiger Impulsgeber.[26]

Deutete sich bereits in den 1980er Jahren erneut eine Hinwendung zu Raum- und Mobilitätsfragen an, wie es beispielsweise durch den Trierer Historikertag des Jahres 1986 mit dem Titel *Räume der Geschichte – Geschichte des Raums* bezeugt ist,[27] erfreuten sich seit den 1990ern Fragestellungen im Umfeld transnationaler Wanderungsbewegungen eines großen Forscherinteresses. Dies betraf in besonderem Maße zunächst die Vertriebenenforschung.[28] Doch alsbald

23 Vgl. zu Ersterem Kaelble (1978): Historische Mobilitätsforschung; Kaelble (1983): Mobilität und Chancengleichheit. Siehe zu Wolfgang Köllmann auch die folgende Fußnote dieses Kapitels.

24 Brepohls Haltung und Forschungstätigkeiten im Dritten Reich erscheinen problematisch. Vgl. Brepohl (1936): Deutscher Geist; Brepohl (1948): Aufbau des Ruhrvolkes; Köllmann (1958): Binnenwanderung und Bevölkerungsstrukturen; Köllmann (1974): Bevölkerung in Revolution.

25 Vgl. Langewiesche (1977): Wanderungsbewegungen in Hochindustrialisierungsperiode; Matzerath (1985): Urbanisierung in Preußen; Hochstadt (1999): Mobility and Modernity.

26 Vgl. Bade (1983): Vom Auswanderungsland; Bade (1988): Sozialhistorische Migrationsforschung. Hinsichtlich der historischen Migrationsforschung tat sich zudem der Stuttgarter Arbeitskreis *Historische Migrationsforschung* hervor, der seit 1991 eine entsprechende Buchreihe herausgibt, in der zuletzt im Jahr 2011 der achte Band erschien. Vgl. beispielsweise Gestrich / Kleinschmidt / Sonnabend (1991): Historische Wanderungsbewegungen; Bahlcke / Leng / Scholz (2011): Soziale Herausforderung.

27 Vgl. Meier (1988): Eröffnungsansprache, S. 18.

28 Vgl. etwa Messerschmidt (1994): Aufnahme und Integration; Schraut (1995): Flüchtlingsaufnahme in Württemberg-Baden; Schwartz (2004): Vertriebene und Umsiedlerpolitik; Seils (2012): Fremde Hälfte.

wurde auch der historischen Arbeitsmigration eine große Aufmerksamkeit entgegengebracht. Hierbei konzentrierten sich viele als Mikrostudien konzipierte Untersuchungen auf einzelne Immigrantengruppen und zeigten auf, welche typischen Migrationsmuster sich herausbildeten, welchen Einfluss soziale Netzwerke auf Migrationsentscheidungen ausübten und inwieweit Integrationsprozessen Erfolg beschieden war.[29]

Die Ausführungen zu historischen Studien und Forschungstraditionen, die Mobilitätsfragen zumindest streiften, sollen nicht suggerieren, dass räumliche Bewegung in der Geschichte als ein Standardthema hervortrat. Doch erscheint es gleichfalls verfehlt, der Geschichtsforschung vergangener Jahrzehnte eine gänzliche Raumvergessenheit zu unterstellen, wie der deutsche Historiker Riccardo Bavaj urteilte.[30] In Bezug auf die jüngere Vergangenheit mangelt es allerdings an einer historischen Betrachtung innerdeutscher räumlicher Mobilitätsprozesse. Nur wenn neben transnationaler Migration auch Bewegungen innerhalb der Nationalstaaten in den Blick genommen werden, ist ein angemessenes Verständnis von räumlicher Mobilität seit den 1970er Jahren möglich. Diesem Forschungsfeld widmet sich die hier vorliegende Arbeit.[31] Neben der zeithistorischen Verpflichtung ist die verfasste Abhandlung an der Schnittstelle von Sozialgeschichte und historischer Mobilitätsforschung angesiedelt. Räumliche Mobilität hat in der Geschichtswissenschaft allgemein nicht den Stellenwert, der ihr bisweilen in den Sozial- und Wirtschaftswissenschaften beigemessen wird. Demgemäß überschreitet der Autor für einen breiteren Erkenntnisgewinn Fachgrenzen. So erweist sich ergänzend zur historischen Fachlektüre eine Recherche in den Disziplinen der Soziologie, Ökonomie und Humangeografie als dienlich.[32] Damit folgt die Arbeit einer Vorgehensweise, die bereits Fernand Braudel nahelegte.

29 Vgl. etwa Pleinen (2012): Migrationsregime Belgiens; Mattes (2005): Gastarbeiterinnen in Bundesrepublik; Hunn (2005): Nächstes Jahr zurück; Haug (2000): Soziales Kapital; Motte/Ohliger/Oswald (1999): 50 Jahre Bundesrepublik. Siehe als Überblicksdarstellung insbesondere Herbert (2001): Geschichte der Ausländerpolitik.

30 Vgl. Bavaj (2006): Spatial Turn, S. 457. In ähnlicher Weise lastete Katharina Manderscheid der soziologischen Forschung eine weitgehende Raumblindheit an. Vgl. Manderscheid (2013): Mobilität als Aushandlung, S. 53.

31 Damit folgt die Studie einer Auffassung des Wiener Sozial- und Wirtschaftshistorikers Josef Ehmer, der monierte, dass den Binnenbewegungen zu wenig Aufmerksamkeit gewidmet wird. Vgl. Ehmer (2013): Bevölkerungsgeschichte und Demographie, S. 19, 26.

32 Auch in den angeführten Fachgebieten wurden soziale Auswirkungen räumlicher Mobilität meist nur marginal erörtert. Etwas mehr findet dies in folgenden Arbeiten Berücksichtigung. Vgl. etwa Hackl (1992): Pendler; Ott/Gerlinger (1992): Die Pendlergesellschaft; Pfaffenbach (2002): Transformation des Handelns. Eine positive Ausnahme scheint auf den ersten Blick die Kooperationsstudie *Berufsmobilität und Lebensform* – an den soziologischen Instituten der Universitäten Bamberg und Mainz ausgearbeitet sowie finanziell durch die Familienministerien des Bundes und des Freistaats Bayern gefördert – darzustellen, welche den Auswirkungen von Mobilität auf Familie und Partnerschaft einen zentralen Stellenwert beizumessen verspricht. Eine Datengenerierung mittels einer nicht repräsentativen Telefonbefragung erlaubt allerdings nur bedingt verallgemeinernde Aussagen. Zudem bedeutet der querschnittliche Ansatz eine Moment-

Jener französische Historiker meinte in einem Aufsatz aus dem Jahr 1960, dass es für jede Geisteswissenschaft und somit auch für die Geschichtswissenschaft legitim sei, andere Fachdisziplinen als Hilfswissenschaften zu begreifen.[33] Sehr wohl setzen andere Fächer andere fachspezifische Schwerpunkte und somit ist ihnen nicht stets ein ganzheitlicher Blick zu eigen. Dies gilt es zu berücksichtigen.

Als theoretisches Ausgangsmodell stützen sich in der fächerübergreifenden Überschau sehr viele Erörterungen auf makroökonomische Erklärungsmuster. Das Gravitationsmodell und das Push-Pull-Modell – diese knüpfen an Ravensteins Überlegungen zu Regelmäßigkeiten im Wanderungsgeschehen an, die jener Ende des 19. Jahrhunderts aufgestellt hatte – stellen makroökonomische Ansätze dar, die Mobilität als Reaktion auf äußere Zwänge interpretieren. Mobilitätsbewegungen bewirken demgemäß einen Ausgleich zwischen räumlichen Ungleichheiten hinsichtlich Lohnunterschieden oder Differenzen in der Arbeitsnachfrage. Diese Vorstellung war und ist besonders in den Wirtschafts- und Sozialwissenschaften weit verbreitet.[34] Auch unter Sozialhistorikern lag ein derartiger Ansatz in den 1970ern im Trend. Wolfgang Köllmann etwa argumentierte – ausgehend von einem ökonomischen Grundmodell –, dass Überbevölkerung als zentrale Triebfeder von Wanderungen im Allgemeinen und im 19. Jahrhundert im Speziellen fungierte. Diese Annahme wird jedoch in der neueren Forschung von Historikern wie Josef Ehmer als realitätsfern kritisiert und entschieden zurückgewiesen.[35]

Problematisch an einem solch gesamtwirtschaftlichen Blickwinkel ist, dass er jegliches Handeln aus der Warte einer ökonomischen Nutzenmaximierung ableitet und damit implizit die Bedeutung nicht-ökonomischer Faktoren negiert. Der Mensch handle demnach einzig nach rationalem Kalkül. In der Theorie entfalten simple Rational-Choice-Logiken zwar eine gewisse Klarheit, allerdings

aufnahme, der es verwehrt, einen eventuellen Wandel im Laufe der Zeit zu beobachten. Vgl. Schneider / Limmer / Ruckdeschel (2002): Berufsmobilität und Lebensform.

33 Vgl. Braudel (1992): Demographie und Dimensionen, S. 183. In gleicher Weise sah Pierre Bourdieu starre Fächergrenzen zwischen den Geisteswissenschaften als künstlich an. Vgl. Bourdieu / Raphael (1996): Über die Beziehungen, S. 63.

34 Ernest Ravenstein machte die Entfernung, Stadt-Land-Differenzen und wirtschaftliche Anreize als zentrale Faktoren aus. Zudem richtete er sein Augenmerk auf Ströme und Gegenströme. Vgl. Ravenstein (1885): Laws of Migration, S. 198 f. Bezüglich des Push-Pull-Ansatzes ist der Beitrag von Everett Lee hervorzuheben. Vgl. Lee (1966): Theory of Migration, S. 49 f. Vgl. weitergehend zu Veröffentlichungen, die auf den Push-Pull-Ansatz oft in Kombination mit Regressionsmodellen setzten, etwa Mincer (1978): Family Migration Decisions; Franz (1984): Soziologie der Mobilität; Alecke / Untiedt (2000): Determinanten der Binnenwanderung; Mai (2004): Abwanderung aus Ostdeutschland.

35 Vgl. Köllmann (1976): Versuch des Entwurfs, S. 263; Ehmer (1998): Migration und Bevölkerung, S. 9, 15. Auch darüber hinaus hat sich der Wiener Sozialhistoriker Josef Ehmer in Mobilitätsfragen besonders mit Blick auf das 19. Jahrhundert verdient gemacht. Beispielsweise arbeitete er heraus, dass die Forschung das Ausmaß der Gesellenwanderung bisher unterschätzte. Vgl. Ehmer (1987): Herkunft der Handwerker; Ehmer (2003): Frühindustrielle Arbeitsmigration.

überlagerte die Dominanz einer ökonomischen und beschäftigungsorientierten Sichtweise in vielen Forschungsarbeiten kulturelle, soziale und politische Entwicklungen, womit diese Arbeiten komplexen gesellschaftlichen Zusammenhängen und Trends nicht gerecht wurden. Die Annahme eines individuellen Kosten-Nutzen-Kalküls entsprach in Mobilitätsfragen nur begrenzt den Lebenswirklichkeiten.[36] Für gewöhnlich vermag eine Konzentration auf eine einzelne Ursache Wanderungsbewegungen nicht zu erklären. Vielmehr entspringt (freiwilliges) Mobilitätsverhalten einem Geflecht sozioökonomischer Motive, allgemeiner Rahmenbedingungen und persönlicher Vorstellungen sowie Vorerfahrungen; es ist als eine Reaktion auf am gegebenen Standort als nicht erreichbar eingestufte Bedürfnisse aufzufassen, die nicht selten im Zusammenhang mit Lebensereignissen steht. Ein lebenslaufbezogener Mobilitätsansatz erscheint – bei Berücksichtigung räumlich-zeitlicher Eigenheiten – eher einen allgemeingültigen Anspruch zur theoretischen Erklärung des Wanderungsverhaltens zu bieten oder zumindest soziale Regelmäßigkeiten aufzeigen zu können.[37] Denn auch die Überlegungen des Einzelnen, die zu einer Migration führen, erfolgten im Wissen über die eigene jeweilige Lebenssituation, die es stets im jeweiligen zeitgenössischen Kontext zu betrachten gilt.[38] Entsprechend können Menschen in ähnlichen Lebenslagen und konfrontiert mit vergleichbaren Rahmenbedingungen unterschiedliche Mobilitätsentscheidungen treffen – zumal ein Entschluss oftmals im familiären Haushaltskontext zu sehen ist.[39] Migrationsprozesse basieren auf individuellen sozialräumlichen Zuschreibungen, die alte

36 Objektivistische regionalökonomische Deutungen – gleichwohl sie statistischen Verfahren zufolge logisch erscheinen mögen – greifen zu kurz. Als Beispiel für eine handlungstheoretische Unterkomplexität und realitätsferne Makrotheoriehörigkeit seien die Ausführungen eines Sozialempirikers in der *Zeitschrift für Soziologie* vorgebracht, der den Ablauf von Mobilitätsentscheidungen folgenderweise erklärt: »Durch die Reduzierung der Wohn- oder Pendelkosten entsteht ein Migrationsgewinn, der mit den anfallenden Migrationskosten bei einem Wohnortwechsel verglichen wird. Ist der Migrationsgewinn größer als die Migrationskosten, wird ein Umzug wahrscheinlich. Andernfalls entscheidet sich der Akteur zum Pendeln vom gegenwärtigen Wohnort zum Arbeitsort und gegen einen Wohnortwechsel.« Pfaff (2012): Pendeln oder umziehen, S. 461

37 Vgl. zum Lebenszykluskonzept Kemper (1985): Bedeutung des Lebenszyklus-Konzeptes, S. 180; Wagner (1990): Wanderungen im Lebensverlauf, S. 226; Flöthmann (1997): Der biographische Ansatz, S. 29, 41. Stephan Beetz verweist indes mit Recht darauf, dass die verminderte Vorhersagbarkeit eines Normallebensverlaufs ebenso phasenspezifische Verschiebungen der Mobilitätsmuster zeitigte. Vgl. Beetz (2004): Dörfer in Bewegung, S. 143.

38 Hingegen konnte die soziologische Forschung um die Jahrtausendwende dem Lebensstil keinen ursächlichen Zusammenhang zum Umzugsverhalten nachweisen. Vgl. Scheiner (2006): Erklärungsmodelle der Wohnmobilität, S. 60, 122.

39 Die in der Forschung häufig vorgenommene Vereinfachung der Festsetzung eines Haushaltsvorstandes als Entscheidungsinstanz ist fragwürdig. Die Betrachtung rationalen Handelns im Haushaltskontext ist allerdings nicht ohne Weiteres mit gängigen statistischen Verfahren wie Regressionsanalysen kompatibel. Dies mag ein Grund der wirklichkeitsverzerrenden Einschränkung darstellen.

und neue Orte erfahren. Die äußeren Rahmenbedingungen gehen nur indirekt – und wenn als relevant wahrgenommen – in den individuellen Entscheidungsprozess mit ein. Räumliche Mobilität stellt dementsprechend lediglich eine unter verschiedenen möglichen Strategien dar, die in der Realisierung überdies einem vermuteten Ereignis in der Familien- und Erwerbsbiografie vorgreifen kann. Neben Aspekten der aktuellen Lebenssituation, des sozialen Netzwerks und einer sozialräumlichen Verbundenheit spielen ebenso das Vorhandensein von Verwandten und Bekannten am potenziellen Zielort oder dessen Image in Wanderungsüberlegungen eine Rolle.[40]

Allgemein ist also eine rationale Standortwahl auf Basis einer Kostenoptimierungslogik empirisch nicht haltbar.[41] Vielmehr sind für das Verständnis des Mobilitätsgeschehens handlungstheoretische Vorstellungen, emotional-motivationale Beweggründe, die Auseinandersetzung mit eigenen und fremden Erwartungshaltungen, mit verinnerlichten und äußeren Normen und Wertesystemen von zentraler Bedeutung.[42] Es gilt demzufolge, zeitgenössische Deutungen sowohl der Geschichtswissenschaft als auch fremder Fachgebiete zu hinterfragen. Eine erhöhte Wachsamkeit erscheint insbesondere bei einfachen, linearen Trendbeschreibungen ratsam.[43]

40 Soziale Beziehungen können sich auf das Mobilitätsverhalten nicht nur hemmend auswirken, sondern bei Wanderungsbewegungen genauso als wichtige Ressourcen behilflich sein – etwa, indem sie Arbeitsplätze vermitteln, bei Unterkunftsfragen unterstützen und über weitergehende Informationen zum fremden Ort verfügen.

41 So ließe sich etwa das Absinken der Binnenmigrationsrate in den 1970er und 1980er Jahren mit den makroökonomischen Modellen nicht erklären. Auch das Pendlerparadox einer nachlassenden Lebenszufriedenheit bei steigenden Pendelentfernungen entzieht sich einer makroökonomischen Erklärung. Dass Wanderung nicht als rein arbeitsmarktinduzierter Prozess zu verstehen ist, zeigt sich ebenfalls in der Ost-West-Wanderung in den 1990ern, als das wirtschaftsstarke Baden-Württemberg relativ gesehen niedrige Zuzugszahlen aufwies.

42 Die in den letzten Jahrzehnten zumindest in den Geisteswissenschaften stärker zu beobachtende Hinwendung zu handlungsorientierten, mikrosozialen und mikrohistorischen Zugängen trug diesem Umstand Rechnung, dass es sich bei Mobilitätsprozessen um vielschichtige Vorgänge handelt, die einfache, verallgemeinernde Mobilitätstheorien nicht angemessen erklären können.

43 Bei vielen neueren Großtheorien scheint es ein problematisches Charakteristikum zu sein, dass diese für eine Umsetzung zu restriktive Vorannahmen und Voraussetzungen bedingen. In theoretischen Eigenlogiken verliert sich auch die Veröffentlichung von Natascha Nisic, in der sie die Möglichkeiten von Partnerschaftstrennungen im Zuge von Umzügen ausschließt, um ihr theoretisches Konzept nicht zu verzerren. Vgl. Nisic (2010): Mitgegangen mitgefangen, S. 523 f., 530.

2. Methodische Zugänge

»Die *eine* gute Methode gibt es nicht.«[44] Dieser Feststellung des französischen Historikers Fernand Braudel ist auch im hiesigen Fall beizupflichten. Ein einzelnes, einseitiges Theoriemodell kann nur bedingt plausible Erklärungen zum Phänomen räumlicher Mobilität liefern. Vielmehr eröffnet ein pluraler Zugang, das Zusammenspiel verschiedener Ansätze die Möglichkeit, ein vertieftes Verständnis zu erreichen.[45]

Als wichtige Inspirationsquelle dienten dieser Arbeit die Gedanken des Ethnologen Marcel Mauss zu Totalphänomenen. *Total* meint eine wechselseitige Verflechtung unterschiedlicher Dimensionen. Entsprechend hielt Marcel Mauss eine utilitaristische Logik nicht für angebracht, da dies eindimensionale Erklärungen stützt.[46] Ein ähnliches Verständnis zu Mobilitätsphänomenen liegt auch dieser Studie zu Grunde. Daher wird Mobilität aus verschiedenen Perspektiven in den Blick genommen. Erst die Beachtung vieler Facetten ermöglicht ein Verständnis vom Ganzen, von der Totalität eines Phänomens. In einer ganzheitlichen Betrachtung konkreter Phänomene zeigen sich soziale Tatbestände und somit konkretes menschliches Verhalten. Für Mauss ist eine Hinwendung zum Subjekt, zur menschlichen Wirklichkeit kennzeichnend.[47] Der Sozialtheoretiker Stephan Moebius merkte an, dass es in der Forschungspraxis schwer zu realisieren sei, eine gesamte Totalität und Komplexität zu erfassen. Entsprechend versteht auch der Verfasser dieser Untersuchung die Ideen von Mauss vielmehr als leitenden Horizont.[48]

Des Weiteren zeichnet die vorliegende Arbeit eine intensive Nutzung elektronischer Datenverarbeitung aus.[49] Dies ist in der Geschichtswissenschaft im Allgemeinen unüblich, obgleich die historische Fachdisziplin Vorteile und gängige Vorurteile rechnerintensiver Methoden bereits seit fünf Jahrzehnten thematisiert, wie ein Aufsatz aus dem Jahr 1968 belegt.[50] Eine kurzzeitige Hochphase erlebten quantitative Verfahren Ende der 1970er Jahre und teilweise noch

44 Braudel / Spooner (1993): Preise in Europa, S. 15.

45 Darauf verwiesen einzelne Historiker wiederholt. Vgl. Vierhaus (1995): Rekonstruktion historischer Lebenswelten, S. 12; Bade (2002): Historische Migrationsforschung, S. 63; Raphael (2009): Jenseits von Strukturwandel, S. 114.

46 Vgl. Mauss (1975): Die Gabe, S. 12, 130, 139.

47 Vgl. Adloff (2007): Marcel Mauss, S. 234, 236 f.; Hillebrandt (2012): Totale soziale Tatschen, S. 256 f.

48 Vgl. Moebius (2006): Marcel Mauss, S. 102 f.

49 Für die Kulturgeschichte war die Hinwendung zum Subjekt weitgehend gleichbedeutend mit der Abwendung von der Statistik. Entsprechend verlor der quantitative Ansatz gerade seit den 1980ern massiv an Bedeutung. Der Verfasser der vorliegenden Arbeit sieht dies indes nicht als unvereinbar an. Gerade in der Kombination von qualitativem und quantitativem Zugang liegt ein großes Potenzial.

50 Vgl. Lückerath (1968): Elektronische Datenverarbeitung, S. 265.

in den 1980er Jahren,[51] doch kam ebenjener methodischen Ausrichtung für die Geschichtswissenschaft als solches eine sehr untergeordnete Bedeutung zu. Dies hat sich auch zu Beginn des neuen Jahrtausends nicht geändert.[52]

Hinsichtlich der konkreten Analyse von Mobilitätsvorgängen ist ein Rückgriff auf statistisches Material – und ein damit implizierter EDV-Einsatz – unentbehrlich. Für eine methodische Vorgehensweise mangelt es indes an historischen Arbeiten, die als Vorlage dienen können. Zugleich ist bei einem Blick auf statistische Methoden in anderen Fachdisziplinen Vorsicht geboten.[53] So erfreuen sich in ökonomischen und soziologischen Fächern insbesondere Regressionsanalysen großer Beliebtheit, deren Logik allerdings nur bedingt dem historischen Verständnis menschlichen Handelns entspricht. Eine derartige Variablenlogik geht mit vielen, bisweilen widersprüchlichen Vorannahmen einher, die es schwerlich vermag, die Wirklichkeit abzubilden. Zudem ist es nicht trivial, die Ergebnisse von Signifikanzniveaus statistisch zu deuten, was in vielen Untersuchungen erstaunlicherweise selten dezidiert geschieht.[54] Ziel der Arbeit ist es auch, eine Zugänglichkeit von Statistiken über den engen Kreis von Experten hinaus zu erreichen, zumal es besonders in der Geschichtswissenschaft nur wenige solche Experten gibt. Somit gilt es, neue oder zumindest andere visuelle Techniken zur allgemein verständlichen Veranschaulichung anzuwenden.[55]

Für raumbezogene Informationen sind kartografische Darstellungen eine naheliegende Wahl. Im Gegensatz zur französischen Wissenschaftstradition sind sie in der deutschen Geschichtsschreibung jedoch seltener gebräuchlich. Gleich-

51 Vgl. etwa Best/Mann (1977): Quantitative Methoden; Floud (1980): Quantitative Methoden; Jarausch/Arminger/Thaller (1985): Quantitative Methoden. Beispielsweise fand am Bielefelder Zentrum für interdisziplinäre Forschung im Jahr 1977 eine Tagung zum Thema *EDV-Einsatz in der Wirtschafts- und Sozialgeschichte* statt. Vgl. Irsigler (1978): Vorwort, S. 7.

52 Vgl. Hohls (2000): Geschichte des Computers, S. 44; Walter (2008): Wirtschafts- und Sozialgeschichte, S. 52–54. Angesichts schneller Veränderungen auf dem Gebiet des Computers bieten die meisten Arbeiten zu EDV-Anwendungen in der Geschichte veraltete Fachinformationen.

53 Für Geisteswissenschaftler stellt folgende Veröffentlichung eine gute Einführung in die Statistik dar: Diaz-Bone (2013): Statistik für Soziologen.

54 Nicht selten liefern aufwendige Regressionsverfahren banale Ergebnisse. Hierzu zwei typische Beispiele. Markus Hesse und Joachim Scheiner kommen mit Hilfe ihres Regressionsmodells zu folgender Aussage: »Personen mit ÖPNV-Zeitkarte wenden stark überdurchschnittlich viel Zeit für Mobilität auf.« Wäre dem nicht so, stellte sich die Frage, warum jene Personen eine Zeitkarte besaßen. Thomas Klein und Gunter E. Zimmermann erkannten mithilfe einer Regression, dass Vollzeiterwerbstätige gegenüber Nicht-Vollzeiterwerbstätigen in der Regel ökonomisch bessergestellt sind. Es erscheint sinnvoll, den inflationären, scheinbar wenig reflektierten Gebrauch von Regressionsanalysen zu überdenken. Vgl. zu den zwei Beispielen Hesse/Scheiner (2010): Mobilität Erreichbarkeit, S. 98; Klein/Zimmermann (1991): Zur ökonomischen Mobilität, S. 447.

55 Wenn es nicht anders vermerkt ist, handelt es sich in der Arbeit um selbst erstellte Grafiken und Abbildungen, die auf eigenen Berechnungen fußen.

wohl bietet visuell Aufbereitetes eine leichtere Zugangsmöglichkeit, Strukturen und Muster zu erkennen.[56] Gute Visualisierungen tragen so zum Erkenntniszugewinn bei. Für die grafische Umsetzung und teilweise auch für die Analyse boten sich Geoinformationssysteme an.[57] Geschichtsbezogene geografische Informationssysteme griff die Historiografie bereits Mitte der 1990er Jahre auf, allerdings hielten derartige Verfahren bis heute nur begrenzt Einzug in die deutsche Forschungs- und Projektlandschaft.[58] Das Potenzial erweiterter räumlicher Interpretationsmöglichkeiten mittels multidimensionaler Visualisierungen scheint für historische Raum-Zeit-Analysen hingegen enorm.[59]

Als ein weiteres Verfahren wurde im Rahmen der Studie eine Art Sequenzmusteranalyse entwickelt, um Lebenslaufabschnitte ausgewählter Personen und Personengruppen visuell aufzubereiten. Dieser explorative Zugang diente als Werkzeug, um Handlungsmuster zu identifizieren, Lebenslauftypologien zu beschreiben und sich somit einer Erklärung zu typischen erwerbs- und familienbiografischen Verlaufsstrukturen anzunähern. Die Perspektive des Lebenslaufes ermöglicht es, die Auswirkungen äußerer Rahmenbedingungen auf das Handeln des Einzelnen als auch umgekehrt das individuelle Mitwirken an gesellschaftlichen Veränderungen zu reflektieren. Für einen differenzierten Blick stand somit als selbstgesetzte Vorgabe, dass die Visualisierung gleichfalls individuelle, überlagernde Eigenschaften aufzeichnen sollte, und dementsprechend keine manipulierenden Modifikationen vornahm, wie es bei der auf das Optimal-Matching-Verfahren aufbauenden Sequenzmusteranalyse der Fall ist.[60]

56 Das menschliche Gehirn vermag grafische Informationen schneller als Schriftliches zu erfassen. Vgl. Baten (1997): Computerkartographie und Informationssysteme, S. 145.

57 Die im Zuge der grafischen Umsetzung vorzunehmenden Vereinfachungen führen zwangsläufig zu gewissen Ungenauigkeiten. Zudem ergeben sich bei einem zeitlichen Vergleich teilweise Gebietsveränderungen, die es zu berücksichtigen gilt. Im Deutschland der letzten Jahrzehnte sind diesbezüglich verschiedene Eingemeindungen und Kreisgebietsreformen zu nennen. Siehe als gute Einführung zu Geoinformationssystemen und damit zusammenhängender Fragen zu Voraussetzungen, Implementierungsmöglichkeiten sowie Raum- und Zeitbezügen Bill (2010): Grundlagen der Geo-Informationssysteme; Gregory (2003): Place in History.

58 Vgl. etwa den Tagungsband einer Konferenz an der Universität Trier: Ebeling (1999): Historisch-thematische Kartographie. Mit wiederholten Wortmeldungen machte ferner das historische Institut an der Universität in Rostock auf sich aufmerksam. Von Gyula Pápay initiiert, der von 1996 bis 2004 Professor für Grundlagen der Geschichtswissenschaft und Historischen Kartografie an der Universität in Rostock war, entstanden an der Universität Rostock und teilweise in Kooperation mit der Universität Greifswald eine Reihe GIS-gestützter historischer Projekte. Siehe etwa Krüger / Pápay / Kroll (2003): Stadtgeschichte und Informationssysteme.

59 Der Wissenschaftler Rolf Plöger empfand die Darstellungsform, die ihm eine GIS-Anwendung bot, als nicht befriedigend. So schemenhaft, wie seine Abbildungen aus den 1990ern, präsentieren sich heutige Visualisierungen aber meist nicht mehr. Vgl. Plöger (1998): GIS-Anwendungen, S. 200–202.

60 Vgl. Stegmann / Werner / Müller (2013): Sequenzmusteranalyse, S. 15.

Für eine umfassende Beantwortung der Fragestellung bietet es sich an, das methodische Instrumentarium durch statistische Analysen und kartografische Methoden zu erweitern.[61] Die in der Analyse verwendeten Modelle bedürfen einer differenzierten Interpretation und einer Einbettung in historisch-gesellschaftliche Zusammenhänge, denn bei jedweder statistischen Betrachtung gilt, dass Statistik bestenfalls als Indikator und damit als Annäherung an die Wirklichkeit zu verstehen ist.[62] Im Sinne Max Webers kann Statistik demnach dazu dienen, Regelmäßigkeiten und Wahrscheinlichkeiten sozialer Prozesse abzuschätzen, um im Verbund mit einer hermeneutischen Herangehensweise soziale Abläufe zu erklären.[63] Hierbei stellt es eine Besonderheit der vorliegenden Arbeit dar, dass sie auch einen qualitativen Zugang zu Statistiken wählt. Um also keinen monokausalen Erklärungen zu erliegen, verbindet die Arbeit quantitative mit qualitativen Forschungsperspektiven.[64] Auf der Makroebene kommen sowohl Quer- als auch Längsschnittanalysen zum Tragen, um grundsätzliche Strukturen herauszuarbeiten. Fallbeispiele vermögen aufzuzeigen, welche Wirkung Strukturelles auf den Einzelnen ausübt, und betonen zugleich, dass Personen keine passiven Objekte darstellen, deren Handeln durch makrostrukturelle Rahmenbedingungen vorherbestimmt ist. Ein einzelnes Fallbeispiel muss hierbei nicht repräsentativ sein. Vielmehr ist damit beabsichtigt, den Möglichkeitsraum anzudeuten und anhand eines konkreten Beispiels zu verdeutlichen, ob beziehungsweise welchen Einfluss räumliche Mobilität auf das Leben des Einzelnen hatte. Eine differenzierte Betrachtung von Einzelfällen ermöglicht es, gesellschaftliche Dimensionen anzusprechen und soziale Verhaltensstrukturen verständlich zu machen.

Die methodischen und interdisziplinären Denkweisen dienen als Erweiterung der historischen Sichtmöglichkeiten. Diese Untersuchung soll auch vor Augen führen, dass ein derartiger Zugang eine Bereicherung für historisches Arbeiten darstellen kann.

61 Experimentiert wurde überdies mit weiteren Verfahren, wie der Korrespondenzanalyse oder Kerndichteschätzungen zur Analyse von Veränderungen in sozialen Räumen. Diese methodischen Versuche fanden allerdings keinen unmittelbaren Eingang in die Niederschrift. Für weitergehende Inspirationen sind folgende zwei Aufsätze zu empfehlen: Le Roux u. a. (2008): Class and Cultural; Weischer (2010): Modellierung des Raums.

62 Zudem ist Vorsicht geboten, manche statistischen Artefakte nicht fehlzudeuten. Vgl. Pierenkemper (2009): Wirtschaftsgeschichte, S. 21.

63 Vgl. Weber (1922): Grundriss der Sozialökonomik, S. 5.

64 Hartmut Kaelble befand einst, dass die besten Studien in der historischen Mobilitätsforschung quantitative und qualitative Analysen vereinen. Vgl. Kaelble (1978): Historische Mobilitätsforschung, S. 6.

3. Der Datensatz des Sozio-oekonomischen Panels

Detaillierter fällt der Blick an dieser Stelle auf das Sozio-oekonomische Panel, das als maßgebliche Grundlage für die Analyse des komplexen Zusammenwirkens der Raum- und Mobilitätsbezüge diente.[65] Beim Sozio-oekonomischen Panel handelt es sich um eine in ganz Deutschland realisierte Repräsentativerhebung, in welcher seit dem Jahr 1984 alljährlich private Haushalte um eine mitteilungsfreudige Teilnahme gebeten werden. In dieser bisher umfassendsten deutschen Langzeitbefragung geben stets dieselben Personen und deren Haushaltsmitglieder Auskünfte.[66] Sowohl die Individual- als auch die Haushaltsebene zu berücksichtigen, stellt einen besonderen Vorzug der Daten des Sozio-oekonomischen Panels dar. Die Fragen der Erhebung decken eine Vielzahl sozioökonomischer Belange ab. Im Hinblick auf raumbezogene Fragen können beispielsweise Aspekte bezüglich des Familienlebens, der Erwerbstätigkeit, des individuellen Verkehrsverhaltens, der Wohnbiografie, aber auch Eindrücke zur allgemeinen Zeitverwendung, zu Nachbarschaftskontakten und Handlungsweisen sowie persönlichen Einstellungen abgefragt und miteinander verknüpft werden. Dies gewährt Einblicke sowohl in objektive Lebenslagen als auch in subjektives Befinden. Derart breit gefächerte Auskünfte ermöglichen es, Lebenswege zu rekonstruieren und in größerer Dimension Fragen nach Stabilität und Wandel von Lebensverhältnissen nachzuspüren. Das Sozio-oekonomische Panel zeichnet sich als die einzige Umfrage aus, anhand welcher sich über einen längeren Zeitraum gesellschaftliche Trends und Veränderungsprozesse in der Bundesrepublik Deutschland gut erfassen lassen.[67] Überdies ist ein spezifisches Weiterverfolgungskonzept des Panels insbesondere hinsichtlich räumlicher Betrachtungen von großer Bedeutung. Dies macht das Sozio-oekonomische Panel zu einem der zentralen Datensätze räumlicher Mobilität und prädestiniert es

65 Die Einordnung der Befragungsdaten erfolgt bewusst umfänglicher, da nicht davon ausgegangen werden kann, dass der Leser mit dem Datensatz vertraut ist. Dies ist gegenüber anderen Forschungsarbeiten, die mit den Daten des Sozio-oekonomischen Panels arbeiten, als deutlicher Kritikpunkt vorzubringen, dass die meisten das Panel für gewöhnlich nur rudimentär verorten und auf Probleme nur äußerst selten verweisen.

66 Gleichzeitig ist eine zunehmende Anzahl von Teilstichproben zu beobachten. Neben der Stichprobe zu westdeutschen und ostdeutschen Haushalten, zu Ausländern und einer ergänzenden Zuwandererhebung gibt es im Sozio-oekonomischen Panel mittlerweile weitere Auffrischungen als auch eine Sonderbefragung von Hocheinkommensbeziehern.

67 Für viele Fragen der deutschen Geschichte ist zudem der Umstand bedeutsam, dass sich die ostdeutsche Bevölkerung bereits seit dem Jahr 1990 repräsentativ in der Erhebungspopulation wiederfindet. Siehe hinführend zum Sozio-oekonomischen Panel Wagner u. a. (2008): Multidisziplinäres Haushaltspanel; Goebel u. a. (2008): Mikrodaten Gewichtung Datenstruktur.

für diese Untersuchung.[68] Nach einem Befragungszeitraum von über einem Vierteljahrhundert erscheinen die vielschichtigen Datenbestände des Sozio-oekonomischen Panels generell für die zukünftige zeithistorische Forschung als lohnende Quelle.[69]

Die besagte Längsschnitterhebung besteht aus einem sehr umfänglichen Datensatz.[70] Für die Jahre 1984 bis 2009 liegen von über 2.100 Personen 26 durchgehend jährlich erhobene Personen- und zugehörige Haushaltsinterviews vor. Berücksichtigt man zudem Befragungsaussteiger, später hinzugestoßene Haushaltsmitglieder und Panelauffrischungen durch die nachträgliche Eingliederung von Teilstichproben, weist der Datensatz für die 26 Befragungswellen insgesamt über 220.000 Haushaltsinterviews mit knapp 422.000 Personeninterviews von gut 51.000 befragten Personen aus rund 26.000 verschiedenen Haushalten auf. Dies heißt, dass sich im Rahmen des Sozio-oekonomischen Panels im Schnitt 16.000 Erwachsene jährlich in Interviews detailliert äußerten und sich durchschnittlich gut acht Jahre an den Befragungen beteiligten. Mit dem Datensatz des Sozio-oekonomischen Panels in der Version 26 erhält der Forscher im Ganzen um die fünf Millionen Einzelinformationen, die circa 40.000 Variablen zugeordnet sind.[71]

Das Sozio-oekonomische Panel entstand im Rahmen des Sonderforschungsbereiches 3 *Mikroanalytische Grundlagen der Gesellschaftspolitik* an den Universitäten in Frankfurt am Main und Mannheim. Die personelle Verflechtung

68 In elektronischer Form besteht ein Zugang zu den Datensätzen des Sozio-oekonomischen Panels in der Version 26 für die Jahre 1984 bis 2009 inklusive weitergehender Regionaldaten. Hinsichtlich einer allgemeinen Einordnung Deutschlands oder größerer Bundesländer sind die Daten uneingeschränkt nutzbar. Für kleinräumigere Betrachtungen weisen die Daten allerdings nicht zwingend einen repräsentativen Charakter auf. Hier sind Beobachtungen stärker als exemplarisch einzustufen und ins Verhältnis zu anderen Materialien wie amtlichen Statistiken zu setzen. Siehe weitergehend zu raumbezogenen Daten im Sozio-oekonomischen Panel Goebel (2011): Informationen SOEP-Geocode; Knies / Spieß (2007): Regional Data.

69 Darüber hinaus liegen mit dem einmalig erhobenen Biografiefragebogen ebenso weiter zurückreichende Informationen vor. Mit diesem lassen sich etwa Erwerbsverläufe teilweise bis in die 1960er und 1970er Jahre schemenhaft nachverfolgen. Jedoch gehen retrospektive Befragungen für gewöhnlich mit dem Problem einher, dass Vergangenes nicht mehr stets gut und lückenlos erinnert wird. Dies bringt indirekt auch ein Sachverhalt in einem Methodenbericht zum Sozio-oekonomischen Panel zum Ausdruck. So kann sich eine Vielzahl der Interviewer, die als überdurchschnittlich qualifiziert gelten, nicht mehr genau erinnern, seit wann sie im Rahmen des Sozio-oekonomischen Panels erstmals Interviews durchführten. Wenn bereits das professionelle Personal bei solch scheinbar einfachen Fragen Erinnerungsschwierigkeiten offenbart, lässt dies nicht nur positive Rückschlüsse auf die allgemeine Qualität der rückblickenden Biografieerhebungen zu. Vgl. Siegel / Stimmel (2007): SOEP-Interviewerbefragung, S. 4 f.

70 Auffallend ist, dass die meisten Forscher, die sich auf Längsschnittdaten stützen, deren Potenzial gar nicht nutzen, sondern sich häufig mit querschnittlichen Betrachtung begnügten.

71 Vgl. Goebel u. a. (2008): Daten- und Datenbankstruktur, S. 22.

des ersten Leiters Hans-Jürgen Krupp, der seinerzeit zugleich dem Deutschen Institut für Wirtschaftsforschung in Berlin vorstand, bedingte, dass jenes Wirtschaftsforschungsinstitut von der ersten Stunde an in das Projekt eingebunden war und zum Förderende des Sonderforschungsbereiches im Jahr 1990 die alleinige Verantwortung für das Sozio-oekonomische Panel übernahm. Mit der Durchführung der Interviews ist seit Anbeginn des Panels das Münchner Sozialforschungsinstitut Infratest betraut. Als Vorteil nannten die Verantwortlichen, dass dadurch ein professionelles, gut ausgebildetes Team die anspruchsvolle Aufgabe ausführe. Es stellt sich allerdings durchaus die Frage, inwieweit bei einem privatwirtschaftlich operierenden Unternehmen wie Infratest Kostenfaktoren die Auswahl von Stichproben und die Umsetzung der Interviews beeinflussen.[72]

Umfängliche Erhebungen wie das Sozio-oekonomische Panel neigen dazu, einen Anspruch auf Repräsentativität zu erheben. Schwierig gestaltet sich allerdings die Erfassung von Randgruppen wie Obdachlose und Bewohner öffentlicher Einrichtungen. Diese bleiben für gewöhnlich unberücksichtigt. Dabei geht die Mikrozensuserhebung des Jahres 1981 bezüglich letzteren Personenkreises immerhin davon aus, dass 1,3 Prozent der Wohnbevölkerung in Gemeinschaftseinrichtungen oder Wohnheimen leben.[73]

Generell scheint sich die Erhebung von Minderheiten sowie allgemeiner von extremen Werten als problematisch zu erweisen und durch eine Untererfassung oftmals eine Unterrepräsentanz zu bedingen. Dies betrifft die grundsätzliche Befragungsteilnahme als auch die Abfrage als sensibel empfundener Daten. Den Kommentaren der Interviewer ist etwa zu entnehmen, dass die Befragten Erkundigungen nach den Einkommensverhältnissen gelegentlich als indiskret empfanden.[74] Eine tendenziell einseitige Auskunftsverweigerung spezifischer Einkommensgruppen kann beispielsweise dazu führen, dass Lohnungleichheiten aufgrund eines Mittelstandsbias unterschätzt werden. Von einer entsprechenden Tendenz gehen die meisten Forscher auch bezüglich des Sozio-oekonomischen Panels aus. Die Einführung einer Befragungsstichprobe von expliziten Hocheinkommensbeziehern im Jahr 2002 belegt, dass sich die Produzenten des

72 Vgl. Glatzer (2010): Dauerbeobachtung der Gesellschaft, S. 2, 6; Wagner / Frick / Schupp (2007): German Socio-Economic Panel, S. 146 f.

73 Vgl. Sozio-oekonomisches Panel / Infratest Sozialforschung (2011): SOEP 1984 Pretestbericht, S. 76 f. Die Initiatoren des Sozio-oekonomischen Panels bemühten sich, in der Erhebung ebenfalls Anstaltspersonen zu berücksichtigen, und sahen für diese Personengruppe ursprünglich eine eigene Stichprobe vor. Vortests zeigten jedoch enorme Schwierigkeiten bei der Realisierung auf. Eine starke Ablehnungshaltung durch Anstaltsleitungen und eine des Öfteren zutage tretende Überforderung der Interviewenden sowie Interviewten bedingten eine nur mäßige Erhebungsquote und Datenqualität. Demgemäß nahm man beim Sozio-oekonomischen Panel schließlich von einer repräsentativen Berücksichtigung der Anstaltsbevölkerung Abstand. Vgl. ebd., S. 10–12, 78–81.

74 Vgl. ebd., S. 23.

Sozio-oekonomischen Panels dieses Problems bewusst waren und versuchten gegenzusteuern.[75]

Eine grundsätzliche Verweigerung ebenso wie spätere Panelausfälle – die sogenannte Panelmortalität – sind als kritische Punkte zu erachten, da jene Ausfälle zumindest teilweise einer Systematik folgen und damit auf die Grundgesamtheit verfälschend wirken. Erste Einblicke hierzu bieten Notizen der Interviewer zu Aussprüchen von Verweigerern, die jene im Rahmen eines Vortests für das Sozio-oekonomische Panel kundtaten: »Mir wurde die Tür zugeschlagen, noch bevor ich mein Anliegen zu Ende vortragen konnte.« »Ehefrau hat mich unter Beschimpfungen des Hauses verwiesen! Dabei sprach sie lauthals mit mir durchs Fenster, am Marktplatz!!«[76] Unter jenen, die sich von vornherein auf keine Befragung einließen, zeigte sich in den Bemerkungen mindestens eine deutliche Tendenz: Ältere und Kranke legten eine überproportionale Verweigerungshaltung an den Tag. Mangelnde Zeit, Desinteresse, Krankheit und Tod bilden naheliegende Ausfallgründe. Zudem lassen Notizen der Interviewer zu den Ausfallbemerkungen der potenziellen Befragten wie »Lehne es als Sinti (Zigeuner) ab«[77] oder »Ich bin Arbeiter, auf Wiedersehen«[78] aufhorchen. Diese stützen die Vermutung einer nicht-zufälligen, unterschiedlichen Teilnahmebereitschaft verschiedener sozioökonomischer Personengruppen.[79] Es zeichneten sich Tendenzen ab, wonach soziodemografische Merkmale wie Geschlecht, Lebensalter, Familienstand, Einkommen und Bildung keine unabhängige Ausfallwahrscheinlichkeit dokumentierten. Ebenso traten Unterschiede je nach räumlicher Struktur zutage. So zeigten sich beispielsweise Personen aus Ballungsgebieten weniger teilnahmefreudig. Es ist nicht davon auszugehen, dass ein einzelner Faktor den Ausschlag für eine Nicht-Teilnahme gibt. Vielmehr bewirkt dies erst eine Kombination verschiedener Aspekte und ungünstiger Rahmenbedingungen.[80]

75 In selbigem Sinne ist auch die im Jahr 1994 und 1995 aufgenommene Zuwanderungsstichprobe zu sehen, welche dem starken Zuzug von Spätaussiedlern nach Deutschland Rechnung trug. Vgl. Berntsen (1992): Dynamik in Einkommensverteilung, S. 106; Biewen (1999): Contributions to Measurement, S. 150; Frick / Krell (2009): Einkommensmessungen in Haushaltspanelstudien, S. 47.

76 Sozio-oekonomisches Panel / Infratest Sozialforschung (2011): SOEP 1984 Pretestbericht, S. 21.

77 Ebd., S. 21.

78 Ebd., S. 23.

79 Zu bedenken ist ferner, dass Interviews bei verschiedenen Personen desselben Haushaltes auf eine unterschiedliche Akzeptanz stoßen können, was das Verhalten der Haushaltsmitglieder untereinander beeinflussen kann. So notierte beispielsweise ein Interviewer: »Ehemann vereinbart telefonisch Besuch. Als ich ankam, schimpfte die Frau und er traute sich nicht mehr, mir das Interview zu geben. Ehefrau verbot ihm, auch nur eine Angabe zu machen.« Ebd., S. 23.

80 Vgl. Infratest Sozialforschung (2011): SOEP 1984 Methodenbericht, S. 74; Hoch (2013): Determinanten der Panelmortalität, S. 11, 66.

Als besonders kritisch – speziell im Rahmen der hiesigen räumlichen Betrachtungen – ist die Tatsache zu sehen, dass ein Befragungsabbruch häufig im Zusammenhang mit Umzügen stand. Dies lag zentral nicht an einer verloren gegangenen Kontaktadresse,[81] sondern häufig an Begleitumständen nach einem Wohnortwechsel. Da diese oftmals mit anderen Lebensveränderungen wie Berufswechseln oder dem Einleben in ein neues soziales Umfeld einhergingen, scheint allein aus Zeitgründen die Bereitschaft zu weiteren Befragungsteilnahmen geschwunden zu sein. In Umzugsfällen, in denen sich Personen von einem vorherigen Haushalt abspalten – beispielsweise beim Auszug von Kindern aus dem Elternhaus –, verstanden einige vorher Befragte dies zudem als Schritt, damit den eigentlichen Befragungshaushalt verlassen zu haben, und sahen demnach von einer weiteren Teilnahme ab.[82]

Im Allgemeinen ist die Wiederbefragungsrate in der Umfrage indes als sehr gut einzustufen. Die Stabilität des Sozio-oekonomischen Panels betrug zwischen zwei Erhebungsjahren im Schnitt 95 Prozent. Als Ausnahmen sind die erste und zweite Befragungsteilnahme zu nennen. Die Stichprobenausschöpfung für ein erstes Interview belief sich auf knapp Zweidrittel der Angefragten. Verweigerung bildete den größten Ausfallgrund. Zu einem geringeren Ausmaß gingen Panelausfälle auf eine Nicht-Erreichbarkeit zurück. Von marginaler Bedeutung zeigte sich eine Befragungsunfähigkeit.[83]

Des Weiteren kommt als potenzielle Verfälschungsquelle das Interview selbst in Betracht.[84] In diesem Zusammenhang stellt sich ebenso die Frage, inwieweit Panelspezifika das Antwortverhalten beeinflussen. Es wäre durchaus eine genauere Prüfung wert, wie stark Interviewte durch jährlich wiederholte Erhebungen eine bewusstere und strategischere Vorgehensweise entwickeln. So

81 Laut Selbstauskunft der erhebenden Institution lag die Erfolgsquote, die neue Anschrift umgezogener Befragungsteilnehmer zu ermitteln, bei knapp 97 Prozent. Vgl. Infratest Burke Sozialforschung (2000): SOEP 99 Methodenbericht, S. 25; Infratest Sozialforschung (2010): SOEP 2009 Methodenbericht, S. 41.

82 Vgl. Rendtel (1995): Lebenslagen im Wandel, S. 207; Rendtel (2002): Attrition in Panels, S. 7 f.

83 Vgl. Infratest Sozialforschung (2011): SOEP 1984 Methodenbericht, S. 4, 19; Rosenbladt (2008): Datenerhebung im SOEP, S. 147; Kroh (2011): Sizes and Attrition, S. 12. Eine Verweigerungshaltung offenbarten nicht allein die Interviewten. Auch unter den anfänglich knapp 800 vorgesehenen Interviewern für das Startjahr 1984 lehnte es rund ein Viertel schließlich ab, an der Erhebung mitzuwirken. Eine potenziell verzerrende Wirkung der nicht-zufälligen Gruppe der Interviewer findet in der Forschungsliteratur nur spärlich Anklang.

84 Die erstmalige Befragung führt für gewöhnlich ein Interviewer vor Ort durch. In den Folgeerhebungen ist es möglich, in der Interviewmethode zu variieren. Wenngleich die mündlich-persönliche Erhebung auch nach vielen Befragungsjahren noch dominierte, verschob sich der Anteil zugunsten des Selbstausfüllens. Die Meinungen hierzu sind sehr verschieden, in welcher Weise sich die unterschiedlichen Interviewmethoden auf die Datenqualität auswirken. Vgl. Infratest Burke Sozialforschung (2000): SOEP 99 Methodenbericht, S. 23; Rosenbladt (2008): Datenerhebung im SOEP, S. 148.

bedeutet ein in der Fachsprache als Panel Conditioning bezeichnetes Verhalten zweierlei: dass gewisse Fragen eine Verhaltensänderung auslösen, die sich in der nächsten Befragung beobachten lassen, oder dass jemand bei einer erneuten Befragung absichtlich eine geänderte Auskunft gibt, da er beispielsweise eine Stagnation nicht eingestehen möchte. Im Konkreten dürfte es sich allerdings als schwierig erweisen, zwischen tatsächlichem Wandel und vorgetäuschter Veränderung zu unterscheiden.[85]

Eine besondere Aufmerksamkeit müsste man auch dem Verhältnis von Interviewer und Interviewtem widmen. In der Forschung finden sich wiederholt Anzeichen, dass das Geschlecht des Fragenden eine Rolle spielt. So verzeichneten Interviewerhebungen durch Frauen eine geringere Ausfallquote.[86] Außerdem schlugen sich im Antwortverhalten teilweise Abweichungen nieder. Demnach ermittelte beispielsweise Jörg-Peter Schräpler, dass Befragte im Falle von Interviewerinnen tendenziell häufiger Sorgen vor Kriminalitätsvorfällen äußerten.[87] Dies kann bedeuten, dass eine auffallende Zahl von Befragten versuchte, die vermutete Haltung des weiblichen Gegenübers als potenziell gefährdetere Personengruppe zu antizipieren. Jene Interviewten zeigten demnach eine Mischung aus Empathie und einem Bemühen, den mutmaßlichen Erwartungen eines anderen zu entsprechen. Überdies ist es denkbar, dass in Fällen wiederkehrender Besuche im Laufe der Jahre ein vertrauter Umgang zwischen Interviewern und Befragten entstand. In dieser Hinsicht ist beispielsweise überliefert, dass interviewende Personen zu manch Treffen eine Rotweinflasche mitbrachten.[88]

85 Überdies sind Lerneffekte vorstellbar, etwa, indem der Befragte realisiert, dass er durch häufigeres Neinsagen den Fragekatalog und damit ebenso die Interviewdauer reduzieren kann. Vgl. Siegel/Stimmel (2007): SOEP-Interviewerbefragung, S. 3; Yan/Eckman (2012): Panel Conditioning, S. 4726f.

86 Vgl. Hoch (2013): Determinanten der Panelmortalität, S. 17, 66. Bei Initiierung des Soziooekonomischen Panels setzte man auf erfahrene Interviewer und bemühte sich für die Folgejahre zugleich um eine Konstanz, an denselben Interviewern festzuhalten. Dies hatte zur Folge, dass jeder zweite Interviewer Mitte der 2000er Jahre bereits im Ruhestand und jeder fünfte jenseits des 70. Lebensjahr war. Inwieweit sich dies auf das allgemeine Antwortverhalten auswirkte, dass in jüngerer Vergangenheit überwiegend alte Männer als Interviewer auftraten, ist nicht bekannt. Vgl. Siegel/Stimmel (2007): SOEP-Interviewerbefragung, S. 17, 19.

87 Ähnliches war im Falle von Älteren festzustellen. Vgl. Schräpler (2001): Respondent Behavior, S. 19.

88 Vgl. Siegel/Stimmel (2007): SOEP-Interviewerbefragung, S. 16. Alle Teilnehmer betreffend hat sich ein Fernsehlotterielos als motivierendes Dankeschön im Sozio-oekonomischen Panel etabliert. Des Weiteren erhielten alle Befragten neben Informationsmappen wechselnde kleine Gastgeschenke wie einen Reisewecker, eine Geldbörse oder ein Kugelschreiberset. Hier stellt sich die Frage, ob sich eine gewisse Klientel dadurch stärker ansprechen lässt und dies andere hingegen vielmehr irritiert und von einer Teilnahme abhält. Vgl. Sozio-oekonomisches Panel/Infratest Sozialforschung (2011): SOEP 1984 Pretestbericht, S. 17; Infratest Burke Sozialforschung (2000): SOEP 99 Methodenbericht, S. 19; Infratest Sozialforschung (2010): SOEP 2009 Methodenbericht, S. 36f.

Der Einfluss einer sonach lockeren Atmosphäre auf das Antwortverhalten lässt sich indes nicht abschätzen. Außerdem muss als mögliche Fehlerquelle ebenso das Handeln des Interviewers selbst in Erwägung gezogen werden. So ist bekannt, dass die Interviewer in der ersten Erhebung des Jahres 1984 circa ein Prozent aller Befragungen erfanden – sei dies im Einzelfall die Folge einer Überbelastung, aus Bequemlichkeit, aufgrund eines als gefährlich eingestuften Wohnviertels oder die Reaktion auf einen als unangenehm bewerteten Zubefragenden.[89]

Die Arbeit mit umfangreichen Befragungsdaten konfrontiert einen stets mit fehlenden und potenziell falschen Angaben. Hierunter fallen auch Messfehler, die beispielsweise durch Erinnerungsfehler oder durch Verständnisunklarheiten der Fragestellung entstehen.[90] Strategisch gibt es hiermit drei Umgangsformen. Man kann dies ignorieren, derartige Einträge löschen oder versuchen, dies durch geeignete Anpassungen zu bereinigen.[91]

Um Verzerrungen durch Ausfälle zu minimieren, hat es sich in der empirischen Forschung etabliert, auf Gewichtungsverfahren zu setzen. Hierfür enthält der Datensatz des Sozio-oekonomischen Panels bereits ermittelte Gewichtungsfaktoren. Insbesondere bei quantitativen Berechnungen mit unterschiedlichen Stichproben des Sozio-oekonomischen Panels, die verschiedenen Auswahlwahrscheinlichkeiten unterliegen, ist das angedeutete Prozedere zwingend erforderlich. Im Konkreten orientieren sich die Gewichtungsfaktoren des Sozio-oekonomischen Panels an der im Mikrozensus bestehenden Bevölkerungsverteilung hinsichtlich der Variablen Lebensalter, Geschlecht, Haushaltsgröße, Staatsangehörigkeit und Wohnregion. Dieser Abgleich an die Verteilung zentraler sozioökonomischer Faktoren ist als Bemühen zu verstehen, repräsentative Ergebnisse zu erhalten und sich somit der Realität soweit wie möglich anzunähern. Es wäre jedoch falsch, Gewichtungsverfahren als Allheilmittel zu begreifen. Man denke

89 Um fingierte Interviews zu ermitteln, entwickelte man am Deutschen Institut für Wirtschaftsforschung automatische Verfahren. Diese setzen vor allem darauf, dank des Panelcharakters Inkonsistenzen in aufeinanderfolgenden Erhebungswellen aufzudecken. Vgl. Schäfer u. a. (2004): Identification of Faked, S. 4; Wagner / Frick / Schupp (2007): German Socio-Economic Panel, S. 151.

90 Beispielsweise fiel den Datenproduzenten in Detailfragen zur Darlehensbelastungen auf, dass Auskünfte zu Tilgung und Zinsen oftmals gleiche Angaben enthielten. Da dies als unwahrscheinlich anzusehen ist, formulierten die Verantwortlichen die betreffende Frage für die nächsten Erhebungen um. Vgl. Infratest Burke Sozialforschung (2000): SOEP 99 Methodenbericht, S. 8.

91 Hierbei spielen in der empirischen Forschung Imputationsverfahren eine große Rolle, die bemüht sind, anhand existierender Angaben fehlende Auskünfte abzuschätzen. Bei der Betrachtung von Einkommensverhältnissen greift die hiesige Arbeit in Fällen von Wohneigentum auf dieses Verfahren zurück. Um eine monetäre Vergleichbarkeit zu Mieterhaushalten zu erreichen, errechnet man für Eigenheimbesitzer eine fiktive Miethöhe. Vgl. Weischer (2007): Sozialforschung, S. 376. Siehe insbesondere auch Frick / Grabka / Groh-Samberg (2010): Dealing with Incomplete.

nur an Submilieus, denen – zumal bei nicht zufälligen Personenausfällen – schwerlich repräsentativ gerecht zu werden ist.[92]

Schließlich ist eine umsichtige Prüfung der Datenkonsistenz durch den forschenden Nutzer dringend angebracht. Dies bildet eine wichtige Voraussetzung für die anschließende Analyse und Interpretation. Neben einer Datenaufbereitung durch den Datenproduzenten überprüfte der Verfasser die Ausgangsdaten selbst aufwendig und korrigierte offensichtliche Fehler.[93] Hierzu sollen ein paar Beispiele typischer Ungereimtheiten genannt werden, deren Verzerrungswirkung behoben wurde. Beispielsweise finden sich zu den über 400.000 Personeninterviews in vier verschiedenen Variablen Angaben zur Nationalität. Dabei wichen die Informationen in knapp 10.000 der Fälle voneinander ab. Dies entspricht einer Fehlerquote von 2,3 Prozent. Mit Abgleich der Einträge aus Vor- und Folgejahren konnten die angesprochenen Fehlangaben bereinigt werden. Verschiedene Angaben zum Geburtsland in unterschiedlichen Erhebungsjahren spiegelten teilweise historische Veränderungen wider, wobei die Befragten scheinbar nicht genau wussten, ob sie aktuelle oder vergangene Zugehörigkeiten benennen sollten. Derartig sind zum Beispiel abweichende Angaben von Russland und Tadschikistan oder Kirgisistan zu werten. Ähnliches trifft auf viele Sudetendeutsche zu. So nannte jeder 113. vermeintlich in Deutschland Geborene zudem ein anderes Geburtsland, wovon die Hälfte in einzelnen Jahren Tschechien anführte. Dass aber auch ein und dieselbe Person in verschiedenen Erhebungen Deutschland und die Türkei als Geburtsland nannte, ist historisch indes durch eine vormals andersgeartete territoriale Ausdehnung nicht zu erklären. Hier mag die Auskunftsperson vielmehr eine andere Frage beantwortet und auf das Zugehörigkeitsgefühl oder die Staatsbürgerschaft eingegangen sein. Unstimmigkeiten ergaben sich ebenso bei den Angaben zur Wohndauer in der aktuellen Unterkunft. Demnach lebten bereits 60 Prozent seit

92 Vgl. Goebel u.a. (2008): Mikrodaten Gewichtung Datenstruktur, S. 88, 90. Siehe weitergehend zu Gewichtung und Hochrechnung im Sozio-oekonomischen Panel Pischner (2007): Querschnittsgewichtung und Hochrechnungsfaktoren; Spieß (2005): Design Weights. Siehe ferner als erste Orientierung zur Umsetzung von Gewichtungsverfahren mit der Statistiksoftware Stata Kohler/Kreuter (2005): Data Analysis Using, S. 65–70; Baum (2006): Introduction to Econometrics, S. 31–33.

93 Das erhebende Infratest-Institut räumt in ihrer Vorgehensweise eine gewisse Zufälligkeit ein. Diese tritt etwa deutlich bei der Vercodung von Berufen zutage. »Typischerweise gibt es Nennungen, die so allgemein sind, dass die Zuordnung von Codes schwierig oder nicht eindeutig möglich ist. Es ist selbstverständlich, dass ein hoher Vercodungserfolg impliziert, dass in Zweifelsfällen durchaus in gewisser Weise als willkürlich zu betrachtende Entscheidungen getroffen werden.« Hartmann/Schütz/Zynda (2005): Vercodung der Angaben, S. 9. Infratest zeigt sich jedoch bemüht, seine Vorgehensweise bei Unklarheiten zu dokumentieren. Vorsicht ist dennoch bei generierten Variablen wie den Berufsklassifikationen angebracht. Hierbei erweist es sich oftmals als hilfreich, einen Abgleich mit mehreren ähnlichen Einordnungen einer Person in verschiedenen Variablen vorzunehmen.

Ende des 19. Jahrhunderts in der aktuellen Wohnstätte. An dieser Stelle wurden fehlende Auskünfte offensichtlich falsch kodiert! Auch manch andere Jahresangaben im 20. Jahrhundert erschienen unglaubwürdig. So gaben 3,9 Prozent der Personen ein Kalenderjahr für das bisherige Wohnen in der derzeitigen Wohnung an, das noch vor ihrer Geburt lag.[94]

Es ließen sich eine Vielzahl weiterer Ungereimtheiten im Datensatz aufzählen.[95] Diesbezüglich ist speziell die Fehleranfälligkeit bei der Eingabe der erhobenen Interviews nicht zu unterschätzen.[96] Die Datenaufbereitung der Paneldaten stellte sich als sehr zeitaufwendig heraus. Sie ist allerdings unerlässlich. Hier sieht der Verfasser eine Gefahr, dass Querschnittsbetrachtungen auf weniger offensichtliche Datenfehler stoßen, und somit womöglich die Prüfung der Datenqualität mit weniger Sorgfalt behandeln. Für die ausgedehnten Vorarbeiten griff der Verfasser dieser Arbeit auf verschiedene EDV-Techniken zurück. Im Umgang mit den umfänglichen Datensätzen erwies sich insbesondere ein Java-basierter Zugang als hilfreich, da diese objektorientierte Programmiersprache große Freiheiten in der Umstrukturierung und Verarbeitung von mehreren Millionen Einträgen bot.[97]

Es hat sich gezeigt, dass die Konstruktionsprinzipien des Sozio-oekonomischen Panels leichte systematische Verzerrungen bedingen. Dennoch bietet die Erhebung dank eines wohldurchdachten Stichprobendesigns und Gewichtungsverfahren sowie nach einer eigenen gründlichen Datenaufbereitung eine sehr vernünftige Arbeitsgrundlage. Hinsichtlich eines Repräsentativitätsanspruches steht es mit amtlichen Daten wie dem Mikrozensus auf einer Stufe.

94 Hierbei mögen die Befragten vielmehr Auskunft dazu abgegeben haben, zu welchem Zeitpunkt ihre Eltern oder bisweilen Großeltern fragliche Immobilie bezogen hatten.

95 Exemplarisch sei auf Schwierigkeiten bei monetären Auskünften verwiesen. Insbesondere einzelne Verdienstangaben waren offensichtlich falsch, wenn sich diese in einzelnen Jahren auf ein Vielfaches der individuellen Durchschnittswerte beliefen, obgleich sich an der beruflichen Situation nichts änderte. Ob Schreib- oder Übertragungsfehler wurden gut 250 eindeutige Fälle korrigiert. Bei Informationen zu Einkommen und Unterstützungsleistung gibt es eine teilweise verwirrende Anzahl von mehreren Dutzend Variablen. Speziell Angaben zu Arbeitslosen- und Sozialhilfegeldern, die in rund dreißig Variablen notiert sind, lassen selbst bei Kenntnis der Anzahl der Arbeitslosenmonate eine Systematik nur ungenügend erkennen. Erschwerend kommt bei den Finanzangaben hinzu, dass stellenweise unterschiedliche Währungen als Grundlage dienten. Manche Beträge waren noch in Deutscher Mark ausgewiesen, andere hingegen in Euro.

96 Fehlcodierungen haben sich in einer Reihe von Variablen eingeschlichen, in denen Wertezuordnungen verschoben oder systematische Zahlendreher zu erkennen waren. Entsprechende Korrekturen wurden etwa für die Zweitwohnsitz- und Pendlerstreckenangaben, die Raumordnungsregionen als auch für die Variablen mit Angaben zu Freizeitaktivitäten und gesellschaftlichem Engagement vorgenommen.

97 Gleichwohl teilt der Autor nicht den einst von Emmanuel Le Roy Ladurie vorgetragenen Standpunkt, dass der Historiker von morgen zu verschwinden drohe, wenn er nicht gleichzeitig ein Programmierer sei. Der Rechner bleibt ein Hilfsmittel, die Interpretation obliegt dem Wissenschaftler. Vgl. Le Roy Ladurie (1973): Le Territoire, S. 14.

Die Arbeit stützt sich zentral auf den Datensatz des Sozio-oekonomischen Panels und auf Sekundärliteratur.[98] Um Vorgänge zu rekonstruieren und allgemeine Wahrnehmungen auszumachen, werden darüber hinaus Veröffentlichungen wie Zeitungsartikel, Sitzungsprotokolle des Bundestages, Gutachten, Gesetzesentwürfe, Gerichtsentscheide, behördliche Dienstanweisungen und Pressemitteilungen herangezogen. Des Weiteren sind Datenreports, Informationsblätter, Evaluationsberichte, Arbeitspapiere und Methodenberichte zu nennen. Neben einigen statistischen Angaben, die auf Anfragen beim statistischen Bundesamt und den Landesämtern von jenen Behörden mitgeteilt wurden, greift die Untersuchung hinsichtlich ergänzenden statistischen Materials auch auf den umfänglichen Datensatz der Wanderverflechtungsmatrizen zwischen allen deutschen Landkreisen der Jahre 1991 bis 2009 zurück.[99] Ferner zieht die Studie in einem Kapitel Verwaltungsakten und Bürgerlisten des Stadtarchivs von Kirchheim unter Teck zurate. Bei jenen Dokumenten handelt es sich um in deutscher Kurrentschrift handschriftlich verfasstes Archivgut.

4. Aufbau der Arbeit

Die letzten einleitenden Bemerkungen skizzieren den Aufbau der Arbeit. Das Buch strebt keinen linearen Erzählgang an. Vielmehr beleuchtet es Fragen des Ausmaßes und der Wirkung räumlicher Mobilität in sechs Hauptkapiteln aus verschiedenen Perspektiven. Damit trägt die Arbeit dem Umstand Rechnung, dass es sich bei Mobilitätsvorgängen um komplexe Vorgänge handelt, die nicht monokausal zu erklären sind. Im ersten Kapitel gilt es, die Dimensionen des Mobilen auszuloten. Anhand von Lexikoneinträgen zu Mobilität, die sich im Laufe verschiedener Auflagen veränderten, nähert sich die Untersuchung einer Definition von räumlicher Mobilität an. Darüber hinaus gibt sie Auskunft über das Ausmaß residenzieller und zirkulärer Mobilität in den letzten Jahrzehnten.

98 Alle Zahlenangaben beruhen in vorliegender Arbeit, wenn nicht explizit anders angegeben, auf eigenen Berechnungen. Diesen lagen die Daten des Sozio-oekonomischen Panels für die Jahre 1984–2009 in der Version 26 zugrunde, die vom Deutschen Institut für Wirtschaftsforschung bereitgestellt wurden. Die Kalkulationen berücksichtigten Gewichtungsverfahren.

99 Für die unkomplizierte Zurverfügungstellung der Zahlen ist dem Statistischen Bundesamt ausdrücklich zu danken. Bei dem Datenmaterial handelt es sich um eine Vollerhebung der An- und Abmeldungen gemäß dem Meldegesetz. Für den betreffenden Zeitraum stellt dies die detaillierteste Zusammenstellung der Wanderungsbewegungen in Deutschland dar. Zu bedenken ist indes, dass hierbei genau genommen nicht zwingend unterschiedliche wandernde Personen adressiert, sondern Wanderungsfälle gezählt werden. Zudem bedingen ungleiche kommunale Gebietsgrößen Verzerrungen zur sozialen Realität. Für eine Handhabung der 150 Millionen Einzelinformationen in neun Millionen Spalten war eine aufwendige Datenumstrukturierung nötig, die mittels einer Java-Programmierung operationalisiert wurde.

Abrundend geht das Kapitel auf den wechselseitigen Bezug von Pendeln und Umzügen sowie das dichotome Verständnis von Mobilität und Immobilität ein.

Zeitlich fällt das historische Ereignis des Mauerfalls in den betrachteten Zeitraum. Da als Folgeerscheinung der Wiedervereinigung ein reges Mobilitätsgeschehen konstatiert und wiederkehrend diskutiert wurde, ist dem betreffenden Thema speziell Beachtung zu schenken. Dies erfolgt in einem eigenen Kapitel, welches zudem die öffentliche Wahrnehmung behandelt. Der Schwerpunkt liegt hierbei auf der Abwanderung aus Ostdeutschland und der Frage, welche Personengruppen stark vertreten waren und die mediale Aufmerksamkeit in besonderem Maße auf sich zogen. Doch gilt es auch, die Gegenstromwanderung in die neuen Bundesländer durch Westdeutsche und Rückkehrer zu beleuchten. Andeutung erfährt desgleichen der Pendlerstrom zwischen den beiden ehemals getrennten Landesteilen.

Der Fokus der folgenden Kapitel verlässt die ausschließliche Ost-West-Perspektive und wählt einen anderen thematischen Zugang. Berufliches und Privates gelten für gewöhnlich als zentrale Dimensionen im Leben. Diesen Bereichen widmen sich die Kapitel im Mittelteil der Arbeit. Stellvertretend für die Erwerbssphäre befasst sich das dritte Kapitel mit der Rolle des Berufspendelns im Prozess wachsender Einkommensunterschiede. Als Einstieg zu Verdienstfragen wurde die Betrachtung Armutsgefährdeter gewählt, bevor eine Skizze zur Einkommensentwicklung mobiler und nicht-mobiler Arbeitskräfte folgt. Dies erlaubt eine spätere Einordnung der mobilitätsspezifischen Verhältnisse, die weitergehende Differenzierungen erfuhren.

Doch nicht nur jene, die in Lohn und Brot standen, waren mit Mobilitätsfragen konfrontiert. Das vierte Kapitel thematisiert, inwieweit die Gesellschaft von Erwerbslosen erwartete, durch erhöhte Mobilitätsanstrengungen in Arbeit zu kommen und wie sich dies explizit in den politischen Debatten und Zumutbarkeitsbestimmungen des Arbeitsförderrechtes niederschlug. Wirkten sich die gesetzlichen Veränderungen auf die Mobilitätsbeteiligung aus?

Räumliche Mobilitätsvorgänge vollziehen sich freilich nicht losgelöst vom jeweiligen sozialen Kontext. Das fünfte Kapitel zeichnet das Spannungsverhältnis von Mobilitätsverhalten und Familienplanung für eine konkrete Frauenkohorte nach. Für die in der zweiten Hälfte der 1960er Jahre geborenen Frauen wird die Vereinbarkeit von Mobilität, Beruf und Familie in den Blick genommen. Angesichts sinkender Geburtenzahlen stellt sich die Frage, ob dies auch im Zusammenhang mit räumlicher Mobilität steht. Erwiesen sich mobile Lebensformen als unvereinbar mit Kindern oder zögerten sie zumindest eine Elternschaft hinaus? Zeigten sich bei Paaren mit Kindern je nach Mobilitätsteilhabe Unterschiede in den gelebten Erwerbsmodellen und der praktizierten Arbeitsteilung? Hierbei ist es vorstellbar, dass die staatlichen Rahmenbedingungen eine Rolle spielten. Eine derartige Kohortenbetrachtung darf allerdings keinen Determinismus unterstellen, sondern muss sich eine Sensibilität gegenüber individuell unterschiedlichen Handlungsweisen und Adaptionsstrategien bewahren.

Um das Mobilitätsgeschehen der jüngeren Vergangenheit abschließend einordnen zu können, sind die Befunde zur Vorgeschichte der Gegenwart mit früheren Zeiten abzugleichen. Hierfür setzt sich das sechste Kapitel mit dem Mobilitätsaufkommen in der Hochindustrialisierungsphase um 1900 auseinander. Der Blick konzentriert sich ebenso auf Wohnungsumzüge und das Berufspendeln. Üblicherweise assoziiert man räumliche Mobilitätsprozesse für die Zeit der Jahrhundertwende mit Großstädten. Demnach erscheint es angebracht, zu dieser Vorstellung einen Kontrapunkt zu setzen, wozu als lokales Fallbeispiel die Kleinstadt Kirchheim unter Teck in Betracht gezogen wird. Es ist hervorzuheben, dass der Abgleich mit dem Mobilitätsgeschehen um 1900 auch bezüglich der etablierten Migrationsgeschichte neue Sichtweisen eröffnet.

Am Ende der Arbeit richtet sich der Blick erneut auf die Ausgangsfrage. Es scheint unstrittig, dass sich der menschliche Aktionsradius im letzten Jahrhundert vergrößerte. Ist indes auch der Gegenwartsdiagnose der jüngeren Vergangenheit beizupflichten, dass sich in den letzten Jahrzehnten ein mobiler Umschwung vollzog, der als Zeichen eines Wandels zu interpretieren ist, oder handelte es sich bei den Äußerungen zu einer bisher unbekannten Tragweite räumlicher Mobilität um einen zeitgenössischen Hype, sodass sich die tatsächlichen Veränderungen nicht derart dramatisch ausnahmen? Diese Frage steht im Mittelpunkt der folgenden Ausführungen.

II. Dimensionen und Facetten räumlicher Mobilität

»Heute ist [...] ein erneuter fundamentaler Wandel zu konstatieren. Die informationstechnische Revolution [...] ändert [... das] Lebe[n]. [...] Zu keiner Zeit war die Mobilität des modernen Menschen derart extensiv«[1]. Diese Aussage des Soziologen Claus Tully entspricht – wie bereits in der Einleitung angedeutet – einem allgemeinen Tenor in den 2000er Jahren. Mobilität stellte in den letzten Jahrzehnten kein grundsätzlich neues Phänomen dar – auch wenn sie in neuen Formen zutage trat –, als neuartig galten deren Ausmaß und Konsequenzen.[2] Historiker verstanden Mobilität seit jeher als essenziellen Bestandteil der Menschheitsgeschichte.[3] Erscheinen allerdings die Ansichten vieler Soziologen und Ökonomen gerechtfertigt, die für die letzten Jahrzehnte ein Vordringen in neue Mobilitätsdimensionen postulierten? So beleuchtet dieses Kapitel insbesondere das Ausmaß der Mobilität in jüngerer Vergangenheit.

Bevor die Arbeit die Entwicklung räumlicher Mobilitätsverhältnisse skizziert, ist zunächst konziser festzuhalten, was genau unter Mobilität und seinen Unterformen verstanden wird und inwieweit der Begriff einen Bedeutungswandel erfuhr.

1. Begriffsklärung

1.1 Der Ausdruck *mobil* im Lexikon

Das Wort *Mobilität* ist lateinischen Ursprungs und besagt in der prädikativen Grundform *bewegen* beziehungsweise *in Bewegung setzen*. Seit dem 18. Jahrhundert wurde es im militärischen Jargon als Ausdruck für Einsatzbereitschaft gebraucht. Parallel dazu etablierte sich ungefähr zur selben Zeit die Verwendung des negativ konnotierten Wortes *Mob*, welches eine proletarische, aufgewiegelte Menschenmenge bezeichnet.[4] Bereits in der Etablierungsphase des Fremdwortes

1 Tully (2006): Mobiler Alltag, S. 15.

2 Vgl. Schneider / Limmer / Ruckdeschel (2002): Berufsmobilität und Lebensform, S. 429; Breckner (2002): Wohnen und Wandern, S. 148.

3 Vgl. Köllmann (1976): Versuch des Entwurfs, S. 260; Schwarz (1969): Analyse der Bevölkerungsbewegung, S. 4; Bade (2000): Europa in Bewegung, S. 11. Einen guten Grobüberblick über Wanderungsbewegungen von und nach deutschen Territorien in den letzten drei Jahrhunderten bietet folgender Aufsatz: Bade / Oltmer (2007): Deutschland.

4 Vgl. Seebold (2011): Kluge, S. 628; Läpple (2005): Mobilität, S. 654; Bojadžijev / Karakayali (2007): Autonomie der Migration, S. 208.

mobil diente der Begriff in der deutschen Sprache offensichtlich zur Benennung verschiedener Sachverhalte. Zugleich ist zu bemerken, dass die anfänglichen Sinnzuschreibungen des Wortes *mobil* heutzutage im Alltag und in der Forschungssprache weniger Verwendung finden. Um semantische Verschiebungen nachzuzeichnen, erscheint es als geeignete Herangehensweise, Wörterbucheinträge in Nachschlagewerken über mehrere Auflagen zu verfolgen. Entsprechend des zeitlichen Fokus dieser Arbeit konzentriert sich der Blick hierbei auf Einträge aus den vergangenen vier Jahrzehnten. So seien zunächst als Standardwerk sprachlicher Nachschlagewerke verschiedene Formate des *Dudens* in Augenschein genommen.

In den verschiedenen Ausgaben der *Duden-Bedeutungswörterbücher* findet sich kein Eintrag zu *Mobilität*, allerdings zum Adjektiv *mobil*. In der ersten Auflage aus dem Jahr 1970 ist dem Eigenschaftswort nur ein sehr kurzer Eintrag gewidmet. Dort ist *mobil* lediglich im Sinne von agil notiert. Die Kürze des Eintrages liegt auch darin begründet, dass die Verwendung des Wortes seinerzeit ausschließlich als umgangssprachlich eingestuft wurde.[5] In der zweiten Auflage Mitte der 1980er Jahre spiegelt sich in der Begriffserklärung ein differenzierter Wortgebrauch des Adjektivs *mobil* wider. Neben der ersten Bedeutungsebene *munter und rege* führt der Lexikonartikel nun ebenso eine semantische Verwendung von *beweglich* im Sinne von etwas nicht an einem festen Standort gebundenen an.[6] Eine weitere Änderung bringt die dritte Auflage des *Duden-Bedeutungswörterbuches* aus dem Jahr 2002 zum Ausdruck. Zwar änderte sich an den beiden bereits in den 1980ern angeführten zwei Bedeutungsebenen nichts, allerdings hatte sich die Rangfolge der beiden semantischen Kategorien gedreht. Als zentralen Sinngehalt sah die Dudenredaktion nun die Verwendung von *mobil* als etwas *Bewegliches* an. In den Beispielen wird das Adjektiv nicht mehr nur Objekten als Eigenschaft zugeordnet, sondern gleichfalls Personen.[7] Die im *Duden* textlich fixierte erweiterte Sinnbedeutung von *mobil* ist im allgemeinen Sprachgebrauch jedoch nicht erst in den 1980ern zu verorten. Beschränkte sich die Wortverwendung anfänglich laut des *Duden-Fremdwörterbuches* aus dem Jahr 1966 auf eine umgangssprachliche Verwendung im Sinne von wohlauf, so differenzierten die Lexikonbeiträge im Fremdwörterbuch seit der 1974 veröffentlichten Ausgabe nach vier Semantiken: Beweglich im Sinne einer nicht bestehenden, festen Standortgebundenheit, als Ausdruck eines häufigen Wechselns von Wohnsitz und Arbeitsplatz, zur Bezeichnung einer militärischen Einsatzbereitschaft oder zur alltagssprachlichen Benennung eines munteren Zustandes einer Person. Die verschiedenen Auflagen des *Duden-Fremdwörterbuches* dokumentieren überdies eine parallele Ausdifferenzierung des Begriffes *Mobilität*. In der Ausgabe aus den 1960ern galt er einzig als bevölkerungsstatistischer Fachterminus zur Angabe der Häufigkeit von Wohnsitzwechseln. Neben jener

5 Vgl. Grebe / Köster / Müller (1970): Duden Bedeutungswörterbuch, S. 447.
6 Vgl. Müller (1985): Duden Bedeutungswörterbuch, S. 447.
7 Vgl. Dudenredaktion (2002): Duden Bedeutungswörterbuch, S. 630.

Bedeutungsebene einer tatsächlichen, physischen Bewegung im Raum wurden unter *Mobilität* von der dritten Auflage aus dem Jahr 1974 bis zur zehnten Auflage aus dem Jahr 2010 in gleichbleibendem Wortlaut ebenfalls Positionsänderungen innerhalb der Gesellschaft – also soziale Mobilität – als auch eine geistige Beweglichkeit gefasst.[8] Entsprechung findet dies in den Bänden des *großen Duden-Wörterbuchs der deutschen Sprache*. Hier wird die räumliche und soziale Mobilität als eine Beweglichkeit im soziologischen Sinne zusammengefasst, die auf Veränderungen im Beruf, der sozialen Stellung und dem Wohnsitz verweisen kann.[9] Auffallend ist, dass der geografischen Bedeutungsebene ausschließlich residenzielle, aber keine zirkulären Mobilitätsformen oder allgemeiner Verkehrsmobilität zugeordnet werden.

Neben Sprachwörterbüchern sind des Weiteren fachspezifische Nachschlagewerke dazu prädestiniert, sich mit *Mobilität* auseinanderzusetzen. Dementsprechend finden ebenso Standardwerke aus der Soziologie und Geografie Beachtung. So differenzierte Siegfried Schneider in der ersten Auflage des *Lexikons zur Soziologie* aus dem Jahr 1973 nach zwölf verschiedenen Mobilitätsformen, die er mittels konkreter Eigenschaftswörter unterscheidbar aufschlüsselte. Als oberste Kategorie, die alle mehrdimensionalen Mobilitätsvorgänge fasst, ist nach Schneider die *totale Mobilität* zu verstehen. Als zusammenfassende Unterformen gelten die *soziale*, *kulturelle* und *räumliche Mobilität*.[10] Bezüglich letzterer lieferte der Autor keine weiterführende Erklärung, sondern machte für deren Verständnis auf den Eintrag zu *Migration* aufmerksam. Ein selbiger Verweis ist bei den Formulierungen von *geografischer*, *migratorischer* und *regionaler Mobilität* zu finden. Innerhalb sozialer Mobilitätsvorgänge, die für gesellschaftliche

8 Vgl. Dudenredaktion (1966): Duden Fremdwörterbuch, S. 451; Drosdowski u. a. (1974): Duden Fremdwörterbuch, S. 469; Drosdowski u. a. (1990): Duden Fremdwörterbuch, S. 506; Drosdowski / Scholze-Stubenrecht / Wermke (1997): Duden Fremdwörterbuch, S. 524; Wermke / Kunkel-Razum / Scholze-Stubenrecht (2010): Duden Fremdwörterbuch, S. 679. Das von Gerhard Wahrig begründete *Deutsche Wörterbuch* gibt sich bei der Begriffserklärung einsilbiger. In diesem bleibt offen, in welchen verschiedenen Kontexten *beweglich* beziehungsweise *Beweglichkeit* zu sehen ist. Vgl. Hermann (1980): Wahrig Wörterbuch, Sp. 2565; Wahrig-Burfeind (2000): Wahrig Wörterbuch, S. 883.

9 Vgl. Wissenschaftlicher Rat der Dudenredaktion (1978): Duden Wörterbuch, S. 1804; Wissenschaftlicher Rat der Dudenredaktion (1994): Duden Wörterbuch, S. 2285 f.; Wissenschaftlicher Rat der Dudenredaktion (1999): Duden Wörterbuch, S. 2618 f.; Dudenredaktion (2011): Duden Universalwörterbuch, S. 1203. Eine explizite Nennung einer semantischen Verwendung im Sinne von Motilität, also einer grundsätzlichen Fähigkeit zu Mobilität, findet sich in betreffenden Einträgen der Fremdwörterbücher nicht. Darauf wird allerdings in den Ausgaben des großen Wörterbuches in den 1990ern indirekt verwiesen, in dem es heißt, dass jemand »bereit, in der Lage, fähig« ist einen Wechsel des Arbeitsplatzes oder des Wohnsitzes zu vollziehen. Vgl. Wissenschaftlicher Rat der Dudenredaktion (1994): Duden Wörterbuch, S. 2285; Wissenschaftlicher Rat der Dudenredaktion (1999): Duden Wörterbuch, S. 2618.

10 Die kulturelle Mobilität ist als Erscheinung eines sozialen Wandels zu interpretieren, wenn etwa neue Leitbilder aufkommen oder Begrifflichkeiten neue Sinnzuschreibungen erfahren.

Positionsveränderungen etwa hinsichtlich des Berufes, des Wohnumfeldes aber auch von Machtfragen stehen, bieten sich Differenzierungen nach individuellem beziehungsweise kollektivem und intergenerationalem respektive intragenerationalem Mobilitätsgeschehen an. Als zentralere Unterscheidung solch sozialer Mobilitätsprozesse fungieren allerdings die *horizontale Mobilität*, welche eine Änderung ohne Statuswechsel adressiert, und der Gegenfall der *vertikalen Mobilität*, welche soziale Auf- und Abstiege ausweist.[11] Für die zweite Auflage aus dem Jahr 1978 bis zur fünften Auflage aus dem Jahr 2011 sind hinsichtlich der Definitionen und Erklärungen der verschiedenen Mobilitätsarten im *Lexikon zur Soziologie* keine einschlägigen Bedeutungsverschiebungen ersichtlich.[12] Im Fließtext statt im Stakkatostil geschrieben, transportiert der Artikel zu *Mobilität* im *Wörterbuch der Soziologie* aus dem Jahr 1972 sehr ähnliche Erkenntnisse. Er führt im Wesentlichen identische Unterscheidungskriterien zu den verschiedenen Bewegungsvorgängen an. Zugleich hebt der Lexikoneintrag äußere Einflussfaktoren wie spezifische Traditionen, Lebensumstände und jeweilige Zeitumstände stärker hervor.[13] Hinsichtlich des räumlichen Sinngehaltes von Mobilität wird seit der vierten Ausgabe auch die Verwendung im Sinne von Verkehrsaufkommen herausgestellt und in diesem Zusammenhang neben der Freizeitmobilität ebenso der Pendelverkehr hervorgehoben.[14]

In den soziologischen Nachschlagewerken dominiert die soziale Bedeutungsebene der *Mobilität*. Dies ist bisweilen selbst bei geografischen Lexika wie jenem des *Herder*-Verlages zu konstatieren, welches den Mobilitätsbegriff in Ausgaben aus den 1980ern noch nicht anführt und die räumliche Komponente gegenüber der sozialen Dimension in der neubearbeiteten zehnten Auflage aus dem Jahr 1990 nur untergeordnet und peripher behandelt. Wenn es auch etwas verspätet

11 In dieser Unterscheidung nennt Schneider als Zwischenform respektive Sonderform die *scheinbare* beziehungsweise *unechte Mobilität*. Hierbei wird lediglich der Anschein erweckt, dass ein Aufstieg erfolgte, obgleich eine Veränderung keine tatsächliche vertikale Verbesserung bedeutete. Als Beispiel führt Schneider die Einführung neuer Berufsbezeichnungen an, die einen vermeintlich höheren Status suggerierten. Vgl. Fuchs u. a. (1973): Lexikon Soziologie, S. 449 f. Soziale Mobilität ist, im Unterschied zu räumlicher Mobilität eine Metapher. Dieses sprachliche Bild gewinnt seine Überzeugungskraft dadurch, dass gesellschaftliche Ordnungen seit langem als räumliche gedacht werden. Man denke nur an das Modell der Ständepyramide. Im Kleinen kann ein sozialer Aufstieg – wiederum eine räumliche Metapher – sich auch in räumlichen Bewegungen wie dem Umzug in eine bessere Wohngegend zeigen.

12 Einzig die *konnubiale Mobilität* fand seit der dritten Auflage als eigenes Lemma Eingang. Die erfolgende Kürzung der Begrifflichkeit *totale Mobilität* scheint widerzuspiegeln, dass entgegen eines Allgemeinverständnisses eines zunehmend allumfassenderen Mobilitätsgeschehens dieser Ausdruck selbst als weniger genutzt eingestuft wurde. Vgl. Fuchs u. a. (1978): Lexikon Soziologie, S. 511–514; Fuchs-Heinritz u. a. (1994): Lexikon Soziologie, S. 443–446; Fuchs-Heinritz u. a. (2007): Lexikon Soziologie, S. 437 f.; Fuchs-Heinritz u. a. (2011): Lexikon Soziologie, S. 449–451.

13 Vgl. Hartfiel (1972): Wörterbuch Soziologie, S. 446–448.

14 Vgl. Hillmann (1994): Wörterbuch Soziologie, S. 565 f.

anmutet, dokumentiert die Aufnahme des Mobilitätsbegriffes eine gesellschaftliche Bedeutungszunahme dieses Ausdrucks.[15] Das *Diercke Wörterbuch Geographie* unterscheidet in seinem knapp gehaltenen Beitrag mit stets gleichlautendem Text in allen Auflagen eine gleichrangige Unterscheidung zwischen *sozialer* und *räumlicher Mobilität*. Weitere Unterdifferenzierungen klingen an.[16] Weiterhin finden sich im geografischen Nachschlagewerk des *Dierckes* Anzeichen, dass die Verfasser einem gestiegenen Stellenwert von Bewegungsfragen Rechnung trugen. Entsprechend wurde in der Ausgabe des Jahres 2001 der Begriff *Mobilitätsforschung* als neuer Eintrag hinzugefügt.[17] Eine tiefgehende Sichtung des Lexikons verdeutlicht, dass Phänomenen räumlicher Mobilität insgesamt ein hoher Stellenwert eingeräumt wird. Ausgehend von Querverweisen und einer Grobsichtung des Lexikons, fanden sich über siebzig Einträge zu Akteuren und Prozessen räumlicher Mobilität, welche die große Relevanz und Bedeutungsvielfalt räumlicher Mobilität zumindest für geografische Zusammenhänge vor Augen führen. Die Beiträge reichen von *Abwanderung* und *Arbeiterberufsverkehr* über *Grenzgänger* und *Landflucht* bis *Saisonnomadismus* und *Zwangswanderung*.[18]

Insgesamt zeigen die Ausführungen zu Einträgen in verschiedenen Lexika, wie sich der Sinngehalt von Mobilität veränderte und der Wortgebrauch ausdifferenzierte.[19] Inwieweit verweist die zunehmende Verwendung des Begriffes

15 Vgl. Verlag Herder (1990): Lexikon Geographie, S. 151; Verlag Herder (1981): Lexikon Geographie.

16 Die einzige textliche Abweichung erfolgte mit der dreizehnten Auflage, indem die englische Übersetzung des zu erklärenden Begriffes angefügt wurde. Dies erfolgte allerdings für alle Lexikoneinträge und ist somit nicht mobilitätsspezifisch, sondern konzeptionell zu werten. Vgl. Leser (1992): Diercke Wörterbuch, S. 409; Leser (2001): Diercke Wörterbuch, S. 521; Leser (2005): Diercke Wörterbuch, S. 567; Leser (2011): Diercke Wörterbuch, S. 575.

17 Vgl. Leser (2001): Diercke Wörterbuch, S. 521.

18 Des Weiteren finden sich Ausführungen zu folgenden Begriffen: Arbeiterwanderung, Arbeitsmigration, Arbeitsmobilität, Arbeitspendler, Ausbildungspendler, Auslandstourismus, Auspendler, Ausreiseverkehr, Außenwanderung, Auswanderung, Berufspendler, Berufsverkehr, Bevölkerungssuburbanisierung, Binnentourismus, Binnenverkehr, Binnenwanderung, Einkaufsverkehr, Einpendler, Einreiseverkehr, Einwanderung, Emigration, Fernpendler, Fernreiseverkehr, Gastarbeiterwanderung, Geschäftsreiseverkehr, Güterverkehr, Güterfernverkehr, Güternahverkehr, Inlandsreise, Inlandstourismus, innerstädtischer Pendler, Landabwanderung, Landfahrer, Land-Stadt-Wanderung, Migration, Naherholungsverkehr, Nahverkehr, Nahwanderung, Nomadismus, öffentlicher Personenverkehr, Ost-West-Wanderung, Outbound-Tourismus, Outgoing-Tourismus, Pendler, Pendelwanderung, Pendlerverkehr, Permigration, Personenfernverkehr, Personennahverkehr, Personenverkehr, Saisonarbeiterwanderung, Stadtrandwanderung, Suburbanisierung, Süd-Nord-Wanderung, Tagesmobilität, Tagestourismus, Umzug, Urlaubsreiseverkehr, Verkehr, Wanderung, Wochenpendler, Wohnsitzmobilität, Wohnsuburbanisierung, Zuwanderung. Vgl. Leser (2011): Diercke Wörterbuch. Neben dieser Listung finden sich weitere Erklärungen aus dem Sinnumfeld räumlicher Mobilität, die etwa spezifische Räume oder statistische Maßzahlen beschreiben.

19 In Bezug auf die Nachschlagewerke gilt es allerdings zu bedenken, dass diese in überarbeiteten Versionen dazu neigen, Altes vergangener Auflagen zu wiederholen und nicht stets alle zeitgenössischen Sinngehaltsverschiebungen unmittelbar aufgreifen.

Mobilität auf eine gestiegene gesellschaftliche Mobilität? Oder entsprach die gesellschaftliche Selbstwahrnehmung nicht der tatsächlichen sozialgeschichtlichen Entwicklung? Dieser Frage ist im weiteren Fortgang hiesiger Untersuchung besondere Aufmerksamkeit zu schenken.

In den Erläuterungen zu diversen Lexikonbeiträgen klangen viele Bedeutungsdimensionen von Mobilität an. Resümierend steht Mobilität allgemein für den »Wechsel [...] zwischen definierten Einheiten eines Systems.«[20] Die Änderung kann sich sowohl auf soziale als auch auf räumliche Strukturen beziehen.[21] Die vorliegende Arbeit konzentriert sich vordergründig auf räumliche Mobilitätsprozesse. Der Blick auf räumliche Bewegungen schließt indes keineswegs soziale Implikationen aus. Der physische Raum – und damit auch Bewegungen in diesem – ist ohne einen sozialen Raum nicht zu denken. Er spiegelt vielmehr soziale Praktiken wider, wird durch diese geformt und erfährt gesellschaftliche Bewertungen. Ebenso unterliegen räumliche Bewegungen sozialen Deutungen. Räumliche Mobilität bewegt sich somit nicht nur im Sozialraum, sondern ist selbst als sozialer Prozess zu verstehen, denn sie bedingt Veränderungen für die sich bewegenden Personen und deren soziale Umwelt. In seinen raumtheoretischen Überlegungen hielt auch Pierre Bourdieu fest, dass sich »alle Unterscheidungen in bezug auf den physischen Raum [...] im reifizierten sozialen Raum«[22] wiederfinden. Dies deutet an, dass Mobilitätsprozesse keiner eindimensionalen Logik folgen. Räumliche Bewegungen sind das Ergebnis komplexer Wechselwirkungen mit sozialstrukturell, raumstrukturell als auch individuell spezifischen Gegebenheiten und verursachen selbst wiederum Rückkopplungseffekte. Hinzu kommen teilweise selbstbezügliche Verstärkungseffekte. Diese können sich darin äußern, dass Mobilitätsvorgänge nicht selten weitere Mobilität generiert. Im Geflecht von räumlicher Mobilität und sozioökonomischen Vorgängen – wie beispielsweise gesellschaftliche Diversifizierung im Zuge neuer Lebensformen, umstrukturierende Arbeitsorganisationsprozesse, anhaltende Suburbanisierungsentwicklungen oder technologischer Wandel – können Ursache und Wirkung nicht zweifelsfrei voneinander abgegrenzt werden. Vielmehr zeigt

20 Mackensen / Vanberg / Krämer (1975): Probleme regionaler Mobilität, S. 8.

21 Spätestens seit der Einführung des World Wide Web zu Anfang der 1990er war auch von virtueller Mobilität die Rede, welcher ein gesamtgesellschaftlicher Beschleunigungsprozess zugesprochen wurde. Viele prophezeiten eine Substitution physischer Bewegung durch die virtuelle Mobilität. Andere mutmaßten eine steigernde Wirkung. Eine gesamtgesellschaftliche Abnahme räumlicher Mobilität lässt sich im Zuge einer Digitalisierung nicht belegen. Vielmehr scheint die Einschätzung von Dieter Läpple realistisch, dass hierdurch neue mobile Mischformen hervorgingen und hervorgehen werden. Vgl. Läpple (2005): Mobilität, S. 656; Vogl (2009): Betriebliche Mobilitätsregime, S. 262; Virilio (1992): Rasender Stillstand, S. 150; Bonß / Kesselring / Weiß (2004): Society on Move, S. 279. Siehe weitergehend Zoche / Kimpeler / Joepgen (2002): Virtuelle Mobilität.

22 Bourdieu (1991): Physischer Raum, S. 26. Bereits Georg Simmel konstatierte, dass ein Raum erst durch Zuschreibung konstituiert wird. Vgl. Simmel (1903): Soziologie des Raumes, S. 27 f.

sich räumliche Mobilität – verstanden als soziale Handlung – interdependent zu sozialen Strukturen.[23]

Das angedeutete Grundverständnis zu räumlichen Mobilitätvorgängen unterstreicht, dass es für eine Annäherung an das Mobilitätsphänomen sinnvoll ist, dieses aus verschiedenen Perspektiven in den Blick zu nehmen. Im Folgenden soll ausgeführt werden, welche konkreten Formen räumlicher Mobilität in dieser Arbeit betrachtet werden.

Unter räumlicher Mobilität werden im Alltagsverständnis vorwiegend beobachtbare Bewegungsvorgänge gefasst. Theoretisch kann sie gleichfalls als Einstellungsfrage eine Bewegungsbereitschaft widerspiegeln als auch eine grundsätzliche Fähigkeit beziehungsweise Befähigung zur Mobilitätsbeteiligung – also die Motilität – zum Gegenstand haben.[24] Die vorliegende Abhandlung adressiert unter räumlicher Mobilität das tatsächliche räumliche Verhalten. Räumliches Mobilitätsverhalten als Oberbegriff umfasst im Grunde alle Formen physischer Bewegungsvorgänge und lässt sich in residenzielle und zirkuläre Geschehnisse aufteilen. In die erste Kategorie fallen Begriffe wie Umzug, Wanderung und Migration, in die zweite jene wie Pendlermobilität, Alltagsbewegungen und Tourismus.[25] Allen Mobilitätsformen ist gemein, dass sie ihren sichtbaren Ausdruck in Verkehrsbewegungen finden. Das Gesagte soll allerdings nicht in die Irre führen, den Begriff des Verkehrs mit jenem der Mobilität als bedeutungsgleich anzusehen. Dies würde den Mobilitätsbegriff fälschlich zu eng fassen.

1.2 Definition von Wanderung

In dieser Arbeit stehen Wandervorgänge und Pendelbewegungen im Fokus. Entsprechend erfahren genannte räumliche Mobilitätspraktiken eine genauere Bestimmung.

Die Begriffe *Wanderung* und *Migration* finden im Allgemeinen synonym Verwendung. Ein Blick in verschiedene Auflagen einschlägiger Lexika dokumentiert dabei, dass in der Fachsprache lange Zeit der Ausdruck *Wanderung* bevorzugt genutzt wurde, das Fachwort *Migration* diesen jedoch im Laufe des

23 Vgl. Läpple (2005): Mobilität, S. 654; Manderscheid (2013): Mobilität als Aushandlung, S. 67, 72; Rolshoven / Winkler (2008): Spuren der Pendlerin, S. 11.

24 Vgl. Buch (2006): Regionale Mobilität, S. 179; Franz (1984): Soziologie der Mobilität, S. 28; Wegener (2013): Dialektik der Mobilität, S. 81. Diese verschiedenen semantischen Ebenen sind bereits dem lateinischen *Mobilitas*-Term zu eigen. Vgl. hierzu Vogt (2002): Sinn hat Mobilität, S. 118.

25 Es soll nicht unerwähnt bleiben, dass es weitere Formen räumlicher Mobilität gibt. So ziehen etwa viele soziale Entwicklungen spezifische räumliche Bewegungsprozesse nach sich. Als Beispiel sind Kinder zu nennen, die nach der Trennung ihrer Eltern sich pendelnd zwischen deren jeweiligen Lebensmittelpunkten hin und her bewegen. Außerdem sind nicht nur Personen räumlich mobil, sondern es können desgleichen Güter-, Waren- und Kapitalströme Beachtung finden.

letzten Drittels des 20. Jahrhunderts als Oberbegriff ablöste.[26] Bezieht man sich auf sprachliche, soziologische und geografische Nachschlagewerke, so wurde dem Begriff dann erst die Hauptbedeutungsebene menschlicher Wanderungsbewegungen zugeschrieben. Zuvor bezog sich Migration vornehmlich auf Wanderungsprozesse in der Tierwelt.[27] Eine Engführung des Wanderbegriffes im Migrationssinne in Bezug auf menschliches Handeln schließt die Beschreibung freizeitorientierten Verhaltens aus und thematisiert die Änderung des Lebensmittelpunktes in Form eines Wohnsitzwechsels Einzelner oder von Gruppen. Nach amtlichem Verständnis ist hierbei eine administrative Grenze zu überschreiten.[28] In der Migrationsforschung schloss man sich oftmals dieser Vorstellung an. Entsprechend definierte der Migrationssoziologe Rudolf Heberle in seiner Veröffentlichung *Theorie der Wanderungen* im Jahr 1955 Migration als Umzüge über Gemeindegrenzen hinweg und bezog in seine Deutung spezifische Typen wie Nomaden und Wanderarbeiter mit ein. In einem gleichnamigen, englischsprachigen Aufsatz ein Jahrzehnt später sah der Bevölkerungswissenschaftler Everett S. Lee bereits im Falle eines Wohnungswechsels innerhalb desselben Hauses einen Migrationsvorgang gegeben. Die in der Definition von Heberle inkludierten Sonderformen berücksichtigte er hingegen nicht.[29] Wie sich an diesen beiden älteren Beispielen andeutet, fällt die konkrete Definition von Wan-

26 Vgl. Fuchs u. a. (1973): Lexikon Soziologie, S. 752; Fuchs u. a. (1978): Lexikon Soziologie, S. 502; Fuchs-Heinritz u. a. (1994): Lexikon Soziologie, S. 436 f.; Fuchs-Heinritz u. a. (2007): Lexikon Soziologie, S. 430 f.; Fuchs-Heinritz u. a. (2011): Lexikon Soziologie, S. 442 f.; Hartfiel (1972): Wörterbuch Soziologie, S. 435, 675; Hartfiel (1976): Wörterbuch Soziologie, S. 447, 693 f.; Hillmann (1994): Wörterbuch Soziologie, S. 552, 920; Hillmann (2007): Wörterbuch Soziologie, S. 565 f., 954.

27 Beispielsweise verweist das Wörterbuch des *Wahrig* noch im Jahr 1980 darauf, dass sich *Migration* insbesondere auf die Bewegung von Zugvögeln beziehe. Erst in späteren Ausgaben ist von Bevölkerungsgruppen die Rede. Ähnliches gilt für das Fremdwörterbuch des *Dudens*. Hier ist in der Ausgabe des Jahres 1966 als Beispiel für Migrationsbewegungen von Wanderheuschrecken und gleichfalls von Zugvögeln die Rede. Überdies finden Bewegungen von Erdgas und Erdöl innerhalb von Gesteinsschichten Erwähnung. Die Bewegung menschlicher Individuen oder Gruppen kommt erst in der Auflage des Jahres 1974 zur Sprache. In der *Duden-Fremdwörterbuch*-Ausgabe des Jahres 2010 kam die Verwendung des Terms *Migration* im Zusammenhang mit einem Datenaustausch bei EDV-Systemen hinzu. Vgl. Hermann (1980): Wahrig Wörterbuch, Sp. 2532; Wahrig-Burfeind (2000): Wahrig Wörterbuch, S. 872; Dudenredaktion (1966): Duden Fremdwörterbuch, S. 445; Drosdowski u. a. (1974): Duden Fremdwörterbuch, S. 463; Drosdowski u. a. (1990): Duden Fremdwörterbuch, S. 499; Drosdowski / Scholze-Stubenrecht / Wermke (1997): Duden Fremdwörterbuch, S. 519; Wermke / Kunkel-Razum / Scholze-Stubenrecht (2010): Duden Fremdwörterbuch, S. 669. Siehe ähnlich Leser (1992): Diercke Wörterbuch, S. 399; Leser (2001): Diercke Wörterbuch, S. 509; Fuchs u. a. (1973): Lexikon Soziologie, S. 441; Fuchs-Heinritz u. a. (2007): Lexikon Soziologie, S. 430 f.

28 Vgl. Mai (2004): Abwanderung aus Ostdeutschland, S. 23 f.; Schlömer (2004): Binnenwanderungen seit Einigung, S. 96; Flöthmann (2005): Wanderungen, S. 1267.

29 Vgl. Heberle (1955): Theorie der Wanderungen, S. 2; Lee (1966): Theory of Migration, S. 49.

derungsvorgängen individuell unterschiedlich aus.[30] Es ist notwendig, eindeutig festzuhalten, ab welcher räumlichen Grenze von Wanderung gesprochen wird. Es hat sich eingebürgert, diese anhand der Unterscheidung nach Verwaltungsgrenzen zu klassifizieren.[31] Demnach werden Wanderungen über Staatsgrenzen als transnationale Migration gefasst. Einige verstehen unter Migration als solcher grundsätzlich nur Wechsel zwischen Staaten. Bewegen sich die Wohnsitzverlegungen innerhalb von Staatsgrenzen, ist von Binnenmigration beziehungsweise Binnenwanderung die Rede. Erstrecken sich diese in Deutschland über Ländergrenzen, gelten sie meist als Fernumzüge. Als Nahwanderung wird bezeichnet, wenn die Wanderung lediglich kommunale Grenzen überschritt. Je nach Definition werden auch innergemeindliche Ortsumzüge unter Nahwanderungen subsumiert. Die Unterteilung von Wanderungen mittels administrativer Abgrenzungen folgt oftmals dem vorhandenen Datenmaterial, das sich zumeist auf die Meldedaten der statistischen Ämter stützt. Da unterschiedliche administrative Räume nicht selten mit abweichenden sozialräumlichen Gegebenheiten einhergehen – beginnend etwa mit unterschiedlichen Verwaltungsvorschriften – erscheint solch eine Herangehensweise vertretbar. Beruft man sich indes für Fernumzüge lediglich auf das Überschreiten von Landesgrenzen, ist die implizite Annahme der Überbrückung einer längeren Distanz nicht stets gegeben. In jenen Fällen empfiehlt sich eine zusätzliche Beachtung von tatsächlich zurückgelegten Entfernungen. Dies bedarf allerdings einer expliziten Festlegung, ab welchem konkreten Schwellwert von Fernumzügen die Rede ist. Das entscheidende Merkmal des Fernumzuges besteht darin, dass der Fortziehende durch diesen – im Gegensatz zur Nahwanderung – das vertraute soziale Umfeld, das nahräumlich bekannte Aktionsfeld verlässt und sich neue Beziehungsgeflechte und Alltagsräume erschließen muss.

Ferner ist festzuhalten, dass starre Definitionen ihre Tücken mit sich bringen. Beispielsweise erschweren administrative Gebietsveränderungen die Vergleichbarkeit im Zeitverlauf. Da sich Mobilitätsvorgänge in vielen Definitionen an kommunalen Gliederungen orientieren, erfuhr manch zuvor beobachtete Bewegung durch gemeindliche Neuregelungen hiernach keine weitergehende Registrierung. Zudem können Mobilitätsformen als solche in ihrer allgemeinen Bedeutung als auch in der individuellen Bewertung einen Wandel durchlaufen.

30 Differenzen in Untersuchungsergebnissen der Mobilitätsforschung sind teilweise darauf zurückzuführen, dass mit unterschiedlichen Definitionen operiert wurde. Zugleich besteht oftmals kein Bewusstsein dafür, dass gleichen Benennungen verschiedene Definitionen zugrunde liegen. Gleichwohl mindern unterschiedliche Definitionen die Vergleichbarkeit.

31 Desgleichen diente in geisteswissenschaftlichen Erörterungen auch der Wechsel zwischen sozioökonomisch verschiedenen Raumtypen als Unterscheidungskriterium. Die Aufmerksamkeit galt hier vornehmlich Bewegungen zwischen urbanen und peripher eingestuften Gebieten. Ehemals waren dies Beobachtungen zu Land-Stadt-Wanderungen. In den letzten Jahrzehnten betraf dies vor allem Bewegungen von Kernstädten in deren Umland, als einem anhaltenden Suburbanisierungsprozess.

Etwa wurden aus manchen ehemals als Fernwanderung kategorisierten Bewegungen nach der Etablierung schnellerer Reisemöglichkeiten Nahwanderungen. Ebenso können Motive mobiler Beteiligung im Zeitverlauf eine Modifikation oder Umdeutung erfahren.[32] Insofern stellt es den theoretischen Idealfall dar, Mobilitätsdefinitionen nicht statisch zu fassen, sondern eine variable, dynamische Komponente offen zu lassen. Entsprechend finden in der Arbeit selbst – bewusst offener formuliert – sowohl kleinräumige als auch großräumige Wanderungen Beachtung. Bezüglich des Wanderungsgeschehens liegt das Augenmerk zugleich auf innerdeutschen Binnenbewegungen.[33]

1.3 Definition vom Pendeln

Viele Forschungsarbeiten verknappten räumliche Mobilität, welche gelegentlich synonym als regionale Mobilität oder geografische Mobilität bezeichnet wird, auf die Wanderungsmobilität. Die Pendelmobilität fiel scheinbar nicht unter besagten Bewegungsoberbegriff beziehungsweise wurde von dieser abgesehen.[34] Beispielhaft für die vorgenannte Sichtweise sind die entsprechenden Artikel in den verschiedenen Auflagen des *Lexikons zur Soziologie*. In diesen wurde räumliche Mobilität mit Migration gleichgesetzt und betreffender Passus erst in der Ausgabe des Jahres 2007 gestrichen.[35] Ein Hauch des Fremdartigen umwehte den Pendlerbegriff noch in den ersten Ausgaben des *Duden-Fremdwörterbuches*. So wies betreffender Lexikoneintrag in der 1966er-Ausgabe diesen Ausdruck als ein aus dem Lateinischen übernommenes Wort aus. In der im Jahr 1974 erschienenen Auflage hieß es bereits, dass das Wort *Pendler* eines lateinisch-deutschen Ursprungs sei. Seit der fünften Auflage des Jahres 1990 stufte der *Duden* das Wort *Pendeln* nicht mehr als Fremdwort ein und entsprechend führte das Wörterbuch den Begriff nicht mehr auf. Es hatte sich als geläufiges deutsches Wort etabliert.[36]

32 Vgl. Wadauer (2008): Historische Migrationsforschung, S. 6.

33 Eine Behandlung von Ein- und Auswanderung würde den Rahmen der vorliegenden Arbeit sprengen. Dies spricht dem ausgelassenen Themenkomplex allerdings keine Relevanz ab. Im Gegenteil bildete transnationale Migration für Deutschland und Europa im Allgemeinen in früheren Zeiten, aber gleichfalls in der jüngeren Vergangenheit einen wichtigen gesellschaftlichen Faktor. Allein ein Blick auf die aktuelle Entwicklung und mediale Erörterung des Asylthemas lässt erwarten, dass es auch in Zukunft bedeutsam bleiben wird. Vgl. für Weitergehendes Bade (2000): Europa in Bewegung; Oltmer (2009): Einführung; Bade u. a. (2010): Enzyklopädie Migration; Boswell / Geddes (2011): Migration and Mobility.

34 Vgl. etwa Frick (1996): Lebenslagen im Wandel, S. 133; Sauer (1976): Mobilität der Arbeiter, S. 17; Albrecht (1972): Soziologie der Mobilität, S. 23 f.; Birg (1992): Längsschnittanalyse der Zusammenhänge, S. 8.

35 Vgl. Fuchs u. a. (1973): Lexikon Soziologie, S. 441; Fuchs-Heinritz u. a. (2007): Lexikon Soziologie, S. 430 f.

36 Vgl. Dudenredaktion (1966): Duden Fremdwörterbuch, S. 526; Drosdowski u. a. (1974): Duden Fremdwörterbuch, S. 545; Drosdowski u. a. (1990): Duden Fremdwörterbuch, S. 586.

Der Gebrauch des Wortes *Pendeln* zur Beschreibung wiederkehrender Berufswege geht auf die Zeit um 1900 zurück. In jener Zeit beobachtete man, dass im Zuge der Industrialisierung eine zunehmende Zahl von Beschäftigten regelmäßig längere Arbeitswege zu bewältigen hatte. Dies stand insbesondere mit dem Aufkommen von großen Fabriken, einer Herausbildung von Ballungsräumen und der rasanten Entwicklung der Verkehrstechnik im Zusammenhang. Die Zeitgenossen versuchten, das Phänomen der Pendelmobilität sprachlich zu fassen und umschrieben es als »Wanderungen mit fester Wohnstätte«[37]. Es kursierten verschiedene Benennungen wie der *Außenortsarbeiter* oder der *Tagesarbeitswanderer*. Der schwäbische Ökonom Hermann Losch führte den Ausdruck *Pendelwanderung* um 1902 ein – ein Begriff, der sich in den 1920ern durchgesetzt hatte.[38] Entsprechend findet sich als Erklärung in einem Zeitschriftenbeitrag aus dem Jahr 1924: »Diese Wanderungsbewegung wird Pendelwanderung genannt, weil die Erwerbstätigen täglich zwischen Wohn- und Arbeitsstätte hin und her pendeln.«[39] Die Verknüpfung der Wanderung mit dem neuen Pendelbegriff dokumentiert, dass das Auseinanderfallen des Wohn- und Arbeitsortes als Sonderform der Binnenwanderung verstanden wurde. Da es sich bei dem Zurücklegen des Arbeitsweges um eine regelmäßig wiederholte Bewegung handelt, erschien den Geografen der 1960er Jahre die Assoziation mit dem Migrationsgedanken verwirrend, sodass sie für ein Abrücken vom Begriff der *Pendelwanderung* zugunsten des Ausdruckes des *Pendelverkehrs* plädierten.[40]

Nach der amtlichen Erfassung gilt als Pendler, wer auf einem regelmäßig zurückgelegten Arbeitsweg die Wohngemeinde überschreitet, das heißt, dass Wohnort und Arbeitsstätte nicht in der gleichen Kommune liegen. Diese Bestimmung geht auf die Volkszählung des Jahres 1900 zurück, als das Pendlerphänomen erstmals für Deutschland statistisch erhoben wurde. Auch entsprechende Folgeerhebungen im Deutschen Reich sowie in der Bundesrepublik Deutschland bedienten sich in ihrer Definition des Kriteriums der kommunalen Grenzüberschreitung.[41] Entsprechend der begrifflichen Abgrenzung der maßgeblichen verfügbaren Daten hat sich diese Festlegung als zentrale Definition behauptet. Problematisch ist allerdings die Vergleichbarkeit zwischen verschiedenen Gemeinden einzustufen, da sich Kommunen – neben siedlungsstrukturellen Spezifika – oftmals ganz wesentlich in ihrer Größe unterscheiden. Ferner können auch innergemeindliche Arbeitswege – etwa in größeren Stadtgebieten – mit

37 Wolff (1910): Die inneren Wanderungen, S. 180.

38 Vgl. Losch (1902): Volkszählung Württemberg 1900, S. 238; Losch (1912): Volkszählung Württemberg, S. 392; Grabe (1926): Einfluß der Pendelwanderung, S. 2 f.

39 Dresel / Grabe (1924): Einfluß der Pendelwanderung, S. 959.

40 Vgl. Boustedt (1966): Pendelverkehr, Sp. 1309 f.; Uthoff (1967): Pendelverkehr um Hildesheim, S. 22 f.; Ipsen u. a. (1957): Standort und Wohnort, S. 14.

41 Vgl. etwa Losch (1912): Volkszählung Württemberg, S. 392; Birkner (1955): Pendelwanderung in Deutschland, S. 491; Statistisches Bundesamt (1974): Bevölkerung und Kultur, S. 22; Boustedt (1966): Pendelverkehr, Sp. 1311.

einem erheblichen Aufwand verbunden sein und dabei zwischengemeindliche Pendelbewegungen in der Weglänge übertreffen. Anzumerken ist, dass ebenso kommunale Neugliederungen – insbesondere durch Eingemeindungen – starke statistische Veränderungen bedingten, ohne dass sich im Mobilitätsgeschehen tatsächlich Änderungen zeigten. Demgemäß etablierte sich auch die Erfassung zurückgelegter Distanzen als Distinktionsmerkmal. In einigen Erhebungen der Nachkriegszeit dienten 20 Kilometer als Schwellwert zur Messung des Fernpendlertums. Ein halbes Jahrhundert später galt hierfür bisweilen eine Entfernung ab 50 Kilometern als Kriterium.[42] Diese Verschiebung im Laufe der Zeit deutet an, dass auch eine Wegstreckenangabe im zeitlichen Vergleich Schwierigkeiten mit sich bringt. Statt der oder zumindest ergänzend zu den Pendeldistanzen stellen die Pendelzeiten eine gute Alternative zur Einteilung und Bewertung von Arbeitswegen dar. Die zeitliche Beanspruchung lässt die Bedeutung und Beeinflussung der alltäglichen Lebensgestaltung besser erahnen. Einzuschränken ist allerdings, dass Zeitangaben in Erhebungen selten vorliegen. Hier bilden die Daten des Sozio-oekonomischen Panels nur bedingt eine Ausnahme.[43] Somit zieht auch die vorliegende Arbeit aus pragmatischen Gründen in den meisten Fällen das Entfernungskriterium für die Zuweisung eines Pendlerstatus heran. Unter werktäglichen Pendlern werden – wenn im Konkreten nicht ergänzend spezifiziert – dementsprechend jene Menschen verstanden, die bis zu ihrem Arbeitsplatz eine Entfernung von mindestens 20 Kilometern zurücklegten.[44] Die mit solch einer statischen Definition einhergehenden Unschärfen sind nicht ganz unproblematisch. Raumentfernungen muten in der Wahrnehmung kleiner an, wenn der Raum mittels schnellerer Verkehrsmittel oder einer besseren Anbindung schneller zurückgelegt werden kann. Schneller ist gleichbedeutend mit einem Zeitgewinn. Doch wie bereits angeführt, liegen Zeitangaben in den Daten des Sozio-oekonomischen Panels lediglich für sechs Erhebungsjahre vor. Andere längsschnittliche Mikrodaten versprechen keine Abhilfe. Demnach scheint es vertretbar, als Annäherung das Entfernungskriterium als Arbeitsdefinition zu wählen und die Vereinfachung in der Interpretation der Ergebnisse zu berücksichtigen.[45]

42 Vgl. Kopper (2007): Bahn im Wirtschaftswunder, S. 274; Ott / Gerlinger (1992): Die Pendlergesellschaft, S. 77; Lück / Schneider (2010): Issue on Mobility, S. 142 f.

43 Im Datensatz des Sozio-oekonomischen Panels liegen nur für einzelne Jahre Zeitangaben zum einfachen Arbeitsweg vor. Eine entsprechende Frage wurde in den Jahren 1985, 1990, 1993, 1995, 1998 und 2003 erhoben.

44 Bei der Betrachtung von Pendlern in dieser Arbeit handelt es sich im Wesentlichen um Berufspendler, gelegentlich um Ausbildungspendler. Entsprechend fanden Sonderformen wie Kinder, die zwischen getrennt lebenden Erziehungsberechtigten pendeln oder Beziehungen, in denen die Partner unterschiedliche Wohnsitze aufwiesen, und die sich regelmäßig besuchten, keine eingehende Berücksichtigung.

45 Zu den Wegstrecken finden sich in den Daten des Sozio-oekonomischen Panels Informationen zu 17 Jahren: 1985, 1990, 1993, 1995 sowie die Jahre 1997 bis 2009.

Wie mit dem Begriff des Fernpendlers anklang, existieren weitere Unterteilungen des Pendlerverkehrs.[46] So ist entsprechend der Frequenz des Pendelns nach Tagespendlern und jenen mit geringerer Häufigkeit, bei denen es sich oftmals um Wochen- beziehungsweise Wochenendpendler handelt, zu unterscheiden.[47] Hinsichtlich des Pendlerrhythmus vollzog sich im *Wörterbuch der Soziologie* ein Wahrnehmungswandel. Noch in der Ausgabe aus dem Jahr 1972 hieß es, dass es Pendler auszeichne, dass sie ihren Gemeinde überschreitenden Weg täglich bewältigen.[48] Diese Eindeutigkeit der werktäglichen Wiederkehr wurde in der Ausgabe aus dem Jahr 1994 gestrichen. Das Autorenkollektiv des Wörterbuches trug damit dem Umstand Rechnung, dass mindestens eine vermeintliche Zunahme selteneren täglichen Heimkehrens – und somit andere Rhythmen des Pendelns – die öffentliche Wahrnehmung bestimmte.[49] Obgleich sich die Hauptmuster der meisten an kalendarischen und gleichmäßigen Unterteilungen orientierten, prägten bei einigen Menschen unstete Pendlerrhythmen die Lebenswirklichkeit. Die Forschung hat für den allgemeinen Fall den Begriff des *Shuttles* eingeführt – einem Pendler der in größeren als täglichen Abständen zum Hauptwohnsitz zurückkehrt und die Arbeit im Wesentlichen von einem Zweitwohnsitz aus aufsucht. Dies wird auch als Form multilokalen Wohnens bezeichnet, bei der eine grundsätzliche Gleichsetzung von Familie und Haushalt zumeist nicht gegeben ist, sondern der Lebensalltag an mehreren Wohnorten stattfindet.[50] Den Bekundungen soziologischer und sozialgeogra-

46 Der Term des Fernpendlers selbst findet in der Forschungsliteratur verschiedenartig Verwendung. Dieser wird zum einen synonym für jene verwendet, die von einer Zweitwohnung aus ihre Arbeitsstätte aufsuchen und somit unter die Kategorie des *Shuttles* fallen. Zum anderen sprechen andere Autoren damit Tagespendler an, die besonders weite Wege zurücklegen. Vgl. zu unterschiedlichen Definitionen des Fernpendlers etwa Behnen / Ott (2006): Arbeitskräftemobilität Fernpendler, S. 56; Hoffmeyer-Zlotnik (2000): Wanderungen, S. 957; Einig / Pütz (2007): Dynamik der Pendlergesellschaft, S. 80; Peuckert (2012): Familienformen im Wandel, S. 527.

47 Ist in der Arbeit von Pendlern die Rede und der Bezug zu einer konkreteren Unterform nicht ersichtlich, dann sind in diesem Fall stets Tagespendler gemeint.

48 Vgl. Hartfiel (1972): Wörterbuch Soziologie, S. 507.

49 Vgl. Hillmann (1994): Wörterbuch Soziologie, S. 659.

50 Vgl. weitergehend zum multilokalen Wohnen, das teilweise als Zwischenform zwischen Migration und Zirkulation, aber auch zwischen Mobilität und Sesshaftigkeit verstanden wird: Hilti (2013): Lebenswelten multilokal Wohnender, S. 17; Hesse / Scheiner (2007): Mobilität im Kontext, S. 139 f., 145; Weichhart (2009): Multilokalität, S. 10; Rolshoven / Winkler (2009): Multilokalität und Mobilität, S. 99. Beruflich bedingte verschiedene Lebensmittelpunkte von Partnern wurden gelegentlich unter dem Begriff der *Commuter-Ehe* gefasst. Vgl. hierzu Peuckert (1989): Commuter-Ehe als Lebensstil, S. 175–177. Die soziologische Forschung adressiert getrennt lebende Paare bisweilen ebenso unter dem Kürzel *LATs*. Die Abkürzung steht für *Living apart together.* Vgl. hierzu Lois / Lois (2012): Living apart together. Multilokalen Lebensweisen werden indes nicht nur arbeitsbedingte oder partnerschaftliche Lebensformen zugeordnet. Neben einem freizeitlich oder als Pensionär genutzten Zweitwohnsitz subsumieren manche Forscher hierunter gleichfalls Minderjährige, die zwischen zwei getrennt lebenden Elternteilen pendeln.

fischer Forscher der letzten Jahre zufolge stellten multilokale Lebensweisen eine Reaktion auf geänderte ökonomische Rahmenbedingungen dar. Sie bedeuteten einen Ausdruck eines sozialen Wandels. Zugleich handelte es sich hierbei nicht um neuartige Phänomene. In früheren Zeiten bezeichnete man sie schlicht nur anders. Zu Zeiten der Weimarer Republik hießen sie beispielsweise »Wochenaußenortsarbeiter«[51].

2. Ausmaß

2.1 Residenzielle Mobilität

Transnationale Wanderung

Die folgenden Ausführungen betrachten nun die Größenordnungsentwicklung des residenziellen und zirkulären Mobilitätsgeschehens. Zunächst rücken Migrationsbewegungen in den Blickpunkt. Diese unterteilen sich in transnationale Bewegungen und Binnenwanderungen. Zwar liegt ein Schwerpunkt dieser Arbeit auf Letzterer, aufgrund einer beachtlichen Verbreitung soll indes ebenfalls das Ausmaß ersterer angedeutet werden.

Nach einer Auswanderungsdominanz im 19. Jahrhundert erwies sich Deutschland im 20. Jahrhundert und auch im Übergang zum neuen Jahrtausend als Einwanderungsland.[52] In der Geschichte der Bundesrepublik sorgten insbesondere fünf Gruppen für hohe Zuzugszahlen: Heimatvertriebene, Übersiedler, Gastarbeiter, Aus- und Spätaussiedler sowie Asylsuchende. Im ersten Nachkriegsjahrzehnt integrierte Deutschland über 12 Millionen Heimatvertriebene.[53] Gleichfalls nahmen interne Bewegungen zwischen den Besatzungszonen ein erhebliches Ausmaß an. Die Übersiedlerwelle aus der DDR in die BRD zwischen dem Gründungsjahr der beiden deutschen Staaten bis zum Mauerbau im Jahr 1961 umfasste drei bis vier Millionen Personen. Bis Ende der 1980er reiste eine weitere Million nach Westdeutschland aus – ein Drittel davon im Wendejahr

51 Grabe (1926): Einfluß der Pendelwanderung, S. 2.

52 Vgl. Ehmer (2013): Bevölkerungsgeschichte und Demographie, S. 26. Auswanderung – auch als temporärer Zustand – kam in der jüngeren Vergangenheit nur noch eine relativ geringe Bedeutung zu. Die größten Zahlen im Ausland lebender Deutschen finden sich um das Jahr 2000 in zu Deutschland grenznahen Gebieten wie den Benelux-Staaten, den östlichen französischen Departements Elsass und Lothringen sowie den beiden Alpenrepubliken Schweiz und Österreich. Ebenso gibt es eine größere Anzahl in Englands Wirtschaft Beschäftigter als auch in der spanischen Tourismusbranche Engagierter. Bezogen auf die deutsche Wohnbevölkerung und andere Mobilitätsvorgänge ist das größte anzutreffende Ausmaß im Großraum London mit knapp 50.000 Deutschen allerdings recht klein. Vgl. Breuer / Müller (2005): Grenzenlose Mobilität, S. 68.

53 Vgl. Hoffmann (2000): Binnenwanderung und Arbeitsmarkt, S. 227.

1989.[54] Der Zuzug an Arbeitskräften aus Ostdeutschland kam der boomenden Wirtschaft der bundesrepublikanischen Nachkriegszeit in den 1950er Jahren zupasse. Ein darüber hinaus gehender Bedarf der westdeutschen Unternehmen an billigen Arbeitskräften – zumal der Zustrom aus Ostdeutschland Anfang der 1960er Jahre versiegte – begegnete Deutschland mit einem Anwerbevertrag für italienische Gastarbeiter im Jahr 1955, dem weitere Abmachungen in den 1960ern mit Spanien, Griechenland, Portugal, der Türkei sowie mit Tunesien, Marokko und Jugoslawien folgten. Die wirtschaftliche Rezession des Jahres 1973 in zeitlicher Nähe zum Ölpreisschock bewirkte ein Umdenken. Der erfolgte Anwerbestopp zeigte jedoch nur einen mäßigen Niederschlag in den Zuwanderungszahlen, da hiernach der Familiennachzug merklich zum Tragen kam.[55] Einen spätestens seit Ende der 1980er prägenderen Zuzugsstrom bildeten Personen mit deutscher Volkszugehörigkeit, vornehmlich aus Osteuropa und Zentralasien. Zwischen Gründung der Bundesrepublik bis Mitte der 2000er wanderten viereinhalb Millionen Aussiedler beziehungsweise Spätaussiedler in die Bundesrepublik ein. Mehr als neun von zehn stammten aus Polen, Rumänien oder der Sowjetunion, respektive deren Nachfolgestaaten. Erreichte der Zuzug dieser Personengruppe mit knapp 400.000 gezählten Fällen im Jahr 1990 seinen Höhepunkt, spielte er in den letzten Jahren kaum noch eine Rolle. Im Jahr 2011 registrierten die Behörden lediglich circa 2.000 immigrierende Aussiedler.[56] Neben den Aussiedlern trug die Gruppe von Flüchtlingen und Asylsuchenden Ende der 1980er zu einem erneuten deutlichen Anstieg der Zuzugszahlen bei. Nachdem sich in den Jahren der 1980er nur jeweils wenige zehntausend Asylbewerber auf das im deutschen Grundgesetz verankerte Recht auf Schutz vor Verfolgung beriefen, erreichte Deutschland mit 400.000 Flüchtlingen im Jahr 1992 ein neues historisches Höchstmaß. Die hierdurch ausgelösten Debatten mündeten Jahrs darauf in der Verabschiedung eines neuen, begrenzenden Asylrechts und einem deutlichen Absinken von Neuanträgen.[57] Eine erneute Trendwende zeichnete sich Anfang der 2010er ab.[58]

54 Vgl. Grobecker u. a. (2013): Bevölkerungsstand und Bevölkerungsentwicklung, S. 19 f.; Wendt (1994): Wanderungen nach Deutschland, S. 519 f.

55 Vgl. Swiaczny (1997): Ausländer in Deutschland, S. 44; Wendt (1994): Wanderungen nach Deutschland, S. 519 f.

56 Vgl. Sebaux (2006): Migration von Ost, S. 151; Grobecker u. a. (2013): Bevölkerungsstand und Bevölkerungsentwicklung, S. 19 f.

57 Vgl. Wendt (2001): Asylbewerber, S. 136–138; Ehmer (2013): Bevölkerungsgeschichte und Demographie, S. 33. Der Rückgang der Asylbewerberzahlen lässt sich nicht allein als Folge der Asylrechtsverschärfung fassen. Eine wichtige Rolle spielten auch andere Entwicklungen wie das Ende der Bürgerkriege im ehemaligen Jugoslawien.

58 Nach stark gestiegenen Asylantragszahlen für das erste Halbjahr 2015 von knapp 220.000 korrigierte das Bundesamt für Migration und Flüchtlinge in einem Schreiben vom 20. August 2015 seine Prognose in Folge eines anhaltend anwachsenden Zustroms auf eine Gesamtzahl von 800.000 Asylbewerbern für das Jahr 2015. Dies käme einem neuen

Das Gesamtausmaß der transnationalen Bewegungen belief sich in der zweiten Hälfte des 20. Jahrhunderts auf 31 Millionen Zuziehende und über 22 Millionen Abwandernde.[59] Die Zahlen deuten an, dass es sich bei den Migrationsströmen um dynamische Prozesse handelte. Eine hohe Fluktuation sowie ausgeprägte Rückwanderungsbewegungen kennzeichneten diese.[60] Die Mehrheit der nach Deutschland eingereisten blieb nicht auf Dauer. Der tatsächliche Wanderungsgewinn an Ausländern belief sich für besagten Zeitraum auf 8,7 Millionen. Die angeführten Zahlen mögen auf den ersten Blick als enorme Größenordnung anmuten. Der Wirtschafts- und Sozialhistoriker Josef Ehmer wies indes darauf hin, dass die Dimension der staatenüberschreitenden Migration in den letzten beiden Jahrhunderten in Deutschland überschaubar war, wenn man sie mit dem Ausmaß der Binnenwanderung in Beziehung setzt.[61]

Binnenwanderung

Für eine grobe Einordnung der allgemeinen Entwicklung des Binnenwanderungsgeschehens der letzten Jahrzehnte fällt der Blick auf die Jahre 1960 bis 2011.[62] Zahlenangaben des Statistischen Bundesamtes weisen regelmäßig Daten zu Gemeinde-, Kreis- und Landesgrenzen überschreitenden Wanderungen aus. Die absoluten Fallzahlen bergen das Problem, dass sie im Laufe der Jahre nicht stets von einer gleichbleibenden Grundpopulation und einem gleichen Gebietsstand ausgehen.[63] Neben kommunalen Gebietsreformen, welche insbesondere

historischen Höchststand gleich und überträfe jenen des Jahres 1992 um das Doppelte. Vgl. Bundesamt für Migration und Flüchtlinge (2015): Zahlen zu Asyl, S. 3; Praschma (2015): Prognoseschreiben zur Zahl, S. 7.

59 Die Zahlenangaben beinhalten keine Übersiedler und beziehen sich auf den Zeitraum von 1954 bis 1999. Vgl. Münz (2001): Migration und Bevölkerungsentwicklung, S. 30.

60 Ein paar Beispiele und Beweggründe seien für Rückkehrer angedeutet. Neben einer Eigenmotivation – etwa bei vielen Gastarbeitern – führten beispielsweise ebenso das Rückkehrhilfegesetz des Jahres 1983 sowie asylrechtliche Neubestimmungen im Jahr 1993 zu einer vermehrten Heimkehr von Ausländern. Auch unter den bosnischen Flüchtlingen kehrten viele nach Ende des Bürgerkrieges Ende der 1990er in ihre Heimat zurück. Vgl. Grobecker u. a. (2013): Bevölkerungsstand und Bevölkerungsentwicklung, S. 19 f.

61 Vgl. Ehmer (2013): Bevölkerungsgeschichte und Demographie, S. 26. Dies entspricht dem beobachteten Prinzip, dass die allgemeine Umzugshäufigkeit mit größeren Umzugsentfernungen abnimmt. Vgl. Schlömer (2004): Binnenwanderungen seit Einigung, S. 97; Mai (2004): Abwanderung aus Ostdeutschland, S. 23. In der Mehrzahl der Umzüge handelte es sich im Deutschland des 20. Jahrhunderts und auch des beginnenden 21. Jahrhunderts um Nahwanderungen, wodurch das vertraute sozialräumliche Umfeld nicht – oder zumindest nur teilweise – verlassen wurde.

62 Damit bleiben die Nachkriegsauswirkungen auf das Umzugsverhalten außer Acht, da dies zeitlich zu ausholend wäre. Bei diesen zeigte sich indes, welch zentraler Zusammenhang zwischen Krieg und Migration bestehen kann.

63 Überdies besteht ein kleiner Verzerrungsfaktor dadurch, dass amtliche Stellen Personen mehrmals registrieren, die binnen eines Jahres wiederholt umziehen.

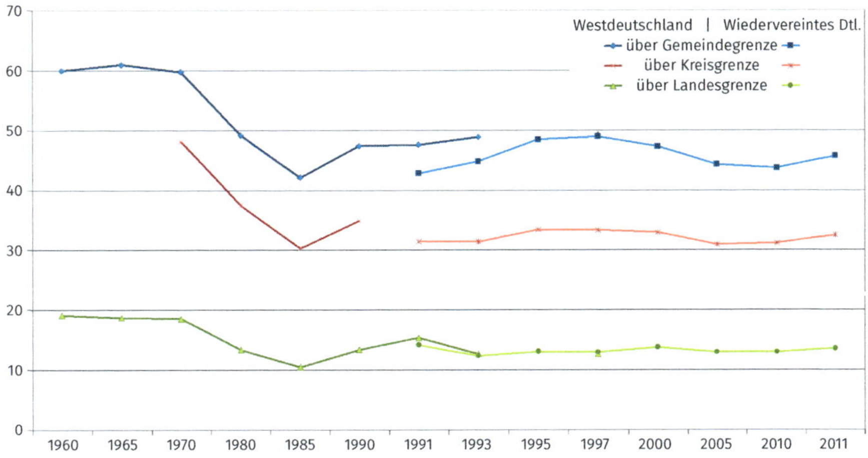

Abb. 1: Binnenumzüge im früheren Bundesgebiet und wiedervereinten Deutschland je 1.000 Einwohner über die Gemeinde-, Kreis- und Landesgrenzen[64]

Anfang der 1970er die Bezugsgrößen in der Bundesrepublik änderten, bedingt die natürliche Bevölkerungsbewegung durch Geburten wie Sterbefälle als auch der Austausch mit dem Ausland eine veränderliche Bevölkerungszahl. In noch größerem Ausmaß wirkte sich die Wiedervereinigung im betrachteten Zeitraum auf die Rahmenbedingungen aus. Insofern sollen die absoluten Zahlen, die sich bei den jährlichen zwischengemeindlichen Umzügen beispielsweise meist im Bereich von drei bis vier Millionen bewegten und bei den Bundeslandwechslern um die Millionengrenze schwankte, nicht dezidiert aufgeschlüsselt, sondern der Trend anhand relativer Kennzahlen benannt werden.

Die Grafik 1 legt für Umzüge über Gemeinde- und Kreisgrenzen nahe, dass in den 1970er Jahren ein massiver Einbruch bei der Wanderungshäufigkeit auf mittleren Distanzen erfolgte. Es ist zu mutmaßen, dass dieser starke Rückgang durch eine im gleichen Zeitraum teilweise erfolgende kommunale Neugliederung überzeichnet ist, da durch administrative Gebietsvergrößerungen per Definition weniger Bewegungen registriert werden.[65] Zugleich ist aber zu konstatieren, dass die Grafik 1 gleichfalls für Anfang der 1980er Jahre einen Umzugsrückgang zeigt. Für die Veränderungen jener Jahre kann keine administrative Umgestaltung als mögliches Gegenargument angeführt werden. Ebenso legt die Betrachtung der länderübergreifenden Wanderungen nahe, dass es bereits

64 Als Grundlage dienten Daten des Statistischen Bundesamtes: Vgl. Statistisches Bundesamt (2003): Datenreport 2002, S. 51; Grobecker u.a. (2013): Bevölkerungsstand und Bevölkerungsentwicklung, S. 17, 19; Zimmermann (2001): Räumliche Mobilität, S. 532.

65 So wurden etwa manch vormals registrierte Nahwanderungen nach Eingemeindungen nur noch als Ortsumzüge gewertet.

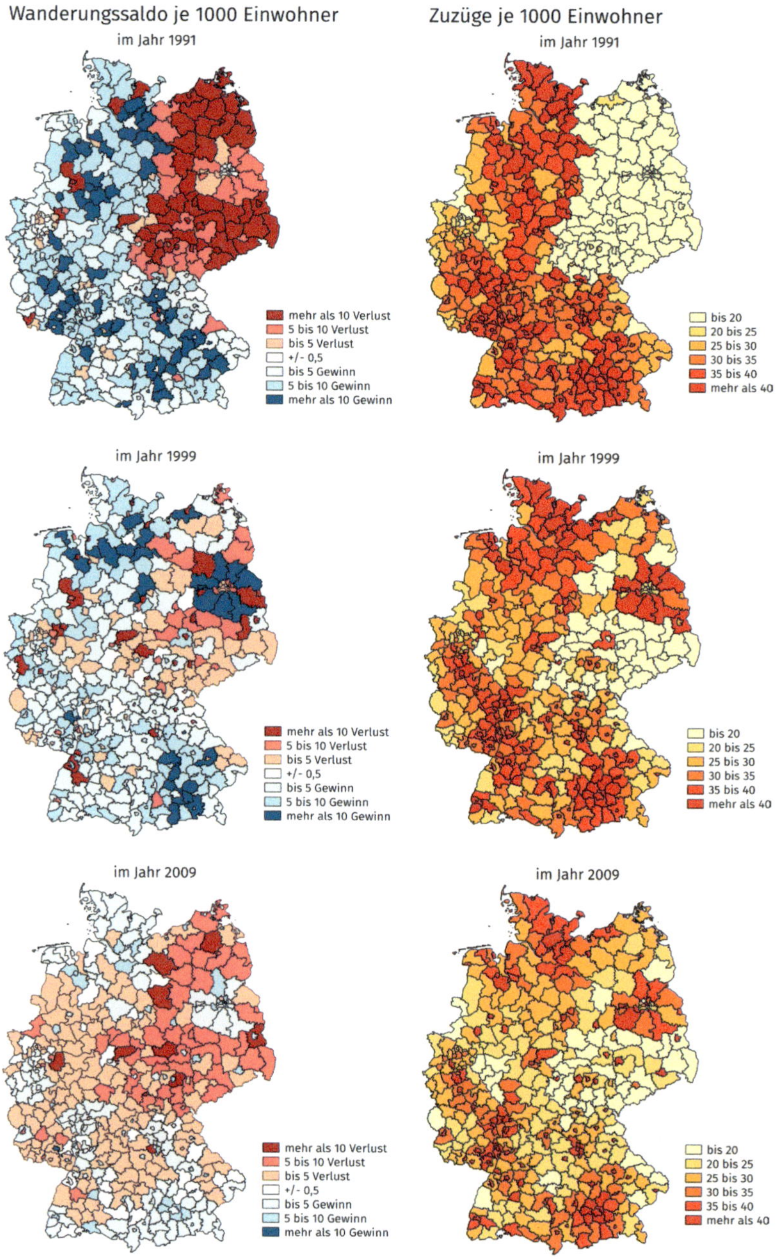

Abb. 2: Umzugsverhalten über Kreisgrenzen im Deutschland der Jahre 1991, 1999 und 2009[66]

66 Hierbei handelt es sich um eigene Visualisierungen auf Grundlage der vom Statistischen Bundesamt zur Verfügung gestellten Wanderverflechtungsmatrizen zwischen allen deut-

Fortzüge je 1000 Einwohner

im Jahr 1991

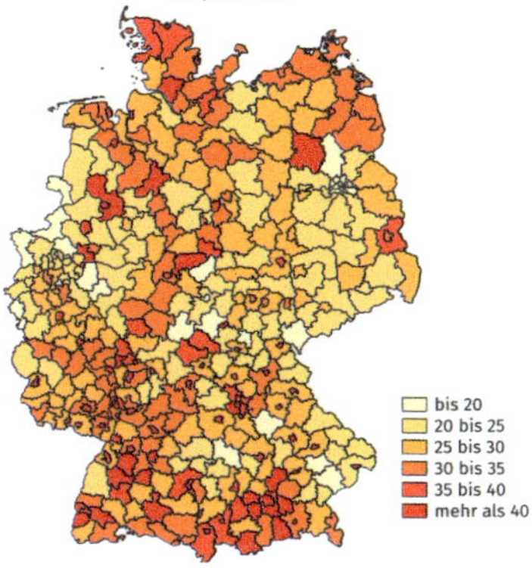

Durchschnittliche Fortzugsentfernung

im Jahr 1991

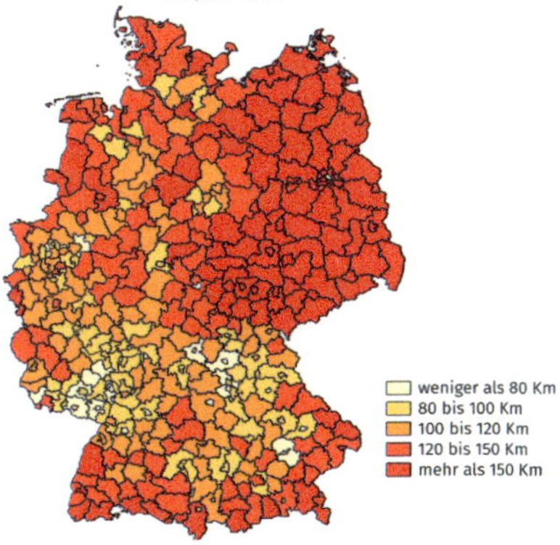

im Jahr 1999

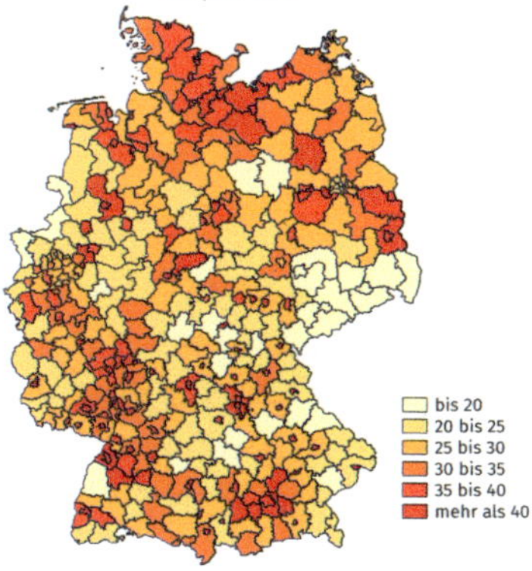

im Jahr 1999

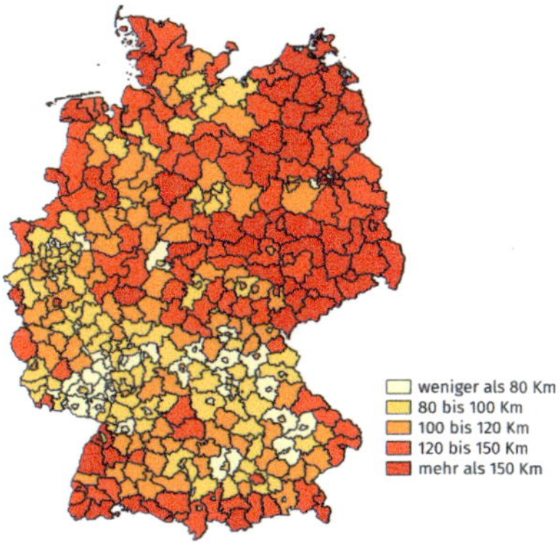

im Jahr 2009

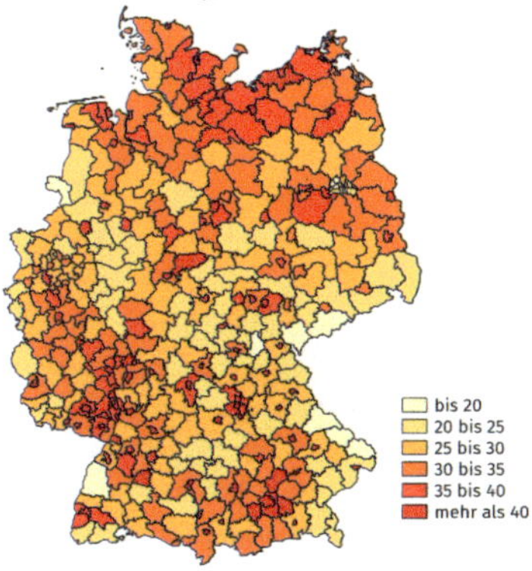

im Jahr 2009

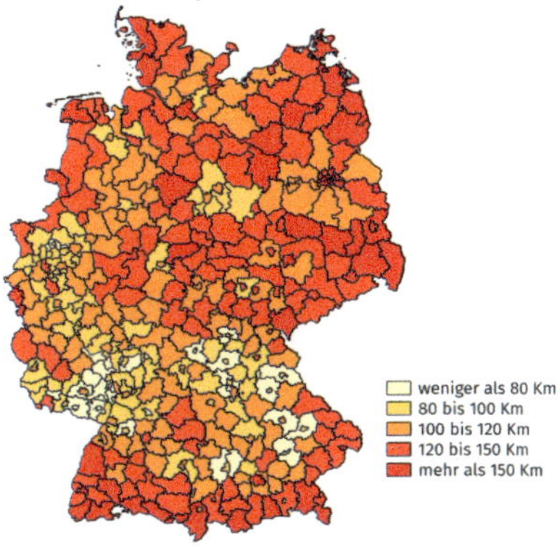

schen Landkreisen der Jahre 1991 bis 2009. Die Daten umfassen rund 150 Millionen Einzelinformationen, die zur Verarbeitung aufwendige EDV-Verfahren bedingten. Zur Vergleichbarkeit wurden alle Wanderungsbewegungen und Karten auf den Gebietsstand des Jahres 2009 umgerechnet.

in den 1970ern zu einer massiven Abnahme in der Binnenmigrationshäufigkeit auf mittlerer und längerer Entfernung kam. Die zeitliche Koinzidenz mit dem Ende der wirtschaftlichen Boomphase der bundesrepublikanischen Nachkriegsjahrzehnte erscheint hierbei nicht zufällig. Eine zweite Entwicklung ist in Abbildung 1 ersichtlich. Die Wiedervereinigung wirkte zwar stimulierend auf das Umzugsverhalten, allerdings war der Effekt bei Blick auf längere Zeitreihen nur von sehr zeitweiliger Bedeutung. Das öffentliche Bild von der Wendezeit ist geprägt von einem turbulenten Wanderungsgeschehen zwischen Ost- und Westdeutschland.[67] In der Tat verzeichneten die länderübergreifenden Wanderungen einen starken Anstieg im Vergleich zu den niedrigen Werten der 1980er. Die entsprechende relative Quote nahm zwischen 1985 und dem Jahr des Höhepunktes 1991 um gut 40 Prozent zu. Damit lag die Wanderintensität zwischen den Bundesländern aber um rund ein Viertel niedriger als in den 1960ern und zu Anfang der 1970er.[68] Entsprechend verlegte fast jeder Fünfzigste im letzten Jahrzehnt der Boomphase seinen Wohnsitz jährlich in ein anderes Bundesland, in Hochzeiten nach der Wiedervereinigung lag die entsprechende Mobilitätsziffer indes nur bei ungefähr jedem Siebzigsten. Selbst das Sonderereignis der Wende verursachte kein solch gesteigertes Umzugsverhalten, welches mit jenem aus der Zeit der Boomphase vergleichbar wäre.[69]

Nach der Wende in der Deutschen Demokratischen Republik überlagerten die Ost-West-Bewegungen andere Tendenzen hinsichtlich der allgemeinen Entwicklung des Wanderungssaldos.[70] In den ersten beiden Jahrzehnten des wiedervereinten Deutschland schwächten sich die Ost-West-Gegensätze jedoch ab. Das ostdeutsche Niveau näherte sich hierbei vor allem jenem westdeutscher peripherer Räume an, eine allgemeine Ost-West-Diskrepanz war allerdings grundsätzlich weiterhin zu erkennen (siehe Abb. 2). Als anhaltende Wande-

67 Siehe ausführlicher hierzu das folgende Kapitel.

68 In absoluten Zahlen erreichte das Umzugsverhalten zwischen Bundesländern im wiedervereinten Deutschland in Zeiten temporärer Hochphasen wie 1991 und um 2000 dieselben Werte, wie jene in der alten Bundesrepublik in den 1960ern. Werte von gut 1,1 Millionen Bundeslandwechslern bedeuteten allerdings nach der Wende bei einer gleichzeitig deutlich vergrößerten Gesamtbevölkerung eine auffallend niedrigere Intensität.

69 Der Wanderungsaustausch der 1960er selbst erscheint beim Vergleich mit jenem Anfang des 20. Jahrhunderts gering, wenn man als Referenz die Fortzugsraten aus deutschen Städten bezogen auf je 1.000 urbane Einwohner vergleicht. Diese lagen im ersten Jahrzehnt vor dem ersten Weltkrieg beim zweieinhalb bis dreifachen der Werte aus den 1960ern. Vgl. Schwarz (1969): Analyse der Bevölkerungsbewegung, S. 86.

70 Neben Musterbewertungen der Kartendarstellungen, von denen ausgewählte hier abgebildet sind, fand für die Beobachtungen ebenso ein Abgleich mit den reinen Zahlenwerten statt. Ferner ist anzumerken, dass es sich bei jenen westdeutschen Kreisen, die in der Karte zum Wanderungssaldo des Jahres 1991 sehr große Wanderungsverluste aufwiesen und damit scheinbar dem ost- denn dem westdeutschen Muster ähnelten, um Sonderfälle handelte. In diesen Landkreisen befanden sich Aufnahmelager für Aussiedler. Deren anschließende Umzüge bewirken einen verzerren Blick auf allgemeine Muster.

rungsgewinnerregionen kristallisierten sich die Metropolregionen Hamburg, Köln, Berlin, Frankfurt am Main und Stuttgart sowie der gesamte südbayerische Raum mit der Landeshauptstadt München heraus. Eine überdurchschnittliche Wanderungsintensität mit hohen Fortzugs- bei zugleich meist höheren Zuzugszahlen zeigte sich in schwächerem Ausmaß auch bei kreisfreien Städten. Diesem städtischen Trend steigender Einwohnerzahlen folgten seit den frühen 2000ern ebenso die ostdeutschen Städte, die in den 1990ern noch hohe Verlustwerte aufgewiesen hatten (siehe Abb. 2). Kenntlich wird damit für den Zeitraum der 1990er und 2000er insgesamt ein Konzentrationsprozess in Richtung Städten und deren Umland. Wenn man neben der großen Maßstabsebene zusätzlich die nahräumlichen Zusammenhänge in den Blick nimmt, sind präziser sogar zwei gegenläufige Entwicklungen auszumachen: ein Verdichtungsprozess im Großen und ein anhaltender Dekonzentrationstrend in Form der Suburbanisierung im Kleinen.[71]

Bei Musterung der Wegzugszahlen erscheinen die neuen Bundesländer im Vergleich zu den alten relativ unauffällig, schneiden in ihrer Mobilitätsrate tendenziell sogar unterdurchschnittlich ab. Dies gilt nicht erst in den 2000ern, sondern ebenso in der unmittelbaren Nachwendezeit. Die Diskrepanz im Vergleich zum Wanderungssaldo erklärt sich somit im Wesentlichen durch eine fehlende Gegenbewegung eines ausgeprägten Zuzugs nach Ostdeutschland. Der durch Blick auf die Zu- und Fortzugszahlen gewonnene Eindruck, dass sich die Ostdeutschen – selbst in den Nachwendejahren – weniger umzugsmobil zeigten, bestätigt auch eine andere Statistik. Zwischen den Jahren 1991 und 1996 nahm deutlich mehr als jeder dritte Westdeutsche einen Wohnortwechsel in einen anderen Landkreis vor, in Ostdeutschland war es lediglich jeder Vierte.[72]

Inwiefern ändert sich das Bild, wenn neben der Wanderungsintensität ebenfalls die Wanderungsdistanz Beachtung findet? Hierfür wurde ein recht aufwendiges Verfahren bemüht, welches kurz angedeutet wird. Mittels eines rekursiven EDV-Ansatzes wurden die Koordinaten der über 12.000 Gemeinden ermittelt und aus diesen Angaben – gewichtet nach den kommunalen Einwohnerzahlen –

71 Nach der massenhaften Verbreitung des Autos in den 1960er und 1970er Jahren als Voraussetzung und Folge realisierten sich viele – begünstigt von der staatlichen Eigenheimförderung ab den 1970ern – das Idealbild vom Eigenheim im Grünen. Seitdem kann die Suburbanisierung als Ausdruck des sozialen Wandels verstanden werden. Seit Mitte der 1990er Jahre häuften sich Wortbeiträge mit der Annahme einer Reurbanisierung. Richtig ist, dass verschiedene Facetten die Raumentwicklung prägten. So überlagerte etwa der demographische Wandel verschiedene Trends. Die Reurbanisierung war aber mitnichten ein Leittrend, sondern in hohem Maße medial konstruiert. Die Suburbanisierung war durchgehend das bestimmende siedlungsstrukturelle Phänomen, stellte also auch für die letzten Jahrzehnte einen anhaltenden Trend dar. Im Untersuchungszeitraum zeigte sich indes eine Verschiebung. Die Randwanderung war häufig nicht mehr von Familien mit Kindern getragen, sondern von Paaren als Familien in spe. Ein Umzug ins städtische Umland erfolgte zunehmend in der Familienplanungsphase.

72 Vgl. Maretzke (1998): Regionale Wanderungsprozesse, S. 743 f.

Landkreisschwerpunkte errechnet.[73] Der Berechnung der zurückgelegten Distanzen für Umzüge aus einzelnen Kreisen lag die vereinfachende Annahme zugrunde, dass jeder, der seinen Wohnort in einen anderen Landkreis verlegte, sich zwischen den jeweiligen geografischen Mittelpunkten der Landkreise bewegte. Die Durchschnittsentfernungen ergaben sich aus allen Fortzügen eines Kreises.[74] Die durchschnittliche Wegzugsentfernung unter jenen, welche die Kreisgrenzen überschritten, war unmittelbar nach der Wiedervereinigung speziell in Ostdeutschland eklatant überdurchschnittlich. Binnen der betrachteten zwei Jahrzehnte schwächten sich allerdings die Ost-West-Bewegungen deutlich ab, die andere Entwicklungen des ostdeutschen Wanderverhaltens lange überprägt hatten. Damit traten nun gleichfalls in Ostdeutschland – wie bereits für Westdeutschland in den 1990ern ersichtlich – siedlungsstrukturelle Spezifika bezüglich zurückgelegter Wanderungsdistanzen in den Vordergrund. Beispielsweise bedeutete die Grenznähe für viele westdeutsche Landkreise eine Sonderbedingung, die hinsichtlich der Binnenwanderung im Schnitt weite Umzugsentfernungen zeitigte. Dies traf für den Nordseeraum, das Emsland, aber auch den Bayerischen Wald, das Alpenvorland, den Bodenseeraum und den südlichen Schwarzwald zu. Peripher zu Metropolregionen lagen ebenfalls Regionen wie das Rothaargebirge, das nördliche hessische Bergland und die Lüneburger Heide. Fortzüge aus diesen Räumen erfolgten im Jahrzehnt vor und nach der Jahrtausendwende mit überdurchschnittlichen Wanderungsentfernungen. Wie angedeutet, spiegelte Ostdeutschland in den 2000ern ein ähnliches Schema wider, wobei die neuen Bundesländer eine relativ gesehen größere Zahl an Ortschaften aufwiesen, die abseits von Metropolen gelegen waren. Neben Berlin-fernen polnischen Grenzregionen hoben sich insbesondere die Landschaften der Mecklenburgischen Seenplatte, der Lausitz, der Altmark und Prignitz ab. Ein prominentes Beispiel für letztgenannte Region stellt die Stadt Wittenberge dar, die auf halber Strecke zwischen den Zentren Hamburg und Berlin liegt.[75]

73 Um bei solch großen Datenmengen die Ergebnisse nicht durch Datenirrtümer zu verfälschen, fand eine ausgiebige Fehlerkontrolle statt. Beispielsweise wurden alle Koordinatenangaben von Gemeinden im selben Landkreis überprüft, deren Werte stark voneinander abwichen. Ebenso wurden doppelte Einträge mit gleichen Koordinaten für unterschiedliche Gemeinden herausgefiltert und manuell überarbeitet. Dies traf in über 300 Fällen zu, beispielsweise bei den namensgleichen Gemeinden Naurath im Landkreis Trier-Saarburg und den vielen Fällen einer als Oberhausen bezeichneten Gemeinde. Überdies fanden im Betrachtungszeitraum kommunale Gebietsänderungen statt, die zu berücksichtigen waren. Diese konnten mit Hilfe des Gemeindeverzeichnis-Informationssystems des Statistischen Bundesamtes nachvollzogen werden. Vgl. hierzu Statistisches Bundesamt (2015): Gemeindeverzeichnis-Informationssystem.

74 Die Entfernungen wurden mittels der geografischen Koordinaten berechnet. Das bedeutet, dass als Bezugssystems die Kugelgleichung herangezogen wurde.

75 Vgl. etwa folgende zwei Sammelbände zum Leben in Wittenberge: Willisch (2012): Wittenberge ist überall; Bude/Medicus/Willisch (2011): ÜberLeben im Umbruch. Zeichneten periphere Räume im Allgemeinen eine – zumindest relativ betrachtet – schlechte verkehrliche Erreichbarkeit der nächstgelegenen Oberzentren aus, so traf dies

Auffallend niedrige Umzugsentfernungen dokumentierten in den 1990er und 2000er Jahren einige Landkreise in der Pfalz, in Franken, im nördlichen Oberschwaben sowie im Ostbayerischen. Dies kann als Kennzeichen für ein stärkeres Festhalten an einer räumlichen Nähe zum Fortzugsgebiet verstanden werden. Allerdings sind die Unterschiede zu anderen Landkreisen nicht überzubewerten, da die Differenzen teilweise auch aus einer kleinteiligeren administrativen Gliederung resultieren. Ferner ist ein weiterer Haupttrend charakteristisch. Bei einem pauschalisierenden Vergleich der Wanderungsintensität und der Wanderungsdistanz fällt ein indirekt proportionaler Zusammenhang auf (siehe Abb. 2). Dies hieße, dass Menschen aus vergleichsweise peripher gelegenen Räumen in den 1990ern und 2000ern tendenziell seltener über Kreisgrenzen umzogen, doch wenn sie das taten, dann überdurchschnittlich in weiter entfernt liegende Regionen.[76] Der Bevölkerungswissenschaftler Herwig Birg hob im Jahr 1992 hervor, dass sich in der Bundesrepublik in den vorangegangenen Jahrzehnten Wohnsitzwechsel über weite Distanzen von Geburtskohorte zu Geburtskohorte minderten.[77] Bei Blick auf die Daten des Sozio-oekonomischen Panels als auch angesichts eigener Berechnungen auf Grundlage der Erhebung der Allgemeinen Bevölkerungsumfrage der Sozialwissenschaften für die Jahre 1980 bis 2010 ist für den entsprechenden Zeitraum keine allgemeine Entfernungszunahme bei Umzügen festzustellen. Für die allgemeine Entwicklung des Wanderungsverhaltens in der Geschichte der Bundesrepublik Deutschland zeichnete sich demnach für die fünf Jahrzehnte seit den 1960ern bezüglich der Wanderungsintensität insgesamt eine Abnahme und bei den zurückgelegten Entfernungen für den Durchschnittsfall eine Stagnation ab. Dies mag überraschen, wenn man bedenkt, dass gleiche Distanzen im Laufe der Zeit angesichts verbesserter Transportmöglichkeiten als kürzer wahrgenommen werden dürften.

Im Kontrast zu manch postuliertem Mobilitätszwang entwickelte sich die Umzugsrate in der bundesrepublikanischen Geschichte tendenziell stagnierend bis rückläufig, woran auch ein Zwischenhoch nach der Wende nichts grundsätzlich änderte. Die Wiedervereinigung bedingte nur einen temporär gegenläufigen Verlauf. Es folgte keine allgemeine Trendumkehr. Sich auf diese Entwicklung

im Raum um Wittenberge im Besonderen zu. Jene Gegend wies Ende der 2000er in Deutschland die schlechteste Erreichbarkeit eines Oberzentrums mittels motorisierten Individualverkehrs auf. Vgl. Bundesinstitut für Bau-, Stadt- und Raumforschung (2012): Raumordnungsbericht 2011, S. 81.

76 Das Bild einer Landflucht erscheint somit konterkariert. Aber auch bei weniger Umzugsmobilität würde eine Assoziation von ländlicheren Regionen mit Sesshaftigkeit die Lage deutlich überzeichnen. Ohnehin mutet es fragwürdig an, zwischen Land und Stadt als Gegenbild zu unterscheiden. Da ehemals agrarisch geprägte dörfliche Strukturen spätestens in den Nachkriegsjahrzehnten einen fundamentalen Wandel erfuhren und sich ehemalige Dörfer – nun oft in Form von Kleinstädten – den Strukturen und Lebensgewohnheiten der Städte annäherten. Vgl. Nolte/Hilpert (2007): Wandel und Selbstbehauptung, S. 67.

77 Vgl. Birg (1992): Längsschnittanalyse der Zusammenhänge, S. 25.

der letzten Jahre und Jahrzehnte beziehend, war in einzelnen Zeitungsbeiträgen von einer Umzugsverweigerungshaltung der Deutschen die Rede, die sich als »Umzugsmuffel«[78] gerierten. Bei Blick auf die Daten des Sozio-oekonomischen Panels lebten im Jahr 1985 54 Prozent der 26- bis 39-Jährigen und immerhin noch 47 Prozent der 40- bis 65-Jährigen in der Gegend ihrer Kindheit.[79] Vergleichbare Werte dokumentieren die Daten des deutschen Alters-Survey Ende der 1990er Jahre für die 40- bis Mitte 50-Jährigen.[80] Einer ähnlichen, im Jahr 2006 erhobenen Studie zufolge wohnten fast zwei Drittel aller erwachsenen Kinder in Deutschland lediglich bis zu 25 Kilometer von ihren Eltern entfernt.[81]

Die verschiedenen Daten aus den 1980ern bis 2000ern verweisen darauf, dass die bundesrepublikanische Bevölkerung jener Jahre mehrheitlich zu Wohnimmobilität im Sinne eines langfristigen Festhaltens an der Geburtsregion neigte. Dies muss nicht negativ als passive oder starre Sesshaftigkeit interpretiert werden. Man kann dies auch positiv als Ausdruck eines aktiven Bleibens verstehen. Nicht nur ein aktives Mobilitätsverhalten ist als Handlungsstrategie zu begreifen, sondern dies kann auch für Immobilität gelten.[82]

2.2 Zirkuläre Mobilität

Größenordnung des Berufspendelns

Für die residenzielle Mobilität zeichnete sich für die letzten Jahrzehnte kein grundsätzlicher Anstieg ab. Ergab sich indes bezüglich des Ausmaßes der zirkulären Mobilität in Form des Berufspendelns ein anderer Befund? Diesbezüglich

78 Bös (2010): ICE statt Umzugswagen. Vgl. ebenso Molitor (2000): Umziehen oder absteigen, S. 61; Tully (2012): Alles in Bewegung. Auch Nachwuchskräfte äußerten den Wunsch, von Wohnstandortverlagerungen Abstand zu nehmen. Vgl. Mohr (2002): Sehnsucht der Job-Hopper. Eine Abnahme der Pendelpraxis – deren gestiegene Notwendigkeit zumindest teilweise mit einem rückläufigen Umzugsverhalten zu erklären ist – kann für die letzten Jahrzehnte zwar nicht konstatiert werden. Befragungen Ende der 1980er und in den 1990ern deuteten aber an, dass ein Wunsch nach weniger Mobilität bestand. Vgl. Ott (1989): Wachsende Probleme, S. 357; Ohne Verfasserangabe (1999): Deutsche kaum bereit.

79 Hinzu kamen knapp sechs beziehungsweise gut drei Prozent, die wieder in dieser Region wohnten.

80 Vgl. Kohli u. a. (2000): Generationenbeziehungen, S. 186.

81 Immerhin bei einem knappen Viertel lag eine Distanz von über 100 Kilometern zwischen den Wohnorten der Generationen. Vgl. zu den Daten aus der zweiten Welle der SHARE-Befragung Isengard (2013): Der Apfel lebt, S. 276.

82 Der Insideransatz argumentiert damit, dass Immobile von ihrem akkumulierten ortsgebunden Wissen und ihren Ressourcen profitierten. Vgl. Fischer (1999): Richtige Antworten, S. 86, 89; Willisch (2011): Umbruch und Überleben, S. 89. Schwierig ist es allerdings, einen Prozesscharakter wahrzunehmen, da im Regelfall lediglich positiv ausfallende Entscheidungen für ein Mobilitätsverhalten zutage treten. Vgl. Beetz (2009): Analysen zum Entscheidungsprozess, S. 135.

legt zumindest die zeitgenössische Wahrnehmung einen eindeutigen Schluss nahe. Die mediale Berichterstattung stilisierte das Zurücklegen weiter Entfernungen zur Arbeit wiederholt zu einem zentralen und prägenden Wesenszug des Lebens in Deutschland. So titelte beispielsweise *Die Zeit* in einer Maiausgabe des Jahres 2014 »Die Pendlerrepublik«[83]. Eine derartige Zuspitzung findet sich auch in wissenschaftlichen Formulierungen wie der im Jahr 1992 publizierten Veröffentlichung »Die Pendlergesellschaft«[84] aus den Reihen des Fachbereichs Sozial- und Kulturwissenschaften der Fachhochschule Fulda. Die Tragweite des Ausmaßes zirkulärer Mobilität unterstreichen gleichfalls die Ergebnisse des Mikrozensus aus dem Jahr 2004. Darin ist von 30,3 Millionen berufstätigen Pendlern die Rede, was unglaublichen 84,9 Prozent aller Erwerbstätigen entspräche.[85] Untermauern damit die offiziellen Zahlen des Statistischen Bundesamtes nicht empirisch die Hypermobilität in Deutschland? Eine einzige bloße Zahl besagt nichts zu einem Trend. Hierfür bedarf es Vergleichszahlen. Zudem ist zu berücksichtigen, welche Definition einem jeweiligen Fall zugrunde liegt. In den Zahlen des Mikrozensus beispielsweise wird jeder Erwerbstätige als Pendler eingestuft, der zur Berufsausübung sein Wohngrundstück verlässt. Eine derartige Auslegung relativiert die Aussagekraft der hohen Werte.

Um das Pendlergeschehen in jüngerer Vergangenheit einzuordnen, nimmt diese Arbeit ein längeres Zeitfenster in den Blick. Bis zur Mitte des 19. Jahrhunderts kam dem alltäglich wiederkehrenden Berufspendeln im Allgemeinen – im Gegensatz zu der Sonderstellung einzelner Städte wie Hamburg und Berlin – in deutschen Territorien nur eine ausgesprochen geringe Relevanz zu. Eine beträchtliche Bedeutungszunahme ist in der Phase der Hochindustrialisierung im neu gegründeten Deutschen Reich festzustellen.[86] Dies entsprach einer allgemeinen Entwicklung der Zeit. Dementsprechend sind zum Beispiel für belgische Arbeiter im späten 19. Jahrhundert tägliche Arbeitswege von über 50 Kilometern belegt, einzelne bewältigten mit der Eisenbahn an jedem Werktag sogar mehr als 100 Kilometer.[87] Zu jener Zeit konstatierte man auch im Deutschen Reich eine beständig zunehmende Tragweite des beruflichen Pendelns. Angesichts dessen hielt man es seinerzeit für geboten, die Verhältnisse statistisch zu fassen. Entsprechend fand das Pendeln im Jahr 1900 Eingang in den Fragekatalog der Volkszählung.[88] Seitdem formulierten im Wesentlichen alle zeitgenössischen

83 Tatje (2014): Die Pendlerrepublik, S. 23.

84 Ott / Gerlinger (1992): Die Pendlergesellschaft.

85 Zwölf Prozent äußerten sich nicht zu ihrem Berufsweg. Nähme man nur jene in Betracht, welche auf die Frage eingingen, stellten sich nach Definition des Mikrozensus sogar 96,5 Prozent aller Erwerbstätigen als Pendler heraus. Vgl. Statistisches Bundesamt (2005): Leben und Arbeiten, S. 57.

86 Vgl. Ott / Gerlinger (1992): Die Pendlergesellschaft, S. 19 f.

87 Vgl. Frost (1908): Belgische Wanderarbeiter, S. 70.

88 Vgl. Losch (1912): Volkszählung Württemberg, S. 392; Boustedt (1966): Pendelverkehr, Sp. 1311.

Wortmeldungen im 20. Jahrhundert und beginnenden 21. Jahrhundert die Beobachtung einer in ihrer Zeit stark steigenden Bedeutungszunahme des Pendelns.

In ihrer Dissertation zur Pendelwanderung aus dem Jahr 1923 nannte Charlotte Grabe für das Deutsche Reich im Jahr 1900 eine gemeindeferne Erwerbstätigenquote von 5,3 Prozent. Bezüglich damals aktueller Zahlen, also für Anfang der 1920er Jahre, mangelte es an allgemeingültigen Erhebungen und dennoch betonte sie: »wir wissen nur, daß sie ungeheuer zugenommen hat«[89]. Den starken Anstieg leitete sie aus verschiedenen Indizien wie regionalen oder betrieblichen Befragungen ab. So ermittelte sie für die Fuchs'sche Waggonfabrik im heutigen Heidelberger Stadtteil Kirchheim neunzig unterschiedliche Ortschaften, aus denen die rund 2.000 Mann starke Belegschaft werktäglich in den Betrieb anreiste. Dies bedingte lange Wegzeiten von im Extremfall bis zu vier Stunden für die einfache Strecke. Weglängen von über 30 Kilometern stellten keine Seltenheit dar. Machte Grabe in Einzelfällen Berichte zu Entfernungen von bis zu 50 Kilometern aus, wusste Walther Decker von Einpendlern nach Frankfurt am Main in der Spätphase der Weimarer Republik mit bis zu 66 Kilometern Anfahrtsweg zu berichten.[90] Diese Zunahmen der Weglängen standen im Zusammenhang mit dem voranschreitenden Ausbau der Verkehrsinfrastruktur, maßgeblich des Schienennetzes.

Zur Zeit des Dritten Reiches gab es einzelne Erörterungen der Pendlerfrage,[91] größeres Gewicht wurde dem Thema aber erst wieder in den 1950ern beigemessen. Der Geograf Peter Schöller verstand das Pendeln als Ausdruck der »Dynamik unserer Kulturlandschaften«[92]. Ähnliche Vorstellungen zur prägenden Kraft und einem zusehends steigenden Ausmaß der Arbeitswegverflechtungen fanden sich auch bei seinen Zeitgenossen.[93] In der anhaltenden wirtschaftlichen Boomphase der 1960er Jahre waren Lokalstudien zur beständigen Ausdehnung des Pendlerwesens weitverbreitet. Diese verdeutlichten implizit oder explizit, dass sich das Phänomen des Pendelns von einer typisch auf Großstädte konzentrierten zu einer allgemein verbreiteten Erscheinung entwickelt hatte, ohne hierbei einen einheitlich verlaufenden Prozess zu suggerieren. Geprägt von einer anders gearteten Wirtschaftsstruktur beliefen sich insbesondere in industriell geprägten Regionen die Pendlerquoten auf bis zu 50 Prozent. Die zugenommene Verflechtung der Pendlerströme zeigte sich exemplarisch sehr deutlich beim Opel-Unternehmen. Wies das Rüsselsheimer Werk zu Anfang der 1880er einen Arbeitereinzugsbereich von gut drei Dutzend Ortschaften und ungefähr die doppelte Anzahl zu Beginn des 20. Jahrhunderts auf, so kartierte Hermann Staubach in seiner Studie für das Bundesministerium für Wohnungsbau 1.962

89 Grabe (1926): Einfluß der Pendelwanderung, S. 7.

90 Vgl. ebd., S. 2, 6, 10–12, 25; Decker (1929): Die Tagespendelwanderungen, S. 12 f.

91 Vgl. etwa Eckart (1940): Hauptströme der Pendelwanderung.

92 Schöller (1956): Pendelwanderung als Problem, S. 254.

93 Vgl. Geipel (1954): Die Pendelwanderung, S. 468; Birkner (1955): Pendelwanderung in Deutschland, S. 491; Nellner (1956): Pendelwanderung in Deutschland, S. 229; Ipsen u. a. (1957): Standort und Wohnort, S. 253.

unterschiedliche Gemeinden mit einer Entfernung von bis zu 70 Kilometern zum Rüsselsheimer Standort, in denen die stark gestiegene Belegschaft im Jahr 1957 wohnte.[94]

Derartige Beispiele von zeitgenössischem Empfinden eines außerordentlich großen Pendleraufkommens ließen sich ebenso für die folgenden Jahrzehnte bis zum frühen 21. Jahrhundert anführen. Die getätigten Ausführungen sind als Beleg zu verstehen, dass es sich bei beständigen Meldungen von Pendlerzunahmen um kein ausschließliches und neues Phänomen der 1990er und 2000er handelte. Die zeitgenössische Wahrnehmung ist vor einem selektiven Blick nicht gefeit. Lassen sich die Beobachtungen außergewöhnlicher Mobilitätszunahmen in Form gesteigerter und mehr Erwerbstätiger erfassender langer Arbeitswege in einer längeren Zeitreihe statistisch fassen? Hierzu soll eine Zusammenschau ausgewählter in der Literatur der letzten Jahrzehnte genannter Pendleranteile an der Erwerbsbevölkerung Auskunft geben (siehe Abb. 3). Veranschaulicht sind Entwicklungen auf drei verschiedenen administrativen Ebenen: Die Verläufe von Deutschland beziehungsweise der alten Bundesrepublik, von Württemberg respektive Baden-Württemberg und in späteren Jahren für Nordrhein-Westfalen sowie auf lokaler Ebene am Beispiel der Stadt Karlsruhe.

Da für Deutschland im gesamten Zeitraum des 20. Jahrhunderts keine Vergleichszahlen existieren, wird an Stelle dessen für einen Blick auf längere Verlaufsentwicklungen der Fall Württembergs respektive Baden-Württembergs als Gradmesser herangezogen. In ebenjenem Land ist eine über das gesamte Jahrhundert stetig wachsende Pendlerquote zu beobachten. Eine zunehmende Zahl an Personen, in diesem Fall an Erwerbstätigen, legte immer weitere Strecken zurück. Zugleich fielen die größten Steigerungen in die Zeit der 1950er, dementgegen die Werte in den letzten Jahrzehnten des 20. Jahrhunderts als auch in den 2000er Jahren in abgeschwächter Form zulegten. Dies mag bereits darin begründet liegen, dass große Steigerungspotenziale stark erschöpft waren, da das Ausgangsniveau bereits hoch lag.

Es ist zu bedenken, dass sich die vorliegenden Pendlerdaten auf das Kriterium eines kommunalen Wechsels auf dem Arbeitsweg beziehen. Gemeindegrenzen müssen jedoch im Laufe der Zeit keine stabilen Grenzen und damit unveränderlichen Größen darstellen. Speziell zwischen den Erhebungsjahren 1970 und 1987 fanden in Baden-Württemberg bedeutsame Gebietsreformen statt, die kommunale Zusammenlegungen zeitigten. Infolgedessen deklarierte die ausweisende Statistik viele vormals gemeindliche Auspendler zu innergemeindlichen Pendlern um. Für einen Vergleich müsste derselbe Gebietsstand als Grundlage dienen.

94 Vgl. Weigand (1956): Rüsselsheim und Funktion, S. 75 f., 78; Staubach (1962): Pendelwanderung und Raumordnung, Abb. 28 [ohne Seitenangabe]. Vgl. bezüglich weiterer lokaler Studien etwa Welp (1963): Wirtschaftsleben der Stadt, S. 60 f.; Spyra (1965): Pendelwanderung nach Karlsruhe, S. 7; Schickendanz (1965): Trier und Pendler, S. 20; Trutzel/Schneider (1966): Nürnberg als Arbeitszentrum, S. 36 f.; Diekamp/Haffke (1968): Verflechtungen im Raume, S. 67.

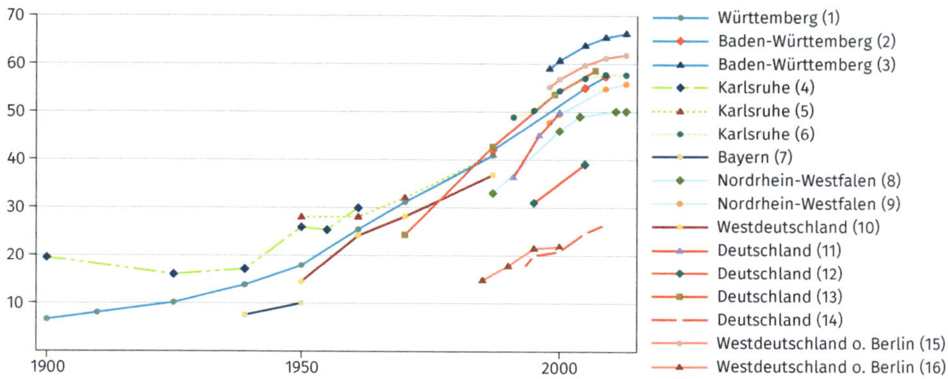

Abb. 3: Anteil an Arbeitseinpendlern über Gemeindegrenzen unter Sozialversicherungspflichtigen im 20. Jahrhundert[95]

95 Als kleiner Vergleich sind mit Verlauf 14 und Verlauf 16 zwei Entwicklungen angeführt, die sich nicht auf den Gemeindeübertritt beziehen. Stattdessen gilt in diesen zwei Beispielen ein einfacher Arbeitsweg ab 20 Kilometern zur Abgrenzung eines Berufspendlers. Die statistischen Angaben der einzelnen Verlaufslinien wurden folgenden Veröffentlichungen entnommen beziehungsweise mit Hilfe dieser berechnet (Die Auflistung folgt der Nummerierung in der Abbildungslegende): (1): Ott / Gerlinger (1992): Die Pendlergesellschaft, S. 83 f. (2): Winkelmann (2008a): Berufspendler in Baden-Württemberg, S. 30; Winkelmann (2009): Berufspendler in Baden-Württemberg, S. 30. (3): Statistische Ämter des Bundes und der Länder (2015): Sozialversicherungspflichtig Beschäftigte; Statistisches Landesamt Baden-Württemberg (2014): Sozialversicherungspflichtig Beschäftigte. Die hohen Werte sind darauf zurückzuführen, dass als Grundlage die sozialversicherungspflichtig Beschäftigten herangezogen wurden und somit Personengruppen wie mithelfende Familienangehörige oder geringfügig Beschäftigte mit unterdurchschnittlicher Pendlerbeteiligung keine Berücksichtigung fanden. (4): Spyra (1965): Pendelwanderung nach Karlsruhe, S. 7. (5): Borcherdt (1991): Baden-Württemberg, S. 125. (6): Statistikstelle der Stadt Karlsruhe (2014): Beschäftigte Arbeitnehmer; Statistikstelle der Stadt Karlsruhe (2014): Arbeitnehmer nach Wirtschaftsabschnitten; Statistikstelle der Stadt Karlsruhe (2014): Berufseinpendler und -auspendler. (7): Birkner (1955): Pendelwanderung in Deutschland, S. 491. (8): Brinkmann / Dittrich-Wesbuer / Mielke (2007): Pendelverflechtungen in Nordrhein-Westfalen, S. 94; Arbeitskreis Umweltökonomische Gesamtrechnungen der Länder (2009): Umweltökonomische Gesamtrechnungen, S. 64; Information und Technik Nordrhein-Westfalen (2012): Jeder zweite Erwerbstätige; Information und Technik Nordrhein-Westfalen (2014): Neue Pendlerrechnung. (9): Statistische Ämter des Bundes und der Länder (2015): Sozialversicherungspflichtig Beschäftigte. (10): Fülgraff (1965): Pendelwanderung im Raum, S. 182; Gräbe / Ott (2003): Alles doppelt, S. 10. (11): Ebd., S. 10. (12): Haas / Hamann (2008): Pendeln, S. 2. Hierbei fußte die Pendlerdefinition auf ein Überschreiten von Kreisgrenzen. Dies erklärt die niedrigeren Werte der entsprechenden Kurve, die im Allgemeinen allerdings eine vergleichbare Tendenz aufweist. (13): Guth / Scheiner (2011): Wohnen und Arbeiten, S. 14 f. Die Angaben vor dem Jahr 1990 beziehen sich nur auf Westdeutschland. (14): Gewichtete Eigenberechnung auf Grundlage der Sozio-oekonomischen Paneldaten. Der Beschäftigtenstatus wurde nach Maßgabe der Variablen Erwerbsstatus (P0195) mit Gegenprüfung der Variablen der erweiterten

Der Zahl von 2,10 Millionen Berufs- und Ausbildungstagesauspendlern des Jahres 1987 entsprächen somit im Jahr 1970 nicht die angeführten 1,58 Millionen. Das Äquivalent beliefe sich umgerechnet auf lediglich 1,26 Millionen. Die Zunahmequote innerhalb der 17 Jahre betrüge dementsprechend statt der 32,8 Prozent 65,9 Prozent.[96] Die damit induzierte Veränderungsrate kommt dem wirklichen Veränderungsausmaß näher. Die für eine bessere Vergleichbarkeit umgerechnete Steigerungsrate im Fünfjahresschnitt von gut 19 Prozent bedeutet ein zu den 1950er Jahren äquivalentes Ausmaß. Ähnliches ist für Karlsruhe zu konstatieren. Die in Abbildung 3 verzeichnete abnehmende Pendlerrate im ersten Viertel des 20. Jahrhunderts muss keiner realen Mobilitätsabnahme in der badischen Stadt entsprochen haben. So erfolgte zwischen 1907 und 1910 die Eingemeindung von fünf Ortschaften. Auch folgende administrative Eingliederungen zwischen 1929 und 1938 sowie in den 1970ern wirkten für die Karlsruher Gesamtschau verfälschend.[97]

Trotz Verzerrungen durch Eingemeindungen und verschiedener Datenquellen, die das Pendeln unterschiedlich erfassten, kann insgesamt eine Zunahme der Pendler nach dem Kriterium des kommunalen Grenzübertritts über das gesamte 20. Jahrhundert diagnostiziert werden. Zwar erfolgte auch speziell in den letzten drei Jahrzehnten eine deutliche Entfernungszunahme. Diese war allerdings nicht derart ausgeprägt wie zur ersten Hochphase der 1950er Jahre als auch einer – eingedenk von Gebietsveränderungen – zweiten Hochphase, die in einem zeitlichen Teilabschnitt der 1970er und frühen 1980er zu verorten ist. Grundsätzlich und einschränkend ist anzumerken, dass eine Pendlerdefinition basierend auf einer gemeindlichen Veränderung auf dem Arbeitsweg ein grundsätzliches Problem innewohnt. Da sich gemeindliche Siedlungs- und Gebietsstrukturen unter den Kommunen unterscheiden, schränkt dies unmittelbare Quotenvergleiche zwischen verschiedenen Räumen ein. Der geografische Raum fächert sich beispielsweise in Rheinland-Pfalz kommunal deutlich feingliedriger auf als dies in Nordrhein-Westfalen der Fall ist. Entsprechend liegt die statistische Wahrscheinlichkeit für ersteres Bundesland viel höher, selbst bei kurzen Arbeitswegen gemeindeüberschreitenden Verkehr zu beobachten. Im bevölke-

Klasseneinteilung nach Erikson und Goldthorpe (PGEGP) und der beruflichen Stellung (PGSTIB) ermittelt. (15): Statistische Ämter des Bundes und der Länder (2015): Sozialversicherungspflichtig Beschäftigte. Da die Angaben der sozialversicherungspflichtigen Beschäftigten und der sich darauf beziehenden Einpendlerwert über Gemeindegrenzen für Sachsen in allen Jahren fehlten und dies für die Jahre 1998 bis 2003 für Sachsen-Anhalt und für die Jahre 1998 bis 2002 für Thüringen ebenso galt, wurden die neuen Bundesländer aus der Quotenberechnung gänzlich ausgeschlossen und nur die Daten der alten Bundesländer ohne Berlin zusammengetragen und aggregiert. Die fehlenden Einpendlerangaben der Jahre 2003 bis 2007 für Nordrhein-Westfalen wurden approximiert. (16): Der Verlauf wurde äquivalent wie bei Nummer 14 berechnet.

96 Vgl. Wedel (1991): Berufs- und Ausbildungspendler 1987, S. 525.

97 Vgl. Arnim / Fellhauer (2007): Residenzstadt Karlsruhe, S. 253; Depenau (2000): Dohlenatze und Schwarzbückel, S. 19, 22–26, 30 f., 43.

rungsreichsten Bundesland dürften diese dementgegen in stärkerem Maße als innergemeindliche Bewegungen kategorisiert werden. Mithin nennt das amtliche Gemeindeverzeichnis für Rheinland-Pfalz im Jahr 2006 eine Anzahl von über 2.300 Gemeinden. Nordrhein-Westfalen zählt hingegen seit einer Gebietsstrukturreform im Jahr 1976 weniger als 400 Kommunen.[98] Dadurch erklären sich die großen Unterschiede in den Pendlerquoten zwischen den einzelnen Bundesländern. So führten Sylvia Gräbe und Erich Ott für das Jahr 2003 an, dass 43 Prozent aller rheinland-pfälzischen Haushalte durch mindestens eines ihrer Haushaltsmitglieder direkt mit dem Pendeln konfrontiert waren, sie indes in Nordrhein-Westfalen lediglich 29 Prozent als Pendlerhaushalte verstanden. Gänzlich immobil erscheinen nach dieser Einteilung Haushalte in Stadtstaaten, so etwa in Hamburg nur zehn und in Berlin sogar nur 6 Prozent mit Pendelbeteiligung klassifiziert wurden.[99] Legt man hingegen ein Gebietsgrenzen unabhängiges Distinktionskriterium wie die tatsächlich zurückgelegte Entfernung zugrunde, relativieren sich die Diskrepanzen deutlich. Bei der Maßgabe eines mindestens 20 Kilometer langen Arbeitsweges bleibt zwar die Reihenfolge der vier betrachteten Bundesländer geordnet nach Pendlerintensität der Haushalte unverändert. Beginnend mit gut 21 Prozent in rheinland-pfälzischen Haushalten bewegen sich die Abstände allerdings lediglich im Zwei-Prozent-Bereich.[100]

Die öffentlichen Statistiken verwendeten im Regelfall eine Pendlerdefinition nach Maßgabe kommunaler Grenzüberschreitungen. Als mögliches Korrektiv zu diesen soll zur Auslotung des Ausmaßes des Pendelns in Deutschland die Größenordnung anhand des Entfernungskriteriums abgeleitet werden. Auf Grundlage der Daten des Sozio-oekonomischen Panels wurde ein Schwellwert von 20 Kilometern gewählt. In den Berechnungen zeigt sich, dass sich der Anteil der Pendler von 7,6 Prozent an allen Erwachsenen in Deutschland im Jahr 1985 bis zum Jahr 2009 – und demnach innerhalb von 25 Jahren – verdoppelte. Die Zahlenangaben verdeutlichen bereits eine gesteigerte Bedeutung des Pendelns,

98 An dieser Gliederung hat sich bis zum Jahr 2013 nichts geändert. Vgl. Berres (2006): Vorwort; Information und Technik Nordrhein-Westfalen (2013): Gliederung Nordrhein-Westfalens; Statistisches Bundesamt (2014): Gemeindeverzeichnis.

99 Vgl. Gräbe / Ott (2003): Alles doppelt, S. 29. Insofern tragen die Zahlen und Aussagen der Statistischen Ämter teilweise wenig zur Beschreibung eines tatsächlichen Pendlerverhaltens bei. Aussagen, wie die folgende sind für die Beschreibung des Mobilitätsphänomens vielmehr irreführend: »Der Anteil der Nichtpendler an den sozialversicherungspflichtig Beschäftigten lag 2009 in den Stadtstaaten mit durchschnittlich 83,3 Prozent deutlich höher als in den Flächenländern, wo er sich zwischen 27,1 Prozent in Rheinland-Pfalz und 45,9 Prozent in Nordrhein-Westfalen bewegte.« Statistische Ämter des Bundes und der Länder (2010): Arbeitsmärkte im Wandel, S. 86. Dasselbe gilt ebenso für Betrachtungen von Bewegungen über andere Gebietsgrenzen wie Bundeslandgrenzen. Hierbei kann Bayern schwerlich mit einem Stadtstaat wie Hamburg verglichen werden, wie es allerdings von amtlicher Stelle geschieht. Vgl. etwa ebd., S. 85.

100 Unter allen Bundesländern ist jedoch durchaus eine Verschiebung der Rangordnung zu beobachten. Die Zahlenangaben fußen auf eigenen Berechnungen. Genutzt wurden die Daten des Sozio-oekonomischen Panels bezogen auf das Jahr 2003.

doch unterschätzt dieser Vergleich das Phänomen. Der Personenkreis der Erwachsenen umfasst Teilgruppen, die per Definition das Pendeln ausschließen. Hierbei ist als größte Gruppen an Arbeitslose, Rentner und Hausfrauen gedacht. Klammert man zusätzlich die Auszubildenden sowie die Wehr- und Zivildienstleistenden als Sondergruppen aus, erhält man die Gruppe der Erwerbstätigen. Diese zieht die Arbeit als Referenzgruppe heran. Es gilt zu beachten, dass hierbei eine passive Fraktion auszuschließen ist. Statistisch gesehen werden unter den Erwerbstätigen ebenso Personen subsumiert, die sich in Mutterschutz oder in bezahlter Elternzeit befinden.[101] Diese erscheinen jedoch unverdächtig, zur Stätte Ihres Arbeitgebers zu pendeln. Ein genauerer Blick sei nun auf das Pendelverhalten der aktiven Erwerbstätigen seit Mitte der 1980er geworfen.[102] Das alltägliche Berufspendeln hat in den 25 Jahren seit Mitte der 1980er Jahre einen stetigen Bedeutungsanstieg erfahren. Betraf das Pendeln im Jahr 1985 mehr als jeden Siebten der aktiv Erwerbstätigen (14,8 Prozent), war es im Jahr 2009 deutlich mehr als jeder Vierte (28,7 Prozent). Unterscheidet man bei den Berufstätigen zwischen Vollzeitbeschäftigten, Teilzeitkräften und geringfügig Entlohnten,[103] trugen erstere relativ wie absolut maßgeblich zu dem hohen Pendleranteil bei und dokumentierten 1985 eine Pendlerquote von 16,7 Prozent, die sich zweieinhalb Jahrzehnte später mit einem Wert von 31,3 Prozent fast verdoppelt hatte. Beachtlich ist, dass die Teilzeitkräfte im betrachteten Zeitraum einen größeren Zuwachs verzeichneten. Gleichwohl wiesen sie ein wesentlich niedrigeres Ausgangsniveau auf und bewegten sich inklusive der ersten Jahre der 1990er bei einem Pendleranteil im mittleren einstelligen Bereich. Jedoch setzte ab Mitte der 1990er ein sprunghafter Anstieg ein, sodass sich die Werte bis 2006 mit rund 18 Prozent innerhalb von zwei Jahrzehnten verdreieinhalbfachten. Verschiebt man den Schwellwert fürs Pendeln und definiert für den Fernpendler eine einfache Mindeststrecke zur Arbeit von 50 Kilometern, dann zeigte sich bei den Vollzeit- wie Teilzeitkräften ein ähnlich entschiedener Trend. Eine solche strengere Definitionsauslegung unterstreicht anhand der Pendleranteile noch deutlicher, dass das Pendeln schwerpunktmäßig ein Phänomen Vollzeitbeschäftigter war und ist.

101 Vgl. Rengers (2004): Labour-Force-Konzept, S. 1379 f.

102 Die aktiven Erwerbstätigen hatten Mitte der 1980er in Bezug auf Personen im erwerbstätigen Alter zwischen 17 und 64 Jahren einen Anteil von 62 Prozent. Dieser pendelte sich bis zur Jahrtausendwende bei rund 65 Prozent ein. Ein Anstieg auf fast 70 Prozent in den darauffolgenden zehn Jahren ist mit zwei Punkten zu erklären. Zum einen nahm der Anteil der geringfügig Beschäftigten in diesem Zeitraum stark zu. Zum anderen verringerte sich in einer alternden Gesellschaft die Zahl derjenigen Menschen, die dem Arbeitsmarkt potenziell zur Verfügung standen, sodass sich innerhalb dieser schrumpfenden Gruppe der Anteil der in der Zahl unverändert aktiven Erwerbstätigen erhöhte.

103 Bezogen auf alle aktiven Erwerbstätigen sind die Vollzeitbeschäftigten die entschieden größte Gruppe. Allerdings haben die Teilzeitanstellungen und geringfügigen Beschäftigungen im untersuchten Zeitraum ihren Gesamtanteil von 16,6 auf 28,1 Prozent erhöht.

Weglängen, Zeitverbrauch und Praxisdauer

Nähert man sich der Frage einer steigenden Alltagsmobilität bei Blick auf die täglichen Wegstrecken, ergaben Mobilitätserhebungen für Deutschland um die Jahrtausendwende, dass jeder Deutsche im Durchschnitt knapp 40 Kilometer am Tag zurücklegte. Dies entsprach im Vergleich zu den frühen 1970ern fast einer Verdoppelung, gegenüber dem Jahr 1950 sogar mehr als eine Versechsfachung. Eine bedeutsame Erklärung für eine zunehmend raumgreifendere Mobilität seit über einem Jahrhundert ist im Ausbau der Verkehrsinfrastruktur und der massiven Verschiebung in der Verkehrsmittelwahl zu sehen. Erst diese Ausweitung ermöglichte und begünstigte die Zunahme täglich zurückgelegter Entfernungen.[104] Wurden zum Ende des 19. Jahrhunderts die Hälfte aller Arbeitswege noch zu Fuß bestritten, ging mit dem Ausbau des Eisenbahn- und Straßenbahnnetzes eine zunehmende Verlagerung auf den öffentlichen Personenverkehr als auch eine Radiusausweitung zurückgelegter Strecken einher. Mit der aufkommenden Massenmotorisierung in den Nachkriegsjahrzehnten entwickelte sich das Auto in der zweiten Hälfte des 20. Jahrhunderts zum dominierend genutzten Verkehrsmittel der Berufspendler.[105] Auch die für Fernpendler durchaus zu beobachtenden Impulse in den 1970ern respektive Anfang der 1990er durch die Einführung der IC- beziehungsweise ICE-Züge änderten nichts an der nunmehrigen Vorrangstellung des PKW. Spätestens seit Ende der 1980er Jahre wiesen alle statistischen Erfassungen deutlich mehr als zwei Drittel aller Erwerbstätigen aus, die zum Bestreiten des Arbeitsweges ein eigenes Auto nutzten.[106] Dem PKW – als sinnbildlichem Objekt für den wirtschaftlichen Aufschwung der Nachkriegsjahrzehnte – kam eine Schlüsselrolle für die Steigerung der täglich zurückgelegten Strecke zu.[107] So wie die Eisenbahn als Sinnbild

104 Es kommt auf die Perspektive an, ob man eine ausgedehntere Infrastruktur positiv als Möglichkeitsraum begreift oder mit dieser vielmehr etwas Zwanghaftes verbindet, machbare Optionen auch ausnutzen zu müssen. Vgl. Rolshoven / Winkler (2009): Multilokalität und Mobilität, S. 104.

105 Dies negiert nicht, dass in jener Zeit auch der öffentliche Nahverkehr massiv ausgebaut wurde und die Fahrgastzahlen zumindest in den Großstädten deutlich anstiegen.

106 Gesonderte Pendlererfassungen kamen in den 1980ern und 2000ern sogar auf deutlich höhere Angaben von meist rund Vierfünfteln. Vgl. Behnen / Ott (2006): Arbeitskräftemobilität Fernpendler, S. 56; Statistisches Bundesamt (2005): Leben und Arbeiten, S. 58. Diese Entwicklung zeigte sich auch kleinräumig. Vgl. Statistisches Amt der Landeshauptstadt Stuttgart (1992): Pendleranalyse für Stuttgart, S. 8; Amt für Stadtentwicklung und Statistik Trier (1993): Volkszählung 1987, S. 14, 16. In diesem Zusammenhang ist die Funktion des Autos als prestigeträchtiges Symbol nicht zu unterschätzen. Darauf verwies bereits Peter Franz in den 1980ern in seiner soziologischen Einführung zur räumlichen Mobilität. Vgl. Franz (1984): Soziologie der Mobilität, S. 188.

107 Diese Entwicklung zeitigte ebenso gewandelte Siedlungsstrukturen und Verkehrsprobleme als sie auch mit diesen wie mit wirtschaftlichen Prozessen in Wechselwirkung stand.

für die Fortbewegung im 19. und frühen 20. Jahrhundert steht, so kann das Automobil seit den 1950er Jahren als Allegorie der individuellen Bewegung und in übergeordneter Perspektive als Metapher für Freiheit und Fortschritt verstanden werden.[108]

Parallel zur Nutzungszunahme des PKW – und dem zumindest relativen Bedeutungsschwund des öffentlichen Personenverkehrs – stieg auch der Motorisierungsgrad in Westdeutschland. Die nachdrücklichste Veränderung vollzog sich in den 1950er und 1960er Jahren. Anfang der 1960er verfügte jeder vierte Haushalt über einen eigenen PKW, zum Ende des Jahrzehnts annähernd jeder zweite. Bei einer Ermittlung im Jahr 1998 besaßen drei Viertel aller Haushalte in den alten Bundesländern mindestens ein Auto. Eine Sondersituation ist für Ostdeutschland zu konstatieren. Zum Zeitpunkt der Wiedervereinigung bewegte sich der PKW-Besitzstand in den neuen Bundesländern in einer Größenordnung, welche dem Stand der alten Bundesländer zu Anfang der 1970er Jahre entsprach. Doch Ostdeutschland erlebte in den 1990ern eine wahre Motorisierungswelle, sodass beide Landesteile zur Jahrtausendwende einen annähernd vergleichbaren PKW-Bestand aufwiesen.[109] Simultan zum Motorisierungsgrad fand ein rapider Ausbau der Verkehrswegeinfrastruktur statt.[110]

Bedeutsame Veränderungen erfuhr die Pendlerpraxis in den mittleren Jahrzehnten des 20. Jahrhunderts durch neugebaute Verkehrswege und durch die massenhafte Verbreitung des Automobils. Entsprechend stellte die Ausweitung des Pendlereinzugsgebietes im zeitlichen Fortlauf eine beständige Diagnose dar.[111] Doch steigende Entfernungen bedingten durchschnittlich keinen zeitlichen Mehraufwand. Zugleich wurde der durch eine verbesserte Verkehrs-

108 Während die mit dem PKW zurückgelegten Gesamtkilometer stetig zunahmen, stagnierte die Beförderungsleistung der Eisenbahn in der zweiten Hälfte des 20. Jahrhunderts. Ausdruck des Bedeutungsschwundes stellten Stilllegungen von Bahnstrecke seit den 1950ern dar. Vgl. Merki (2008): Verkehrsgeschichte und Mobilität, S. 46 f.; Bundesministerium für Verkehr, Bau- und Wohnungswesen (2002): Verkehr in Zahlen, S. 56 f. Siehe zur historischen Entwicklung des öffentlichen Personenverkehrs folgende Veröffentlichung: Reinhardt (2015): Geschichte des Öffentlichen. Der Flugverkehr findet in der vorliegenden Arbeit keine Beachtung, soll an dieser Stelle aber nicht unerwähnt bleiben, schließlich verdoppelte sich das Fluggastaufkommen bei internationalen Verbindungen zwischen den Jahren 1969 und 1984 und nochmals bis 1994 auf dann rund 100 Millionen in Deutschland abgefertigte Flugpassagiere im Jahr. Im Jahr 2008 wurden an deutschen Flughäfen insgesamt knapp 208 Millionen Passagiere gezählt. Vgl. Mayr (2001): Luftverkehr, S. 82 f; Bundesverband der Deutschen Luftverkehrswirtschaft (2015): Zahlen zur Lage, S. 4.

109 Vgl. Kramer (2005): Zeit für Mobilität, S. 122 f.; Deiters / Gräf / Löffler (2001): Verkehr und Kommunikation, S. 17; Hinrichs (2001): Ostdeutschen in Bewegung, S. 254, 256.

110 Entsprechend war in den Budgetplänen des Bundesverkehrsministeriums in den 1970ern etwa der Fernstraßenausbau an die Entwicklung der PKW-Dichte gekoppelt. Vgl. Schliephake (2001): Der Straßenverkehr, S. 34.

111 Vgl. als regionale Beispiele etwa Borcherdt (1995): Das unterschiedliche Ausmaß, S. 19; Statistisches Amt der Landeshauptstadt Stuttgart (1992): Pendleranalyse für Stuttgart, S. 8; Holz-Rau / Guth / Scheiner (2011): Der Pendler, S. 6 f.

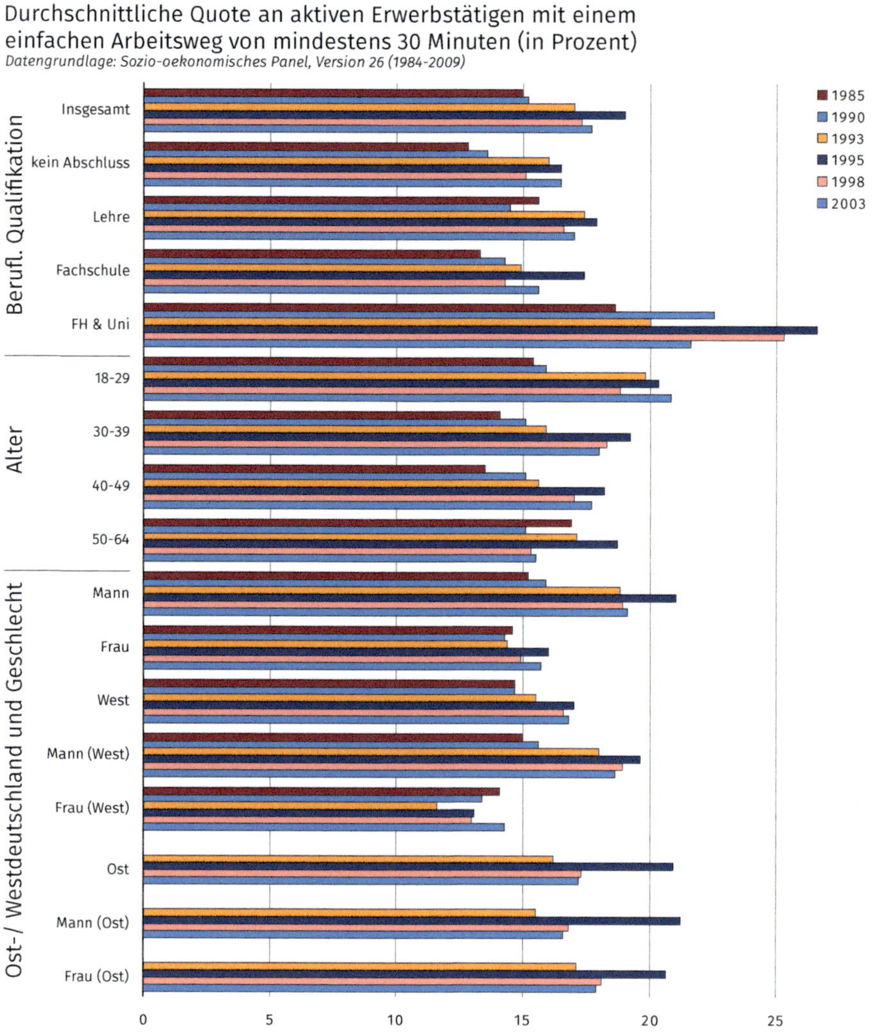

Abb. 4: Pendlerquote unter aktiven Erwerbstätigen

infrastruktur und schnellere Verkehrsmittel bedingte potenzielle Zeitgewinn wieder aufgezehrt, indem Pendler im Allgemeinen längere Distanzen zurücklegten.[112] Zu entsprechender Feststellung kann man bei vergleichendem Blick auf die Volkszählungsdaten der Jahre 1961 und 1987 oder bei Gegenüberstellung

112 Dieser Zusammenhang erweckte bei dem Beschleunigungsforscher Hartmut Rosa die Mutmaßung, dass sich physische Mobilitätszeiten invariant gegenüber Fortbewegungsgeschwindigkeit verhalten. Vgl. Rosa (2010): Dynamisierung und Erstarrung, S. 288f.

von Mikrozensuszahlen aus den Jahren 1996 und 2004 gelangen.[113] Selbst bei einem größeren Zeitsprung von 1900 bis zur Jahrtausendwende unterschied sich die für den Berufsweg aufgewandte Zeit in überschaubarem Maße. Für den britischen Fall sprach Colin Pooley von rund 9 Tagen, die übers Jahr summiert als reine Arbeitswegzeit anfielen – zur Jahrtausendwende als auch ein Jahrhundert zuvor.[114] Für Deutschland ist ähnliches zu schlussfolgern.[115] Die Zunahme beruflich Mobiler bezieht sich in erster Linie auf das Zurücklegen großer Entfernungen. Gesamtgesellschaftlich gesehen hat sich hingegen der Zeitbedarf für das Zurücklegen des Arbeitsweges in den letzten Jahrzehnten deutlich weniger dramatisch bis gar nicht geändert.

Im kurzen Zeitraum von Mitte der 1980er bis zu den frühen 2000ern ist indes eine leichte Zunahme zu erkennen, wobei die unmittelbaren Nachwendejahre einen deutlicheren Ausschlag bedingten. In Abbildung 4 spiegeln sich überdies Charakteristika wider, die in der Forschung des Öfteren anklingen, wie eine stärkere Mobilitätsbeteiligung bei hoher beruflicher Qualifikation.[116] Doch ist im betrachteten Zeitraum ebenso ein Aufholen der Ungelernten gegenüber dem Durchschnitt erkennbar. Dies kann als Hinweis dafür gesehen werden, dass zu Zeiten einer Ausweitung prekärer Arbeit angesprochenen Gruppen eine höhere Flexibilität abverlangt wurde. Die Mobilitätsaktiveren erwiesen sich überdies tendenziell als jünger. Gerade die westdeutschen Männer – als auffällig aktivste Personengruppe – dokumentierten zu Anfang der 1990er einen deutlichen Anstieg hinsichtlich einer Mobilitätsbeteiligung. Bei westdeutschen Frauen zeigte sich hingegen keine Steigerung in der zeitlichen Beanspruchung durch das berufliche Pendeln.[117] Als ostdeutsches Spezifikum waren die Männer dort nicht stärker als die Frauen in zeitaufwendige Mobilitätspraktiken involviert. Dies verweist auf die geschlechtsspezifisch verschieden strukturierten Arbeitsmärkte in den alten und neuen Bundesländern.

Beobachtungen wie jener zu Beginn des neuen Jahrtausends, dass jeder zweite Berufstätige im Alter von Mitte zwanzig bis Mitte fünfzig in Deutschland über

113 Vgl. Schön / Hillesheim / Kuhlmann (1993): Entwicklungsphasen der Städte, S. 35; Ott / Gerlinger (1992): Die Pendlergesellschaft, S. 105–107; Schulze (2009): Einige Beobachtungen, S. 5; Statistisches Bundesamt (2005): Leben und Arbeiten, S. 58.

114 Vgl. Pooley (2008): Travelling to Work, S. 57, 61.

115 Für die Zeit der bundesrepublikanischen Geschichte kann man sich etwa auf die vom Bundesverkehrsministerium veranlassten Erhebungen zum Verkehrsverhalten stützen. Vgl. Läpple (2005): Mobilität, S. 655; Vogt (2002): Sinn hat Mobilität, S. 123; Bundesministerium für Verkehr, Bau und Stadtentwicklung (2010): Mobilität in Deutschland, S. 4.

116 Vgl. Granato u. a. (2009): Arbeitskräftemobilität in Deutschland, S. 28 f.; Reuschke (2010): Berufsbedingtes Pendeln, S. 139.

117 Hierbei fiel auf, dass bei westdeutschen Frauen mit Partner die weibliche Pendelbeteiligung nicht unabhängig von der des Mannes war. Es war über den gesamten Zeitraum stets mehr als zweimal so wahrscheinlich, dass eine Frau pendelte, wenn dies bei ihrem Mann der Fall war. Die angesprochenen Fälle signalisieren, dass das Pendeln bei diesen Doppelverdienern als Strategie genutzt wurde, um zwei Karrieren miteinander zu vereinbaren.

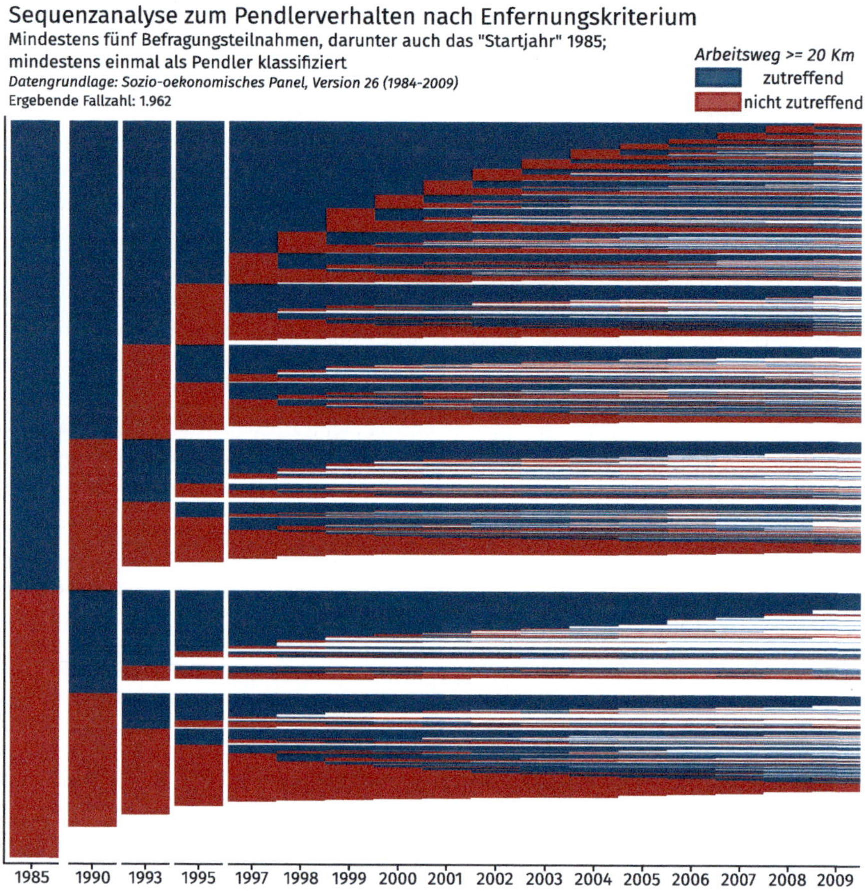

Abb. 5: Sequenzanalyse zum Pendlerverhalten[118]

berufliche Mobilitätserfahrungen verfügte, besagen zudem nichts über die Dauer des Festhaltens an einer – zumeist alltäglichen – mobilen Praktik.[119] Mittels einer Sequenzanalyse zum Pendlerverhalten auf Basis der Daten des Sozio-oekonomischen Panels wirft die Arbeit einen Blick darauf, inwieweit berufliches Pendeln als dauerhafte Strategie angewandt wurde (siehe Abb. 5). Die betrachteten Personen wiesen alle mindestens eine einmalige derartige Mobilitätsphase auf. Die Visualisierung verdeutlicht eine große individuelle Streuung zwischen Personen mit kurz, mittel und lang anhaltenden Pendlerphasen. In

118 Siehe zur Aufbereitung von Sequenz-Indexplots mittels der Statistiksoftware Stata Brzinsky-Fay / Kohler / Luniak (2006): Sequence Analysis.

119 Vgl. Peuckert (2012): Familienformen im Wandel, S. 526.

der Größenordnung dokumentiert die Grafik für die 1980er bis 2000er ein ähnliches Ergebnis, wie es in der vom Bundesfamilienministerium geförderten Studie *Berufsmobilität und Lebensform* formuliert wurde: Bei rund jedem dritten beruflich Mobilen handelte es sich um einen dauerhaften Lebensumstand.[120] Auffällig ist aber, dass Befragungsabbrüche insbesondere bei den in der letzten Erhebung als mobil klassifizierten Personen erfolgten, deren weiterer Fortgang somit nicht mehr nachzuvollziehen war. Die höhere Ausfallquote mag als Anzeichen einer Folgewirkung einer stärkeren Belastung durch die mobile Lebensweise gedeutet werden. Insofern erscheint ein deutlich höherer Anteil an dauerhaften Fernpendlern plausibel. Dass das Pendeln für viele vermehrt eine dauerhafte Strategie darstellte, könnte auch durch Arbeitsmarkttrends wie unsicheren Arbeitsverhältnissen und häufigen Arbeitgeberwechseln in den 1990ern und 2000ern befördert worden sein.

An dieser Stelle kann festgehalten werden, dass im zeitlichen Verlauf des letzten Jahrhunderts für die tägliche Berufsmobilität eine Entfernungszunahme zu diagnostizieren ist, die maßgeblich parallel zu technischen Entwicklungen und infrastrukturellem Ausbau verlief. Am Zeitaufwand für die beruflichen Wege änderte sich gesamtgesellschaftlich betrachtet wenig. Es fehlen verlässliche Angaben zu früheren Vergleichszeiträumen, um einzuschätzen, inwieweit sich die allgemeine Phasenlänge besagter Mobilitätspraktik änderte. Einzelne Indizien lassen allerdings keinen stattgefundenen fundamentalen Wandel erwarten.

Exkurs: Die Bedingtheit statistischen Zahlenmaterials

Bevor sich nun einige Beobachtungen zu strukturellen Bedingtheiten und Verflechtungen von Pendlerströmen anschließen, sollen mittels eines kleinen Beispiels zuvor exkursartig und explizit die Schwierigkeiten im Umgang mit unterschiedlichen Datenquellen und Berechnungsgrundlagen verdeutlicht werden. Dies scheint geboten, da einem oftmals verschiedene Zahlenangaben zu ähnlichen und manchmal vermeintlich identischen Sachverhalten begegnen, wie es etwa bei den in Abbildung 3 zusammengetragen Werten der Fall war.

Für die Abschätzung der Berufspendlerquote dienen die Erwerbstätigenzahlen als Ausgangspunkt. Betrachtet man diese exemplarisch für das Jahr 2013 im Bundesland Nordrhein-Westfalen, differieren verschiedene offizielle Angaben hierzu deutlich. So spricht der Arbeitskreis *Umweltökonomische Gesamtrechnungen der Länder* mit Verweis auf Daten des Arbeitskreises *Erwerbstätigenrechnung des Bundes und der Länder* von einem Jahresdurchschnitt von 8,93 Millionen Erwerbstätigen,[121] der Arbeitskreis *Erwerbstätigenrechnung* selbst nennt in

120 Vgl. Schneider / Limmer / Ruckdeschel (2002): Berufsmobilität und Lebensform, S. 226 f.
121 Vgl. Arbeitskreis Umweltökonomische Gesamtrechnungen der Länder (2014): Umweltökonomische Gesamtrechnungen, Tabelle 1.5.

einer eigenen Veröffentlichung hingegen 9,04 Millionen.[122] Die Abweichung ist darauf zurückzuführen, dass die Datenreihe – wie dies oftmals zutrifft – einer nachträglichen Revision unterzogen wurde. Somit änderten sich die Angaben desselben amtlichen statistischen Datenurhebers und bezogen sich bei selbem Bezugsjahr auf einen unterschiedlichen Berechnungszeitpunkt. Dieser Sachverhalt deutet implizit darauf hin, dass Zahlenmaterial meist keine Vollerhebung zugrunde liegt, sondern lediglich als Annäherung an das wirkliche Ausmaß zu verstehen ist. Für den Augenblick ist festzuhalten, dass sich das Erwerbstätigenausmaß dem Arbeitskreis *Erwerbstätigenrechnung des Bundes und der Länder* zufolge auf um die neun Millionen belief. Das zuständige statistische Landesamt für Nordrhein-Westfalen führt dementgegen eine Zahl von 8,20 Millionen an.[123] Wie erklärt sich die Diskrepanz von zehn Prozent? Ein entscheidender Punkt liegt in der unterschiedlichen Datengrundlage begründet.[124] Das Landesamt stützte sich auf die Daten des Mikrozensus. Dieser stellt eine repräsentative Zufallserhebung dar, die ungefähr ein Prozent aller privaten Haushalte in Deutschland einbezieht. Dem Landesamt standen als zuletzt durchgeführte Mikrozensusbefragung die Ergebnisse des Jahres 2011 zur Verfügung. Insofern basierten die Berechnungen für das Jahr 2013 neben einer Hochrechnung auf die Gesamtbevölkerung zudem auf einer gemutmaßten Fortschreibung der Entwicklung. Dahingegen war der Arbeitskreis *Erwerbstätigenrechnung des Bundes und der Länder* bemüht, sich in seiner Kalkulation auf Vollerhebungen zu stützen. Dies bedeutete eine Addition aus Angaben verschiedener Datenquellen. Hierbei kam der Auskunft der Bundesagentur für Arbeit zum Ausmaß der sozialversicherungspflichtig Beschäftigten die zahlenmäßig größte Relevanz zu. Unter jener Rubrik als Erwerbstätige nicht erfasst werden Beamte, geringfügig Entlohnte, mithelfende Familienangehörige und der überwiegende Teil der Selbstständigen. Für diese bedurfte es weiterer Informationsquellen, teilweise – aufgrund nur mäßiger offizieller Erfassung – auch qualifizierter Abschätzungen. Trotz der großen Differenz sind jene Erwerbstätigenangaben als die beiden maßgeblichen offiziellen Angaben zu verstehen. Insofern verwundert eine Pressemitteilung des Landesbetriebes *Information und Technik Nordrhein-Westfalen* als übergeordneter Instanz des statistischen Landesamtes in Nordrhein-Westfalen vom 4. November des Jahres 2014, in der von einer Größenordnung von 50,1 Prozent übergemeindlicher Pendler unter den 8,73 Millionen Erwerbstätigen in Nordrhein-Westfalen im Jahr 2013 die Rede ist. Diese Erwerbstätigenzahl findet sich in keiner anderen zentralen Statistik.[125] Auffallend ist indes die

122 Vgl. Arbeitskreis Erwerbstätigenrechnung des Bundes und der Länder (2015): Erwerbstätigenrechnung, S. 10.

123 Vgl. Information und Technik Nordrhein-Westfalen (2014): Erwerbsbeteiligung der Bevölkerung.

124 Zum Teil sind Differenzen auch auf unterschiedliche Zeitpunkte der Erhebung zurückzuführen. Dies ist im vorliegen Fall nicht gegeben, da sich alle Zahlenangaben als Jahresdurchschnittswerte verstehen.

125 Vgl. Information und Technik Nordrhein-Westfalen (2014): Neue Pendlerrechnung.

Ähnlichkeit der Zahlenangabe mit der vom selben Herausgeber veröffentlichten Angabe zu den Erwerbspersonen in Nordrhein-Westfalen, womit bei dieser Information ebenso die Erwerbslosen einbezogen wären.[126]

Das Beispiel der Erwerbstätigenzahlen in Nordrhein-Westfalen verdeutlicht, dass unter einer gleich benannten Personenkategorie zum Teil unterschiedliche Personengruppen verstanden oder diese zumindest verschieden erfasst werden. Somit lassen sich etwa abweichende Pendlerangaben bis zu einem gewissen Grade auf unterschiedlich ermittelte Grunddaten zurückführen, obwohl ein gleiches Grundverständnis zum Pendeln vorlag. Als Richtschnur scheint es ratsam, bei Vergleichen möglichst Angaben heranzuziehen, die auf demselben Wege zustande gekommen sind. Im Falle unterschiedlicher Datenquellen oder Berechnungsgrundlagen – geschweige denn abweichender Definitionen – ist deren Verschiedenartigkeit in der Einordnung zu berücksichtigen. Desgleichen ist auch bei der Bewertung und Verallgemeinerung von einzelnen Fällen Vorsicht geboten. Diese können zu falschen Vorstellungen der allgemeinen Verhältnisse verleiten. Zum Beispiel geht aus einem Bericht des Nürnberger Amtes für Stadtforschung unter Berufung auf die jener Zeit aktuelle Volkszählungserhebung hervor, dass jeder dritte Ein- und Auspendler in bayerischen, kreisfreien Städten im Jahr 1961 mindestens eine Stunde für den einfachen Arbeitsweg bedurfte. In Nürnberg wies sogar jeder Zweite der gut 75.000 Einpendler eine derartig lange Wegzeit auf.[127] Bei den allgemein klingenden Angaben handelte es sich allerdings nur um einen – zumal siedlungsstrukturell spezifischen – Ausschnitt der im starken Kontrast zur allgemein verbreiteten Gepflogenheit stand. Denn für den allgemeinen Fall war nach den Daten der Volkszählung des Jahres 1970 – gleichgültig der gemeindlichen Zugehörigkeit von Wohn- und Arbeitsstätte – lediglich jeder 25. Erwerbstätige in Deutschland mit einer Arbeitswegzeit von mindestens einer Stunde konfrontiert.[128]

Regionale Unterschiede

Mit dem letzten Gedanken klangen siedlungsstrukturelle Besonderheiten der Pendlerströme an, die auf lokaler Ebene deutlich zum Vorschein kamen. Der in den vorherigen Ausführungen pauschalisierende Blick soll nicht suggerieren, dass Veränderungen der Siedlungs- und Wirtschaftsstrukturen und deren Auswirkungen auf die Mobilität im Deutschland des 20. Jahrhunderts überall

126 Vgl. Information und Technik Nordrhein-Westfalen (2014): Erwerbsbeteiligung der Bevölkerung.

127 Vgl. Trutzel / Schneider (1966): Nürnberg als Arbeitszentrum, S. 37.

128 Vgl. Statistisches Bundesamt (1974): Bevölkerung und Kultur, S. 113. Es erscheint unrealistisch, die Größenordnungsunterschiede mit den verschiedenen Erhebungsjahren zu begründen. Es ist von tendenziell geringen Niveaudifferenzen des durchschnittlichen Zeitbedarfs für den Arbeitsweg in den Volkserhebungen des Jahres 1961 und des Jahres 1970 auszugehen.

gleichförmig verliefen. Beispielsweise war der allgemeine Bedeutungsverlust der Landwirtschaft in der Nachkriegszeit, der indirekt zu vermehrtem Pendeln beitrug, in Bayern zunächst schwächer ausgeprägt. Mit diesem sozialräumlichen Argument lassen sich niedrigere Pendlerzahlen für Bayern im Vergleich zum westdeutschen Durchschnitt mindestens bis in die 1970er Jahre begründen.[129] Strukturveränderungen, die Auswirkungen auf das Mobilitätsverhalten zeitigten, waren – regional differenziert – unterschiedliche Dynamiken zu eigen.[130]

Beispielhaft kann der Rhein-Main-Raum angeführt werden, der spätestens seit dem 20. Jahrhundert einen besonderen polyzentrischen Verflechtungsraum der Berufspendler bildete, wobei hier zugleich Frankfurt am Main eine auffallende Stellung einnahm.[131] In den Jahren um die Jahrtausendwende verkörperte Frankfurt am Main unter den Großstädten die Einpendlerhochburg schlechthin. Entsprechend betrug die Einpendlerquote in den 2000ern durchgängig zwei Drittel aller in der Mainmetropole sozialversicherungspflichtig Beschäftigten. Aus den naheliegenden Landkreisen wie dem Main-Taunus-Kreis, dem Main-Kinzig-Kreis, dem Wetteraukreis oder der Stadt Offenbach verzeichnete die Statistik jeweils fünfstellige Zahlen an Arbeitnehmern, die täglich zur Arbeit nach Frankfurt am Main fuhren.[132] Den rund 300.000 Einpendlern stand ein kleinerer, aber nicht zu unterschätzender Gegenstrom von etwa einem Viertel im Ausmaß entgegen. Der sich in ähnlicher Weise auf die Gebiete der Einpendlerherkunftsorte erstreckte. Als Besonderheit fällt bei den Auspendlerzahlen die Stadt Eschborn ins Auge, die knapp neun Prozent aller Frankfurter Auspendler auf sich vereinte.[133] Der finanzielle Vorteil eines verkehrstechnisch ideal gelegenen Standortes und eines niedrigen Gewerbesteuersatzes – bei zugleich günstigem Baugrund beziehungsweise niedrigen Mieten – förderte die Konzentration

129 Vgl. Schöller (1956): Pendelwanderung als Problem, S. 262; Fülgraff (1965): Pendelwanderung im Raum, S. 183.

130 Diesbezüglich kann man beispielhaft die allgemeine Diagnose der Tertiarisierung im letzten Drittel des 20. Jahrhunderts anführen. Vergleicht man den Tertiarisierungsgrad der kommunalen Wirtschaft zu Anfang der 1990er streute dieser in Deutschland zwischen gut 82 Prozent in der Stadt Bonn und lediglich 22 Prozent im Landkreis Coburg. Entsprechend dominierte im fränkischen Kreis noch der zweite Wirtschaftssektor. Vgl. Lambrecht / Wittrock (1997): Regionale Wirtschaftsstruktur 1994, S. 64.

131 Das Bewegungsgeflecht im Ruhrgebiet scheint am besten mit dem Adjektiv dispers charakterisiert, wohingegen die Bewegungen im Großraum München monozentrisch ausgerichtet waren. Vgl. Bade / Spiekermann (2001): Arbeit und Berufsverkehr, S. 78.

132 Insgesamt stellte der gesamte Rhein-Main-Raum einen großen Verflechtungsraum dar, der über Bundeslandgrenzen hinausreichte. Entsprechend wiesen etwa die Städte Mainz und Aschaffenburg Auspendlerzahlen nach Frankfurt in vierstelliger Größenordnung auf, aber auch alle deutschen Millionenstädte waren in ähnlicher Größenordnung als Herkunftsorte der Frankfurter Beschäftigten vertreten. Vgl. Burkert u. a. (2007): Regionale Mobilität, S. 22 f.; Industrie- und Handelskammer Frankfurt am Main (2014): Mobile Arbeitnehmer, S. 14; Reisch (2013): Entwicklung der Berufspendlerbewegungen, S. 4, 7.

133 Vgl. Industrie- und Handelskammer Frankfurt am Main (2014): Mobile Arbeitnehmer, S. 15; Burkert u. a. (2007): Regionale Mobilität, S. 22.

vieler Unternehmen im Gewerbegebiet dieser Ortschaft. Real am westlichen Stadtrand von Frankfurt am Main gelegen, errichteten viele bedeutende Firmen wie Deutsche Bank, Siemens, Deutsche Telekom, Deutsche Börse, Vodafone, IBM oder Ernst & Young einen wichtigen Unternehmensstandort in Eschborn. Ebenso legten viele Interessenverbände und Behörden ihren Sitz in erwähnte Stadt im Main-Taunus-Kreis, wie beispielsweise die Deutsche Gesellschaft für Internationale Zusammenarbeit. Im Jahr 2013 waren 8.395 im Eschborn lebende sozialversicherungspflichtige Beschäftigte registriert, von denen drei Viertel auswärts – vor allem in Frankfurt – einer Arbeit nachgingen. Im Zuge der im Verhältnis zur Stadt überdimensional erscheinenden Gewerbeansiedlung erreichten in umgekehrter Richtung knapp 29.000 Berufspendler täglich die Stadt, was einer extremen Einpendlerquote von 93,3 Prozent entsprach.[134] Dies zeigt, dass hohe Einpendlerzahlen keine Exklusivdomäne von Großstädten darstellte. Als Folge unternehmerischer Suburbanisierungsvorgänge bildeten sich teilweise gleichfalls in kleineren Kommunen starke Pendlerzuströme heraus. Jene Gemeinden sind indes allesamt dem erweiterten städtischen Umfeld zuzurechnen. Peripher gelegene Gemeinden, wie in größerem Maßstab auch Landkreise, wiesen hingegen gewöhnlich deutlich höhere Auspendler- denn Einpendlerzahlen auf. Als typisches Beispiel kann hierfür – im hessischen Raum bleibend – der Vogelsbergkreis genannt werden, dem im Jahr 2005 einer Einpendlerquote von gut 20 Prozent eine Auspendlerrate von über 40 Prozent entgegenstand.[135]

Pauschal galt im bundesrepublikanischen Deutschland in allen Jahrzehnten, dass sich das Pendlersaldo mit steigender Gemeindegröße zunehmend positiver gestaltete.[136] Hieraus eine größere und raumgreifendere Mobilität der Berufstätigen in kleineren Kommunen abzuleiten, stellt jedoch eine verfrühte Schlussfolgerung dar. Zwar ist für ländliche Gemeinden mit bis zu 5.000 Einwohnern zwischen den 1970ern und 2000ern durchweg zu beobachten, dass nach der amtlichen Pendlerdefinition mittels eines Gemeindewechsels auf dem Arbeitsweg größere Anteile der Erwerbstätigen als mobil klassifiziert wurden. Zugleich legten sie aber im Durchschnitt tendenziell kurze Arbeitswege zurück. Demnach betrug um 1970 bei knapp zwei Drittel jener Pendler die Distanz höchstens 15 Kilometer. Dieser Anteil sank zwar relativ beständig bis zum Ende der 2000er, belief sich aber auch dann noch auf deutlich über die Hälfte aller Pendler, die offensichtlich relativ kurze Arbeitswege zu bestreiten hatten. Auspendler aus Großstädten, also aus Städten mit mindestens 100.000 Einwohnern, waren hingegen unter ihresgleichen bereits Ende der 1960er in der Minderheit, wenn sie nur Arbeitswege von bis zu 15 Kilometern bestritten. Ihr Anteil von

134 Vgl. Industrie- und Handelskammer Frankfurt am Main (2014): Mobile Arbeitnehmer, S. 46f.

135 Vgl. Burkert u. a. (2007): Regionale Mobilität, S. 74.

136 Das heißt, dass – verglichen mit dem Wohnort – Pendlerströme zur Arbeitsstätte im Besonderen Richtung größerer oder zumindest gleich großer Gemeindegrößen erfolgten. Siehe dazu etwa die Ausprägungen der einzelnen Verflechtungen in Baden-Württemberg: Winkelmann (2008b): Berufspendler in Baden-Württemberg, S. 40.

43 Prozent im Jahr 1970 fiel bis zum Jahr 2007 weiter deutlich auf rund 28 Prozent. Entsprechend war die Quote jener mit langen Pendeldistanzen von über 50 Kilometern stärker ausgeprägt als bei jenen aus ländlichen Kommunen. Während weite Arbeitswege unter Großstädtern zunahmen, vollzog sich statistisch gesehen bei Personen aus kleinen Gemeinden kein bedeutender Wandel. Der Anteil der Berufspendler in Kommunen mit bis zu 5.000 Einwohnern, die sich mit Arbeitswegen von über 50 Kilometern konfrontiert sahen, verharrte in den 1970er, 1980er und 1990er Jahren bei vier Prozent. Erst ein Wert von 4,7 Prozent im Jahr 2007 dokumentiert einen leichten Anstieg. Eine deutliche Zunahme weiter Pendeldistanzen von über 50 Kilometern ist hingegen unter den Berufstätigen aus der Großstadt unverkennbar und bezifferte sich Anfang der 1970er auf fast das doppelte und Ende der 2000er auf fast das dreifache jener Werte in kleinen Kommunen.[137] Das Fernpendlertum zeigte sich also bereits in den 1970ern stärker als großstädtisches Phänomen – ein Umstand, der sich im zeitlichen Fortlauf verstärkte.

Eine ähnliche Schlussfolgerung ließe sich auch aus lokalen Daten von Bayern, Baden-Württemberg und Nordrhein-Westfalen für die 1980er und 2000er ziehen.[138] Exemplarisch seien die Verhältnisse in Bayern angedeutet. So konzentrierten sich lange Fahrzeiten von Berufspendlern von über einer Stunde in den 1980ern auf das Umland von München. Selbiges traf in geringerem Ausmaße auf die weitere Umgebung von Nürnberg zu. Fern von Metropolen waren hingegen insbesondere in vielen Teilen Bayerisch-Schwabens, in Oberfranken und Unterfranken niedrige Anteile von Fernpendlern zu diagnostizieren. In letzterem Regierungsbezirk stellten die westlichen Landkreise Main-Spessart, Miltenberg, Aschaffenburg sowie die kreisfreie Stadt Aschaffenburg eine Ausnahme dar, da sich hier bereits der Arbeitsmarkteinzugsbereich der nahe gelegenen Metropolregion Frankfurt am Main zu erkennen gab. Mit Blick auf Abbildung 6 behielt diese Situation in den 2000ern ihre Gültigkeit.[139]

Angesichts einer detaillierten kartografischen Aufbereitung erfährt die pauschal-statistisch gewonnene Einschätzung einer großstädtischen Dominanz beim Fernpendeln in Bezug auf Gesamtdeutschland indes Bestätigung und Widerspruch (siehe Abb. 6).

137 Die strukturellen Raumkategorien zwischen den Extremen, also jene der Klein- und Mittelstädte, entsprechen ebenso nicht dem großstädtischen Muster. Vielmehr weisen die Kleinstädte mit bis zu 20.000 Einwohnern sehr ähnliche Werte wie die kleinsten Gemeinden auf, deuten teilweise sogar eine geringere tägliche Mobilitätsbeteiligung an. Die Mittelstädte erscheinen hier auch bezüglich der Pendelcharakteristik ihrer Einwohner als Zwischenkategorie, wobei die Zahlenwerte über alle Jahrzehnte tendenziell weniger Abstand zu den kleinen Gemeinden als zu den Großstädten zeigten.

138 Vgl. Winkelmann (2008b): Berufspendler in Baden-Württemberg, S. 38; Brinkmann / Dittrich-Wesbuer / Mielke (2007): Pendelverflechtungen in Nordrhein-Westfalen, S. 101.

139 Vgl. Gemmer (1994): Räumliche Strukturen, Karte 97, Karte 98.

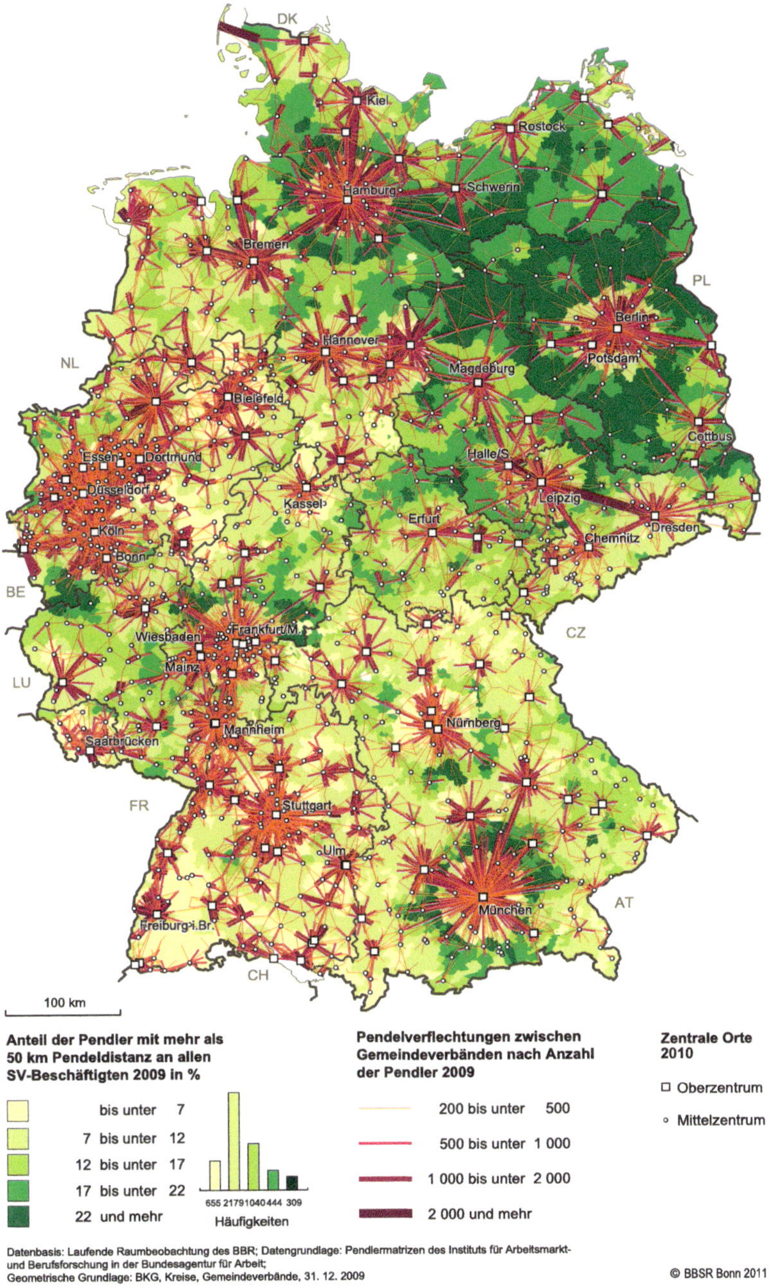

Abb. 6: Verflechtungen von Pendlerströmen in Deutschland im Jahr 2009[140]

140 Hierbei handelt es sich um eine Grafik aus Bundesinstitut für Bau-, Stadt- und Raumforschung (2012): Raumordnungsbericht 2011, S. 79.

Zum einen sind zwar ausgeprägte Verflechtungen der Metropolen mit ihrem Umland zu konstatieren. Entsprechend legte ein hoher Anteil von Erwerbstätigen aus diesen urbanen Pendlereinzugsräumen lange Arbeitswege in die Arbeitsmarktzentren der Großstädte beziehungsweise innerhalb der Stadtregionen zurück. Diesen Fall kann man im erweiterten Sinne als Geschehen in der urbanen Sphäre fassen. Zum anderen ist aber in den neuen Bundesländern ersichtlich, dass sich hohe Quoten mit langen Arbeitswegen nicht nur auf Großstadt nahe Gebiete, insbesondere das Berliner Umland konzentrierten, sondern auch für das »Hinterland« zutrafen. Darunter fielen in Ostdeutschland viele strukturschwache Räume und damit explizit viele kleine Kommunen. Aus dem zuvor beschriebenen allgemeinen Schema scherten sonach die neuen Bundesländer aus.[141]

Die Grafik erteilt indes keine Auskunft über die Verflechtung von Pendlerbewegungen zwischen entfernten Stadtregionen. Ein beispielhafter Blick auf die Rangfolge der häufigsten Arbeitsorte Berliner Bürger Ende der 2000er zeigt, dass nach ihrem Wohnort und den nahe gelegenen Standorten in Potsdam und Schönefeld bereits die Großstädte Hamburg, Frankfurt am Main und München folgten. Schätzungen zufolge belief sich die Intensität der Pendlerverflechtung zwischen deutschen Metropolregionen in den 1990ern und 2000ern auf circa eineinhalb Millionen bei tendenziell ansteigendem Ausmaß. Hierbei handelte es sich in vielen Fällen nicht um täglich bestrittene Arbeitswege.[142]

3. Wechselseitige Bezüge

3.1 Lokale Wirtschaftsstrukturveränderungen sowie mobilitätshemmende Faktoren

Strukturelle Besonderheiten zeigten sich nicht nur im überregionalen Kontext. Verstärkte Mobilitätsaktivitäten traten besonders deutlich lokal im Zusammenhang mit abrupten Unternehmens- und Branchenveränderungen zutage. So zeitigten Betriebsverlegungen und Werksschließungen für gewöhnlich ein gesteigertes Mobilitätsverhalten – oder zumindest eine vermehrte individuelle Erörterung von Mobilitätsfragen. Beispielsweise waren zu Anfang des neuen Jahrtausends die Beschäftigten von EADS und deren Tochterunternehmen von

141 Auch wenn Pendlerbewegungen im Laufe der Zeit stets Änderungen unterworfen sind, ihre Verflechtungen einen dynamischen Prozess darstellen, sind diesen bei makrostrukturellem Blickwinkel auch statische Charakterzüge eigen. So war gleichzeitig zur anhaltenden Ausdehnung von Pendlereinzugsgebieten fortwährend zu beobachten, dass die Intensität von Pendlerströmen mit zunehmender Distanz zum Pendlerziel abnahm.

142 Vgl. Holz-Rau/Guth/Scheiner (2011): Der Pendler, S. 8; Pütz/Schlömer (2008): Wanderungen im Bezugssystem, S. 179.

Standortverlegungen betroffen, mit deren Sorgen sich Artikel im Münchner Lokalteil der *Süddeutschen Zeitung* wiederholt auseinandersetzten. Die Quintessenz in den Zeitungsbeiträgen bestand darin, dass die Mobilitätsanforderungen in Form langer Pendelfahrten oder von Umzügen oftmals Eigentum, familiärer Verwurzelung und der vorherigen Lebensqualität am alten Standort entgegenstanden.[143] Besonders drastisch zeigte sich der Widerspruch der Belegschaft bei einer Standortverlagerung des Traktorenherstellers Deutz-Fahr von Köln ins bayerisch-schwäbische Lauingen im Jahr 1996. Von den ehemals 530 Kölner Werksmitarbeitern vollzog nur jeder Neunte mittels Wochenendpendeln oder einem eigenen Wohnsitzwechsel den Arbeitsortwechsel der Firma an den Luftlinie gut 350 Kilometer entfernten neuen Ort.[144] Für die meisten wogen die Unterstützungen des Arbeitgebers die empfundenen Nachteile einer mobilitätsbedingten Veränderung nicht auf. Doch nicht nur Mitarbeiter in der Privatwirtschaft waren mit Standortverlegungen konfrontiert. Auch manch Landesamt in Bayern wurde in jüngerer Vergangenheit aus strukturpolitischen Erwägungen gegen den Widerstand der Belegschaft einem Regionswechsel unterzogen. Die individuelle Unvereinbarkeit einer solchen Maßnahme ist daran ablesbar, dass meist nur ein Bruchteil der betroffenen Beschäftigten den Arbeitsortwechsel mit vollzogen, wie bei der Verlegung des Landesumweltamtes von München nach Hof oder des Landesamtes für Statistik und Datenverarbeitung von München nach Fürth.[145] Wie die Beispiele von Standortverlegungen andeuten, überlagerten derartige lokale Strukturveränderungen allgemeine, nationale Trends.[146] Für die Umziehenden als eine beachtliche Minderheit ging dies mit ausgeprägten Konsequenzen für ihren neuen Lebensalltag einher.[147] Die Mehrzahl der Betroffenen begegnete den Veränderungen indes nicht mit einer gesteigerten Mobilitätsbeteiligung.[148]

143 Vgl. Krüger (2006): Angst vor Job-Verlust; Czeguhn (2009): MTU in Ottobrunn; Steinbacher (2010): Proteste ohne Wirkung; Raff (2010): Die Ottobrunner gehen.

144 Vgl. Deutsche Presse-Agentur (1996): Deutz-Belegschaft nach Bayern; Molitor (2000): Umziehen oder absteigen, S. 59.

145 Vgl. Görl (2004): Hof wäre katastrophal; Przybilla u. a. (2009): Umzug als Krisenhilfe; Tibudd (2010): Bloß nicht Fürth.

146 Ähnliches ließe sich in Fällen von Werksschließungen zeigen. Ein prominentes Beispiel bildet die Schließung vieler Werftanlagen in den 1990ern, wodurch etwa in Mecklenburg-Vorpommern die Beschäftigtenzahl im Schiffsbaugewerbe um 86 Prozent schrumpfte. Vgl. Mieck (2009): Kleine Wirtschaftsgeschichte, S. 260.

147 Aber für gewöhnlich entstehen auch im Falle von Fernumzügen erneut soziale Ortsbindungen, deren Intensität üblicherweise mit der Wohndauer ansteigt. Vgl. Richter (2013): Ortsbezogene Identität, S. 12, 28; Nisic/Petermann (2013): Neue Stadt, S. 167; Frick (1996): Lebenslagen im Wandel, S. 134.

148 Gesagtes stützt tendenziell die These einer verstärkten Hinwendung zum Lokalen in den letzten Jahrzehnten, was als Gegenpol zu enträumlichenden Erfahrungen der Globalisierung verstanden werden kann. Grundsätzlich ist gegen die widerstreitenden Forscherpositionen eines erneuten Nomadendaseins des Menschen versus eines Rückzugs ins Lokale einzuwenden, dass eine derartige Gegenüberstellung eine zu eindimensionale

Welche Haltefaktoren wirkten für diese Menschen konkret hemmend? Die Gründe für Immobilität liegen in einem breiten sozioökonomischen Spektrum. Insbesondere erwähnenswert sind die Sorgen vor sozialer Unsicherheit, die Bedenken eines Lebenspartners oder die emotionale räumliche Bindung durch Eigenheimbesitz und regionaler Verbundenheit.[149] Ebenso können finanzielle Möglichkeiten oder geänderte Rahmenbedingungen – etwa auf dem Wohnungsmarkt – einschränkend wirken.[150] Zudem kann es dem Habitus entsprechen, dass ein Umzugsgedanke weniger in den Sinn kommt. Peter Fischer führte die überwiegende Wohnimmobilität der breiten Masse auf einen einfachen Gedanken zurück: die Immobilen gedachten nicht, ihren Insidervorteil, den sie in vertrauter Umgebung genossen, aufzugeben und hielten an ihrem Lebensmittelpunkt fest.[151] Um im Falle schlechter Arbeitsplatzperspektiven nötigen Einkommenserfordernissen dennoch gerecht zu werden, griffen viele als Strategie auf das Fernpendeln zurück.[152] Derartige Beobachtungen fanden medial gelegentlich Aufmerksamkeit.[153] Beispielsweise thematisierte *Die Zeit* in einer

Sichtweise darstellt. Vgl. zur Kontroverse Weichhart (1990): Raumbezogene Identität, S. 93; Lindner (1994): Einleitung, S. 7; Bausinger (2001): Heimat und Globalisierung, S. 125; Loth (2002): Mehrschichtigkeit der Identitätsbildung, S. 109; Voß (2010): Subjektivierung und Mobilisierung, S. 122.

149 Der Raum fungiert als Erinnerungsort für real Erlebtes und als Symbol für soziale Bindungen. In wissenschaftlichen Texten hat der Terminus *regionale Identität* den Ausdruck *Heimatgefühl* weitgehend ersetzt, um ein Dazugehörigkeits- und Vertrautheitsgefühl mit einem Raum auszudrücken. Vgl. Meyer (2007): Identität, S. 220 f.; Gebhard / Geisler / Schröter (2007): Heimatdenken, S. 9 f.; Mühler / Opp (2006): Region Nation Europa, S. 18 f. In Anlehnung an die Überlegungen von Brubaker und Cooper erscheint für eine konzeptionelle und sprachliche Klarheit der Ausdruck *regionale Verbundenheit* beziehungsweise *regionales Zugehörigkeitsgefühl* geeigneter als der mehrdeutige Begriff *Identität*. Vgl. Brubaker / Cooper (2000): Beyond Identity.

150 Vgl. zu Mobilitätsrestriktionen angesichts des Partners oder anderer Haushaltsmitglieder Kalter (1998): Partnerschaft und Migration, S. 283–285; Franz (1984): Soziologie der Mobilität, S. 170, 172. Vgl. zur Beeinflussung des Umzugsverhaltens durch Veränderungen auf dem Wohnungsmarkt Frick (1996): Lebenslagen im Wandel, S. 135 f., 217; Frick (1998): Kleinräumliche Mobilität, S. 779. Vgl. zur Unsicherheit im Zusammenhang mit entfernten Regionen Burda (1993): Determinants of Migration, S. 454; Schlömer (2009): Binnenwanderungen in Deutschland, S. 8.

151 Vgl. Fischer (1999): On the Economics, S. 164.

152 Vgl. Hackl (1992): Pendler, S. 133 f.; Kley (2012): Gefährdet Pendelmobilität, S. 357. Zu einer ähnlichen Feststellung kam bereits ein Gutachten für das Bundesministerium des Innern aus dem Jahr 1971. Vgl. Stöckmann (1971): Wohnort- und Arbeitsplatzmobilität, S. 40. Aber man kann zeitlich auch weiter zurückgehen. Bereits Charlotte Grabe schrieb in ihrer Dissertation: »Der ländliche Pendelwanderer nimmt sehr oft lieber die Strapazen weiter Wege auf sich, als daß er Verhältnisse verläßt, in denen er aufgewachsen ist«. Grabe (1926): Einfluß der Pendelwanderung, S. 4.

153 In diesem Zusammenhang griffen viele Untersuchungen in den 1990ern und 2000ern wiederholt die Situationen in ostdeutschen Regionen au f. Insbesondere der Fall der Stadt Wittenberge genoss große Beachtung. Vgl. Haese (2011): Das doppelbödige Charisma, S. 108 f.; Lantermann (2011): Familie in Gesellschaft, S. 172.

Dezemberausgabe aus dem Jahr 1987 die Kooperation des niedersächsischen Arbeitsamtes Leer und des württembergischen Daimler-Benz-Konzerns, in deren Zuge der Autobauer 500 Arbeitskräfte aus Ostfriesland einstellte. Diese arbeiteten mehrheitlich unter der Woche in den Motorenwerken im schwäbischen Sindelfingen und Untertürkheim, verbrachten indes ihr Wochenende regelmäßig bei der entfernt wohnenden Familie im Norden. Einen Umzug in den Süden konnte sich eine überwältigende Mehrheit der Ostfriesen nach eigenem Bekunden aus Mentalitätsgründen nicht vorstellen. Demgemäß fühlten sich einige »als ›Gastarbeiter im eigenen Land‹ […] [w]as sie jedes Wochenende zur Flucht in die Heimat« trieb. »Sie können nicht arbeiten, wo sie zu Hause sind; und sie wollen nicht zu Hause sein, wo sie arbeiten.«[154] Bis auf wenige Umzugsausnahmen bewahrten sie sich in Form der Lebensweise als Wochenendpendler ihre Heimatregion als Fixpunkt ihres persönlichen Lebens beziehungsweise beendeten das Beschäftigungsverhältnis bei Daimler wieder frühzeitig, um – gleich der persönlichen Arbeitssituation – uneingeschränkt wieder im Norden zu leben.[155]

Neben derartigen Wochenendpendlern wurden als Prototyp des gebundenen Pendlermobilen oftmals auch Eigenheimbesitzer angesehen. Eine starke Bindewirkung des Eigenheims machte Maria Hackl in ihrer Untersuchung zu Wochenendpendler im Bayerischen Wald um 1990 aus.[156] Diese hoben ebenso Autoren späterer Veröffentlichungen wiederholt hervor.[157] Stützend auf Berechnungen mit Daten des Sozio-oekonomischen Panels waren Eigenheimbesitzer in den 1980ern in der Tat unter den Pendlern sehr stark überrepräsentiert. Die Eindeutigkeit verlor sich allerdings zusehends in den 1990ern und 2000ern.[158]

154 Kurbjuweit (1987): Bleibt auf Strecke, S. 17.

155 Vgl. ebd., S. 17. Dies entspricht der Vorstellung von den Ostfriesen als Bevölkerungsgruppe mit einem starken Regionalbewusstsein. Vgl. Danielzyk / Krüger / Schäfer (1995): Ostfriesland, S. 73.

156 Vgl. Hackl (1992): Pendler, S. 78.

157 Ferner zeigt sich eine Parallele zu jenen, die im sozialen Wohnungsbau zur Miete wohnten. Vgl. Frick (1996): Lebenslagen im Wandel, S. 118 f., 136; Schneider / Limmer / Ruckdeschel (2002): Berufsmobilität und Lebensform, S. 90 f., 210 f.; Eichler (2010): Die volkswirtschaftlichen Effekte, S. 12 f.

158 Dass ein Eigenheim keine verstärkende räumliche Bindung generieren muss, verdeutlicht das Beispiel der USA. In den 1980ern wiesen Eigenheimbesitzer dort eine dreifach größere Umzugswahrscheinlichkeit auf als ihr bundesrepublikanisches Pendant. Vgl. Clark (1986): Human Migration, S. 23. Als hemmende Gründe in Deutschland sind etwa eine durchschnittlich größere emotionale Verbindung durch eine stärkere Eigenleistung in der Ausgestaltung der eigenen Immobilie zu vermuten, aber ebenso ein anders strukturierter Wohnungsmarkt und der entsprechend bei einem Hauskauf einhergehende Verwaltungsaufwand und zusätzliche Kostenanteil etwa durch einen Grundbucheintrag.

3.2 Relation von Pendeln zu Umzug

In diesem Zusammenhang, aber auch in übergeordneter Perspektive, stellte sich in der Forschung die Frage nach der Korrelation zwischen Pendel- und Umzugsverhalten. Es wurde wiederholt die These einer Substitution der Wohnsitzverlegungen durch das regelmäßige Zurücklegen langer Arbeitswege vorgebracht. Demnach komme der Pendelmobilität spätestens seit den 1970ern eine langfristige Ersatzfunktion zu. Die Steigerungsraten der Pendelbeteiligung ständen in direktem Bezug zur Rückläufigkeit der Binnenwanderungshäufigkeit.[159] Für ein Zurückgreifen auf das Pendeln als Alternative zum Umzug lassen sich verschiedene mögliche Gründe anführen.

Die Zunahme des Pendelns zuungunsten von Binnenwanderungen dürfte nicht nur auf die verbesserten verkehrsinfrastrukturellen Möglichkeiten und einen verbreiteteren Autobesitz zurückzuführen sein. Ein Rückgriff auf das Pendeln stand auch mit anderen sozioökonomischen Trends im Zusammenhang. Beispielsweise ist an die Zunahme befristeter Anstellungsverhältnisse und eine dadurch bewirkte verschlechterte Planbarkeit zu denken, die eine gehemmtere Umzugsbereitschaft plausibel erschienen ließe.[160] Ein ähnlicher Effekt ist durch die gestiegene weibliche Erwerbsbeteiligung vorstellbar. Die Einbeziehung zweier Arbeitsorte in die Überlegungen einer Wohnsitzverlegung bei Paaren könnte die realisierte Zahl an Umzügen tendenziell abgeschwächt haben. Als weiteren Punkt führt Norbert Schneider an, dass zusehends ebenso ältere Arbeitnehmer im Arbeitsleben mit steigender Flexibilitäts- und Mobilitätsanforderung konfrontiert wären, die durch Eigentumsbesitz als auch weitergehende familiäre Verpflichtungen oftmals stärker an einen Wohnort gebunden waren.[161] Im Vergleich zu einem Fernumzug kann der Pendelalternative als Vorteil zugesprochen

159 Vgl. Zimmermann (1973): Regionale Präferenzen, S. 204f.; Kalter (1994): Pendeln statt Migration, S. 465, 474; Nisic (2010): Mitgegangen mitgefangen, S. 544f.; Pfaff (2012): Pendeln oder umziehen, S. 472. Die Vermutung eines Kausalbezuges zwischen einer abnehmenden Umzugs- und einer zunehmenden Pendelhäufigkeit war allerdings nicht neu. Bereits in den 1920ern finden sich derartige Beobachtungen. Vgl. Grabe (1926): Einfluß der Pendelwanderung, S. 2.

160 In einer Veröffentlichung der Industrie- und Handelskammer Frankfurt am Main aus dem Jahr 2014 wird der Zusammenhang befristeter Arbeitsverträge und erhöhter Pendelmobilität als Faktum angeführt. Hierbei ist allerdings Vorsicht geboten, da es sich lediglich um eine naheliegende Annahme handelte. In einer Untersuchung von Alfred Hullmann und Bertram Cloos aus dem Jahr 2002 konnten diese zumindest für das Jahr 2002 keine gravierenden Mobilitätsunterschiede zwischen befristet und unbefristet Angestellten identifizieren. Auch anhand der Daten des Sozio-oekonomischen Panels lässt sich ein Zusammenhang nicht eindeutig belegen. Vgl. Industrie- und Handelskammer Frankfurt am Main (2014): Mobile Arbeitnehmer, S. 7; Hullmann / Cloos (2002): Mobilität und Verkehrsverhalten, S. 33f.

161 Vgl. Schneider (2009): Vielfalt der Familie, S. 43; Anderson (1992): Decision-Making Style, S. 8; Manderscheid (2013): Mobilität als Aushandlung, S. 61f.

werden, dass sie bestehende soziale Netzwerke und regionale Bezüge besser bewahrt. Durch diese Kontinuitätslinien im Alltag erleichtere die Mobilitätspraxis des Pendelns eine bessere Vereinbarkeit verschiedener partnerschaftlicher und familiärer Interessen, was vor allem für Paare mit doppelter Erwerbstätigkeit ein Erfordernis darstellte. Ausgeprägten beruflichen Mobilitätsanforderungen konnte somit auch ohne Umzug angesichts verbesserter verkehrstechnischer Optionen, insbesondere eines gut ausgebauten Autobahn- und Schnellzugnetzes, in Form des Pendelns begegnet werden. Entsprechend fungierte das Pendeln für diese Gruppen zumindest temporär als bester Kompromiss, beruflichen Anforderungen sowie privaten Erwägungen, Verpflichtungen und Bedürfnissen aller Haushaltsmitglieder beizukommen.

Bei aller Schlüssigkeit dieser Argumentationslinie wird eine derartige eindimensionale Deutung des wechselseitigen Bezuges zwischen Pendeln und Migration dem Mobilitätsphänomen allerdings nicht gerecht. Oftmals treten in Gesellschaften unterschiedliche, sich zeitlich überlagernde Entwicklungen auf. Ferner sind auch andere Verhaltensmuster auszumachen, die oftmals in Korrelation mit Altersgruppen zu stehen scheinen, was indirekt unterschiedliche Gruppen in spezifischen Lebenssituationen adressiert. Entsprechend existieren in den Daten des Sozio-oekonomischen Panels sowohl Fälle, in denen dem Pendeln die Funktion eines Zwischenbehelfs zukam, und ein Umzug lange Arbeitswege schließlich erübrigte. Andererseits verursachten im Gegenteil erst manch Umzüge längere Pendelstrecken zur Arbeit. Im ersten Fall stellte das Mobilitätsverhalten meist eine Reaktion auf berufliche Veränderungen dar, im zweiten Fall waren lange Arbeitswege häufig die Folge eines Familienumzuges, in dem das grünere Stadtumland als neuer Wohnort gewählt worden war.[162] Das Pendeln trat sowohl als Ersatz, als Vorbote aber auch als Nachwirkung eines Umzuges in Erscheinung.[163] Eine pauschale Klärung des Zusammenhangs von Pendeln und Migration dürfte da im Allgemeinen in die Irre führen.

Als Zwischenform von Pendeln und Umzug werden multilokale Haushaltsformen angesehen, wie sie bei Fernbeziehungen oder beim Wochenendpendeln zwischen Hauptsitz und beruflich bedingtem Nebenwohnsitz zu beobachten sind. Diese Mobilitätsformen verkörpern oftmals den typischen Hochmobilen.[164] Der Begriff *multilokales Wohnen* wurde erst in der jüngsten Vergangenheit ge-

162 Das Pendeln als Suburbanisierungsfolge war in den 1970ern besonders stark ausgeprägt. Vgl. Galow (1977): Einfluß des Pendelns, S. 83, 91 f.; Otto (1979): Wohn- und Arbeitsstätte, S. 31.

163 Umzüge konnten für den allgemeinen Fall aber ebenso geringe Auswirkungen auf das Pendlerverhalten zeitigen wie ein Beispiel zu Wohnsitzwechseln im Münchner Umland um die Jahrtausendwende verdeutlichte. Vgl. Institut für Medienforschung und Urbanistik (2004): Warum umziehen, S. 152.

164 Hierunter fallen insbesondere einzelne Berufsgruppen wie das Flugpersonal, die Fernfahrer oder saisonalbedingt die Schausteller. Ebenso werden in diesem Zusammenhang häufig Führungskräfte in global operierenden Unternehmen genannt. Vgl. Zimmermann (2013): Schausteller, S. 23; Huchler / Dietrich / Matuschek (2010): Multilokalität

prägt, das Phänomen als solches ist allerdings nicht neu. So kann man beispielsweise als typische Multilokale auf die in Schlafhäusern untergebrachten Bergleute des späten 19. Jahrhunderts verweisen, die oftmals nur zum Wochenende nach Hause fuhren. Das Wochenendpendeln gilt als strategischer Kompromiss zwischen Beruf und sozialer Verbundenheit. Zu benannter mobiler Lebensform wiesen in den letzten drei Jahrzehnten besonders jene eine hohe Affinität auf, die bemüht waren, sich beruflich zu etablieren. Bei den betreffenden Personen war das Wochenendpendeln oftmals als Übergangslösung konzipiert. Auffällig ist, dass es sich bei diesen in den letzten Jahren überproportional um Hochqualifizierte handelte. Hier ist es durchaus denkbar, dass die gesellschaftliche Wahrnehmung einer allgegenwärtigen Mobilität stark dadurch genährt wurde, dass Journalisten gerne über die Verhältnisse ihrer eigenen Lebenswelt schreiben. Da unter den Wochenendpendlern zeitgleich eine Zunahme befristeter Arbeitsverträge festzustellen ist, erscheint es vorstellbar, dass ein Anstieg mobiler Lebensformen die mit einer befristeten Anstellung einhergehende Unsicherheit zum Ausdruck bringt. Es gab allerdings besonders in strukturschwachen Regionen auch einen größeren Anteil an Familienvätern, die mittels Wochenendpendeln auf den heimischen Arbeitsmarkt reagierten. Sie beabsichtigten damit, die Familie durch die Vermeidung eines Umzugs weniger zu belasten und im vertrauten, privaten Umfeld zu verbleiben.[165]

Das tatsächliche Ausmaß des Wochenendpendelns kann nur geschätzt werden, da keine verlässliche statistische Erfassung besteht.[166] Aus Mikrozensus- und Volkszählungserhebungen schlussfolgerten Sylvia Gräbe und Erich Ott eine enorme Bedeutungszunahme dieser mobilen Praktik zwischen den 1960ern und 1990ern. Insbesondere in den Nachwendejahren hätten viele Ost-West-Mobile das Wochenendpendeln praktiziert. Den beiden Autoren zufolge verfünffachte sich die Zahl der wöchentlich Pendelnden in Deutschland binnen drei Jahrzehnten auf im Jahr 1992 dann eineinhalb Millionen Personen.[167] Dieser Abschätzung ist mit Vorsicht zu begegnen. Die Angaben zur Relevanz derartiger multilokaler Lebensformen in den 1990ern und 2000ern schwanken in unterschiedlichen Studien zwischen einem und fünf Prozent der deutschen Bevölkerung. Mit Verweis auf den Mikrozensus des Jahres 2004 nennen andere Untersuchungen für Deutschland bisweilen nur rund 360.000 Personen, die

in Luftfahrt, S. 12; Koch (2006): Lebenswelten von Fernfahrern, S. 72; Paulu (2001): Mobilität und Karriere, S. 80.

165 Vgl. Hilti (2013): Lebenswelten multilokal Wohnender, S. 250; Weiske / Petzold / Zierold (2010): Neue multilokale Haushaltstypen, S. 6, 9; Gräbe / Ott (2003): Alles doppelt, S. 40, 156 f.; Reuschke (2010): Multilokales Wohnen, S. 86.

166 Hinsichtlich des Wochenendpendelns als auch unregelmäßiger Pendelrhythmen im Zusammenhang mit einem beruflich bedingten Zweitwohnsitz bietet das Sozio-oekonomische Panel nur ungenaue Auskünfte und kann somit nicht als Korrektiv dienen. Vgl. auch Deutscher Bundestag (1986): Ländlicher Raum, S. 15; Gräbe / Ott (2003): Alles doppelt, S. 7.

167 Vgl. ebd., S. 11, 15 f., 32, 155.

als wöchentliche Berufspendler agierten.[168] Bei gestiegener Bevölkerungszahl insbesondere im Zuge der Wiedervereinigung wäre bei Maßgabe dieser Zahlen kein Anstieg im Vergleich zu den Angaben der Mikrozensusbefragung aus dem Jahr 1964 zu erkennen, als 300.000 erwerbstätige Wochenendpendler angeführt wurden.[169] Eine Bedeutungszunahme des Wochenendpendelns als Nachwendephänomen wirkt plausibel. Eine Aussage für einen längeren Trend bedürfte indes einer fundierteren Recherche, die stärker ebenso Dunkelziffern und Gesetzesänderungen, etwa die Einführung von Zweitwohnsitzsteuern in den Blick nehmen müsste. Denn derartige Novellen übten großen Einfluss auf die statistischen Erhebungen aus, ohne zwingend eine Änderung der gelebten mobilen Praxis zu bedingen.[170]

3.3 Verhältnis von Mobilität zu Immobilität

Rekapitulierend ist für dieses Kapitel zu konstatieren, dass es gilt, bei aller Mobilitätshysterie zu differenzieren und zu relativieren. Genauer betrachtet evozierte ein ausgeprägtes Mobilitätsverhalten einer Minderheit die Wahr-

168 Vgl. Thiele / Wittzell (2008): Froh wer Arbeit, S. 62; Reuschke (2010): Berufsbedingtes Pendeln, S. 137; Petzold (2013): Multilokalität als Handlungssituation, S. 45, 48.

169 Vgl. Burkart / Kreuz (1968): Wochenendpendler, S. 2 f., 6.

170 Im Jahr der Einführung einer gemeindlichen Zweitwohnsitzsteuer wurde oftmals fälschlich ein enormer Anstieg der Mobilitätsfälle suggeriert. In den meisten Fällen handelte es sich indes schlicht um den bürokratischen Akt einer forcierten Ab- oder Ummeldung, der mit keiner Änderung des gelebten Wohnalltags einherging. Als erste Stadt führte Überlingen Anfang der 1970er Jahre eine Zweitwohnsitzsteuer ein. Es folgten andere Kommunen in Urlaubsregionen. Dies entsprach der ursprünglichen Intention dieser Aufwandssteuer, vor allem Fremdenverkehrsgemeinden Sondereinnahmen zu bescheren, um ihre in Urlaubszeiten stark frequentierte Infrastruktur auch in weniger genutzten Zeiten finanzieren zu können. Es stellte also eine Art Luxussteuer für Urlauber mit Nebenwohnsitz dar. In den 1990ern erhoben erstmals Großstädte wie Hamburg, Hannover, Bremen und Dortmund eine solche Steuer. Hier waren multilokale Berufspendler die Hauptadressaten der Abgabe. Das Bundesverfassungsgericht erklärte allerdings im Jahr 2005, dass eine Erhebung einer Zweitwohnsitzsteuer bei einer verheirateten Person, die aus Berufsgründen eine Zweitwohnung hat, verfassungswidrig sei. Diese richterliche Entscheidung schmälerte die Bedeutung einer derartigen Abgabe. Dennoch stieg in den 2000ern die Zahl der Städte, die eine Zweitwohnsitzsteuer erhoben, beträchtlich. In dieser neuen Dynamik zielten insbesondere Universitätsstädte mit der Sonderabgabe auf ihre studentische Klientel ab. In Städten wie Aachen, Erfurt, Halle an der Saale oder Trier verdoppelten sich die statistisch erfassten, vermeintlichen Zuzugszahlen junger Erwachsener im Jahr der Einführung einer Zweitwohnsitzsteuer. Vgl. Bundesverfassungsgericht (2006): Verfassungswidrigkeit der Zweitwohnungssteuersatzungen, S. 255; Eiling (2014): Europarechtliche Vorgaben, S. 11 f.; Sturm / Meyer (2009): Melderegister deutscher Großstädte, S. 17 f.; Rat der Stadt Aachen (2002): Erhebung der Zweitwohnungssteuer; Stadtkämmerei Erfurt (2003): Informationsblatt zur Zweitwohnungssteuer; Steueramt Halle (2014): Merkblatt; Schröer (2006): Erhebung der Zweitwohnungsteuer.

nehmung einer allseits bestehenden Mobilitätsbeteiligung. Insofern erscheint es nötig, dem Immobilen – als auch den Zurückgelassenen im Speziellen – mehr Beachtung zu schenken. Erst eine Berücksichtigung der Bedingungen und Konjunkturen des Sesshaften ermöglicht ein ganzheitlicheres Verständnis des Mobilitätsphänomens.[171] Es ist theoretisch ohnehin fragwürdig dichotom zwischen mobil und immobil zu unterscheiden. »Mobilität und Sesshaftigkeit stehen in einem dialektischen Verhältnis zueinander, bedingen und durchdringen sich wechselseitig und beide sind doppelwertig«[172], das meint, dass die Begriffe selbst mit gegensätzlichen Konnotationen einhergehen. Auf die Vermischung von mobil und immobil in den Erfahrungswelten weist ebenso Valeska Huber hin. Zur Zeit der Jahrhundertwende um 1900 gab es beispielsweise einige Personen, die auf den ersten Blick die neuen Mobilitätsmöglichkeiten wie die Eisenbahn nicht nutzten. Und doch waren auch diese Menschen auf einen zweiten Blick in ihrem Alltag durch mobile Techniken beeinflusst, da sie zu Hause durch Nachrichten oder Reiseberichte, durch postalische Zuwendungen oder Fotografien indirekt am mobilen Wandel teilnahmen.[173] Ebenso betonen Mimi Sheller und John Urry umgekehrt, dass Mobilität ohne Immobiles nicht vorstellbar ist. So erweisen sich etwa viele infrastrukturelle Einrichtungen für das Mobile der heutigen Zeit selbst als statisch, wie zum Beispiel Tankstellen. Und selbst für virtuelle Mobilität bedarf es einer ortsgebundenen Übertragungstechnik wie Funkmasten oder Glasfaserkabelleitungen.[174]

Überdies zeigt sich die Überschneidung sehr deutlich, wenn von immobilen Mobilen und mobilen Immobilen die Rede ist. Erstere sind durch eine geringfügige physische Fortbewegung bei gleichzeitig ausgeprägter sozialer Beweglichkeit gekennzeichnet. Bei Zweiteren verhält es sich umgekehrt. Bei beiden Typen steht die geografische mit der sozialen Mobilität in einem negativen Wechselbezug. Greift man exemplarisch den zweiten Typus auf, trifft dies beispielsweise auf den durchschnittlichen, täglichen Fernpendler zu. Berufsbedingt legt dieser jeden Tag routinehaft und gleichförmig längere Entfernungen zurück. Durch die Strategie der Alltagsmobilität stellt er seine grundsätzliche Ortsgebundenheit, der von Natur her ein immobiler Charakter zukommt, und damit die Beständigkeit seines sozialen Umfelds sicher. Die mit der räumlichen Mobilität einhergehenden Anstrengungen werden im Idealfall angesichts der Eingebundenheit in verlässliche soziale Verhältnisse abgefedert. In ihrer tatsächlichen Lebensgestaltung gleichen die mobil Immobilen den immobilen Orts-

171 Zu verweisen ist ausdrücklich auf den Sammelband *Zurückbleiben* der Historiker Andreas Gestrich und Marita Krauss. Neben Abschiedsritualen erörtern die Aufsätze die Folgen weggehender Männer für deren zurückgelassene Frauen und Familien sowie die gesamtgesellschaftliche Wirkung dieses Phänomens. Vgl. Gestrich / Krauss (2006): Zurückbleiben.

172 Schneider / Limmer / Ruckdeschel (2002): Mobil flexibel gebunden, S. 15. Vgl. auch Scheiner u. a. (2013): Mobilitäten und Immobilitäten.

173 Vgl. Huber (2010): Multiple Mobilities, S. 320.

174 Vgl. Sheller / Urry (2006): The New Mobilities, S. 210.

ansässigen.[175] Derart betrachtet könnte man die Praxis des Pendelns gleichfalls als Vermeidungsstrategie von substanzieller Mobilität auffassen.[176]

Die Dichotomie zwischen mobil und immobil relativiert auch eine andere Überlegung. In einer Zeit der Massenmobilität ist Bewegung nicht nur als aktiver Vorgang, sondern auch als passives bewegt werden zu verstehen. Im Akt der durch Motorenkraft bedingten Positionsveränderung kommt dem Menschen die Rolle des verfrachteten Objektes zu. »In der beschleunigten Welt ist der Mensch buchstäblich sitzen geblieben«[177].

175 Vgl. Bonß / Kesselring / Weiß (2004): Society on Move, S. 268 f., 273 f.

176 Das Paradoxon »Rasender Stillstand« lautet in diesem Zusammenhang die in der deutschen Übersetzung titelgebende Wertung des französischen Philosophen Paul Virilios – eine Metapher und Zeitdiagnose, die der deutsche Soziologe Hartmut Rosa wieder aufgriff. Vgl. Virilio (1992): Rasender Stillstand; Rosa (1999): Rasender Stillstand, S. 151.

177 Sichtermann (2000): Immer schneller, S. 11.

III. Mobilität zwischen Ost- und Westdeutschland

Seit vielen Jahrzehnten misst die deutsche Öffentlichkeit der Mobilität zwischen Ost- und Westdeutschland große Bedeutung bei. Demgemäß widmet sich diese Arbeit in einem eigenen Kapitel dem Thema. Da vorrangig Binnenmigrationsbewegungen im wiedervereinten Deutschland im gesellschaftlichen Blickpunkt standen, wird der Schwerpunkt der hiesigen Betrachtung auf diesen liegen. Sonach gilt es zunächst, das Ausmaß des Umzugsverhaltens zu skizzieren.

1. Das Wanderungssaldo

Wanderungsbewegungen zwischen Ost- und Westdeutschland nahmen bereits in der Nachkriegszeit ein großes Ausmaß an. Bis zum Mauerbau im August 1961 verließen knapp vier Millionen Personen die DDR in Richtung Bundesrepublik. Danach versiegte der Wanderungsstrom jedoch beinahe völlig. Die Wanderungsverluste erreichten mit gut 12.000 Personen im Jahr 1962 lediglich sechs Prozent des Vorjahrwertes. Als Folge der DDR-Politik einer eingeschränkten Freizügigkeit waren es nur noch reichlich 600.000 Menschen, die in einem Vierteljahrhundert, nach der Abschottung West-Berlins bis zum Jahr 1988 in die Bundesrepublik übersiedelten. Unter diesen befanden sich überproportional viele Rentner und ein Drittel sogenannte Republikflüchtlinge. Legalen Ausreisegesuchen waren nicht nur ungewisse Erfolgsaussichten beschieden. Sie konnten zur Abschreckung und Einschüchterung mit Repressalien und Benachteiligungen wie Berufsausübungsverboten, Suspendierungen, Strafverfolgung und Bespitzelung flankiert werden.[1] Einer steigenden Zahl von Ausreiseanträgen in den 1980ern versuchte die ostdeutsche Staatsgewalt mit einer temporären Lockerung im Jahr 1984 zu begegnen, sodass in jenem Jahr knapp 41.000 DDR-Bürger nach Westdeutschland ausreisen konnten.[2] Diese Maßnahme entfaltete allerdings nicht die staatlicherseits erhoffte beruhigende Wirkung, sondern diskreditierte die DDR-Politik einer restriktiven Reisefreiheit deutlich.[3] Die Teilnehmer auf den Leipziger Montagsdemonstrationen drohten eine

1 Vgl. Lehmann (2008): Gründe und Folgen, S. 18.
2 Der deutliche Anstieg von Ausreiseanträgen wird häufig mit der allgemeinen Bestätigung grundsätzlicher Freiheiten des Einzelnen in der Konferenz über Sicherheit und Zusammenarbeit in Europa in Zusammenhang gebracht. Vgl. Neubert (1999): KSZE-Prozeß und Bürgerrechtsbewegung.
3 Vgl. Wirsching (2006): Abschied vom Provisorium, S. 606, 608 f.

massenhafte Abwanderung an. Auf Plakaten hieß es »Entweder kommt die DM zu uns oder wir gehen zu ihr.«[4] Es blieb jedoch nicht nur bei Absichten. Wanderungen fanden im Jahr 1989 real in erheblichem Ausmaß statt. So siedelten gut 344.000 Menschen 1989 von der DDR in die BRD über.[5] Der große Wanderungsstrom forcierte den Zusammenbruch der DDR und eine schnelle Wiedervereinigung.

Die Ausführungen zu den Wanderungsbewegungen zwischen Ost- und Westdeutschland zur Zeit des geteilten Deutschlands zeigen auf, dass ein durch Fortzüge bedingter starker Populationsrückgang nach der Wiedervereinigung für Ostdeutschland kein neuartiges Phänomen darstellte, denn die ostdeutschen Wanderungsverluste zu Zeiten der DDR hatten für die Jahre 1950 bis 1988 insgesamt circa vier Millionen betragen.[6] Auch in den Wendejahren 1989 bis 1991 erfuhr Ostdeutschland durch Abwanderungen einen erheblichen Bevölkerungsschwund von einer knappen Million. Dabei standen 1,03 Millionen Fortzügen lediglich gut 120.000 Wanderungsfälle in der Gegenrichtung entgegen.[7] Unter dem unmittelbaren Eindruck der Wende erwarteten zeitgenössische Bevölkerungsprognosen der frühen 1990er Jahre eine schnelle Angleichung der Wanderungsströme. Die Bundesforschungsanstalt für Landeskunde und Raumordnung prognostizierte für die Jahre 1994 bis 2010 im Zuge von Binnenwanderungen einen ostdeutschen Bevölkerungsgesamtverlust von 145.000 Personen.[8] Ähnliche Überlegungen veröffentlichte gleichfalls das Bundesministerium des Inneren.[9] Die Vorausberechnungen setzten bereits ab dem Jahr 1996 ein im Grunde ausgeglichenes Wanderungssaldo zwischen Ost- und Westdeutschland voraus. Da Mitte der 1990er Jahre gravierende wirtschaftliche Unterschiede zwischen den neuen und alten Ländern bestanden, und deren Existenz damals auch für die voranschreitende Entwicklung als vorhersehbar erschien, muten die Kalkulationen wirklichkeitsfern an. Der Eindruck wird dadurch bestärkt, dass die Prognosen ohne Kommentare zu ihrer Herleitung auskamen. Die tatsäch-

4 Lehmann (2008): Gründe und Folgen, S. 19.

5 Vgl. Pankoke (1997): Grenzen der Arbeit, S. 494. In diesem Zusammenhang bezeichnete Andreas Wirsching die ungarisch-österreichische Grenze treffend als Achillesferse des SED-Regimes. Vgl. Wirsching (2006): Abschied vom Provisorium, S. 608, 632.

6 Wie dargestellt übertrafen insbesondere bis zum Mauerbau im Sommer 1961 die Fortzugszahlen die Zuzugswerte mehr als deutlich. Insgesamt zogen im genannten Zeitraum 4,48 Millionen in die BRD. Der Zuzug in die DDR belief sich auf rund 470.000. Vgl. Wendt (1995): Wanderungen in Deutschland, S. 9. Siehe auch zu Lebensgeschichten von Übersiedlern in die DDR folgende Veröffentlichung: Stöver (2009): Zuflucht DDR.

7 Vgl. Funken (1996): Keine Wende, S. 8.

8 Vgl. Bucher / Kocks / Siedhoff (1994): Die künftige Bevölkerungsentwicklung, S. 820.

9 Vgl. Bundesministerium des Innern (1996): Modellrechnungen zur Bevölkerungsentwicklung, S. 16f. Auch Wolfram Kempe vom Institut für Wirtschaftsforschung Halle diagnostizierte noch im Jahr 2001, dass das Wanderungssaldo seit 1992 fast ausgeglichen sei. Vgl. Kempe (2001): Neuer Trend, S. 206. Dem ist zu widersprechen. Eine ungefähre Ausgewogenheit kann erst zwei Jahrzehnte später festgestellt werden. Zugleich ist die zukünftige Entwicklung offen.

lichen jährlichen Verlustraten seit Mitte der 1990er erreichten zwar nicht annähernd die Werte der unmittelbaren Wende. Dennoch erweist sich ein negatives Wanderungssaldo für Ostdeutschland für die Jahre 1994 bis 2010 von 715.000 als nicht marginal.[10] Bei insgesamt abflachendem Wanderungssaldo wirkte der Abwanderungsstrom längerfristig. Ostdeutschland büßte in den zwei Jahrzehnten nach der Wende mit einem Abwanderungsverlust von 1,8 Millionen Personen über zehn Prozent seiner Bevölkerung zugunsten der alten Bundesländer ein.

Die Ost-West-Wanderung kann für die zwei Jahrzehnte nach der Wende in vier Phasen unterteilt werden.[11] In der Phase des Umbruchs in den Jahren 1990 bis 1993 lagen die Abwanderungszahlen überdurchschnittlich hoch. Die Abwanderung erreichte im Jahr 1990 mit knapp 400.000 Personen ihren Höhepunkt, doch halbierte sich das Ausmaß in den folgenden drei Jahren. Eine Phase der Konsolidierung bis 1997 mit jährlich rund 170.000 Westwanderern folgte ein Zeitraum eines erneuten, kontinuierlichen Anstiegs der Wanderungsfälle. Demnach erreichten die Werte des Jahres 2001 nahezu dasselbe Ausmaß wie im Jahr 1991. In den 2000ern ist eine klar abnehmende Tendenz der Wanderungsbewegung in Richtung der alten Länder zu erkennen, sodass sich zu Ende des Jahrzehnts die Wanderungsfälle auf rund 150.000 beliefen. Somit hob sich die Ost-West-Wanderung in den 2000ern nicht mehr bedeutsam von anderen innerdeutschen Wanderungsbewegungen ab, wodurch andere Migrationstendenzen nicht länger überlagert wurden.[12]

Die Gegenbewegung der West-Ost-Wanderung schwankte in absoluten Zahlen nicht derartig stark. Nachdem das Jahr 1993 120.000 Wanderungsfälle verzeich-

10 Die Betrachtungen fußen auf den Daten zu Wanderungen zwischen dem früheren Bundesgebiet und den neuen Ländern in den Jahren 1991 bis 2012, welche die Abteilung Bevölkerungsfortschreibung des Statistischen Bundesamtes in Wiesbaden dem Verfasser zur Verfügung stellte. Die vorliegende Fassung mit Stand vom 22. Mai 2014 war für das Jahr 1995 nachzukorrigieren, da hier nach Routineprüfungen offensichtlich falsche Zuordnungen der Angaben zu den einzelnen Bundesländern erfolgt waren. Um einen nahtlosen Anschluss an die oben ausgeführten unmittelbaren Wendejahre herzustellen, werden die Werte für die Jahre 1992 bis 2012 genannt. Es gab 3,742 Millionen Binnenwanderungsfälle nach Westdeutschland und 2,874 Millionen in die Gegenrichtung. Dies ergibt ein negatives Wanderungssaldo für Ostdeutschland von knapp 870.000 Personen.

11 Die Zunahme der Ost-West-Mobilität in den 1990ern und 2000ern nahm sich ebenfalls in der größeren europäischen Perspektive sehr bedeutsam aus. Diese Arbeit richtet ihren Fokus auf das innerdeutsche Geschehen. Siehe zur europäischen Perspektive Fassmann / Münz (2000): Ost-West-Wanderung; Pallaske (2002): Migrationen aus Polen; Krüger-Potratz (2003): Neue Zuwanderung.

12 Vgl. Büchel / Schwarze (1994): Die Migration, S. 43; Statistisches Bundesamt / Wissenschaftszentrum Berlin für Sozialforschung (2013): Datenreport 2013, S. 19. Das Beispiel der über die Gemeindegrenzen erfolgten Wanderungen des Jahres 1989 verdeutlicht, dass Zahlen zum quantitativen Ausmaß alleine sehr trügerisch sein können. Diese beliefen sich in Ostdeutschland auf 4,3 Fälle je 100 Einwohner. In der alten Bundesrepublik waren es hingegen 10 Prozent mehr. Was diesen Vergleich wieder ins rechte Licht rückt, ist der Zusatz, dass von Ostdeutschland ausgehend wesentlich mehr Fernwanderungen erfolgten. Vgl. Grundmann (1995): Die Ostdeutschen, S. 51.

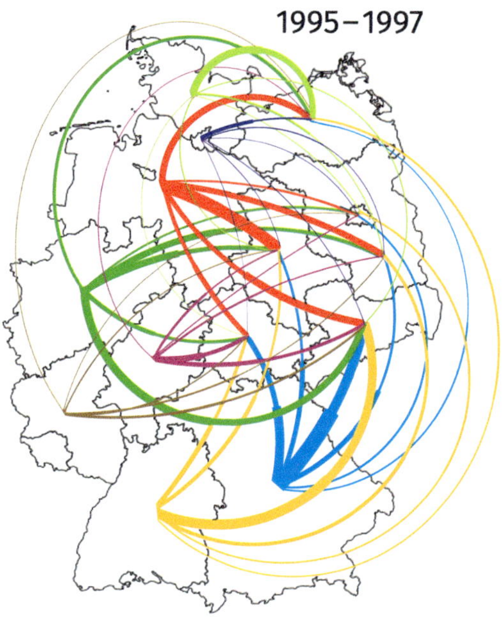

nete, pendelten sich die Zuzugswerte bis Ende der 1990er bei rund 150.000 ein. In den folgenden Jahren zu Anfang der 2000er blieb der Zuzug nach Ostdeutschland aus den alten Bundesländern in der Höhe relativ unverändert, wohingegen der Fortzug in die alten Bundesländer abnahm. Nach einem temporären Tiefpunkt um das Jahr 2006, als die Zuzugswerte nach Ostdeutschland in der Größenordnung erneut dem Jahr 1993 glichen, stieg seitdem die Zahl der West-Ost-Wanderer erneut an, sodass im Jahr 2012 mit jeweils gut 140.000 Wanderungsfällen in beide Richtungen erstmals nach der Wende ein nahezu ausgeglichenes Wanderungssaldo gegeben war.[13] Der Verlauf der beiden Wanderungsströme zwischen West- und Ostdeutschland erinnert an Phasen verschobene Wellengänge. Dabei erscheint die West-Ost-Wanderung in ihrem zeitlichen Ablauf als verzögerter Gegenimpuls. Dies legt die Vermutung nahe, dass es sich bei der West-Ost-Wanderung zu einem beträchtlichen Anteil um Rückwanderung handelte.

Eine gezielt länderspezifische Sichtung der Wanderungsströme zwischen alten und neuen Bundesländern verdeutlicht vier Charakteristika der Entwicklung (siehe auch Abb. 7): die Dominanz der nahräumlichen Wanderung, die

13 Im Jahr 2012 standen 141.017 Umzügen nach Ostdeutschland 143.680 Wanderungen nach Westdeutschland gegenüber. Dies ergibt einen ostdeutschen Binnenwanderungsverlust von lediglich 2.663 Personen in einem Jahr.

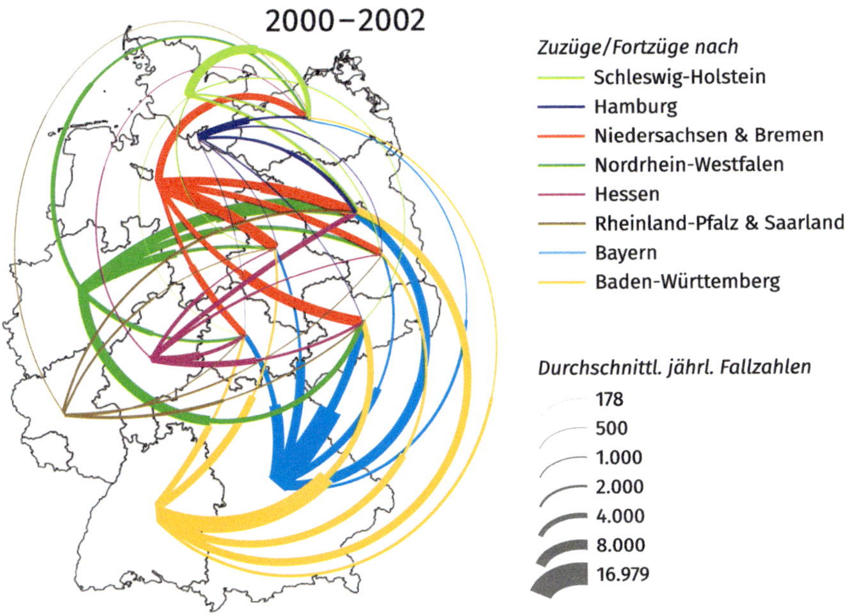

Abb. 7: Binnenwanderungsfälle zwischen alten und neuen Bundesländern im Jahresschnitt (1995–1997 und 2000–2002 im Vergleich)[14]

Zunahme der West-Ost-Wanderung ab Mitte der 1990er, die zumindest temporäre Konzentration der Wanderung auf wirtschaftlich prosperierende Räume und der Anstieg der Wanderungsströme in die Hauptstadt Berlin.

14 Ein Kreisbogen zwischen einem alten und neuen Bundesland visualisiert zwei Informationen. Die in einem alten Bundesland beginnende Hälfte illustriert die Zuzugsfälle in jenes Bundesland und damit die Fortzugsfälle aus dem betreffenden ostdeutschen Bundesland. Die andere Hälfte des Kreisbogens, welcher in einem neuen Bundesland endet, weist die Zuzugszahlen in jenes Bundesland und damit die Fortzugszahlen aus dem verwiesenen alten Bundesland in betreffendes ostdeutsches Bundesland aus. Die Legende deutet die beobachteten Extreme der Austauschbewegungen zwischen alten und neuen Bundesländern an. So wurden in den Jahren 1995 bis 1997 im Jahresschnitt durchschnittlich 178 Wanderungsfälle von Hamburg nach Thüringen erfasst. Als jährlicher Durchschnittswert für die Jahre 2000 bis 2002 registrierte man in Bayern 16.979 Zuzugsfälle aus Sachsen. Ferner ist anzumerken, dass die hohen Fortzugsraten aus Niedersachsen nach Ostdeutschland differenzierter zu betrachten sind. Sie resultierten maßgeblich aus der niedersächsischen Sonderrolle als Ankunftsstation für Spätaussiedler, deren Folgewanderung die niedersächsische Binnenwanderungsbilanz verzerrte. Außerdem ist anzumerken, dass der Anstieg der Zuzugswerte nach Berlin in der Grafik im Vergleich vor und nach der Jahrtausendwende nicht derart exorbitant ausfiel, wie die Grafik suggeriert. Im ersten Zeitintervall lagen nur Daten für Wanderungsaustauschbewegungen mit Ost-Berlin vor, im zweiten Zeitfenster wurden Daten für Gesamt-Berlin verwendet.

Auch ein detaillierter Blick zeigt, dass sich die beträchtlichen Zuzugsraten in die einzelnen westlichen Bundesländer unmittelbar nach der Wende bis zur Mitte der 1990er deutlich abschwächten. So verzeichneten die meisten westlichen Bundesländer einen klaren Rückgang der Zuzugswerte aus den einzelnen neuen Ländern. Dieser belief sich im Vergleich zum Zeitraum der Jahre 1991 bis 1993 in den Jahren 1995 bis 1997 auf grob 30 Prozent. Besonders ausgeprägt erfolgte eine Abnahme im von der einstigen innerdeutschen Grenze weit entfernten Baden-Württemberg. Hier verringerte sich der Zuzug insgesamt am auffallendsten, mit merklich über 40 Prozent aus Sachsen, Mecklenburg-Vorpommern und Brandenburg. Doch im zeitlichen Zusammenhang mit dem ökonomischen Abschwung um die Jahrtausendwende, der insbesondere die ostdeutsche Wirtschaft traf, zeigte sich der wirtschaftlich stabilere Süden Deutschlands erneut und speziell als favorisierte Zuzugsregion. Entsprechend übertrafen die Zahlen der Fernumzüge aus Mecklenburg-Vorpommern, Brandenburg und Sachsen-Anhalt nach Bayern und Baden-Württemberg Anfang der 2000er die vergleichbaren Zuzugswerte Anfang der 1990er (siehe Tab. 1).[15] Ähnliches ist für die mittleren und nordwestlichen Regionen Westdeutschlands nicht zu konstatieren. Entsprechend deuten die Daten ein Süd-Nord-Gefälle in Westdeutschland an. Beachtenswert ist, dass sich ein solches auch in Ostdeutschland herauskristallisierte.

Eine Sondersituation bildete die Elbstadt Hamburg, was ebenso weiträumige Auswirkungen auf das schleswig-holsteinische Umland zeitigte. Die Hamburger Metropolregion profitierte in bevölkerungsdynamischer Sichtweise von seiner räumlichen Nähe zum alten DDR-Gebiet, wie der starke Anstieg der Zuziehenden Anfang der 2000er dokumentiert. Demnach träfe es als grobe Annäherung besser zu, bei der Höhenprofil-Metapher bezüglich der alten Bundesländer von einem Süd-Nordwest-Gefälle zu sprechen und den Hamburger Norden wieder als Anhöhe zu begreifen.

Unmittelbar nach der Wende kontrastierten die Wanderungsbewegungen zwischen den zwei zuvor geteilten deutschen Landesteilen stark. Abbildung 8 lässt für das Jahr 1991 auch ohne Einzeichnung die ehemalige innerdeutsche Grenze erkennen. So sind alle ostdeutschen Landkreise in Rosatönen eingezeichnet, mit wenigen violetten Ausnahmen. Dies bedeutet, dass die Fortzugsraten aus

15 Das Bundesland Bayern bildete von 1990 bis 2012 mit Ausnahme des Jahres 1994 durchgehend das Hauptzielland von Ost-West-Wanderern. Durchgehend mindestens jeder Fünfte – beim Höchstwert des Jahres 2001 sogar gut jeder Vierte – dieser spezifischen Binnenwanderer zog in das flächengrößte Bundesland. Die in absoluten Zahlen zweitgrößten Zuzugswerte verzeichneten wechselnd Niedersachsen, Baden-Württemberg und Nordrhein-Westfalen. Auffallend ist, das Baden-Württemberg just in dem Jahr seinen Höchststand erreichte, in dem gleichfalls Bayern maximale Werte erreichte. Diese extreme Gipfelentwicklung zwischen den Jahren 1999 und 2003 teilten die beiden südlichen Bundesländer exklusiv. Diesbezüglich ist davon auszugehen, dass die wesentlich stabilere Arbeitsmarktlage in Süddeutschland während der weltwirtschaftlichen Flaute um die Jahrtausendwende eine besondere Anziehungskraft ausübte.

Tab. 1: Veränderungsrate des Zuzuges aus den neuen Bundesländern in ausgewählte alte Bundesländer in den Jahren 1991–1993 gegenüber den Jahren 2000–2002[16]

	Brandenburg	Mecklenburg-Vorpommern	Sachsen-Anhalt	Sachsen	Thüringen
Bayern	14,9	33,9	31,6	-4,2	-12,7
Baden-Württemberg	10,7	16,2	18,0	-10,3	-9,3
Hessen	-19,2	9,3	0,6	-5,0	-23,0
Rheinland-Pfalz	-31,1	-11,4	-20,9	-28,2	-32,2
Nordrhein-Westfalen	-38,1	-11,5	-13,5	-12,3	-12,7
Niedersachsen	-29,0	-16,0	-8,6	-13,4	-3,8
Hamburg	51,8	70,7	58,0	70,4	87,3
Schleswig-Holstein	-2,8	0,6	25,4	21,9	46,8

Ostdeutschland durchgehend hoch lagen, wenngleich sich die Umzugsquoten in den Westen in einigen brandenburgischen Landkreisen durch eine Kompensierung des nahen Berlin etwas abgeschwächt zeigten. Im Vergleich zu den hohen Fortzugsraten mangelte es in Ostdeutschland im Grunde flächendeckend an Zuzug. Ausnahmen bildeten West-Berlin und ehemals grenznahe Regionen, vor allem in Thüringen und an der Ostsee. In den alten Bundesländern fielen die Wegzugsquoten insgesamt sehr moderat aus. Eine Sonderrolle nahmen die ehemals an die innerdeutsche Staatsgrenze angrenzenden Landkreise ein. Diese waren vom Zuzug aus Ostdeutschland am unmittelbarsten betroffen. Auffällig sind allerdings der Landkreis Lüchow-Dannenberg und der Landkreis Hof, die ebenso beachtliche Fortzugsraten aufwiesen. Das Muster der Wanderungsraten verdeutlicht, dass Ost-West-Wanderer bevorzugt kürzere Entfernungen zurücklegten. Sonach ist auf westdeutscher Seite grob ein Band von 100 bis 150 Kilometern jenseits der ehemals innerdeutschen Grenze zu erkennen, in welchem die Landkreise Zuzugsraten aus den neuen Ländern von mehr als fünf Einwohnern je 1.000 ansässiger Bewohner hatten. Dementsprechend fielen weit entfernte Gebiete wie die Anrainer-Landkreise zu den Niederlanden durch besonders niedrige Zuwanderungsraten auf.

In Ostdeutschland gab es Ende der 1990er Jahre eine hohe Zuwanderungsintensität speziell in der Hauptstadt und seinem westlichen Umland als auch in Regionen mit Nähe zu Westdeutschland. Neben dem westlichen Sachsen-

16 Siehe zur Datengrundlage die Fußnote 10 dieses Kapitels.

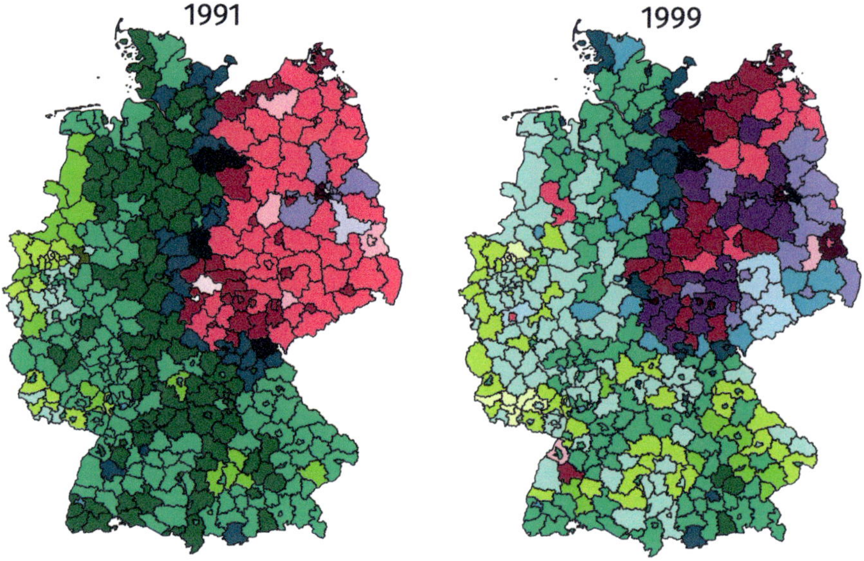

Anhalt und Thüringen ist vor allem das westliche Mecklenburg-Vorpommern zu nennen. Hier spielte die relative Nähe zu Hamburg eine entscheidende Rolle. In absoluten Zahlen spielte Sachsen Ende der 1990er bezüglich der Ost-West-Wanderung eine gewichtige Rolle, da es das mit Abstand bevölkerungsreichste Bundesland Ostdeutschlands darstellte. In relativer Sichtweise deutete sich in Sachsen allerdings ein Ausscheren aus dem Muster einer allgemein hohen Abwanderungsrate der neuen in die alten Länder an. Ähnliches galt für das brandenburgische Umland der Hauptstadt, deren Wanderungsbewegungen sich stärker auf Berlin selbst richteten. Ein anhaltender Abwanderungsstrom kennzeichnete bei fehlendem ausgleichenden Zuzug periphere Lagen. Dies betraf insbesondere Vorpommern, die Region der Mecklenburgischen Seenplatte und die brandenburgische Region Prignitz. Außerdem galt dies für alte Industrieregionen oder Tage- und Bergbauregionen wie Mansfelder Land, Region Bitterfeld-Wolfen, Frankfurt an der Oder, Chemnitz und Cottbus samt Niederlausitzer Umland.[17]

17 Zu bedenken ist, dass in den angeführten Teilräumen zwei Aussiedleraufnahmestellen lagen, zum einen in Peitz im Kreis Spree-Neiße und zum anderen im Wittstocker Ortsteil Dranse im Landkreis Ostprignitz-Ruppin. Vgl. Mai (2004): Abwanderung aus Ostdeutschland, S. 81. Somit sind die hohen Werte für den Raum Prignitz und die Niederlausitz zumindest teilweise zu relativieren.

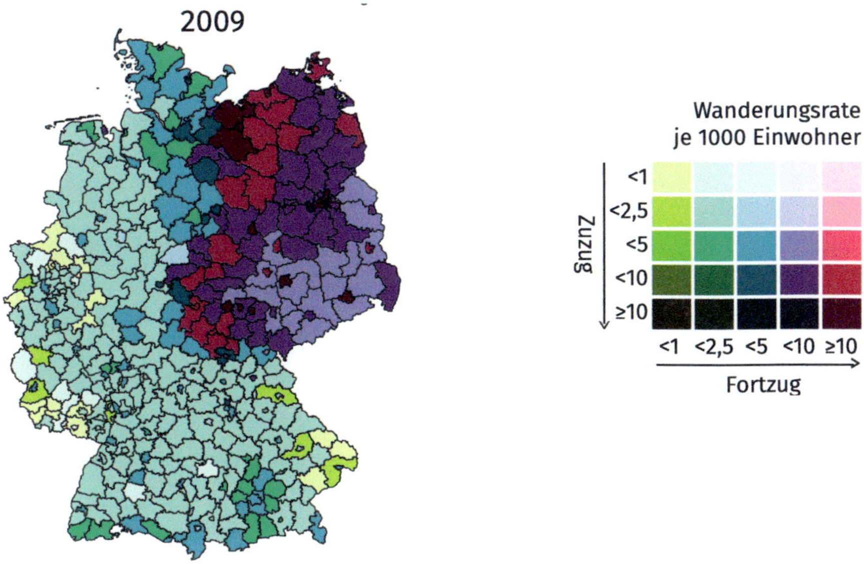

Abb. 8: Wanderungsbewegungen zwischen alten und neuen Bundesländern in den Jahren 1991, 1999 und 2009[18]

Die Zuwanderung auf der westdeutschen Gegenseite konzentrierte sich auf die Hamburger Metropolregion, das östliche Niedersachsen und auf Teile Süddeutschlands, hier vor allem auf die Stadtregionen München, Stuttgart und den Rhein-Main-Raum. Starke Fortzugsraten kennzeichneten hingegen auch Ende der 1990er nicht das westdeutsche Bild. Beobachtbare Ausreißer standen allesamt im ursächlichen Zusammenhang mit umsiedelnden Spätaussiedlern aus westdeutschen Aufnahmelagern. Diesbezüglich ist besonders auf die Einrichtungen Friedland im Landkreis Göttingen, Bramsche im Landkreis Osnabrück, Empfingen im Landkreis Freudenstadt und Raststatt zu verweisen. Ein weiteres historisches Spezifikum stellt Bonn dar. Nachdem der Bundestag im Jahr 1994 mit dem Berlin-Bonn-Gesetz die Verlegung des Hauptstadtsitzes an die Spree beschlossen hatte, wurden in den folgenden Jahren viele Ministerien und angeschlossene Einrichtungen nach Berlin verlagert, was Abwanderungsraten in größerem Ausmaß von der Rheinstadt nach Ostdeutschland nach sich zog.

18 Die Karten sind folgendermaßen zu lesen: Umso rotlastiger, umso höhere Fortzugsraten in den anderen Teil Deutschlands wiesen betreffende Landkreise auf beziehungsweise umso grüner, umso weniger Bevölkerungsanteile verließen einen Landkreis in Richtung des anderen deutschen Landesteils. Die Zuzugsraten nehmen mit abnehmendem Helligkeitsgrad zu. Umso dunkler die Farbe, umso größer fiel der Zustrom an Personen aus.

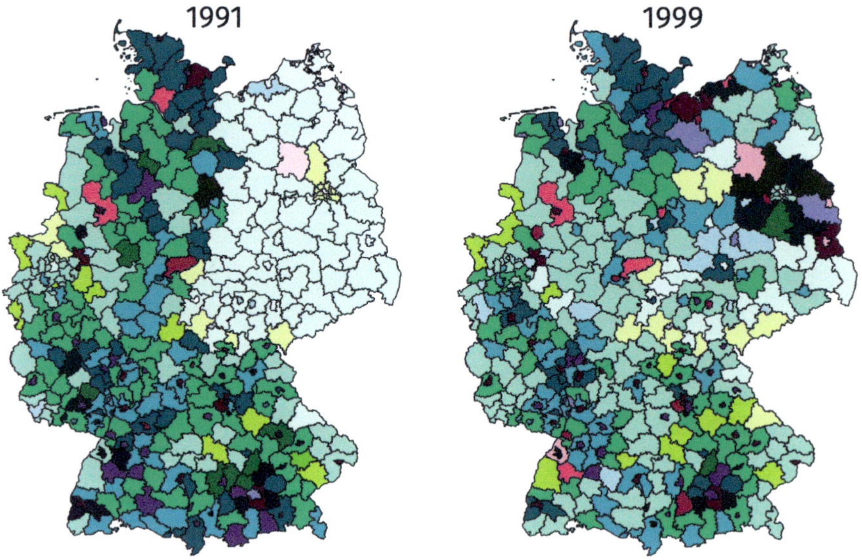

Die Ost-West- und West-Ost-Wanderung sind ein Teilbereich der deutschen Binnenwanderung und wiesen auch zwei Jahrzehnte nach der Wende unterschiedliche Spezifika in den beiden Teilen des vereinten Landes auf. Ein Blick auf die allgemeine Binnenmigration in Form von Wanderungen über Kreisgrenzen verdeutlicht jedoch, dass durchaus eine Angleichung im allgemeinen Mobilitätsverhalten stattfand (siehe Abb. 9). Unmittelbar nach der Wende war Ostdeutschland flächendeckend von niedrigen Binnenwanderungsraten bei insgesamt leicht negativem Wanderungssaldo geprägt, was deutlicher in Vorpommern, in der Niederlausitz und in Teilen des nördlichen Brandenburgs ausfiel. Ende der 1990er Jahre zeigte sich in Ostdeutschland ein heterogenes Bild. Im südlichen Ostdeutschland lag die Wanderungsintensität insgesamt niedriger als im nördlichen Ostdeutschland. Insgesamt orientierte sich das Wanderungsverhalten in den neuen Ländern allerdings viel stärker am westdeutschen, oder besser: mitteldeutschen Fall. Als Besonderheit präsentierte sich die Hauptstadt, deren Umland Ende der 1990er eine starke Suburbanisierungswelle erfasste – ein Trend, der ebenso um Hamburg und in den Städten Süddeutschlands zutage trat. Eine hohe Wanderungsintensität in den Städten und eine moderatere Ausprägung in ländlicheren Regionen zeigten sich ein Jahrzehnt später für die gesamte Bundesrepublik nochmals offenkundiger.

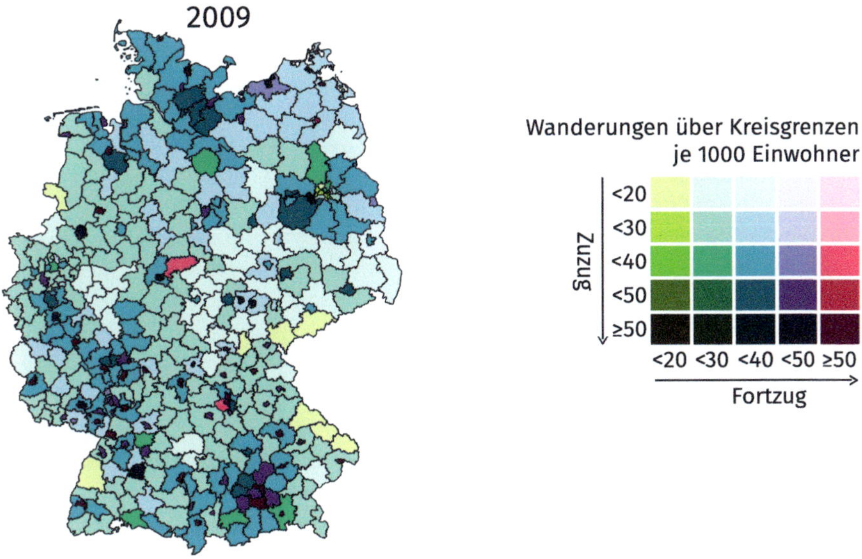

Abb. 9: Wanderungen über Kreisgrenzen in den Jahren 1991, 1999 und 2009

2. Abwanderung in den Westen

2.1 Die ostdeutsche Arbeitsmarktlage

Zu den wesentlichen Ursachen des Ost-West-Wanderungsstroms gehörten die nach 1989 einsetzenden wirtschaftlichen Umbrüche. Dies ist in der Forschung weitgehend unumstritten.[19] Eingedenk dessen werden im Folgenden die Rahmenbedingungen am Arbeitsmarkt angerissen. Ende der 1980er Jahre war die wirtschaftliche Situation in der DDR bedenklich. Als Inbegriff der desolaten Lage galt die hohe Auslandsverschuldung. Eine systembedingt mangelnde Innovationsfähigkeit der Wirtschaft versprach keine baldige Besserung. Zur Wendezeit war die DDR wirtschaftlich zwar nicht bankrott, vielen externen Beobachtern zufolge drohte indes ein ökonomischer Zusammenbruch.[20] Eine im Zuge der

19 Die Zahl der Veröffentlichungen zu Fragen der deutschen Einheit ist immens. Innerhalb der ersten zwei Jahrzehnte nach der Wiedervereinigung wurden über 53.000 wissenschaftliche Beiträge publiziert. Vgl. Berth u. a. (2007): Einheitslust und Einheitsfrust, S. 9; Scheller (2006): Die Transformation Ostdeutschlands, S. 790. Als Haupttrend identifizierten die meisten eine Angleichungsentwicklung, wie dies am prominentesten Rainer Geißler als These ausgearbeitet hat. Der Aufholprozess der ersten Jahre geriet jedoch seit Mitte der 1990er Jahre ins Stocken. Vgl. Geißler (2000): Nachholende Modernisierung; Busch (2010): Der Aufholprozess Ostdeutschlands, S. 71 f.

20 Vgl. Steiner (1999): Konsumversprechen und Innovationszwang, S. 183; Brenke (2009): Die Jahre, S. 29; Busch / Land (2012): Ostdeutschland, S. 167.

Wende als nachholender Strukturbruch erfolgende wirtschaftliche Neuausrichtung bewirkte eine tiefgreifende Umwälzung. Die Ausmaße der einzelnen Wirtschaftssektoren in Ostdeutschland entsprachen vor der Wende dem westdeutschen Niveau der 1960er Jahre. Im Zuge der Transformation wurde der überdurchschnittliche Industrialisierungsgrad zu Anfang der 1990er ins Gegenteil einer fast entindustrialisierten Region verkehrt.[21] Dementsprechend zeigte sich der allgemeine Beschäftigungseinbruch in der Industrie am deutlichsten. Die Beschäftigtenzahlen des zweiten Wirtschaftssektors gingen in Ostdeutschland innerhalb von eineinhalb Jahrzehnten im Vergleich zum Stand des Jahres 1988 um 83 Prozent zurück.[22] Die Zahl aller Beschäftigten reduzierte sich um ein Drittel von knapp zehn Millionen im Jahr vor der Wende auf rund sechseinhalb Millionen im Jahr 1993. Die Differenz der nicht mehr auf dem ostdeutschen Arbeitsmarkt Tätigen setzte sich aus drei Personengruppen zusammen. Gut eine Million Personen galten als arbeitslos, eine knappe Million war vorzeitig in den Ruhestand getreten und die Zahl der Übersiedler und Westpendler bewegte sich in einer ähnlichen Größenordnung.[23] Von den weiterhin in Ostdeutschland Beschäftigten hatten bis Mitte des Jahrzehnts ein Drittel der Erwerbstätigen ihr Berufsfeld gewechselt und bis zu zwei Drittel der 1989 Arbeitenden eine Anstellung in einem anderen Unternehmen angetreten. Ein derart rapider Beschäftigungseinbruch und -wandel ist historisch ohne Parallele.[24] Viele Ostdeutsche erlebten im Transformationsprozess eine berufliche Dequalifizierung. Dies betraf insbesondere jene, die als ehemalige Industriearbeiter eine neue Stelle im Dienstleistungsbereich fanden. Zu diesem Punkt verwies die Soziologin Christine Steiner

21 Vgl. Geißler (2000): Nachholende Modernisierung, S. 41; Schmidt (2001): Restrukturierung und Modernisierung, S. 190 f.

22 Vgl. Pohlmann (2005): Industriekrise in Ostdeutschland, S. 417. Den größten Absturz erfuhren der Bereich Bergbau und die chemische Industrie. Bei letzterer reduzierte sich die wirtschaftliche Leistung um über 90 Prozent. Vgl. Heske (2013): Wertschöpfung Erwerbstätigkeit, S. 90 f.

23 Vgl. Diewald / Goedicke / Mayer (2006): Unusual Turbulences, S. 295; Friedrich / Wiedemeyer (1994): Dauerproblem Arbeitslosigkeit, S. 10; Heske (2007): Entwicklung gesamtwirtschaftlicher Indikatoren, S. 281 f. Eine Sondergruppe stellten die ausländischen Beschäftigten dar. Entsprechend bilateraler Abkommen belief sich deren Zahl im Jahr des Mauerfalls auf knapp 130.000 Arbeitskräfte aus Angola, Mosambik, Polen und Vietnam. Bis 1992 gingen rund 90 Prozent von ihnen in ihr Herkunftsland zurück. Vgl. Deutscher Bundestag (1995): Materialien zur Einheit, S. 181.

24 Vgl. Lutz / Grünert (2001): Beschäftigung und Arbeitsmarkt, S. 139 f.; Diewald / Goedicke / Mayer (2006): Unusual Turbulences, S. 295. Karl Ulrich Mayer und Heike Solga zeigten allerdings auf, dass man die Lesart auch umdrehen und auf eine größere Kontinuität verweisen kann. Schließlich arbeiteten zwei Drittel der Berufstätigen Mitte der 1990er im selben Arbeitsfeld wie vor der Wende. Vgl. Mayer / Solga (2010): Lebensverläufe im Vereinigungsprozess, S. 44. Dennoch dürfte gesamtgesellschaftlich die Erfahrung einer Diskontinuität maßgeblicher gewesen sein, etwa bei vergleichendem Blick auf die 1980er. Schließlich kannte jeder mindestens im Familien- und Bekanntenkreis Betroffene des wirtschaftlichen Umwälzungsprozesses. Vgl. Pfaffenbach (2002): Transformation des Handelns, S. 77.

darauf, dass berufliche Mobilität keineswegs im Sinne der Anpassungsthese als Aufstiegsmobilität in qualifizierte und zukunftssichere Dienstleistungstätigkeiten erfolgte.[25] So beliefen sich die Raten der Abwärtsmobilität in den neuen Bundesländern in den ersten Jahren nach der Wiedervereinigung auf doppelt so hohe Werte wie jene für den Aufstieg. Speziell die Altersgruppe der Mitte 40- bis Mitte 50-Jährigen, die sogenannte Generation des späten Mittelalters, erwies sich hierbei als Verlierer der Wende.[26]

Einige Wissenschaftler vertraten die Position, dass der Wiedervereinigungsprozess dementsprechend übereilt erfolgte. Manch überschnelle Handlung wie die Währungsunion sei der komplexen Sachlage nicht gerecht geworden.[27] In einer Selbstbewertung der Bundesregierung trug der Währungsumstellungssatz von 1:1 der ostdeutschen Mark zur bundesrepublikanischen Mark jedoch entscheidend dazu bei, den Abwanderungsstrom abzuschwächen.[28] Eine ebensolche Wirkung versprach man sich auch von den nach Ostdeutschland fließenden staatlichen Finanztransfers, die sich in den beiden Jahrzehnten nach der Wende auf deutlich über eine Billion Euro summierten. Sie führten in den beiden deutschen Landesteilen mittelfristig allerdings nicht zu einer Angleichung der Lebensverhältnisse, sondern fundamentierten vielmehr ein ostdeutsches Abhängigkeitsverhältnis und wirkten indirekt als Konjunkturprogramm für die alten Bundesländer.[29]

Der im Allgemeinen schlechten wirtschaftlichen Situation und Perspektive in den neuen Bundesländern stand eine bessere Arbeitsmarktlage im Westen gegenüber. Dieser Umstand wurde in den meisten Veröffentlichungen als hinreichendes Lockmittel gewertet, viele zu einem Umzug von den neuen in die alten Bundesländer zu bewegen. So erzielten Arbeitnehmer in Westdeutschland ein durchschnittlich höheres Einkommen. Hieran änderte in den ersten beiden Jahrzehnten nach der Wiedervereinigung auch keine anfängliche Annäherung der Lohnverhältnisse etwas, da der Angleichungsprozess spätestens Mitte der

25 Vgl. Steiner (1997): Bleib bei Leisten, S. 142 f.

26 Ein Berufswechsel entwertete ihre bisherigen Arbeitserfahrungen. Sie galten nicht mehr als flexibel genug, um sich schnell auf neue Anforderungen des Arbeitsmarktes einzustellen und zugleich waren sie noch zu jung, um in den Ruhestand zu gehen. Vgl. Diewald / Goedicke / Mayer (2006): Unusual Turbulences, S. 296 f., 303; Bertels (1994): Zur Erwerbsbiographie, S. 214 f. Die Älteren ab 55 Jahren profitierten hingegen von Frühverrentungsregelungen.

27 Vgl. Brenke (2009): Die Jahre, S. 29; Zohlnhöfer (2001): Wirtschaftspolitik der Ära, S. 210; Bürgel (2012): Ostdeutsche Generationen, S. 172 f.

28 Vgl. Deutscher Bundestag (1995): Materialien zur Einheit, S. 97.

29 Zudem ist festzustellen, dass aus Ostdeutschland abgehende private Geldströme in den 2000ern den Geldwert der staatlichen Transferleistungen in die neuen Bundesländer übertrafen. Hierbei handelte es sich insbesondere um die Gelder westdeutscher, in Ostdeutschland operierender Unternehmen, die ihre Gewinne in den neuen Bundesländern nicht reinvestierten. Vgl. ebd., S. 114; Busch / Land (2012): Ostdeutschland, S. 175–178, 181; Ludwig / Loose (2010): Die wirtschaftliche Leistung, S. 102.

1990er auf halbem Wege zum Halten kam.[30] In einer makroökonomisch geprägten Forschungslandschaft galten bessere Karriere- und Verdienstmöglichkeiten im Westen sowie die Vermeidung eines sozialen Abstiegs aufgrund drohender Arbeitslosigkeit in Ostdeutschland als ausschlaggebendes Hauptmotiv für eine Ost-West-Migration.[31]

In ökonomischen Publikationen dominierte demnach eine vereinfachende Sichtweise. Einer einseitigen Deutung der Abwanderung nach Westdeutschland als Reaktion auf ein hohes Ausmaß an Erwerbslosigkeit ist jedoch zu widersprechen. Es lässt sich teilweise sogar ein umgekehrter Zusammenhang feststellen. In den 2000ern wiesen ostdeutsche Regionen mit einer hohen Zahl von Arbeitslosengeldempfängern tendenziell eine niedrigere Umzugsrate in die alten Bundesländer auf. Als mögliche Begründung hierfür wurde häufig angeführt, dass im Falle einer lokalgesellschaftlich weit verbreiteten Beschäftigungslosigkeit ein geringer sozialer Status als annehmbarer galt und dies den Handlungsdruck zu einer angestrebten Veränderung – etwa in Form einer Arbeitsaufnahme an einem entfernten Ort – absenkte.[32] Unstrittiger ist zu erkennen, dass ostdeutsche Regionen mit erhöhten Arbeitslosigkeitsraten in besonderem Maße gut Qualifizierte an die alten Länder verloren, gleich ob die einzelnen Abwanderer Arbeitslosigkeit erfahren hatten oder sich von dieser bedroht fühlten.[33]

Doch festzuhalten gilt, dass ökonomisch orientierte, lineare Erklärungsmodelle – die Mobilitätsvorgänge auf regionalwirtschaftliche Beweggründe reduzieren – insgesamt unzureichend sind. Die Wanderungsmuster stimmen nicht mit den Push-Pull-Theorien überein, die rein rationales Kalkül der Handelnden voraussetzen. Vielmehr spielen ebenso räumliche Bindungen, soziale Netzwerke und biografische Vorerfahrungen eine entscheidende Rolle.[34] So ver-

30 Vgl. Fuchs-Schündeln / Schündeln (2009): Who Stays, S. 722.

31 Vgl. Lang u. a. (2012): Re-Turn Migrant Survey, S. 71; Maretzke (2009): Bevölkerungsentwicklung in Regionen, S. 249 f.; Berth / Förster / Brähler (2004): Psychosoziale Folgen, S. 82; Gerloff (2004): Besonderheiten im Wanderungsverhalten, S. 227. Die empirischen Studien widersprechen sich allerdings im Punkte Arbeitslosigkeit, ob die Angst vor Beschäftigungslosigkeit oder die Erfahrung selbst als umzugsmotivierender einzustufen war. Vgl. Häußermann (1996): Ost-West-Mobilität, S. 59; Hunt (2000): People Still Live, S. 3 f.; Friedrich / Schultz (2006): Der Sog, S. 65; Büchel / Schwarze (1994): Die Migration, S. 49. Wissenschaftliche Untersuchungen, die sich auf neoklassische Migrationsmodelle stützen, widersprachen sich auch darin, ob Arbeitsplatzangebote oder aber Einkommensvorteile primär Binnenwanderungen auslösten. Vgl. Wagner (1992): Arbeitslosigkeit Abwanderung, S. 84; Heydemann (2009): Blühende Landschaften, S. 98; Pischke / Staat / Vögele (1993): Let's Go, S. 20 f.; Fuchs-Schündeln / Schündeln (2009): Who Stays, S. 722.

32 Vgl. Häußermann (1996): Ost-West-Mobilität, S. 57 f.; Lehmann (2008): Gründe und Folgen, S. 39; Windzio (2010): Die Abwanderung Arbeitsloser, S. 296.

33 Vgl. Berth / Förster / Brähler (2004): Psychosoziale Folgen, S. 94; Lehmann (2008): Gründe und Folgen, S. 39; Ebenrett / Hansen / Puzicha (2003): Verlust von Humankapital, S. 29.

34 Verschiedene Arbeiten hoben hervor, dass insbesondere Personen mit vorangegangenen Umzugserfahrungen verstärkt zu erneuten Wanderungsbewegungen neigten. Auch bei nicht bewusst entschiedenen Mobilitätsvorgängen – etwa aus Kindheitstagen – war dieser Effekt zu beobachten. Schließlich wirkten auch letztere als Sozialisationserfahrung

wiesen beispielsweise Christiane Dienel und Forscherkollegen in einer Studie zu Zukunftschancen junger Frauen in Sachsen-Anhalt darauf, dass bei dieser Personengruppe den privaten Gründen, wie Umzug zum Partner, häufig zentrale Bedeutung für eine Wohnortverlagerung in die alten Bundesländer zukam.[35] Regionale Unterschiede lösen von sich aus keine Wanderungsbewegungen aus. Eine Wirkung können sie erst in Folge individueller Überlegungen entfalten. Überdies wirkt im Allgemeinen, wie es sich auch in Einzelstudien zeigte, die räumliche Verbundenheit stark wanderungshemmend. In den meisten Regionen Deutschlands liegen die Antwortwerte fester regionaler Verwurzelung gleichbleibend bei rund 80 Prozent der Befragten. Zugleich lassen sich hierbei aber durchaus regionale Unterschiede ausmachen. So fehlt etwa Sachsen-Anhalt eine landesspezifische Tradition und bietet dieses Bundesland weniger naturräumliche Besonderheiten, sodass es in geringerem Maße zur regionalen Identifizierung anzuregen scheint.[36]

Gelegentlich anzutreffende pauschalisierende Urteile, dass in Westdeutschland eine größere regionale Verbundenheit bestehe, ließen sich daraus ableiten, dass in der alten Bundesrepublik in kleinteiligeren Räumen Traditionen gepflegt wurden.[37] An einer Bewusstseinsbildung soziokulturell unterschiedlicher Räume zeigte hingegen die Staatsführung in der DDR kein Interesse. Zudem beförderten womöglich auch erhebliche Unterschiede der Eigenimmobilienausstattung ungleiche Verbundenheitswerte. Noch im Jahr 1998 lagen die Eigenheimquoten zwischen alten und neuen Ländern mit 44 gegenüber 26 Prozent weit auseinander.[38] Die sozialräumlichen Bindungen vor Ort lassen sich allerdings nicht durch einen geografischen Makroblick auseinanderdividieren. Soziale Netzwerke am Wohnort üben eine starke Haltewirkung aus. Die Relevanz sozialer Kontakte für Umzugsentscheidungen von den neuen in die alten Bundesländer

prägend nach. Vgl. Genosko (1978): Ursachen und Auswirkungen, S. 224; Viry / Hofmeister / Widmer (2010): Earyl Life Course, S. 169; Wagner (1989): Mobilität im Lebensverlauf, S. 163 f., 189.

35 Vgl. Dienel / Gerloff / Lesske (2004): Zukunftschancen junger Frauen, S. 135. In der sächsischen Längsschnittstudie gaben Frauen, die in die alten Bundesländer umzogen, in der Hälfte der Fälle an, auch aufgrund des Partners umzuziehen. Bei den Männern betraf dies nur jeden Fünften. Vgl. Berth / Förster / Brähler (2004): Psychosoziale Folgen, S. 82. Man kann dem Argument entgegenhalten, dass ein Zusammenzug ostdeutscher Frauen mit einem Partner in Westdeutschland oftmals eine Folgeerscheinung einer Arbeitsaufnahme des ostdeutschen Mannes in den alten Bundesländern darstellte. Demnach käme dem ökonomischen Zusammenhang wieder eine zentrale Rolle zu.

36 Vorstellbar ist aber eine kleinräumigere persönliche Verortung. Vgl. Grundmann (1995): Die Ostdeutschen, S. 60; Dienel (2004): Abwanderung aus Ostdeutschland, S. 104 f.

37 Dies soll ostdeutschen Räumen natürlich nicht grundsätzlich eine stark ausgeprägte lokale Verbundenheit absprechen. Als Gegenbeispiels können etwa das Erzgebirge und die Sächsische Schweiz angeführt werden, die beide zugleich eine charakteristische Landschaft aufwiesen.

38 Vgl. Hinrichs / Jurkschat (1996): Wohnortwechsel zwischen Bundesländern, S. 28; Geißler (2000): Nachholende Modernisierung, S. 49.

unterstrich eine Befragung in Sachsen-Anhalt sehr deutlich. Über die Hälfte der Wegziehenden hatte Verwandte oder Bekannte an ihrem neuen Wohnort.[39] Im Einklang dazu kamen Hendrik Berth, Peter Förster und Elmar Brähler anhand der Daten einer sächsischen Längsschnittstudie zu dem Schluss, dass die große Mehrheit der Ost-West-Wanderer sich schnell in der neuen Umgebung einlebte und das zurückgelassene soziale Umfeld schnell kompensieren konnten.[40]

Im Allgemeinen tritt eine Mobilitätsabwägung lediglich bei einem positiven Entschluss zutage. Zugleich erfahren Wanderungen häufig vorschnell eine positive Assoziation, wohingegen Immobilität oftmals eine negative Konnotation besitzt. Diese Deutung übersieht, dass Bleibeorientierungen nicht nur aufgrund einer passiven Haltung zustande kommen, sondern auch eine aktive Entscheidung ausdrücken können, etwa verbunden mit einem ausgeprägten gesellschaftlichen Engagement. Zugleich findet es in der Forschung wenig Beachtung, dass Wanderungsbewegungen durch Unsicherheit eine Entschleunigung erfahren.

Resümierend lässt sich festhalten, dass das aktive Handeln eines Binnenumzugs vor dem Hintergrund ökonomisch-gesellschaftlicher Strukturen, institutioneller Veränderungen und eines kollektiven zeithistorischen Erfahrungshorizontes erfolgt. Der Umzugsentschluss muss individuell – beeinflusst von biografischen Entwürfen, verfügbaren Ressourcen, habituellen Verhaltensweisen und dem jeweiligen sozialen Kontext – getroffen werden. Eine Reduktion auf Arbeitsmarktfragen wird den Umzugsüberlegungen und dem tatsächlich stattfindenden Wandergeschehen nicht gerecht.

2.2 Hauptgruppen der Abwanderung

Die Untersuchung des Arbeitsmarktes bleibt vielfach abstrakt. Doch für konkretes Handeln bedarf es der Akteure. Welche Personengruppen sind beim Umzug von Ost- nach Westdeutschland hervorstechend zu identifizieren, denen die Forschung und das Pressewesen somit besondere Beachtung schenkte? Drei Gruppen kristallisierten sich heraus, die im Folgenden jeweils hinführend mit einem Fallbeispiel Erörterung finden.

Wegzug der jungen Erwachsenen

Ein erster Fall führt uns in den äußersten Nordosten Deutschlands. Das Ehepaar Schulze, in den 1940ern geboren, bewahrte nach der Wiedervereinigung eine räumliche Konstanz und blieb in Vorpommern wohnhaft. Er war bis zu seiner

39 Vgl. Gerloff (2005): Abwanderung und Heimatbindung, S. 47; Rainer / Siedler (2009): Role of Networks, S. 741; Fuchs-Schündeln / Schündeln (2009): Who Stays, S. 724.

40 Vgl. Berth / Förster / Brähler (2004): Psychosoziale Folgen, S. 83.

Pensionierung im Alter von sechzig Jahren als Industriemechaniker in einem Maschinenbaubetrieb tätig. Sie – zur Wende als Fischverarbeiterin beschäftigt – arbeitete nach der Betriebsstilllegung und ihrer einjährigen Arbeitslosigkeitsphase zunächst als Köchin in einer Gemeinschaftsverpflegungsstätte und später als hauswirtschaftliche Helferin. Ihr Sohn Mike Schulze verdiente als Anfang 20-Jähriger zum Zeitpunkt der Wende als Straßenbauhelfer im Baugewerbe sein Geld.[41] Der Job bot ihm allerdings keine Perspektive. Laut eigener Auskunft war es ihm im ersten Jahr nach der Wiedervereinigung nicht möglich, einen geeigneten Arbeitsplatz vor Ort zu finden, sodass der junge Mann daraus den Schluss zog, seine Berufschance anderenorts zu suchen. Im Gegensatz zu seinen Eltern verließ Mike Schulze somit seine ostdeutsche Heimat. Für seinen neuen Arbeitsplatz in Baden-Württemberg zog Herr Schulze im Jahr 1991 gemeinsam mit seiner Freundin, die sich nach anfänglicher Arbeitslosigkeit fortan mit Kassier- und Kellnertätigkeiten ihren Lebensunterhalt verdiente, von Vorpommern in das Stuttgarter Umland um. Binnen eines Jahres kündigte Mike Schulze indes seine Tätigkeit als Rohrbauer und begann eine Lehre als Elektromechaniker. Doch sein Berufsweg blieb unbeständig. Bereits im Jahr 1995 lebte er in Hessen und ging einer Ausbildung für einen medizinischen Assistenzberuf nach. Eine betriebliche Übernahme hielt ihn im Jahr 1997 nicht von einem erneuten beruflichen und räumlichen Wechsel ab. Doch mit seinem neuen Wohnort in Nordrhein-Westfalen verstetigte sich nicht nur sein beruflicher, sondern ebenso sein privater Lebensweg. Nachdem seine erste feste Beziehung zu Anfang seiner hessischen Zeit in die Brüche gegangen war, folgten dem Zusammenzug mit seiner zweiten Lebensgefährtin im Jahr 1997 ein Jahr später ein gemeinsames Kind und fünf Jahre später die Hochzeit sowie die Geburt eines zweiten Sohnes.[42]

Mike Schulze hatte in einem Umzug in die alten Bundesländer eine Chance gesehen und diese ergriffen, wenngleich es mehrere Jahre dauerte, bis er seinen Platz im Leben fand. Der Fall von Mike Schulze steht symptomatisch für viele jüngere Ostdeutsche, für die ein Fortzug nach Westdeutschland stärker eine Option darstellte als für die Älteren. Entsprechend richtete sich die Aufmerksamkeit in Forschung und Presse auf Ost-West-Wanderungen von jungen Erwachsenen. Diese zeichnete unmittelbar nach der Wende eine große und zugleich zunehmende Bereitschaft zu einem Fortzug in den Westen aus. Der typische potenzielle Ost-West-Wanderer war jung und qualifiziert oder verfügte

41 Die Namenswahl erfolgte fiktiv. Die Daten des Sozio-oekonomischen Panels listen betreffende Person unter der Kennung 5004303. Von seiner jüngeren Schwester ist nur wenig bekannt, da sie mit Eintritt einer zweijährigen Arbeitslosigkeit im Jahr 1996 kein Interesse an einer weiteren Befragungsteilnahme zeigte. Es ist indes überliefert, dass sie nach einer Ausbildung im Gastgewerbe in den Jahren 1994 und 1995 als Wochenendpendlerin in den alten Bundesländern einer Arbeitstätigkeit nachging.

42 Zum Alltag von Mike Schulze und seiner Frau in Nordrhein-Westfalen gehörte ein jeweils rund 30 Kilometer langer Arbeitsweg. Sie reduzierte mit der Geburt ihrer Kinder ihren Arbeitsstundenumfang auf eine Halbzeitstelle. Diesem Beispiel folgte er ebenfalls, als er sich im Jahr 2006 selbstständig machte.

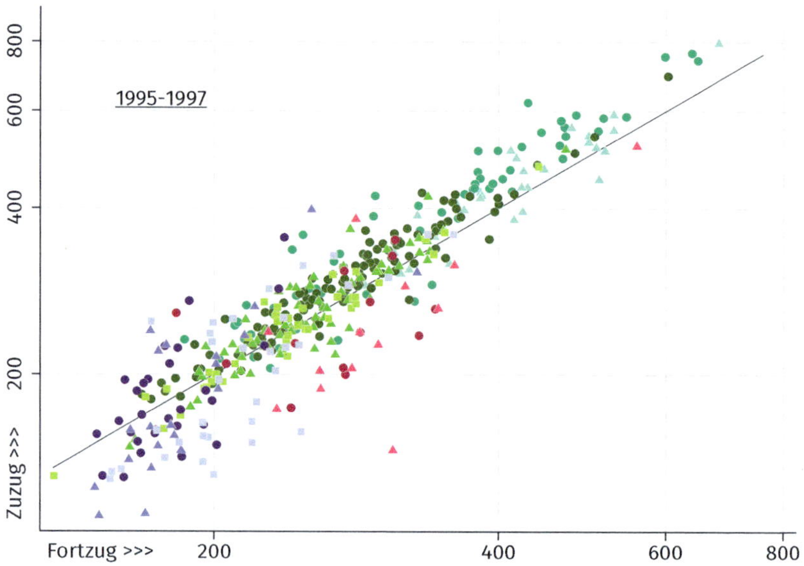
1995-1997
Zuzug >>>
Fortzug >>>
200
400
600
800
200
400
600
800

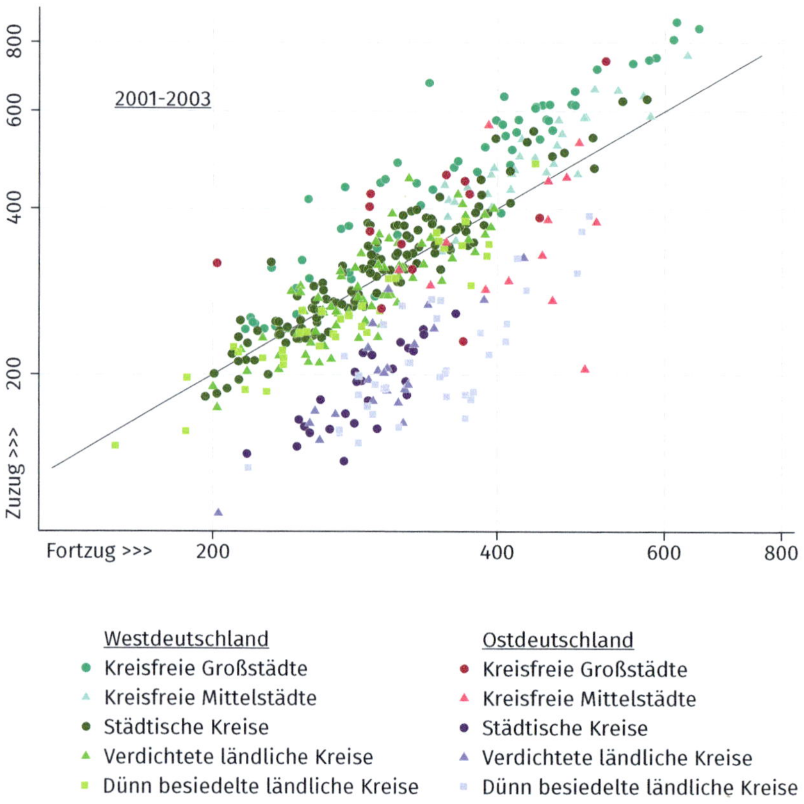
2001-2003
Zuzug >>>
Fortzug >>>
200
400
600
800
200
400
600
800
Westdeutschland
Kreisfreie Großstädte
Kreisfreie Mittelstädte
Städtische Kreise
Verdichtete ländliche Kreise
Dünn besiedelte ländliche Kreise
Ostdeutschland
Kreisfreie Großstädte
Kreisfreie Mittelstädte
Städtische Kreise
Verdichtete ländliche Kreise
Dünn besiedelte ländliche Kreise

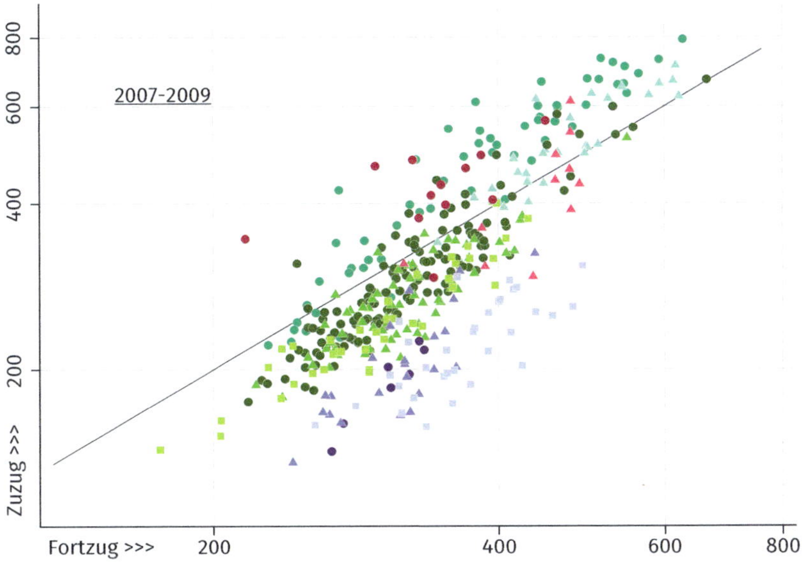

Abb. 10: Wanderungsfälle über Gemeindegrenzen der 18- bis 29-Jährigen im Verhältnis zu je 1.000 dort lebenden jungen Menschen in deutschen Städten und Landkreisen in Dreijahreszeiträumen (1990er/2000er)[43]

43 Die Wanderdaten entstammen der amtlichen Statistik der Statistischen Ämter des Bundes und der Länder. Verwendung fanden drei Datensätze: Die Tabelle 182-41-4 »Zu- und Fortzüge nach Altersgruppen«, die Tabelle 173-41-4 »Bevölkerungsstand: Bevölkerung nach Geschlecht, Nationalität und Altersgruppen« und die Tabelle 171-01-4 »Gebietsstand: Gebietsfläche in qkm«. Siehe Statistische Ämter des Bundes und der Länder (2014): Regionaldatenbank Deutschland. Die Daten bedurften einer aufwendigen Vorarbeit, die administrative Neugliederungen etwa in Sachsen und Sachsen-Anhalt, aber gleichfalls im Raum Aachen, Hannover und Saarbrücken bedingten. Fernerhin wurden für die Jahre 1995 bis 1997 die Landkreise Göttingen, Osnabrück, Rastatt, Plön und Freudenstadt von der Betrachtung ausgeschlossen. Dort gelegene Aufnahmelager für Spätaussiedler und deren Wanderungsverhalten überlagerten das allgemeine Wanderungsverhalten. Auch in Ostdeutschland befanden sich mit Peitz und Dranse Aufnahmelager in den Landkreisen Ostprignitz-Ruppin und Spree-Neiße. Diese fanden ebenso keine Berücksichtigung. Für die Jahre 2001 bis 2003 zeigte nur noch der Landkreis Göttingen mit dem Erstaufnahmelager Friedland starke Abweichungen in den Wanderungsfallzahlen. Vgl. Schlömer (2004): Binnenwanderungen seit Einigung, S. 107 [Fußnote 3]; Mai (2004): Abwanderung aus Ostdeutschland, S. 81. Desgleichen konnten Einflüsse wie die Einführung einer Zweitwohnsitzsteuer die Wanderungsstatistik für Vergleichsmöglichkeiten stark beeinflussen und verfälschen. Die entsprechenden Sondereffekte wurden aus den statistischen Daten herausgerechnet. Beispielsweise betraf dies in den 2000ern die Städte Aachen, Kaiserslautern, Trier, Erfurt und Halle an der Saale. Siehe hierzu in vorliegendem Buch auch Fußnote 170 des Kapitels *Dimensionen und Facetten räumlicher Mobilität*. Die siedlungsstrukturelle Einteilung lehnt sich an die bei der Bundesanstalt für Bauwesen und Raumordnung übliche Unterteilung an. In der eigenen Gruppierung wurde die Kategorie der kreisfreien Mittelstädte hinzugefügt und die Klassifizierung ländlicher

zumindest über einen guten Schulabschluss. Er fühlte sich von Erwerbslosigkeit bedroht oder pendelte bereits in die alten Länder. Den Daten des Sozio-oekonomischen Panels zufolge konnten sich Mitte der 1990er Jahre 60 Prozent der ostdeutschen Jugendlichen einen Umzug in die alten Bundesländer vorstellen. Einer Bereitschaft folgte in vielen Fällen eine tatsächliche Umsetzung. So verloren die neuen Bundesländer zugunsten der alten 17 Prozent ihrer Bevölkerung im Alter von 18 bis 24 Jahren zwischen Mauerfall und dem Jahr 1997, dem Jahr mit der höchsten Arbeitslosenquote in den 1990ern.[44] Die jungen Erwachsenen zogen in der Phase des Ausbildungs- und Berufsanfangs um.[45] Diese Entwicklung brach auch in den 2000ern nicht ab. Blickt man in den Ausbildungsbericht des Jahres 2008, bewarben sich beispielsweise über die Hälfte aller Jugendlichen aus Mecklenburg-Vorpommern überregional, in Bayern galt dies hingegen gerade einmal für jeden Sechsten.[46] Der Mangel an Ausbildungsplätzen war in weiten Teilen Ostdeutschlands eklatant. Ein Drittel der ostdeutschen Jugendlichen wurde zu Anfang der 2000er über außerbetriebliche Maßnahmen ausgebildet und somit übertraf die ostdeutsche Quote nichtbetrieblicher Ausbildungsplätze jene Westdeutschlands um reichlich das Sechsfache. Die Herangehensweise vieler in die alten Bundesländer umziehender Jugendlicher kann mithin als proaktiv verstanden werden.[47] Von den 1990ern bis Mitte der 2000er stieg der Anteil der jungen Erwachsenen am Anteil aller Ost-West-Umziehenden merklich. Fasst man die Altersgrenzen dieser Personengruppe mit 18 bis 30 Jahren etwas groß-

Kreise modifiziert. Als kreisfreie Großstädte gelten selbstverwaltete Stadtkreise mit mehr als 100.000 Einwohnern. Wies eine kreisfreie Stadt weniger Einwohner auf, erfolgte eine Zuordnung zu den kreisfreien Mittelstädten. Stark verstädterte Landkreise mit einer Bevölkerungsdichte von mehr als 150 Einwohnern auf den Quadratkilometer wurden als städtische Kreise kategorisiert. Als ländliche Kreise mit Ansätzen zur Verdichtung gelten Landkreise mit einer Bevölkerungsdichte zwischen 100 und 150 Einwohnern je Quadratkilometer. Kennzeichnete den Landkreis eine niedrigere Einwohnerdichte, klassifizierte das Schema diesen als dünn besiedelten ländlichen Kreis. Vgl. Milbert (2015): Laufende Raumbeobachtung; Schlömer (2004): Binnenwanderungen seit Einigung, S. 105.

44 Vgl. Harenberg (1991): Vereint und verschieden, S. 15; Beetz (2006): Meine Kinder, S. 271; Kemper (2004): Internal Migration, S. 661.

45 Für das Jahr 1996 seien konkrete Werte herausgegriffen. So nahmen beispielsweise sechseinhalb Prozent jener, die im Jahr 1996 ihre Ausbildung in Mecklenburg-Vorpommern abgeschlossen hatten, ihre erste Berufstätigkeit in Schleswig-Holstein, Hamburg oder Niedersachsen auf. In Thüringen bezog es sich auf fünf Prozent Ausgebildeter, die ihre erste Anstellung in Bayern oder Hessen fanden. Vgl. Haas (2002): Wohin nach Berufsausbildung, S. 3; Hunt (2000): People Still Live, S. 3.

46 Für die Kategorie Überregional diente der Schwellwert einer Entfernung von über 100 Kilometern als vereinfachende Approximation. Vgl. Speck / Schubarth (2009): Regionale Abwanderung Jugendlicher, S. 20.

47 Stephan Beetz zufolge blockierte die geburtenstarke Kohorte der 35- bis 50-Jährigen für junge Arbeitskräfte in starkem Maße den Zugang zum ostdeutschen Arbeitsmarkt. Vgl. Beetz (2006): Meine Kinder, S. 266 f.; Speck / Schubarth (2006): Ostdeutsche Jugend, S. 804, 806; Speck / Schubarth (2009): Regionale Abwanderung Jugendlicher, S. 27.

zügiger, stieg ihr Anteil an allen Ost-West-Wanderern zwischen 1993 und 2006 von 36 auf 56 Prozent.[48]

Die Medien griffen das Thema auf und berichteten von großen Abwanderungsbewegungen in den neuen Bundesländern. Demnach wandten vor allem junge Erwachsene in Massen den neuen Bundesländern den Rücken zu und ließen das Land leer zurück. Ostdeutschland verkomme zu »einem Ozean von Demenz und Armut«[49], wie beispielsweise die Feuilletonistin Sonja Zekri in der *Süddeutschen Zeitung* im Jahr 2003 kommentierte. Selbige Autorin zog die Parallele zur demografischen Dynamik während des Dreißigjährigen Krieges und sah sich in ihrem Urteil von Bevölkerungswissenschaftlern bestätigt. Auch die Berichterstattung in anderen Zeitschriften bediente sich häufig einer apokalyptischen Semantik. »Der Osten blutet aus.«[50] Lässt sich das in der Presse gezeichnete Bild eines Exodus bestätigen?

Für eine genauere Analyse sei das Wanderungssaldo junger Erwachsener in den Blick genommen. Für alle deutschen Städte und Landkreise wurden hierfür die für drei Jahre kumulierten Wanderungsfälle über Gemeindegrenzen der 18- bis 29-Jährigen für Mitte der 1990er (1995–1997) sowie Anfang und Ende der 2000er Jahre (2001–2003, 2007–2009) berechnet und ins Verhältnis zu je 1.000 dort lebenden Personen derselben Altersgruppe gesetzt. In Abbildung 10 sind hierbei die Fortzugszahlen auf der horizontalen Achse und die Zuzüge auf der vertikalen Achse abgetragen. Die angedeutete diagonale Linie symbolisiert ein ausgeglichenes Wanderungssaldo. Für eine entzerrende Visualisierung wurde die Darstellung logarithmiert.

Bei Blick auf die Grafiken vollzog sich – pauschal gesprochen – in der Wanderungsentwicklung junger Erwachsener ein Wandel. Wiesen die einzelnen Kreise und Städte Mitte der 1990er eine recht ausgeglichene Wanderungsbilanz auf, unabhängig von der Bevölkerungskonzentration und dem Ost-West-Schema, fand in den folgenden Jahren eine Ausdifferenzierung nach Zentrum und Peripherie mit Wanderungsgewinnen für Erstere und Verluste für Letztere statt. Das größte Ausmaß an Wanderungsaustauschbewegungen war westdeutschen Großstädten vorbehalten. Dies betraf speziell kleinere Städte mit großen Universitäten. Entsprechend waren in den Jahren 1995 bis 1997 die Städte Bayreuth, Freiburg im Breisgau, Würzburg, Heidelberg und der Landkreis Fürth am stärksten im Wanderungsgeschehen involviert und für jene Gegenden sind ebenso in den 2000ern die höchsten Wanderungsfallzahlen dokumentiert. Die meisten westdeutschen Städte bauten ihre Wanderungsgewinne in den 2000ern aus. Zugleich schlossen die ostdeutschen Städte in den 2000ern zur positiven Bilanz ihrer westdeutschen Pendants auf. Das niedrigste Wandergeschehen

48 Vgl. Fuchs-Schündeln / Schündeln (2009): Who Stays, S. 711.

49 Zekri (2003): Eine Stadt bleibt.

50 Bürgin (2004): Flucht aus Osten. Es ließen sich viele weitere Beispiele anführen. Vgl. etwa Mallwitz (2003): Die klugen Mädchen; Bölsche (2006): Deutsche Provinz; Burger (2007): Zurückgelassen in Ödnis.

war in peripheren, oft grenznahen – darunter wurde auch die ehemalige innerdeutsche Grenze subsumiert – Landkreisen zu beobachten, vor allem im Südthüringischen, Südbrandenburgischen, aber gleichfalls in der Region des Oberpfälzisch-Bayerischen Waldes. Am Wanderungsgeschehen junger Menschen in Form von Zu- und Fortzügen durchgehend am wenigsten beteiligt zeigten sich in der Zeit von Mitte der 1990er bis Ende der 2000er der oberpfälzische Landkreis Cham und der nordthüringische Landkreis Eichsfeld.[51] Allgemein verfestigte sich insbesondere in den peripheren Gebieten Ostdeutschlands in den 2000ern eine negative Wanderungsbilanz. Wie die Abbildung 10 indes deutlich zeigt, nahmen die Wegzugsraten in den Landkreisen der neuen Bundesländer kein außerordentlich hohes Ausmaß an. Sie erreichten genau genommen in der Mehrzahl sogar erst in den 2000ern bundesdeutsche Durchschnittswerte. Erwiesen sich die Zuzugswerte bereits Mitte der 1990er als niedrig, fielen sie im Verhältnis zu den Fortzugsraten jedoch in den 2000ern extrem aus dem Rahmen.

Der singuläre Wert hoher Wegzugszahlen stellte alles andere als ein Charakteristikum Ostdeutschlands dar. Dies verdeutlicht auch die Rangliste der deutschen Städte und Landkreise mit den relativ gesehen meisten Wanderungsfällen. Unter den ersten Fünfzig befand sich Mitte der 1990er Jahre mit der Stadt Jena lediglich eine einzige ostdeutsche Region.[52]

Das in der Presse gezeichnete Bild einer großen Exodusbewegung junger Erwachsener aus den neuen Ländern beruht auf einer Fehldeutung, welche indes das öffentliche Bewusstsein prägte. Tatsächlich fielen die Wegzugsraten junger Ostdeutscher Mitte der 1990er Jahre unterdurchschnittlich aus und entsprachen nach einem deutlichen Anstieg Ende der 1990er Jahre und in den 2000ern dem bundesdeutschen Durchschnitt. Nicht ein anhaltender Fortzugsstrom zeitigte ein stark negatives Wanderungssaldo. Das Gegenteil traf zu. Das in den 1990ern

51 Auch die an die Tschechei angrenzenden Landkreise Ostbayerns zeichneten sich in den 2000ern durch ein erhebliches negatives Wanderungssaldo aus. So kam etwa der Landkreis Cham in den Jahren 2001 bis 2003 auf 158 Wegzugsfälle, bezogen auf 1.000 junge Erwachsene im Alter von 18 bis 29, bei einem Zuzug von 149 in dieser Altersgruppe. Im Landkreis Freyung-Grafenau zeigte sich die Differenz mit 187 zu 158 deutlicher. In den Jahren 2007 bis 2009 fiel das Missverhältnis mit 175 zu 143 in Cham und 203 zu 152 in Freyung-Grafenau noch ausgeprägter aus. Eine Diskrepanz trat in den ostdeutschen, peripheren Räumen dennoch oft nochmals signifikanter zutage. Der Landkreis Eichsfeld wies in den Jahren 2001 bis 2003 auf 1.000 junge Erwachsene 203 Fortzüge bei 112 Zuzügen auf und verfügte in den Jahren 2007 bis 2009 mit einer Rate von 243 zu 136 über eine vergleichbar disproportionale Wanderungsbewegung. Am eklatantesten fiel die Kluft zwischen Fort- und Zuzügen in der Stadt Hoyerswerda (1995–1997: 309 zu 146 Wanderungsfälle; 2001–2003: 495 zu 205 Wanderungsfälle) und im Landkreis Uckermark (2001–2003: 370 zu 167 Wanderungsfälle) aus.

52 So ist Jena in der Grafik der Jahre 1995 bis 1997 durch das rosa Dreieck in der rechten oberen Ecke der Darstellung symbolisiert. Im Konkreten wies Jena in jenen drei Jahren im Schnitt – bezogen auf 1.000 dort lebende junge Erwachsene – 519 Zuzugs- und 559 Fortzugsfallzahlen auf. Im Vergleich zu anderen ostdeutschen Städten und Kreisen wich Jena offensichtlich von den üblichen, deutlich niedrigeren Wanderungsfallzahlen ab.

und 2000ern stete Wanderungsdefizit in den meisten ostdeutschen Kreisen war dem fehlenden Zuzug, einem nur bescheidenen Gegenstrom geschuldet.[53] Die Zeitungsbeiträge argumentierten demnach verkehrt herum.

An massenmedial wiedergegebenen Irrtümern ist problematisch, dass sich derartige Fehlinformationen potenzierend verbreiten und sich oftmals in der öffentlichen Wahrnehmung und Meinung verankern.[54] Dies trifft auch in hiesigem Fall zu. Die Allgemeinheit und weite Teile der Forschung übernahmen die Denkweise der Medien. Das Augenmerk richtete sich vornehmlich auf den Wegzug, wie es auch in einer Umfrage des Leipziger Instituts für Marktforschung aus dem Jahr 2002 der Fall war, der zufolge 90 Prozent der sächsischen Befragten die Abwanderung der Jüngeren mit bangem Blicke sahen.[55] Sinniger wäre es gewesen, der Frage nachzugehen, ob sich die ostdeutsche Gesellschaft hinsichtlich des fehlenden Zuzugs besorgt zeigte. Denn die Tatsache und das Ausmaß ausbildungs- und berufsbedingter Abwanderungen bei jungen Erwachsenen stellten kein Novum dar. Der Fortzug junger Erwachsener aus peripheren Räumen bildete spätestens seit den 1950ern einen bestimmenden Trend in Ostdeutschland.[56] Es kann zudem festgehalten werden, dass sich bei einer Betrachtung von Binnenwanderungsbewegungen in Form von Umzügen zwischen Kreisen junge Erwachsene aus Westdeutschland mobiler zeigten als ihre ostdeutschen Altersgenossen. Bezüglich Ost-West-Bewegungen wiesen einzig die Jahrgänge der Pensionäre eine ausgeglichene Ost-West-Wanderungsbilanz auf.[57] Die positive Binnenwanderungsbilanz der alten Bundesländer bezüglich junger Erwachsener bremste den Alterungsprozess der dortigen Gesellschaft, wohingegen bei umgekehrten Vorzeichen die neuen Bundesländer eine beschleunigende Wirkung kennzeichnete.

Fortzug der Besten

Aber es betraf pauschal nicht nur die Jüngeren, die nach der Wende in die alten Bundesländer umzogen. Dass ebenso andere Bevölkerungsgruppen ein gesteigertes Abwanderungsverhalten zeigen konnten, versinnbildlicht der Fall von Gunter Krause. Herr Krause, zwei Jahre vor Kriegsende geboren, ent-

53 Die bescheidenen Zuzugszahlen stellen kein Spezifikum binnennationaler Betrachtungen dar, sondern galten auch für Migrationsbezüge mit anderen Staaten. Entsprechend lag der ostdeutsche Anteil an Personen mit Migrationshintergrund Ende der 2000er mit rund jedem Zwanzigsten bei einem Viertel jenes Wertes der alten Bundesländer. Vgl. Geißler (2009): Wandel der Sozialstruktur; Dienel (2004): Abwanderung aus Ostdeutschland, S. 107.

54 Vgl. Luhmann (2009): Realität der Massenmedien, S. 9.

55 Vgl. Kralinski / Nolle (2002): Abwanderung und Auswirkungen, S. 30.

56 Vgl. Beetz (2009): Analysen zum Entscheidungsprozess, S. 136 f.

57 Vgl. Mai (2006): Die altersselektive Abwanderung, S. 360; Beck (2004): Wandern gegen Strom, S. 104.

stammte mit dem Jahr 1943 dem gleichen Jahrgang wie Mike Schulzes Vater.[58] Nach seinem Studium im Grunde durchgehend vollzeitbeschäftigt nannte der Maschinenbauingenieur im Jahr 1992 als Hauptgrund für den Familienumzug mit Frau und Tochter von der Elbe an den Rhein seine berufliche Perspektive. Dafür hatte er bereits im Jahr 1991 seinem alten Arbeitgeber gekündigt und war als Art familiäre Vorhut ein Jahr lang zwischen alter Heimat und neuem Arbeitsort als potenziell neuem Wohnsitz gependelt. Als Begründung gab er an, dass er keine adäquate Beschäftigungsmöglichkeit in Sachsen sähe. Im Gegensatz zum Beispiel von Mike Schulze als jungem Ostdeutschen folgte bei ihm als erfahrener und hochqualifizierter Arbeitskraft von Anbeginn seiner Zeit in Westdeutschland ein stetiger Berufsverlauf. Gleichfalls fand seine Frau nach dem Umzug unverzüglich eine Anstellung in Teilzeit, die sie bis zu ihrer Versetzung in den Ruhestand bekleidete.

Der Umstand, dass Herr Krause durch mehr als zwei Jahrzehnte Berufserfahrung als Akademiker geprägt war und über eine gute Bildung verfügte, dürften sein Denken und Handeln beeinflusst und sein grundsätzliches Erwägen und schließliches Vollziehen einer Wohnsitzverlegung mutmaßlich begünstigt haben. Entsprechend erwies es sich mit seinen Grundeinstellungen als vereinbar, umzuziehen, obgleich er nicht mehr den Jüngeren zuzurechnen war, mit denen man im Allgemeinen stärker grundlegende Veränderungen ihres Lebensmittelpunktes verbindet. Ferner spielte nicht nur seine Wahrnehmungsperspektive eine Rolle, sondern auch seine vorteilhafte Position dank einer guten Berufsqualifikation, sodass sich ihm im Zug einer Ost-West-Wanderung besser bezahlte Jobs anboten.

Ähnlich wie beim Wegzug der jungen Erwachsenen, berichteten Zeitungen in dramatischen Schilderungen vom Fortzug der Qualifizierten und Gebildeten, worunter auch der Fall von Herrn Krause fällt.[59] *Die Welt* zitierte den Ethnologen Ulf Matthiesen, seinerzeit Projektleiter am Leibnitz-Institut für Regionalentwicklung und Strukturplanung, in einem Artikel aus dem Jahr 2003 mit den Worten, dass in absehbarer Zeit nur noch »arbeitslos[e] Stadtdeppen«[60] in Ostdeutschland wohnen dürften. Es blieben demzufolge die »Wetttrinke[r] in der Depressionszone«[61] zurück. Auch viele wissenschaftliche Arbeiten diagnostizierten einen erheblichen Brain-Drain in Ostdeutschland.[62] Fraglich ist, ob sich diese Arbeiten womöglich von einer falschen Annahme verleiten ließen.

58 Bei Gunter Krause handelt es sich um einen erfundenen Namen. Der angedeutete Lebenslauf fußt auf Personendaten, die im Sozio-oekonomischen Panel mit der Ziffernfolge 5148101 identifizierbar ist.

59 Die beiden Kategorisierungsvarianten jung und gebildet konnten sich auch überschneiden.

60 Mallwitz (2003): Die klugen Mädchen.

61 Bölsche (2006): Verlassenes Land.

62 Vgl. beispielsweise Udke (2008): Dableiben Weggehen Wiederkommen, S. 115; Funken (1996): Keine Wende, S. 9; Dienel (2004): Abwanderung aus Ostdeutschland, S. 93; Mai/Scharein (2009): Effekte der Binnenmigration, S. 77. Erstmals ist der schriftliche

Betrachtet man die Fortzüge in die alten Bundesländer anhand der Daten des Sozio-oekonomischen Panels, fällt im Laufe der zwei Jahrzehnte seit der Wende eine Zunahme der Anteile von Binnenwanderern mit Fachhochschul- oder Universitätsabschluss auf, und ihr Anteil erhöhte sich ebenso stärker als dies im Vergleich bei der in den neuen Bundesländern bleibenden Bevölkerung zutraf.[63] Erreichten die Anteile mit Studiumsabschluss Anfang der 1990er unter den Fortziehenden gerade einmal zweistellige Prozentwerte, stieg ihr Anteil innerhalb von zwei Jahrzehnten auf rund 40 Prozent. Das heißt, dass die meisten Wandernden einen einfachen Berufsabschluss aufwiesen und sich das Verhältnis zu Hochqualifizierten anteilsmäßig erst Ende der 2000er die Waage hielt. Was Essays und Studien zu einem ostdeutschen Talentschwund durch die Abwanderung Qualifizierter selten in den Blick nahmen, war die Betrachtung der Entwicklung und Relevanz des Gegenstroms. Darauf bezugnehmend ist festzustellen, dass für diese in den gemusterten zwei Jahrzehnten durchgehend höhere Berufsabschlüsse dokumentiert sind, wenngleich sich in den 2000ern ein Trend hin zu einem ausgeglichenen Niveau zeigte. Der skizzierte Sachverhalt relativiert die Aussage eines Brain-Drains erheblich.

In diesem Zusammenhang verwies Nadia Granato mit ihren Forscherkollegen darauf, dass in den Jahren 2000 bis 2005 offizielle Stellen Umzüge von circa 33.000 hochqualifizierten Ostdeutschen nach Westdeutschland registrierten. In der Gegenrichtung wurden 26.000 Wohnsitzwechsler gezählt. Dies bedeutete also für Ostdeutschland ein negatives Wanderungssaldo bei den sehr gut Qualifizierten von rund 7.000 Personen. Entsprechende Zahlen für die Geringqualifizierten beliefen sich auf gut 16.000 Fortziehende in Richtung alte Bundesländer und knapp 7.000 Zuziehende in die neuen Bundesländer. Dies zeigt, dass die Wanderungsströme nicht gleichgeartet verliefen. Insbesondere geringqualifiziert Beschäftigte ohne Ausbildung in Ostdeutschland wiesen eine größere Mobilitätsbeteiligung auf als ihr Pendant in den alten Bundesländern. Im ersten Jahrfünft des neuen Jahrtausends nahm der Wanderungsverlust in den neuen Bundesländern demnach bei Arbeitnehmern mit geringer beruflicher Qualifikation nicht nur relativ, sondern auch in absoluten Zahlen ein größeres

Gebrauch des Ausdruckes *Brain Drain* für das Jahr 1962 belegt. Vgl. Schultz (2009): Brain Drain, S. 30.

63 Der Wandel hin zur überproportionalen Beteiligung von Hochqualifizierten am Wanderungsgeschehen in den Westen steht im zeitlichen Zusammenhang mit dem dereinst erneuten Anstieg der Abwanderung in die alten Bundesländer gegen Ende der 1990er Jahre. Vgl. hierzu Kempe (2001): Neuer Trend, S. 210. Da es sich bei den Ost-West-Umziehenden vornehmlich um Jüngere handelte, wurde als Referenzwert die jüngere Bevölkerungsgruppe der 18- bis 40-Jährigen in Ostdeutschland herangezogen. Zugleich fällt auf, dass – im Gegensatz zu den alten Bundesländern – die Älteren in den neuen Bundesländern den Gesamtschnitt nicht durch im Allgemeinen niedrigere Bildungsabschlüsse absenkten. Bei einer Differenzierung nach dem Schulabschluss traten die Unterschiede deutlicher hervor. Hier überwog bei den Älteren der Hauptschulabschluss überproportional.

Ausmaß an als bei den Studierten.[64] Des Weiteren unterschätzt diese Betrachtungsweise das Bildungspotenzial der Wanderer aus den neuen Bundesländern, da die Erwachsenen im Schnitt jünger waren als die nach Ostdeutschland Wandernden. Es ist anzunehmen, dass ein größerer Anteil der Ostdeutschen noch vor ihrem endgültigen beziehungsweise höchsten Berufsabschluss stand. Damit könnte ein Blick auf den Berufsabschluss das Niveau der ostdeutschen Mobilen unterbewerten. Entsprechend erscheint es angezeigt, für eine Erörterung ebenso die Angaben der Schulabschlüsse heranzuziehen. Setzt man die Quote mit Hochschulreife als Maßzahl der potenziellen Personen mit höherer Qualifikation fest, zeichnete sich in den zwei Jahrzehnten eine ähnliche Entwicklung ab. Ende der 2000er deuten die Daten des Sozio-oekonomischen Panels sogar an, dass die Abiturientenquote bei Fortziehenden aus den neuen Bundesländern nunmehr etwas höher lag. Dies muss aber keinen stabilen Trend widerspiegeln, sondern stellte womöglich nur eine Momentaufnahme dar.

Zu bedenken ist ferner, dass sich der Wanderungsstrom in Richtung alte Länder ebenfalls aus westdeutschen Rückwanderern zusammensetze. Das Sozio-oekonomische Panel lässt sich an dieser Stelle nicht repräsentativ auswerten. Die in den 2000ern dokumentierten 400 Wanderungsfälle von den neuen in die alten Bundesländer legen allerdings eine allgemeine Quote von 15 bis 20 Prozent an Rückkehrern bei den Wanderern nach Westdeutschland nahe. Die Akademikerquote der in die alten Bundesländer Zurückkehrenden betrug dabei mehr als das Doppelte derjenigen der ostdeutschen Westwanderer – selbiges galt auch für die Abiturientenrate.[65] Die Rückkehr stark überproportional gut gebildeter Westdeutscher bedeutete selbstredend keinen genuin ostdeutschen Brain-Drain.

Grundsätzlich ist bei der Betrachtung der Mobilitätsströme zwischen alten und neuen Bundesländern, sei es in Form eines Umzugs oder des Pendelns, zu konstatieren, dass für Westdeutsche eine Korrelation zwischen dem Grad der beruflichen Qualifikation und der Mobilitätsquote auszumachen war. Diese Wechselbeziehung bestand in Ostdeutschland nicht derart eindeutig. Die Unterschiede bringen zudem geminderte Zugangschancen Ungelernter auf dem ostdeutschen Arbeitsmarkt zum Ausdruck.[66]

64 Vgl. Granato u. a. (2009): Arbeitskräftemobilität in Deutschland, S. 28 f.

65 Nicola Fuchs-Schündeln und Matthias Schündeln vermuteten eine bessere Bildung westdeutscher Rückwanderer Vgl. Fuchs-Schündeln / Schündeln (2009): Who Stays, S. 719. Dies erhärtete sich bei Blick auf die Daten des Sozio-oekonomischen Panels. Nach Berechnungen auf Grundlage der Längsschnittdaten wiesen in den 2000ern 55 Prozent der nach Westdeutschland Zurückkehrenden einen Studienabschluss auf. Bei den ostdeutschen Westwanderern betraf dies hingegen lediglich 21 Prozent. Um nicht Unschärfen aufgrund des durchschnittlichen Altersunterschiedes aufsitzen, wurden die entsprechenden Anteile der Personen mit Hochschulreife ermittelt. Hierbei kamen Erstere auf 67 Prozent, Zweitere auf 39 Prozent. Da die Daten an dieser Stelle nicht zwingend repräsentativ sein müssen, sind jene Werte nicht eins zu eins zu übernehmen. Die grundsätzliche Größenordnung zeigen sie aber durchaus deutlich auf.

66 Dieser Befund anhand einer Analyse der Daten des Sozio-oekonomischen Panels bestätigt sich in einem Aufsatz aus dem Jahr 2009, in welchem die Autoren die Daten der

In einer Beurteilung ist festzuhalten, dass gut Gebildete zusehend überproportional an den Abwandernden vertreten waren. Allerdings fielen die anteiligen Bevölkerungsverluste bei den weniger Gebildeten bei Entgegenstellung der Zuzugszahlen aus den alten Ländern zumindest in den ersten eineinhalb Jahrzehnten nach der Wiedervereinigung größer aus. Insgesamt weist die Debatte eines möglichen Brain-Drains einen starken Hang zur Skandalisierung, zur emotional eingefärbten Überzeichnung auf. Obgleich sich zu Ende der 2000er ein Trend hin zu einem leicht überproportionalen Verlust an qualifizierten Personen zeigte, ist die häufig geäußerte Dramatik zu relativieren.[67] Das schließt nicht aus, dass es einzelnen ostdeutschen Regionen im Zuge von Abwanderung an Fachkräften mangelte. Dies stellte jedoch kein spezifisch ostdeutsches Phänomen dar, sondern ist vielmehr unter den Problemen peripherer Räume zu fassen. Das Defizit randständiger ostdeutscher Regionen an fachlich Qualifizierten entstand nicht in erster Linie durch in den Westen Fortziehende. Die Abwanderung Befähigter in naheliegende ostdeutsche Zentren war gewichtiger. Und dabei handelte es sich nicht um ein Phänomen, das sich erst nach der Wende abzeichnete.[68]

Weggang der Frauen

Frauen werden als dritte Personengruppe ausnehmend häufig als Abwandernde genannt. Hierzu sei zunächst ein Fallbeispiel vorgestellt. Martina Vogel aus dem südlichen Ostdeutschland, geboren Anfang der 1960er Jahre, war nach ihrer Ausbildung vom 20. Lebensjahr bis mindestens ihrem 50. Lebensjahr – dem letzten Befragungsjahr – durchgehend in Vollzeit angestellt.[69] Zum Zeitpunkt der Wende lebte sie mit ihren beiden Söhnen aus früheren Beziehungen, sowie zusammen mit ihren Geschwistern in ihrem Elternhaus und ging als medizinische Fachangestellte einer Tätigkeit im öffentlichen Dienst nach.[70] Nahtlos an die Betriebsstilllegung im Folgejahr konnte sie weiterhin eine Beschäftigung in

Beschäftigten-Historik – einem Datensatz der Bundesagentur für Arbeit – sichteten. Vgl. Granato u. a. (2009): Arbeitskräftemobilität in Deutschland, S. 30.

67 Für Ende der 2000er gibt es gleichfalls statistische Indizien die gegen einen einseitigen ostdeutschen Brain-Drain sprechen. Beispielsweise verzeichneten Brandenburg und Mecklenburg-Vorpommern im Jahr 2008 einen Zuwanderungsüberschuss an jungen Akademikern von circa 20 Prozent. Berlins Werte lagen bei rund zehn Prozent und auch Sachsen wies zumindest einen niedrigen einstelligen Zuwachswert auf. Vgl. Blum u. a. (2010): Ostdeutschlands Transformation, S. 134.

68 Vgl. Nadler / Wesling (2013): Zunehmende Rückwanderung, S. 1; Löhr (2006): Bildung als Standortfaktor, S. 235; Weiß (1995): Bevölkerungsentwicklung im Raum, S. 129.

69 Die Angaben von Frau Vogel beziehen sich auf Daten, die im Sozio-oekonomischen Panel unter der Kennung 5128803 deklariert sind. Die Namenswahl selbst erfolgte willkürlich.

70 Wie in anderen Fallbeispielen war auch bei dieser Familie eine auffällige Wiederkehr von Berufen in der Generationenfolge zu beobachten. Aus Anonymitätsgründen wird dies hier nicht weitergehend ausgeführt.

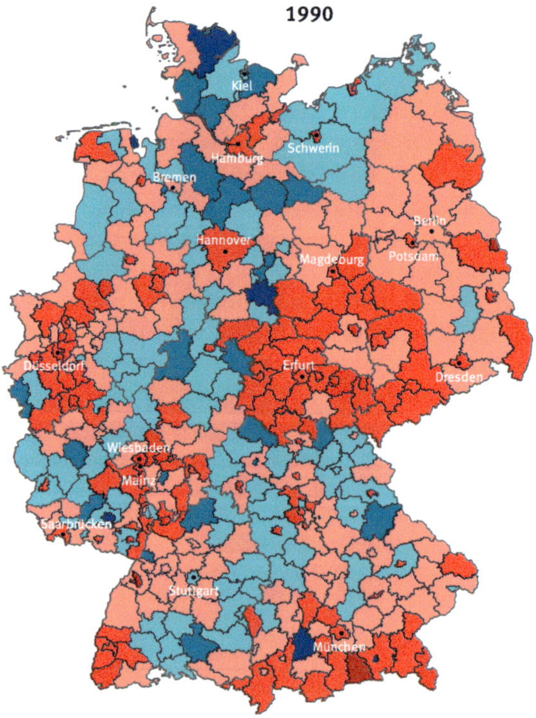

Datenquelle: Bundesinstitut für Bau-, Stadt- und Raumforschung, Statistisches Bundesamt; Berechnungen: BiB
Geometrische Grundlage: © GeoBasis-DE / BKG (2012)

ihrem erlernten Beruf sicherstellen und bezog als alleinerziehende Mutter mit ihren Kindern gleichfalls eine eigene Wohnung. Zwei zeitweilige Partnerschaften im ersten Nachwendejahrzehnt änderten – auch bei einem Wohnungswechsel in einem Fall – ihren räumlichen Lebensmittelpunkt nicht grundsätzlich. Dies änderte sich im Jahr 2002, als Frau Vogel mit ihrem jüngeren Sohn zu ihrem neuen Lebenspartner von Ost- nach Westdeutschland umzog.[71] Wenngleich sie nach eigener Auskunft im selben Jahr ihrem damaligen Arbeitgeber kündigte, lag ihre neue Arbeitsstelle als Arzthelferin weiterhin in den neuen Bundesländern. Somit vollzog sie ihren Wohnsitzwechsel in die alten Bundesländer offensichtlich aus privaten Gründen. Fortan galt Frau Vogel statistisch als West-Ost-Pendlerin. Da ihr neuer Lebensmittelpunkt als auch ihr Arbeitsort beide landesgrenzennah lagen, unterschied sich ihr Arbeitsweg von knapp 30 Kilometern nur wenig von anderen bundesdeutschen Pendlern mit ähnlicher Wegstrecke. Der Fall von Martina Vogel weist darauf hin, dass Ost-West-Umzüge nicht stets durch berufliche Gründe motiviert waren. Zudem deutet er eine Normalisierung in

71 Ihr neuer Lebenspartner verweigerte eine Teilnahme an der Befragung.

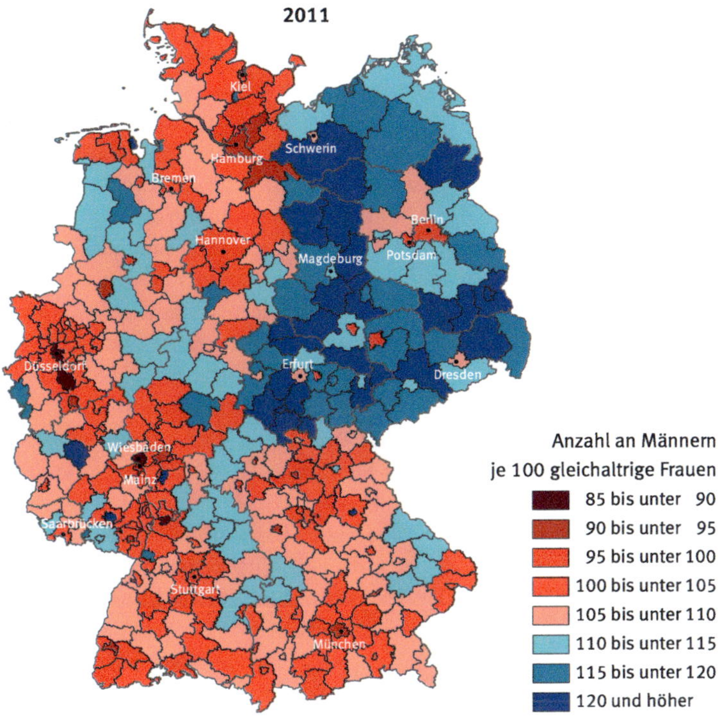

Abb. 11: Das Geschlechterverhältnis der 25- bis 29-Jährigen in den Kreisen und kreisfreien Städten (Jahre 1990 und 2011 im Vergleich)[72]

den Alltagsbezügen zwischen den ehemals getrennten Landesteilen nach der Wende an. Damit verdeutlicht der Fall von Frau Vogel, dass bei Ost-West-Wanderungen ebenso den Nahwanderungen im Bereich des ehemaligen deutsch-deutschen Grenzgebiets eine nicht zu unterschätzende Relevanz zukam. Überdies veranschaulicht der vorgestellte Fall von Martina Vogel, dass Statistiken mit Bedacht zu interpretieren sind. So war im Fall von Frau Vogel zwar durchaus ein Wegzug aus den neuen Bundesländern zu beobachten, jedoch blieb sie dem ostdeutschen Arbeitsmarkt als Arbeitskraft erhalten. Hinsichtlich des letzten Sachverhalts entsprach sie damit nicht dem Regelfall, was zugleich zeigt, dass ein quantitativ-statistischer Blick durch individuelle Einzelbetrachtungen ein Korrektiv erfahren kann.

Martina Vogel repräsentiert als Frau die dritte Gruppe, die auffällige Wanderungszahlen aufwies. Oft erfolgte hinsichtlich des dritten Personenkreises

72 Hierbei handelt es sich um eine Grafik des Bundesinstitutes für Bevölkerungsforschung mit leicht modifizierter Legende. Die kartografische Darstellung ist abgedruckt in Grünheid / Fiedler (2013): Bevölkerungsentwicklung, S. 47.

eine Engführung auf junge Frauen, bei denen es sich damit genau genommen um eine Teilgruppe des ersten Personenkreises der jungen Erwachsenen handelte und die sich mit der zweiten Personengruppe der Qualifizierten überschnitt. Nachdem im unmittelbaren Nachwendejahr mehr junge Männer in die alten Bundesländer fortzogen, wandelte sich dies im Jahr 1992. Mitte der 1990er Jahre erfuhr dieser Trend eine verstärkte Dynamik und hielt für ein Jahrzehnt an.[73] Die Presselandschaft griff das Thema in reißerischer Weise auf. Mitte der 2000er war es in Mode, den Exodus der ostdeutschen jungen Frauen in Richtung Westen hinauszuposaunen. »Die klugen Mädchen nehmen Reißaus.«[74] »Es droht Einwohnerkannibalismus«[75]. *Die Zeit* kommentierte, dass die Situation einem »[s] ystematische[n] Frauenklau«[76] gleiche. Die *Frankfurter Rundschau* schrieb in ihrer letzten Maiausgabe des Jahres 2007 »Frau = schlau = weg[:] Sie geht, er bleibt: In Ostdeutschlands Dörfern leben zunehmend Problem-Männer. [...] Der Marktplatz von Weißwasser in Ostsachsen am Mittag. Der Marktplatz von Wittstock an der Dosse. Auf den Treppen am Reichenturm in Bautzen. Überall das gleiche Bild: Junge Männer mit Bierflaschen.«[77] Die *Frankfurter Allgemeine Zeitung* zeichnete in ihrer Ausgabe acht Tage später ein ähnliches Bild: »Ostdeutschlands Männer[:] Zurückgelassen in der Ödnis«[78]. Die Zeitung *Die Welt* hatte bereits Jahre zuvor auf ein anschwellendes Männerproletariat hingewiesen, dass »ohne die Chance auf Paarbeziehungen und Familien«[79] zurückbliebe. Die journalistischen Fremdzuschreibungen charakterisierten den ostdeutschen jungen Mann als zurückgebliebenen, talentlosen sowie einfältigen Faulenzer und fügten sich in den neoliberalen Mainstream der 2000er ein. Arbeitslosigkeit wurde nicht mehr als Folge wirtschaftlicher Entwicklungen, sondern als Konsequenz individuellen moralischen Versagens begriffen. Einer positiven Imagebildung der ostdeutschen Region waren die publizistischen Schmähungen definitiv nicht zuträglich.

Teilweise martialisch in den Pressebeiträgen formuliert, trifft die Grundaussage eines Frauenschwundes zu und lässt sich durch statistische Angaben untermauern. Die ostdeutschen jungen Frauen stellten die fortzugaktivste Gruppe dar, was die Geschlechterverteilung in den neuen Ländern nachhaltig beeinträchtigte.[80] So belief sich das Wanderungssaldo zwischen den alten und neuen

73 Auch die erneute allgemeine Zunahme der Ost-West-Wanderung ab 1997/1998 war augenfällig geschlechtsspezifisch, sprich frauenlastig. Vgl. Grundmann (1995): Die Ost-West-Wanderung, S. 35; Büchel / Schwarze (1994): Die Migration, S. 43; Dienel (2004): Abwanderung aus Ostdeutschland, S. 95; Gerloff (2004): Besonderheiten im Wanderungsverhalten, S. 226f.

74 Mallwitz (2003): Die klugen Mädchen.

75 Müller / Peter (2006): Es droht Einwohnerkannibalismus.

76 Schuh (2006): Systematischer Frauenklau.

77 Honnigfort (2007): Frau schlau weg.

78 Burger (2007): Zurückgelassen in Ödnis.

79 Mallwitz (2003): Die klugen Mädchen.

80 Entsprechend legten ostdeutsche Frauen in den 2000ern bei Auszug aus dem Elternhaus im Durchschnitt die weitesten Entfernungen zurück. Bei 30 Prozent jener 16- bis 30-jährigen Frauen aus den neuen Bundesländern erfolgte ein Umzug über eine Distanz von

Bundesländern zwischen 1991 und 2005 bei den unter 30-jährigen Männern auf 273.000 und bei den Frauen auf rund 400.000 Personen.[81] In der Differenz verlor Ostdeutschland in diesem Zeitraum ein Drittel mehr junge Frauen. Seit 2007 verzeichneten die neuen Bundesländer in den jeweiligen Jahren des folgenden Jahrfünfts keine besonders ausgeprägten geschlechtsspezifischen Wanderungsverluste mehr. Im Gegenteil verbesserte sich in diesen Jahren die Frauenquote in Ostdeutschland durch die Binnenwanderungen leicht.[82] Insgesamt ist für die zwei Jahrzehnte seit der Wiedervereinigung allerdings eine sehr deutliche Geschlechterdisproportion bei den Jüngeren als Folge des selektiven Wanderungsgeschehens zu konstatieren.

Das entstandene asymmetrische Verhältnis zeigt Abbildung 11 beim Vergleich der Jahre 1990 und 2011 unmissverständlich. Zwei Jahrzehnte nach der Wende verzeichnete die Altersgruppe der 25- bis 29-Jährigen in Ostdeutschland mit Ausnahme der Großstädte und dem nordwestlichen Berliner Umland flächendeckend einen erheblichen Frauenmangel. Kamen im Jahr 2011 deutschlandweit auf 100 Männer rund 96 Frauen, lag das Verhältnis in einigen ostdeutschen Landkreisen bei unter 80 weiblichen Personen auf 100 Männer, allen voran die brandenburgischen Landkreise Elbe-Elster und Spree-Neiße sowie der ehemalige mecklenburg-vorpommerische Landkreis Demmin.[83] Ein derart flächenhaft ausgeprägtes Missverhältnis in der Geschlechterverteilung war in der Europäischen Union ohne Beispiel.[84] Warum stellte sich der Frauenmangel durch Wegzug und fehlendem Zuzug als Problem der peripheren ostdeutschen Räume dar?

über 100 Kilometer. Der Anteil der ostdeutschen Männer, die beim Verlassen des Elternhauses mehr als 100 Kilometer fortzogen, glich hingegen den Werten der westdeutschen jungen Frauen und Männer, die allesamt Werte von deutlich unter 20 Prozent aufwiesen. Vgl. Geissler / Leopold / Pink (2013): Gender Differences, S. 243.

81 Die hohe Frauenverlustquote geht vor allem auf die 18- bis 24-Jährigen zurück. Vgl. Kröhnert / Klingholz (2007): Not am Mann, S. 39 f.; Fuchs-Schündeln / Schündeln (2009): Who Stays, S. 712.

82 Dies war im Besonderen dem Zuzug junger Frauen aus den alten Bundesländern geschuldete, da sie Städte in den neuen Bundesländern wie Leipzig und Berlin als attraktive Studienorte wahrnahmen. Vgl. bezüglich der Zuwanderungszahlen Statistisches Bundesamt (2011): Wanderungen zwischen Bundesgebiet; Statistisches Bundesamt (2014): Wanderungen zwischen Bundesgebiet.

83 Vgl. ebd., S. 47; Lehmann (2008): Gründe und Folgen, S. 34; Leibert / West (2010): Ländliche Peripherie, S. 1.

84 Vgl. Kröhnert (2009): Analysen zur Abwanderung, S. 92; Schäuble (2005): Wild auf Westen. In kleinerem Ausmaß gab es aber auch andere ländliche Gebiete in Europa, in denen eine ähnlich überproportionale Abwanderung junger Frauen zu beobachten war. Als Beispiel sei die österreichische Steiermark genannt. Als entscheidende Wegzugsbeweggründe fungierten hier für die jungen Frauen ebenso Fragen der Berufsausbildung, der Arbeitsmöglichkeiten und des gemeinsamen Wohnens mit dem Partner. 59 Prozent der Frauen in ihren Zwanzigern nannten letzteres Motiv in einer Befragung Ende der 2000er als Hauptgrund ihres Fortzuges. Vgl. Weber / Fischer (2010): Gehen oder Bleiben, S. 6, 11.

Der Transformationsprozess nach der Wiedervereinigung verlief in sozialer und ökonomischer Hinsicht nicht gleich gerichtet. Leistungswille und gewandelte Lebenseinstellungen junger Frauen fanden keine Entsprechung in der Entwicklung des ostdeutschen Arbeitsmarktes und im sozialkulturellen Angebot im peripheren Raum. Prognostizierte berufliche Aussichten als auch potenzielle regionale Identifikationsbezüge schwanden. Mittels Tiefeninterviews konnten Karin Wiest und Tim Leibert herausarbeiten, dass sich im ländlichen Sachsen-Anhalt dadurch eine Abwanderungskultur junger Frauen herausgebildet hatte.[85] Es ist jedoch zu oberflächlich, lediglich auf den Arbeitsmarkt zu verweisen. Im Gegensatz zu einer schlechteren Situation in den 1990ern lag die Arbeitslosenquote der ostdeutschen Frauen in den einzelnen Jahren der 2000er auf einem niedrigeren oder maximal auf dem gleichen Niveau wie bei den männlichen Pendants.[86] Ein spezifischeres Frauenproblem bestand stärker darin, dass Frauen im Falle eines Bleibens in entlegeneren Gebieten überproportional nur unterqualifizierte Arbeit, Teilzeitanstellungen und geringfügige Beschäftigungen offen standen. Dabei erzielten junge Frauen in Ostdeutschland quantitativ die wesentlich besseren Schulabschlüsse. Zwischen Mitte der 1990er und Ende der 2000er Jahre belief sich der weibliche Anteil an allen Abiturienten in den neuen Bundesländern auf 60 Prozent. Die weibliche Quote unter den mit Hauptschule Abschließenden bewegte sich zeitgleich bei Werten unter 40 Prozent, ganz zu schweigen von der stark überproportionalen Hauptschulabbrecherquote unter männlichen Jugendlichen. Zugleich belegten Studien wiederholt, und dies ließ sich ebenso mit dem Sozio-oekonomischen Panel verifizieren, dass besser Gebildete eine erhöhte Abwanderungsneigung besaßen. Demzufolge zogen Frauen mit durchschnittlich deutlich besserem Schulabschluss häufiger fort.[87] Eine indirekt ähnliche Wirkung scheint auch eine hohe Dichte von männlichen Schulabbrechern gezeitigt zu haben. In den betroffenen Kreisen lagen stark überdurchschnittliche Abwanderungsraten junger Frauen vor.[88]

85 Vgl. Wiest / Leibert (2013): Wanderungsmuster junger Frauen, S. 455; Beetz (2009): Analysen zum Entscheidungsprozess, S. 139.

86 Eine schlechte Branchenentwicklung betraf in den 2000ern im Besonderen klassische Männerberufe wie das Baugewerbe. Vgl. Kröhnert / Klingholz (2007): Not am Mann, S. 6, 49 f.

87 Dies zeigte sich auch bei den Absolventen einer dualen Ausbildung. Die Quote der Ost-West-Mobilität, also des Pendelns oder Umzugs in die alten Bundesländer, lag bei Examenskandidaten einer dualen Berufsausbildung in Ostdeutschland im Jahr 1992 bei zehn Prozent. Im Laufe von fünf Jahren pendelte sich der Wert bei sieben Prozent ein. Die Quote der Frauen lag dabei mit im Schritt drei Prozentpunkten mehr deutlich höher. Vgl. Haas (2002): Wohin nach Berufsausbildung, S. 2.

88 Vgl. Lehmann (2008): Gründe und Folgen, S. 34; Kröhnert / Klingholz (2007): Not am Mann, S. 6, 35, 37, 56; Meier (2000): Beruf und Familie, S. 86. In einer neueren empirischen Untersuchung widersprachen Ferdinand Geissler und seine Arbeitskollegen, dass es einen Zusammenhang zwischen einer höheren weiblichen Bildung und deren erhöhten Umzugsquote gäbe. Dies sei schlicht durch eine allgemein größere Umzugsneigung der Frauen zu erklären. Vgl. Geissler / Leopold / Pink (2013): Gender Differences, S. 245. Auf Grund-

Der Frauenschwund in den neuen Bundesländern als Deutung eines neuartigen Phänomens infolge verstärkter Abwanderung nach der Wende ist allerdings zu korrigieren. Ein relativer Männerüberschuss lässt sich bereits für den ostdeutschen ländlichen Raum der 1970er und 1980er Jahre nachweisen. Dies stand in ursächlichem Zusammenhang mit einem überproportionalen Fortzug weiblicher Personen aufgrund fehlender qualifizierter Arbeit für Frauen sowie mit der selektiv männlichen Zuwanderung landwirtschaftlicher Arbeitskräfte.[89] Die angedeutete Entwicklung vor der Wiedervereinigung verweist darauf, dass ebenso ein geschlechtsspezifisches Zuzugsverhalten Beachtung finden muss.[90]

Betrachtet man die einzelnen Wanderungsströme in den zwei Jahrzehnten nach der Wende dezidierter, erscheinen die Fortzugsraten der jungen Frauen aus Ostdeutschland keineswegs abnormal. Sie lagen meist gleich auf oder nur moderat höher als die männlichen Entsprechungen. Dies gilt gleichfalls für den Vergleich mit dem allgemeinen, gesamtdeutschen Binnenwanderungsverlauf. Als gewichtiger stellte sich der fehlende Zuzug von Frauen heraus, sowohl von Westdeutschen als auch von Rückkehrerinnen. Erst die Ermangelung eines relevant großen Gegenstromes hatte ein großes Frauendefizit in Ostdeutschland, insbesondere im ländlichen Raum, zur Folge.[91] Hierbei erwecken die meisten Forschungsbeiträge und speziell Zeitungsartikel einen falschen Eindruck, dass dies in erster Linie auf einem großen Fortzug beruhte. Die Metapher des Ausblutens ist verkehrt. Auffällig war der fehlende weibliche Zuzug.

Seit Ende der 2000er zeichnete sich indes ein Trend eines starken Zuzugs von Frauen in ostdeutsche Universitätsstädte ab. Diese punktuelle Entwicklung hatte jedoch keinen positiven Einfluss auf die Geschlechterdisproportionalität in

lage einer qualitativen Befragung an der Fachhochschule Magdeburg-Stendal konnte Frauke Mingerzahn hingegen zeigen, dass die Berufsorientierung und damit einhergehende Umzugsabsichten zunächst bildungsunabhängig schienen. In der tatsächlichen Verwirklichung zogen allerdings vorwiegend Ambitionierte mit hohem Bildungsniveau zugunsten ihrer Karriere nach Westdeutschland. Frauen mit niedrigerem Bildungslevel in Sachsen-Anhalt verfolgten indes trotz anders lautender vorheriger Verlautbarungen einen familienorientierten Lebensentwurf. Mingerzahn (2005): Ich will beides, S. 90.

89 Vgl. Weiß (1995): Bevölkerungsentwicklung im Raum, S. 121, 131.

90 Entsprechung fand dies in der Kontinuität hoher weiblicher Erwerbsquoten vor und nach der Wende.

91 Die in starkem Maße ausbleibende weibliche Wiederkehr kann unter anderem auf die größere familiäre Bindung der ostdeutschen Frauen in Westdeutschland zurückgeführt werden. Im Vergleich zu ihren ostdeutschen männlichen Pendants gingen ostdeutsche Frauen dreimal häufiger eine Partnerschaft mit einem Westdeutschen ein, nachdem sie in die alten Bundesländer gezogen waren. Dementsprechend zeigten sich die Frauen sozial durchschnittlich stärker in den alten Bundesländern verankert und sahen diese nicht nur als Durchgangsstation an. Vgl. Gerloff (2004): Besonderheiten im Wanderungsverhalten, S. 228f.; Kröhnert (2009): Analysen zur Abwanderung, S. 109; Fischer/Kück (2004): Migrationsgewinner, S. 206; Statistisches Bundesamt (2009): Wanderungssaldo ändert sich.

der ostdeutschen Peripherie. Im Gegenteil bedeutete dies eine Verstärkung der Unausgeglichenheit.[92]

2.3 Rolle der Medien

Stimmen aus der Presse klangen in den letzten Abschnitten bereits an. Welche Rolle diesen zukam, soll am Beispiel des *Spiegels* noch einmal verdichtet und explizit angesprochen werden.

Die überregionalen Printmedien – allen voran der *Spiegel* – zeichneten ein dramatisches, düsteres Bild zu den zeitgenössischen Zuständen und zukünftigen Szenarien der neuen Bundesländer. Für den Zeitraum Mitte der 1990er bis Mitte der 2000er bestimmte folgende Einschätzung die Berichterstattung des *Spiegels.* In Ostdeutschland ständen die Menschen vor der »Wahl zwischen endgültiger Flucht oder totaler Tristesse.«[93] Entsprechend suchten »die Klügsten und Mobilsten«[94] das Weite oder waren im Begriff fortzuziehen.[95] Bei den als »Flüchtlinge[n]«[96] adressierten Ost-West-Wanderern im wiedervereinten Deutschland handelte es sich demnach um eine Positivauswahl. Im Umkehrschluss ergab sich eine negative Auslese der »Zurückgebliebenen«[97], deren Alltag »Arbeitslosigkeit, Abwanderung und Alkoholismus«[98] prägten. In der Folge waren in ostdeutschen Regionen bereits Ansätze zu »intelligenzmäßige[r] Ausdünnung«[99] zu erkennen. Der »sozial bedingt[e] Schwachsin[n]«[100] verdichtete sich etwa in der Figur des »arbeitslosen Stadtdeppen«[101]. Das Problem Ostdeutschlands lag nicht nur im »Vergreisen, [V]verblöden und [V]ersteppen«[102]. »In den leer gefegten Regionen, aus denen sich die Klugen abgesetzt ha[tt]en, übern[a]hmen mitunter die Rechtsradikalen das Kommando.«[103] Die neuen Bundesländer

92 Vgl. Grünheid / Fiedler (2013): Bevölkerungsentwicklung, S. 46 f.
93 Repke / Wassermann / Winter (2002): Wieder der doofe, S. 47.
94 Ohne Verfasserangabe (2003): Alle Klugen weg.
95 Vgl. Miesen / Repke / Schmidt (2003): Schleichender Tod, S. 40. Dort ist in vertauschter Aufzählungsreihenfolge ebenso von den »Mobilsten« und den »Klügsten« die Rede.
96 Berg / Wassermann / Winter (2005): Permanente Revolution, S. 87. Es mutet als ein Widerspruch an, dass man Ostdeutschen, die aus wirtschaftlichen Gründen umzogen, zusprach, die Zeichen der Zeit erkannt zu haben und deren Bewegung positiv bewertete. Sobald der Blick allerdings über den nationalen Horizont hinausging, erfuhren ausländische Wirtschaftsflüchtlinge eine Ächtung.
97 Ebd., S. 87.
98 Klassen (1996): Arsch der Welt, S. 47.
99 Miesen / Repke / Schmidt (2003): Schleichender Tod, S. 40.
100 Repke / Wassermann / Winter (2002): Wieder der doofe, S. 44.
101 Ohne Verfasserangabe (2003): Alle Klugen weg. Der Ausdruck des arbeitslosen Stadtdeppens fand sich wiederholt in den Medien und wurde bereits an anderer Stelle in dieser Arbeit zitiert. Siehe etwa den Artikel in Fußnote 60 dieses Kapitels.
102 Berg u. a. (2005): Aufschrei Ost, S. 32 f.
103 Ebd., S. 33.

drohten also in einen von kriminellen Handlungen und rechtsextremen Taten geprägten Raum abzugleiten. Nach dem Wegzug speziell junger weiblicher Qualifizierter bliebe eine sozial krankende und alternde Gesellschaft zurück. Im Ganzen zeichneten die *Spiegel*-Schilderungen ein Szenario, dass Ostdeutschland ein »schleichende[r] Tod«[104] bevorstehe.

Geschrieben meist aus der Perspektive eines Außenstehenden mit einem ökonomisch verengten Blick tendierten Artikel in landesweit verlegten Zeitungen und Magazinen – mit dem *Spiegel* als zentralen Protagonisten – stark dazu, Mobilität in Form der Abwanderung aus Ostdeutschland als positive Strategie des Einzelnen zu bewerten, welche wirtschaftliche Gegebenheiten einforderten.[105] Pointiert formuliert erscheint dem *Spiegel* zufolge erst Mobilität sozialökonomische Teilhabe ermöglicht zu haben. Wer sich nicht am Wanderungsgeschehen beteiligte, sei entweder alt oder ein inflexibler Einfältiger gewesen. Somit diente Mobilität als das Distinktionsmerkmal zur Unterscheidung in gut und böse, in die Gruppe der leistungswilligen, zukunftsorientierten Agierenden und jene der lustlosen, rückwärtsgewandten Unbeweglichen.[106]

Der Politikwissenschaftler Arne Lehmann sah die Gefahr einer Kultur der Abwanderung. Die mediale Brandmarkung und Diskriminierung als verlorene Region bedingte womöglich selbst erhöhte Abwanderungsraten, eine Flucht vor einer pauschalen Stigmatisierung.[107] Dieser Hinweis erscheint nicht unbegründet. Schließlich beziehen wir unser Wissen vornehmlich aus den Massenmedien, welche die allgemeine Wahrnehmung stark prägen.[108] Der medialen Berichterstattung kommt für das Image einer Region eine zentrale Bedeutung zu. Das Renommee übt einen nicht zu unterschätzenden Einfluss auf Umzugsentscheidungen aus. Schließlich basieren Wanderungen auf raumbezogenen

104 Miesen / Repke / Schmidt (2003): Schleichender Tod, S. 40. *Der Spiegel* war in den 2000er Jahren eine zentrale Zeitschrift des neoliberalen Zeitgeistes. Hiervon zeugen auch die angeführten Beispiele.

105 Vgl. für derartige Beiträge anderer landesweit veröffentlichter Zeitungen etwa Kirbach (2001): Land ohne Leute; Zekri (2003): Eine Stadt bleibt; Müller / Peter (2006): Es droht Einwohnerkannibalismus; Honnigfort (2007): Frau schlau weg; Burger (2007): Zurückgelassen in Ödnis. Eine Ausnahme in der überregionalen Presse stellt ein Beitrag von Björn Schwentker dar. Er kritisierte in seinem Artikel das allgemein in der Presse gezeichnete Bild einer Weltuntergangsstimmung in Ostdeutschland. Im Besonderen rügte Schwentker das Heranziehen demografischer Zukunftsprognosen. Diese sind in der Tat statistisch sehr fragwürdig. Vgl. Schwentker (2006): Der Kinderschock.

106 Es ist ein nahe liegender Umstand, dass sich die skizzierte Sichtweise von den Beschreibungen in den ostdeutschen Lokal- und Regionalzeitungen unterschied. Am konkreten Beispiel der *Märkischen Allgemeinen Zeitung* zeigten Manfred Rolfes und Katharina Mohring, wie das Thema Abwanderung in der regionalen Presse zu einer medialen Selbstverständlichkeit avancierte, welches kaum kritisch problematisiert wurde. Vgl. Rolfes / Mohring (2009): Diskursanalysen zur Abwanderung, S. 79, 87.

107 Vgl. Lehmann (2008): Gründe und Folgen, S. 73.

108 Vgl. Luhmann (2009): Realität der Massenmedien, S. 9; Baumann (2010): Selbst- und Fremdbilder, S. 126.

Zuschreibungen, auf der Projektion von Verwirklichungschancen von Vorhaben und der Erfüllung von Bedürfnissen am bisherigen und an alternativen Wohnorten. Die angedeutete mediale, die Komplexität reduzierende Bedeutungszuschreibung barg somit durchaus die Gefahr, die Dynamiken von Prozessen zu verstärken und sich zu einer selbsterfüllenden Prophezeiung zu entwickeln.

2.4 Ostdeutsche Raumtypen

Im Einklang mit dem Abgesang Ostdeutschlands in der Presse steht das Bild schrumpfender Landstriche in den neuen Bundesländern. Speziell alte Industrieregionen erfuhren in den zwei Jahrzehnten nach der Wende starke Bevölkerungsrückgänge und wurden als Schrumpfungsregionen gebrandmarkt. Zwei Beispiele seien angeführt. Die sächsische Industriestadt Weißwasser nahe der polnischen Grenze erlebte seit Mitte der 1960er für zwei Jahrzehnte einen außerordentlichen Aufschwung. In der DDR-Zeit als Energiezentrum bestimmt, waren die intensive Förderung des Braunkohletagebaus und eine prosperierende Glasindustrie von einem ausgeprägten Zuzug begleitet. Dabei verzweieinhalbfachte sich die Wohnbevölkerung innerhalb eines Vierteljahrhunderts auf dann 37.400 Einwohnern im Jahr 1987.[109] Eine spiegelbildliche Entwicklung erlebte die Stadt nach der Wende. Im Zuge eines tief greifenden Deindustrialisierungsprozesses halbierte sich die Einwohnerzahl innerhalb von zwei Jahrzehnten. Neben weniger Geburten trug hierzu im Besonderen der Wegzug jüngerer Personenkreise einschließlich Familien entscheidend bei. Der Bevölkerungsschwund und eine spürbare Alterung der Bevölkerung stellte eine Herausforderung für die Oberlausitzer Kommune dar, die überdimensionierte städtische Infrastruktur den neuen Anforderungen entsprechend anzupassen – bei zugleich geringem finanziellen Budget. Eine massenhafte Arbeitslosigkeit bezeugte den wirtschaftlichen Absturz augenfällig. So war Mitte der 2000er mehr als jeder Vierte im erwerbsfähigen Alter ein registrierter Arbeitsloser.[110] Die wirtschaftliche Situation glich einer strukturellen Demontage, was Christine Hannemann mit dem Begriff der »Deökonomisierung«[111] umschrieb.

Einen ähnlichen Strukturabbau und Bevölkerungsschwund verzeichnete auch die brandenburgische Stadt Wittenberge in den Jahren nach der Wende. Als Symbol des Niedergangs stand die Schließung der traditionsreichen Nähmaschinenfabrik. Von vier städtischen Industriegroßbetrieben wurden unmittelbar nach der Wende drei stillgelegt und das verbleibende Bahnwerk stark verkleinert. Durch den Verlust von 7.500 Arbeitsplätzen ging ein entscheidender Fixpunkt des städtischen Lebens in die Brüche. Die zu jener Zeit vorherrschende Stim-

109 Vgl. Bernt / Peter (2005): Bevölkerungsrückgang und Alterung, S. 216.
110 Vgl. Stadt Weißwasser (2014): Zahlen & Fakten; Herfert (2007): Regionale Polarisierung, S. 441; Bernt / Peter (2005): Bevölkerungsrückgang und Alterung, S. 217 f.
111 Hannemann (2003): Schrumpfende Städte, S. 19.

mung der Elbstadt lässt sich am besten mit einem Gefühl der Verunsicherung beschreiben. Die wirtschaftliche Perspektivlosigkeit löste eine anhaltende Abwanderungswelle aus. Binnen zwei Jahrzehnten sank die Einwohnerzahl um ein Drittel. Angesichts des Ausmaßes zog der *Tagesspiegel* einen Vergleich mit den Bevölkerungsverlusten in Zeiten des Dreißigjährigen Krieges.[112]

Die zwei Beispiele stehen exemplarisch für eine ganze Reihe kleiner ostdeutscher Industriehochburgen, die nach der Wende im Zuge eines dramatischen Deindustrialisierungsprozesses mit sehr hohen Wanderungsverlusten und einem folglich ungewöhnlich starken Bevölkerungsrückgang konfrontiert waren.[113] Die ausgelöste Abwanderungsdynamik betraf nicht nur die 1990er Jahre, sondern setzte sich auch in den 2000ern fort. Hierbei zogen nicht ausschließlich junge Personen stark überproportional fort, die just zuvor die Schule oder Ausbildung abgeschlossen hatten, sondern gleichfalls Familien mit schulpflichtigen Kindern. Der Sozialhistoriker Josef Ehmer kommt nach Berechnungen von Zensusdaten des Jahres 2011 zu dem Ergebnis, dass die Abnahme der ostdeutschen Bevölkerung um über zwei Millionen in den zwei Jahrzehnten nach der Wende zu 60 Prozent auf ein negatives Wanderungssaldo und zu 40 Prozent auf die natürliche Bevölkerungsentwicklung, also auf fehlende Geburten im Vergleich zu Sterbefällen zurückging.[114]

»Leergezogene Plattenbauten, verbretterte Türen und Fenster, demolierte Kindertagesstätten – der Rückgang der Bevölkerung in Ostdeutschland seit der Wende ist vielleicht das dramatischste Krisensymptom der Transformationszeit.«[115] Das zeitgleiche Zusammenfallen einer stark negativen Geburtenbilanz und eines konstant hohen Abwanderungsstroms führte in einigen ostdeutschen Städten zu einem erheblichen Wohnungsleerstand. Hierauf Bezug nehmend sah manch dramatische Prophezeiung Geisterstädte im Entstehen.[116] Erst seit Ende

112 Vgl. Metzner (2010): Bevölkerungsschwund im Krieg. Auf den Dreißigjährigen Krieg scheinen Autoren bisweilen gern zu verweisen, wenn sie dramatische Vergleiche ziehen. Siehe hierzu beispielsweise den in Fußnote 49 dieses Kapitels angeführten Aufsatz von Sonja Zekri in der *Süddeutschen Zeitung*. Vgl. des Weiteren zu Wittenberge: Stadtverwaltung Wittenberge (2014): Stadt Wittenberge; Willisch (2011): Umbruch und Überleben, S. 84, 89; Lantermann (2011): Familie in Gesellschaft, S. 172 f.

113 Ähnliches galt für Städte wie Hoyerswerda, Wolfen oder Guben. Vgl. Heydemann (2009): Blühende Landschaften, S. 95; Herfert (2008): Bevölkerungsentwicklung, S. 2. Verschiedene Arbeiten spürten den Erfahrungen mit der Wende nach. Exemplarisch sei auf das dokumentarisch-fotografische Schaffen der Fotografin Angelika Kampfer hingewiesen. Sie hielt mit Porträts und kurzen Beschreibungen die Freude über die gewonnene Reisefreiheit, die Enttäuschungen nach Werksschließungen und die Verunsicherung über den zukünftigen gesellschaftlichen Zusammenhalt fest. Vgl. Kampfer (2006): Übergänge.

114 Vgl. Ehmer (2013): Bevölkerungsgeschichte und Demographie, S. 132.

115 Dienel (2004): Abwanderung aus Ostdeutschland, S. 93.

116 Roland Kirbach verwies in seinem Zeitungsartikel auf den Bevölkerungswissenschaftler Hans-Peter Kohler, seinerzeit Mitarbeiter am Max-Planck-Institut für demografische Forschung in Rostock, der die Wiederkehr von Wüstungen wie im Mittelalter als möglich erachtete. Vgl. Kirbach (2001): Land ohne Leute.

der 1990er Jahre stellte die Thematisierung des Abrisses einzelner städtischer Wohnsiedlungen in Ostdeutschland keinen Tabubruch mehr dar. Hierbei wurde der städtische Rückbau in der öffentlichen Diskussion zunehmend als unerlässlich angesehen.[117] Als erste ostdeutsche Stadt begann man im Jahr 2000 im altmärkischen Stendal eine ganze Plattenbausiedlung abzureißen. Der Beschluss des Rückbaus des Wohnviertels Stendal-Süd mit einem Wohnungsbestand von knapp 3.000 Einheiten galt seinerzeit als heftig umstritten.[118] Auch in der Oberlausitzer Stadt Weißwasser zeitigte der massive Wohnungsleerstand im Jahr 2001 einen Stadtratsbeschluss, innerhalb von zehn Jahren 4.000 Plattenbauwohnungen abzureißen. Da die Abwanderungsentwicklung anhaltend ungünstig blieb, sprach sich die Stadtverwaltung für eine Aufstockung der Abrissvorgaben um 1.000 weitere Wohneinheiten aus. Zusammen entsprach dies einem Drittel aller Wohnungen von Weißwasser.[119]

Die beiden ostdeutschen Städte und deren kommunale Reaktion des Abreißens ganzer Wohnsiedlungen, besonders alter Plattenbauviertel, verdeutlichen eine typische Handlungsstrategie schrumpfender ostdeutscher Städte in den 2000ern. Deren Maßnahmen standen im Zusammenhang mit dem vom Bund und den Ländern im Jahr 2001 aufgelegten Programm *Stadtumbau Ost*. Dieses förderte stadtbauliche Entwicklungen in den neuen Bundesländern, darunter in den ersten Jahren vornehmlich Abrissprogramme. Im ersten Förderjahrzehnt wurden 300.000 Wohnungen in Ostdeutschland zurückgebaut. Ein Abriss weiterer 200.000 bis 250.000 Wohnungen war vorgesehen.[120] Eingedenk dieser Zerfallserscheinungen werteten einige Kommentatoren wie der Historiker Man-

117 Vgl. Kabisch / Bernt / Peter (2004): Stadtumbau unter Schrumpfungsbedingungen, S. 69 f. Sigrun Kabisch hat sich in einem Aufsatz ebenso ausführlicher mit den Handlungsoptionen ostdeutscher Kommunen im Falle eines massiven Wohnungsleerstands befasst. Vgl. Kabisch (2002): Kleid der Stadt.

118 In den ersten zehn Jahren nach Abrissbeginn wurden ungefähr 80 Prozent dieses Stadtteils zurückgebaut. Vgl. Bundesministerium für Verkehr, Bau und Stadtentwicklung (2012): 10 Jahre Stadtumbau, S. 42.

119 Neben einem starken Nachfrageschwund, insbesondere durch den konstant hohen Abwanderungsstrom, stellte auch ein überdurchschnittlicher Anstieg des Bedarfs an seniorengerecht konzipierten und ausgestatten Wohnungen eine Herausforderung für den Wohnungsmarkt dar. Vgl. Bernt / Peter (2005): Bevölkerungsrückgang und Alterung, S. 219 f.

120 Diese Vorgabe entstammt einem Beschluss aus dem Jahr 2009, in dem grundsätzlich die Fortführung des Programms *Stadtbau Ost* (mindestens) bis zum Jahr 2016 verabschiedet wurde. Vgl. Bundesministerium für Verkehr, Bau und Stadtentwicklung (2012): 10 Jahre Stadtumbau, S. 8; Deutscher Bundestag (2012): Bund-Länder-Bericht Stadtumbau, S. 6, 14. Es sollte nicht aus dem Blick geraten, dass auch westdeutsche Städte wie Essen in den 1990ern und zu Anfang der 2000er von Wohnungsleerständen in größerem Ausmaß betroffen waren. Entsprechend wandte sich der Bund finanziell ebenfalls städtebaulichen Notwendigkeiten in den alten Bundesländern zu. So konnten westdeutsche Kommunen ab dem Jahr 2004 im Rahmen des Förderprogramms *Stadtumbau West* Gelder beantragen. Vgl. Stadt Essen (2011): Wohnungsmarkt in Essen, S. 66–69; Bundesministerium für Verkehr, Bau und Stadtentwicklung (2012): Stadtumbau West, S. 11 f.

fred Görtemaker die vom damaligen Bundeskanzler Helmut Kohl nach der Wiedervereinigung bemühte Metapher der »bald wieder blühende[n] Landschaften«[121] als »Karikatur seiner selbst«[122]. Statt eines illusionären wirtschaftlichen Aufschwungs gingen Deindustrialisierung und Wohnungsleerstände mit Schrumpfungsprozessen und Rückbauarbeiten einher.

Ausdrücke wie die Schrumpfungsregionen sind räumliche Abstraktionen. Sie dienen als vereinfachende Orientierungshilfen der Beschreibung gesellschaftlicher Phänomene. Es soll allerdings nicht der Eindruck erweckt werden, als handelte es sich bei der ostdeutschen Entwicklung der 1990er und 2000er Jahre um einen eindimensionalen Schrumpfungsprozess – wie ebenso wenig eine monotone Angleichung stattfand. Gegenläufige und rückläufige Trends überlagerten sich. Doch insgesamt verschärften sich strukturelle regionale Disparitäten innerhalb Ostdeutschlands. Bei der Betrachtung der Bevölkerungsentwicklung als Maßzahl der Prosperität können drei Raumtypen unterschieden werden. Als erstes sind die kleinräumigen, städtischen Wachstumsräume samt ihrem näheren Umland – namentlich Berlin und Potsdam, Leipzig, Dresden und Rostock sowie die thüringische Drei-Städte-Achse Erfurt-Weimar-Jena – anzuführen, die eine tendenziell große Wanderzirkulation, also hohe Wanderungsbewegungen hinsichtlich Zu- und Fortzug aufwiesen und dabei in den einzelnen Jahren der 2000er insgesamt eine positive Einwohnerentwicklung verzeichneten.[123] Als zweites können Übergangsregionen ausgemacht werden, die nur moderate Einwohnerverluste kennzeichnete. Hierunter fallen namentlich das entfernte Umland der ostdeutschen Großstadtregionen als auch weite Teile der ehemaligen innerdeutschen Grenzgebiete. Bezüglich Letzteren ist insbesondere das westliche Mecklenburg-Vorpommern zu nennen, das mit deutlich überdurchschnittlichen Fortzugsraten aber zugleich hohen Zuzugsraten als Art Hinterland von Hamburg fungierte. In die dritte Kategorie fallen die sonstigen ostdeutschen Landesteile, was große Anteile Mecklenburg-Vorpommerns, Sachsen-Anhalts, Brandenburgs und Südsachsens umfasst. Diese lassen sich als stark schrumpfende, unter Bevölkerungsschwund leidende Regionen subsumieren. Obwohl sich die Abwanderintensität in diesen Regionen in den zwei Jahrzehnten nach der Wende auf einem für ostdeutsche Verhältnisse unterdurchschnittlichen Niveau bewegte, bewirkte eine extrem fehlende Zuwanderung in der Gesamtschau eine derart missliche Einordnung (siehe Abb. 12).[124]

Wie angemerkt, zeigten sich im Kontrast zu den Schrumpfungsprozessen in Ostdeutschland auch gegenläufige, positive Entwicklungen. Hierbei ist in be-

121 Kohl (1990): Regierungserklärung Währungsunion, S. 17142.

122 Görtemaker (2009): Die Berliner Republik, S. 88.

123 Diese Entwicklung zeichnete sich in Berlin und den thüringischen Städten bereits in den 1990ern ab.

124 Vgl. Herfert (2008): Bevölkerungsentwicklung, S. 1, 4f. Auffällig ist zudem, dass die Suburbanisierung die Ost-West-Wanderungsbewegungen stark überlagerte. Die Großstädte der neuen Bundesländer kennzeichnete besonders um die Jahrtausendwende ein nachholender Suburbanisierungsprozess.

sonderem Maße auf Tendenzen in Teilräumen der zwei südlichen neuen Bundesländer zu verweisen. Für den Aufschwung der sächsischen und thüringischen Ballungsräume in den 2000ern spielte eine Rückbesinnung auf alte industrielle Traditionen und eine damit evozierte teilweise Reindustrialisierung eine große Rolle.[125] So galt Sachsen Ende des 19. Jahrhunderts bis in das erste Drittel des 20. Jahrhunderts als deutsche Region mit der größten Unternehmensdichte. Neben Exzellenz in Spezialbereichen war Sachsen für seine Maschinenbauindustrie und Textilherstellung bekannt. Thüringen verfügte vor 100 Jahren ebenso über eine bedeutende Maschinenbauindustrie, vor allem im Bereich des Eisenbahn- und Fahrzeugbaus, als auch über wichtige Produzenten in der Kleineisenindustrie, im Keramikhandwerk sowie im Uhrenhandwerk.[126] Das Wiederaufleben innovativer Industrieforschung im Süden Ostdeutschlands, mit verstärktem Erfolg ab Ende der 1990er Jahre, beeinflusste in erheblichem Maße die Attraktivitätssteigerung der betreffenden Regionen und eine Ansiedlung anderer Unternehmen. Bei Letzteren musste es sich nicht nur um industrielle Betriebe handeln, denn ein Aufblühen des zweiten Wirtschaftssektors löste ebenso einen verstärkten Bedarf an Dienstleistungstätigkeiten aus. Die verbesserte wirtschaftliche Perspektive wirkte sich auf die Abwanderungsintensität aus. Entsprechend nahmen die Fortzüge aus dem Süden Ostdeutschlands in den 2000ern im Vergleich zu den drei nördlichen Flächenstaaten ein niedrigeres Ausmaß an – spiegelverkehrt zur Entwicklung in den ersten Nachwendejahren. Der Erfolg einer wieder gestiegenen Industriebedeutung zeigte sich deutlich am Beispiel der sächsischen Landeshauptstadt. In der ersten Hälfte der 2000er rangierte Dresden mit fast 15 Prozent Anteil an Industriebeschäftigten in Deutschland auf einem der vordersten Plätze, noch vor Hamburg und allen Großstädten Nordrhein-Westfalens.[127] Dies war mit ein Grund dafür, dass Dresden wie auch die Sachsen-interne Rivalin Leipzig in den 2000ern deutliche Wanderungsgewinne zu verzeichnen hatten, die im deutschlandweiten Blick keinen Vergleich zu

125 Vgl. Blum u.a. (2010): Ostdeutschlands Transformation, S. 18; Ullmann (2001): Unternehmensgründungen im Freistaat, S. 285, 298. Ansätze dazu zeigten sich auch in Rostock, Magdeburg und punktuell auch in Brandenburg, doch prägte diese Entwicklung vor allem sächsische und thüringische Regionen. Vgl. Fritsch u.a. (2012): Die regionale Kultur, S. 258.

126 Vgl. Mieck (2009): Kleine Wirtschaftsgeschichte, S. 94f., 148. Das industrielle Erbe der Werften diente hingegen Mecklenburg-Vorpommern bei einem gewandelten weltwirtschaftlichen Bedarf nicht als Sprungbrett zu einem neuerlichen Wirtschaftsaufschwung. Den Niedergang dieser Branche versinnbildlicht der Arbeitskräfteeinbruch. Innerhalb des ersten Jahrzehnts der Nachwende sank die Zahl der im Schiffbau Beschäftigten im nördlichsten Bundesland der neuen Länder um 86 Prozent. Vgl. ebd., S. 260.

127 Einzig die Großstädte Stuttgart und München blieben mit Werten von 22,4 beziehungsweise 19,3 entrückt. Leipzig schlug sich im ostdeutschen Vergleich mit rund 10 Prozent noch passabel, wenn man etwa Halle mit 6,0 Prozent als Referenz heranzieht, und profitierte in den 2000ern von einer besonderen Dynamik als Kultur- und Bildungshochburg. Vgl. Blum u. a. (2010): Ostdeutschlands Transformation, S. 142.

scheuen brauchten.[128] Auch wenn der Schrumpfungsprozess dominierte, verdeutlicht der zuletzt ausgeführte Gedankengang, dass die Entwicklung Ostdeutschlands ebenso vereinzelte Gegentrends aufwies.

3. Auf in den Osten

Das Ausmaß der Wanderungen von den alten in die neuen Bundesländer wurde in diesem Kapitel bereits angedeutet. Im Folgenden wird dezidierter auf Umzüge, und insbesondere auf die zentralen Beweggründe der Umziehenden, eingegangen. Um einen Eindruck von deren möglichen Lebensumständen, Strategien und Erfahrungen zu vermittelt, wird der Blick zunächst auf ein Fallbeispiel gerichtet.

3.1 Westdeutsche

Der Hesse Ralf Bender, geboren 1964, lebte auch nach einem Jurastudium zusammen mit seiner geschiedenen Mutter und ein Jahr jüngeren Schwester in einer westdeutschen Kleinstadt.[129] Im Anschluss an sein Referendariat war er ein halbes Jahr arbeitslos, und versuchte sich danach zunächst als freiberuflicher Anwalt, doch schon einige Monate später trat er zu Beginn des Jahres 1995 eine Anstellung als Rechtsanwalt in einer kleinen Anwaltskanzlei an. Er erhielt allerdings bereits nach gut einem Jahr eine arbeitgeberseitige Kündigung. Sein beruflicher Werdegang verlief schleppend. Demnach scheint er eine Arbeitsmöglichkeit in den neuen Bundesländern als Chance begriffen zu haben. Er fühlte sich zwar mit seiner Heimatregion stark verbunden, stand jedoch räumlichen Veränderungen gegenüber offen. Die Entscheidung für Ostdeutschland mag dadurch erleichtert gewesen sein, dass ihn keine feste Partnerschaft oder eigene Familie sozial band. So wechselte er im direkten Anschluss an sein letztes Beschäftigungsverhältnis als Verwaltungsfachkraft für Steuerfragen in den öffentlichen Dienst. Für den neuen Arbeitsplatz in den neuen Bundesländern pendelte er in der Anfangszeit wochenweise zwischen Ost- und Westdeutschland. Nach einem halben Jahr nahm er sich im Oktober 1996 eine feste Wohnung an seinem brandenburgischen Arbeitsort, wohin er nun auch seinen Hauptwohnsitz verlegte. Bekundete er bereits bezüglich seines vorherigen Jobs wenig Zufriedenheit, äußerte er selbige negative Einschätzung nun ebenfalls im Hinblick auf seine neue Tätigkeit. Dementsprechend kündigte er nach einem

128 Vgl. ebd., S. 158. Hierbei spielte auch die positive Entwicklung als überregional bedeutsamer Hochschulstandort eine wichtige Rolle, was in einem folgenden Abschnitt thematisiert wird.

129 Die Angaben der fiktiv als Ralf Bender bezeichneten Person beruhen auf den Personenangaben zur Identifikationsnummer 254302 im Sozio-oekonomischen Panel.

Jahr Anstellung nun seinerseits und war ab Mai 1997 für eine kleine brandenburgische Firma als Rechtsanwalt tätig. Dabei war er erstmals unbefristet beschäftigt. Seine anfängliche Arbeitsbegeisterung trübte sich aber schon bald wieder ein, denn er gab seine Arbeitszufriedenheit in der Befragung im Mai 1998 auf einer Elferskala mit dem niedrigst möglichen Wert an. Dieser Ausdruck einer beruflichen Desillusionierung mag insofern nicht verwundern, da er zu selbigem Monat gekündigt hatte und sich fortan für sieben Monate als arbeitslos meldete. Schließlich fand er in seiner alten hessischen Heimat wieder einen Job, sodass er seit Januar 1999 wieder dort arbeitete und in einem Einzelapartment wohnte. Er überstand indes die Probezeit nicht und war im Frühjahr bereits wieder als arbeitslos registriert. Nach eigener Auskunft stellte es seinen unbedingten Wunsch dar, wieder in Erwerbstätigkeit zu kommen. Dafür war er auch bereit, sich in ein ihm unvertrautes Berufsfeld einzuarbeiten. Dementsprechend nahm er im Mai desselben Jahres einen Bürojob als Bankangestellter an, wofür er zusätzlich einen Arbeitsweg von 60 Kilometern in Kauf nahm. Hinsichtlich seiner Tätigkeit zeigte er sich hiernach zwar nicht euphorisch, konnte aber zumindest wieder auf ein unbefristetes Arbeitsverhältnis bauen.[130]

Wie bei Herrn Bender bot Ostdeutschland in den Anfangsjahren des wiedervereinigten Deutschlands vielen vornehmlich jungen, gut ausgebildeten Westdeutschen die Chance eines Karrieresprunges. Als Anreiz diente oft eine gehobene berufliche Position, eine großzügigere finanzielle Entlohnung und für zukünftige Aufgaben konnte mit dem Regionswechsel eine flexible Einstellung demonstriert werden. Hieraus resultierte in Ostdeutschland eine teilweise westdeutsche Überschichtung in Führungspositionen, besonders im Banken- und Versicherungswesen, bei Handelsunternehmen und Verwaltungsbehörden.[131] Bei letzteren kam dies speziell zum Ausdruck. Westdeutsche hatten im Jahr 1995 über fünf Sechstel aller gehobenen administrativen Leitungsstellen in Ostdeutschland inne. Der außerordentliche Elitentransfer zielte darauf ab, die mit der DDR-Politik verwobenen Funktionäre auszutauschen.[132] Die Angaben zum Anteil der von Westdeutschen besetzten Leitungspositionen von Wirtschaftsunternehmen in Ostdeutschland für Mitte der 1990er schwanken in der Forschungsliteratur zwischen einem Viertel und zwei Fünfteln. Dies bedeutete

130 Sein weiterer Lebensweg ist nicht bekannt, da er im Jahr 2001 an keinem Interview teilnehmen wollte und im darauffolgenden Jahr eine grundsätzliche Absage für weitergehende Befragungen aussprach.

131 Vgl. Geißler (2006): Die Sozialstruktur Deutschlands, S. 135 f.; Hansch (1995): Wanderungsbewegungen, S. 62; Pfaffenbach (2002): Transformation des Handelns, S. 46 f. In diesem Zusammenhang spielte die Treuhandanstalt eine besondere Rolle, in Folge deren Wirkens viele ostdeutsche Betriebe reprivatisiert und westdeutschen Unternehmen angegliedert wurden.

132 Ähnliche Umwälzungen waren in den Bereichen der Judikative und des Militärs zu beobachten. Vgl. Hoffmann-Lange (2000): Elite West, S. 206. Siehe detaillierter zur Elitezirkulation in der unmittelbaren Nachwendezeit auch Derlien (1997): Elitezirkulation zwischen Implosion.

selbst im Falle des Minimalwertes eine ausgesprochen große Durchsetzung. Dass es sich hierbei nicht nur um ein episodenhaftes, unmittelbares Nachwendephänomen handelte, belegen beispielsweise die Zahlen des verarbeitenden Gewerbes in den neuen Bundesländern. In diesem bekleideten Westdeutschen im Jahr 2003 rund ein Drittel der leitenden Positionen.[133]

Die angedeutete Überschichtung mit westdeutschen Geschäftsführern und Beamten im höheren Dienst schürte in den neuen Ländern Ressentiments gegenüber diesen.[134] Dabei entpuppte sich der Wechsel in die neuen Bundesländer für die Umziehenden selbst keineswegs stets als individuelle Erfolgsgeschichte, worauf auch der Fall von Ralf Bender hinweist. In diesem Zusammenhang untersuchte Claudia Dreke von den alten in die neuen Bundesländer Übergesiedelte und deren Auseinandersetzung mit dem unvertrauten Ostdeutschland. Am Beispiel zugezogener Verwaltungsangestellter identifizierte die Sozialwissenschaftlerin drei Typen. Der erste Typus verstand sich als erfolgreicher Vorkämpfer, als integrativer Bestandteil der ostdeutschen Transformation. Den zweiten Typus charakterisiert ein weitgehendes Scheitern. Bei diesem wich die Anfangseuphorie rasch. Mit seinem missionarischen Ansinnen erhielt er keinen Zuspruch, sondern erfuhr Ablehnung. Er zog sich zurück und hegte fortan eine Antipathie gegenüber den Ostdeutschen, was sich mit dem Gefühl der eigenen Überlegenheit paarte. Von einer erfolgreichen Integration des Zugezogenen konnte in diesen Fällen keine Rede sein. Eine angestrebte Rückwanderung galt als wahrscheinlich. Der dritte Typus lässt sich nicht klar zuordnen, sondern stellte vielmehr eine Mischform dar. Ihn kennzeichnete ein beständiges Wechselspiel zwischen gefühlter Anziehung und Abstoßung durch spezifisch Ostdeutsches.[135]

Lag im ersten Jahrzehnt die Hauptmotivation von Westdeutschen zu einem Umzug nach Ostdeutschland darin, eine berufliche Aufstiegschance zu nutzen, kam spätestens in den 2000ern als bedeutender Beweggrund die Aufnahme eines Studiums an einer ostdeutschen Universität hinzu.[136] So verließ auch Peter Hoffmann als ältester von drei Geschwistern bereits im Jahr 1997 sein westfälisches Elternhaus und ging im Alter von zwanzig Jahren für ein Medizinstudium in die neuen Bundesländer.[137] Im Anschluss an seinen Hochschulabschluss kehrte er im Jahr 2004 wieder nach Nordrhein-Westfalen zurück und begann als Assistenzarzt an einem städtischen Klinikum zu arbeiten. Nachdem er mit seiner Lebensgefährtin zunächst in einer anderen Stadt zusammengezogen war und so-

133 Vgl. Boldorf (2009): Elitentausch in Ostdeutschland, S. 270; Geißler (2000): Nachholende Modernisierung, S. 57; Best (2005): Cadres into Managers, S. 19.

134 Vgl. Grundmann (1994): Migrationsbereitschaft und Wohnortbindung, S. 39 f.; Wirsching (2012): Preis der Freiheit, S. 69.

135 Vgl. Dreke (2003): Der fremde Osten, S. 136 f.

136 Eine starke West-Ost-Wanderung ist auch für das universitäre Feld im Allgemeinen und auf Dozentenebene im Besonderen zu konstatieren. Vgl. Ohne Verfasserangabe (1995): Im Hochschulbau.

137 Die Namenswahl der Person mit der Kennung 220703 ist willkürlich.

mit täglich einen Arbeitsweg von 35 Kilometern zurückzulegen hatte, entschied sich das Paar im Jahr 2009 zu einem Umzug direkt an seinen Arbeitsort. Im selben Jahr wurden beide zudem Eltern, sodass sie zeitgleich ihrem gestiegenen Wohnungsgrößenanspruch nachkamen. Der angedeutete Lebensweg von Peter Hoffmann zeigt, dass die neuen Bundesländer temporär für ein gutes Studium interessant waren, für die Gründung einer Familie kehrte er – wie viele andere – indes in sein Ursprungsbundesland zurück.

Angesichts eines sich zum Positiven wandelnden Images und geringerer Lebenshaltungskosten stiegen ostdeutsche Universitätsstandorte speziell in den 2000ern in der Gunst westdeutscher Studienanfänger. Dies spiegelte sich im deutlichen Anstieg der westdeutschen Studierendenzahlen an ostdeutschen Hochschulen nach der Jahrtausendwende wider. Im Zuge dessen wiesen beispielsweise die sächsischen Städte Leipzig und Dresden als positive Extremfälle im ersten Jahrfünft der 2000er ähnliche Wanderungsgewinne auf wie die bayerische Landeshauptstadt als westdeutscher Primus.[138] Ob junge Hochqualifizierte, die in einer frühen Phase ihrer Berufskarriere standen, oder ob Studienanfänger, der Zuzug von Westdeutschen nach Ostdeutschland blieb gleichfalls in den 2000ern überwiegend punktuell auf die urbanen Zentren konzentriert. Allerdings änderte sich die Geschlechterstruktur des Wanderungsstroms von einem männerdominierten hin zu einem ausgeglichen verteilten.[139] Als zentrale Erkenntnis für die ersten beiden Jahrzehnte nach der Wende ist festzuhalten, dass sich bei den Westdeutschen geschlechtsunspezifisch mit zunehmender beruflicher Qualifizierung eine steigende Umzugsrate nach Ostdeutschland zeigte – ein Sachverhalt, welcher die nach Westdeutschland übersiedelnden Ostdeutschen weniger kennzeichnete. Dieser Tendenz entsprachen auch die beiden angedeuteten Lebenswege eines Juristen und eines angehenden Mediziners.

Die West-Ost-Wanderung versinnbildlicht eine Gegenstrommigration, da sie entgegengesetzt zur Hauptwanderungsrichtung verlief.[140] Der Gegenstrom der

138 Vgl. Dienel (2004): Abwanderung aus Ostdeutschland, S. 107; Herfert (2009): West-Ost-Wanderung, S. 1, 8; Blum u. a. (2010): Ostdeutschlands Transformation, S. 158. Die positive Wanderungsbilanz ging demnach aus einem Zusammenspiel verschiedener begünstigender Faktoren hervor. In Bezug auf die beiden sächsischen Großstädte wurden in einem vorherigen Absatz etwa bereits die günstige Entwicklung im industriellen Wirtschaftsbereich und damit assoziierte Dienstleistungen genannt.

139 Vgl. Beck (2004): Wandern gegen Strom, S. 103; Herfert (2009): West-Ost-Wanderung, S. 2.

140 Bereits Ernest Ravenstein ging in seinen Feststellungen zu Gesetzmäßigkeiten beim Wanderungsverhalten aus dem Jahr 1885 davon aus, dass Umzugsmobilität stets Gegenbewegungen bedingte. Insofern ist Grit Beck zu widersprechen, dass diese in der Forschungslandschaft keinen Anklang fänden, denn Ravensteins formulierte Grundprinzipien gelten als Klassiker in der Migrationsforschung. Vgl. Ravenstein (1885): Laws of Migration, S. 199; Beck (2004): Wandern gegen Strom, S. 97. Womöglich bezieht sich der Einwand von Grit Beck einzig auf die makroökonomische Forschung, denn aus der Makroperspektive widerspricht ein Wanderungstyp von wirtschaftlich stärkeren in wirtschaftlich schwächere Räume den gebräuchlichen Denkansätzen. Beschränkt man

West-Ost-Wanderung minderte die Bevölkerungsverluste durch die Abwanderung aus Ostdeutschland und ist dem häufig angeführten Brain-Drain aus Ostdeutschland als Brain-Gain entgegenzustellen. Bei Wanderungen von Westdeutschen nach Ostdeutschland handelte es sich zu keiner Zeit um einen statischen, unumkehrbaren Vorgang.[141] Für die ersten Nachwendejahre legen Schätzungen nahe, dass Ostdeutschland für drei Viertel der insbesondere aus Karrieregründen in die neuen Bundesländer Gezogenen nur eine Zwischenstation darstellte. Die 2000er suggerieren Rückkehrerwerte ähnlichen Ausmaßes, was einen hohen Prozentsatz westdeutscher Studienabsolventen an ostdeutschen Universitäten einschließt.[142] Ein entsprechender Sachverhalt zeigte sich ebenso bei den beiden Fallbeispielen von Ralf Bender und Peter Hoffmann, für welche sich die neuen Bundesländer lediglich als eine temporäre Station erwiesen. Bei den im Sozio-oekonomischen Panel ermittelbaren fünfzig westdeutschen Rückwanderern belief sich die Lebensphase in den neuen Ländern im Durchschnitt auf gut vier Jahre. Sonach entwickelten sich die neuen Bundesländer für viele westdeutsche Zugezogene nicht zu einer zweiten Heimat.

3.2 Rückkehrer

Die bisherigen Betrachtungen nahmen den Umzug von Westdeutschen nach Ostdeutschland in den Blick, bei denen es sich im Wesentlichen um Berufs- und Bildungswanderer handelte. Doch der West-Ost-Wanderungsstrom speiste sich nicht nur aus Westdeutschen. Ebenfalls ist ein zweiter Haupttyp auszumachen. Wie es auch die Daten des Sozio-oekonomischen Panels nahelegen,

sich auf ökonomische Argumentationsmuster, würde ein qualitativer oder zumindest differenzierterer Blick auch wirtschaftliche Vorteile einzelner Personengruppen bei Wanderungen in ökonomisch schwächere Regionen dokumentieren.

141 So kehrte zu Zeiten der zwei deutschen Staaten ebenfalls ein Großteil der westdeutschen Übersiedler wieder in die Bundesrepublik zurück. Betrachtet man beispielsweise die Jahre 1954 bis 1961, zogen über die Hälfte der westdeutschen Ostwanderer wieder zurück. Für das Jahr 1961 fiel die Rückwanderungsquote besonders hoch aus. Die Abschottung durch den Bau der Mauer forcierte als Reaktion ein schnelles Handeln. Vgl. Schmelz (1999): West-Ost-Migration, S. 101 f.

142 Vgl. Hinrichs/Jurkschat (1996): Wohnortwechsel zwischen Bundesländern, S. 30; Dienel (2004): Abwanderung aus Ostdeutschland, S. 107. Der Datensatz des Sozio-oekonomischen Panels enthält für die Jahre 1993 bis 2003 circa 150 Fälle von westdeutschen Ostwanderern. Bei fast 40 Prozent von diesen ist eine Rückwanderung in die alten Bundesländer dokumentiert. Dieser Wert versteht sich als unterer Grenzwert, da Umzüge die Wahrscheinlichkeit eines Befragungsausfalls erhöhen. Entsprechend ist bei den zumindest vermeintlich in Ostdeutschland verbleibenden gut 60 Prozent eine schlechtere Kenntnis über deren weitere Wohnortbindung zu konstatieren. Ihr realisierter Befragungszeitraum erstreckte sich ab dem Zeitpunkt der Übersiedlung in die neuen Länder auf durchschnittlich knapp sieben Jahren, und war damit statistisch drei Jahre kürzer als bei den nachweisbaren Rückkehrern.

geht die Forschung davon aus, dass sich die West-Ost-Wanderung spätestens seit den frühen 2000ern zu etwa der Hälfte aus ostdeutschen Rückwanderern zusammensetzte.[143] Dies verdeutlicht, dass Wanderungsbewegungen keinen abgeschlossenen Vorgang darstellen, sondern als aktiver Prozess zu verstehen sind, welcher ein späteres Umentscheiden nicht ausschließt.

Rückkehrwahrscheinlichkeit[144]

Für Anfang der 1990er berechneten Wilhelm Hinrichs und Sandra Jurkschat eine Quote von 15 Prozent der ostdeutschen Westwanderer, die wieder in die neuen Bundesländer zurückkehrten. Aufgrund ihres überschaubaren Beobachtungszeitraumes war ihre Datengrundlage allerdings für allgemeinere Aussagen noch nicht sehr verlässlich.[145] Eine stärkere Beachtung in der Forschung fand das Thema der Rückwanderung von den alten in die neuen Bundesländer ab den frühen 2000ern. Dann erschienen gezielte Studien zu Rückwanderungsabsichten. In einer Telefonbefragung im Rahmen einer sogenannten Zukunftsstudie für das Bundesland Sachsen-Anhalt gab die Mehrheit der Fortgezogenen an, dass sie sich eine Rückkehr nach Sachsen-Anhalt vorstellen könnten.[146] Eine Studie des Leipziger Leibniz-Instituts ermittelte für die neuen Bundesländer zum Zeitpunkt der beginnenden 2010er Jahre höhere Werte. Für drei Viertel der Befragten war es ein denkbares Szenario, nach Ostdeutschland zurückzuziehen. Beinahe jeder Zweite der potenziellen Rückkehrer hätte bereits mit konkreten Planungen begonnen.[147] Hier sind jedoch Zweifel angebracht, ob die

143 Vgl. Jain / Schmithals (2009): Motive für Wanderung, S. 314; Beetz (2006): Meine Kinder, S. 273; Herfert (2009): West-Ost-Wanderung, S. 2. Dies stellt für Ostdeutschland keine unbekannte Größenordnung dar. Die in den 1950er und 1960er Jahren aus Westdeutschland zuziehenden Personen erwiesen sich zu Zweidritteln als Rückkehrer. Freilich fanden Wanderungen damals unter anderen politischen Prämissen statt und wurden propagandistisch instrumentalisiert. Vgl. Schmelz (1999): West-Ost-Migration, S. 88; Stoll (2009): Einmal Freiheit, S. 14f., 148f. Bisweilen ziehen Forschungsarbeiten bei der Betrachtung der Rückkehrpotenziale nach Ostdeutschland überraschende Parallelelen. Zum Beispiel führten Robert Nadler und Anke Matuschewski zur Erörterung möglicher Rückkehreffekte Vergleiche mit den Maghreb-Staaten an. Es ist allerdings fraglich, ob sehr verschieden konstituierte Gesellschaften in dieser Hinsicht einen sinnvollen Vergleich zulassen. Vgl. Nadler / Matuschewski (2013): Ostdeutsche Rückwanderer, S. 425.

144 Aus amtlichen statistischen Angaben ist nicht ersichtlich, wie viele abgewanderte Ostdeutsche in die neuen Bundesländer zurückkehrten.

145 Vgl. Hinrichs / Jurkschat (1996): Wohnortwechsel zwischen Bundesländern, S. 30.

146 Vgl. Gerloff (2004): Wanderung und Heimatbindung, S. 154. Ähnliches beschreibt auch Friedrich / Schultz (2005): Mit einem Bein, S. 212.

147 Vgl. Lang / Nadler (2014): Return Migration, S. 95. Speziell *Die Zeit* thematisierte das Sujet der Rückkehrer wiederholt und paraphrasierte Absätze der Studie des Leibniz-Instituts jedes Mal mit gleichem Aussagegehalt. Vgl. Ohne Verfasserangabe (2012): Immer mehr Ostdeutsche; Hähnig (2012): Da sind wir; Machowecz (2012): Osten als Magnet.

Onlinebefragung nicht eine spezifische Selektion begünstigte und die Verhältnisse überzeichnete. Angesichts einer augenfällig nicht-repräsentativen Stichprobe – so wiesen extrem überproportionale drei Viertel aller Befragten einen Hochschulabschluss auf – vermag die Erhebung keine Allgemeingültigkeit in Anspruch zu nehmen.[148] Die Diskrepanz zur sächsischen Längsschnittstudie ist eklatant. In dieser gedachte in den Jahren 2002 und 2003 nur jeder Zehnte der nach Westdeutschland Übergesiedelten, wieder nach Ostdeutschland zurückzukehren.[149] Der sächsischen Studie nach handelte es sich also eindeutig um eine Minderheit.

Obzwar die genannten Studien zeitlich um ein paar Jahre divergierten, erklärt sich der große inhaltliche Unterschied dadurch nicht. Vielmehr erscheinen die Ergebnisse beider Untersuchungen aufgrund fragwürdiger Erhebungsverfahren weniger zweckdienlich. Konkrete Angaben zu tatsächlich Zurückgekehrten ließen die Bedeutung des Rückkehrerphänomens besser abschätzen. Robert Nadler und Mirko Wesling stützten sich hierbei auf die Daten aller sozialversicherungspflichtig Beschäftigten des Instituts für Arbeitsmarkt- und Berufsforschung. Im Vergleich der Zeiträume 2001 bis 2005 und 2006 bis 2010 stellten sie einen deutlichen Anstieg der Rückkehrerrate unter den Richtung Westdeutschland Fortgezogenen von 5,8 auf 8,5 Prozent fest.[150] Eine ansteigende Rückkehrtendenz zum Ende der 2000er ist gleichfalls aus den zuvor angeführten Erhebungen zur Rückkehrbereitschaft zu schlussfolgern. Allerdings unterschätzen die Berechnungen von Nadler und Wesling das Phänomen und können nur als unterer Grenzwert verstanden werden. Denn als potenzielle Rückwanderer kamen lediglich Personen in Betracht, die im Fünfjahreszeitraum nach Westdeutschland übersiedelten, der nur um ein Jahr versetzt zum Rückwanderer-

148 Vgl. Lang/Nadler (2014): Return Migration, S. 95. Das ostdeutsche Projekt war eingebettet in ein größeres Forschungsvorhaben. Zu allgemeinen Ergebnissen des Projektes zur internetbasierten Erhebung von Rückwanderern in verschiedenen Regionen Zentraleuropas siehe Lang u. a. (2012): Re-Turn Migrant Survey. Deren methodische Vorgehensweise, Internetnutzer für ihre Befragung anzuwerben, erscheint bedenklich. An dieser Stelle sei nur ein Beispiel der extremen Stichprobenverzerrung genannt: Die Promoviertenquote der aus verschiedenen europäischen Staaten stammenden online Befragten lag bei mehr als jedem Fünften. In Anbetracht dessen ist das Nutzungspotenzial dieser Studie fraglich. Ein Anteil von 75 Prozent an potenziellen Rückkehrern mit Universitätsabschluss steht auch in völligem Widerspruch zur Beobachtung einer lokalen Studie von Rückkehrern nach Magdeburg. Hier hatte nicht einmal jeder dritte zurückkehrende Berufstätige einen Hochschulabschluss. Vgl. Dienel u. a. (2006): Rückwanderung als Faktor, S. 56 f.

149 Im Jahr 2002 gaben acht Prozent an, nach Ostdeutschland zurückkehren zu wollen. Im darauffolgenden Jahr waren es elf Prozent. Vgl. Berth/Förster/Brähler (2004): Psychosoziale Folgen, S. 83.

150 Vgl. Nadler/Wesling (2013): Zunehmende Rückwanderung, S. 1 f. Die Ergebnisse der Studie erfuhren mittels Zeitungen eine große Verbreitung. Siehe hierzu beispielsweise Rang (2013): Thüringer sind Rückkehrer; Hähnig (2013): Zurück für Zukunft.

beobachtungszeitraum lag, also zwischen den Jahren 2000 bis 2004 respektive 2005 bis 2009. Es erscheint jedoch unwahrscheinlich, dass beispielsweise Westwanderer des Jahres 2004 zum letzten betrachteten Zeitpunkt Jahrs darauf bereits ihr volles Rückwandererpotenzial offenbart hatten.[151] Gemäß Berechnungen mit den Längsschnittdaten des Sozio-oekonomischen Panels ist die Lebensphase in Westdeutschland bei Rückkehrern nach Ostdeutschland durchschnittlich mit vier Jahren zu veranschlagen. Im Konkreten ließen sich in den Paneldaten für die Jahre 1990 bis 2003 relativ exakt 400 Umzüge Ostdeutscher nach Westdeutschland identifizieren. Bei 18 Prozent von ihnen ließ sich bis spätestens zum Jahr 2009 eine Rückkehr nach Ostdeutschland nachweisen.[152] Aufgrund einer gewöhnlich überproportionalen Ausfallquote der Befragten im Falle eines Umzuges kann dies lediglich als unterer Grenzwert dienen.[153]

Betrachtet man die 2000er Jahre, ist eine Konzentration ausgeprägter Rückkehrerquoten für Gebiete mit Nähe zur ehemaligen innerdeutschen Grenze auszumachen. Dies umfasste insbesondere auch ländlichere Gebiete und kann somit als Gegentrend zur städtischen Anziehungskraft bei westdeutschen Ostwanderern verstanden werden. Durchgehend unterdurchschnittlich profitierten von der Rückwanderung die meisten Regionen des peripheren Ostens der neuen Bundesländer, die eine Nähe zur polnischen Grenze aufwiesen (siehe Abb. 12). Insgesamt war im Verlauf der 2000er eine Zunahme der Rückwanderungszahlen zu verzeichnen, wovon speziell Thüringen und Sachsen profitierten. Hier ist von

151 Die Quote ist auch aus einem anderen Grund zu niedrig. Das Institut für Arbeitsmarkt- und Berufsforschung der Bundesagentur für Arbeit erfasst im Datensatz der Beschäftigten-Historik seit 1999 alle Angestellten mit Wohn- und Arbeitsort, sodass entsprechende Wechsel zwischen alten und neuen Bundesländern registriert werden können. Da die Erhebung jedoch nicht ausweist, ob eine Person ursprünglich aus Ost- oder Westdeutschland stammte, sind exakte Aussagen zu Rückkehrerquoten mit diesem Datensatz ohne Weiteres nicht möglich. Denn die Frage nach einer Rückkehr eines Ost-West-Wanderers ist anderer Natur, wenn es sich bei diesem bereits um einen Rückkehrer nach Westdeutschland handelte. Ferner ist zu bedenken, dass die Beschäftigtenstatistik die besonders rückkehraktive Gruppe der Bildungswanderer und jene, die in den Ruhestand wechseln, nicht erfasst.

152 Nicola Fuchs-Schündeln und Matthias Schündeln kamen bei ihren Berechnungen mit den Daten des Sozio-oekonomischen Panels auf einen ähnlichen Wert von 20 Prozent. Vgl. Fuchs-Schündeln / Schündeln (2009): Who Stays, S. 727. Wolfram Kempe zufolge kehrte fast jeder dritte junge Erwachsene, der in den Jahren 1990 bis 1996 als 16- bis 22-Jähriger für Ausbildung oder Studium nach Westdeutschland umzog, bis zum Ende der 1990er mit Qualifizierung wieder nach Ostdeutschland zurück. Er stützte sich bei seinen Berechnungen ebenso auf die Daten des Sozio-oekonomischen Panels. Vgl. Kempe (2001): Neuer Trend, S. 210.

153 Siehe hierzu die Anmerkung in einem äquivalenten Fall in Fußnote 142 dieses Kapitels. Außerdem ist anzumerken, dass Migration keinen abschließenden Prozess bedeuten muss. Von den aus Ostdeutschland nach Westdeutschland Übergesiedelten und wieder nach Ostdeutschland Zurückgekehrten zog jeder Siebte nach im Schnitt fünf Jahren wieder nach Westdeutschland.

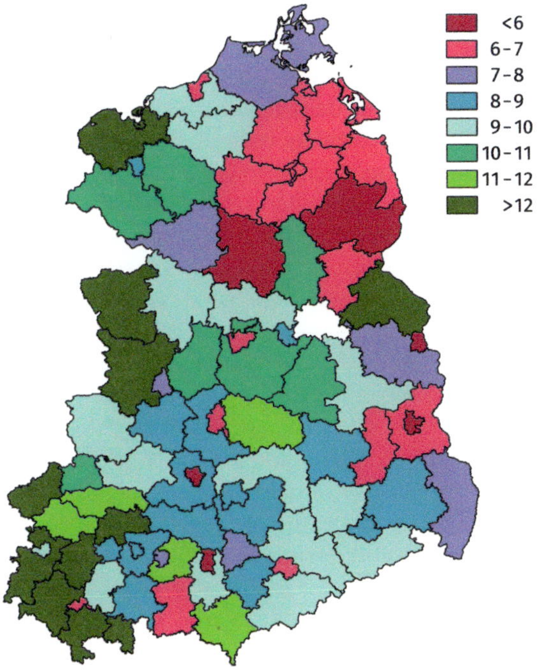

Abb. 12: Rückkehrquote in Prozent der in den Jahren 2000–2004 fortgezogenen sozialpflichtig Beschäftigten bis zum Jahr 2010[154]

einem Zusammenhang mit der sich zur gleichen Zeit bessernden Arbeitsmarktlage in den beiden südlichen Bundesländern Ostdeutschlands auszugehen.[155]

154 Hierbei handelt es sich um eine eigene Visualisierung. Als Berechnungsgrundlage dienten Informationen bei Nadler / Wesling (2013): Zunehmende Rückwanderung, S. 9. Diese stützten sich auf die Beschäftigtenhistorik des Instituts für Arbeitsmarkt- und Berufsforschung aus dem Jahr 2012. Dass sich die Quote der sozialversichert Beschäftigten nicht als Maßstab für die allgemeine Quote eignet, sondern diese unterschätzt, wurde bereits in Fußnote 151 dieses Kapitels erläutert. Allerdings kann sie als Untergrenze und als Trendanzeiger fungieren.

155 Angesichts fehlender Fachkräfte und einer anhaltend negativen Populationsdynamik etablierten sich in den 2000ern in Ostdeutschland Rückholagenturen. Pioniere auf diesem Gebiet waren die aus Landesmitteln unterstützte und im Jahr 2001 gegründete Agentur *mv4you* in Mecklenburg-Vorpommern, die in ihren *Heimweh*-Kampagnen vor allem auf die emotionale Trumpfkarte setzte, sowie die im Jahr 2003 von sächsischen Arbeitgebervertretern begründete Initiative *Sachse komm zurück*. Vgl. UdW GmbH (2014): mv4you; Industrie- und Handelskammer Dresden (2014): Sachse komm zurück. Der Beitrag dieser Vermittlungsstellen zu gestiegenen Rückkehrerzahlen lässt sich nicht quantifizieren.

Motivation

Bei der vormaligen Betrachtung der nach Ostdeutschland ziehenden Westdeutschen veranlassten diese insbesondere vorteilhafte Karriereaussichten und gute Studienmöglichkeiten zu dem Schritt, in die neuen Länder zu gehen. Welche Beweggründe bildeten die zentralen Motive der ostdeutschen Rückkehrer?

Um unterschiedlichen Lebensphasen und Lebensumständen vor der Rückwanderung Rechnung zu tragen, schlüsselten Hans-Liudger Dienel und seine Forscherkollegen in ihrem Abschlussbericht eines Projektes zu Fragen der Rückwanderung nach Ostdeutschland acht verschiedene Typen von Rückkehrern auf.[156] Bei genauerem Blick wiederholten sich allerdings typische Charakteristika. Alle Rückkehrer einte trotz unterschiedlicher Lebensverhältnisse vor ihrem Zurückkommen ein ähnliches Empfinden. Sie fühlten sich am zugezogenen Ort oft nicht heimisch. Die zentrale Triebkraft bei der Rückkehrentscheidung stellte das besondere Heimatgefühl, die verlässlichen sozialen Netzwerke in der Herkunftsregion dar. Den Lebensumständen entsprechend kann man bei den Rückkehrern nach den erfolgreich und den erfolglos Fortgezogenen differenzieren.[157] Dabei misst sich der Erfolg in erster Linie an der wirtschaftlichen Situation und nachgeordnet sowie oft verknüpft an der sozialen Integration. Die Arrivierten besaßen entsprechende berufliche Qualifikation und Erfahrung, um sich nach der Rückkehr auf dem ostdeutschen Arbeitsmarkt gut positionieren oder selbstständig machen zu können. Bei einigen spielte es auch eine Rolle, nun über ausreichend finanzielle Mittel zu verfügen, um ein eigenes Heim in der alten Heimat zu erstehen. Die Gescheiterten hingegen profitierten beruflich nicht von ihrem Umzug in die alten Bundesländer und fanden ebenso keinen sozialen Anschluss in der neuen Umgebung.[158] Bei den Desillusionierten handelte es sich Steffen Kröhnert und Reiner Klingholz zufolge überdurchschnittlich um ledige, vornehmlich junge männliche Personen, die nach einer von diesen selbst als

156 Vgl. Dienel u. a. (2006): Rückwanderung als Faktor, S. 77–94. Im Einzelnen ist von erfolgreich abgewanderten Rückkehrern, Ausbildungs-Rückkehrern, Familien-Rückkehrern, rückkehrenden Senioren, Beziehungs-Rückkehrern, Berufs-Rückkehrern, emotionalen Rückkehrern und rückkehrenden Gescheiterten die Rede.

157 Neben Hans-Liudger Dienel differenzierte Grit Beck ebenfalls nach Erfolgreichen und Gescheiterten. Vgl. ebd., S. 19–21; Beck (2004): Wandern gegen Strom, S. 98. In der Rückkehrerforschung gibt es unterschiedliche Vorstellungen davon, ob stärker die Erfolgreichen mit ausgeprägter Heimatliebe oder die Enttäuschten zurückkehrten oder dies zumindest beabsichtigten. Vgl. Schultz (2004): Wandern und Wiederkommen, S. 249; Dienel u. a. (2006): Rückwanderung als Faktor, S. 77, 93 f.; Schneider / Kubis / Wiest (2010): Selektivität Bindung, S. 23.

158 Diese gebündelte Charakterisierung der Rückkehrer fußt auf Feststellungen in der vom Bundesministerium für Verkehr, Bau und Stadtentwicklung in Auftrag gegeben Studie als auch auf eigenen Beobachtungen von Lebensverläufen von Rückkehrern in den Daten des Sozio-oekonomischen Panels. Vgl. zur erst genannten Untersuchung Dienel u. a. (2006): Rückwanderung als Faktor, S. 77–94.

misslungen empfundenen Lebensphase in den alten Ländern nach Ostdeutschland zurückkehrten.[159] Dieser Befund lässt sich anhand der Daten des Sozio-oekonomischen Panels derart nicht bestätigen. Die Auswertung der Langzeitdaten deuten nach der Rückkehr vielmehr geschlechtsspezifische Differenzen an, denn unter den Zurückkehrenden befanden sich vermehrt Frauen, die sich mit längeren Arbeitslosigkeitsphasen konfrontiert sahen. In den Daten des Sozio-oekonomischen Panels fiel bei mehr als jeder vierten Frau ihre Rückkehr in die neuen Bundesländer zeitlich mit einer Phase der Arbeitslosigkeit zusammen.[160] Allerdings ist es an dieser Stelle entscheidend, die Personen nicht isoliert zu betrachten, sondern die Veränderungen in ihrem sozialen Kontext zu sehen.

Simone Hempel lebte beispielsweise in den 1990ern acht Jahre in Niederbayern, bevor sie im Alter von 31 Jahren nach Sachsen zurückkehrte und von da an für drei Jahre als arbeitslos geführt wurde.[161] Sie war im Jahr 1991 einst zusammen mit ihrem Mann und einem Kind aus erster Ehe nach Bayern gegangen. Frau Hempel arbeitete dort anfänglich als Erzieherin, Herr Hempel verdiente sein Geld als Elektroinstallateur. Im Jahr 1996 kam ein gemeinsames Kind zur Welt, worauf sie für die nächsten drei Jahre in Elternzeit ging. Im Anschluss daran kündigte er seinem Arbeitgeber. Die Familie zog gemeinsam zurück nach Sachsen und erwarb ein Eigenheim. Während Herr Hempel ebenso in Sachsen durchgehend einer Anstellung nachging, kann ihre Phase der Arbeitslosigkeit auch als verlängerte Elternzeit aufgefasst werden. In zeitlicher Nähe zur Einschulung ihres Kindes kehrte Simone Hempel als Verkäuferin im Einzelhandel wieder ins Berufsleben zurück.

Die angedeutete Biografie zeigt, dass eine alleinige Abfrage, ob eine Rückkehr beruflich oder privat motiviert war, nicht stets zu einem besseren Verständnis der Lebenszusammenhänge beizutragen vermag. Im konkreten Fall hätte eine Antwort in die Irre oder zumindest wenig weiter geführt, da im Fallbeispiel beide Antwortmöglichkeiten denkbar waren. Obgleich Simone Hempel nach der Rückkehr zunächst als arbeitslos galt, hätte sie aus der Perspektive des gesamten Haushalts nämlich durchaus mit einem beruflichen Rückkehrgrund argumentieren können, auch wenn dies sicherlich nicht den einzigen Beweggrund darstellte.

Bei anderen ostdeutschen Frauen im Datensatz des Sozio-oekonomischen Panels, die nach ihrer Rückkehr arbeitslos waren, fällt wiederholt ein Lebensverlaufsmuster auf, welcher als Fehlschlag eingestuft werden kann und in der

159 Vgl. Kröhnert / Klingholz (2007): Not am Mann, S. 6.

160 Unter jenen Frauen, die nach ihrer Rückkehr ein Beschäftigungsverhältnis begannen, waren viele für ihre Tätigkeit überqualifiziert. Vgl. Jain / Schmithals (2009): Motive für Wanderung, S. 323; Dienel u. a. (2006): Rückwanderung als Faktor, S. 65.

161 Vgl. hierzu die Person mit der Kennung 5159301. Im Sozio-oekonomischen Panel sind auch andere ähnlich gelagerte Fälle dokumentiert, in denen im Zusammenhang mit der Geburt von Kindern eine Rückkehr der Familie nach Ostdeutschland erfolgte. Siehe zum Beispiel die dreifache Mutter mit Identifikationsnummer 5177902.

Forschung zu Rückkehrern wenig Beachtung fand.[162] Die Lebensphase in den alten Bundesländern liest sich bei jenen verkürzt etwa derart: Sie ging im Alter von ungefähr zwanzig Jahren aus beruflichen Gründen nach Westdeutschland. Dort lernte sie einen Mann kennen. Es folgten Heirat und Kinder. Doch noch im Kleinkindalter des Kindes beziehungsweise der Kinder erfolgte die Trennung und Scheidung. Da ein entscheidender sozialer Fixpunkt fehlte, kehrte sie nach Ostdeutschland zurück, wo sie als alleinerziehende Mutter hinsichtlich der Kinderbetreuung sowohl von ihrer Ursprungsfamilie als auch staatlicherseits auf mehr Unterstützung bauen konnte. Nach ihrer Rückkehr war sie zudem meist auf finanzielle Unterstützung wie Arbeitslosengelder und Sozialleistungen angewiesen. In den beobachteten Fällen gestaltete sich die weitere berufliche Entwicklung und Perspektive als schwierig. Demnach bewarb sich jener Personenkreis nach angelernten Tätigkeiten in den alten Bundesländern, oder im Einzelfall nach einem Hausfrauendasein in Westdeutschland, nun vermehrt um geringfügig bezahlte Arbeiten, versuchte sich in der Umschulung zu anderen einfachen Routinetätigkeiten. Mit Arbeitslosigkeit, ob als Konstante oder in wiederkehrender Form, blieben jedoch viele konfrontiert. Eine zumeist als akzeptabel verstandene Nettoeinkommenshöhe von rund 800 Euro für eine Stellenannahme verdeutlicht symbolisch die geringe Erwartungshaltung und die selbst als bescheiden wahrgenommenen Arbeitsmarktaussichten. Welches Ausmaß es annahm, dass junge Frauen als Neu-Alleinerziehende in die neuen Bundesländer zurückkehrten, lässt sich schwer abschätzen, da die Fälle in ihrer Häufigkeit im Sozio-oekonomischen Panel unter den Rückkehrerinnen nicht repräsentativ sein müssen. Da der Sachverhalt allerdings wiederholt auftrat, ist von einer gesellschaftlichen Relevanz auszugehen.[163]

Bei den Westdeutschen hatte mehrheitlich ein beruflicher Beweggrund den zentralen Anlass für einen Umzug nach Ostdeutschland dargestellt.[164] Für Ostdeutsche indes war die Hauptmotivation für eine Rückkehr in die neuen Bundesländer zumeist privater Natur. Insbesondere suchten sie wieder die Nähe zur Familie und alten Freunden und entsprachen damit einer Sehnsucht nach dem heimatlich Vertrauten. Im Gegensatz zu einer größeren Bedeutung beim einstmaligen Fortzug aus Ostdeutschland maß nur jeder dritte Rückkehrer dem Beruflichen den zentralen Stellenwert bei. Dennoch verband die Mehrzahl eine Rückkehr nach Ostdeutschland mit ökonomischen Voraussetzungen: mit einer

162 Dieser Typus wurde bei Hans-Liudger Dienel und Forscherkollegen flankierend behandelt und unter dem Typus der Familien-Rückkehrer subsumiert. Vgl. Dienel u. a. (2006): Rückwanderung als Faktor, S. 85 f.

163 Vgl. im Sozio-oekonomischen Panel beispielsweise den Fall der Thüringerin mit Identifikationsnummer 5112403, der Brandenburgerin mit der Kennung 5035204 oder der Frau aus Sachsen mit der Fallnummer 892903. Selbstverständlich ist dieses häufiger beobachtete Rückkehrermuster nicht als unausweichlich eintretender Automatismus aufzufassen, der den geschilderten Lebensumständen nachfolgt.

164 Demnach gaben in den Daten des Sozio-oekonomischen Panels rund zwei Drittel Berufliches als Hauptgrund des Umzugs an.

vernünftigen Beschäftigungsaussicht und einem angemessenen Arbeitslohn.[165] Die Bandbreite des erwarteten Mindestmaßes schwankte jedoch individuell stark, zwischen der Inkaufnahme von beruflichen Verschlechterungen und Verdiensteinbußen bis hin zu gestiegenen Ansprüchen durch entsprechend gemachte Erfahrungen in den alten Bundesländern. Und dies galt gemäß mittelbar formulierter Definition nur für jene – und zugleich die meisten – die zuvor in Lohn und Brot standen. Daneben gab es noch die Sondergruppe der Rentner, die für ihren Lebensabend in ihre Heimat zurückkehrten. In manchen Regionen Ostdeutschlands bildeten sie die »größte ›Berufsgruppe‹ unter den Rückwandernden«[166]. Insgesamt kann festgehalten werden, dass die Zahl der Rückkehrer in den 2000ern zunahm und Ende der 2000er von einer Größenordnung von etwa jedem Fünften auszugehen ist, ob als Alterssitz oder Ausdruck der Sehnsucht nach Heimat und Familie. Dabei umfasste es nicht nur beruflich Erfolgreiche, die zurückkehrten. Zugleich sahen sich ebenso einige Rückkehrer mit Schwierigkeiten der sozialräumlichen Reintegration und dem beruflichen Fortkommen nach ihrer Wiederkehr konfrontiert. Im Umkehrschluss bedeutete eine Rückkehrquote von um die 20 Prozent, dass die große Mehrheit in Westdeutschland ihren Platz in der Gesellschaft langfristig gefunden hatte.

4. Als Pendler zwischen den Welten

Mit dem Fall der Mauer und der deutschen Wiedervereinigung waren die Mobilitätsschranken beseitigt. Dies wirkte sich auch auf die alltägliche Mobilität aus. Das berufsbedingte Pendeln Ostdeutscher nach Westdeutschland erreichte schlagartig nach der Wiedervereinigung ein enormes Ausmaß. Die Angaben der Westpendlerzahlen in den zentralen statistischen Erfassungen des Arbeitsmarktmonitors und des Sozio-oekonomischen Panels variierten dabei um bis zu 50 Prozent. Die Abweichungen fußten auf großen Stichprobenfehlern und

165 Sonach verwundert es nicht, dass eine Phase höherer Rückkehrerquoten mit dem Trend zu einer wirtschaftlichen Besserung zusammenfiel. Vgl. Friedrich/Schultz (2005): Mit einem Bein, S. 214; Jain/Schmithals (2009): Motive für Wanderung, S. 324f.; Schneider/Kubis/Wiest (2010): Selektivität Bindung, S. 23; Nadler/Wesling (2013): Zunehmende Rückwanderung, S. 3. Private Gründe bildeten gleichfalls bei Gastarbeitern in Deutschland das Hauptmotiv für die Rückkehr. Vgl. Brecht (1995): Analyse der Rückkehr, S. 200f.

166 Dienel u.a. (2006): Rückwanderung als Faktor, S. 74. Hierbei bezieht sich die Rentnerquote von mehr als 20 Prozent der Zurückkehrenden auf die Stadt Magdeburg. Auch Angela Jain und Jenny Schmithals identifizierten zwei im Besonderen vertretene Altersblöcke bei Rückwanderern: die 25- bis 29-Jährigen und die Generation 60plus. Vgl. Jain/Schmithals (2009): Motive für Wanderung, S. 321f. Ein Abgleich mit den Daten des Sozio-oekonomischen Panels bestätigt diese Altersteilung. 75 Prozent aller zurückwandernden Erwachsenen waren jünger als 35 Jahre, 15 Prozent hatten die 60 bereits überschritten.

demonstrieren zugleich die starke Dynamik dieses Prozesses. Für Anfang der 1990er Jahre dokumentieren allerdings beide statistischen Quellen die gleiche Entwicklung: anhaltend hohe Werte vom ersten Nachwendejahr bis zur Mitte der 1990er bei einer tendenziell weiteren Bedeutungszunahme des Westpendelns. Zieht man mit den Daten des Sozio-oekonomischen Panels die vorsichtigere Schätzung heran, beliefen sich die Westpendlerzahlen im Jahr 1990 auf 350.000 und stiegen bis zur Jahrzehntmitte um weitere 100.000. Dies entsprach im Jahr 1995 etwa sechs Prozent aller ostdeutschen Erwerbstätigen. Eine derartige Größenordnung war auch noch im Jahr 2013, knapp zwei Jahrzehnte später belegt.[167] Es handelte sich somit nicht nur um ein Übergangsphänomen.

Hierbei dürfen die Westpendler nicht als homogene Gruppe missverstanden werden, die im Zuge des regelmäßigen Pendelns mit denselben zeitlichen Konsequenzen für ihr Privatleben konfrontiert waren, denn nicht bei allen handelte es sich zwangsläufig um Fernpendler. Unter den Westpendlern der Anfangsjahre wurden gewöhnlich ebenfalls ostdeutsche Personen gefasst, die in West-Berlin arbeiteten. Für die 1990er Jahre ist eine Größenordnung von knapp 200.000 Arbeitspendlern nach West-Berlin und 300.000 in die alten Länder zu veranschlagen.[168] In den unmittelbaren Nachwendejahren pendelten von den nicht-Berliner Ost-West-Pendlern den Daten des Sozio-oekonomischen Panels zufolge gut die Hälfte täglich zur Arbeit in die alten Bundesländer. Bis zu einem Drittel musste sich jedoch mit einem wöchentlichen Pendelrhythmus und damit einhergehend mit zwei Lebensmittelpunkten arrangieren, die im Schnitt 300 Kilometer auseinanderlagen. Die verbleibenden zehn Prozent fuhren seltener als im wöchentlichen Rhythmus nach Hause, was im Besonderen auf einen durchschnittlich längeren Reiseweg von 450 Kilometern zurückzuführen war. Zumindest die Hälfte der unregelmäßig Pendelnden gab in den Daten des Sozio-oekonomischen Panels explizit einen Zweitwohnsitz in den alten Bundesländern an.[169]

Die angesprochenen Tagespendler lebten überwiegend in der unmittelbaren Nähe zur einstigen innerdeutschen Grenze, sodass für die meisten der Arbeitsweg in angrenzende westdeutsche Regionen in der näheren Umgebung blieb. Die Bedeutung des Pendlerstroms dieser ehemals grenznahen, peripheren Regionen zeigen beispielhaft die Landkreise Hildburghausen und Sonneberg auf. In diesen erreichten die Pendlerquoten der erwerbstätigen Bevölkerung ins angrenzende Bayern Mitte der 1990er Jahre über 20 respektive sogar über 30 Prozent. Hier hatte sich ein tiefgreifender Wandel der Arbeitswanderströme

167 Vgl. Ott/Gerlinger (1992): Die Pendlergesellschaft, S. 9, 117; Büchel (1998): Arbeits-Pendler, S. 31, 38; Sandbrink (1998): Sozioökonomische Folgen, S. 532–534; Ohne Verfasserangabe (2014): Jahrelange Job-Verluste.

168 Vgl. Funken (1996): Keine Wende, S. 14; Münz (2000): Deutschland und Ost-West-Wanderung, S. 58.

169 Hier erscheint die Abschätzung mittels der Langzeitdaten tendenziell die Obergrenze bezüglich langer Arbeitswege abzustecken. Vgl. auch Ott/Gerlinger (1992): Die Pendlergesellschaft, S. 121; Deutscher Bundestag (1994): Familien und Familienpolitik, S. 276.

vollzogen. Dies lässt sich anhand von zwei thüringischen Kleinstädten verdeutlichen. In thüringischen Kommunen wie Geisa und Schalkau arbeiteten vor der Wende in den 1980ern Zweidrittel der Beschäftigten in einem Unternehmen vor Ort. Etwa ein Drittel der Arbeitenden musste zwar den Wohnort verlassen, konnte auf ihrem Arbeitsweg jedoch im angestammten Landkreis bleiben. Nur knapp ein Prozent verließ für den Arbeitsweg den Landkreis.[170] Bei den zwei thüringischen Gemeinden konzentrierte sich die Arbeitnehmerschaft auf jeweils einen Arbeitgeber: den Kalibergbau in Unterbreizbach, Dorndorf und Merkers beziehungsweise das Spielwarenkombinat in Sonneberg. Der Bedeutungsverlust dieser Großarbeitgeber nach der Wiedervereinigung signalisierte einen wirtschaftlichen Transformationsprozess, dessen Auswirkung sich auch im Lebensalltag vieler ehemals grenznaher Bewohner in deutlich geänderten Arbeitswegen dokumentierte. So überquerten Mitte der 1990er 39 Prozent der Berufstätigen aus Geisa und 37 Prozent derjenigen aus Schalkau die weniger als fünf Kilometer entfernte Bundeslandgrenze nach Hessen respektive Bayern. Das Westpendeln verlor allerdings in thüringischen Kommunen schnell an Relevanz, wenn keine solch unmittelbare Nähe zu Bayern, Hessen oder Niedersachsen bestand. Bereits im 40 Kilometer von Bayern entfernt gelegenen südthüringischen Suhl pendelten Mitte der 1990er Jahre nur noch sechs Prozent nach Westdeutschland.[171] Dies verdeutlicht, dass das tägliche Pendeln bei Zunahme der Distanz schnell keine praktikable Alternative darstellte.

Bei Blick auf die Daten des Sozio-oekonomischen Panels fällt auf, dass die ostdeutschen Regionen mit Nähe zur ehemals innerdeutschen Grenze eine niedrigere Arbeitslosigkeit kennzeichnete als die sonstigen ostdeutschen Gebiete, da sie aufgrund der räumlichen Nähe in stärkerem Maße von Arbeitsmöglichkeiten in den alten Bundesländern profitierten, die im Tagespendelbereich lagen.[172] Neben Thüringen war insbesondere das westliche Mecklenburg-Vorpommern unmittelbar nach der Wende mit seiner Nähe zu Hamburg begünstigt und wies demnach eine überdurchschnittliche Erwerbsbeteiligung seiner Bevölkerung auf. Auch der Westen des sachsen-anhaltinischen Raumes setzte sich dank seiner Nähe zu bedeutenden niedersächsischen Automobilindustriezentren be-

170 Wenngleich das Ausmaß des Pendelns in Ostdeutschland zu DDR-Zeiten nicht mit jenem der alten Bundesrepublik zu vergleichen ist, stellte es im Allgemeinen kein unbekanntes Phänomen dar. DDR-Zählungen zufolge überschritt jeder dritte Erwerbstätige Anfang der 1970er auf seinem Arbeitsweg eine Gemeindegrenze. Obgleich sich ostdeutsche Veröffentlichungen bemüht zeigten, aktuelle Verhältnisse positiv zu deuten, ist der Doktorarbeit von Hans Neumann dennoch zu entnehmen, dass er die nach seiner Ansicht tendenziell hohen Werte auf eine schlechte Wohnraumversorgung in den Städten zurückführte. Eine damit anklingende Kritik am staatlichen Wohnungsbau relativierte er allerdings umgehend. Vgl. Neumann (1974): Territoriale Wirkungsbedingungen, S. 21, 23 f., 32. Siehe ebenso Herden (1978): Probleme der Binnenwanderung, S. 257.

171 Vgl. Pfaffenbach (2002): Transformation des Handelns, S. 30, 76 f.

172 Vgl. auch Bundesinstitut für Bau-, Stadt- und Raumforschung (2012): Raumordnungsbericht 2011, S. 20; Bode / Burdack (2012): Jugendarbeitslosigkeit, S. 1.

reits Mitte der 1990er vom sachsen-anhaltinischen Durchschnitt positiv ab. Den vormals peripheren ostdeutschen Regionen an der ehemaligen innerdeutschen Grenze kam die zunehmende Vernetzung mit den alten Bundesländern zugute.

Aufgrund einer oftmals besseren Wirtschaftslage zogen im Regelfall Arbeitgeber auf Seiten der alten Bundesländer Arbeitskräfte aus den neuen Bundesländern an. Dieser Umstand zeigte sich auch in der Familie von Martina Vogel, die bereits in Hinblick auf die Abwanderung aus den alten in die neuen Bundesländer erwähnt worden ist.[173] Demnach sah ihr jüngerer Bruder in Bayern bessere Arbeitsmöglichkeiten gegeben und pendelte in beiden Jahrzehnten nach der Wende für seine Tätigkeiten im Bereich Logistik und Verkauf nach Franken. Seine im Laufe der Zeit drei verschiedenen Arbeitgeber lagen leicht erreichbar gut 20 Kilometer vom ursprünglichen Elternhaus entfernt, sodass er in diesem wohnen blieb. Desgleichen ist vom Schwager Frau Vogels bekannt, dass er sein Geld in einem technischen Fertigungsberuf in Bayern verdiente, wobei sein westdeutscher Arbeitgeber vom ostdeutschen Wohnsitz ebenfalls wenige Kilometer entfernt lag.[174]

Wie es auch für die angeführten Beispiele galt, waren in der unmittelbaren Nachwendezeit Hochqualifizierte am Pendlerstrom in Richtung der alten Bundesländer sehr stark unterrepräsentiert. Wenngleich sich dies in den Folgejahren relativierte, blieb das Pendeln in die alten Bundesländer stärker eine Domäne der Facharbeiter und Angelernten. Begünstigend wirkte für jene mit tendenziell niedrigerem oder zumindest nur mittlerem Bildungsstand und einer gleichzeitigen relativen Wohnortnähe zu den alten Bundesländern der Umstand, dass sie in Westdeutschland verlässlichere Arbeitsverhältnisse vorfanden und in Ostdeutschland weiterhin auf ein niedriges Mietpreisniveau bauen sowie ihr gewohntes soziales Umfeld bewahren konnten. Bei der Betrachtung qualifikatorischer Besonderheiten der Mobilitätsakteure in Richtung Westdeutschland wiesen die Pendler im Vergleich zu den Umziehenden somit spiegelverkehrte Charakteristika auf.[175] Wie der Bruder von Frau Vogel erwies sich der ostdeutsche Westpendler verkürzt formuliert zu Anfang der 1990er Jahre auffallend häufig als männlich, ledig, jung und mit niedrigem Berufsabschluss.[176] Speziell letztere Charakteristika bedingten sich teilweise gegenseitig. Jedoch zeigten sich in den 1990ern bei den Personengruppen Verschiebungen. Für die anfängliche

173 Bewusst werden Beispiele aus dem familiären Umfeld Frau Vogels herangezogen, da sie selbst ein Gegenbeispiel darstellt.

174 Die beiden Männer sind im Datensatz des Sozio-oekonomischen Panels mit den Nummern 5128805 und 5624302 referenziert.

175 Darin unterschied es sich zum Gegenstrom der nach Ostdeutschland pendelnden und umziehenden Westdeutschen, die keine derart strukturierte Differenz aufwiesen. Vgl. Schuster (1995): Soziologische Aspekte, S. 141; Sandbrink (1998): Sozioökonomische Folgen, S. 535–541; Büchel (1998): Arbeits-Pendler, S. 36 f.; Granato u. a. (2009): Arbeitskräftemobilität in Deutschland, S. 29–31.

176 Vgl. ebenso Ott / Gerlinger (1992): Die Pendlergesellschaft, S. 118 f.; Büchel (1998): Arbeits-Pendler, S. 35.

Transformationsphase ist den Daten des Sozio-oekonomischen Panels zu entnehmen, dass der weibliche Anteil an den Ost-West-Pendlern bei lediglich rund 20 Prozent lag, sich dieser allerdings in der zweiten Jahrzehnthälfte der 1990er auf circa 30 Prozent steigerte. In den Jahren der 2000er war relativ konstant etwa jeder dritte Pendler von den neuen in die alten Bundesländer weiblich.[177] Bei genauerem Blick unterschieden sich die Frauen bei nahräumlichen Bewegungen nur unmerklich von den männlichen Mobilitätswerten. Umso deutlicher blieb ein geschlechtsspezifischer Kontrast bei den Fernpendlern bestehen. Dieser verdeutlicht, dass vor allem die Frauen mit der Schwierigkeit, Familie und Beruf zu vereinbaren, konfrontiert waren. Die geschlechtsspezifischen Unterschiede beruhen demnach nicht auf einem dem Ost-West-Pendeln innewohnenden Spezifikum.

Die Auswertungen der Befragungsdaten des Sozio-oekonomischen Panels als auch andere Studien legen nahe, dass das Ost-West-Pendeln vornehmlich als – oftmals sogar nur temporäre – Bewältigungsstrategie zu begreifen ist, den örtlichen Arbeitsmarktproblemen beizukommen. Der tägliche oder bisweilen allwöchentliche Rhythmus als Berufspendler zwischen den Welten der neuen und alten Bundesländer versprach die Vereinbarkeit von beruflichen und privaten Wünschen. Es ermöglichte die Sicherung geregelter Einkünfte in den alten Ländern bei zeitgleicher Bewahrung des privaten Lebens in vertrautem Umfeld. Es finden sich zwar ebenso Beispiele, dass bessere Verdienstmöglichkeiten und Karriereambitionen zum Westpendeln motivierten, doch wurde im Allgemeinen seltener ein sozialer Aufstieg denn ein Erhalt des Status quo bezweckt und erreicht. Und dies scheint sowohl für die unmittelbaren Jahre nach der Wende als auch für die Folgejahre für die Mehrheit der Pendelnden gegolten zu haben.

Die eindeutigen Grenzen zwischen den Teilarbeitsmärkten relativierten sich nicht nur durch die Ost-West-Pendler, sondern auch durch einen Pendlerstrom in Gegenrichtung. Bei schwankenden Werten umfasste der Gegenstrom der West-Ost-Pendler in den 1990ern und 2000ern eine Größenordnung von 100.000 Personen, was ungefähr einem Viertel der Ost-West-Pendlerzahlen entsprach. Hierbei waren die Männer nochmals deutlich überrepräsentierter als beim durchschnittlichen Ost-West-Pendler. Angaben für Mitte der 1990er besagten einen 90 prozentigen Anteil an Männern an den vornehmlich karriereorientierten Pendlern von den alten in die neuen Bundesländer.[178]

177 Für Anfang der 1990er Jahre ermittelte Doris Schwarzer ähnliche Werte. Vgl. Schwarzer (1996): Arbeitsbeziehungen im Umbruch, S. 127. Siehe auch Funken (1996): Keine Wende, S. 15 f.; Bogai / Seibert / Wiethölter (2007): Pendlerbericht Berlin-Brandenburg, S. 32.

178 Vgl. Büchel (1998): Arbeits-Pendler, S. 31, 35–37; Ohne Verfasserangabe (2014): Jahrelange Job-Verluste.

5. Effekt des Mobilitätsgeschehens

Das Mobilitätsaufkommen zwischen Ost- und Westdeutschland wie auch der geringer ausgeprägte Gegenstrom verweisen darauf, dass sich die wechselseitigen Bezüge intensivierten und damit normalisierten. Zugleich erlaubt es indes nicht, hieraus eine grundsätzliche Angleichung zwischen alten und neuen Bundesländern abzuleiten. Nicht zuletzt blieb die Dominanz der Ost-West-Bewegungen erhalten. Eine tatsächliche Angleichung zwischen West- und Ostdeutschland erfolgte nicht und zeichnete sich für die nahe Zukunft ebenfalls nicht ab. Unbeirrt gab die Politik dennoch lange Zeit eine solche als Ziel aus. Im Jahresbericht der Bundesregierung zum Stand der Deutschen Einheit aus dem Jahr 2008 hieß es unverändert, dass man sich »uneingeschränkt [...] zur Angleichung der Lebensverhältnisse zwischen Ost und West«[179] bekenne. Doch im Bericht des folgenden Jahres zu selbigem Anlass zeichnete sich ein Kurswechsel ab, der den anhaltenden Unterschieden zwischen den beiden deutschen Landesteilen Rechnung trug und damit indirekt ein Scheitern der vorherigen Ansprüche eingestand. Die Bundesregierung erkannte nun in »eine[r] wirtschaftliche[n] Konvergenz zwischen den neuen Ländern und strukturschwächeren westdeutschen Ländern bis zum Jahr 2019 [...] eine absehbare Perspektive.«[180] Im Folgejahr war sogar nur noch von der Möglichkeit »ein[es] weitgehende[n] Aufschließen[s] zu den strukturschwächeren Ländern bis zum [...] Jahr 2019«[181] die Rede.

Wenngleich es bezüglich des Handelns des Einzeln viele Faktoren zu berücksichtigen gilt und überdies Mobilität lediglich eine von verschiedenen Handlungsstrategien darstellt, zeigte sich das Mobilitätsgeschehen in den zwei Jahrzehnten nach der Wiedervereinigung im Allgemeinen deutlich beeinflusst von den anhaltenden, wirtschaftlichen Unterschieden zwischen West- und Ostdeutschland.

Was bewirkte also die innerdeutsche Ost-West-Mobilität? Dazu bestehen verschiedene Argumentationsmuster. In der essayistischen und wissenschaftlichen Auseinandersetzung der 1990er Jahre erfuhr sie eine mehrheitlich positive Bewertung. Räumliche Mobilität, insbesondere die Abwanderung nach Westdeutschland, habe die hohe Arbeitslosigkeit in Ostdeutschland gesenkt und somit die missliche Lage der ostdeutschen Beschäftigungssituation gemindert.[182]

179 Deutscher Bundestag (2008): Jahresbericht Deutschen Einheit, S. 5.

180 Bundesministerium für Verkehr, Bau und Stadtentwicklung (2009): Jahresbericht der Bundesregierung, S. 6.

181 Bundesministerium des Innern (2010): Jahresbericht der Bundesregierung, S. 33.

182 Vgl. Funken (1996): Keine Wende, S. 9; Pankoke (1997): Grenzen der Arbeit, S. 495. Es finden sich aber ebenfalls einzelne Ausnahmen, die bereits Mitte der 1990er die Gegenposition vertraten. Beispielsweise wurde im fünften Familienbericht der Bundesregierung im Jahr 1994 darauf hingewiesen, dass durch den massenhaften Fortzug junger Arbeitskräfte in Ostdeutschland ein Mangel an Qualifizierten drohte. Vgl. Deutscher Bundestag (1994): Familien und Familienpolitik, S. 276.

Diese volkswirtschaftliche Sichtweise wandelte sich allerdings spätestens Anfang der 2000er zu einer differenzierteren Bewertung. So fanden dann ebenso gegenteilige Effekte und negative Folgeerscheinungen eingehendere Beachtung. Der Deutung eines Beschäftigungsdruckabbaus stellte man in der Forschung zusehends den Wegzug qualifizierter Arbeitskräfte und damit einen Verlust an Humankapital entgegen. Der dadurch entstehende wirtschaftliche Schaden sei für Ostdeutschland bedeutend höher zu veranschlagen, da er zukünftige Entwicklungspotenziale hemme.[183] Die Abwanderung zeitigte in Ostdeutschland somit nicht nur eine direkte Auswirkung, die zu einer Reduktion der Erwerbslosenzahlen beitrug. Sie verursachte desgleichen indirekt steigende Arbeitslosenzahlen. Die Arbeitsmarktforschung führte diesbezüglich ein geschmälertes Warenverkaufspotenzial und einen regionalen Imageverlust an, wodurch mittelbar eine Verknappung des Arbeitsplatzangebotes erfolgte. Die direkten positiven Effekte der Abwanderung auf die Arbeitslosenzahlen wurden in Ostdeutschland durch die indirekten Folgen letztlich mindestens neutralisiert.[184]

Neoklassische Modelle argumentierten lange Zeit, dass Mobilität regionale Gegensätze verringerte. Dieser Standpunkt findet sich noch in Veröffentlichungen jüngeren Datums.[185] Die meisten theoretischen und empirischen Arbeiten der letzten Jahre verwiesen jedoch darauf, dass einseitige Bewegungen Disparitäten zwischen strukturschwachen und strukturstarken Regionen zementierten.[186] Dies legen auch die Betrachtungen der Daten des Sozio-oekonomischen Panels hinsichtlich der Auswirkungen von Mobilität auf das Verhältnis zwischen Ost- und Westdeutschland für die Jahre Mitte der 1990er bis Ende der 2000er nahe.[187]

183 Vgl. Steiner u. a. (2004): Land unter, S. 4; Schneider (2005): Ost-West-Binnenwanderung, S. 313 f.; Friedrich / Schultz (2006): Der Sog, S. 64.

184 Vgl. Schlitte / Zierahn (2011): Regionale Arbeitsmarktdisparitäten, S. 43 f.; Blien u. a. (2009): Beschäftigung und Arbeitslosigkeit, S. 14; Popp (2012): Rückkehr Ost, S. 52.

185 Vgl. etwa Hamann (2009): Labour Mobility, S. 4.

186 Vgl. Dienel (2004): Abwanderung aus Ostdeutschland, S. 101, 108; Kühnel (1997): Integrationsprobleme im Strukturwandel, S. 607 f.; Granato u. a. (2009): Arbeitskräftemobilität in Deutschland, S. 22.

187 Entsprechende mobilitätsspezifische Entwicklungen zwischen strukturschwachen und strukturstarken Räumen zeigten sich auch im Kleinen innerhalb Ostdeutschlands – beispielsweise in Sachsen – ganz in Entsprechung der »Politik der Leuchttürme«. Vgl. zur angedeuteten ostdeutschen Wirtschaftspolitik Gerlach (2010): Gießkanne oder Leuchttürme.

IV. Geld – Der Effekt des Pendelns auf die Einkommensverhältnisse

»Es ist bestimmt so, daß die meisten Pendler über ein überdurchschnittliches Einkommen verfügen.«[1] Ohne Beleg wird in einem Artikel in der *Berliner Zeitung* vom 12. Januar 1998 von einer finanziellen Besserstellung der Pendler ausgegangen und diese Position scheint zeitlich unveränderlich für die allgemeine Wahrnehmung prägend gewesen zu sein. Eine Gegenposition oder allgemein ein dezidierter Blick findet sich in der Zeitungslandschaft nicht. Auch in der Forschung mangelt es bisher an Betrachtungen zur zeitlichen Entwicklung der finanziellen Aufstellung des mobilen Pendlers sowie an Vergleichen dieser zum sonstigen Arbeitsmarkt und der Gesellschaft im Allgemeinen. So erscheint es angebracht, einem potenziellen Zusammenhang zwischen Verdienst und alltäglicher Mobilitätsbeteiligung mittels statistischer Daten nachzugehen. Die vorliegende Arbeit ist bemüht, in dieser Hinsicht erste Schneisen zu schlagen. Da dem Einkommen in gesellschaftlichen Verteilungsfragen eine große Relevanz beizumessen ist, nähert sich die Untersuchung mittels eines zentralen Aspekts aus der Ungleichheitsforschung der Thematik an.

1. Die Armutsgefährdungsschwelle als Gradmesser

Es ist schwierig, die Möglichkeiten zur gesellschaftlichen Teilhabe und den individuellen Handlungsspielraum einer Person zu ermitteln. Das ökonomische Kapital stellt hierfür einen ersten und wohl am einfachsten messbaren Indikator dar. Speziell dem Einkommen kann man in einer kapitalistisch ausgerichteten Gesellschaft eine regulierende Funktion zuschreiben, ist das Geld doch eine notwendige – wenngleich nicht stets ausreichende – Voraussetzung für die meisten Bereiche des Lebens. Denn im Umkehrschluss paart sich finanzieller Mangel häufig mit einer Unterversorgung verschiedenster Art. So wird in der soziologischen Forschung die Annahme geteilt, dass ein beträchtliches Unterschreiten durchschnittlich verfügbarer Geldmittel mit einer gesellschaftlichen Ausgrenzung korreliert.[2]

1 Waechter (1998): Pendeln hat Tradition. Vergleichbares war schon Anfang der 1960er in der *Zeit* zu lesen. Vgl. Zander (1962): Das große Heer, S. 7.

2 Vgl. Hauser (1997): Vergleichende Analyse, S. 71; Hanesch u. a. (2000): Armut und Ungleichheit, S. 408; Keuschnigg / Groß (2012): Nationale Einkommensverteilung, S. 195.

Um eine Tendenz für das Ausmaß erschwerter Teilhabechancen auszuloten, findet in der soziologischen und ökonomischen Literatur vermehrt eine einfache Maßzahl Verwendung: die Armutsgefährdungsquote. Jener Kennwert gibt den Anteil einer Population an, die nach dem EU-Standard in relativer Einkommensarmut lebt oder der diese droht. Als armutsgefährdet gelten hiernach Personen, die mit ihrem eigenen Äquivalenzeinkommen den Grenzwert von 60 Prozent des mittleren Wertes aller Äquivalenzeinkommen der Bevölkerung unterschreiten.[3] Vor allem in der soziologischen Armuts- und Ungleichheitsforschung findet sich die 60-Prozent-Armutsgefährdungsgrenze als zentraler Kennwert im Konzept der relativen Armut.[4] Der Grenzwert ist relativ leicht zu ermitteln, allerdings nicht unumstritten. So ist der Feststellung von Stefan Hradil beizupflichten, dass Abgrenzungen letztlich stets willkürlich sind und die Armutsgefährdungsschwelle eigentlich keine Armut misst, sondern nur Tendenzen sozialer Ungleichheit aufzuzeigen vermag.[5]

Welche Entwicklung kennzeichnete die Armutsgefährdungsquote der jüngeren Vergangenheit? Eine Antwort auf diese Frage bietet etwa die Initiative *Neue Soziale Marktwirtschaft* in ihrer – wie sie es selbst nennen – Wohlstandsbilanz aus dem Jahr 2009. Im Unterpunkt *Soziale Gerechtigkeit* wird der Verlauf der relativen Einkommensarmut in Deutschland für die Jahre 1991 bis 2007 ausgewiesen. Wie aus der Grafik der Initiativgruppe abzulesen ist (siehe Abb. 13), verschoben sich die Anteile relativ Armer in Deutschland in den knapp zwei Jahrzehnten vertikal kaum. Die Grafik ist vielmehr dahingehend zu deuten, dass Mitte der 1990er minimale Werte erreicht wurden, insgesamt gesehen die Niveauunterschiede aber überschaubar blieben. Im Besonderen sind die Werte des letzten behandelten Zeitpunkts – dem Jahr 2007 – nur geringfügig höher als im Jahr 1991. Der kurze Begleittext bekräftigt den visuellen Eindruck. »Die Mär von der steigenden Armut in Deutschland kann […] nicht bestätigt werden.«[6]

Für die Initiativgruppe ist der Sachverhalt geklärt, doch lohnt sich an dieser Stelle ein quellenkritischer Blick. Als visuelles Medium vermitteln Grafiken das Gefühl, schlicht die objektiven Zahlen offen darzulegen und somit rein objektive Quellen zu verkörpern. Doch die Gestaltungs- bis hin zu Manipulationsmög-

3 Das Äquivalenzeinkommen des Einzelnen approximiert die verfügbaren Haushaltseinkünfte, berücksichtigt Synergieeffekte von Mehrpersonenhaushalten mittels der neuen OECD-Skala und verrechnet Ausgabenersparnisse fürs Wohnen bei Immobilieneigentum.

4 Ergänzung erfährt dieser durch weitere Grenzwerte, etwa der 40-Prozent-Schwelle als Marker für strenge Armut und der 75-Prozent-Schwelle für das Abgrenzen eines prekären Wohlstands. Vgl. Hanesch u. a. (2000): Armut und Ungleichheit, S. 51; Hauser (2009): Die Entwicklung, S. 59.

5 Vgl. Hradil (2010): Der deutsche Armutsdiskurs, S. 4. Ähnlich äußerte sich Becker u. a. (2007): Integrierte Analyse, S. 58 f. Die scheinbare Beliebigkeit der mathematischen Definition bringt der erste Armuts- und Reichtumsbericht der Bundesregierung sehr deutlich zum Ausdruck. Die Verfasser verwenden zur Ermittlung der Armutsrisikogrenze 16 verschiedene Verfahren. Vgl. Deutscher Bundestag (2001): Lebenslagen in Deutschland, S. 39.

6 Initiative Neue Soziale Marktwirtschaft (2009): Soziale Gerechtigkeit.

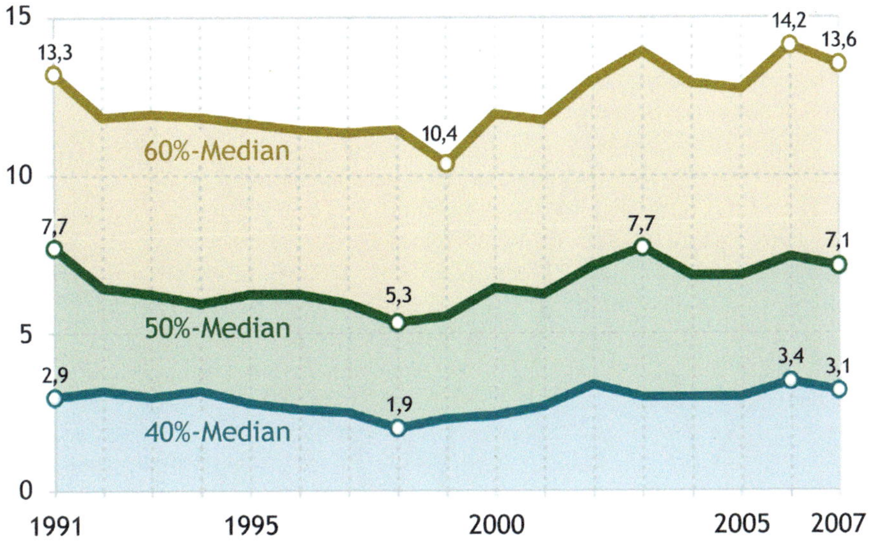

Abb. 13: Relative Einkommensarmut in Deutschland (in Prozent) gemäß der Initiative *Neue Soziale Marktwirtschaft*[7]

lichkeiten sind vielfältig.[8] Für den konkreten Fall seien zu den Möglichkeiten zwei zentrale Punkte genannt: die Skalierung und der betrachtete Zeitraum. Der gewählte Maßstab hat einen großen Einfluss auf den visuellen Eindruck. Hierdurch können Verläufe geglättet oder überhöht werden. Dies ist bei der Interpretation zu berücksichtigen. Ähnliches gilt für den dargestellten Zeitausschnitt. Die Initiative *Neue Soziale Marktwirtschaft* nutzt in ihrer Argumentation das Jahr 1991 als Referenzjahr zur Beschreibung der Entwicklung der folgenden zwei Jahrzehnte. Man muss sich allerdings vergegenwärtigen, dass sich im Jahr nach der Wiedervereinigung die beiden ehemaligen deutschen Staaten im Anbeginn eines Angleichungsprozesses befanden. Demnach ist für das Jahr 1991 von einem Extremwert in puncto Ungleichheit respektive relativer Armut

7 Die Grafik ist dem Internetauftritt der Initiativgruppe entnommen. Vgl. ebd. Den Internetangaben zufolge wurde für die Einteilung das nach der neuen OECD-Skala bedarfsgewichtete monatliche Haushaltsnettoeinkommen berechnet. Als Datengrundlage diente das Sozio-oekonomische Panel.

8 Das Zahlenmaterial selbst ist ebenso zu hinterfragen. Setzt man einen repräsentativen Datensatz voraus, weichen die Ergebnisse aufgrund unterschiedlicher Definitionen bisweilen erheblich voneinander ab. Im konkreten Fall der Werte zur relativen Einkommensarmut, welche die Initiative *Neue Soziale Marktwirtschaft* wiedergibt, kommt der Verfasser zu sehr ähnlichen Ergebnissen, da die gleiche Definition der Armutsgefährdungsschwelle zu Grunde gelegt und mit dem Sozio-oekonomischen Panel der gleiche Datensatz Verwendung fand. Geringe Abweichungen sind etwa mit unterschiedlichen Gewichtungsverfahren sowie Schätzverfahren bei fehlenden Werten erklärbar.

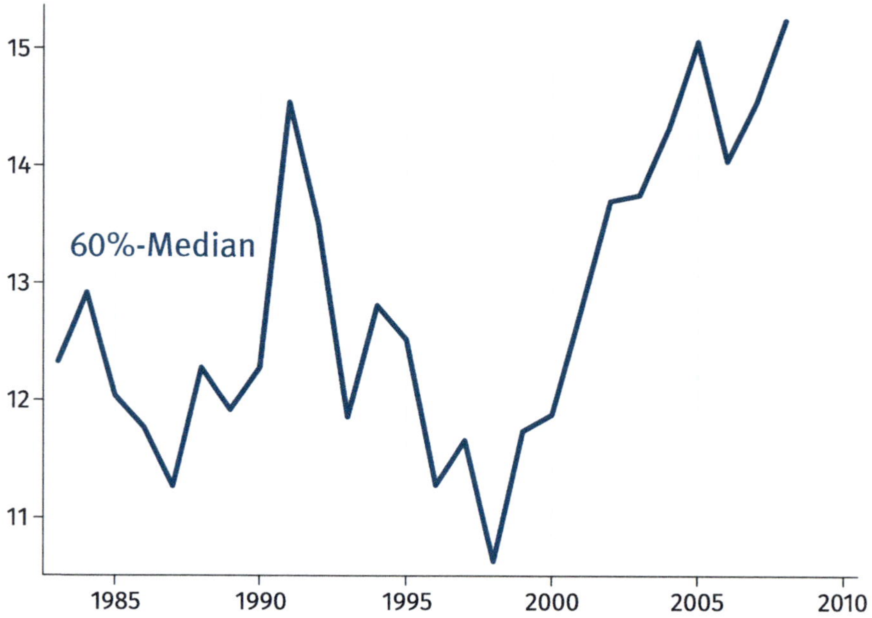

Abb. 14: Relative Einkommensarmut in Deutschland (in Prozent) in anderer Perspektive

auszugehen. Folglich wird man einer Trendbeschreibung relativer Einkommensarmut erst gerecht, wenn man ebenso Jahre vor der Wende im Blick hat.

Vergleicht man die Zahlenwerte der Abbildung der Initiative *Neue Soziale Marktwirtschaft* (Abb. 13) mit der aus dem Datensatz des Sozio-oekonomischen Panels selbst erstellten Grafik (Abb. 14), so sind diese ähnlich. Aufgrund eines unterschiedlichen Skalierungsniveaus und eines unterschiedlich langen Betrachtungszeitraumes legen sie jedoch gegensätzliche Schlussfolgerungen nahe. In Abbildung 14 bewegt sich die relative Einkommensarmut von Mitte der 1980er bis zum Jahr 2000 im Bereich von 12 Prozent. Der Anfang der 1990er Jahre spiegelt als temporärer Sonderfall die Angleichungsphase nach der Wiedervereinigung wieder.[9] Ab dem Jahr 2000 nahm der Anteil relativ Armer stetig

9 Dass sich die Auswirkungen der Wende in der Grafik zeitversetzt zeigen, ist den vorhandenen Daten geschuldet. Diese geben in Einkommensfragen von Menschen aus den neuen Bundesländern erst ab dem Jahre 1991 Auskunft. Zudem ist anzumerken, dass die Wiedervereinigung nur auf die gesamtdeutschen relativen Werte einen erheblichen Einfluss ausübte. Wird jeweils der Durchschnitt der beiden alten Landesteile zugrunde gelegt, wäre ein Ausschlag der Kurve Anfang der 1990er kaum wahrnehmbar. Ostdeutschland allein betrachtet weist eine wesentlich gleichere Einkommensverteilung und eine deutlich niedrigere relative Einkommensarmut auf als Westdeutschland. Erst durch den gesamtdeutschen Schnitt fällt bis zu einem Drittel der Bevölkerung in den neuen Bundesländern unter die Kategorie relativer Einkommensarmut.

zu. Von einer Konstanz, wie es die Initiative *Neue Soziale Marktwirtschaft* schildert, kann keine Rede sein.[10] Diese Fehldeutung und tendenziöse Grafikgestaltung ist dem Eigeninteresse des Urhebers geschuldet. Bei der sich selbst als Initiative betitelnden Gruppierung handelt es sich um eine wirtschaftsliberale Lobbygruppe, die vom Arbeitgeberverband Gesamtmetall getragen wird.[11] Mit der Veröffentlichung ihrer Grafikversion verlieh sie ihren wirtschaftsliberalen Positionen Nachdruck und bemühte sich, öffentliche Sorgen um zunehmende soziale Diskrepanzen zu zerstreuen. Aufgabe der Zeitgeschichte muss es indes sein, Sachverhalte in längere Zusammenhänge einzuordnen. In dieser Beziehung besteht für die jüngere Vergangenheit ein großer Bedarf, da die meisten Autoren, die eine Deutungshoheit beanspruchen, die Historie nicht in den Blick nehmen.

Gibt Abbildung 14 die allgemeine Entwicklung wieder, so stellt sich die Frage, ob der skizzierte Trend auch bei mobilen Personengruppen seine Entsprechung fand. Dies sei für die Gruppe der Pendler dargelegt. Definitionsbedingt handelt es sich bei Pendlern um Personen, die einer Arbeit nachgehen und damit ein Einkommen erzielen. Somit überrascht ein niedrigeres Niveau an Armutsgefährdeten gegenüber der Allgemeinheit der Erwachsenen nicht. Festzuhalten ist, dass es auch keinen parallelen Verlauf gab. Bei den vollzeitbeschäftigten Pendlern bewegte sich die Rate der von Armut Bedrohten – mit leichten konjunkturellen Schwankungen und einem kleinen Nachwendehoch – annähernd konstant um dreieinhalb Prozent. Erst ab dem Jahr 2008 deutete sich ein dezenter Anstieg an. Jene Entwicklung betraf die Pendler nicht exklusiv. Die nicht-pendelnden Vollzeitbeschäftigten zeichneten sich durch einen vergleichbaren Trendverlauf aus, bei durchschnittlich einem Prozentpunkt mehr Gefährdeter. Unter den Teilzeitangestellten zeigten sich die pendelnden gegenüber ihren nicht-pendelnden Pendants durchgehend besser finanziell aufgestellt. Es deutet sich an, dass es sich bei der zeitlich konstant besseren Aufstellung der pendelnden Teilzeitkräfte überproportional um Zweitverdiener handelte, wohingegen bei den nicht-pendelnden ein überrepräsentativer Anteil Alleinerziehender den Schnitt Armutsgefährdeter anhob.[12] Unter den Berufstätigen wiesen die geringfügig Beschäftigten naheliegenderweise die höchsten Werte bezüglich von Armut

10 Eine deutliche Verschlechterung bringt gleichfalls der Gini-Index zum Ausdruck, der seit Ende der 1980er bis Ende der 2000er kontinuierlich anstieg. Vgl. Brunner (2012): Einkommensverteilung in Deutschland, S. 197.

11 Die Initiative *Neue Soziale Marktwirtschaft* ist ein prominentes Beispiel dafür, wie sich die Strategie von Interessensgruppen in den 2000ern wandelte. Sie agierten nicht mehr im Verborgenen, sondern traten öffentlich-plakativ auf. Cerstin Gammelin sieht in der Gruppierung die »modernste Lobbyorganisation des Landes«. Gammelin (2005): Die Strippenzieher, S. 132. Vgl. auch Speth / Leif (2006): Lobbying und PR, S. 302 f.

12 Dass sich bei den pendelnden Teilzeitkräften der Anteil von relativer Armut Betroffener im Jahr 2008 im Vergleich zu den Jahren zuvor mit 15,1 Prozent mehr als verdoppelte und im folgenden Jahr diesen Wert beibehielt ist allerdings erklärungsbedürftig. Damit erreichten sie selbst den stark gestiegenen Bundesdurchschnitt. Die Daten des Soziooekonomischen Panels deuten indes an, dass ein temporär höheres Ausmaß an Kurzarbeit zumindest eine Teilantwort bedeuten könnte.

Gefährdeter auf. Bei diesen spiegelte sich der allgemeine Deutschlandtrend eines Anstiegs in den 2000ern deutlich wider, gleich ob Pendler oder nicht. Die geringfügig beschäftigten Pendler dokumentierten hierbei in ihrem Verlauf eine größere Unruhe, mit großzügig schwankenden Werten um die 20 Prozentmarke.[13]

Bei der Unterscheidung nach Arbeitszeiten ist zu berücksichtigen, dass es sich um unterschiedlich große Phänomene handelte. Mitte der 1980er bis Mitte der 1990er hatten – annähernd konstant – rund 83 Prozent aller Beschäftigten einen Vollzeitvertrag. In den sich anschließenden eineinhalb Jahrzehnten sank ihr Anteil kontinuierlich auf knapp 72 Prozent. Im gleichen Zeitraum stieg der Anteil von Angestellten in Teilzeit von 14 auf 19 Prozent und vervielfachte sich der Anteil der geringfügig Beschäftigten von vier auf 9,5 Prozent.[14] Ein stärkeres Aufkommen der geringfügig Beschäftigten ist gerade im Hinblick auf Verteilungsgerechtigkeit kritisch zu sehen. Die Vollzeitkräfte blieben allerdings die maßgebliche Kategorie nicht nur in puncto Beschäftigungsform, sondern auch hinsichtlich der Pendler. Pendelte 1985 beinahe jede fünfte Vollzeitkraft, war es bis 2009 für fast jede zweite zur Alltagserfahrung geworden.[15]

Resümierend lässt sich hinsichtlich der Armutsgefährdungsquote bei Pendlern konstatieren – gesprochen für deren Hauptgruppe der Vollzeitbeschäftigten –, dass der Anteilsverlauf in relativer Armut Lebender in den 1980ern bis 2000ern lediglich leichte konjunkturelle Schwankungen wiedergibt. Abgesehen vom Nachwendehoch war für diese keine positive oder negative Trendrichtung auszumachen. In statistischer Sicht hatte relative Armut keine große Bedeutung für die Pendler. Einkommensarmut stellte vielmehr etwas Trennendes gegenüber spezifischen immobilen Gruppen dar. Beim Fokus auf die Pendler als mobile Lebensform erscheint es gerechtfertigt, eine differenzierte Betrachtung der Entwicklung relativer Armut nicht gesondert vorzunehmen, sondern dies vielmehr in der Abhandlung von Einkommensverteilung und Einkommensverläufen zu integrieren.

13 Wird bezüglich unterhalb der Armutsgefährdungsschwelle lebender Berufstätiger regional unterschieden, zeigte sich eine offensichtliche Ost-West-Diskrepanz. Ein Süd-Nord-Gefälle traf auf die Vollzeitbeschäftigten, jedoch nur bedingt auf die Pendler zu. Bei diesen positionierte sich einzig Bayern eindeutig besser.

14 Die hohen Anteile in Teilzeit und geringfügig Beschäftigter waren insbesondere durch weibliche Erwerbstätige bedingt. Unter den in Partnerschaft lebenden Frauen war in den alten Bundesländern im Jahr 1985 jede Fünfte, im Jahr 2009 bereits jede Dritte in Teilzeit angestellt. Der Anstieg der Teilzeitkräfte erfolgte schubweise vor allem zu Anfang und Mitte der 2000er. Ähnlich verhielt es sich bei geringfügig bezahlten weiblichen Zweitverdienerinnen, deren Anteil im betrachteten 25-Jahreszeitraum von rund 5 auf knapp 14 Prozent anstieg.

15 Mit deutlich niedrigeren Werten zeigt sich der gleiche Trend auch bei den Teilzeitkräften.

2. Einkommensverhältnisse und Einkommensverteilung

2.1 Die allgemeine Entwicklung

Wie bereits angeführt, stellt das Einkommen eine essenzielle Größe für die Gestaltungsmöglichkeiten des Lebens in einer Marktgesellschaft dar. Verfügbares Kapital ist meist mitentscheidend für den Zugang zu Leistungen und Gütern. Die Einkommenshöhe beeinflusst nicht nur die individuellen, aktuellen Lebensverhältnisse, sondern auch die zukünftigen Lebensperspektiven und bildet somit einen Kernpunkt gesellschaftlicher Verteilungsfragen. Zu ähnlichen Feststellungen gelangten bereits Adam Smith und Karl Marx in ihren theoretischen Überlegungen zu Einkommensdisparitäten.[16] Nach den wirtschaftstheoretischen Pionieren betonte desgleichen die aufkommende Fachdisziplin der Soziologie – vertreten etwa durch Max Weber – die hervorstehende Bedeutung des Einkommens.[17] Die Beschäftigung mit Fragen nach Einkommensunterschieden und Einkommensverläufen hat eine lange Tradition und wurde vermehrt in Zeiten wahrgenommener, vornehmlich ökonomischer Umwälzungen oder Krisen erörtert.[18] Im Zuge der Debatte zu den Auswirkungen des globalen Finanzmarktkapitalismus wurde spätestens seit Mitte der 1980er kontrovers darüber diskutiert, ob und aus welchem Grund sich die Einkommensdisparitäten der westlichen Industrieländer in der zweiten Hälfte des 20. Jahrhunderts wandelten. Bezüglich dieses lebhaften Diskurses monierte der Wirtschaftshistoriker Knut Borchardt eine mangelnde Partizipation deutscher Forscher.[19]

Vor einer differenzierten Darlegung der Einkommensverteilung und Einkommensentwicklung ist zunächst zu erläutern, was genau unter Einkommen verstanden wird. Üblicherweise unterscheidet man zwischen Bruttoeinkommen und Nettoeinkommen. Da Steuern als auch wohlfahrtsstaatliche Zahlungen in Deutschland einen großen Einfluss auf die Höhe des effektiv verfügbaren Einkommens einer Person haben, ist das Nettoeinkommen in den meisten Fällen als Untersuchungsgegenstand vorzuziehen. Zugleich ist zu bedenken, dass Personen

16 Vgl. Smith (1993): Wohlstand der Nationen, S. 59; Marx (1894): Das Kapital, S. 357, 369.

17 Vgl. Wehler (2008): Deutsche Gesellschaftsgeschichte 5, S. 119; Bülow (1929): Philosophie des Einkommens, S. 146f.

18 So finden sich beispielsweise auch zu Zeiten der späten Weimarer Republik vermehrt Wortmeldungen. Vgl. etwa ebd., S. 146f.; Schröder (1928): Einfluß der Wirtschaftsordnung, S. 4f.

19 Vgl. Borchardt (2004): Einleitung, S. 478. Die Kritik galt zumindest für die geisteswissenschaftlichen Fächer. In den Wirtschaftswissenschaften erschienen hingegen eine Reihe von Veröffentlichungen, so etwa zu Anfang der 1990er folgende drei Doktorarbeiten: Jacobs (1991): Einkommensbezug im Lebensverlauf; Berntsen (1992): Dynamik in Einkommensverteilung; Müller (1992): Individualeinkommensverläufe in Deutschland.

mit ihren erzielten Einkünften selten losgelöst von ihrem Haushaltskontext zu sehen sind. Bei Vergleichen unter Beschäftigten mag die personale Ebene sinnvoll sein. Wird allerdings in gesamtgesellschaftlicher Perspektive sozialstrukturell differenziert, drängt sich der Haushalt als Vergleichseinheit auf. Um Haushalte unterschiedlicher Größe und Zusammensetzung in Beziehung setzen zu können, findet das Äquivalenzeinkommen Verwendung. In seiner Berechnung wird eine fiktive Geldsumme ermittelt, die jedem Haushaltsmitglied zustände, würde jeder sein Leben als Singlehaushalt bestreiten. Hierbei sind alle erzielten Einkommen eines Haushaltes samt Transferzahlungen sowie hypothetischer Einkommensbeträge aus selbst genutztem Wohneigentum zu addieren, und von dieser Summe alle Sozialabgaben und Steuern abzuziehen. Das resultierende Haushaltsnettoeinkommen ist anschließend durch eine bedarfsgewichtete Summe aller Haushaltsmitglieder entsprechend deren Alter und Anzahl zu teilen. Hier hat sich in der Forschung die OECD-Skala durchgesetzt.[20] Das Konzept des Äquivalenzeinkommens – man könnte auch vom transformierten, theoretisch verfügbaren Pro-Kopf-Einkommen sprechen – hat entscheidende Vorteile. Es berücksichtigt finanzielle Synergieeffekte beim Zusammenwohnen mehrerer Personen und ermöglicht dadurch Vergleiche von Personen mit unterschiedlichen Haushaltsstrukturen. Indem das Haushaltseinkommen pauschal auf alle Haushaltsmitglieder gleich verteilt wird, entschärft es zudem das Messproblem nicht-marktmäßiger Arbeit wie vorwiegende Tätigkeiten im Haushalt oder im Familienbetrieb.

Um mobilitätsspezifische Trends der Entlohnung in den 1980ern bis 2000ern einzuordnen und zu beurteilen, bedarf es des Wissens um die Entwicklung der Einkommensverteilung vorangegangener Zeiten. Denn erst durch die Berücksichtigung längerer Zeitfenster können Wandel und Kontinuitäten im Kleinen erkannt werden. Die Rückschau auf ältere Zeiten stützt sich auf Forschungsleistungen, welche den allgemeinen Verlauf beschreiben. Mobilitätsspezifische Lohnbetrachtungen gibt es nicht. Die Kenntnis der allgemeinen Entwicklung

20 Der Gewichtungsfaktor wurde von der Organisation für wirtschaftliche Zusammenarbeit und Entwicklung festgelegt und nach ihr benannt. Im Jahr 1982 das erste Mal genutzt, etablierte sich ihre Verwendung in den 1990ern. Vgl. Burkhauser / Frick / Schwarze (1997): Comparison of Alternative, S. 159. Das Verfahren wurde und wird vorwiegend von Ökonomen und Soziologen angewandt. Aber auch Historiker weisen auf die zentrale Bedeutung einer Äquivalenzskala hin, um Vergleiche zwischen Haushalten zu ermöglichen. Vgl. Kaelble / Thomas (1991): Introduction, S. 18. Mittlerweile unterscheidet man zwischen einer alten und einer neuen OECD-Skala. Letztere findet in dieser Untersuchung Anwendung. So setzt die neuere Fassung fest, dass dem ersten Erwachsenen des Haushalts ein Gewichtungsfaktor von 1,0 zuzuordnen ist. Jede weitere Person des Haushalts ab 14 Jahren erhöht den Wert um 0,5, jedes Kind bis 14 Jahren um 0,3. Dieser Ansatz geht von zwei Sachverhalten aus. Der Lebensunterhalt von Erwachsenen ist kostspieliger als derjenige von Kindern. Um einen gleichen Lebensstandard zu gewährleisten, bedarf es dank Synergieeffekten bei weiteren Haushaltsmitgliedern geringere finanzielle Mittel als beim ersten Erwachsenen. Auch wenn sich die OECD-Äquivalenzskala als Standardverfahren behauptet, ist ihre scheinbar beliebige Festsetzung kritisch zu sehen.

der Einkommensverhältnisse ist relevant, denn die Lohnsituation der Pendler haben losgelöst vom gesamtgesellschaftlichen Bezugsrahmen wenig Aussagewert. Da historische Arbeiten nicht selten Parallelen zwischen der Zeit der Hochphase der Industrialisierung mit der Zeit vor und um die Jahrtausendwende ziehen, beginnt die kurze Skizze zur Entwicklung der Einkommensverteilung in Deutschland im 19. Jahrhundert. Der Verlauf der ersten Jahrzehnte nach dem zweiten Weltkrieg erfährt dabei eine besondere, erklärende Berücksichtigung, da er als unmittelbarer zeitlicher Vorlauf zum betrachteten Zeitraum den damals künftigen Entwicklungsspielraum mit absteckte.

Eine graduelle Zunahme der Einkommensungleichheit prägte die Zeit des Deutschen Bundes im 19. Jahrhundert. Zur Zeit des deutschen Kaiserreiches Ende des 19. Jahrhunderts und Anfang des 20. Jahrhunderts stieg dank einer verbesserten wirtschaftlichen Produktivität in Verbindung mit einer starken Arbeiterbewegung der materielle Wohlstand in der Gesellschaft; oder im Sinne Ulrich Becks formuliert: die Gesellschaft erlebte einen Fahrstuhleffekt. Während die Tendenz einer absoluten Einkommensverbesserung unbestreitbar ist, verschärften sich in Zeiten der Hochkonjunktur die Einkommensgegensätze zwischen gut und schlecht Verdienenden.[21] Für die Zeitspanne der 1920er bis Mitte 1970er, also von der Zwischenkriegszeit bis zur Ölkrise, ist für Deutschland eine abnehmende Einkommensungleichheit zu diagnostizieren.[22] Als Argumente für eine ausgeglichenere Einkommensverteilung in den drei Nachkriegsjahrzehnten führte Hartmut Kaelble als politische Faktoren den starken Einfluss der Gewerkschaften auf die Entlohnung sowie eine Zunahme wohlfahrtsstaatlicher Leistungen an.[23] Zudem entwickelte sich der Arbeitsmarkt in jener Zeit günstig. Der demografische Wandel verknappte das Arbeitskräftepotenzial Ungelernter, sodass die Arbeitgeber als Arbeitsnachfragende bei gesunkenem Arbeitskräfteangebot einfache Tätigkeiten höher vergüteten. Denn auch zuwandernde Ausländer deckten den Bedarf an billigen Arbeitskräften nicht hinreichend. Im Zuge der Bildungsexpansion übertraf das Überangebot Hochqualifizierter die Arbeitsmarkterfordernisse. Dies senkte die Spitzenverdienste zugunsten einer größeren Streuung in der Breite. Darüber hinaus nahm der Anteil der Selbstständigen an allen Erwerbstätigen ab. Da sich die Gruppe der Selbstständigen in der Regel durch eine große Einkommensspreizung auszeichnen, wirkte ihr prozentualer Rückgang auf die Einkommensunterschiede in der Gesellschaft ausgleichend. Stärker ins Gewicht fiel gleichwohl der sektorale Wandel. Neben einer sektorenübergreifenden Produktivitätssteigerung hatte der Bedeutungsgewinn

21 Vgl. Wehler (2008): Deutsche Gesellschaftsgeschichte 3, S. 707–709; Pierenkemper (2009): Wirtschaftsgeschichte, S. 124. Bei dem im Rahmen seiner Individualisierungsthese formulierten Begriff des »Fahrstuhleffekts« zielte Ulrich Beck freilich auf die deutsche Gesellschaft in der zweiten Hälfte des 20. Jahrhunderts ab. Vgl. Beck (1986): Risikogesellschaft, S. 122.

22 Vgl. Nolte / Hilpert (2007): Wandel und Selbstbehauptung, S. 50; Kaelble (2000): Wandel der Einkommensverteilung, S. 228; Kaelble / Thomas (1991): Introduction, S. 46.

23 Vgl. Kaelble (2000): Wandel der Einkommensverteilung, S. 232 f.

einkommensstarker Industrie und Dienstleistung großen Anteil an der Anhebung der Löhne und der Reduzierung von Verdienstunterschieden.[24] Dieser Nivellierungstrend fand seinerzeit in der soziologischen Gegenwartsdiagnose ihren Ausdruck. Helmut Schelsky prägte Mitte der 1950er Jahre den Begriff der nivellierten Mittelstandsgesellschaft.[25] Ohne sich explizit auf ihn zu beziehen, stützten Ökonomen jener Zeit seine Auffassung, indem sie für die 1950er eine Verdoppelung des Realeinkommens in der jungen, boomenden Republik registrierten.[26] Bis in die 1970er lassen sich viele wirtschaftswissenschaftliche Veröffentlichungen mit der Brille Schelskys lesen.[27] Die Formel der nivellierten Mittelstandsgesellschaft erfuhr in Politik und Öffentlichkeit zu seiner Zeit großen Anklang. Schelsky verstand seine Beschreibung nicht nur als Momentaufnahme, sondern sah diese für die Gesellschaft ebenso zukünftig als zutreffend an. Seine eigene Fachdisziplin wies seine Ansicht indes zurück. Die deutschen Soziologen der Nachkriegszeit interpretierten sie als plumpe Vereinfachung der sozialen Wirklichkeit.[28] Auch aus heutiger Perspektive ist seine These bei Verengung des Blickwinkels auf die Einkommensverteilung zu relativieren. So ist eine Nivellierung in den 1950ern sicherlich hinsichtlich einer allgemeinen Konsumbeteiligung zutreffend, jedoch nur moderat bezüglich einer stärker gleichverteilten Entlohnungsstruktur. In der Zeit des Wirtschaftsbooms erfolgte lediglich eine schwach ausgeprägte Einkommensmobilität hin zu sich mindernden Gegensätzen.[29] Um das Jahr 1970 öffnete sich die Einkommensschere wieder etwas. Der Einbruch des Wirtschaftswachstums Mitte der 1970er und das damit einhergehende Ende der Vollzeitbeschäftigung scheint sich bis Anfang der 1980er indes nicht negativ auf die Einkommensverteilung ausgewirkt zu haben. Ganz im Gegenteil kommen Analysen zu dem Schluss, dass die Einkünfte in der unmittelbaren Zeit *nach dem Boom* bis zum Ende der sozialliberalen Regierung gesellschaftlich übergreifend gleichmäßiger verteilt waren.[30] Neben dem Ausbleiben steigender Löhne zu Zeiten einer verhalteneren Stimmung in der Wirt-

24 Vgl. Lindert/Williamson (1985): Growth Equality, S. 315f.; Kaelble (2000): Wandel der Einkommensverteilung, S. 234–236.

25 Vgl. Schelsky (1965): Bedeutung des Schichtungsbegriffs, S. 332.

26 Vgl. etwa Chevallerie (1964): Entwicklung der Einkommensverteilung, S. 11.

27 Für Mitte der 1970er ist ein vermehrtes Interesse der Ökonomen an der Einkommensverteilung und -schichtung zu verzeichnen. In dieser Zeit generierten Forscher eine Fülle von punktuellen Momentaufnahmen, gerade im Hinblick auf den staatlichen Einfluss auf Umverteilungsfragen. Vgl. Heilmann (1976): Umverteilung der Einkommen; Paraskewopoulos (1976): Verteilungswirkungen staatlicher Vermögenspolitik; Gruber (1974): Einkommensverteilung.

28 Vgl. Schäfer (2000): Die nivellierte Mittelstandsgesellschaft, S. 115f.

29 Vgl. Abelshauser (2004): Deutsche Wirtschaftsgeschichte, S. 341; Fachinger (1991): Lohnmobilität in Deutschland, S. 139.

30 Vgl. Wehler (2008): Deutsche Gesellschaftsgeschichte 5, S. 61; Guger (1989): The Distribution, S. 66; Bedau/Freitag/Göseke (1987): Einkommenslage der Familien, S. 27; Atkinson/Rainwater/Smeeding (1996): Distribution in OECD, S. 67.

schaft dürfte das wohlfahrtsstaatliche Abfedern bei geringen oder ausbleibenden Einkünften eine gewichtige Rolle gespielt haben.

Mit der tendenziellen Abnahme der Einkommensungleichheit hatte Deutschland bis dato der Theorie Kuznets entsprochen, dass sich mit fortlaufender Dauer Einkommensunterschiede innerhalb entwickelter Staaten anglichen.[31] Ab den 1980ern kamen international allerdings Zweifel an dieser These auf.[32] Ein enormer Anstieg der Einkommensunterschiede im angloamerikanischen Raum nährte die Skepsis. Das von Kuznets geprägte Bild des Einkommensverlaufes als umgekehrtes U wurde sprichwörtlich auf den Kopf gestellt. Der U-förmige Verlauf der Verteilungsmaße symbolisierte nunmehr international den aktuellen Trend.[33] In diesem Zusammenhang stellte die Forschung Deutschland lange Zeit als Ausnahmefall dar, welches in den 1980ern eine stabile Einkommensschichtung aufwies.[34] Obgleich die Bundesrepublik im betrachteten Jahrzehnt eine bis dato unbekannte Höhe an struktureller Arbeitslosigkeit verzeichnete, ist unbestritten, dass wohlfahrtsstaatliche Transferzahlungen große entstehende Gefälle zwischen Einkommensbeziehern und Arbeitslosen verhinderten. Den meisten Studien ist gemein, dass sie die Zeit der 1980er in Bezug auf die Entwicklung der Einkommensverteilung in Deutschland nicht als Zeit der Extreme ansehen. Der Zeitpunkt einer Trendwende in Deutschland lässt sich in der Forschung jedoch nicht exakt datieren. Die Forschungsmeinungen differieren hier zwischen Ende der 1970er bis Anfang der 1990er.[35] Zunehmend tendiert die

31 Simon Kuznets stellte Mitte der 1950er Jahre eine Korrelation zwischen Einkommensungleichheit und volkswirtschaftlichem Wachstum in Form eines umgedrehten U's fest. Seiner populären Vermutung nach löste der sektorale Wandel hin zu einer Industriegesellschaft nach einem anfänglichen Anstieg eine langfristig andauernde Abnahme der Einkommensungleichheit aus. Die nach ihm benannte Kuznets-Kurve versinnbildlicht dies. Vgl. Kuznets (1955): Economic Growth, S. 16 f.

32 Selbst Historiker beteiligten sich an dieser Debatte. So prognostizierten die Wirtschaftshistoriker Peter H. Lindert und Jeffrey G. Williamson Mitte der 1980er, dass sich die Kuznets-Kurve für die USA nach kurzer Irritation seit Mitte der 1970er erneut bewahrheiten wird. Vgl. Lindert / Williamson (1985): Growth Equality, S. 367. Hartmut Kaelble äußerte sich ein paar Jahre später bereits vorsichtiger. Er stellte die Frage, ob die Zunahme der Einkommensunterschiede einzig eine vorübergehende Episode bedeutete oder als Anzeichen des Endes der Gültigkeit der Kuznets-Kurve zu verstehen sei. Vgl. Kaelble / Thomas (1991): Introduction, S. 46 f.

33 Vgl. etwa Harrison / Bluestone (1988): The Great U-Turn.

34 Gerade Großbritannien und die USA sind hier von Westdeutschland zu unterscheiden. Diesbezüglich spielen unter anderem die Zäsuren durch die Wahl von Thatcher und Reagan eine Rolle, unter denen in jenen Ländern die traditionell größere Bedeutung der Finanzmärkte nochmals deutlich gestärkt wurde und in deren Regierungszeit eine umfassendere Deindustrialisierung vonstattenging.

35 Atkinson identifiziert das Jahr 1983 als (erneuten) Startpunkt des Anstiegs der Einkommensungleichheit. Vgl. Atkinson / Rainwater / Smeeding (1996): Distribution in OECD, S. 67. Bei Becker liegt es irgendwann zwischen 1978 und 1983. Vgl. Becker (1997): Entwicklung von Einkommensverteilung, S. 46 f., 50. Folgende drei Veröffentlichungen beschreiben die 1980er als stabil. Diesen zufolge setzt ein Anstieg der Einkommensungleich-

Forschung zur Annahme, dass die Einkommensverteilung in den 1980ern leicht ungleicher geworden, die wachsende Einkommensspreizung maßgeblich auf das Ausscheren sehr gut Verdienender zurückzuführen ist.[36]

Ebenfalls für das Jahrzehnt nach der Wiedervereinigung zeichnen verschiedene Forschungsleistungen kein einheitliches Bild. Es kristallisieren sich für die 1990er drei Forscherpositionen heraus. Die erste befindet das Einkommensgefüge und das verfügbare Haushaltseinkommen im Zeitverlauf als sehr oder zumindest ziemlich stabil. Trotz gestiegener Arbeitslosenzahlen sei dies dem spezifisch deutschen Fall eines funktionierenden, wohlfahrtsstaatlichen Transfersystems zu verdanken.[37] Ein zweiter Standpunkt sieht die ersten fünf Jahre nach der Wende als Zeit relativ stabiler Einkommensverhältnisse mit Indizien für eine moderate Zunahme der Ungleichheit. Ab der zweiten Hälfte der 1990er erscheint der Verlauf schwankend, gleichzeitig verdichteten sich die Anzeichen für eine Zunahme deutlich.[38] Diese vorsichtige Einschätzung einer mutmaßlich mäßigen finanziellen Ungleichheitszunahme wird in der dritten Forscherperspektive eindringlicher formuliert. Speziell die Bezieher niedriger Einkünfte erfuhren – im Gegensatz zu den stabilen Verhältnissen in den Jahren vor der Wiedervereinigung – in den 1990ern eine merkliche Verschlechterung. Die Zunahme gehobener Verdienste sei ebenso zu konstatieren, fiel aber weniger ins Gewicht. Insgesamt führte dies zu gestiegenen Differenzen der Gehälter.[39]

Die Unterschiede der Beurteilung sind verschiedenen Datensätzen und vor allem unterschiedlichen methodischen Erwägungen geschuldet. Die Wahl des Einkommenskonzeptes beeinflusst das Ergebnis signifikant. So stellte beispielsweise Walter Hanesch mit seinen Forscherkollegen fest, dass sich ihre Einschät-

heit erst Anfang der 1990er ein. Vgl. Steiner / Wagner (1998): Earning Inequality, S. 50 f.; Schmitt (2000): Einkommensverteilung und Einkommensungleichheit, S. 212; Prasad (2004): The Unbearable Stability, S. 382.

36 Vgl. Atkinson / Rainwater / Smeeding (1996): Distribution in OECD, S. 80; Becker (1997): Entwicklung von Einkommensverteilung, S. 46; Kaelble (2000): Wandel der Einkommensverteilung, S. 236. Folgende zwei Studien heben den Punkt hervor, dass die Zunahme der Einkommensungleichheit besonders auf das Ausscheren der Hochqualifizierten zurückgeht. Vgl. Möller (1998): Entwicklung der Lohnungleichheit, S. 190 f.; Vgl. Dustmann / Ludsteck / Schönberg (2009): Revisiting the German, S. 853. Es ist denkbar, dass Aussagen zur Einkommensstabilität in den 1980ern in früheren Studien dem verwendeten, selektiven statistischen Datenmaterial geschuldet war, welches die Reichen untererfasste.

37 Vgl. Treeck / Sturn (2012): Income Inequality, S. 39; Prasad (2004): The Unbearable Stability, S. 382; Grabka / Goebel / Schupp (2012): Höhepunkt der Einkommensungleichheit, S. 7.

38 Vgl. Bönke / Giesecke / Lüthen (2010): Ungleichheitsdynamik in Deutschland, S. 177; Hanesch u. a. (2000): Armut und Ungleichheit, S. 66 f.

39 Vgl. Becker / Hauser (2003): Anatomie der Einkommensverteilung, S. 169 f.; Dustmann / Ludsteck / Schönberg (2009): Revisiting the German, S. 873 f.; Kaelble (2000): Wandel der Einkommensverteilung, S. 236; Schmitt (2000): Einkommensverteilung und Einkommensungleichheit, S. 210.

zung einer nur moderaten Ungleichheitszunahme drastisch erhöhen würde, wenn ihre Berechnungen auf den jährlichen Verdiensten und nicht auf den Monatseinkünften fußten. Selbiges gilt für den sinnigen Ansatz, selbst genutztes Wohneigentum in den Einkommensüberlegungen mit zu berücksichtigen.[40] Resümierend lässt sich an dieser Stelle für das Jahrzehnt nach der Wiedervereinigung festhalten, dass sich in Deutschland trotz eines schwankenden Verlaufs bis hin zu deutlich negativen Verschiebungen dennoch keine klare Polarisierung abzeichnete.

Für die 2000er Jahre bringen Forschungsarbeiten eine deutlich veränderte Situation zum Ausdruck. Bezieher hoher Einkommen konnten ihre finanzielle Besserstellung ausbauen, preisbereinigt verzeichneten hingegen Berufstätige niedriger Einkommenshöhen erhebliche Verluste.[41] Einer Studie im Auftrag des Bundesministeriums für Arbeit und Soziales aus dem Jahr 2007 zufolge lagen die Einkommenseinbußen für das unterste Einkommensdezil zwischen den Jahren 2000 und 2006 bei 18,8 Prozent.[42] Meinhard Miegel und seine Mitarbeiter deuteten auf eine ähnliche Entwicklung hin. Demnach stieg die Zahl der Menschen, die in Haushalten mit prekären Einkommen lebten, bis zum Jahr 2006 innerhalb von zehn Jahren von 16,7 auf 20,8 Millionen.[43] Die Einkommensschere hatte sich im Übergang zu und insbesondere während des ersten Jahrzehnts des neuen Jahrtausends beträchtlich geöffnet. Die deutliche Ausweitung der Zahl der Teilzeitkräfte und geringfügig Beschäftigteten seit Ende der 1990er war Mitverursacher einer gestiegenen Einkommensungleichheit. Alleiniger Grund kann sie nicht gewesen sein, worauf das Deutsche Institut für Wirtschaftsforschung indirekt hinweist. Nach Schätzungen dieses Instituts waren die unteren 40 Prozent der Vollzeitbeschäftigten in den 2000ern von Einkommenseinbußen betroffen.[44]

Die signifikante Spreizung der Einkommen mit einer konjunkturell schwachen Phase zu begründen, griffe einzig für die ersten Jahre nach dem Platzen der Dotcom-Blase, also für die ersten Jahre der 2000er.[45] Für das gesamte

40 Vgl. Hanesch u. a. (2000): Armut und Ungleichheit, S. 76.

41 Vgl. Bundesministerium für Arbeit und Soziales (2012): Lebenslagen in Deutschland, S. XX [sic!]; Treeck (2012): Wohlstand ohne Wachstum, S. 35; Grabka / Goebel / Schupp (2012): Höhepunkt der Einkommensungleichheit, S. 7.

42 Vgl. Becker u. a. (2007): Integrierte Analyse, S. 84.

43 In der Veröffentlichung ist von der »Einkommensunterschicht« die Rede, welche durch ein äquivalenzgewichtetes Haushaltsnettoeinkommen von weniger als 70 Prozent des Median definiert ist. Vgl. Miegel / Wahl / Schulte (2008): Verlierern und Gewinnern, S. 17 f.

44 Vgl. Brenke / Grabka (2011): Schwache Lohnentwicklung, S. 12 f.

45 Als Sinnbild für den Aufstieg und Absturz der *New Economy* steht das Unternehmen EM.TV, welches Medienrechte vermarktete. So hätten beim Börsengang im Herbst des Jahres 1997 dreieinhalb Tausend deutsche Mark Einstiegskapital gereicht, um DM-Millionär zu werden – vorausgesetzt, man veräußerte die Aktien wieder zum richtigen Zeitpunkt im ersten Quartal des Jahres 2000, und vernachlässigt Depotgebühren und Steuerbelastungen. Der Absturz des Aktienkurses erfolgte allerdings spiegelbildlich. Vgl. Wirsching (2012): Preis der Freiheit, S. 268; Kurp (2000): Fall EM.TV.

Jahrzehnt kann eine derartige Argumentation keine Gültigkeit beanspruchen. Angesichts dessen scheint sich die Lage auf dem Arbeitsmarkt teilweise von der Einkommensentwicklung entkoppelt zu haben. Die zeitliche Nähe der Hartz-Gesetzgebung zur anhaltenden Einkommensspreizung trotz eines erneuten wirtschaftlichen Aufschwungs Mitte der 2000er wirft die Frage auf, ob diese Reform eine konjunkturell bedingte Verschlechterung strukturell verfestigte.

2.2 Eine pendlerspezifische Betrachtung

Wie fügt sich der Personenkreis der Pendler in das skizzierte Bild der allgemeinen Einkommensentwicklung ein? Hierzu gibt es keine fundierte wissenschaftliche Aufarbeitung. Auch bei einem Blick in die Zeitungswelt ist zu konstatieren, dass die finanzielle Aufstellung der Pendler keine Thematisierung erfuhr. Nur ein Detailaspekt fand eine breite Erörterung in den Medien: die Pendlerpauschale. Ein charakteristisches Beispiel stellt ein Artikel aus der *Berliner Morgenpost* vom 7. November 2005 dar. Der Text mit dem reißerischen Titel »Pendler fürchten um ihr Geld« beschreibt nicht die grundsätzlichen monetären Verhältnisse dieser mobilen Gruppe. Er behandelt lediglich die aktuellen Kürzungspläne der Bundesregierung zur Pendlerpauschale.[46] Die entscheidende Frage, ob sich das Pendeln grundsätzlich lohnt, wurde nicht gestellt. Dies ließe sich in beinahe allen Zeitungsartikeln der letzten Jahrzehnte aufzeigen. Nur sporadisch finden sich Mutmaßungen zu einer finanziell vorteilhafteren Aufstellung der Mobilen.[47] Doch es ist angezeigt, die Richtigkeit dieser scheinbaren Selbstverständlichkeit mit statistischen Daten zu hinterfragen. Aus diesem Grund wird anhand von Berechnungen auf Grundlage der Daten des Sozio-oekonomischen Panels zunächst ein Überblick über die Entwicklung der Haushaltseinkommen zwischen Mitte der 1980er bis Ende der 2000er gegeben, in der mindestens eine Arbeitskraft pendelte.

Im zeitlichen Verlauf präsentierte sich die Einkommensverteilung der Haushalte mit mindestens einem vollzeittätigen Pendler ähnlich zu derjenigen, in welcher mindestens ein Erwachsener ein nicht-pendelnder Vollzeitbeschäftigter war. In den drei Jahrzehnten der 1980er bis 2000er gab es einen beachtlichen, ansteigenden Anteil Wohlhabender. Der Prozentsatz relativ Armer verharrte weitgehend auf einem konstanten, recht niedrigen Niveau. Die Einkommensschere öffnete sich vorwiegend nach oben. Definiert man die Mitte der Gesellschaft mit einem Haushaltseinkommen von 75 bis 150 Prozent des äquivalenzgewichteten Median-Nettoeinkommens, so gehörten zu Mitte und Ende der 1980er Zwei-

46 Vgl. Ohne Verfasserangabe (2005): Pendler fürchten Geld. Ähnlich etwa auch Dams/Fründt (2008): Die neuen Leiden.

47 Bezeichnend für die seltenen Wortmeldungen ist der eingangs des Kapitels zitierte Ausspruch in der *Berliner Zeitung*.

drittel der Haushalte mit vollzeitbeschäftigten Pendlern der Mitte an.[48] Doch die Mitte schrumpfte in der Nachwendezeit um ein Siebtel. Nach einem Anstieg vor und um die Jahrtausendwende lag der Anteil Ende der 2000er mit circa 57 Prozent erneut auf dem Niveau Anfang der 1990er. Wie bereits angedeutet, verschoben sich hier die Anteile zugunsten sehr guter Einkommensbezieher.

Wie gestaltete sich der Einkommensabstand zwischen Haushalten, in welchen eine pendelnde Vollzeitkraft lebte, und jenen, in denen zumindest ein nicht-pendelnder Vollzeitbeschäftigter genannt wurde? Bei der Unterteilung der Haushalte in elf Einkommensschichten fällt auf, dass Pendlerhaushalte im Jahr 1985 einen überschaubaren Einkommensvorsprung verzeichneten. Die Extremfälle von Haushalten, die über weniger als 50 Prozent beziehungsweise mehr als 150 Prozent des Medians aller Haushaltseinkommen verfügten, unterschieden sich im Falle mindestens eines vollzeitbeschäftigten Haushaltsmitgliedes in den 1980ern pendlerspezifisch kaum.[49] Dieses Bild wandelte sich bis Mitte der 1990er. Haushalte mit einer Pendlerbeteiligung zeichneten sich durchschnittlich durch eine eindeutige Besserstellung aus. Insbesondere der Anteil von Haushalten mit überdurchschnittlichen Einkommensverhältnissen legte bei Pendlerbeteiligung auffallend zu.[50] Hierzu trugen insbesondere mobile, höher qualifizierte Angestellte bei, die überproportional als Unternehmensberater, Finanzfachkräfte und IT-Spezialisten arbeiteten. Damit wären namentlich Berufe adressiert, die als Repräsentanten eines sich zu Anfang der 1990er herausbildenden digitalen Finanzmarktkapitalismus gelten können.[51] Hinsichtlich pendlerspezifischer Einkommensvorteile im Haushaltskontext ist indes für den Zeitraum seit Mitte der 1990er Jahre kein klares Muster zu erkennen. Bei Schwankungen scheint sich ein verhaltener Angleichungsprozess bis Mitte der 2000er abzuzeichnen,

48 Die Mitte der Gesellschaft wird in den meisten Fällen, da operativ am einfachsten handhabbar, entsprechend des Einkommens definiert. Vgl. Hilpert (2012): Wohlfahrtsstaat der Mittelschichten, S. 21 f.; Lauterbach / Tarvenkorn (2011): Homogenität und Heterogenität, S. 61.

49 Nach Berechnungen mittels der Daten des Sozio-oekonomischen Panels wiesen im Jahr 1985 1,9 Prozent der Haushalte mit vollzeitbeschäftigten Pendlern ein Haushaltsnettoäquivalenzeinkommen von weniger als 50 Prozent auf, bei Haushalten mit Vollzeitbeschäftigten ohne Pendlerstatus belief sich der Anteil auf 2,2 Prozent. Die Anteile eines Haushaltsäquivalenzeinkommens von über 150 Prozent lagen bei 23,9 mit Pendlerbeteiligung respektive 20,4 Prozent bei Am-Wohnort-Arbeitenden.

50 So waren 31,5 Prozent der Haushalte mit Pendlerbeteiligung Werten von über 150 Prozent des Haushaltsnettoäquivalenzeinkommens zuzuordnen, für Haushalte mit nicht-pendelnden Vollzeitkräften lag dieser Wert hingegen bei 24,2 Prozent. Für den Bereich bis 50 Prozent des mittlersten Einkommenswertes sind Prozentangaben von 2,2 beziehungsweise 2,8 zu nennen.

51 Dies stützt demnach die zeitliche Verortung des Anbeginns des digitalen Finanzmarktkapitalismus als ökonomisch prägende Kraft im Ansatz bei Anselm Doering-Manteuffel und Lutz Raphael. Vgl. Doering-Manteuffel / Raphael (2011): Epochenbruch in 1970er, S. 31.

der sich von da an wieder rückläufig entwickelte. Eine zeitliche Koinzidenz der Anpassungsphase mit der New-Economy-Blase scheint nicht zufällig.

Der Blick auf das Haushaltseinkommen mag indirekt darauf verweisen, ob sich das Pendeln ökonomisch rechnete. Für eine differenziertere Analyse ist es allerdings zweckmäßig, den direkten Weg einzuschlagen und sich mit den individuellen Einkünften der Pendler zu beschäftigen. Nachfolgend wird die Entwicklung des Bruttojahreseinkommens bei vollzeitbeschäftigten Pendlern gemustert als auch ein Vergleich zu nicht-pendelnden Vollzeitbeschäftigten gezogen. Da eine querschnittliche Perspektive Veränderungen bei ein und derselben Person im Zeitverlauf ausblendet, wurde ein längsschnittlicher Zugriff zu den Verdienstentwicklungen gewählt. Dafür fanden für die drei Jahrzehnte der 1980er bis 2000er drei Sieben-Jahresschnitte Betrachtung: Dies waren der Zeitraum der Jahre 1984 bis 1990 als Zeitabschnitt vor der Wende sowie der Zeitraum 1993 bis 1999 als Zeitraum nach der Wiedervereinigung.[52] Das dritte Zeitintervall umfasst die Jahre 2002 bis 2008.[53]

Für die Jahre vor der Wende kennzeichnete das durchschnittliche Bruttojahreseinkommen der männlichen Beschäftigten ein Aufwärtstrend. Dies galt sowohl für die Berufspendler als auch für jene, die in Wohnnähe arbeiteten. Nicht zwangsläufig spiegelt diese Entwicklung einen wirtschaftlichen Progress wider, sondern ist maßgeblich Ausdruck einer steigenden Verdiensthöhe mit fortdauernder Berufstätigkeit. Für die Zeit nach der Wiedervereinigung ist eine ähnliche Entwicklung zu beobachten. In der zweiten Hälfte der 1990er wurde Mobilität allerdings stärker finanziell honoriert. Zugleich zeigte sich bei den

52 In den Daten des Sozio-oekonomischen Panels gibt es keine Pendlerangaben zu den Jahren 1991 und 1992. Demnach war kein Startpunkt mit unmittelbarer Nähe zur Wende möglich.

53 Die Pendler stellen eine Gruppe dar, die eine Beschäftigung implizit bedingen. Entsprechend ist zu gewährleisten, dass die Entwicklung der nicht-pendelnden Vergleichsgruppe nicht durch Phasen einer anhaltenden Arbeitslosigkeit überprägt wurde. Entsprechend wurde als Bedingung festgesetzt, dass untersuchte Personen in mindestens sechs der sieben Jahre eines Zeitintervalls einer Beschäftigung nachgegangen sein müssen. Die Unterscheidung zwischen Pendler und Nicht-Pendler ist bei einer längsschnittlichen Betrachtung nicht natürlich gegeben. Um allgemeinere mobilitätsspezifische Aussagen zu treffen, wurde auf eine schematische Vereinfachung zurückgegriffen. Es wurden vier Fälle von Beschäftigten unterschieden: Nie, einmalig, manchmal / häufig und stets Pendelnde. Für die zeitliche Vergleichbarkeit der Einkommen wurden die Geldangaben von Inflationsauswirkungen bereinigt, indem alle Geldangaben mittels der Verbraucherpreisindices auf das Preisgefüge des Jahres 2011 umgerechnet wurden. Vgl. Statistisches Bundesamt (2016): Preise Verbraucherpreisindizes; Rheinisch-Westfälisches Institut für Wirtschaftsforschung (2009): Monatliche Verbraucherpreisindices. Die vom Rheinisch-Westfälischen Institut für Wirtschaftsforschung zusammengestellten bundesländerspezifischen Verbrauchsdaten der Statistischen Landesämter wurden eine Teilprüfung mit den Daten des Bayerischen Statistikamtes unterzogen und fehlende Angaben entsprechend den Werten aus den Verbraucherpreisen der langen Reihe des Statistischen Bundesamtes approximiert. Vgl. Bayerisches Landesamt für Statistik und Datenverarbeitung (2010): Verbraucherpreisindex für Bayern, S. 23; Statistisches Bundesamt (2016): Preise Verbraucherpreisindizes.

absoluten Einkommenswerten ein stagnierender Verlauf der Einkommenskurve bei den Nicht-Pendlern. Diese beiden gegenläufigen Entwicklungen deuten einen Trend des Auseinanderdriftens zum Ende der 1990er Jahre an, was zumindest als Teilerklärung mit der Phase des Dotcom-Booms in Verbindung gebracht werden kann. Auch bei unterschiedlichen Einzelentwicklungen zeichnete sich ein vergleichbarer Gesamttrend des Auseinanderdriftens in den 2000ern ab. So stieg das an die Inflation angepasste Realeinkommen der Pendler in den 2000ern wesentlich verhaltener als im Zeitintervall zuvor. Gleichzeitig nahm das Durchschnittseinkommen der stets am oder nahe des Wohnorts Arbeitenden im Fortlauf ihrer Berufstätigkeit ab. Die Einkommensabstände zwischen den Mobilen und Nicht-Mobilen lassen sich in durchschnittlichen Einkommenshöhen konkret benennen. Das durchschnittliche Bruttojahresgehalt aus sieben Jahren in den 1980ern lag bei den Nicht-Pendelnden bei knapp 40.400 Euro, in der betrachteten Zeitspanne nach der Wende bei rund 41.760 und in den 2000ern bei 42.800 Euro. Hatten die Dauerpendler in den 1980ern einen Einkommensvorsprung von durchschnittlich 3.466 Euro, vervielfachte sich dieser im darauffolgenden Beobachtungszeitraum nach der Wiedervereinigung auf 8.650 Euro. Besonders Einkommensspitzen in den späten 1990er Jahren hatten den Abstand derart nach oben angehoben. Aber auch nach diesen temporären Höchstwerten zeigte die finanzielle Überflügelung der Nicht-Pendler durch die Dauerpendler eine anhaltende Einkommenskluft an. Die Differenz im Bruttojahreseinkommen betrug in den 2000ern durchschnittlich 6.485 Euro. Damit hatten sich die Einkommensabstände in den 2000er Jahren als verfestigt erwiesen.

Seit Ende der 1990er nahm die Bedeutung von Teilzeit- sowie geringfügig bezahlten Arbeitsplätzen zu und zugleich korrelierte das Pendeln stark mit Vollzeitkräften. Somit ist zu prüfen, ob das Auseinanderdriften im Vergleich zu den Nicht-Pendelnden dadurch bedingt war, dass bei letzteren womöglich im Laufe der Jahre eine abnehmende Vollzeitbeteiligung auftrat. Wird dies kontrolliert, änderten sich die Werte in überschaubarer Größenordnung. Die jährlichen Durchschnittseinkommen glichen sich dann zwischen den beiden Gruppen der Pendler und Nicht-Pendler im Vergleich zu den allgemein Beschäftigten lediglich um bis zu 300 Euro an.[54]

Bezüglich der Einkommensentwicklung in Deutschland in den 1980er bis 2000er Jahren kann allgemein folgendes festgehalten werden: Während sich niedrige Einkommensbezieher am Anfang des untersuchten Zeitraums finanziell leicht verbesserten, stagnierte ihre finanzielle Entlohnung im zeitlichen Fortlauf. Dementgegen profitierten die gut Verdienenden von deutlichen, nahezu

54 Dass geringfügig entlohnte Beschäftigungen und Teilzeitanstellungen nur solch eine geringe Auswirkung hatten, verwundert bei den Vorgaben nicht. Zum einen ist die Zunahme der Teilzeitarbeit im Besonderen ein Phänomen bei arbeitenden Frauen. Zum anderen dürften geringfügig bezahlte Stellen für Männer mit weitgehend durchgehenden Beschäftigungen eine geringere Rolle gespielt haben. Siehe zur Teilzeitarbeit als Frauenphänomen Liebig / Sauer / Schupp (2011): Die wahrgenommene Gerechtigkeit, S. 38.

kontinuierlichen Einkommenssteigerungen – dies galt bei den Pendlern wie bei den am Wohnort Arbeitenden. Zugleich hoben sich die Pendler von den Nicht-Pendlern als die deutlich Besserverdienenden ab, wobei die einträglichere Position der Pendler besonders Mitte der 1990er Jahre als auch ab der zweiten Hälfte der 2000er auffallend zutage trat. Der zentrale Trend ist allerdings unabhängig von der Arbeitsplatz bezogenen Mobilitätsbeteiligung: eine deutliche Zunahme der Spreizung zu Gunsten der Bezieher hoher Einkommen.

Differenzierung nach Großregionen

Behält dieses pauschale Urteil bei einer weitergehenden Differenzierung seine Gültigkeit? Insbesondere eine regionale Unterscheidung erscheint im betrachteten Zeitraum als zwingend. Denn Deutschland erlebte durch die Wiedervereinigung einen wirtschaftlichen Sonderfall, wurden hier doch zwei unterschiedliche Wirtschaftsräume vereint – oder je nach Perspektive der kleinere vom größeren absorbiert.

Die wirtschaftlichen Ausgangsbedingungen und die Art des Arbeitsmarktes waren verschieden und dies betraf nicht minder die unterschiedliche Bedeutung des beruflichen Pendelns zwischen Wohnung und Arbeitsstätte. In den 1980er Jahren nahm die Relevanz des Pendelns in der alten Bundesrepublik zu, in der ehemaligen DDR waren hingegen weite Strecken zum Arbeitsplatz weniger üblich. Sind somit Unterschiede im Einfluss der Mobilitätsbeteiligung auf die Einkommenshöhe für Ost- und Westdeutschland festzustellen? Waren mithin vormalige Strukturen oder ein Wandel des Arbeitsmarktes für die neuen Bundesländer prägender?

Regionale Unterscheidungen beschränken sich gewöhnlich darauf, die alten und neuen Bundesländer gesondert in den Blick zu nehmen. Eine solche Grobeinteilung greift aber zu kurz. Es scheint vorschnell, die alten Bundesländer als monolithisch zu begreifen. Trotz eines Süd-Nord-Gefälles finden sich in der Forschung selten weitergehende Differenzierungen. Um einen Ost-West-Gegensatz und ein mögliches Süd-Nord-Gefälle zu beleuchten, findet eine Unterscheidung nach vier Regionen statt: Der Osten mit den neuen Bundesländern, der Süden mit den Bundesländern Bayern und Baden-Württemberg, die Mitte mit den Ländern Hessen, Rheinland-Pfalz und dem Saarland. Die verbleibenden Bundesländer wurden dem Norden zugeordnet.[55] Neben der räumlichen Grobverortung wird nach zwei weiteren Gesichtspunkten differenziert: dem Geschlecht und dem Vorhandensein von Kindern im Haushalt.[56]

55 Die kleinere räumliche Einheit der Mitte wurde mit aufgenommen, da dieser Zwischenraum keiner zwingenden Logik nach von Vornherein einer Seite des Nord-Süd-Schematas zuordenbar ist.

56 Um zudem im Blick zu haben, ob manch Veränderungen bei Jüngeren eine andere Dynamik entfaltete, werden die 30- bis 45-Jährigen gesondert betrachtet.

Für eine detaillierte Betrachtung der Entwicklung des individuellen Jahresnettoeinkommens nach den drei Kategorien ergeben sich 16 Personengruppen. Bei diesen sind für den untersuchten Zeitraum von Mitte der 1980er bis Ende der 2000er vier Hauptbündel mit ähnlichen Lohnsituationen auszumachen: die westdeutschen Männer, die westdeutschen Frauen ohne Kinder, die ostdeutschen Männer und die westdeutschen Frauen mit Kindern samt aller ostdeutschen Frauen. Hinsichtlich der persönlichen Einkommensverläufe, gleich ob Pendler oder nicht, stellt die Reihenfolge der vier Fraktionen eine absteigende Rangordnung des durchschnittlich erzielten Verdienstes dar. Die Zusammenfassung in vier in sich ähnliche Hauptgruppen dient der vereinfachenden Orientierung. Diese werden nachfolgend im Einzelnen ausführlicher aufgeschlüsselt und ihre jeweiligen Einkommensverläufe dargelegt.

Zunächst fällt der Blick auf die Einkommensunterschiede zwischen Pendlern und Nicht-Pendlern bei westdeutschen Männern. Bei den vollzeitbeschäftigten westdeutschen Männern bestand durchgehend ein – wenn auch schwankender – Einkommensvorsprung der Pendler. Der angesprochene Sachverhalt bei den westdeutschen Männern ist somit kongruent mit dem allgemeinen Verlauf aller Beschäftigten in Deutschland. Verwunderlich ist dies nicht, stellten die Männer aus den alten Bundesländern schließlich den Großteil an Vollzeitbeschäftigten und gaben dementsprechend die Durchschnittswerte maßgeblich vor.

In einer Binnendifferenzierung der Personengruppe der westdeutschen Männer ist für den betrachteten Zeitraum eine Trendumkehr zu diagnostizieren. In den 1980ern stellten die norddeutschen Männer mit Kindern die Gruppe mit dem höchsten Einkommen dar. Als Pendler fielen ihre monetären Vorteile in den 1980ern und um die Jahrtausendwende überdies nochmals merklich auffallender aus. Vergleichbares galt für die norddeutschen, berufsbedingt mobilen Männer ohne Kinder im Haushalt. In der mittleren Region und in Süddeutschland hingegen erreichten die männlichen Pendler ohne Kinder in den 1980er und 1990er Jahren keine eindeutige finanzielle Besserstellung. Umso deutlicher bestand diese jedoch in den 2000ern. Bei den Familienvätern, die in der aggregierten Mitte-Region oder in Süddeutschland lebten, zeichnete sich bereits in den 1990ern ein sehr stark ausgeprägter Einkommensvorsprung ab, wenn sie einen längeren Arbeitsweg in Kauf nahmen.

Die Faustregel, dass westdeutsche Männer im Falle von Kindern höhere Einkommen verzeichneten, verlor spätestens seit den 2000ern ihre Gültigkeit. Vielmehr kristallisierte sich die regionale Verortung als das entscheidendere Distinktionsmerkmal heraus. Zugleich verschob sich die Tatsache einer finanziellen Privilegierung des Pendelns im Laufe der betrachteten drei Jahrzehnte von Norddeutschland nach Süddeutschland. Jene Entwicklung lässt sich für die 30- bis 45-Jährigen bereits seit Ende der 1990er nachzeichnen und führte Ende der 2000er dazu, dass die kinderlosen pendelnden Männer in der Altersgruppe der 30- bis 45-Jährigen durchschnittlich am meisten verdienten. Zugleich ist bei den Jüngeren das Süd-Nord-Gefälle wesentlich deutlicher auszumachen. In dieser Hinsicht waren – wie die Agglomeration München und der Großraum

Stuttgart für die wirtschaftlich prosperierenden Regionen Süddeutschlands – die wirtschaftsstarken Pendlerregionen Rhein-Main und Rheinhessen für die hohen Werte Mitteldeutschlands von maßgeblicher Bedeutung.[57]

Zeichnete den allgemeinen bundesdeutschen Trend ein mobilitätsspezifischer Einkommensvorteil aus, so verlief die Lohnentwicklung der vollzeitbeschäftigten Männer in den neuen Bundesländern in den ersten beiden Jahrzehnten nach der Wende hierzu gegenläufig. In Ostdeutschland zeigten die Männer ohne Kinder im Haushalt beinahe durchgehend eine bessere finanzielle Aufstellung, wenn sie nahe am Wohnort arbeiteten. Bei den Männern mit Kindern im Haushalt wechselten die finanziellen Vorteile zwischen Pendlern und Nicht-Pendlern. Es lässt sich daraus kein Trend zu einer Besserstellung eines der beiden Modelle erkennen. Auffallend ist vielmehr, dass sich bei ähnlichem Gesamtdurchschnitt die Pendlereinkommen weniger auffächerten, am Wohnort Arbeitende hingegen zu einem höheren Anteil niedrigere als auch höhere Einnahmen erzielten. Ein finanzielles Primat der Pendler trifft demnach für die Männer in den neuen Bundesländern nicht zu. Zugespitzt formuliert stellte sich hier weniger die Frage, wer mehr verdient, sondern wer überhaupt etwas verdient.

Bei den Männern ist über die knapp drei Jahrzehnte eine Verschiebung hin zu Vorteilen Kinderloser wahrzunehmen; zumindest gilt dies für die Jüngeren. Unter den Frauen kennzeichnete hingegen die Kinderlosen in allen betrachteten Jahrzehnten stets eine bessere persönliche Einkommensposition.[58] Bei Betrachtung aller vollzeitberufstätigen, kinderlosen Frauen waren die finanziellen Vorteile als Pendler im Süden stets signifikant, bei den Frauen aus dem Norden Deutschlands egalisierte sich hingegen in den 2000ern der ehemals bestehende Einkommensvorteil des Pendelns. Insbesondere die Zunahme sehr gut verdienender Frauen blieb im Norden ab dem Ende der 1990er Jahre aus. Die Einkommensunterschiede bei kinderlosen Frauen in den neuen Bundesländern erwiesen sich zwischen Pendlern und Nicht-Pendlern im Gros als unerheblich. Zwar konnten einige Pendler zwischen Mitte der 1990er bis Mitte der 2000er höhere Spitzeneinkommen erzielen. Dies glich sich allerdings durch eine dezent ungünstigere Verteilung anderer Pendler im Gesamtdurchschnitt wieder aus. Westdeutsche Frauen mit Kindern verzeichneten als Pendlerin durchschnittlich stets finanzielle Mehreinnahmen, auf die neuen Bundesländer traf dies einzig in

57 Hohe Einkommenswerte wies auch Mittelhessen auf. Die Fallzahlen sind allerdings zu klein, um die Werte als zwingend quantitativ belastbar anzusehen.

58 Vermeintlich karriereorientierte, kinderlose Frauen im Alter von 30 bis 45 Jahren aus dem Süden und der Mitte Deutschlands erreichten seit Mitte der 2000er die Einkommenswerte der Männer aus Norddeutschland. Der regional überkreuzte Vergleich von Männern und Frauen zeigt vordergründig keine geschlechtsspezifische Entwicklung, sondern er dokumentiert die Bedeutungszunahme des Süd-Nord-Gefälles. Eine zentrale Rolle spielte eine günstigere Branchenentwicklung – und im Zuge dessen ein wirtschaftlicher Konzentrationsprozess – in den süddeutschen Regionen. Diese profitierten auch davon, dass ihre Entwicklung weniger durch industrielle Altlasten beeinträchtigt wurde.

der ersten Hälfte der 2000er zu. Vorwiegend sind in den zwei Jahrzehnten nach der Wende keine Einkommensunterschiede bei unterschiedlichen Arbeitsweglängen in Ostdeutschland auszumachen.

Frauen in den alten Bundesländern verdienten bei Vollzeitberufstätigkeit deutlich mehr, wenn sie keine Kinder hatten – gleich, ob sie pendelten oder nicht. Zwar näherten sich die Verdienstunterschiede Anfang der 2000er stark an, doch erwies sich dies anscheinend lediglich als eine kurzzeitige Zwischenphase, da die Unterschiede ab 2005 wieder stark ausgeprägt waren. Auf dem ostdeutschen Arbeitsmarkt unterschieden sich die Einkommenshöhen pendelnder Frauen hinsichtlich der Anwesenheit von Kindern im Haushalt lange Zeit nur unwesentlich. Ab Mitte der 2000er ist in den neuen Bundesländern jedoch das westdeutsche Muster zu Gunsten der kinderlosen Frauen zu erkennen, was vor allem darauf zurückzuführen ist, dass sich das Einkommen der pendelnden, vollzeitberufstätigen ostdeutschen Mütter reduzierte. Bei den Pendlerinnen geschah dies zeitversetzt zu den am Wohnort Arbeitenden, bei denen sich bereits einige Jahre zuvor eine Trendumkehr andeutete.

In Ostdeutschland überboten die jungen kinderlosen, pendelnden Frauen ihre männlichen Pendants in der durchschnittlichen Einkommenshöhe in den 1990ern und 2000ern in der überwiegenden Zahl der Jahre.[59] Dies darf aber nicht verallgemeinernd zu einer Fehldeutung führen, dass Frauen auf dem ostdeutschen Arbeitsmarkt im Falle des Pendelns die finanzielle Gleichberechtigung errungen hatten. Denn wirft man bei den 30- bis 45-Jährigen pendelnden Eltern einen Blick auf das durchschnittliche Einkommensverhältnis zwischen pendelnden Vätern und pendelnden Müttern, ist die Diskrepanz gestiegen. Lagen die ostdeutschen pendelnden Mütter in den 1990ern bei rund 80 Prozent des Männergehalts, orientierte sich der Wert in den 2000ern Richtung 60 Prozent. Dies ist als ein Indiz zu werten, dass sich die Vereinbarkeit von Familie und Beruf verschlechterte und zu Lasten der Frauen veränderte. Die Orientierung am alten Rollenbild mit dem Mann als Hauptternährer ist ein Modell, welches am stärksten im süddeutschen Raum angewandt wurde. Hier lagen die Teilzeitquoten für Frauen am höchsten. Sonach passt es ins Bild, dass die süddeutschen Mütter selbst im Falle einer pendelnden Beschäftigten die niedrigsten Durchschnittseinkommen bezogen und dies im Grunde durchgehend über die 1990er bis 2000er.[60] Dies traf auch auf die Jüngeren im Alter von 30 bis 45 zu. Trotz eines wesentlich höheren Anteils an Vollzeitbeschäftigung erzielten die ostdeutschen pendelnden Mütter im Mittel nur unwesentlich höhere Einkünfte als die süddeutschen Frauen. Ihre durchschnittliche Einkommenshöhe war letztlich mit jener der pendelnden Mütter aus den nördlichen Bundesländern vergleichbar.

59 Hier scheint auch eine tendenziell bessere Ausbildung von Frauen eine Rolle gespielt zu haben.

60 Wichtig ist in dieser Beobachtung, dass alle beschäftigten Pendler im Blick sind, und nicht nur Vollzeitkräfte, wenngleich sie den maßgeblichen Anteil stellten.

Unterschiede nach Geschlecht

Die Variable Geschlecht wurde in den letzten Überlegungen bereits mitbehandelt. Ganz explizit ist zu beantworten, ob das Pendeln in Einkommensfragen mit dem Geschlecht korrelierte. Hinsichtlich Differenzierungen nach dem Geschlecht wiesen Pendler in Einkommensbelangen keine signifikanten Unterschiede zur allgemeinen Entwicklung auf. Dies traf ebenfalls zu, wenn zusätzlich nach alten und neuen Bundesländern unterschieden wird. Erste statistische Zahlenreihen legten bezüglich Frauen in West- und Ostdeutschland einen Trugschluss nahe. Diesen war bei einem ersten Blick zu entnehmen, dass pendelnde Frauen nach einer ersten Annäherungsphase bis Mitte der 1990er Jahre stets gleichbleibend schlechter bezahlt wurden, im Gegensatz zum allgemeinen Fall der erwerbstätigen ostdeutschen Frau, die Mitte der 1990er zum Gehalt der Frau aus den alten Bundesländern aufschloss. Der durchschnittliche Verdienst von ost- und westdeutschen Frauen stellte sich seit Mitte der 1990er Jahre in der Tat als gleich heraus, allerdings ist zu berücksichtigen, dass die westdeutschen Frauen zugleich eine wesentlich höhere Teilzeitquote aufwiesen. Sie erreichte also mit einem durchschnittlich niedrigeren Zeitaufwand die gleichen Einnahmen. Bedenkt man dies und betrachtet beispielsweise einzig vollzeitbeschäftigte Frauen, so sind die Einkommensdiskrepanzen unmittelbar ersichtlich, die zunächst nur für die pendelnde Frau zu gelten schienen.

Das Pendeln bewirkte auch keine signifikante Veränderung der mittleren Lohnunterschiede zwischen Männer und Frauen. Unabhängig von der Entfernung zum Arbeitsort lagen diese über alle drei Jahrzehnte in Westdeutschland bei Kinderlosen im Wesentlichen bei Werten zwischen 20 und 25 Prozent und im Fall von Kindern im Haushalt bei Werten von 35 bis 40 Prozent.[61] In den neuen Bundesländern steigerte sich das Lohndifferential zwischen Männern und Frauen mit Kindern innerhalb der zwei Jahrzehnte nach der Wende von gut 20 auf gut 30 Prozent. Lebten keine Kinder im Haushalt, bewegten sich die Werte der Einkommensrückstände der ostdeutschen Frauen bei den Pendlern

61 Zwischen 1993 und 2006 erkennen auch Hermann Gartner und Thomas Linz bei westdeutschen Vollzeitbeschäftigten einen festgefahrenen Lohnunterschied zwischen den Geschlechtern. Dies mag verwundern, wenn man bedenkt, dass sich die Stimmen in Politik und Öffentlichkeit seitdem stark mehrten, die dies als ungerecht brandmarkten. Vgl. Gartner/Hinz (2009): Geschlechtsspezifische Lohnungleichheit, S. 571. In allgemeiner Form kommt Mark Trede zu einer ähnlichen Aussage. Für die 1980er bis Mitte der 1990er konnte er keinen Einfluss des Geschlechts auf die Einkommensmobilität ausmachen. Allerdings ist für seine Beobachtung kritisch anzumerken, dass sein verwendetes Einkommenskonzept in dieser Frage nur eine mäßige Aussagekraft bedingt. Er ging als Kenngröße vom Haushaltsnettoeinkommen aus. Da Ehepaaren als überwiegenden Erwachsenenanteil in den Haushalten somit per Definition die gleichen Einkommenswerte zugeordnet wurden, sind geschlechtsspezifische Aussagen zur Einkommensmobilität in seinem Fall fragwürdig. Vgl. Trede (1998): Einkommensmobilität, S. 104.

und Nicht-Pendlern in zum Teil unterschiedlich schwankenden Kurven, ohne einen klaren Trend in der Richtung oder in der Abhängigkeit von der Arbeitswegstrecke erkennen zu lassen. Hohe Lohndifferentiale von knapp 20 Prozent im Jahr 1993 und um das Jahr 2000 als auch einstellige Werte Ende der 1990er und seit Mitte der 2000er lassen nicht eindeutig erkennen, ob die Entwicklung zyklisch oder langfristig abnehmend verlief. Es lässt sich mutmaßen, dass es sich bei den hohen Werten um die Jahrtausendwende um Ausreißer handelte und die Tendenz eine Angleichung beschreibt. So scheinen die ostdeutschen Frauen ohne Kinder – und unter diesen die Pendler in besonderem Ausmaß – bei schlechteren Startbedingungen und einem einkommenstechnischen Hintertreffen unmittelbar nach der Wende im Laufe der Zeit eine bessere Einkommensposition errungen und sich zumindest für den internen ostdeutschen Fall den Männergehältern angenähert zu haben. Selbst wenn der Sachverhalt einer branchen- und qualifikationsspezifischen Überprüfung standhält, handelte es sich maßgeblich um ein ostdeutsches Spezifikum Kinderloser. Mobilitätsunterschiede bildeten in diesem Zusammenhang einzig einen nebensächlichen Effekt und keinen Auslöser. Resümierend ist demgemäß festzuhalten, dass in finanziellen Fragen die Kategorie Geschlecht im Grunde quer zum Pendeln lag.

Offen ist, ob in der Nachwendezeit eine Anpassung der Einkommen innerhalb der Teilgruppen gleichen Geschlechts zwischen Ost und West erfolgte, und ob das Pendeln hierbei eine Rolle spielte. Die ostdeutschen Frauen ohne Kinder im Haushalt halbierten ihren Einkommensrückstand gegenüber ihrem Pendant in den alten Bundesländern von 36,2 Prozent im Jahr 1992 auf 18,2 im Jahr 1995. Ab Mitte der 1990er Jahre kam es allerdings für die folgenden eineinhalb Jahrzehnte zu keiner weiteren Angleichung, sondern zu einer Verfestigung der Niveauunterschiede. Die Entwicklung der Einkommensverhältnisse der ostdeutschen Frauen ohne Kinder gibt – mit Ausnahme der unmittelbaren Folgejahre der Wende – keinen Angleichungsprozess wider. Ihr jährliches Nettoeinkommen schwankte in überschaubarem Maße und lag – dem allgemeinen Trend entsprechend – um durchschnittlich 5.000 Euro unterhalb des westdeutschen Schnitts der kinderlosen Vollzeitbeschäftigten.[62] Ähnlich gestaltete sich die Situation bei ostdeutschen Männern ohne Kinder, die gegenüber Altbundesbürgern ausgehend von über 40 Prozent Lohndifferential im Jahr 1992 bereits seit dem Jahr 1994 bei einem Rückstandsniveau von um die 30 Prozent festgefahren waren. Anzeichen für eine allmähliche Anpassungsphase um das Jahr 2001 erwiesen sich nicht als anhaltender Trend. Die Einkommensrückstände lagen in den Jahren Ende der 2000er deutlich über 30 Prozent. Betrachtet man bei den vollzeitberufstätigen Männern und Frauen ohne Kindern im Haushalt nur die Teilgruppe der Pendler, stellten sich die großen, verharrenden Einkommensgegensätze zwischen alten und neuen Bundesländern durchgehend als noch ausgeprägter dar.

62 Alle Jahre wurden auf das Preisniveau von 2011 umgerechnet.

Bei den vollzeitberufstätigen Eltern aus den neuen Bundesländern zeichnete sich zunächst ein ähnliches Bild ab. In den Jahren nach der Wende von 1992 bis 1995 verringerten sich die sehr großen Einkommensunterschiede. Ausgehend von über einem Drittel geringeren Einkommens bei den Frauen und knapp über der Hälfte bei den Männern gegenüber ihrem westlichen Pendant, reduzierte sich dies bei den Frauen innerhalb von drei Jahren auf 11,7 Prozent und bei den Männern auf 34,2 Prozent geringere durchschnittliche Nettoeinkünfte. Eine erneute Minderung um das Jahr 1997 von rund 3 Prozent mag auf das im Jahr 1996 beschlossene Familienlastenausgleichsgesetz zurückgehen. Jene kurzfristige Verbesserung zeigte allerdings für die Personengruppen beider Geschlechter in den neuen Bundesländern keinen langfristigen Bestand. Stagnierten die Männergehälter bei Werten des Einkommensrückstandes von über 30 Prozent, war die positive Anpassungsentwicklung bei den Müttern nach der Wende rückläufig und orientierte sich nach 7,7 Prozent im Jahr 1997 in den 2000ern wieder in Richtung der 20 Prozentmarke.[63] Wie bei den Kinderlosen betraf die skizzierte Entwicklung die pendelnden Väter und Mütter in noch deutlicherer Weise. Dass die Pendler stärker von den bestehenden Niveauunterschieden zwischen Ost und West betroffen waren, lässt sich einfach erklären. Wie bereits angedeutet verschoben sich in der Einkommensverteilung in Deutschland in den 1990er und 2000er Jahren die Anteile zugunsten sehr guter Einkommensbezieher. Dieses Phänomen zeigte sich für Ostdeutschland und ausgeprägter für Westdeutschland – selbst, wenn man jeweils einen eigenen ostdeutschen respektive westdeutschen Einkommensmittelwert als Referenz zugrunde legt. Zugleich verfügten die Pendler gegenüber den nicht-pendelnden Vollzeitbeschäftigten in den neuen Bundesländern nicht überproportional über hohe Einkommen – wie es gegensätzlich in Westdeutschland der Fall war. In Westdeutschland lagen in den 1990ern und 2000ern von allen Haushalten mit vollzeitbeschäftigten Pendlern rund ein Drittel über 150 Prozent des deutschen Haushaltsäquivalenzeinkommens. Die ostdeutschen Pendler erreichten im selben Zeitraum trotz steigenden Anteils nicht einmal die Hälfte der westdeutschen Werte. Die schlechtere Position der Pendler in den neuen Bundesländern beschränkte sich jedoch nicht auf das Fehlen besonders hoher Einkommenswerte. Bei leicht konjunkturellen Schwankungen in den 1980ern und 1990ern sowie einer minimal ansteigenden Tendenz in den 2000ern belief sich der Anteil westdeutscher vollzeitbeschäftigter Pendler, die über weniger als 75 Prozent des mittleren Haushaltseinkommens verfügten, in allen drei Jahrzehnten auf um die 10 Prozent. Diese Stabilität wurde mit den neuen Bundesländern nicht geteilt. Nach einer Phase der Annäherung an die westdeutschen Werte bis 1997, als

63 Karsten Kohn kommt in seinem Arbeitspapier auf ähnlich deutliche Werte. Er spricht pauschaler für die zweite Hälfte der 1990er Jahre von einem Lohndifferential zwischen Ost- und Westdeutschland von etwa 40 Prozent bei vollzeitbeschäftigten Männern und von rund 20 Prozent bei vollzeitbeschäftigten Frauen. Vgl. Kohn (2006): Rising Wage Dispersion, S. 18.

die Anteile pendelnder Niedrigeinkommensbezieher innerhalb von fünf Jahren von 33,4 auf 12,6 Prozent gesunken waren – eine Entwicklung die bisweilen als Fahrstuhleffekt beschrieben wird – vollzog sich im darauffolgenden Jahrzehnt eine rückläufige Bewegung. Im Jahr 2005 belief sich der Anteil auf 22,1 Prozent und pendelte sich in den folgenden Jahren bei rund 20 Prozent ein. Im Gegensatz zu den alten Bundesländern stieg in Ostdeutschland die Zahl niedriger Einkommensbezieher unter pendelnden Vollzeitangestellten im Verlauf der beiden Jahrzehnte nach der Wende. Das Pendeln bewirkte – abgesehen von einem Ausreißer um das Jahr 2005 – in Ostdeutschland durchschnittlich nur einen marginalen bis gar keinen finanziellen Vorteil. In den Jahren um die Jahrtausendwende erhielten nicht-pendelnde weibliche Vollzeitkräfte aus den neuen Bundesländern durchschnittlich sogar eine höhere Entlohnung.

Die ausbleibenden finanziellen Vorteile des Pendelns in Ostdeutschland dürften Ausdruck der schwierigen Lage auf dem ostdeutschen Arbeitsmarkt sein. Hohe Arbeitslosenzahlen in Ostdeutschland in den 1990ern und 2000ern konnten als Druckmittel gegenüber den Beschäftigten dienen, auf Lohnsteigerungen zu verzichten. Der strukturelle Einbruch lässt sich in Ostdeutschland ausgesprochen deutlich im industriellen Sektor fassen. In diesem betrug der Beschäftigungsrückgang von Ende der 1980er bis Mitte der 2000er circa 83 Prozent.[64] Mobilität diente in Ostdeutschland demnach nicht zum sozialen Aufstieg, sondern als Vehikel zur Vermeidung des Abstiegs. Das Pendeln muss hier als Strategie zum Statuserhalt begriffen werden.[65]

Festzuhalten ist an dieser Stelle, dass das Pendeln innerhalb der neuen Bundesländer in den zwei Jahrzehnten nach der Wiedervereinigung keine höhere Entlohnung zeitigte – selbst bei Differenzierungen nach Geschlecht und Kindern im Haushalt. Zudem endete der Transformationsprozess nach der Wende bezüglich der Einkommen Mitte der 1990er Jahre abrupt und verharrte in den folgenden eineinhalb Jahrzehnten unverändert auf einem hohen Niveau, nahm im Gegenteil tendenziell wieder zu. Für die Pendler galt keine Ausnahme. Vergleicht man ost- und westdeutsche Pendler, vergrößerten sich die Unterschiede erneut. Sie präsentierten sich im Vergleich zum allgemeinen

64 Diese Zahl mag die Realität etwas überzeichnen. Statistische Ungenauigkeiten entstanden in der Arbeitsplatzzählung nach Sektoren zum Teil, indem in alter Rechnung alle Beschäftigten einer Firma einem Sektor zugeordnet wurden, neuere Aufschlüsselungen hingegen auch innerhalb eines Unternehmens nach Sektoren differenzieren. Entsprechend kann eine Sekretärin in einem Braunkohlebetrieb früher dem zweiten Sektor zugeordnet worden sein, und später – bei gleicher Beschäftigung – dem dritten Sektor. Aber selbst bei manch statistischer Ungenauigkeit bleibt der Arbeitsplatzabbau im industriellen Sektor in Ostdeutschland gravierend. Vgl. Pohlmann (2005): Industriekrise in Ostdeutschland, S. 417.

65 Dies ist kongruent mit der Beobachtung, dass der ostdeutsche Arbeitsmarkt prozentual wesentlich weniger Akademiker, führende Angestellte und höhere Beamte aufwies, die wiederum unterrepräsentativ pendelten. Der überproportional auf dem ostdeutschen Arbeitsmarkt vertretene Facharbeiter pendelte demgegenüber im Vergleich zu seinem westdeutschen Pendant überproportional.

Fall des Berufstätigen als bedeutsamer. Einzelne zeitgenössische Prognosen Mitte der 1990er Jahre, die von anhaltenden Nivellierungstendenzen ausgingen, bewahrheiteten sich folglich nicht.[66] Der abgebrochene Anpassungsprozess der Einkommenshöhen Mitte der 1990er Jahre und die unterschiedliche finanzielle Bedeutung des Pendelns in alten und neuen Bundesländern zeigt, dass zwei ehemals unterschiedliche staatliche Gebilde auch nach dem Systemumbruch in Ostdeutschland auf die gesellschaftliche und ökonomische Wirklichkeit nachwirkten. Strukturelle Defizite prägten weiterhin das ostdeutsche Gesamtbild.[67]

Exkurs: Spezialfall Ost-West-Pendeln

Man könnte mutmaßen, dass der Spezialfall des Pendelns zwischen den neuen und alten Bundesländern einen Sonderfall darstellte. Jedoch ist nach Auswertung der Daten des Sozio-oekonomischen Panels gleichfalls in dieser Hinsicht keine wirkliche Ausnahme zum bisherigen Befund des Anpassungsstopps zu konstatieren. Pendler in Richtung der alten Bundesländer erzielten zwar höhere Einkünfte als ihre in Ostdeutschland beschäftigten Nachbarn, orientierten sich in ihrem Einkommensschnitt gleichwohl deutlich am ostdeutschen Verlauf, denn an der westdeutschen Höhe. Demnach bezogen Pendler von den neuen in die alten Bundesländer in den ersten Jahren nach der Wende ein um rund ein Viertel höheres Nettoeinkommen als der durchschnittliche ostdeutsche Vollzeitbeschäftigte. Dieser Vorsprung betrug in den 2000ern noch – meist niedrige – einstellige Prozentwerte, beziehungsweise in absoluten Zahlen ausgedrückt zumeist weniger als 100 Euro im Monat. Gegenüber der in der alten Bundesrepublik lebenden und arbeitenden Vollzeitkraft wies der in den neuen Bundesländern lebende und in den alten Bundesländern arbeitende Pendler in den zwei Jahrzehnten seit der Wende allerdings beinahe durchgehend mehr als 30 Prozent Einkommensrückstand auf, was in den 1990ern einem um knapp 1.000 Euro und in den 2000ern einem um reichlich 1.000 Euro geschmälerten Nettoeinkommen entsprach. Auch im Fall der in die alten Bundesländer

66 Vgl. Külp (1994): Verteilung, S. 240 f. In der Mehrzahl stellten zeitgenössische soziologische Studien aber zumindest eine verringerte Geschwindigkeit des Anpassungsprozesses fest. Vgl. Schäfer (1995): Einkommensentwicklung und Einkommensverteilung, S. 220.

67 In anderer Hinsicht kann man indes von einer »übererfüllten« Anpassung sprechen. Die Einkommen in den neuen Ländern waren zum Zeitpunkt des Beitritts zur Bundesrepublik wesentlich gleicher verteilt. Doch entgegen dem Anpassungsabbruch bei den durchschnittlichen Einkommenshöhen erfolgte in den neuen Bundesländern ein Aufholen, Einholen und Überholen in puncto Einkommensungleichheit. In diesem Zusammenhang hebt Oliver Nikutowski in seiner Dissertation die gering qualifizierten ostdeutschen Frauen hervor. Vgl. Nikutowski (2006): Theorien zur Dynamik, S. 39. Die beständige Zunahme der Einkommensungleichheit in Ostdeutschland ist wiederholt Gegenstand in der Forschung. Vgl. Biewen (2005): The Covariance Structure, S. 467; Grabka / Goebel / Schupp (2012): Höhepunkt der Einkommensungleichheit, S. 14.

pendelnden Ostdeutschen gab es nach der Wende keine wirkliche finanzielle Angleichung.[68] Von größerer Relevanz dürfte für die meisten vielmehr eine grundsätzlich anhaltende Jobperspektive gewesen sein.

Kleinteiligere Raumgrößen

Ein mobilitätsspezifischer Wandel der Einkommensverhältnisse in regionalen Großräumen kann nicht diagnostiziert werden. Womöglich ist eine räumliche Unterscheidung nach Großräumen allerdings zu grob und eine detailliertere Aufschlüsselung nach kleineren Räumen oder siedlungsstrukturellen Raumtypen aufschlussreicher. So sei eine kleinteiligere räumliche Gliederung angewandt. Dafür wurden auf Regierungsbezirksebene die gemittelten, durchschnittlichen Bruttolöhne der an vorheriger Stelle bereits angeführten Sieben-Jahresschnitte ermittelt.[69] Tabellarisch fällt der Blick auf Vollzeitberufstätige, die täglich bis zu zehn, weniger als 20, weniger als 30 oder mindestens 30 Kilometer bis zur Arbeitsstätte zurücklegten. Für ein leichteres Erkennen eines Musters wurde zugespitzt der Frage nachgegangen, ob ein einfacher Arbeitsweg von mehr als 30 Kilometern mit einer finanziellen Besserstellung einherging, oder ob der Bruttolohn bei einem Arbeitsweg von maximal zehn Kilometern im Gegenteil besser oder zumindest nicht schlechter ausfiel. Diese Überlegung verdeutlicht Abbildung 15, welche die Entwicklung visualisiert.

Aus der kleinteiligeren räumlichen Betrachtung lässt sich ableiten, dass sich das Pendeln von den 1980ern bis zu den 2000ern auf der Achse Ruhrgebiet, Rhein-Main-Raum, Agglomeration Stuttgart und München samt Umland grosso modo stets lohnte. Damit wären zugleich die wirtschaftsstärksten Regionen ausgewiesen. Zeitlich versetzt folgten in den 1990ern die ländlich geprägten, südwestlichen Grenzregionen vom Saarland bis bayerischem Schwaben diesem Muster. Der Nordwesten Deutschlands zeigte sich im allgemeinen Trend als uneinheitlich. Hier dürften allerdings auch die Stadtstaaten Hamburg und Bremen die Werte der Nachbarregionen beeinflusst haben. In weiten Teilen

68 Richard Hauser kommt bereits 1996 zu der Schlussfolgerung, dass die finanziellen Vorteile des Pendelns nur von kurzfristiger Natur waren. Der Feststellung ist beizupflichten, nicht allerdings seiner Begründung, dass dies an der raschen Annäherung der ostdeutschen Einkommen ans Niveau der alten Bundesländer läge. Vielleicht lag dieser Fehldeutung eine falsche Prognose einer weitergehenden Angleichung nach der ersten Transformationsphase zu Grunde. Vgl. Hauser (1996): Entwicklung der Einkommensverteilung, S. 174.

69 Die Betrachtung orientiert sich an der entsprechenden europäischen Systematik der NUTS-2-Regionen – NUTS steht für Nomenclature des unités territoriales statistiques. In jenem räumlichen Ordnungsprinzip findet eine Unterteilung nach Regierungsbezirken und ähnlichen Raumgrößen statt. Vgl. Europäische Kommission (2011): Verordnung der Kommission, S. 12 f.; Bundesinstitut für Bau-, Stadt- und Raumforschung (2009): Siedlungsstrukturelle Regionstypen Europas.

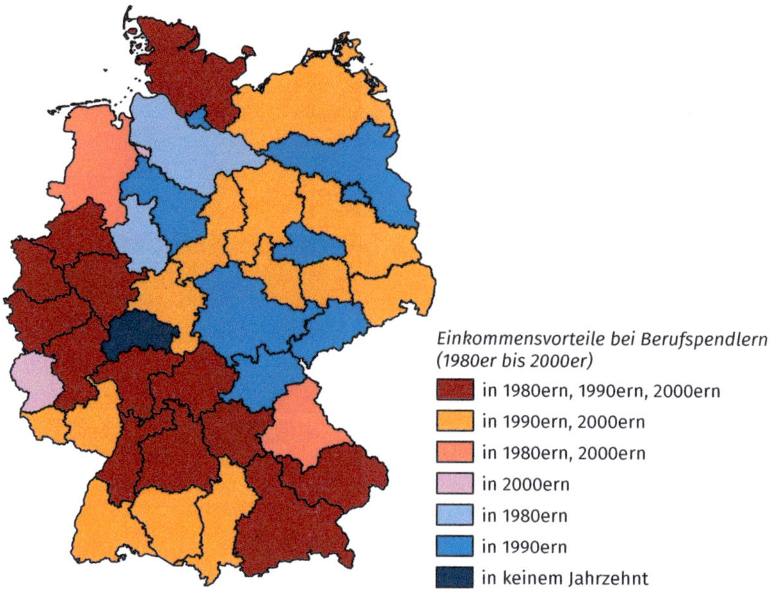

Abb. 15: Regionale Einkommenseffekte des Pendelns in den 1980ern bis 2000ern[70]

Niedersachsens verlor das Pendeln seinen Einkommensbonus. Jene Entwicklung ist ebenfalls im Süden der neuen Länder sowie in Berlin und seinem nördlichen Umland zu konstatieren. Im restlichen Gebiet Ostdeutschlands lagen zumindest leichte Vorteile des Pendelns vor. Als Einzelfälle treten der nordöstliche Raum Bayerns, Mittelhessen als auch das westliche Rheinland-Pfalz hervor.[71] Ein schwankender Pendlervorteil mag bei diesen Regionen Ausdruck eines peripheren, benachteiligten Raumes sein. Die Verschiebung im westlichen Rheinland-Pfalz in den 2000ern hin zu einem signifikanten Einkommensvorteil zugunsten des Pendelns ist im Wesentlichen dem gestiegenen Pendlerverkehr ins Nachbarland zuzuschreiben. So lagen die Pendlerzahlen aus dem Raum Bitburg-Trier-Saarburg nach Luxemburg zu Beginn des neuen Jahrtausends bei rund 27.000 Grenzgängern.[72] Das Abweichen des mittleren Hessens und des nordöstlichen Bayerns vom allgemeinen Trend in Mittel- und Süddeutschland unterstreicht, dass globalere Aussagen zu größeren Strukturen als Verallgemeinerung

70 Die kartografische Umsetzung erfolgte mittels der GIS-Software QuantumGIS. Als Geometriedaten wurden das GADM-Projekt auf der Seite des Davis Campus der Universität Kaliforniens genutzt. Siehe für die Daten zu den administrativen Räumen Deutschlands: http://biogeo.ucdavis.edu/data/gadm2/shp/DEU_adm.zip (Stand 18.11.2013). Die kartografische Datengrundlage musste teilweise angepasst und nachkodiert werden.

71 Im Konkreten handelt es sich um die Regierungsbezirke Oberfranken, Oberpfalz, Gießen und den ehemaligen Regierungsbezirk Trier.

72 Vgl. Schmitt (2012): Innovationskraft steigt.

zu verstehen sind und widersprüchliche beziehungsweise entgegengesetzte Entwicklungen beinhalten können.

In räumlicher Hinsicht spielt nicht nur die Lage, sondern auch die Größe eines Ortes eine Rolle für die Höhe des Einkommens. Bei einer differenzierten Betrachtung nach sieben Ortsgrößenklassen und vier Arbeitsstreckenentfernungen war für alle Phasen zwischen den 1980ern und 2000ern pauschalisierend gesprochen ein linearer Trend maßgeblich prägend: Umso weiter der Arbeitsweg umso höher fiel das durchschnittliche Bruttojahreseinkommen aus und dies annähernd gestaffelt nach der Gemeindegrößenklasse.[73] Eine beobachte Verschiebungen zu einer finanziellen Begünstigung von Vollzeitbeschäftigten, die in Städte pendelten und dort arbeiteten, dürfte auch mit einem konstatierten Wandel unterschieden nach Betriebsgrößen zusammenhängen. Über alle drei Jahrzehnte galt die Regel, dass Arbeitnehmer durchschnittlich ein höheres Bruttoeinkommen bezogen, wenn sie in größeren Firmen arbeiteten. Da die Einkommen bei kleinen Unternehmen durchschnittlich stagnierten und bei großen Betrieben anstiegen, verschärften sich im Laufe der Jahre die Gegensätze.[74] Während Pendler in kleineren Unternehmen im Zeitraum der 1990er und insbesondere in den 2000ern ihren allgemeinen Einkommensvorsprung gegenüber Nicht-Pendlern einbüßten, zeigte sich bei Großbetrieben ab 2.000 Mitarbeitern von den 1980ern bis zu den 2000ern eine recht konstante finanzielle Besserstellung der Mobilen.[75] Es erscheint plausibel, dass die angesprochenen Unterschiede zwischen großen und kleinen Unternehmen überdies zumindest als Teilerklärung für das Süd-Nord-Gefälle herangezogen werden können. Als Indiz hierfür ist auf die süddeutsche Konzentration von DAX-Konzernzentralen zu verweisen. Die Präsenz jener gewichtigen Arbeitgeber wirkte als Magnet für hochqualifizierte, gut bezahlte Arbeitskräfte und bedingte zudem ein dichtes Unternehmensnetz an Zulieferbetrieben. In Bezug auf die regressive Einkommensentwicklung der Pendler bei kleinen Unternehmen bleibt indes offen, ob dies den Beginn einer allgemeinen Abkehr eines mobilitätsspezifischen Einkommensvorteils andeutet oder ob dies ein kleinunternehmerisches Spezifikum bleibt beziehungsweise, wenn es sich um einen temporären Trend handelte, blieb.[76]

73 Der bundesdeutsche Trend spiegelt sich in den neuen Bundesländern schwächer wider. In Abhängigkeit von der Arbeitsweglänge war für Ostdeutschland in der überwiegenden Zahl der Fälle ein vernachlässigbarer Unterschied in der Einkommenshöhe kennzeichnend.

74 Es ließe sich darüber spekulieren, ob Unterschiede in der Konkurrenzfähigkeit zwischen kleinen und großen Unternehmen Auswirkungen auf die Gehaltsentwicklung zeitigten. Von einem Einfluss der geringeren bis fehlenden gewerkschaftlichen Verankerung auf die Lohnentwicklung kann bei den kleinen Betrieben ausgegangen werden.

75 Obgleich diese Entwicklung in Süddeutschland auf den ersten Blick keine Entsprechung fand, entsprach es ebenso den angedeuteten Unternehmenstrend. In Bayern und Baden-Württemberg wirkte allerdings ein enormer Anstieg weniger extrem gut Entlohnter in den 2000ern überprägend und damit gesamtstatistisch verfälschend.

76 Desgleichen zeigten sich auch bei einer branchenabhängigen Betrachtung Differenzen. Diese lassen jedoch bei einem quantitativen Blick auf Grobstrukturen keine unterscheidbaren Muster erkennen.

Welche Quintessenz kann aus den quantitativen Betrachtungen hinsichtlich pendlerspezifischer Effekte gezogen werden? Pauschal gesprochen zeigten sich Pendler bezüglich der Einkommenssituation geringfügig bessergestellt, die Übergänge zu nicht-pendelnden Beschäftigten offenbarten sich allerdings als fließend. Manch temporär unterschiedliche Einkommensentwicklung scheint die Konjunkturen der *New Economy* widerzuspiegeln, eine wirkliche Trennlinie zwischen pendelnden und nicht-pendelnden Beschäftigten kann hinsichtlich der Einkommensverteilung in den betrachteten Jahren allerdings nicht konstatiert werden. Doch insbesondere einen Sachverhalt hat die quantitative Abschätzung deutlich vor Augen geführt. Hinsichtlich erzielter Einkommensvorteile bei Mobilitätsbeteiligung unterschieden sich die Arbeitnehmer in den alten und neuen Bundesländern grundsätzlich. Für Westdeutsche verband sich das Pendeln häufig mit einem finanziellen Aufstieg, Ostdeutsche erreichten hingegen im Allgemeinen durch das Zurücklegen längerer Arbeitswege lediglich eine Sicherung des Status quo. Der angedeutete Befund spiegelt den Umstand wider, dass es sich in beiden deutschen Landesteilen in den zwei Jahrzehnten nach der Wiedervereinigung um verschiedenartig strukturierte Arbeitsmärkte handelte.[77] Dies ist indirekt auch Ausdruck dessen, dass Ostdeutschland einen deutlich größeren Anteil peripherer, bevölkerungsarmer Gebiete aufwies, was oftmals gleichbedeutend mit arbeitsstrukturellen Nachteilen war. Schließlich konzentrierten sich prosperierende Arbeitszentren betont in großstädtischen Räumen, nicht zuletzt, da durch eine Bündelung größerer Firmen und Forschungseinrichtungen Synergieeffekte entstanden. Eine tendenziell ungünstige Branchenstruktur und schwächere Großunternehmenspräsenz in den neuen Bundesländern verdeutlicht auch die Tatsache, dass kein einziges DAX-Unternehmen in Ostdeutschland ansässig war.[78]

3. Fallbeispiel einer alleinerziehenden Mutter

Ein quantitativer, überwiegend querschnittsorientierter Zugang birgt die Gefahr, die Dynamik von Prozessen nur ungenügend wiederzugeben. Zudem können Personen, die in einer Gruppe subsumiert werden, gegenläufige Entwicklungen aufweisen. Eine längsschnittliche Einzelbetrachtung vermag der komplexen Gemengelage aus räumlich-sozialen Dispositionen, individuellen Präferenzen und konjunkturellen Schwankungen vermeintlich besser Genüge zu tun.

77 Verknüpft hiermit ist auch ein divergierender hierarchischer Trend je nach Berufsposition anzuführen. So verweist ein deutlich einseitiges Ansteigen mobiler Geschäfts- und Betriebsleiter ab Mitte 1990er auf eine entsprechende zunehmende Öffnung der Einkommensschere seit jener Zeit. In niedrigeren Berufspositionen dominierte hingegen meist ein Abschwächen der finanziellen Besserstellung von pendelnden Arbeitnehmern.

78 Eine Auflistung der Firmensitze der 30 DAX-Unternehmen für das Jahr 2011 findet sich etwa bei Burel (2015): DAX-30-Unternehmen, S. 136–143.

Um dies zu verdeutlichen, soll in einem qualitativen Beispiel nachstehend ein Ausschnitt eines Lebenslaufes angedeutet und Fragen nach dem Zusammenhang von Mobilitätsbeteiligung und Einkommensverhältnissen angerissen werden. Betreffende Frau, die für das rekonstruierte Fallbeispiel ausgewählt wurde, sei fiktiv Kerstin Winkler genannt.[79] Die diplomierte Sportpädagogin – 1960 in der DDR geboren – trat im Alter von 23 Jahren ihre erste Vollzeitanstellung an. Jahrs darauf gebar sie ein Kind, woraufhin sie eine knapp einjährige Auszeit nahm. Von da an ging sie – mit der Ausnahme zweier mehrmonatiger durch Arbeitslosigkeit bedingter Unterbrechungen Mitte der 1990er und Mitte der 2000er – in den folgenden 25 Jahren stets einer Vollzeitbeschäftigung nach. Dies mag ihr nicht nur aufgrund ostdeutscher Prägung und dem Wunsch nach Unabhängigkeit als angebracht erschienen haben. Schließlich ging ihre erste Ehe noch vor der Wiedervereinigung in die Brüche, sodass sie als alleinerziehende Mutter fortan nicht auf die Einnahmen eines zweiten Verdieners im Haushalt bauen konnte.[80]

In ihrem beruflichen Werdegang zeigte sich Frau Winkler wandlungsfähig und pragmatisch handelnd. Entsprechend war eine Vielzahl von Arbeitgeberwechseln zu beobachten. Für die ersten eineinhalb Jahrzehnte nach der Wende sind sieben berufliche Veränderungen dokumentiert. Einer kurzzeitigen freiberuflichen Tätigkeit im Jahr 1991 war wenig Erfolg beschieden, sodass sie eine fol-

79 Die Ausführungen zum Lebensweg betreffender Person basieren auf Daten des Soziooekonomischen Panels. Dort ist jener Frau die Kennung 5195201 zugeordnet.

80 Der Haushaltstyp Alleinerziehend fand in dieser Arbeit wenig Beachtung. Indessen ist insgesamt eine enorme gesamtgesellschaftliche Bedeutungszunahme der Alleinerziehenden zu konstatieren. Anfang der 1980er Jahre ist in der Bundesrepublik von einer Größenordnung von nur etwa jedem fünfzehnten Familienhaushalt mit einem partnerlos lebenden Elternteil auszugehen. Knapp drei Jahrzehnte später standen im Jahr 2009 gut jeder sechsten Familie in den alten Bundesländern und gut jeder vierten Familie in den neuen Bundesländern ein Alleinerziehender vor. Vgl. Bedau / Freitag / Göseke (1987): Einkommenslage der Familien, S. 24; Statistisches Bundesamt (2010): Alleinerziehende in Deutschland, S. 9. Parallel zum Anstieg der alleinerziehenden Zahlen stieg gleichfalls das Risiko, zu den armutsgefährdeten Haushalten hinzugerechnet zu werden. Betraf dies in den 1960er Jahren etwa jeden fünften alleinerziehenden Haushalt, dokumentieren allgemeine Statistiken und Armutsberichte in den folgenden knapp fünf Jahrzehnten einen starken Anstieg und somit eine zunehmende Benachteiligung dieser. Für das Jahr 2010 verwies das Bundesministerium für Arbeit und Soziales darauf, dass für mehr als jeden zweiten alleinerziehenden Haushalt davon auszugehen ist, dass diese zumindest von Armut unmittelbar bedroht seien. Der Anstieg der Armutsgefährdungsrate stand im Kontrast zur im gleichen Zeitraum zunehmenden Erwerbsbeteiligung Alleinerziehender. Zugleich war der berufliche Werdegang vieler alleinerziehender Mütter in den 1990ern und 2000ern im Vergleich zu anderen Müttern wesentlich stärker von Diskontinuitäten geprägt. Ferner ist aber festzuhalten, dass es sich bei Haushalten mit einem alleinerziehenden Elternteil nicht zwangsläufig um ein statisches Gebilde handelte. Circa die Hälfte weiblicher Alleinerziehender fand in den 2000ern binnen acht Jahren erneut einen Partner. Vgl. Bundesministerium für Arbeit und Soziales (2012): Lebenslagen in Deutschland, S. 106 f., 123; Becker (1997): Entwicklung von Einkommensverteilung, S. 56–59; Napp-Peters (1995): Armut von Alleinerziehenden, S. 117; Jaehrling u. a. (2011): Situation von Alleinerziehenden, S. 100, 155, 185; Voges / Ostner (1995): Alleinerziehende Frauen, S. 125.

gende Anstellung mit einer aufbauenden Ausbildung verband. Dennoch sah sie sich in den Wintermonaten des Jahres 1993 mit Arbeitslosigkeit konfrontiert. Da sie es nach eigenem Bekunden als schwierig einschätzte, eine geeignete Stelle zu finden, nahm sie erstmals eine bedeutende Entfernung zum Arbeitsplatz in Kauf, und ging fortan einer einfachen kaufmännischen Beschäftigung in den alten Bundesländern nach. Somit war sie finanziell nicht mehr auf die Arbeitslosenunterstützung und ein Wohngeld angewiesen, verdiente für ihre Verhältnisse sogar überdurchschnittlich viel. Doch diese Tätigkeit ging für Frau Winkler auch mit einer Reihe von Schwierigkeiten und Nachteilen einher. Entsprechend äußerte sie sich mäßig zufrieden mit ihrer konkreten Arbeit, für die sie als überqualifiziert galt und für die es lediglich einer Einweisung bedurft hatte. Zudem wurde sie durch eine tägliche berufliche Arbeitsbelastung von – nach eigener Auskunft – bis zu 11 Stunden von dieser derart vereinnahmt, dass wenig Zeit für familiäre Belange ganz zu schweigen für eigene Freizeitaktivitäten verblieben. Entsprechend kann gemutmaßt werden, dass sie es allein aus zeitlichem Mangel nicht vermochte, gesellschaftlich und emotional eine Bindung zu ihrem Arbeitsort in den alten Bundesländern herzustellen. Für ein ausbleibendes sich heimisch fühlen sprechen als Indikatoren desgleichen ihre starke Unzufriedenheit mit ihrer Freizeit und ihre äußerst große Unzufriedenheit mit einem als anders empfundenen Warenangebot vor Ort. Inwieweit die Heimatsehnsucht oder ihr Sohn ihre häufigen, wenngleich unregelmäßigen Heimfahrten nach Oststadt bedingten, ist nicht ersichtlich.[81] Es ist auch nicht überliefert, ob ihr schulpflichtiger neunjähriger Sohn an eine Schule in den alten Bundesländern überwechselte, oder weiterhin eine Grundschule in Oststadt besuchte. Letzteres ist durchaus vorstellbar, da seine Großeltern, Urgroßeltern sowie seine Tante ebenso in Oststadt lebten und sich somit womöglich in der Sorgearbeit des Jungen einbrachten. Die in jedem Fall als unglücklich empfundene Berufssituation bedurfte einer Änderung. Binnen Jahresfrist kündigte Kerstin Winkler. Sie fand sich hierfür zwar mit einer niedrigeren Vergütung ab, konnte sich mit einer qualifizierten Tätigkeit als leitende Angestellte im Einzelhandel jedoch zugleich beruflich verbessern. Zudem lag der Arbeitsort – und das dürfte besonders entscheidend gewesen sein – wieder in Oststadt. Bereits im Jahr 1998 ereilte sie eine arbeitgeberseitige Kündigung. Doch sie fand übergangslos wiederum ein auf zwei Jahre befristetes Beschäftigungsverhältnis in ihrem erlernten Berufsfeld.[82] Nach Ablaufen des befristeten Kontraktes ergriff sie im Jahr 2000 die reizvolle Aufgabe eines Engagements als Fitnesstrainerin im Profisport. Entsprechend zeigte sie zu jenem Zeitpunkt im Vergleich zu allen in den zwei Jahrzehnten erfolgten Befragung die höchsten Zufriedenheitswerte mit ihrer Arbeit. Sie nahm dafür in Kauf, dass

81 Aus Anonymitätsgründen ist hier von dem fiktiven Ort Oststadt die Rede, der stellvertretend für den Namen der tatsächlichen ostdeutschen Stadt steht.

82 Bei allen Tätigkeiten, denen sie in Oststadt nachging, überstieg ihr Arbeitsweg nie 13 Kilometer. Entsprechend wurde sie in diesen Fällen durch ihren Weg zwischen Wohnung und Arbeitgeber zeitlich nie übermäßig stark beansprucht.

ihr Arbeitsplatz mit Bayern erneut in den alten Bundesländern lag. Am viele Kilometer entfernten Arbeitsort führte sie einen Zweitwohnsitz und pendelte regelmäßig an den Wochenenden nach Oststadt.[83] Hohe Zufriedenheitswerte in diversen Bereichen verdeutlichen, dass sie diesmal die Arbeitssituation, ihr bayerisches Umfeld, die familiäre Situation und anderweitige Begleitumstände positiver erlebte. Zudem dürfte der Umstand, dass ihr Sohn mittlerweile älter war, den Kompromiss der Zweiwohnsitz-Konstellation annehmbarer gemacht haben. Jene Phase währte allerdings wiederum nicht lang. Beruflich fand dies in einem Aufhebungsvertrag Ausdruck. Entscheidender beeinflusste ihren weitergehenden Lebensweg indes die Tatsache, dass sie eine feste Partnerschaft einging. Im Zuge dessen zog sie mit ihrem Sohn ins Umland einer ostdeutschen Metropole, und somit in ein Bundesland, das mit ihrem Lebensweg bisher keine Berührungspunkte gezeigt hatte. Ein Zusammenzug mit ihrem neuen Lebenspartner erfolgte schon nach einigen Monaten. Von Anfang an ging sie in der neuen Region einer befristeten Anstellung als Sportlehrerin nach, doch ereilte sie binnen Kurzem in den Jahren 2003 und 2004 eine neun Monate währende Arbeitslosigkeitsphase. In beruflicher Hinsicht gab Frau Winkler in jenem Zeitraum desillusioniert zu Protokoll, dass sie es praktisch als unmöglich ansah, eine geeignete Stelle zu finden. Entsprechend legte sie eine pragmatische Haltung an den Tag und zeigte sich gegenüber einem Quereinstieg in ein ihr unvertrautes Berufsfeld offen. Entgegen ihrer negativen Einschätzung folgte ab Juni des Jahres 2004 eine bis zum Ende des Befragungszeitraums währende Berufstätigkeit in ihrem erlernten Fachgebiet. Neben der höchsten von ihr erzielten Vergütung dokumentierte sie damit eine für sie bisher unbekannte berufliche Konstanz. Ihr Wohnort mit ihrem Mann, den sie im Jahr 2007 ehelichte, bedingte, dass sie täglich etwa 30 Kilometer zu ihrem Arbeitsort pendelte.

Zu resümieren ist, dass sich Frau Winkler situationsbedingt stets beruflich flexibel und wiederholt räumlich mobil zeigte. Mit Oststadt lebte sie in den 1990ern in einer ostdeutschen Großstadt, in der sie als qualifizierte Arbeitskraft meist Arbeitsmöglichkeiten fand und zugleich auf die Unterstützung ihres Familiennetzwerkes zurückgreifen konnte. Für begrenzte Zeiträume nahm sie als alleinerziehende Mutter die zusätzlichen Strapazen und zeitlichen Mehrbelastungen eines Wochenendpendelns auf sich.[84] In Einkommensfragen ist zu bemerken, dass die Einkünfte bei Frau Winkler auch bedingt durch Arbeitslosigkeitsphasen leicht schwankend ausfielen, sie allerdings in den 1990ern dennoch

83 Leider ist nicht bekannt, wie weit ihr erstmaliger Arbeitsort im Jahr 1994 von Oststadt entfernt lag. Eine zu jener Zeit größere Distanz könnte sich durchaus negativ auf ihre damalige Wahrnehmung ausgeübt haben.

84 Diverse Umzüge in den 1990ern innerhalb von Oststadt selbst sind nicht mit Verdienstaspekten zu verknüpfen. Hier standen vielmehr wohnliche Zufriedenheitsaspekte im Vordergrund. So sind Wohnungsumzüge für die Jahre 1993, 1994, 1996 und 1999 belegt. Als Gründe wurden unter anderem eine zu kleine Wohnungsgröße oder zu hohe Wohnungskosten bei gleichzeitig schlechtem Wohnumfeld genannt.

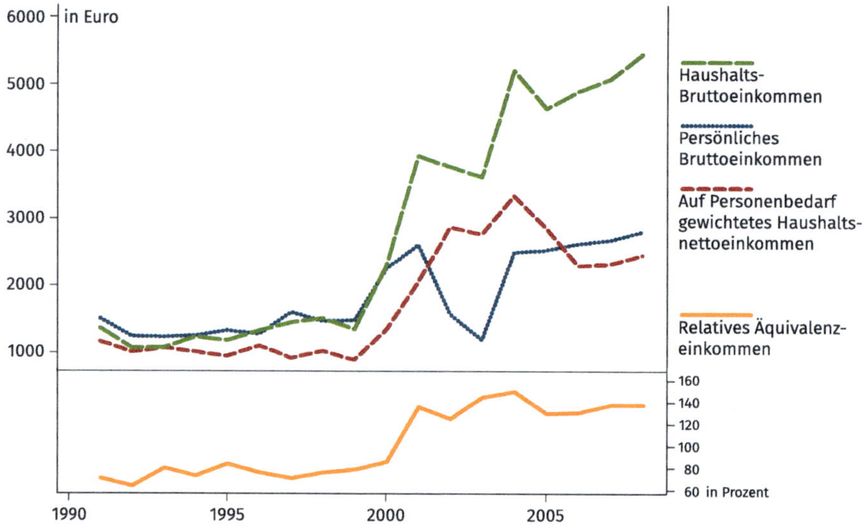

Abb. 16: Jahreseinkommen bei Kerstin Winkler im Monatsdurchschnitt (1991–2008)[85]

stets ein ausreichendes Haushaltseinkommen sicherstellen konnte, da sie dieses in einigen Jahren zusätzlich durch regelmäßige Nebentätigkeiten aufstockte. Zwar lassen sich leicht höhere Gehaltseinnahmen für ihre beiden beruflichen Engagements in den alten Bundesländern belegen, der finanzielle Spielraum änderte sich jedoch selbst durch diese Phasen gesteigerter Mobilitätsanforderungen nicht grundsätzlich. Eine im positiven Sinne viel entscheidendere Zäsur für die finanzielle Aufstellung ihres Haushalts markierten das Eingehen einer neuen Partnerschaft zu Anfang der 2000er Jahre und ein in diesem Rahmen erfolgender Umzug in ein ihr bis dato wenig vertrautes ostdeutsches Bundesland. Durch einen zweiten Einkommensbezieher änderte sich die finanzielle Einordnung des Haushalts von einem prekären zu einem gehobenen, phasenweise sogar in Reichtum lebenden (siehe Abb. 16).[86] Skizzierter Sachverhalt lässt sich auch in ihrer Zufriedenheit mit dem zur Verfügung stehenden Haushaltsein-

85 Zur Vergleichbarkeit der Einkommenswerte wurden alle Angaben auf Basis des Verbraucherpreisindex des Jahres 2005 umgerechnet. Vgl. Statistisches Bundesamt (2016): Preise Verbraucherpreisindizes. Die Berechnung des gewichteten Haushaltsnettoeinkommens sowie des relativen Äquivalenzeinkommens erfolgte unter Zuhilfenahme der OECD-Skala. Siehe hierzu ebenfalls Fußnote 20 dieses Kapitels. Die Kurve des relativen Äquivalenzeinkommens schwankte in den 1990ern etwas stärker, da für deren Verlauf weitergehende Geldströme, etwa aus dem privaten Umfeld, Berücksichtigung fanden.

86 Die Grobverordnung ist zutreffend. Was bezüglich der Einordnung allerdings fragwürdig erscheint ist, dass der Haushalt just zum Zeitpunkt des Eigenheimerwerbs von der höchsten Einordnungsstufe auf eine niedrigere, wenn auch weiterhin sehr positive abfällt. An dieser Stelle deutet das Einordnungsschema seine Begrenztheit an.

kommen deutlich ablesen. Waren ihre Bewertungen in den 1990ern – wenngleich schwankend – so doch durchgehend schlecht, fielen sie seit dem Jahr 2001 auffallend positiver aus. Die finanziell bessere Situation zeitigte schließlich den Erwerb eines Eigenheims.[87]

Der angedeutete Fall von Frau Winkler verdeutlicht, dass Mobilität – oder besser Mobilitätsphasen – durchaus Auswirkungen auf die Einkommensverhältnisse haben konnten. Jedoch besteht eine Gefahr darin, bei einem Blick auf quantitative Grobstrukturen das Verhältnis zwischen Mobilitätsphasen und Einkommensverläufen in seiner Tragweite zu überschätzen. Wie der Fall zeigte, können andere individuelle Entwicklungen wesentlich größeren Einfluss auf Einkommensverläufe und Lebensumstände im Allgemeinen ausüben. Allein der Unterschied zwischen Alleinerziehenden-Status oder Doppelverdiener-Position marginalisierte in ihrem Fall die Bedeutung von Mobilitätsphasen für Einkommensfragen. Ferner ist ein weiterer Randaspekt zu konstatieren. Alleinerziehende gelten pauschal als nicht mobilitätsaffin. Dies mag im Allgemeinen zutreffend sein und doch veranschaulicht der Fall von Frau Winkler, dass sich mobile Phasen bei Alleinerziehenden im Einzelfall nicht ausschließen mussten. Es liegt kein Determinismus vor, den quantitative Überschauen suggerieren mögen. Es erscheint demgemäß angebracht, Analysen in vielen Fragestellungen nicht bei quantitativen Durchleuchtungen bewenden zu lassen.

87 An der Größenordnung der Pendelentfernung von Frau Winkler zu ihrem Arbeitgeber änderte der Umzug in die eigene Immobilie nichts, da es sich beim neuen Wohnort um eine benachbarte Ortschaft gehandelt haben muss.

V. Zumutbarkeit – Mobilitätserwartungen gegenüber Arbeitslosen

1. Faulheitsdebatten

»Es gibt kein Recht auf Faulheit in unserer Gesellschaft! Das bedeutet konkret: Wer arbeitsfähig ist, aber einen zumutbaren Job ablehnt, dem kann die Unterstützung gekürzt werden. Das ist richtig so.«[1] Mit diesen Worten antwortete der damalige Bundeskanzler Gerhard Schröder in einem *Bild*-Zeitungsinterview vom 6. April 2001 auf die Frage, was auf dem Arbeitsmarkt nicht stimme. Im Kontext der Interviewfrage unterstellte Schröder den Arbeitslosen eine faule Arbeitshaltung, ohne dass er dies explizit ausdrückte.[2] Mit seiner Äußerung löste der Kanzler eine hitzige Debatte zur Tragweite des Faulenzertums in der Gesellschaft aus.[3] Öffentliche Kontroversen zum faulen Taugenichts stellen freilich kein zeithistorisches Spezifikum dar. Sie gab es in allen historischen Phasen, wenngleich Drückeberger einst vielmehr mit arbeitsunwillig und arbeitsscheu tituliert wurden.[4] In der Geschichte der Bundesrepublik waren Faulheitsdebatten stets en vogue, wenn die Arbeitslosenzahlen stiegen. Im Gefolge dieser wurden meist die Zumutbarkeitsbestimmungen öffentlichkeitswirksam verschärft. Entsprechend entfachten Politiker seit Mitte der 1970er Jahre in den Amtszeiten aller regierenden Koalitionen Faulheitsdebatten, was schlaglichtartig angedeutet werden soll. Nachdem sich der Arbeitsmarkttrend in den 1950ern durchgehend positiv entwickelte und in den 1960ern annähernd Vollbeschäftigung herrschte, erlebte Deutschland nach dem ersten Ölpreisschock wieder Erwerbslosigkeit in größerem Stil.[5] Als die Arbeitslosigkeit im Jahr 1975

1 Diekmann / Kleine (2001): Redet den Aufschwung.

2 Vgl. für eine detaillierte Analyse zu Schröders Aussage Kaufmann (2013): Kein Recht, S. 123–127.

3 Siehe etwa Hoch (2001): Nadelstiche in Haut; Nordhausen (2001): Einstellungssache; Hammerstein / Sauga (2001): Das System, S. 97 f.

4 So folgte einer Problemwahrnehmung in der Frühen Neuzeit etwa der Versuch, den als faul angesehenen Personen mittels Zucht- und Arbeitshäusern ein strebsames Verhalten einzuschärfen. Vgl. Althammer u. a. (2008): Vom falschen Bettler.

5 Mitte der 1970er stritten die Zeitgenossen darüber, ob die erlebte Rezession Ausdruck einer Stabilisierungskrise sei oder eine Strukturkrise darstelle. Vgl. Bartmann (1981): Verteilungstheorie, S. 58. In den Debatten der 1980er zum Thema Massenarbeitslosigkeit soll eine Marginalisierung der Problemlage tonangebend gewesen sein, wie Hans Uske in seiner Dissertation aus dem Jahr 1994 erörterte. Vgl. Uske (1995): Fest der Faulenzer. Siehe auch eine neuere Veröffentlichung zum öffentlichen und medialen Bild der 1970er und 1980er zu Fragen der Arbeitslosigkeit: Neumann (2013): Arbeitslosigkeit in Bundesrepublik.

sprunghaft anstieg, befeuerte der damalige sozialdemokratische Bundesminister für Arbeit und Sozialordnung Walter Arendt eine Faulenzerdebatte, indem er sich wiederholt über gesetzliche Schieflagen und die Ausbeutermentalität von manchem Leistungsbezieher echauffierte. Ihm pflichteten viele Vertreter der Regierung sowie der Medien bei.[6] In der Zeit der sozial-liberalen Koalition unter Helmut Schmidt wurde in der politischen Diskussion das Bild des sozialen Netzes als Hängematte geprägt. Diese Metapher nutzten im Besonderen Unionspolitiker, um Mitnahmementalitäten von Arbeitslosen anzuprangern. Ein polemisch markantes Beispiel hierfür ist die Äußerung des CSU-Politikers Erich Riedl in der Bundestagssitzung vom 2. Juni 1981: »[H]eute [ist] das soziale Netz für viele eine Hängematte – man möchte sogar sagen: eine Sänfte […]; eine Sänfte, in der man sich von den Steuern und Sozialabgaben zahlenden Bürgern unseres Landes von Demonstration zu Demonstration, von Hausbesetzung zu Hausbesetzung, von Molotow-Cocktail-Party zu Molotow-Cocktail-Party und dann zum Schluß zur Erholung in Urlaub nach Mallorca oder sonstwohin tragen läßt.«[7] Neben einer unsachlichen Diffamierung von Aktiven der linken politischen Bewegungen stellte Riedl mit seiner Aussage alle sozialen Leistungsbezieher als träge und immobil dar, die von Grund auf nicht willens seien, sich zu bewegen.[8] Ähnlich polemisch äußerte sich der Bundeskanzler Helmut Kohl als er in einer Regierungserklärung im März 1993 von Deutschland als einem »kollektive[n] Freizeitpark«[9] sprach, nachdem sich nach einem kurzen Wiedervereinigungsboom die weltweite wirtschaftliche Rezession auch auf dem deutschen Arbeitsmarkt niederschlug. Doch erst mit der Wiederholung seiner Aussage in einer weiteren Regierungserklärung im Oktober desselben Jahres entfachte

6 Siehe etwa folgende Artikel in der *Zeit* und im *Spiegel*: Michaels (1976): Schwarzarbeiter und Drückeberger; Ohne Verfasserangabe (1978): Arbeitslose, S. 100, 103, 106; Ohne Verfasserangabe (1982): Trittbrettfahrer im Sozialstaat, S. 25. Vgl. auch Oschmiansky (2003): Faule Arbeitslose, S. 10.

7 Riedl (1981): Feststellung des Bundeshaushaltsplans, S. 2121 f. In Unionskreisen sprach man schon im Juni 1976 davon, dass sich ein immer größerer Teil der Mitbürger in das soziale Netz wie in eine Hängematte lege. Die Union übernahm die Metapher allerdings vom SPD-Altkanzler Willy Brandt. Im Unterschied zu jenen, die sein Sprachbild aufgriffen, hatte sich Brandt jedoch nicht agitatorisch geäußert. Vgl. Lampersbach (1976): Redebeitrag zum Mittelstandsbericht, S. 17664; Rohde (1979): Bundeshaushaltsplan, S. 15144; Hoppe (1981): Redebeitrag über Feststellung, S. 2468.

8 Im Hinblick auf die Faulheitsdebatten stellte die Wiederkehr der Massenarbeitslosigkeit die entscheidende Triebkraft dar. Zugleich verband sich mit dem Aufstieg von Alternativbewegungen und einen mit diesen einhergehender Wertewandel bisweilen eine geringere Leistungsorientierung. Wenn auch überzeichnet, erkannten konservative Kreise demnach neben der Arbeitsmarktkrise zeitgleich überkreuzt eine Krise der Arbeitsmoral.

9 Kohl (1993): Solidarpakt als Grundlage, S. 12727. Er nahm dabei Bezug auf die nach seiner Meinung zu kurzen Arbeitszeiten in Deutschland, welche zu hohe Lohnnebenkosten verursachten. Allgemeiner ist die Äußerung Kohls im Zusammenhang mit der Debatte über die Freizeit- und Erlebnisgesellschaft zu sehen, die in Deutschland in den 1980ern und 1990ern geführt wurde, und die sich wiederum als Fortsetzung der Debatte über den Wertewandel lesen lässt.

er eine weitere große Faulheitsdebatte. Mit seinem Ausspruch nährte Kohl soziale Vorurteile gegenüber Arbeitslosen und Sozialleistungsempfängern.[10] Provokante Äußerungen beschränkten sich nicht auf das konservativ-liberale politische Lager. Gerhard Schröders Affront in Zumutbarkeitsfragen gegenüber Arbeitslosen ist ebenso als politisch kalkuliert einzustufen. Jene erneute Auslösung einer Faulenzerkontroverse in Zeiten der rot-grünen Regierungskoalition klang bereits zu Anfang des Kapitels an. Diese im zeitlichen Zusammenhang mit der Hartz-Gesetzgebung stattfindende Faulheitsdebatte wurde auch von einer Broschüre des Bundesministeriums für Wirtschaft und Arbeit flankiert. Der vom Bundesminister Wolfgang Clement in Auftrag gegebene Bericht war mit »Vorrang für die Anständigen – Gegen Missbrauch, ›Abzocke‹ und Selbstbedienung im Sozialstaat«[11] betitelt. Im sensationsorientierten Stile einer Boulevardzeitung führt die Veröffentlichung konkrete Fälle von Sozialbetrug mit namentlicher Nennung an. Die arbeitslosen Sozialschmarotzer seien derart zu charakterisieren, dass sie »den Sozialstaat mit einer Melkkuh verwechseln«[12]. Die Pauschalisierung des Verhaltens der Erwerbslosen gipfelt in einer gezogenen Parallele mit der Tier- und Pflanzenwelt: »Biologen verwenden für ›Organismen, die zeitweise oder dauerhaft zur Befriedigung ihrer Nahrungsbedingungen auf Kosten anderer Lebewesen – ihren Wirten – leben‹, übereinstimmend die Bezeichnung ›Parasiten‹.«[13] Der Text des Bundesministeriums vermittelt den Eindruck, dass die unrechtmäßige Erschleichung sozialer Zuwendungen ein Massenphänomen darstellte. Der Bericht hält es allerdings nicht für nötig, die Behauptung empirisch zu belegen.

Die angedeuteten Diskussionen der letzten Jahrzehnte in der Bundesrepublik zeugen von politischem Kalkül, mit marktschreierischen Äußerungen Wähler anzusprechen. Dass sich diese Debatten vor anstehenden Bundestagswahlen häuften, erscheint alles andere als zufällig. Damit folgten Politiker den Einschätzungen von Meinungsforschungsinstituten, welche die politische Mitte für Arbeitsunwilligkeitsdebatten als empfänglich ansahen.[14] Gemein ist allen Wortbeiträgen eine Verknüpfung mit der Frage nach der Zumutbarkeit von Arbeit. Dabei entpuppten sich reißerische Verlautbarungen von Politikern oft als mentale Aufwärmübungen, um bezweckten Zumutbarkeitsverschärfungen den Weg zu ebnen. Denn erst wenn die Arbeitslosigkeit allgemein als individuelles

10 Vgl. Kohl (1993): Zukunftssicherung des Standortes, S. 15656. Kohls Äußerung hinsichtlich Arbeitsloser war Gegenstand einer aktuellen Stunde des Bundestags. Vgl. Deutscher Bundestag (1993): Aktuelle Stunde.

11 Bundesministerium für Wirtschaft und Arbeit (2005): Vorrang für Anständige, S. 1.

12 Ebd., S. 20. Siehe folgende Arbeit für Weitergehendes zum Bild des Sozialschmarotzers in der Öffentlichkeit: Lehnert (2009): Arbeit nein danke.

13 Bundesministerium für Wirtschaft und Arbeit (2005): Vorrang für Anständige, S. 10. Hinsichtlich der von ihm zu verantwortenden Äußerungen des Berichts erhoben Arbeitsloseninitiativen Anklage gegen Wolfgang Clement wegen Volksverhetzung. Vgl. Blume (2005): Üble Kampagne.

14 Vgl. Oschmiansky (2003): Faule Arbeitslose, S. 11–16.

moralisches Versagen begriffen wird, ist die Verschärfung der Zumutbarkeitsregeln eine sinnvolle politische Maßnahme.[15]

2. Die Zumutbarkeitsbestimmungen im Arbeitsförderrecht

Vorstellungen darüber, was zumutbar ist, sind nicht statisch, sondern variieren entsprechend zeitgenössischer Umstände und gesellschaftlicher Wertmaßstäbe. Im Rechtswesen wird auf den Ausdruck der Zumutbarkeit zurückgegriffen, um zwischen gegensätzlichen Interessen zu vermitteln. Im Falle der Arbeitslosenversicherung dient er demzufolge dazu, zwischen dem Anliegen der Arbeitslosen und jenem der einzahlenden Erwerbstätigen abzuwägen.[16] Somit definieren die Zumutbarkeitsregelungen den Rahmen zumutbarer Belastungen, um die Chancen auf eine erneute Beschäftigung zu erhöhen und den Leistungsbezug von Arbeitslosengeld zu beenden. Bei deren Nicht-Einhaltung drohen Sanktionen.

In den letzten Jahrzehnten war insbesondere die erneute gesellschaftliche Erfahrung von Massenarbeitslosigkeit für ein gewandeltes Bild über Zumutbarkeitsfragen prägend. Im Zuge dessen haben die entsprechenden Regelungen im Verlauf der vergangenen vierzig Jahre erhebliche Veränderungen, meistens in Form von Verschärfungen, erfahren. Inwiefern wandelten sich in diesem Zusammenhang im Arbeitsförderrecht der Bundesrepublik die Zumutbarkeitsbestimmungen hinsichtlich Mobilitätserwartungen gegenüber den Arbeitslosen?

Die diesfälligen Bestimmungen in der Nachkriegszeit stammten noch aus dem Gesetz über Arbeitsvermittlung und Arbeitslosenversicherung des Jahres 1927. Die Anordnung besagte, dass Erwerbslose auch Arbeit außerhalb ihres Wohnortes zu akzeptieren hätten. Selbiger Passus findet sich gleichfalls in der novellierten Fassung des Arbeitslosengesetzes aus dem Jahre 1957.[17] Im Jahr 1969 wurden Fragen der Arbeitslosenunterstützung neu geregelt und so ersetzte das Arbeitsförderungsgesetz das bisherige Regelwerk. Erstmals operierte ein

15 Dass die machtpolitische Rechnung nicht stets aufging, zeigte sich indes besonders deutlich bei den Sozialdemokraten. Die Hartz-Gesetzgebung und die damit verbundenen Faulheitsdebatten trugen entscheidend zur Gründung der Linkspartei und zu den seitdem schlechten Wahlergebnissen der SPD bei. Ebenso schadeten Äußerungen des FDP-Politikers und damaligen Vizekanzlers Guido Westerwelle zu einer drohenden »spätrömische[n] Dekadenz« in der Gesellschaft der Wählergunst der Liberalen. Der in politischen Kreisen jener Zeit sehr präsente neoliberale Zeitgeist stieß bei den Wählern nicht nur auf Gegenliebe. Siehe zu Westerwelles Ausspruch im Rahmen eines Gastkommentars in der Zeitung Die Welt: Westerwelle (2010): Vergesst Mitte nicht.

16 Vgl. Davilla (2011): Die Eigenverantwortung, S. 161; Ackermann (2003): Zumutbare Arbeit, S. 24f.

17 Vgl. Karasch (1983): Begriff der Zumutbarkeit, S. 65f.

Rechtstext mit dem Term *zumutbare Beschäftigung*.[18] Die erste Fassung konkretisierte allerdings nicht, was dies in räumlicher Hinsicht für den Einzelnen bedeutete. Dies hielt man in Zeiten einer annähernden Vollbeschäftigung anscheinend nicht für nötig. Doch angesichts aufkommender Arbeitslosigkeit im Zuge der ersten Ölkrise war eine präzisere Bestimmung des Zumutbarkeitsbegriffs von Nöten.[19] Demgemäß trat im Rahmen des Haushaltsstrukturgesetzes zum 1. Januar 1976 ein angepasstes Arbeitsförderungsgesetz in Kraft, das ebenso die Mobilitätsanforderungen spezifizierte. Demnach galt auch ein im Vergleich zu vorherigen Erfahrungen längerer Arbeitsweg für eine neue Beschäftigungsaufnahme als zumutbar, solange es sich um eine angemessene Ausweitung der Weglänge handelte.[20] Der die rechtliche Neufassung beratende Bundestagsausschuss hielt aber fest, dass »eine abschließende Regelung im Gesetz nicht möglich ist, da die Entscheidung über die Zumutbarkeit nur unter Berücksichtigung aller Umstände des Einzelfalles getroffen werden kann.«[21] Die vage formulierten Zumutbarkeitskriterien erleichterten jedoch keine einheitliche Handhabung auf den Arbeitsämtern, was die zuständigen Sachbearbeiter bemängelten.[22] Für Abhilfe sorgte ein Runderlass der Bundesanstalt für Arbeit, der zudem als Reaktion auf Beanstandungen des Bundessozialgerichts zu verstehen ist. Das Dienstblatt 230/78 vom 8. August 1978 erläuterte erstmals konkret, was dem einzelnen Arbeitslosen für die schnelle Aufnahme einer neuen Erwerbsarbeit zugemutet werden könne.[23] Nach Maßgabe der Arbeitslosendauer setzte die Zumutbarkeitsanordnung Richtlinien für unterschiedliche Formen räumlicher Mobilität fest.[24] Die bereits im Gesetz vorgegebene Offenheit für Arbeit fern des Wohnorts wurde präzisier gefasst. Dabei war erstmals von Beschäftigung im Tagespendelbereich die Rede. Als Norm für Vollzeitbeschäftigte wurde ein Pendeln von bis zu einer Stunde für den einfachen Arbeitsweg als angemessen festgelegt. Dies korrespondierte nach Schätzung der Behörde mit circa 50 Kilometern. Der tägliche Zeitaufwand konnte sich somit auf bis zu zwei Stunden belaufen.[25] Im Falle einer schlechten Verkehrsinfrastruktur galten sogar drei Stunden tägliche Fahrzeit als zumutbar.[26] Für weiter entfernte Arbeitsorte, die ein Wochenendpendeln bedingten, waren dem Arbeitslosen eine Schonfrist

18 Vgl. Toparkus (1999): Zumutbare Beschäftigung, S. 12.

19 An dieser Stelle ist es vorstellbar, dass auch das Wiedererstarken neoliberalen Denkens und damit verbundene Vorstellungen von »freiwilliger Arbeitslosigkeit« die Frage der Zumutbarkeit ins Zentrum der Debatte rückten.

20 Vgl. Karasch (1983): Begriff der Zumutbarkeit, S. 67 f.

21 Deutscher Bundestag (1975): Bericht des Haushaltsausschusses, S. 10.

22 Vgl. Toparkus (1999): Zumutbare Beschäftigung, S. 13 f.

23 Vgl. Sell (1998): Entwicklung und Reform, S. 535; Toparkus (1999): Zumutbare Beschäftigung, S. 14 f.; Karasch (1983): Begriff der Zumutbarkeit, S. 69.

24 Neben der räumlichen Mobilität legte die Anordnung ebenso erstmals Kriterien für berufliche Mobilität fest und nannte drei Qualifikationsstufen.

25 Bei Teilzeitarbeit reduzierten sich die zumutbaren Fahrzeiten um ein Drittel.

26 Nutzte die betreffende Person öffentliche Verkehrsmittel, waren nötige Umstiegs- und Wartezeiten für die Wegzeitenberechnung zu berücksichtigen.

von sechs Monaten einzuräumen. Danach galt auch eine solche Arbeitsstelle als zumutbar. Fehlten im Tagespendelumkreis grundsätzlich Arbeitsplätze der beabsichtigten Beschäftigung, konnte das Wochenendpendeln sogar von Anfang an abverlangt werden. Besondere Umstände erlaubten es indes, von Mobilitätsforderungen abzusehen. Die Anordnung nennt vier Beispiele. Ein Wochenpendeln konnte nicht eingefordert werden, wenn dadurch die Fürsorge und Pflege von Angehörigen nicht gewährleistet war. Gleichfalls galten eine bereits begonnene nebenberufliche Weiterqualifizierung und eine landwirtschaftliche Tätigkeit im Zweiterwerb nur bedingt mit einem wöchentlichen Pendeln als vereinbar. Ebenso war gesellschaftliches Engagement in Form eines wichtigen öffentlichen Ehrenamtes zu honorieren und konnte als Ausschlusskriterium herangezogen werden.[27]

Die Verfasser des Runderlasses standen offensichtlich unter dem Eindruck der Bedeutungszunahme von Langzeitarbeitslosigkeit Ende der 1970er Jahre. Um lange Beschäftigungslosigkeit zu vermindern, galt die Annahme eines Arbeitsangebotes, die eines Umzugs bedurfte, nach spätestens einem Jahr Erwerbslosigkeit als einforderbar. Ähnliche Aspekte wie beim Wochenendpendeln konnten den Arbeitslosen indes von einem Umzugspostulat entbinden. Es fand aber ausdrücklich Erwähnung, dass sich Umzugseinwände des Arbeitslosen mit fortdauernder Erwerbslosigkeit abschwächten. Ohne erschwerende Begleitumstände wurden die Erwerbstätigkeit des Ehegatten, schulpflichtige Kinder, Wohneigentum oder soziale Verbundenheit nicht als zulängliches Hindernis angesehen, eine Arbeitsstelle mit Umzugserfordernis zurückzuweisen.[28]

Die Zumutbarkeitsanordnung der Bundesanstalt für Arbeit rief kontroverse Reaktionen hervor. Das Presseecho umfasste die komplette Bandbreite vom vernichtenden Urteil bis zur unterstützenden Haltung. Das Hauptargument der Gegenstimmen lautete, dass sich überregionale Mobilität nicht mit dem vom Grundgesetz garantierten Schutz von Ehe und Familie vereinbaren lasse, sondern vielmehr das Risiko der Entwurzelung berge.[29] Diese Position vertraten auch weite Teile der regierenden SPD.[30] In der ersten Freitagsausgabe der *Frankfurter Rundschau* im Oktober des Jahres 1978 echauffierte sich Berthold Keller, seinerzeit Vorsitzender der Gewerkschaft Textil-Bekleidung, über die »brutale Forderung nach totaler geographischer Mobilität der Arbeitnehmer« in poli-

27 Vgl. Hummel-Liljegren (1981): Zumutbare Arbeit, S. 214 f. Im Anhang der Veröffentlichung von Hermann Hummel-Liljegren findet sich auf den Seiten 211–217 ein ungekürzter Abdruck der Zumutbarkeitsanordnung der Bundesanstalt für Arbeit, also des Runderlasses 230/78 vom 8. August 1978.

28 Vgl. ebd., S. 215 f.

29 Vgl. Didzoleit (1978): Grenzen der Zumutbarkeit; Roitsch (1978): DGB verlangt Rücknahme, S. 2; Michaels (1979): Familie kontra Arbeitsmarkt. Dem Juristen Heinz-Peter Moritz zufolge widersprach es zudem dem Sozialstaatlichkeitsprinzip, da es einen Verdrängungswettbewerb der minder qualifizierten »Schwächeren« durch die gut qualifizierten »Stärkeren« befeuere. Vgl. Moritz (1979): Nochmals, S. 226 f.

30 Vgl. Karasch (1983): Begriff der Zumutbarkeit, S. 70.

tischen Kreisen. Die Arbeitnehmer werden »wie die Hasen in der Wirtschaftslandschaft hin und her gejagt«[31]. Die Befürworter hingegen hoben hervor, dass strengere Maßstäbe im Sinne der solidarisch zahlenden Allgemeinheit seien.[32] Die Positionierung des Kommentars in der Zeitung *Die Welt* fiel eindeutig aus: »Schändet Arbeit denn neuerdings? Sind die vielen Pendler aus dem Bayerischen Wald, die seit Jahren nach München fahren, ›unzumutbar‹ belastet? Ist es der Menschenwürde des Familienvaters [...] zuträglicher, wenn er nichts tut und sich von den anderen ernähren läßt?« Und beschließt drastisch mit einem Bibelzitat aus dem zweiten Paulusbrief an die Thessalonicher: »[S]o jemand nicht will arbeiten, der soll auch nicht essen.«[33]

Die grundsätzliche Frage der Rechtskonformität der Anordnung blieb – auch unter Juristen – umstritten.[34] Da allerdings ein Jahr später bereits ihre Aufhebung erfolgte, erübrigte sich deren rechtliche Klärung. Mit dem Inkrafttreten einer erneuten Zumutbarkeitsverordnung am 19. November 1979 wurde der kontrovers diskutierte Runderlass des Vorjahres ausdrücklich zurückgenommen. Obgleich die Regelungen aus dem Jahr 1978 somit formell annulliert worden waren, dürften sie in der Praxis weiterhin als Richtschnur gedient haben. Denn die neue Direktive ließ jegliche klare Vorgabe vermissen. Beispielsweise wurde bei der Zumutbarkeit von Tätigkeiten außerhalb des Tagespendelbereiches einzig darauf verwiesen, dass in solchen Fällen die individuellen Verhältnisse des Arbeitslosen zu bedenken seien. Der politische Konsens wurde im neuen Erlass schlicht mittels fehlender Positionierung erzielt. Aufgrund der fehlenden Definitionen in der Anordnung des Jahres 1979 zeichnete auch der Juraprofessor Werner Hoppe ein negatives Bild zur Alltagspraxis der Sachbearbeiter: »[W]egen der stets vorzunehmenden individuellen und regionalisierten Einzelfallbeurteilung [...] sind die mit der Entscheidung über Zu- und Unzumutbarkeit einer vom AA [(Arbeitsamt)] angebotenen Beschäftigung befaßten Mitarbeiter der BA [(Bundesanstalt für Arbeit)] insoweit auf sich allein gestellt und nicht zu beneiden. Das bedeutet, daß im wesentlichen gleichgelagerte Fälle verschieden beurteilt werden können«[35].

Der praxisferne Wortlaut der Anordnung aus dem Jahr 1979 verlangte nach einer praxisnäheren Nachfolgeregelung. Im Zuge dessen wurde im Jahr 1981

31 Brügmann (1978): Widerstand gegen Forderung, S. 4.

32 Vgl. Ohne Verfasserangabe (1978): Was ist zumutbar; Piel (1978): Zumutung.

33 Stute (1978): Schändet Arbeit.

34 Vgl. Moritz (1979): Nochmals, S. 227; Hoppe (1979): Begriff zumutbare Beschäftigung, S. 44.

35 Hoppe (1980): Die Zumutbarkeits-Anordnung, S. 103. Vgl. ferner Hummel-Liljegren (1981): Zumutbare Arbeit, S. 119, 123, 231 f.; Toparkus (1999): Zumutbare Beschäftigung, S. 17 f. Trotz der Kürze und den vielen Streichungen in der Anordnung wurde ein neuer Aspekt aufgenommen. Demnach sollten im jeweiligen Fall die regionalen Strukturunterschiede Beachtung finden. Solch eine explizite Benennung einer regional zu differenzierenden Zumutbarkeitsabwägung findet sich in keiner späteren Verordnung oder einem Gesetzestext – vermeintlich deshalb, weil es dem Gleichheitsprinzip widersprach.

das Arbeitsförderungskonsolidierungsgesetz verabschiedet. Darin appellierte der Gesetzgeber 1981 an den Verwaltungsrat der Bundesanstalt für Arbeit, eine neue Direktive in die Wege zu leiten. Die sozial-liberale Koalition setzte das Direktorium der Bundesanstalt für Arbeit unter Druck, hierbei die Zumutbarkeitsbestimmungen in einer konkreteren Ausgestaltung wieder zu verschärfen. Darauf legte insbesondere die FDP wert, die sich dadurch für die anstehende Bundestagswahl gut positionieren wollte.[36] Der Runderlass aus dem Jahr 1982 griff die Bestimmungen der umstrittenen Zumutbarkeitsanordnung des Jahres 1978 auf. Hiernach wurden das Wochenendpendeln und ein Umzug wieder explizit als zumutbare Option gehandelt, sollte dies im vorliegenden Berufsfall eine gängige Praxis darstellen oder der Wohnort des Arbeitssuchenden verkehrstechnisch besonders schlecht angebunden sein. Konkret findet sich ebenfalls eine zumutbare zeitliche Höchstgrenze für das tägliche Pendeln. Die im Jahr 1978 genannte Fallunterscheidung wurde hierbei nicht übernommen, sondern deren Zeitangaben pauschal gemittelt. Eine zweieinhalbstündige zeitliche Belastung galt täglich als zumutbar.[37] Neben räumlichen Mobilitätsbestimmungen bildete die Festlegung von fünf Qualifikationsstufen das Kernstück der Anordnung. Bei der Vermittlung eines neuen Arbeitsplatzes galt nur eine sukzessive Herabstufung entsprechend der Qualifizierung als zumutbar. Der Berufsschutz sollte sowohl eine zu große Dequalifizierung gut Ausgebildeter verhindern als auch die Verdrängung niedrig Qualifizierter abwenden.[38] Der Zumutbarkeitsanordnung der Bundesanstalt für Arbeit vom 16. März 1982 war ein längerer Bestand beschieden als den betreffenden vorausgehenden Anordnungen. Sie behielt in der Arbeitspraxis der Arbeitsämter bis Mitte der 1990er ihre Gültigkeit.[39]

Pünktlich vor einer anstehenden Bundestagswahl erfuhren die Zumutbarkeitsregeln im Jahr 1997 eine deutliche Verschärfung. Hierbei erfolgte eine Abkehr von der Weisungsbefugnis der Bundesanstalt für Arbeit in Zumutbarkeitsfragen. Der Gesetzgeber fixierte selbst ein Gesetz, indem das Arbeitsförderungsrecht als drittes Buch des Sozialgesetzbuches aufgenommen wurde.[40]

36 Vgl. ebd., S. 17 f.; Sell (1998): Entwicklung und Reform, S. 536.

37 Im regionalen Einzelfall galten auch längere Zeiten als zumutbar. Vgl. Karasch (1983): Begriff der Zumutbarkeit, S. 71 f.

38 Dieser Ansatz stellte eine Weiterentwicklung des dreistufigen Konzeptes der Zumutbarkeitsanordnung aus dem Jahr 1978 dar. Vgl. Sell (1998): Entwicklung und Reform, S. 536 f.; Hummel-Liljegren (1981): Zumutbare Arbeit, S. 212.

39 Flankiert wurde die Anordnung vom fünften Änderungsgesetz zur Arbeitsförderung, welches die konkreten Handlungsdirektiven der behördlichen Anweisung beließ, allerdings den Rahmen neu absteckte und dabei ausdrücklich den besonderen Schutz der Familie herausstellte sowie eine Umzugsnotwendigkeit begrenzte. Vgl. Toparkus (1999): Zumutbare Beschäftigung, S. 16–19.

40 Das im Jahr 1969 unter dem Eindruck annähernder Vollbeschäftigung erlassene Arbeitsförderungsgesetz galt als überholt und wurde nach 115 Gesetzesänderungen als Flickwerk empfunden. Die vorherige Vielzahl der Novellierungen dürfte der praktischen Arbeit auf den Arbeitsämtern nicht zuträglich gewesen sein. Auf diesen Sachverhalt verwies Werner Hoppe bereits im Jahr 1979, dass eine gute Einarbeitung und Einweisung

Mit einer nun normativen Festlegung erhielten die Zumutbarkeitsbestimmungen eine neue Qualität der Verbindlichkeit.[41] Zugleich beschnitt die Aufhebung des Qualifikationsschutzes den Versicherungscharakter der Arbeitslosenversicherung. »Wir versichern doch kein Diplom, wir versichern Einkommen! Diese berufsständische Ordnung gehört ins 19. Jahrhundert.«[42] Mit diesen Worten rechtfertigte sich der damalige Bundesarbeitsminister Norbert Blüm für die Abkehr vom bisherigen Prinzip. Eine stufenweise Sozialleistungskürzung ersetzte den vormals zeitlich begrenzten Qualifikationsschutz.[43] Dabei dienten gewandelte Bedingungen auf dem Arbeitsmarkt als Begründung dafür, eine größere Eigenverantwortung einzufordern. Der Ruf nach Selbstverantwortung, wie er gleichfalls in anderen Bereichen des Sozialsystems erfolgte, ist als konventionelle, liberale Strategie zu deuten, das unmittelbare finanzielle Risiko für den Staat zu begrenzen. Mit der Eingliederung in das Sozialgesetzbuch erfolgte zugleich eine Entkopplung des Einzelnen von einem aufs Lokale beschränkten Arbeitsmarkt. Fortan galt eine temporär doppelte Haushaltsführung als hinnehmbar. Außerdem wurde die zumutbare Arbeitswegzeit für den Wiedereinstieg Erwerbsloser um eine halbe Stunde auf dann täglich drei Stunden angehoben.[44] Die regierenden Parteien sahen diesen Schritt als notwendig an, um entsprechend der geänderten Arbeitsmarktwirklichkeit die mobilen Anforderungen an den Erwerbslosen anzupassen. Dabei sah sich die Regierung durch die Sachverständigen im entsprechenden Bundestagsausschuss bestätigt, obgleich sich in diesem auch kritische Stimmen zu Wort meldeten. So wurde die Sorge vor einem drohenden Verdrängungswettbewerb geäußert, der insbesondere zu Lasten von Müttern gehen dürfte. Die Heraufsetzung der zumutbaren täglichen Pendelzeit bei Teilzeitbeschäftigung auf zweieinhalb Stunden drohe die Kinderbetreuungspflichten zu untergraben und gleichzeitig biete das schlechte Kinderbetreuungsangebot für erziehende Mütter keine ausreichende Unterstützung für eine Aufnahme einer Teilzeitbeschäftigung an entferntem Orte.[45] Jutta Niedersen-Marchal, Sprecherin der Bundesarbeitsgemeinschaft kom-

der Sachbearbeiter in die aktuellen Zumutbarkeitsbestimmungen bei im Schnitt drei bis fünf jährlichen Rechtsänderungen schwerlich gewährleistet werden konnte. Vgl. Hoppe (1979): Fünftes AFG-ÄndG, S. 225; Sell (1998): Entwicklung und Reform, S. 532.

41 Die Zumutbarkeitsregelung wurde in Paragraf 121 des dritten Sozialgesetzbuches ausgeführt. Sie ist zu weiten Teilen wortgleich mit Paragraf 103 des Arbeitsförderungsgesetzes, welches bis zum Ende des Jahres 1997 Gültigkeit besaß. Nach einer Umstrukturierung des dritten Sozialgesetzbuches hatte der Zumutbarkeitsparagraf ab dem 1. April 2012 die Nummer 140. Vgl. Lauer (2013): Kommentar zu § 140, S. 1062.

42 Blüm (1996): Beratung zum Arbeitsförderungsgesetz, S. 10011.

43 Die Aufhebung des Kündigungsschutzes stieß auf heftige Kritik, da sie der grundgesetzlich verbrieften Berufsfreiheit zuwider laufe. Vgl. Toparkus (1999): Zumutbare Beschäftigung, S. 20; Büser (1997): Jetzt drei Stunden; Ackermann (2003): Zumutbare Arbeit, S. 17, 37 f.

44 Vgl. Sell (1998): Entwicklung und Reform, S. 538; Lauer (2013): Kommentar zu § 140, S. 1062 f.

45 Vgl. Deutscher Bundestag (1996): Arbeitsförderung Bericht, S. 13, 20 f.

munaler Frauenbüros und Gleichstellungsstellen resümierte, dass die pauschale Zumutbarkeitsverschärfung auf einem Denkfehler beruhte: »Die Anlehnung an das Normalarbeitsverhältnis blende Lücken und Risiken der weiblichen Arbeitsbiographie aus.« Der Vorwurf einer frauenfeindlichen Regelung galt ebenso der Opposition als das Hauptargument gegen das Gesetz. Die Union hielt allerdings an der Anhebung der zumutbaren Pendlerzeiten fest und wies die Kritik zurück. Die CDU-Politikerin Birgit Schnieber-Jastram brachte die Position der Regierung in einer Bundestagsdebatte unmissverständlich zum Ausdruck: »[W]ir leben nicht im Wolkenkuckucksheim. Unsere Arbeitswelt hat sich drastisch verändert, dem müssen auch die Frauen Rechnung tragen.«[46]

Die Frage der mobilen Zumutbarkeit blieb auch nach dem Regierungswechsel virulent. Die rot-grüne Regierung richtete ihr Augenmerk besonders auf Teilzeitarbeit suchende Frauen, als sie am 1. August 1999 wieder die alte Regelung einsetzte. Zudem wurden die zumutbaren Pendelzeiten für Vollzeitarbeitende wieder um eine halbe Stunde reduziert, von drei auf bis zu zweieinhalb Stunden.[47] Die verschärften Richtlinien der späten Kohl-Regierung hatten somit lediglich 28 Monate Bestand gehabt. Entsprechend fielen die Reaktionen der alten Regierungsparteien aus, die hierin einen Verstoß gegen das Prinzip des Förderns und Forderns sahen. Da lange Pendelzeiten nach Meinung vieler Unions-Politiker für viele Arbeitnehmer eine alltägliche Erfahrung darstellten, zeigten sie ihr Unverständnis, dass man dies den Arbeitslosen nicht abverlange.[48] Eine erneute Anhebung der Pendelzeiten wurde ebenfalls aus FDP-Kreisen gefordert. Dirk Niebel, damaliges Mitglied im Bundestagsausschuss für Arbeit und Sozialordnung, äußerte sich zur Senkung der zumutbaren Pendlerzeit mit den Worten, dass es leichter sei, einen Arbeiter aus Kalkutta nach Hamburg zu holen als von Rostock nach Schwerin.[49]

In der Politik mehrten sich um die Jahrtausendwende Stimmen, welche bei schlechter Arbeitsmarktlage reflexartig und polemisch eine erhöhte Pendelbereitschaft Arbeitsloser anmahnten. In einer eindimensionalen Argumentation sprachen sich hierbei einige Politiker wiederholt für regionale Differenzierungen aus.[50] Den verfassungsrechtlich verbrieften Gleichheitsgrundsatz missachtete auch ein FDP-Vorschlag, die zumutbare Pendeldistanz an der Höhe der Arbeits-

46 Deutscher Bundestag (1997): 182. Sitzung des Bundestages, S. 16383.

47 Vgl. Deutscher Bundestag (1999): 26. Sitzung des Bundestages, S. 2086; Deutscher Bundestag (1999): Änderung Sozialgesetzbuch, S. 10; Lauer (2013): Kommentar zu § 140, S. 1062.

48 Nach CDU/CSU-Vorstellungen sei allerdings in Fällen häuslicher Verpflichtung von Zumutbarkeitsverschärfungen abzusehen. Dies entsprach dem vorherrschenden traditionellen Familienbild der konservativen Parteien. Vgl. Deutscher Bundestag (1999): 47. Sitzung des Bundestages, S. 3974, 3984; Mittler (2001): Bayern will Kombi-Lohn; Deutscher Bundestag (2002): Fördern und Fordern, S. 3, 8.

49 Vgl. Hoch (2001): Nadelstiche in Haut.

50 Vgl. Deutscher Bundestag (1996): Arbeitsförderung Gegenäußerung, S. 3; Deutscher Bundestag (2003): Sicherung der Existenzgrundlagen, S. 64.

losenquote auszurichten.[51] Bei diesem Einfall gerieten die soziale Dimension, die sozialen Konsequenzen aus dem Blick.[52]

Stellte die vom Arbeitslosen einforderbare Pendelzeit einen Zankapfel zwischen Regierung und Opposition dar, so standen Fragen eines Umzugszwangs oder einer getrennten Haushaltsführung selten im Raum.

Als das Wochenendpendeln und ein Umzug in der Anordnung des Jahres 1978 als zumutbar eingestuft wurden, erhitzte dieser Aspekt die Gemüter. Jurist Heinz-Peter Moritz sah darin der sozialen Zerrüttung Vorschub geleistet, einen Verstoß gegen das Sozialstaatsprinzip. »[D]ie vorgesehenen schweren Fälle ›örtlicher Mobilität‹ [... tragen] die Gefahr der Entwurzelung des einzelnen aus seiner sozialen Umwelt und damit zur Vereinzelung in sich. Angesichts der tiefgreifenden Folgen [... ist die] Gesellschaft als Zusammenspiel sozialer Wesen«[53] bedroht. Im Gegensatz zu Moritz befanden andere Kommentatoren die neue Definition der Zumutbarkeit als Grundgesetz-konform.[54] Auch innerhalb der einzelnen Parteien gab es bezüglich der Sozialverträglichkeit der neuen Bestimmungen erhebliche Meinungsstreitigkeiten. Die CDU-Sozialausschüsse änderten etwa mehrmals ihre Position.[55] Als Kompromiss galt in den 1980er Jahren die Regelung, dass das Wochenendpendeln einzig zu erwägen sei, wenn dies im betreffenden Beruf eine gängige Praxis bildete oder der Wohnort sehr abgeschieden lag. Jener Passus wurde bei der Neugestaltung der Zumutbarkeit im dritten Sozialgesetzbuch gestrichen. Das neue Gesetz sah eine zeitliche Beschränkung getrennter Haushaltsführung vor. Da dieser jedoch mit vorübergehend umschrieben war, blieb die zeitliche Dimension interpretationsbedürftig. In der zuvor gültigen Zumutbarkeitsanordnung war von bis zu sechs Monaten die Rede gewesen. Jene Festlegung dürfte auch nach 1997 als Orientierungswert gedient haben. Im Laufe der zwei Jahrzehnte ist zwar eine leichte Verschärfung der Zumutbarkeitsregelung hinsichtlich des Wochenendpendelns zu konstatieren, allerdings wurde diese mit Blick auf familiäre Verpflichtungen betont eingeschränkt. Neben der subjektiv schwer einschätzbaren familiären Komponente dürften ebenso die hohen Kosten einer doppelten Haushaltsführung die Sachbearbeiter der Arbeitsämter dazu bewogen haben, die Bestimmungen zurückhaltend auszulegen.[56]

Auch bezüglich eines Umzugszwangs bestimmte das Sozialgesetzbuch weder in der ersten Fassung aus Zeiten der Kohl-Regierung noch in der zweiten Fassung

51 Vgl. Deutscher Bundestag (2001): Wirksame Arbeitsmarktpolitik, S. 5.

52 Dabei zeigte bereits der Familienbericht der Bundesregierung aus dem Jahr 1994 auf, dass erzwungene regionale Mobilität familienfeindlich sei und nicht den menschlichen Bedürfnissen entspreche. Vgl. Deutscher Bundestag (1994): Familien und Familienpolitik, S. 236.

53 Moritz (1979): Nochmals, S. 227.

54 Vgl. etwa Hoppe (1979): Begriff zumutbare Beschäftigung, S. 44.

55 Vgl. Hummel-Liljegren (1981): Zumutbare Arbeit, S. 125.

56 Vgl. Toparkus (1999): Zumutbare Beschäftigung, S. 106 f.; Lüdtke (2008): Kommentar zu § 121, S. 344; Ackermann (2003): Zumutbare Arbeit, S. 40 f.

der ersten Legislaturperiode der Schröder-Regierung Explizites. Bei der Beurteilung der Arbeit der Kommission von Peter Hartz und ihrer Vorschläge zu Zumutbarkeitsfragen zeichnete sich für politische Beobachter bis in den Herbst des Jahres 2002 kein Sinneswandel in dieser Frage ab.[57] Doch Anfang November desselben Jahres legte die unmittelbar zuvor wiedergewählte rot-grüne Regierung einen Gesetzesentwurf für moderne Dienstleistungen am Arbeitsmarkt vor, in welchem nach dem Grundsatz des Förderns und Forderns eine größere regionale Mobilität als zumutbar galt.[58] Das im Januar 2003 in Kraft getretene Gesetz verlangte im Konkreten ab dem vierten Monat der Arbeitslosigkeit die grundsätzliche Bereitschaft zu einem Umzug. Die erweiterte Zumutbarkeitsbestimmung eines Wohnortwechsels durfte sogar unmittelbar vom Arbeitslosen abverlangt werden, wenn das Arbeitsamt dem Erwerbslosen für die ersten drei Monate eine schlechte Prognose ausstellte, einen Job in Tagespendelbereich zu finden. Diese Regelung zielte darauf ab, frühzeitig für einen Ausgleich von regional unterschiedlichen Arbeitsmarkträumen zu sorgen. Auf welcher Grundlage die Sachbearbeiter des Arbeitsamtes indes zu einer zuverlässigen Einschätzung gelangen sollten, führte der Gesetzestext nicht aus. Da die meisten Arbeitslosen zu jener Zeit ohne den Einsatz des Arbeitsamtes wieder eine Anstellung fanden und es in der Bundesrepublik zudem für die Arbeitgeber keine Meldepflicht für offene Stellen gab, erscheint eine behördliche Taxierung fragwürdig.[59]

Die vom Gesetzgeber eingeführte Umzugsforderung war hintanzustellen, wenn wichtige Gründe, insbesondere familiäre Bindungen dagegensprachen. Dies stellt – auch in rechtlicher Hinsicht – eine sehr unscharfe Festlegung dar, die allerdings dadurch den Angestellten des Arbeitsamtes eine größere Ermessensfreiheit gewährte. Die Verschärfung des Gesetzes hin zu einem möglichen Umzugszwang betraf demnach vor allem ledige Personen ohne familiäre Verpflichtungen, die keine Angehörigen pflegten oder durch Ehe und Familie den besonderen Schutz des Grundgesetzes genossen.[60] Im angeführten Gesetz für moderne Dienstleistungen am Arbeitsmarkt sollte räumliche Mobilität als Beschleuniger für eine erneute Berufsaufnahme fungieren und zugleich im größeren

57 Vgl. Toparkus (1999): Zumutbare Beschäftigung, S. 116; Winkel (2002): Jede zumutbare Stelle.

58 Vgl. Deutscher Bundestag (2002): Moderne Dienstleistungen, S. 1–3. Die Frage nach der Zumutbarkeit des Wochenendpendelns fand im Zuge der Hartz-Gesetze keine erneute Thematisierung.

59 Vgl. Valgolio (2003): Voraussetzungen und Dauer, S. 626; Deutscher Bundestag (2002): Moderne Dienstleistungen, S. 13, 29.

60 Vgl. Lauer (2013): Kommentar zu § 140, S. 1066 f., 1071; Büser (2003): Arbeitslose ohne Familie. Die Bundesregierung betonte ansonsten eine individuelle Gleichstellung. Immobilienbesitzer waren etwa ausdrücklich nicht von der grundsätzlich möglichen Umzugsnotwendigkeit ausgenommen, da dies Personen ohne Eigenheimbesitz benachteiligen würde. Etwaige finanzielle Schwierigkeiten nach einer Veräußerung des Wohnobjekts wurden in einer Antwort auf eine kleine Anfrage dem persönlichen Risiko zugerechnet. Siehe hierzu Michalk (2003): Zumutbarkeit eines Umzuges, S. 31 f.

Kontext Unterschiede der regionalen Arbeitsmarktregionen abschwächen. Als Nebeneffekt erhoffte man sich für die Staatskasse geringere Ausgaben.[61]

Mit den von der Hartz-Kommission übernommenen Ideen erreichten die Zumutbarkeitsbestimmungen in Mobilitätsbelangen eine neue Qualität.[62] Wenngleich das Gesetz an dieser Stelle große Personenkreise ausnahm, öffnete es die Tür für mögliche weitere umfassende Mobilitätserwartungen. Das Einfordern eines Umzugs von einem Arbeitslosen zur Wiederaufnahme einer Berufstätigkeit bildete in der bundesrepublikanischen Rechtslage jedoch kein Novum. Die Hartz-Gesetze knüpften an Vorstellungen aus den 1970er Jahren an. So war bereits im Haushaltsstrukturgesetz des Jahres 1976 ein Umzug zur Arbeitsannahme im Einzelfall als zumutbar angesehen und eine Umzugspflicht in einem Runderlass der Bundesanstalt für Arbeit im Jahr 1978 konkretisiert worden.[63] Dennoch sticht die Hartz-Gesetzgebung markant hervor und bedeutete eine Neuausrichtung.[64] In Fragen der Zumutbarkeit wich sie zwar nicht grundsätzlich vom Katalog der späten 1970er ab, allerdings stellte die Agenda 2010 eine wohlfahrtsstaatliche Umdefinition dar. Mit einem Schwenk von einer bewahrenden hin zu einer aktivierenden Arbeitsmarktpolitik ging die Hartz-Gesetzgebung mit einem Paradigmenwechsel einher.[65] Die Hartz-Gesetze fußten auf dem Grundgedanken des Armutsfallentheorems.[66] Dieses

61 Vgl. Büser (2003): Arbeitslose ohne Familie; Deutscher Bundestag (2002): Moderne Dienstleistungen, S. 29f.

62 Vgl. Beise (2003): Zumutbare Arbeit; Lauer (2013): Kommentar zu § 140, S. 1062. In mobilitätsunspezifischer Hinsicht stellte die Zusammenlegung von Arbeitslosenhilfe und der Sozialhilfe sicherlich die maßgeblichste Änderung durch die Hartz-Gesetze dar.

63 Dies fand im Presseecho jener Zeit durchaus Zustimmung. So bewertete ein Kommentar in der *Süddeutschen Zeitung* »ein[en] Umzug nicht von vornherein als barbarisches Ansinnen«. Eine vorherige Gewöhnung an einen Zustand der Überbeschäftigung habe zu dem falschen Gefühl verleitet, dass die örtliche Bindung ein Grundrecht sei. Barbier (1978): Zumutung oder zumutbar. Vgl. ferner Deutscher Bundestag (1975): Bericht des Haushaltsausschusses, S. 10; Hummel-Liljegren (1981): Zumutbare Arbeit, S. 118, 215f.; Karasch (1983): Begriff der Zumutbarkeit, S. 67f.

64 Durch die Lockerung sozialer Sicherheiten verfolgte man eine Art Anti-Stabilisierungs-Politik, die nur mäßig strukturelle Verbesserungen zeitigte. Zwar wurde Deutschland durch das Erstarken eines Niedriglohnsektors als Exportstandort gestützt, dies erfolgte allerdings auf Kosten einer zunehmenden sozialen Schieflage. Ein bedenkenswerter Niedriglohnsektor bedingte eine tendenzielle Spaltung des Arbeitsmarktes. In absoluten Zahlen ist der Vollzeitbeschäftigtenanteil in den letzten Jahrzehnten gesunken. Die Hartz-Gesetze im Rahmen der sogenannten Agenda 2010 fundamentierten damit konjunkturelle Krisenphänomene strukturell.

65 Für den englischen Wohlfahrtsstaates der 1980er und 1990er Jahre diagnostizierte der niederländische Politologe Kees van Kersbergen eine »schleichende Entanspruchung«, einen graduellen Prozess der Rücknahme von Ansprüchen auf Sozialleistungen. Vgl. Kersbergen (2000): The Declining Resistance, S. 28. Ähnliches ist für Deutschland für die 1990er und 2000er Jahre zu konstatieren. Vgl. Mohr (2008): Creeping Convergence, S. 199f.

66 Vgl. Fehr / Vobruba (2011): Die Arbeitslosigkeitsfalle, S. 211. Auf das Armutsfallentheorem bezogen sich Ökonomen häufig in wirtschaftlich instabilen Zeiten. Zu Zeiten der wirtschaftlichen Talfahrt der späten Weimarer Republik prangerte der seinerzeit Wiener

besagt, dass Arbeitslose als Folge kontinuierlich gezahlter Sozialleistungen der Anreiz fehle, sich mit Nachdruck eine neue Arbeitsstelle zu suchen. Dem sollte durch eine sukzessiv abnehmende finanzielle Zuwendung und ein Einfordern größerer Mobilitätsbereitschaft entgegengewirkt werden.[67] Viele Zeitschriftenartikel offenbarten ein ähnlich negatives Menschenbild und prägten durch ihre Einschätzung die allgemeine Wahrnehmung. Die Tageszeitung *Die Welt* etwa verwies in ihrer Onlineausgabe darauf, dass sich viele Arbeitslose wegen der Unattraktivität eines Arbeitsplatzes vor diesem zierten und sich vorzugsweise auf ihren Sozialleistungen ausruhten. Der Zeitungsartikel endete mit der Feststellung, dass Erwerbslose von einem Mobilitätszwang ausschließlich profitieren könnten, »denn Studien bew[ie]sen: Jede Art von Arbeit erhöh[e] die subjektive Zufriedenheit.«[68]

Entsprechend einer neoliberal ausgerichteten Programmatik nahm auch die besonders in Ostdeutschland verbreitete Zeitschrift *Superillu* in den 2000er Jahren eine sehr positive Haltung gegenüber berufsbedingt ausgeprägten räumlichen Mobilitätsanforderungen ein. Prägnant spiegelt sich dies in dem Artikel »Mein Papa ist Pendler. Warum ist er nie da?« wider, der in einer Maiausgabe der Wochenzeitschrift im Jahr 2005 erschien. Darin kamen Mobile zu Wort, die stolz davon berichteten, durch ihre Inkaufnahme eines großen Pendleraufwandes ihre persönliche Alternative zur Arbeitslosigkeit gefunden zu haben, womit sie oftmals gleichfalls eine Fernbeziehung hinnahmen. So wird beispielsweise eine 36-Jährige namens Grit Bartel zitiert, die zwei Kinder und einen Kraftfahrer zum Mann hat und sich glücklich schätzt, nun bei einem Wachdienst im entfernten Magdeburg angestellt zu sein. »Von den paar Euro, die ich hier verdiene, geht mehr als die Hälfte für Benzingeld drauf. Aber eine feste Anstellung ist mir in diesen Zeiten immer noch lieber als der Weg zum Arbeitsamt.« Der *Superillu*-Artikel führt ebenso einen gewissen, 42 Jahre alten Mario Cobernuss an, der mit Arbeitslosigkeit und Selbstmitleid nicht in Verbindung gebracht werden mochte. So wie er wurden auch andere wie die 22-jährige Konstanze Mandry porträtiert. Sie verspürten einen großen Arbeitseifer und waren nach Verlust einer Anstellung umgehend dazu bereit, viele hundert Kilometer fern der Heimat zu arbeiten: Letzt genannte junge Frau gab zu Protokoll: »›Ich zögerte

Wirtschaftsprofessor Ludwig von Mises die Arbeitslosenversicherung als Hauptgrund für die Massenarbeitslosigkeit an: »Dieser [Rationalisierungs-]Prozeß wird heute dadurch unterbunden, daß die freigesetzten Arbeiter Arbeitslosenunterstützung erhalten und es daher nicht für nötig erachten, Arbeitszweig und Arbeitsort zu verändern, um wieder Beschäftigung zu finden. Nicht weil rationalisiert wird, sondern weil die Arbeitslosen der Notwendigkeit, sich nach neuer Arbeit umzusehen, enthoben werden, gibt es Arbeitslosigkeit als Dauererscheinung.« Mises (1931): Ursachen der Wirtschaftskrise, S. 23.

67 Vgl. Hickel (2003): Hartz-Konzept, S. 7. Zugleich wurde die Beweispflicht umgekehrt. Fortan lag es am Arbeitslosen, den Nachweis zu erbringen, dass er ein Arbeitsgebot aus triftigem Grund als unzumutbar zurückwies. Vgl. hierzu Beise (2003): Zumutbare Arbeit; Jacobi (2003): Härtere Zeiten.

68 Ohne Verfasserangabe (2003): Wer Arbeit hat.

keine Sekunde, als ich das Angebot bekam‹ [; …] Konstanze realistisch: ›Alles ist besser als arbeitslos.‹«[69] Tendenziös und wertend geschrieben glorifiziert der vermeintlich im Stil einer Reportage geschriebene Artikel in der *Superillu* Mobilität als Allheilmittel. Einer Arbeit nachzugehen – und nicht als Arbeitsloser seine Zeit zu fristen – wird als eine individuelle Willensfrage charakterisiert. Die Einzelbeispiele legen mantrahaft wiederkehrend dieselben Inhalte dar. Alleine drei Mal findet sich die Aussage, dass Personen keine Sekunde zögerten. Es wird suggeriert, dass Mobilität alternativlos sei.

Auf den ersten Blick erscheint die Berichterstattung in der vor allem auf ein ostdeutsches Publikum abzielenden Zeitschrift *Superillu* anders. Diese verzichtete auf abwertende Kommentare gegenüber Erwerbslosen.[70] Vielmehr forderte der betrachtete Zeitschriftenartikel betont zum Handeln auf, indem nachahmenswerte Positivbeispiele angeführt wurden. Zugleich wich die *Superillu* nicht von der weitverbreiteten positiven Einordnung räumlicher Mobilität ab.

3. Auswirkungen der gesetzlichen Zumutbarkeitsverschärfungen

Eine explizit oder implizit formulierte eindimensionale Unterstellung eines grundsätzlichen Motivationsproblems der Arbeitslosen behandelt das komplexe Problem nicht angemessen und stellt sich bei quantitativer Prüfung als unberechtigt heraus. Der Soziologe Ronald Gebauer belegte empirisch, dass das Armutsfallentheorem für seinen untersuchten Zeitraum der 1990er Jahre in Deutschland nicht haltbar ist.[71] Selbiges bestätigten Sonja Fehr und Georg Vobruba für die Phase vor und nach der Einführung der Hartz-Gesetze. So sind ebenfalls sozialpolitische Maßnahmen, ökonomische Faktoren und demografische Trends mitzubedenken. Zudem richtet sich das Verhalten und Handeln Erwerbsloser stark nach äußeren gesellschaftlichen Zuschreibungen und dem allgemeinen sozialen Erwartungshorizont sowie dem eigenen Wunsch nach Teilhabe – und einer damit verbundenen erleichterten erfolgreichen Selbstver-

69 Hofmann (2005): Mein Papa, S. 12–14.

70 Die Erwerbslosenquote erreichte in den neuen Bundesländern in den ersten beiden Jahrzehnten nach der Wiedervereinigung durchgehend ein höheres Ausmaß als in den alten Bundesländern. Für den ostdeutschen Massenmarkt bestimmt war somit auch für die Gestalter der *Superillu* davon auszugehen, dass ein größerer Anteil ihrer Leserschaft zumindest mittelbar von Arbeitslosigkeit betroffen war. Entsprechend dürfte wenig Interesse daran bestanden haben, Beschäftigungslose zu verunglimpfen, wollte man die eigene Leserklientel nicht verprellen. Dies dürfte manchen Unterschied eines vermeintlich anderen Menschenbildes im Vergleich zu den vor allem in Westdeutschland verlegten Presseprodukten erklären.

71 Vgl. Gebauer (2007): Arbeit gegen Armut, S. 193, 234f.

ortung.[72] Eigene Auswertungen der Daten des Sozio-oekonomischen Panels legen nahe, dass die Bestimmungen des dritten Sozialgesetzbuches und die Hartz-Gesetze keine positiven Auswirkungen auf die Dauer erwerbsloser Phasen zeitigten, diese tendenziell vielmehr anhoben.[73] Zugleich stieg die Zahl Armutsgefährdeter deutlich an.[74] In der zweiten Hälfte der 1980er Jahre dauerte die Arbeitslosigkeitsphase bei gut der Hälfte der Betroffenen weniger als ein halbes Jahr. Bei gut 28 Prozent ist von einer Langzeitarbeitslosigkeit von mindestens einem Jahr zu sprechen. Mehr als zwei Jahre Erwerbslosigkeit widerfuhren rund sieben Prozent der Beschäftigungslosen. Die Arbeitslosigkeitsdauer verlängerte sich Anfang der 1990er Jahre etwas, aber nicht in erheblichem Ausmaß, sodass der Langzeitarbeitslosigkeitsanteil bei 30 Prozent lag. Die gesetzlichen Zumutbarkeitsverschärfungen zum Ende der Regierungszeit von Bundeskanzler Kohl und im Zuge der Hartz-Gesetzgebung unter Bundeskanzler Schröder bewirkten keine Verkürzungen der durchschnittlichen Arbeitslosigkeitsphase. Im Gegenteil nahm der Anteil Langzeitarbeitsloser kräftig zu. Demnach durchlebten um die Jahrtausendwende 36,5 Prozent der Arbeitslosen eine Erwerbslosigkeit von mindestens einem Jahr, zwischen den Jahren 2003 und 2008 erhöhte sich dieser Wert auf 39 Prozent.[75] Den mit entscheidenden Punkt, die Langzeitarbeitslosigkeit zu reduzieren, erreichten die Regelungen des Arbeitsförderungsrechts nicht. Lässt sich allerdings aufzeigen, dass die Änderungen und Verschärfungen der Zumutbarkeitsbestimmungen mit einem sich wandelnden Mobilitätsverhalten nach einer Arbeitslosigkeitsphase einhergingen, und damit zumindest für Teilgruppen eine bessere Arbeitsmarktreintegration bewirkten? Dieser Sachverhalt wurde mittels der Längsschnittdaten des Sozio-oekonomischen Panels analysiert. Sinnvolle Zäsuren bildeten die Einführung des dritten Sozialgesetzbuches zum 1. Januar 1998 und deren verschärfende Bestimmungen im Zuge der Hartz-Gesetze zum 1. Januar 2003. Bei ersterem, dessen Regelungen als

72 Vgl. Fehr / Vobruba (2011): Die Arbeitslosigkeitsfalle, S. 214; Marquadsen (2008): Wie wirkt Aktivierung, S. 47.

73 Einen besseren Übergang in Erwerbstätigkeit erkennt auch Matthias Pollmann-Schult durch die Reformierung des Arbeitsförderrechts mit Einführung des dritten Sozialgesetzbuches und die in diesem Zusammenhang neu bestimmten Zumutbarkeitsbestimmungen nicht. Vgl. Pollmann-Schult (2005): Zumutbarkeitsregeln der Arbeitsvermittlung, S. 315.

74 Fehr und Vobruba sprechen im Zuge der neuen Sozialgesetzgebung von einem Anstieg der Armutsrisikoquote von 13 auf 16 Prozent. Der Gini-Koeffizient, der als Indexwert die Größenordnung einer Ungleichverteilung andeutet, stieg von 2,6 auf 3,0. Vgl. Fehr / Vobruba (2011): Die Arbeitslosigkeitsfalle, S. 216.

75 Die Zunahme der Erfahrung langer Arbeitslosigkeitsphasen bestätigte sich auch bei anderer Unterteilung der Zeitdauer. So lag der Anteil Arbeitsloser mit weniger als einem halben Jahr um das Jahr 2000 beziehungsweise Mitte der 2000er bei 41 respektive 38 Prozent. Die Erfahrung einer Arbeitslosigkeit von über zwei Jahren erhöhte sich auf gut 11 Prozent in den Folgejahren der Einführung des dritten Sozialgesetzbuches und lag in den fünf Jahren nach der Verschärfung der Zumutbarkeitsbestimmungen durch die Hartz-Gesetze sogar bei 16 Prozent.

Anordnung bereits im April 1997 Gültigkeit erhielten, könnten sich mutmaßlich Änderungen beim Pendelverhalten zeigen, durch zweiteres das Umzugsverhalten einen Wandel erfahren haben. Um gleichfalls Verschiebungen bedingt durch die Wiedervereinigung Rechnung zu tragen, wurden insgesamt vier Phasen unterschieden. Die erste Phase umfasst mit den Jahren 1985 bis 1990 die unmittelbaren Jahre vor der Wende. Die Daten beziehen sich dabei nur auf Westdeutschland. Der zweite Zeitraum betrachtet die Jahre vor der Einführung des dritten Sozialgesetzbuches mit Abstand zu unmittelbaren Wendeturbulenzen und erstreckt sich von 1993 bis 1997. Mit den Jahren 1998 bis 2002 schließt der dritte Zeitabschnitt die Jahre zwischen dem Inkrafttreten des dritten Sozialgesetzbuches und den Veränderungen durch das erste Gesetz für moderne Dienstleistungen am Arbeitsmarkt, dem sogenannten Hartz-I-Gesetz, ein. In der vierten Phase richtete sich mit den Jahren 2003 bis 2007 der Blick auf die Entwicklung nach den neuerlichen Verschärfungen der Zumutbarkeitsregelungen.

Die Betrachtung einer mobilitätsbegleitenden Arbeitsaufnahme nach einer erwerbslosen Phase legt die Bedingung zugrunde, dass eine Person wieder einer Arbeit nachgeht. Endete bei einer der repräsentativ befragten Person im vorangegangenen Jahr eine Periode der Arbeitslosigkeit, befand sich diese im darauffolgenden Jahr in allen in Betracht gezogenen Zeiträumen lediglich zu gut der Hälfte der Fälle in Arbeit. Bei über die Jahre schwankenden Werten war jeder Dritte bereits wieder arbeitslos. Von den verbleibenden Fällen hatte ein Großteil das Rentenalter erreicht gehabt.[76] Dieses Missverhältnis stellte sich bei Langzeitarbeitslosen als noch ausgeprägter dar. Deuteten die Daten im Vorjahr ein Ende einer Langzeitarbeitslosigkeit an, also ein Ende einer Beschäftigungslosigkeit von mindestens 12 Monaten, so bedeutete dies Ende der 1980er im darauffolgenden Jahr nur in drei von zehn Fällen eine zum Befragungszeitpunkt vorhandene Anstellung. In den drei späteren Zeiträumen traf dies durchgehend ziemlich genau auf vier aus zehn Fällen zu. Bei vorheriger Langzeitarbeitslosigkeit beliefen sich die Raten erneuter Arbeitslosigkeit überdies auf deutlich höhere Werte, vor allem im ersten und vierten Untersuchungszeitraum. Die 1990er Jahre fallen hierbei etwas aus dem Rahmen, da viele Arbeitslose durch politisch begüns-

76 Der Beschäftigtenanteil schwankte in den vier Vergleichszeiträumen zwischen 52 und 54 Prozent. Ende der 1980er waren 36 Prozent erneut ohne Beschäftigung. Verringerte sich diese Quote in den 1990ern auf knapp 30 Prozent, lag er Mitte der 2000er wieder bei 33 Prozent. Der Rentneranteil lag in den vier analysierten Zeitabschnitten bei vier, sieben, zehn beziehungsweise sieben Prozent. Der hohe Anteil von Personen im Ruhestand in den 1990ern dürfte insbesondere durch die hohe Frühverrentungsquote jener Zeit bedingt gewesen sein. In einem Bericht der Bundesregierung zu den Lebenslagen in Deutschland ist von ungefähr 1,1 Millionen Personen die Rede, welche die Gelegenheit der Vorruhestandsregelung wahrnahmen. Hierbei handelt es sich höchstwahrscheinlich um eine Angabe für die erste Hälfte der 1990er, wobei dies in dem Report nicht genauer spezifiziert wurde. Vgl. Deutscher Bundestag (2001): Lebenslagen in Deutschland, S. 106.

tigte Frühverrentungen ihren Status änderten.[77] Als weitere Vorüberlegung ist anzuführen, dass ein mit einer neuen Arbeit zusammenhängendes Mobilitätsverhalten nach einer erwerbslosen Phase in vielen Fällen eine Vollzeitarbeitsstelle implizierte. Der Anteil Vollzeitbeschäftigter ging allerdings besonders im letzten gemusterten Zeitintervall deutlich zurück. Hier zeigten sich gerade bei dem Wiedereintritt Arbeitsloser die Auswirkungen der politisch unterstützen Deregulierung des Arbeitsmarktes und somit die Öffnung des Niedriglohnbereichs. Bei kurzzeitig Arbeitslosen sank der Anteil Vollzeitbeschäftigter unter den Wiederbeschäftigten von Ende der 1980er bis um das Jahr 2000 von 89 auf 79 Prozent und fiel bis Mitte der 2000er auf 72 Prozent. Bei den Langzeitarbeitslosen zeigte sich ein noch drastischerer Absturz. Mit einem Ausgangsniveau von rund 72 Prozent Ende der 1980er und einem Zwischenhoch um die Jahrtausendwende von 76 Prozent belief sich der Anteil an Vollzeitkräften unter den wieder angestellten Langzeitarbeitslosen Mitte der 2000er auf nur noch 56 Prozent. Neben einer Zunahme der Teilzeitarbeit ging dies im Besonderen auf geringfügig Beschäftigte vormals Langzeitarbeitslose zurück, deren Anteil sich binnen fünf Jahren verdoppelt hatte und dann 21 Prozent ausmachte.[78] Dieser Gedankengang der Wiederbeschäftigungsanteile und -verhältnisse von Arbeitslosen verdeutlicht, dass weniger als die Hälfte der Arbeitslosen von arbeitsbedingter Mobilität gemäß den Zumutbarkeitsbestimmungen betroffen sein konnten. Inwiefern entsprachen diese in ihrem Mobilitätsverhalten dem allgemeinen Trend von Arbeitnehmern oder ließen sie bedingt durch die Zumutbarkeitskriterien Sonderentwicklungen erkennen? Für eine Beurteilung dessen im Hinblick auf das tägliche Pendeln ist zunächst die allgemeine Pendelbeteiligung der Erwerbstätigen als Referenzpunkt zu skizzieren. Der Pendleranteil der Beschäftigten nahm nach Selbstauskunft der Befragten innerhalb der 1990er und 2000er schleichend zu, sodass zu Mitte der 2000er Jahre genau die Hälfte aller Beschäftigten fern des Wohnortes arbeitete.[79] Diese Zunahme von rund fünf Prozent innerhalb von zehn Jahren spiegelte sich auch bei den Wiederbeschäftigten wider. Die vormals kurzzeitig Arbeitslosen wiesen einen geringfügig höheren

77 Ältere waren unter den Langzeitarbeitslosen überproportional stark vertreten. Insofern verwundert die mindestens doppelte so hohe Rate von Rentnern nach Langzeitarbeitslosigkeit im jeweiligen Zeitabschnitt nicht, die im Vergleich zum allgemeinen Fall einer Arbeitslosigkeit vorlag.

78 Dementsprechend wurden die Mobilitätseinflüsse in der Analyse ebenso hinsichtlich Unterschiede in der Wochenarbeitszeit gegengeprüft.

79 Die Frage nach dem Arbeitsplatz am Wohnort fand erst seit 1993 im Fragenkatalog der Interviews Eingang. Insofern werden die 1980er an dieser Stelle nicht eingehender abgehandelt. Zudem wurden die Jahre 1996, 1998 und 2003 wegen fehlender Werte ausgeschlossen. Im zweiten Zeitabschnitt, ermittelt aus den Werten der Jahre 1994, 1995 und 1997, lag der Pendleranteil bei Beschäftigten bei 45 Prozent. In den darauffolgenden fünf Jahreszeiträumen stieg dieser moderat auf 48 bis 50 Prozent an. Begrenzt man den Blick auf Beschäftigte mit über 30 Wochenarbeitsstunden lagen deren Werte stets etwa drei Prozentpunkte höher.

Anteil auf, wichen allerdings nicht vom allgemeinen Trend ab.[80] Ähnlich verhielt sich die Entwicklung der Pendlerbeteiligung ehemals Langzeitarbeitsloser. Auf den ersten Blick sank der Pendleranteil zwar nach temporärem Anstieg Mitte der 2000er mit rund 40 Prozent wieder auf den Wert Mitte der 1990er Jahre. Betrachtet man indes unter diesen nur jene mit über 30 Wochenarbeitsstunden, zeigt sich ein im Grunde identisches Pendleraufkommen gegenüber den bereits Beschäftigten.[81] Bei den Langzeitarbeitslosen wirkte in den 2000ern ein gewandelter, zum Teil deregulierter Arbeitsmarkt überprägend. Festzuhalten ist, dass dieser Sichtweise zufolge die Zumutbarkeitsbestimmungen keine Auswirkungen auf die Pendlerbeteiligung nach sich zogen. Man kann das Pendeln aber auch anhand des Kriteriums der Entfernung zur Arbeitsstätte definieren. Mittels der Daten des Sozio-oekonomischen Panels lässt sich die Entwicklung seit den 1980ern andeuten.[82] Als einfacher Schwellwert für das Tagespendeln ist eine Mindestdistanz von 20 Kilometern zurückgelegtem Arbeitsweg verbreitet.[83] Folgt man dem Ansatz, trat bei den allgemein Beschäftigten ein deutlicherer Anstieg der Pendlerbeteiligung zwischen Ende der 1980er und Mitte der 1990er Jahre von 14 auf 20 Prozent zutage. Mit 24 Prozent Mitte der 2000er blieb ein Anstieg weiterhin existent, dieser fiel allerdings moderater aus. Bei gleichen Ausgangswerten in den 1980er Jahren nahmen die Pendleranteile bei nach kurzer Arbeitslosigkeit Wiedererwerbstätigen auch über das Jahr 1997 hinaus stark zu und sonach hatte Mitte der 2000er beinahe jeder Dritte von diesen einen einfachen Arbeitsweg von über 20 Kilometern zurückzulegen. Nach dieser Pendlerdefinition ließe sich durchaus mutmaßen, dass die Zumutbarkeitsverschärfungen bezüglich des Pendelns im Jahr 1997 mindestens indirekt griffen, da sich die Arbeitslosen in größerem Ausmaß weitere Pendeldistanzen

80 Bei den Werten von Arbeitnehmern, die zuvor weniger als ein Jahr arbeitslos waren, zeigt sich in den drei Zeitintervallen eine leicht erhöhte Pendlerausprägung von 50, 52 respektive 56 Prozent. Im Falle einer Wochenarbeitszeit von über 30 Stunden steigerte sich deren Anteil noch etwas deutlicher, sodass dieser Mitte der 2000er bei 60 Prozent lag.

81 Die Werte von zuvor Langzeitarbeitslosen beliefen sich auf 40, 44 beziehungsweise 41 Prozent und im Falle von über 30 Arbeitsstunden in der Woche auf 46, 47 beziehungsweise 50 Prozent.

82 Allerdings fehlen die Angaben auch in diesem Fall in einzelnen Erhebungsjahren grundsätzlich. Entsprechend muss für den Zeitraum der Jahre 1985 bis 1990 der Mittelwert der beiden begrenzenden Jahre als Annäherung dienen. Eine Vergröberung betrifft ebenso den zweiten Zeitabschnitt, da nur für die Jahre 1993, 1995 und 1997 Daten existieren. Zu beachten ist ferner, dass die Befragungsjahre 1997, 1999 und 2000 bei der Pendeldistanz Anomalien aufweisen. Im Gegensatz zu den anderen Erhebungsjahren erfolgte hier im Falle einer Lokalisierung des Arbeitsplatzes am Wohnort keine Befragung nach den Kilometerentfernungen. Da im konkreten Fall jedoch erst Werte ab 20 Kilometern interessieren, scheint dies keine allzu großen Auswirkungen zu zeitigen.

83 Vgl. etwa Ott/Gerlinger (1992): Die Pendlergesellschaft, S. 77; Kopper (2007): Bahn im Wirtschaftswunder, S. 274.

zumuteten als dies gesamtgesellschaftlich der Fall war.[84] Eine derartige Lesart lässt sich bei Blick auf die Arbeitswegzeiten stützen.[85] Legten in den Jahren 1985, 1993, 1995, 1998 und 2003 ziemlich konstant gut drei Prozent der Beschäftigten einen täglichen Arbeitsweg von über zwei Stunden zurück, so zeigt sich bei den vormals Arbeitslosen im Jahre 1998 mit einem Anteil von über sieben Prozent der mit Abstand höchste Wert; just zu dem Zeitpunkt, als mit drei Stunden zumutbarer Pendelzeit die weitestgehenden Bestimmungen galten. Am ausgeprägtesten stellt sich die damalige Situation in der ostdeutschen Teilgruppe dar, in der etwas mehr als jeder zehnte ehemals Arbeitslose eine Pendelzeit von über zwei Stunden auf sich nehmen musste. Mit der Absenkung der vom Gesetzgeber im Arbeitsförderungsrecht erwarteten maximalen Arbeitswegzeiten reduzierte sich auch die Quote der Betroffenen wieder. So bedurften im Jahr 2003 nach einer vorangegangenen Arbeitslosigkeitsphase knapp vier Prozent der Wiederbeschäftigten in den alten Bundesländern mehr als zwei Stunden für ihren täglichen Arbeitsweg. In Ostdeutschland lag deren Anteil ebenso deutlich niedriger als ein halbes Jahrzehnt zuvor.[86] Im Arbeitsförderungsrecht galt seit 1982 in drei Jahrzehnten im Allgemeinen eine zeitliche Höchstgrenze beim täglichen Pendeln von zweieinhalb Stunden. Einzig zwischen April 1997 und Juli 1999 galt zwischenzeitlich eine erhöhte Zeitdauer von drei Stunden. Bezüglich des Einflusses der Bestimmungen in der Praxis zeichneten die allgemeine und streckenbezogene Pendeldefinition ein verschwommenes Bild. Bei der Betrachtung der Pendelzeit wurde hingegen deutlich, dass die nur gut zwei Jahre gültige verschärfte Regelung sich durchaus spezifisch im Pendlerverhalten der vormals Arbeitslosen widerspiegelte. Dies traf im Besonderen in Ostdeutschland zu. Hierbei ist allerdings kritisch anzumerken, dass sich die ostdeutschen Wiederbeschäftigten mit mehr als zwei Stunden täglicher Pendelzeit aus dem Jahr 1998 in den Folgejahren mehrheitlich erneut in Arbeitslosigkeit wiederfanden. Ein Erfolg der Zumutung eines erhöhten Pendelaufwandes zur Reintegration Arbeitsloser in den Arbeitsmarkt ist dementsprechend nicht zu bescheinigen.

Lässt sich ebenso eine zumindest temporäre Abweichung der Wiederbeschäftigten vom durchschnittlichen Erwerbstätigen hinsichtlich des Mobilitäts-

84 Die Zumutbarkeitsbestimmung hinsichtlich des Pendelns sollte vom ersten Monat der Arbeitslosigkeit an greifen. Insofern stellt es keinen Widerspruch zur benannten Lesart dar, dass das Pendelverhalten ehemals Langzeitarbeitsloser eher den allgemein Beschäftigten entspricht.

85 Werte zur Arbeitswegzeit liegen ausschließlich für die Jahre 1985, 1990, 1993, 1995, 1998 und 2003 vor. Mit den beiden letzt angeführten Jahren gibt es indes Daten zu exakt den Jahren nach dem unmittelbaren Inkrafttreten der neuen Zumutbarkeitsbestimmungen.

86 Dennoch mutete der entsprechende Wert in den neuen Bundesländern mit rund siebeneinhalb Prozent immer noch recht hoch an und entsprach dem Doppelten des westdeutschen Niveaus. Drei Jahre nach der Wende lagen die west- und ostdeutschen Werte noch nahe beieinander. Das Auseinanderdriften bezüglich langer Pendelzeiten betraf spezifisch Personen mit unmittelbarer Arbeitslosigkeitserfahrung. Im Allgemeinen wichen die ostdeutschen Beschäftigten nur unwesentlich vom westdeutschen Pauschalfall ab.

verhaltens außerhalb des Tagespendelbereichs festzustellen? Das Phänomen des Wochenendpendelns betraf laut Daten des Sozio-oekonomischen Panels in den 1990ern rund zwei Prozent der Beschäftigten, was sich bis Mitte der 2000er auf drei Prozent der Arbeitstätigen ausweitete.[87] Damit unterschätzten die Langzeitbefragungsdaten das Phänomen des wöchentlichen Wechsels zwischen Wohn- und Arbeitsort nur geringfügig – verglichen mit den Schätzungen von Sylvia Gräbe und Erich Ott.[88] Auch in diesem Fall dokumentierten vormals Langzeitarbeitslose im Sozio-oekonomischen Panel keine markanten Abweichungen von der allgemeinen Mobilitätsbeteiligung auf dem Arbeitsmarkt. Die weniger als ein Jahr Arbeitslosen verzeichneten hingegen einen sprunghaften Anstieg und wiesen nach drei bis vier Prozent Mitte der 1990er ein Jahrzehnt später einen Wert von deutlich über sieben Prozent Wiederbeschäftigten auf, die mit einer doppelten Haushaltsführung konfrontiert waren.[89] Aufgrund der niedrigen Fallzahlen kann man aus den Angaben nur eine Tendenzaussage ableiten, die besagt, dass sich in den Jahren um den Jahrtausendsprung ein zunehmender Anteil Arbeitsloser für eine Wiederanstellung eine extensivere Form der Mobilität zumutete. Man müsste mutmaßen, dass sich dies ebenfalls in einer gestiegenen Zahl an Umzügen zeigte, da man im Allgemeinen davon ausgeht, dass dem Wochenendpendeln in einer beträchtlichen Zahl der Fälle ein Umzug nachfolgt. Bei den Umzügen ist allerdings nach einem klaren Anstieg von Mitte der 1980er Jahre bis Ende der 1990er Jahre ein deutlicher Abfall für den Zeitraum der Jahre 2003 bis 2007 zu beobachten. Dabei entsprachen die vormals Arbeitslosen dem allgemeinen Trend.[90] Im Hinblick auf eine Mobilitätsbeteiligung erweist sich die Frage eines Wohnungswechsels für die Wiederbeschäftigten jedoch nicht als entscheidend. Dieser könnte schlicht einen Umzug in eine andere Wohnung

87 Da Angaben zur Häufigkeit einer Pendelfahrt in den Daten des Sozio-oekonomischen Panels erst für die Jahre seit 1993 vorliegen, wurde das Phänomen des Wochenendpendelns für den zweiten bis vierten Zeitabschnitt beobachtet. Ohne weitere Einschränkung hätten im Jahr 2005 etwa 1,4 Millionen Beschäftigte als Wochenendpendler gegolten. Da die Datensätze einen beachtlichen Teil geringfügig Beschäftigter als wöchentliche Pendler ausweisen, die weniger als 20 Stunden in der Woche arbeiteten, wurde zur Annäherung an den »wahren« Wochenendpendler eine tatsächlich geleistete wöchentliche Mindestarbeitszeit von geringstenfalls 30 Stunden vorausgesetzt. Dieser Vorgabe berücksichtigend galten in etwa 800.000 Beschäftigte nach Hochrechnungen mit dem verwendeten Langzeitbefragungsdatensatz als Wochenendpendler.

88 Vgl. Gräbe / Ott (2003): Alles doppelt, S. 32.

89 Je nach Lesart kann man aus den Daten sogar einen Wert von bis zu zehn Prozent herauslesen. Eine Fallzahl von 25 bei 262 Befragten erweckt zumindest den Eindruck, dass die grobe Größenordnung als valide gelten kann. Der Trendbefund steht im Einklang mit anderen Untersuchungen, die ebenso für die Zeit um die Jahrtausendwende eine abnehmende Mobilitätsbereitschaft bei anhaltender Arbeitslosigkeitsdauer diagnostizierten. Vgl. Buch (2006): Regionale Mobilität, S. 250 f.; Windzio (2007): Regionale Arbeitslosigkeit, S. 577.

90 In den vier Zeitabschnitten gaben 11,3, 12,7, 14,0 beziehungsweise 12,2 Prozent der Interviewten an, im letzten oder diesen Jahr umgezogen zu sein. Bei den vormals Arbeitslosen deutete sich bei einer gut 10 Prozent höheren Quote ein vergleichbarer Trend an.

in selbigem Wohnviertel bedeuten, sei es aus finanziellen Gründen oder da die vorherige Wohnungsgröße den geänderten familiären Umständen nicht mehr entsprach.[91] Maßgeblich für Beimessungen der Zumutbarkeit ist, ob mit der Wiederaufnahme einer Tätigkeit zugleich ein Regionswechsel einherging. Um hiernach zu unterscheiden, wird pragmatisch auf die Raumordnungsregionen als Referenzeinheit zurückgegriffen.[92] Im Rahmen dieser Betrachtung bestätigte sich tatsächlich eine andere Entwicklung. Während sich seitens der Beschäftigten im Allgemeinen ein Wechsel der Raumordnungsregion in den 1980ern bei gut einem Prozent und in den 1990ern und 2000ern bei durchgehend gut eineinhalb Prozent ereignete, nahm die Zahl der Regionswechsler innerhalb der Teilgruppe der Wiedereinsteiger ins Berufsleben in den Jahren nach dem Hartz-I-Gesetz zu. Der betreffende Anteil stieg bei kurzzeitig Arbeitslosen, die eine neue Vollzeitarbeitsstelle angetreten hatten, von knapp fünf Prozent in den 1990er Jahren auf knapp sechs Prozent für den unmittelbaren Zeitraum nach der Aufnahme eines Umzugszwangs in den Zumutbarkeitskatalog des Arbeitsförderungsrechts.[93] Auf den ersten Blick mutet diese Veränderung nicht bedeutsam an. Es ist jedoch zu vergegenwärtigen, dass es sich bei den vormals Erwerbslosen um keine homogene Gruppe handelte, die durch die Zumutbarkeitsbestimmungen eine unterschiedslose Behandlung erfuhren. Bei genauerer

91 Dies zeigt sich auch beim Umzugsgrund. In den alten Bundesländern führte jeder achte Umziehende in den 1990ern berufliche Gründe an, in den neuen sogar nur jeder zehnte. Nach dem Jahrtausendwechsel war die Häufigkeit mit jedem Sechsten respektive jedem Achten etwas höher. Im Vordergrund standen stets familiäre und Wohnungsgrößen bezogene Gründe. In diesem Zusammenhang bildeten die ostdeutschen Arbeitslosen keine Ausnahme. Bei den westdeutschen Arbeitslosen entwickelte sich ein beruflich bedingter Umzug hingegen zum wichtigsten Einzelgrund eines Wohnungswechsels. Traf dies Anfang der 1990er auf jeden Fünften zu, galt es Mitte der 2000er bei fast jedem Dritten.

92 Die Raumordnungsregionen stellen eine funktionale Gliederung des Bundesgebietes dar, die gern für Analysen raumstruktureller Entwicklungen in Deutschland herangezogen werden. Die Raumeinheiten sind weitgehend deckungsgleich mit den Planungsregionen der Bundesländer.

93 Damit blieb der Anteil aber deutlich unter dem vergleichbaren Höchstwert Ende der 1980er Jahre von damals 7,5 Prozent. Allgemein ist anzumerken, dass zeitgenössische Forschungsarbeiten für die Zeit der 1970er und frühen 1980er ein uneinheitliches Bild abgaben. Zeitgenössische Untersuchungen mit Daten in Bezug auf die späten 1980er bis frühen 2000er hingegen konstatierten im Regelfall dasselbe, dass sich vormals Arbeitslose überproportional durch Regionswechsel zu einer neuen Arbeitsstelle verhalfen. Vgl. Brinkmann (1977): Arbeitslosigkeit und Mobilität, S. 217; Gastmeyer (1981): Strukturelle Arbeitslosigkeit, S. 196; Birg (1992): Einführung in Forschungsthematik, S. 2; Hahn / Schön / Wittich (1996): Verläufe und Bewältigung, S. 93; Friedrich / Schultz (2006): Der Sog, S. 65; Sondermann (2008): Ambivalenz des Bleibens. Dennoch darf hierbei nicht übersehen werden, dass ebenso für ein Bleiben an vertrautem Ort gute Gründe sprechen konnten wie preiswerte Unterhaltskosten und ein verlässliches Sozialkapital vor Ort. Beispielsweise galt in vielen ostdeutschen Regionen der 2000er Jahre, dass in Gegenden mit hoher Arbeitslosigkeit das Festhalten am bisherigen Wohnort gesellschaftlich akzeptiert war, was sich auch in niedrigen Fortzugszahlen Arbeitsloser widerspiegelte. Vgl. Windzio (2004): Regionale Kontext, S. 261; Windzio (2010): Die Abwanderung Arbeitsloser, S. 296.

Betrachtung ist zu konstatieren, dass sich der diagnostizierte Anstieg einzig auf ein gesteigertes Mobilitätsverhalten lediger Personen zurückführen lässt. Die familiär Ungebundenen waren mit einem Anteil von über zwei Drittel an allen wiederbeschäftigten Regionswechslern stark überrepräsentiert. Im Fünfjahreszeitraum zuvor hatten die Ledigen unter den wiederbeschäftigten Regionswechslern indes keine 40 Prozent ausgemacht gehabt. Da sich die Neuregelung einer Umzugsanforderung insbesondere auf Alleinstehende bezog, ist es naheliegend, die angesprochene Entwicklung als Ausdruck der veränderten Zumutbarkeitsbestimmungen zu deuten. Die gewandelten Regelungen trugen erkennbar zu einem verstärkten Mobilitätsverhalten der betroffenen ledigen Teilgruppe bei.

4. Mobilitätsbeihilfen

Die anfangs angedeuteten Faulheits- und Missbrauchsdebatten stellten sich als irreführend heraus. Das Einnehmen einer arbeitsrenitenten Haltung charakterisierte mitnichten ein Massenphänomen. Als Indiz kann hierfür auch der niedrige Anteil zurückgeforderter Entgeltersatzleistungen von etwa einem halben Prozent und die Sperrzeitquoten der Arbeitslosenunterstützung von knapp zwei Prozent angeführt werden.[94] Unabhängig davon ist es falsch, Immobilität mit arbeitsunwilligem Verhalten gleichzusetzen. So ist den Faulheitsdebatten nicht rational beizukommen. Sie sind vielmehr Ausdruck eines neoliberalen Zeitgeistes.

Ob nun Mobilität für den Einzelnen stets eine praktikable Strategie war oder hätte sein können, ist schwerlich zu beantworten. Es verwundert allerdings, dass die Politik das Mobilitätsverhalten lautstark über Zumutbarkeitsverschärfungen zu steuern versuchte und nur verhalten einen Weg einschlug, dies über Motivationsmaßnahmen und Anreize zu steuern.[95] Dabei wurden die Zumutbarkeitsbestimmungen durchaus von Maßnahmen der Mobilitätsbeihilfe flankiert. In den ersten Jahren der Bundesrepublik sah der Staat zunächst lediglich für Staatsbedienstete Mobilitätsbeihilfen vor. Beispielsweise verabschiedete der Deutsche Bundestag im Jahr 1953 Umzugskostenbeihilfen für Polizeivollzugsbeamte.[96] In den 1960ern wurden Mobilitätsbeihilfen als wirtschaftspolitisches Instrument erkannt, Beschäftigten aus Branchen, die sich im Umbruch und Niedergang befanden, eine Absicherung zu bieten und

94 Es liegen nur wenig valide Daten zum Missbrauch vor. Die angeführten Werte beziehen sich auf Mitte der 1990er Jahre beziehungsweise auf das Jahr 2001. Vgl. Oschmiansky (2003): Faule Arbeitslose, S. 12, 15; Beise (2003): Zumutbare Arbeit.

95 Schließlich stellen Vorstellungen, das Verhalten über Anreize zu steuern, eine zentrale Idee des Liberalismus dar. Dass Zwang im Umgang mit Arbeitslosen eine derart große Rolle spielte, entsprach allerdings älteren Traditionen im Umgang mit Armen wie es etwa jahrhundertelang im Rahmen von Arbeitshäusern praktiziert wurde.

96 Vgl. Deutscher Bundestag (1953): 281. Sitzung des Bundestages, S. 14093.

neue Perspektiven zu eröffnen. Entsprechend bewilligte das Parlament in Bonn etwa für entlassene Beschäftigte im Steinkohlebergbau diverse finanzielle Hilfen wie beispielsweise eine Umzugskostenbeihilfe.[97] In den 1970ern etablierten sich Mobilitätsbeihilfen als generelle arbeitsmarktpolitische Förderung, um Arbeitslose wieder im Arbeitsmarkt zu integrieren.[98] Dementsprechend verweist auch der Runderlass der Bundesanstalt für Arbeit aus dem Jahr 1978 explizit darauf, dass Arbeitslose mit Angeboten für wohnortferne Beschäftigung auf die finanziellen Umzugshilfen hinzuweisen seien.[99] Selbst nachdem das dritte Sozialgesetzbuch dies ab dem Jahr 1998 explizit regelte, galten die Förderungsleistungen als Kann-Regel, die im Ermessensspielraum des Sachbearbeiters des Arbeitsamtes lagen. Als mögliche finanzielle Hilfen nannte die Rechtsnorm zum einen Fahrkosten- und Trennungskostenbeihilfe bei doppelter Haushaltsführung, die als Überbrückungsunterstützung für einen Zeitraum von bis zu einem halben Jahr gezahlt wurden. Zum anderen führte sie Umzugskostenbeihilfen und Übergangsbeihilfen bis zur ersten Gehaltszahlung an, die als Darlehensgewährung möglich waren.[100]

Gleichzeitig mit der Aufnahme der Zumutbarkeit eines Umzugs in das Sozialgesetzbuch im Jahr 2003 – eine Regelung, die insbesondere für arbeitslose Personen mit geringen familiären Verpflichtungen galt – vereinfachte der Gesetzgeber im Gegenzug die Handhabung der Mobilitätshilfen und erhöhte damit ihre Anreizwirkung. So wurde in der Gesetzesvorgabe die Prüfung auf Bedürftigkeit für eine Genehmigung der Förderung gestrichen und die Umzugskostenbeihilfen von bis zu 4.500 Euro zudem fortan als Zuschuss gewährt, der somit nicht mehr zurückzuzahlen war.[101] Mit der Umstrukturierung der Mobilitätsförderungsleistungen, die seit dem Jahr 2009 unter dem Begriff des Vermittlungsbudgets subsumiert werden, wurden die möglichen Beihilfen nicht mehr präzise umrissen. Eine Konkretisierung des vage gehaltenen Gesetzestextes im Sozialgesetzbuch oblag den einzelnen Arbeitsämtern. Deren Dienst-

97 Vgl. Deutscher Bundestag (1969): Jahreswirtschaftsbericht, S. 33.

98 Vgl. Deutscher Bundestag (2001): Beschlussempfehlung und Bericht, S. 6.

99 Vgl. Hummel-Liljegren (1981): Zumutbare Arbeit, S. 215 f.

100 Vgl. Deutscher Bundestag (1997): Beschlußempfehlung und Bericht, S. 55 f. Im Gegensatz zur vorherigen Regelung schloss eine lediglich Bedrohung von Arbeitslosigkeit den Erhalt von Trennungskostenbeihilfe aus. Bei einer wohnortfernen Beschäftigungsannahme und einer gleichzeitigen Notwendigkeit einer zweiten Unterkunft musste die Person seit 1998 zuvor arbeitslos gewesen sein, um Anspruch auf die Trennungskostenbeihilfe erheben zu können. Vgl. Henkes u. a. (1999): Handbuch Arbeitsförderung, S. 551.

101 Vgl. Deutscher Bundestag (2002): Moderne Dienstleistungen, S. 6 f., 29; Deutscher Bundestag (2002): Beschlussempfehlung des Ausschusses, S. 8. Die Relevanz der Mobilitätshilfen nahm um die Jahrtausendwende stark zu. Zwischen 1998 und 2003 versiebenfachte sich die Zahl der geförderten Personen im Jahr auf dann etwa 280.000. Siehe dazu Winkel (2003): Umzug ist zumutbar. Nach Auskunft der Bundesregierung stammten vier von fünf Empfängern von Mobilitätshilfen in den Jahren 2001 bis 2004 aus den neuen Bundesländern. Vgl. Deutscher Bundestag (2004): Folgen der Abwanderung, S. 11

anweisungen unterschieden sich von Amt zu Amt in beachtlichem Ausmaß. Da die Förderrichtlinien für den Einzelnen nicht einsehbar waren, erwuchs hieraus eine undurchsichtige Situation. Es bestand weiterhin kein Rechtsanspruch auf Beihilfen. Zudem erfolgte im Allgemeinen wieder eine Einführung der Bedürftigkeitsprüfung als auch eine Reduzierung der Regelsätze für finanzielle Hilfen. Dies traf insbesondere bei der Umzugskostenbeihilfe zu, deren maximale Höhe die einzelnen Arbeitsämter unterschiedlich festsetzten. Da bereits die Aushändigung eines Antrages auf Mobilitätsbeihilfen der Entscheidungsfreiheit des Sachbearbeiters auf dem Arbeitsamt oblag, schuf die Amtsanordnung eine weitere Hürde.[102] Demnach erfolgte eine Abkehr von der Mobilitätsförderung als Instrument einer liberalen Arbeitsmarktpolitik.

5. Makroökonomischer Standpunkt der Politik

Stellte die Zumutung und teilweise Begünstigung von Mobilität einen Widerspruch zur Politik einer Förderung von kleinräumigen Sozialstrukturen dar – etwa im Falle der Eigenheimförderung?[103] Dies dürfte je nach politischer Überzeugung unterschiedlich beantwortet werden. Auffallend ist allerdings, dass das dritte Sozialgesetzbuch – dies schließt die Zumutbarkeitsaspekte der Hartz-Gesetze ein – auf einem wirtschaftlichen und nicht einem sozialen Grundgedanken beruhte, entgegen der Namensgebung. Im Ansatz verfolgte das Gesetz den Zweck, wirtschaftliche Potenziale stärker auszuschöpfen. Die rechtlichen Bestimmungen schienen von der Annahme geleitet, dass eine wirkungsvolle Wirtschaftspolitik eine Verbesserung der sozialen Verhältnisse bedinge. Die Sozialpolitik erweist sich dadurch als ein Anhängsel der Wirtschaftspolitik.[104] Die Ende der 1970er von der sozial-liberalen Bundesregierung ausgegebene Devise, dass es richtiger sei, »die Maschinen zu den Menschen zu bringen als die Menschen zu den Maschinen zu holen«[105], erscheint in den 1990ern und 2000ern nicht mehr das Leitmotiv dargestellt zu haben. Vielmehr stand eine ökonomische Perspektive im Mittelpunkt, die danach fragte, welche Mobilität einer Arbeitskraft hin zur Arbeitsstätte zugemutet und inwieweit der Forderungs-

102 Vgl. Deutscher Bundestag (2008): Neuausrichtung der Instrumente, S. 5 f.; Bundesagentur für Arbeit (2011): Förderung aus Vermittlungsbudget, S. 2, 5. Beispielhafte Verweise auf Anordnungen einzelner Arbeitsämter: Hansen (2013): Förderung aus Vermittlungsbudget, S. 4 f.; Stremlau (2013): Dienstanweisung zu Förderrichtlinien, S. 6 f.; Lang (2011): Eingliederungsbudget 2011, S. 3, 6.

103 Ähnliche Fragen warfen bereits politische Beobachter Ende der 1970er Jahre auf. Vgl. etwa Unrein (1978): Arbeitslosigkeit, S. 53 f.

104 Vgl. Kantel (2008): Grundsicherungsarbeit, S. 60 f.

105 Deutscher Bundestag (1979): Änderung des Arbeitsförderungsgesetzes, S. 26. Zugleich ist zu konstatieren, dass auch den keynesianistisch geprägten Ansätzen in den 1970ern nicht nur Erfolg beschieden war.

katalog ausgeweitet werden konnte. Die politischen Entscheidungsträger zogen die Frage nach dem Ideal einer erstrebenswerten gesellschaftlichen Entwicklung scheinbar nicht in Betracht. Die Anordnungen der späten 1970er hatten die Bedeutung des sozialen Umfeldes zumindest ansatzweise noch berücksichtigt. So galt in jener Zeit beispielsweise aktives ehrenamtliches Engagement als Hinderungsgrund für einen Umzug. Die Bestimmungen seit Ende der 1990er Jahre beschränkten sich hingegen auf die Kernfamilie, gewährleisten nur mehr grundrechtlich verbriefte Rechte. Die möglichen Gefahren erzwungener Mobilität für die sozialräumliche Lebenswirklichkeit fanden keine Berücksichtigung.[106]

Die Sinnhaftigkeit der in der Politik wiederholt als Steuerungsmittel zum Ausgleich unausgewogener Arbeitsmarktregionen verstandenen Aufrufe und Aufforderungen zu mehr Mobilität – und hierunter fallen auch die Verschärfungen der mobilen Zumutbarkeitsbestimmungen – ist in Frage zu stellen. Die Ausweitungen der Zumutbarkeitskriterien bewirkten tendenziell das Gegenteil. Eine forcierte Abwanderung aus strukturschwachen Regionen zementiert oftmals deren Rückstand. Der Mangel an qualifizierten Arbeitskräften vor Ort verringerte die Attraktivität benachteiligter Regionen als mögliche Unternehmensstandorte. Die verschärften Zumutbarkeitsregelungen minderten diese Schieflage nicht. Vielen strukturschwachen Gebieten, insbesondere in den neuen Bundesländern, droht nach dem Wegzug vieler junger Menschen ein beschleunigter demografischer Wandel hin zu einer überalterten Gesellschaft. Eine potenziell in Folge von Mobilitätsgeboten sich zutragende kurzfristige Besserung der lokalen Arbeitsmarktlage kann über deren perspektivisch tendenziell schädigende Wirkung nicht hinwegtäuschen.[107] Treffend hinterfragte auch Hartmut Paul, Präsident der Industrie und Handelskammer Dresden, die verquere Logik: Die Arbeitslosigkeit stieg und zugleich wurde das wachsende Ablehnungsverhalten der Erwerbslosen angeprangert sowie die Mobilitätsanforderungen an diese ausgeweitet. Doch eine mögliche Verweigerungshaltung gegenüber Mobilität und eine Aufnahme zumutbarer Arbeit bedinge zuvorderst die Existenz freier Stellen.[108]

Die Behandlung der mobilen Zumutbarkeitsbestimmungen im politischen Feld lässt sich auch in einen größeren Zusammenhang bringen. Denn viele Politiker schenkten dem Mobilitätsgeschehen ebenso im Allgemeinen große Aufmerksamkeit und sahen eine Ausweitung des Mobilitätsverhaltens als Heilmittel

106 Vgl. Karasch (1983): Begriff der Zumutbarkeit, S. 69 f.; Wirtschafts- und Sozialpolitisches Forschungs- und Beratungszentrum der Friedrich-Ebert-Stiftung (2002): Die Hartz-Reform, S. 29 f.

107 Vgl. ebd., S. 30; Buch (2006): Regionale Mobilität, S. 197. Ein ähnlicher Standpunkt findet sich bereits bei Karr u. a. (1987): Mobilität am Arbeitsmarkt, S. 197.

108 Vgl. Schneider (2001): Fehlende Jobs. In ähnlicher Weise äußerten sich gleichfalls die Autoren in einem Kurzbericht des Instituts für Arbeitsmarkt- und Berufsforschung der Bundesanstalt für Arbeit aus dem Jahr 1999. Vgl. Bender / Haas / Klose (1999): Mobilität allein, S. 1.

vieler Probleme an.[109] Entsprechend ging eine ganze Reihe von Untersuchungen zur Mobilität auf die Initiative politischer Auftraggeber zurück. Als pauschalisierende Aussage lässt sich im Laufe der bundesrepublikanischen Geschichte in diesen Beiträgen eine Verschiebung von kritischen Wortmeldungen hin zu euphemistischen Einschätzungen des Mobilitätstreibens beobachten. Diesbezüglich seien zwei zeitlich weit auseinanderliegende Beispiele angeführt.[110] So forderte Hermann Staubach in seiner Studie im Auftrag des Bundesministeriums für Wohnungsbau im Jahr 1962 ganz im Sinne Christallers Vorstellung der zentralen Orte eine dezentralere Raumordnungspolitik, denn »[d]as ursprünglich gesunde Pendlerwesen droht immer mehr zum Pendlerunwesen zu werden und verlangt dringend Abhilfe und Begrenzung auf ein menschenwürdiges Maß.«[111] Als Maßnahmen dachte er an Wachstumsbegrenzungen und eine Auflockerung großstädtischer und großunternehmerischer Strukturen. »Letztlich ist es besser, die Arbeit zum Menschen zu bringen, als die Menschen täglich zur Arbeit stundenlang hin und her zu fahren.«[112] Konträr zu dieser Position liest sich die Stellungnahme des Rats der Europäischen Union zur geografischen Mobilität von Erwerbstätigen zu Anfang des neuen Jahrtausends. Darin äußerte das europäische Gremium ein »Bewusstsein, dass [...] echt[e] [...] Mobilität der Arbeitskräfte [...] zur Verringerung der sozialen Ausgrenzung und der Armut beiträgt; [... dass] Mobilität den EU-Bürgern dabei hilft, ihre berufliche Laufbahn und ihre persönlichen Ziele zu verwirklichen, was die Grundlage für ein erfolgreiches und erfülltes Leben bildet; Mobilität ermöglicht es ihnen, bessere Arbeitsplätze zu finden und sich selbst zu verwirklichen, und sie trägt somit zu einer Erhöhung des Lebensstandards und einer Verbesserung der Lebensqualität der europäischen Bevölkerung insgesamt bei«[113]. Die europäischen Entscheidungsträger offenbarten hiermit einen einzig auf positive Aspekte beschränkten Blick auf Mobilitätsphänomene, erkannten ausschließlich allseitige Zugewinne in einer unbeschränkten Mobilitätsförderung. Die EU-Richtlinien reduzierten mit ihrer makroökonomischen Perspektive den Einzelnen zu einem

109 In diesem Zusammenhang wäre es interessant, genauer in Erfahrung zu bringen, welche Rolle das rege Mobilitätsverhalten von Berufspolitikern spielt.

110 Für die Zeit zwischen den angeführten Beispielen sei etwa auf den Bericht der Kommission für wirtschaftlichen und sozialen Wandel, die von der Bundesregierung im Jahr 1971 einberufen worden war, und auf die Forschungsberichte der Europäischen Stiftung zur Verbesserung der Lebens- und Arbeitsbedingungen verwiesen. Vgl. Mackensen / Vanberg / Krämer (1975): Probleme regionaler Mobilität; Europäische Stiftung zur Verbesserung der Lebens- und Arbeitsbedingungen (1986): Pendelverkehr Partizipationserfahrungen; Europäische Stiftung zur Verbesserung der Lebens- und Arbeitsbedingungen (1988): Pendelverkehr in Gemeinschaft.

111 Staubach (1962): Pendelwanderung und Raumordnung, S. 9.

112 Ebd., S. 65. Die Sichtweise, dass eine raumordnerisch geplante Reduzierung des Pendlerverkehrs einen volkswirtschaftlichen Vorteil berge, vertraten auch andere in jener Zeit. Vgl. etwa Boustedt (1966): Pendelverkehr, Sp. 1327 f.

113 Rat der Europäischen Union (2009): Schlussfolgerungen des Rates, S. 3.

bindungslosen Subjekt.[114] Ähnlich äußerte sich in den 2000er Jahren auch die Mehrheit der regierenden deutschen Politiker, die Mobilität einseitig positiv mit Freiheit und Lebensqualität in Verbindung brachten.[115] In der zeitgenössischen Betrachtung der letzten Jahrzehnte dominierte im Gegensatz zu früheren Zeiten wesentlich deutlicher eine Mobilitätseuphorie. Hier zeigte sich das neoliberale Ideal des Individuums als Hochmobiler. Während das Antonym Immobilität um die Jahrtausendwende im Regelfall negativ verortet wurde, war Mobilität in der jüngeren Vergangenheit mit Positivem, Erfolg versprechendem assoziiert.[116] Schließlich eröffne die erstrebenswerte Mobilität nach weitläufiger Auffassung »Möglichkeitsräume«[117].

114 Der Unterschied zwischen den beiden Zitaten erstreckt sich nicht allein auf die unterschiedliche Bewertung von Mobilität. Sie verdeutlichen auch den Übergang von der Planungseuphorie der 1960er hin zur Überhöhung des Individuums in den 2000ern. Entsprechend stand beim ersten Zitat der Staat und beim Zweiten das Individuum im Mittelpunkt der Überlegungen.

115 Vgl. etwa die Aussagen des seinerzeit amtierenden Bundesministers für Verkehr, Bau- und Wohnungswesen Manfred Stolpe. Vgl. Stolpe (2002): Vorwort, S. 3. Das Beispiel besagt nicht, dass es grundsätzlich an kritischen Stimmen fehlte. Allerdings fiel deren Einfluss scheinbar bescheiden gegenüber Entscheidungsträgern und deren Mobilitätseuphorie aus.

116 Vgl. Dietzsch (2011): Einführung in Panel, S. 121; Wilde (2011): Rezension zu Adey, S. 66; Müller (1980): Mobilitätsverhalten und Mobilitätspolitik, S. 105 f.

117 Canzler / Knie (1998): Möglichkeitsräume.

VI. Berufsbedingte räumliche Mobilität versus Familie

In diesem Kapitel richtet sich der Fokus darauf, welcher Zusammenhang zwischen beruflich bedingter Mobilität und den Familienverhältnissen bestand beziehungsweise inwiefern sich deren Wechselbeziehung veränderte. Bevor eine mobilitätsspezifische Erörterung vorgenommen wird, erscheint es angebracht, sich die grundsätzliche Entwicklung der Institution Familie und die allgemeine Fertilitätsentwicklung sowie deren gesellschaftliche Wahrnehmung zu vergegenwärtigen. Erst die eingehende Darlegung allgemeiner Tendenzen ermöglicht eine spätere mobilitätsbezogene Einordnung.

1. Krise der Familie

Der Kultursoziologe Richard Sennett formulierte in den 1990ern nachdrücklich seine Sorge, dass der Institution Familie durch globale Anforderungen des Finanzmarktkapitalismus, namentlich durch gestiegene Mobilitätserfordernisse der Niedergang drohe. Negative Einflüsse beruflicher Mobilitätszwänge auf die familiäre Entwicklung stellten auch jüngere deutsche Studien heraus.[1] Im größeren Zusammenhang diagnostizierten wissenschaftliche Veröffentlichungen seit knapp vier Jahrzehnten wiederkehrend die Krise der Familie.[2] Der Abgesang auf die Familie stützte sich auf quantitative Daten. Durchaus nahm die Haushaltsgröße im statistischen Mittel erheblich ab. Dies spiegelte sich im Rückgang der Haushalte mit Kindern, der Zunahme von Haushalten mit Alleinerziehenden und Alleinstehenden sowie dementsprechend im Rückgang von Eheschließungen wider.[3] Der Bedeutungsverlust der Ehe wird speziell am

1 Vgl. Sennett (1998): Corrosion of Character, S. 25–28, 138 f.; Sennett (2006): Der flexible Mensch, S. 10; Schneider / Ruppenthal / Lück (2009): Beruf Mobilität, S. 111; Reuschke (2010): Berufsbedingtes Pendeln, S. 136.

2 Vgl. etwa Kirschner / Walum (1978): Two-Location Families. Direkt namensgebend war der Buchttitel einer Veröffentlichung eines Vereins für Erziehungsberatung: Menne / Alter (1988): Familie in Krise. Vgl. auch Nave-Herz (1998): These über Zerfall, S. 291.

3 Die durchschnittliche deutsche Haushaltsgröße verkleinerte sich zwischen den Jahren 1970, 1990 und 2010 von 2,74 auf 2,25 auf 2,03 Personen. Speziell die Zunahme von Ein-Personen-Haushalten war in Deutschland kein episodenhaftes Phänomen, sondern im ganzen 20. Jahrhundert zu beobachten. Der Wandel der Haushaltsstruktur ging mit einer Änderung der gesellschaftlichen Alterszusammensetzung einher. Vgl. Bundesministerium

sprunghaften Anstieg nichtehelicher Lebensgemeinschaften festgemacht, deren Verbreitungshäufigkeit sich in Westdeutschland binnen drei Jahrzehnten bis zur Jahrtausendwende verzwölffachte.[4] Doch nichteheliche Partnerschaften sind nicht zwangsläufig als neues Beziehungsideal und als alternatives Konzept zum vermählten Paar zu verstehen. In diese Kategorie fielen ebenfalls viele Paare, die sich lediglich später als frühere Generationen trauten. Für einige hatte sich schlicht die Phase eines gemeinsamen Zusammenlebens vor einer Heirat beziehungsweise die Suche nach einer stabilen Partnerschaft zeitlich ausgedehnt. Es musste damit keine grundsätzliche Abkehr von einem überkommenen Beziehungsideal einhergehen.[5]

Im Zusammenhang mit der Diagnose einer Heirats- und Familienkrise entfachte sich gleichfalls eine hitzige öffentliche Debatte über eine abnehmende Geburtenentwicklung. Diese setzte ein, als sich in den späten 1960er Jahren ein Ende des Babybooms abzeichnete. Das Thema wurde nicht nur im Parlament lebhaft erörtert,[6] sondern in starkem Maße medial aufgegriffen. Über Jahrzehnte schienen sich Zeitungen und Zeitschriften in dramatischen Wortmeldungen gegenseitig zu übertreffen.

In der vorletzten Märzausgabe aus dem Jahr 1975 titelte der *Spiegel* »Mehr Sex – weniger Babys. Sterben die Deutschen aus?«[7] Auf dem Titelbild jener *Spiegel*-Ausgabe ist ein Babygesicht zu sehen, welches mit dem Attribut einer Zipfelmütze in den bundesrepublikanischen Landesfarben den deutschen Michel verkörpert. Der Säugling – hier als nationale Symbolfigur des Deutschen und seiner Zukunft – blickt trübselig drein, und versinnbildlicht damit die vermeintlich desolaten Zukunftsaussichten der Deutschen. In der dazugehörigen Titelgeschichte hieß es, dass es in Deutschland weltweit die wenigsten Neugeborenen gäbe. Der anonyme *Spiegel*-Redakteur warf insofern die Frage auf, ob

für Arbeit und Soziales (2012): Lebenslagen in Deutschland, S. 31 f.; Osthues (1957): Einkommensverhältnisse und Geldkapitalbildung, S. 39.

4 Vgl. Hockerts (2007): Vom Problemlöser, S. 19.

5 Für sich genommen stellte das Aufkommen einer von vielen gelebten Phase des gemeinsamen Zusammenlebens vor der Ehe allerdings eine tiefgreifende Veränderung dar. Als Gründe gelten neben einem Einstellungswandel ein Anstieg äußerer Destabilisierungsfaktoren wie unstete, unsichere Berufsentwicklungen und Trennungsphasen durch Mobilitätserfordernisse. Die Forschung verweist insbesondere auf die Zunahme von Fernbeziehungen, aus denen zu einem überproportionalen Anteil keine stabilen, langlebigen Partnerschaften entstanden wären. Vgl. Lois / Lois (2012): Living apart together, S. 117 f., 122; Cornelißen (2006): Kinderwunsch und Kinderlosigkeit, S. 159. Ein Wandel lebenspartnerschaftlicher und familiärer Formen spiegelt gesellschaftliche Veränderungen wider. Aus einem Wandel als solchen kann allerdings keine Bedeutungsabnahme an sich geschlussfolgert werden. Mithin galten die Ehe und die Familie für die Mehrheit, obgleich weniger verwirklicht, weiterhin als Ideal.

6 Beispielhaft für ein frühes Aufgreifen des Themas im Bundestag sei auf Debatten im Zusammenhang mit dem dritten Familienbericht im Jahr 1979 verwiesen. Vgl. Deutscher Bundestag (1979): Lage der Familien.

7 *Der Spiegel* 29/13 (1975).

»[d]ie Deutschen [... ein] Volk ohne Nachwuchs«[8] seien. Diese Schilderung eines deutschen Untergangs erwies sich nicht als Alleinstellungsmerkmal des *Spiegels*. In der ersten Ausgabe des Jahres 1979 erschien in der *Zeit* ein umfänglicher Artikel, in welchem dem deutschen Volk ein ähnlich rapides Ende wie der Spezies der Dinosaurier prophezeit wurde. In Anspielung auf die nationalsozialistische Lebensraum-Ideologie hieß es in dem Zeitungsbeitrag: »Ein Raum ohne Volk – welch' traurige Vision und die Bürger tief erschreckende Aussicht auf eine Welt ohne Deutschen.«[9]

Standen in der Zeit der Wiedervereinigung andere Themen medial im Vordergrund, fand die Erörterung eines Geburtenrückgangs ein Jahrzehnt nach der Wende in der Presse wieder starke Beachtung. So titelte der *Spiegel* in seiner letzten Augustausgabe des Jahres 1999 »Die Baby-Lücke. Geburtenrückgang mit dramatischen Folgen«[10]. Eine großflächige Grafik auf der ersten Seite der Titelgeschichte widmete sich der Bevölkerungsfortschreibung und prognostizierte eine kontinuierliche Abnahme der deutschen Bevölkerung bis zum Jahr 2100 auf dann lediglich 22 Millionen Personen.[11] Der entscheidende historische Aspekt der angeführten Prognose besteht nicht im tatsächlichen Eintreten des Vorausgesagten. Vielmehr bieten sie einen Einblick in zeitgenössische Gesinnungen der Verfasser, denn Vorhersagen wohnt oftmals eine zu kommunizierende Absicht inne.

Erneut titelgebend war der niedrige Geburtenstand zu Anfang des Jahrtausends ebenso in einer Reihe anderer Publikumszeitschriften wie der *Emma* oder dem *Stern*.[12] Aber auch *Die Zeit* gab sich abermals reißerisch. Im Jahr 2004 proklamierte die Wochenzeitung in einer achtteiligen Serie wiederholt eine Ge-

8 Ohne Verfasserangabe (1975): Die Kinder, S. 38.

9 Nawrocki (1979): Kinder unerwünscht, S. 9 f. Die angeführte Metapher wollte der Autor Joachim Nawrocki nicht als Fehlgriff verstanden wissen, sondern griff das Bild vom »Raum ohne Volk« im Jahr 1985 in einer Artikelüberschrift in der *Zeit* wieder auf. Vgl. Nawrocki (1985): Im Jahr 2030, S. 51.

10 *Der Spiegel* 53/35 (1999).

11 Die Schätzung ignoriert den Einfluss von Ein- und Auswanderung. Vgl. Martens u. a. (1999): Der Kinder-Crash, S. 36 f. Manch Vorhersagen zur Geburtenentwicklung erscheinen im Rückblick abenteuerlich. Zwei konträr anmutende Beispiele seien angeführt. So sagten Bevölkerungsprognosen aus dem Jahr 1966 einen enormen westdeutschen Geburtenüberschuss voraus, der sich binnen reichlicher drei Jahrzehnte auf 14 Millionen belaufen sollte. Ein Jahrzehnt später prognostizierte ein politisch beratendes Gremium mit Experten des Statistischen Bundesamtes, dass nach einem Bevölkerungsschwund von 36 Millionen Personen im Jahr 2070 lediglich 22 Millionen in Westdeutschland leben würden. Vgl. Ohne Verfasserangabe (1977): Baby-Baisse, S. 70, 78; Minois (1998): Geschichte der Zukunft, S. 20.

12 So erschien etwa im Jahr 2001 die Sommerausgabe des Frauenmagazins *Emma* mit der Parole »Gebärstreik. Sterben die Deutschen aus?«. Marktschreierisch titelte die Zeitschrift *Der Spiegel* in einer Ausgabe des Jahres 2004 »Der letzte Deutsche« und das Magazin *Stern* formulierte auf dem Deckblatt der letzten Juniausgabe des Jahres 2005 »Land ohne Kinder«. Vgl. *Emma* 25/4 (2001); *Der Spiegel* 58/2 (2004); *Der Stern* 58/27 (2005).

burtenkrise und griff damit abermals das Bild von der Familie als aussterbender Institution auf.[13] In jenen Zeitungsartikeln mutete eine intakte Familie mit mehreren Kindern bisweilen als exotische Erscheinung an. »Familien leben quer zum Strom in einer Gesellschaft, die sich vorrangig dem Konsum, der Individualisierung, der Mobilität verschrieben hat.«[14] Räumliche Mobilität wird als etwas dem Zeitgeist entsprechendes verstanden, was nicht zum Familienleben passt. Hinsichtlich der Zeitungsbeiträge ist zu bedenken, dass es sich bei den schreibenden Journalisten in der Regel um Akademiker handelte, deren Blick auf die Gesellschaft maßgeblich durch die Wahrnehmung von veränderten Familienverhältnisse im eigenen, nicht repräsentativen Milieu beeinflusst war. Dies mag die mediale Polemik, die sich als zeitgenössische Überdramatisierung präsentierte, teilweise erklären. Überdies war es schlicht medienwirksamer, den Verfall der familialen Institutionen zu postulieren, als einen Bedeutungswandel zu beschreiben.[15]

Betrachtet man die statistischen Daten zur Geburtenentwicklung vollzog sich in den 1970ern in Westdeutschland als auch in anderen westeuropäischen Staaten durchaus ein grundlegender Wandel hin zu sehr niedrigen Fertilitätsquoten. Der langjährige Trend verlief für Westdeutschland in den darauffolgenden vier Jahrzehnten relativ unverändert auf gleichbleibend niedrigem Niveau. Statistiken wiesen und weisen für westdeutsche Frauen zumeist eine Zahl von 1,4 Kindern aus, was einer 30 prozentigen Unterschreitung des generationellen Bestandserhaltungsniveaus gleichkäme.[16]

Dem verwendeten Kennwert zur Beschreibung der Kinderzahl liegt die zusammengefasste Geburtenrate zugrunde. Hierbei handelt es sich indes lediglich um einen Schätzwert für die Geburtenzahl von Frauen, der im Falle von Veränderungen der mütterlichen Alterszusammensetzung bei Geburten nicht ver-

13 Die *Zeit*-Serie zu Kinderlosigkeit und Krise der Familie startete in der vierten Auflage des Jahres 2004. Vgl. Gaschke (2004): Das kinderlose Land.

14 Mainka (2004): Full House.

15 Mitte der 2000er kennzeichnete das deutsche Pressewesen eine Lagerbildung. Auf der einen Seite die tendenziell gemäßigten Positionen in der *Zeit* und der *Süddeutschen Zeitung*, auf der anderen Seite der von der *Frankfurter Allgemeinen Zeitung* und dem *Spiegel* verkündete Untergang. Das Abrücken von Vorstellungen zu Krisenszenarien war indes eine neue Entwicklung, die sich erst allmählich in den betreffenden *Zeit*-Artikeln zeigte. Die geänderte Auffassung kann als Ausdruck eines entstehenden Selbstverständnisses als Einwanderungsgesellschaft gesehen werden. Dies bedeutete allerdings nicht, dass eine derartige Betrachtungsweise jegliche nationalistisch aufgeladenen Befürchtungen vor dem Aussterben verdrängte, worauf exemplarisch die Debatte von Thilo Sarrazin mit seinem Buch *Deutschland schafft sich ab* aus dem Jahr 2010 verweist. Vgl. Sarrazin (2010): Deutschland.

16 Einige Autoren nannten für das Deutschland der 1990er und 2000er Jahre eine Fertilitätsquote von weniger als 1,4. So gibt etwa Andreas Wirsching für das Jahr 1995 eine Gesamtquote von 1,25 Kindern pro Frau an. Vgl. Wirsching (2012): Preis der Freiheit, S. 270 f. Siehe ausführlicher zur Geburtenentwicklung im Deutschland des 19. und 20. Jahrhunderts Ehmer / Ehrhardt / Kohli (2012): Fertilität in Perspektive.

zerrungsfrei bleiben muss.[17] Die dadurch bedingte Interpretationsbedürftigkeit der zusammengefassten Geburtenrate tritt bei Ostdeutschland sehr deutlich zutage. So kehrten sich seit Mitte der 1970er Jahre für die ehemalige DDR die rasant fallenden Geburtenzahlen um. Diese positive Fertilitätsentwicklung stand im Zusammenhang mit der staatlichen Verbesserung familiärer Fördermöglichkeiten. Ein besonders dramatischer Rückgang der Geburtenzahlen erfolgte im Anschluss an die Wiedervereinigung. Binnen fünf Jahren halbierte sich hier die Geburtenrate, bevor sie sich in den Folgejahren den westdeutschen Werten anglich.[18] Die schwankenden Werte der Geburtsrate in Ostdeutschland bedeuten in erster Linie jedoch keine tatsächlich veränderte Anzahl von Kindern pro Frau, sondern stehen vordergründig für eine Verschiebung des Alters von Frauen bei der Geburt eines Kindes.[19]

Eine parallele Entwicklung fand in Westdeutschland zur Zeit des geteilten Deutschlands nicht statt. Im Gegenteil stieg der Altersdurchschnitt westdeutscher Frauen bei der Erstgeburt bereits seit den frühen 1970er Jahren recht kontinuierlich an. Innerhalb von vier Jahrzehnten erhöhte sich der Wert um durchschnittlich insgesamt sechs Jahre auf ein Alter von dann rund dreißig Jahren im Jahr 2010.[20] Welche Faktoren bedingten die graduelle Altersverschiebung der Frauen bei Geburten in Westdeutschland in den letzten vier Jahrzehnten? Hierzu finden sich in der Forschung zwei verschiedene Standpunkte: die einen halten die Änderung individueller Einstellungen, die anderen einen strukturellen Wan-

17 Statt der zusammengefassten Geburtenrate lassen sich mit der Kohortenfertilität – der Maßzahl für die endgültige Kinderzahl eines Jahrgangs – verlässlichere Aussagen formulieren. Bei Frauen, die vor 1940 geboren wurden, lag die Kinderzahl in Deutschland noch deutlich über zwei. Bei den einzelnen Kohorten zwischen 1955 und 1965 ist die Fertilitätsrate hingegen relativ gleichbleibend bei rund 1,5 Nachkömmlingen pro Frau zu veranschlagen. Vgl. Kreyenfeld / Krapf (2013): Demografischer Wandel, S. 34 f.

18 Bereits im zweiten Jahrzehnt nach der Wiedervereinigung bewegte sich das durchschnittliche Frauenalter bei Geburt eines Kindes in den ehemals getrennten Landesteilen auf ähnlichem Niveau. Bei gesonderter Betrachtung von ehelichen und nichtehelichen Geburten in den 2000ern waren in Ost- und Westdeutschland keine Altersunterschiede der Frauen mehr auszumachen. Vgl. Ehmer (2013): Bevölkerungsgeschichte und Demographie, S. 138; Klüsener / Kreyenfeld (2009): Nichteheliche Geburten, S. 5; Engstler / Menning (2003): Familie im Spiegel, S. 76 f.

19 Jener radikale zeitliche Aufschub der Elternschaft in den Jahren nach der Wiedervereinigung stand im Zusammenhang mit Unsicherheiten sowie andersgearteten Strukturen und Prioritätensetzungen in einem neuen Wirtschafts- und Sozialsystem. Zu denken ist an eine geringer ausgeprägte Familienförderungspolitik, einen neu konstituierten, grundverschiedenen Arbeitsmarkt, der eine längere berufliche Etablierungsphase zeitigte, und eine schwierige Arbeitsmarktlage in den neuen Ländern, die in den Anfangsjahren in besonderem Maße ostdeutsche Frauen benachteiligte. Vgl. Sackmann (2000): Fertilität im Transformationsprozess, S. 251; Kopp (2002): Geburtenentwicklung und Fertilitätsverhalten, S. 138; Stöbel-Richter (2010): Fertilität und Partnerschaft, S. 52.

20 Die Durchschnittsangaben sind freilich sehr relativ. Für unterschiedliche soziale Gruppen können die Vorstellungen zum richtigen Eintrittsalter in die Elternschaft, die Haltung zu Kinderlosigkeit und das Ansehen großer Kinderzahlen sehr unterschiedlich sein.

del für ausschlaggebend.[21] Vermutlich stehen beide Aspekte in gegenseitiger Wechselbeziehung zueinander. In Bezug auf die Geburtenentwicklung erscheint ein maßgeblicher Einfluss sich ändernder individueller Lebensanschauungen allerdings überbewertet.[22] Für eine grundlegende Bedeutung struktureller Verschiebungen gibt es hingegen klare Indizien. Bei einem Vergleich des mittleren Erstgeburtsalters und der durchschnittlichen Kinderzahl von westdeutschen Frauen in den 1970er und 2000er Jahren ist zu konstatieren, dass sich für gleiche Berufe nur geringfügige Änderungen vollzogen. Ein steigendes Gebäralter der Frauen lässt sich somit nicht auf strukturelle Änderungen in Berufsfeldern zurückführen. Vielmehr steht dies in ursächlichen Zusammenhang mit einer sukzessiven Verschiebung weiblicher Tätigkeiten hin zu höher qualifizierten Beschäftigungen, die in den letzten Jahrzehnten unverändert mit längeren Ausbildungs- und beruflichen Etablierungsphasen und damit mit späteren Kindergeburten bei Frauen einhergingen. Diese Veränderung deutet implizit auf einschneidende Prozesse hin wie die Bildungsexpansion und die hinsichtlich der Beschäftigtenzahlen massive Bedeutungszunahme des Dienstleistungssektors zu Lasten des industriellen Wirtschaftsbereichs. Ganz konkret zeigte sich dies etwa im Niedergang von Industriezweigen, in denen vor allem Frauen beschäftigt waren wie beispielsweise in der Textil- und Bekleidungsindustrie, und einer steigenden Zahl von weiblichen Büroangestellten. Ebenso dokumentierten die gestiegenen Studentinnenzahlen deutlich einen gesellschaftlichen Umbruch. In Bezug auf die Kindergeburten spielte es demnach keine entscheidende Rolle, dass sich zwischen den 1970ern und 2000ern das generative Verhalten sozioökonomischer Gruppen änderte, sondern dass sich die Gruppengrößen selbst deutlich verschoben. Diesem Struktureffekt kann eine zentrale Erklärungskraft zugeschrieben werden.[23]

Obgleich die Fertilität pauschal sank, ist generell zu konstatieren, dass auch in den Jahrzehnten niedriger Gesamtgeburtsraten seit den 1970er Jahren die Mehrheit der Frauen in Deutschland Kinder zur Welt brachte. Zugleich weisen Statistiken seit den 1970ern einen deutlichen Anstieg kinderloser Frauen in Deutschland aus, womit Kinderlosigkeit eine verstärkte gesellschaftliche Relevanz zukam.[24]

21 Vgl. etwa Maul (2012): Einfluss der Tätigkeit, S. 21; Konietzka/Kreyenfeld (2009): Zwischen soziologischen Makrotheorien, S. 67.

22 Vgl. Hill/Kopp (2013): Familiensoziologie, S. 276; Kopp (2002): Geburtenentwicklung und Fertilitätsverhalten, S. 97; Handl (1988): Der langfristige Geburtenrückgang, S. 303.

23 Vgl. Bertram/Bujard/Rösler (2011): Rushhour des Lebens, S. 95 f.; Kopp (2002): Geburtenentwicklung und Fertilitätsverhalten, S. 97 f.

24 Vgl. etwa Krätschmer-Hahn (2012): Kinderlosigkeit in Deutschland, S. 11. In Bezug auf die Kinderfrage meinte die Soziologin Elisabeth Beck-Gernsheim einen Sinneswandel zu erkennen. Die Bedeutung eigenen Nachwuchses schwinde. Ein vormals selbstverständliches Ereignis habe seine unhinterfragte Position verloren. Vgl. Beck-Gernsheim (2008): Störfall Kind, S. 26. Im gehegten Kinderwunsch junger Erwachsener zeichnete sich allerdings in den letzten Jahrzehnten keine Veränderung ab. Auch in Umfragen in

Die Gründe für eine gestiegene Kinderlosigkeit kann in einem Zusammenspiel struktureller, kultureller und familienpolitischer Einflussfaktoren gesehen werden. In Folge durchschnittlich höherer Bildungsabschlüsse und einer gestiegenen weiblichen Erwerbsbeteiligung, die oftmals mit mobilen Anforderungen einherging, waren Frauen vermehrt mit Vereinbarkeitsproblemen konfrontiert. Ebenso spielten familienpolitische Maßnahmen und Defizite als auch ein sich wandelndes Familienleitbild eine Rolle.[25] Ein weiterer elementarer Aspekt ist hervorzuheben. Speziell unter Frauen mit Hochschulabschluss stieg die Rate jener mit unsteten Partnerschaftsverhältnissen. Dabei galt in allen Jahrzehnten – gleich der jeweiligen Rate von Alleinerziehenden – gemeinhin eine stabile Beziehung als essenzielle Voraussetzung für die Verwirklichung eines Kinderwunsches.[26]

In der Forschung findet sich ein wiederholter Verweis auf einen bestehenden Zusammenhang von Kinderlosigkeit und Bildungsgrad. Eine zunehmende Kinderlosigkeit bei steigendem Bildungsniveau stellte sich in den letzten Jahrzehnten nicht nur für Deutschland, sondern ebenfalls für die meisten entwickelten Länder als symptomatisch dar.[27] Zu betonen ist, dass die angedeutete Korrelation in Deutschland einzig bei Frauen vorkam. Bei Männern bestand dieser Zusammenhang nicht.[28] Aber auch die Relation von weiblichem Fertili-

den 2000ern genoss die Zukunftsvorstellung von eigenen Kindern unter jungen Erwachsenen eine ungebrochene, überwältigende Popularität. Vgl. Kümmel (2004): Deutschland als Paar; Huinink (2000): Bildung und Familienentwicklung, S. 223. Bedenkt man dies, muss der erhöhten Kinderlosigkeit kein Einstellungswandel zur Kinderfrage zugrunde liegen. Aber eine Änderung in beruflichen Vorstellungen und Anforderungen verschob den vormals vermeintlichen Gleichklang zwischen Wunsch und Wirklichkeit.

25 Vgl. Burkart (2006): Positionen und Perspektiven, S. 194; Krätschmer-Hahn (2012): Kinderlosigkeit in Deutschland, S. 12; Susteck (1995): Das gesellschaftliche Verständnis, S. 18.

26 Vgl. Huinink (2000): Bildung und Familienentwicklung, S. 223; Maul (2012): Einfluss der Tätigkeit, S. 27; Kattinger (2007): Kinderfrage in Deutschland, S. 37 f. Jürgen Dobritz und Kerstin Ruckdeschel verwiesen auf eine hohe Quote gewünschter Kinderlosigkeit bei 20–29-jährigen Frauen zu Anfang der 2000er. Diesem Befund ist eine Analyse von Rüdiger Peuckert auf Grundlage des Bamberger-Ehepaar-Panels entgegenzuhalten, in der sich Kinderlosigkeit in der Mehrzahl als ein ungewolltes Ergebnis eines zu häufigen Vertagens zeigte. Auch Thomas Kühn führte aus, dass Kinderlosigkeit selten aus frühzeitig gefassten Entschlüssen folgte. Vgl. Dorbritz / Ruckdeschel (2009): Die langsame Annäherung, S. 275 f.; Peuckert (2012): Familienformen im Wandel, S. 266; Kühn (2005): Bedeutung von Familiengründung, S. 146 f. Ein Indiz dafür, dass eine gestiegene Anzahl von Frauen in Deutschland das Kinderbekommen zu lange aufschob, obgleich sie einen Kinderwunsch hegte, kann ferner in der stark gestiegenen Zahl künstlicher Befruchtungen gesehen werden, deren Quantität erfolgter Eingriffe sich alleine in den 1990er Jahren vervielfachte. Siehe hierzu Spiewak (2004): Die Uhr tickt.

27 Einen Sonderfall bildete in dieser Hinsicht Schweden. Dort fielen die Unterschiede um die Jahrtausendwende gering aus. Vgl. Maul (2012): Einfluss der Tätigkeit, S. 39; Hara (2008): Increasing Childlessness, S. 48.

28 Vgl. Bauer / Jacob (2010): Fertilitätsentscheidungen im Partnerschaftskontext, S. 52 f.; Maul (2012): Einfluss der Tätigkeit, S. 22.

tätsmuster und Bildungsstand muss präzisiert werden, denn er betraf allein die westdeutschen Frauen. Jene aus den neuen Bundesländern zeigten sich in dieser Hinsicht – nicht zuletzt wegen einer besseren staatlichen Kinderbetreuung – ähnlich indifferent wie die Männer im Allgemeinen.[29]

Bezüglich der tatsächlichen Anzahl kinderlos bleibender Akademikerinnen in Deutschland kursierten disparate statistische Daten, die auf unterschiedlichen Berechnungsgrundlagen fußten. Im Pressewesen hatte sich in den 1990er und 2000er Jahren die Angabe von 40 Prozent als markante und einprägsame Maßzahl etabliert.[30] Dieser Wert fand wiederholt auch in wissenschaftlichen Publikationen als unkritische Übernahme Verwendung, ohne Quellenverweise anzuführen.[31] Die 40 Prozent beziehen sich dabei meist auf die gesamten oder die späten 1960er Jahrgänge, sind jedoch bei einer kritischen Prüfung in beiden Fällen als überhöht einzustufen. Als Fehlerquelle einer zu hohen Abschätzung erweisen sich ungenaue Datenquellen.[32] Oftmals lagen den Interpretationen der quantitativen Daten zudem zu restriktive Vorannahmen zugrunde, in denen die weibliche Fertilitätsphase bisweilen bereits mit Ende dreißig als

29 Vgl. Krätschmer-Hahn (2012): Kinderlosigkeit in Deutschland, S. 199 f., 206 f.; Fürnkranz-Prskawetz u. a. (2012): Demographische Analyse, S. 131–133. Im Falle einer Elternschaft war die Zweitgeburtenrate westdeutscher Frauen in den 1990ern und 2000ern allerdings unabhängig von der Art des Bildungsabschlusses. Siehe hierzu Kreyenfeld (2009): Das zweite Kind, S. 116.

30 Vgl. Bölsche u. a. (2004): Land ohne Lachen, S. 38; Martens u. a. (1999): Der Kinder-Crash, S. 45. Ein Artikel in der *Zeit* führte sogar eine Quote von etwa 50 Prozent der Frauen mit Hochschulabschluss an. Vgl. Gaschke (2005): Kinder Küche Karriere. Grundsätzlich ist zu betonen, dass das Phänomen kinderloser Akademikerinnen publizistisch eine breite Aufmerksamkeit erfuhr. Ein *Spiegel*-Artikel aus dem Jahr 2005 titelte beispielsweise »Generation Kinderlos«. Bonstein / Jung / Theile (2005): Generation Kinderlos, S. 62.

31 Vgl. etwa Schneider (2005): An zwei Orten, S. 112 f.

32 Speziell Querschnittsdaten wie der in diesem Zusammenhang häufig genutzte Mikrozensus stellen lediglich Momentaufnahmen dar. Die erwähnte Stichprobe erhob unspezifisch Kinder im Haushalt, womit die endgültige Kinderzahl einer Frau durch das Fehlen fernerhin bevorstehender Geburten und bereits aus dem Haushalt ausgezogener Kinder untererfasst ist. Eine Frage zu leiblichen Kindern enthielt der seit Anfang der 1970er unregelmäßig und seit Mitte der 1980er Jahre jährlich erhobene Mikrozensus bis Ende der 2000er nicht. Seit dem Jahr 2008 nahm die Mikrozensus-Erhebung erstmals die Frage nach leiblichen Kindern auf. Verpflichten Zensusbefragungen im Allgemeinen zu Angaben, sind die Geburtsauskünfte demgegenüber nur freiwillig zu erteilen. Siehe Pötzsch (2013): Kinderlosigkeit, S. 61. Björn Schwentker vermutete eine politische Motivation dafür, dass im Mikrozensus – zumindest bis zum Jahr 2008 – lediglich eine unscharfe Kinderabfrage über im Haushalt lebende Minderjährige erfolgte. Die dadurch bedingte Unterschätzung der Kinderzahlen könnte konservativen, politischen Kreisen als Argument für eine nötige Rückkehr zu althergebrachten Lebensmodelle gedient haben. Belegt ist, dass der von einer CDU-Mehrheit dominierte Bundesrat noch im Jahr 2004 die Einführung einer Abfrage nach der Anzahl leiblicher Kinder im Mikrozensus verhinderte. Vgl. Schwentker (2005): Von wegen; Deutscher Bundestag (2004): Durchführung einer Repräsentativstatistik, S. 17 f.

abgeschlossen galt.[33] Nach eigenen Berechnungen auf Basis der Daten des Sozio-oekonomischen Panels ist die Quote kinderlos bleibender Akademikerinnen der Frauengeburtsjahrgänge der späten 1960er Jahre grob mit 33 Prozent zu veranschlagen.[34]

Ein wesentlich höherer Anteil ergibt sich, wenn Frauen mit mobilen Lebensformen ins Blickfeld rücken. Denn die Verschränktheit vieler Lebensdimensionen und Lebensentscheidungen bedingte, dass sich auch gestiegene berufliche Anforderungen wie berufsbedingte Mobilität auf die Realisierung eines Kinderwunsches auswirkten. Frauen, die fortwährend einer Beschäftigung mit ausgedehnten Mobilitätsanforderungen nachgingen, blieben in einer Vielzahl der Fälle kinderlos. Dies bestätigt bisherige Befunde von Querschnittserhebungen.[35] Norbert Schneider und seine Forscherkollegen kamen in diesem Zusammenhang zu dem Schluss, dass viele der mobilen Karrierefrauen eine Kinderentscheidung zunächst vertagten, bis das Überschreiten der fertilen Phase eine Kinderlosigkeit quasi extern besiegelte.[36] Ganz allgemein verwiesen viele Autoren für die 1990er und 2000er Jahre auf eine abhandengekommene Planbarkeit der eigenen Biografie, was in puncto Familienplanung nicht folgenlos blieb.[37] Ein Aufschub von Geburten verkürzt die verbleibende Fertilitätsphase. Dies konnte zur Folge haben, dass weniger ursprünglich gewünschte Geburten realisiert wurden und die endgültige Kinderzahl von Frauen dementsprechend absank. Bedeutsam ist, dass das proportionale Verhältnis des Ausmaßes vormaliger Mobilitätserfahrungen und die Eintrittswahrscheinlichkeit bleibender Kinderlosigkeit ein spezifisch weibliches Phänomen darstellte. Eine tabellarische Auflistung der Unterschiede des Kinderlosigkeitsstatus nach aktuellem Mobilitätsstatus, vorangegangener Mobilitätserfahrungen und steter nicht-mobiler Lebensformen getrennt nach Männern und Frauen unterstreicht in einem Aufsatz von Gerardo Meil den geschlechtsspezifischen Unterschied. Zumindest als Momentaufnahme nach Maßgabe von Befragungen aus dem Jahr 2007 war im Zeitschriftenbeitrag festgehalten, dass die Kinderlosigkeitsrate in sechs

33 Beispielsweise legte Karsten Hank in einer Analyse zur Familiengründung die Altersobergrenze von Frauen bei einer Erstgeburt mit 35 Jahren fest. Solche Definitionen sind fragwürdig, da sich das durchschnittliche Gebäralter verschoben hatte und die Fertilitätsphase der Frau mit Mitte dreißig nicht beendet sein musste. Vgl. Hank (2003): Eine Mehrebenenanalyse, S. 86.

34 Mittels unterschiedlicher Gewichtungsverfahren kann der reale Wert hiervon etwas abweichen. Allerdings ist von genannter Größenordnung auszugehen. Eine etwas niedrigere Rate kinderloser Akademikerinnen ermittelten Christian Schmitt und Ulrike Winkelmann mittels der Daten des Sozio-oekonomischen Panels für die Jahrgänge der 1960 bis 1965 geborenen. Vgl. Schmitt / Winkelmann (2005): Wer bleibt kinderlos, S. 17.

35 Vgl. Rüger / Becker (2011): Berufsmobilität Geschlecht, S. 378 f.; Reinhardt (2004): Flexibilität im Kopf; Huinink / Feldhaus (2012): Fertilität und Pendelmobilität, S. 485.

36 Vgl. Schneider / Limmer / Ruckdeschel (2002): Berufsmobilität und Lebensform, S. 438.

37 Vgl. Dörre (2009): Ende der Planbarkeit, S. 19; Klein / Eckhard (2008): Partnerschafts- und berufsbezogene Aspekte, S. 397 f.; Peuckert (1997): Destabilisierung der Familie, S. 290; Dettmer (2006): Lebensgestaltung in Paarbeziehungen, S. 23.

ausgewählten europäischen Ländern bei Frauen parallel mit der Mobilitätserfahrung stieg. Dieser Zusammenhang war zudem ausgeprägter, wenn die Frauen zum Befragungszeitpunkt eine mobile Lebensform pflegten. Solch eine Relation zeigte sich bei Männern hingegen nicht. Hier wiesen sogar die aktiven Mobilen im Alter von 45 bis 49 Jahren die höchsten Kinderraten auf.[38] Zugespitzt lässt sich formulieren, dass sich in der sozialen Figur der mobilen, kinderlosen Akademikerin gesellschaftliche Veränderungen seit den späten 1960ern verdichten.

Realisierten Akademikerinnen in den letzten drei Jahrzehnten ihren Kinderwunsch, bezeugten die Daten des Sozio-oekonomischen Panels keine deutliche Aufschubwirkung der Familienplanung im Falle vorheriger Mobilitätserfahrung.[39] Bei den Akademikerinnen im Allgemeinen spielte vielmehr das grundsätzliche Ausbleiben von Kindern die zentrale Rolle – als Ausdruck der Unvereinbarkeit von Karriere und Familie. Die in der Forschung vielfach angeführte verzögernde Wirkung mobiler Vorerfahrung auf Kindergeburten bestätigte sich allerdings bei jenen Frauen ohne Hochschulabschluss.[40] Der Unterschied dürfte auf einen einfachen Zusammenhang zurückzuführen sein. Akademikerinnen sind nach ihrer Ausbildungsphase und einer ersten beruflichen Etablierung wesentlich älter und ihr verbleibendes Zeitfenster im gebärfähigen Alter ist danach wesentlich kleiner.[41] Eine weitere Vertagung der Kinderentscheidung verringerte die Chancen einer Kindsgeburt erheblich.

38 Vgl. Meil (2010): Geographic Job Mobility, S. 174, 177. Ein ähnlicher Befund zeigte sich für die bisherige Elternschaft unter 25–39-jährigen mobilen Männern und Frauen. Vgl. Lück (2010): Walking the Tightrope, S. 225. Vgl. zu karrierebedingt geschlechtsdivergenten Familienlogiken zudem Beck-Gernsheim (1992): Das halbierte Leben, S. 198; Dettmer (2006): Lebensgestaltung in Paarbeziehungen, S. 30 f.

39 Kritisch anzumerken ist, dass quantitative Daten, die nicht auf einer Vollerhebung basieren, in dieser Fragestellung zu Verzerrungen neigen dürften. Entsprechend dürfte die durchgeführte längsschnittliche Betrachtung die aufschiebende Wirkung mobiler Lebensformen für die Verwirklichung des Kinderwunsches bei Akademikerinnen unterschätzen. Mutmaßlich ist die Ausfallquote der Befragten unter Hochmobilen höher. Und eine zusätzliche zeitliche Beanspruchung nach einer Geburt könnten eine verstärkte Prioritätensetzung zu Ungunsten einer Befragungsteilnahme weiter beeinflusst haben. Jana Scheunemann konnte in ihrer Dissertation anhand narrativer Interviews herausarbeiten, dass gerade die Sondersituation räumlich getrennt lebender Akademikerpaare die Familienplanung erheblich hinauszögerte. Vgl. Scheunemann (2009): Mobilitätserfordernisse von Akademikerinnen, S. 162.

40 Vgl. Meil (2010): Job Mobility, S. 222; Schneider / Limmer / Ruckdeschel (2002): Berufsmobilität und Lebensform, S. 263 f. Norbert Schneider, Silvia Ruppenthal und Detlev Lück bezifferten die verzögernde Wirkung zirkulärer Mobilitätserfahrung bei werdenden Eltern beim ersten Kind mit einem Jahr. Siehe hierzu Schneider / Ruppenthal / Lück (2009): Beruf Mobilität, S. 125.

41 Es wurde in der soziologischen Forschung wiederholt darauf verwiesen, dass Kindergeburten während Ausbildungsphasen für Frauen zumeist keine Option darstellten. Ebenso scheint für Akademikerinnen im Allgemeinen eine erste berufliche Konsolidierungsphase von großer Bedeutung gewesen zu sein. Vgl. etwa Schaeper (2007): Familiengründung von Hochschulabsolventinnen, S. 141, 161.

Ein zunächst als temporärer Aufschub gedachter Plan dürfte in vielen Fällen anfänglich stark davon geleitet gewesen sein, zunächst einen adäquaten beruflichen Einstieg zu finden – der oftmals Mobilitätsanforderungen einschloss –, bevor eine prognostizierte Minderung der Karrierechancen als Mutter drohte. Kinderlosigkeit wäre damit in den meisten Fällen nicht als gezielte Entscheidung, sondern als Folge einer Eigendynamik zu verstehen. Aus der Überlegung, dass kinderlose Verdienerpaare Mobilitätsanforderungen leichter entsprechen können, da sie keinen oftmals zeitintensiven und räumlich gebundenen elterlichen Verpflichtungen wie der Kinderbetreuung genügen müssen, schlussfolgerte der Soziologe Ulrich Beck bereits im Jahr 1986 in seiner viel beachteten Monografie *Risikogesellschaft*, dass die Marktgesellschaft in letzter Konsequenz eine kinderlose Gesellschaft nach sich ziehe. In Logiken wie jene der mobilen Flexibilität lasse sich keine Elternverantwortung integrieren.[42] Dem gleichen Grundgedanken verpflichtet finden sich wiederholt Beiträge in den Medien. Beispielsweise sah ein Artikel in der *Süddeutschen Zeitung* aus dem Jahr 2008 mobile Anforderungen als nachdrücklich nicht vereinbar mit Kindern und ließ in dieser Sichtweise stellvertretend ein mobiles Akademikerpaar zu Wort kommen, die in dem Zeitungsartikel zu Protokoll gaben, dass ihr nomadenhaftes Leben Kindern nicht zumutbar wäre.[43]

Ein Blick auf die Tragweite der Kinderlosigkeit in früheren Zeiten mahnt allerdings zur Vorsicht, voreilige Schlüsse aus der statistischen Entwicklung der jüngeren Vergangenheit zu ziehen. Ein hohes Ausmaß bleibender Kinderlosigkeit stellte für Deutschland kein neuartiges historisches Phänomen dar und insofern erscheinen Prognosen eines linearen Fortlaufs fragwürdig. Dementsprechend wiesen beispielweise Frauen, die Anfang des 20. Jahrhunderts geboren wurden, laut der Volkszählung von 1970 einen Anteil von deutlich mehr als 20 Prozent an Kinderlosen auf. Dies ist vergleichbar mit den Werten der Frauenjahrgänge der 1960er Jahre, die ihre Kinder maßgeblich in den 1980er bis 2000er Jahren bekamen. Demnach fallen vielmehr die in der Nachkriegsepoche gebärenden Frauen aus dem Rahmen und heben sich durch eine ungewöhnlich niedrige Kinderlosenquote ab.[44] Parallel zum Spezialfall der Kinderlosen erscheint auch der allgemeine Fertilitätsrückgang seit den 1970ern in einer historischen Perspektive nicht derart dramatisch, wie ihn die zeitgenössischen Schilderungen beschrieben.[45] Die Geburtenentwicklung in Deutschland kenn-

42 Vgl. Beck (1986): Risikogesellschaft, S. 191.

43 Vgl. Liebrich (2008): Der Steineklopfer.

44 Dies verdeutlicht auch eine zeitgenössische Einschätzung aus den frühen 1970er Jahren, die sich verwundert zeigte, dass der Anteil Kinderloser entgegen der Erwartung deutlich fiel. Vgl. Veevers (1973): Voluntary Childlessness, S. 203. Vgl. zur Kinderlosigkeit früher Frauenjahrgänge Kreyenfeld/Konietzka (2007): Kinderlosigkeit in Deutschland, S. 13, 27, 39; Krätschmer-Hahn (2012): Kinderlosigkeit in Deutschland, S. 30; Oeter (1960): Wandlungen der Familie, S. 49.

45 In vergleichbarer Weise wurden Anfang des 20. Jahrhunderts niedrige Geburtenzahlen kontrovers debattiert. Vgl. etwa Spengler (1922): Untergang des Abendlandes, S. 124.

zeichnete seit dem Ende des 19. Jahrhunderts ein langfristiger Abnahmetrend, den der Nachkriegskinderboom temporär unterbrach.[46] Aufgrund der zeitlichen Nähe zum Aufschwung der Nachkriegsphase prägte diese Zeit für die jüngere Vergangenheit jedoch die Vorstellung von Normalität tiefgreifend. Somit wird schnell übersehen, dass eine andersartige Entwicklung der letzten Jahrzehnte eigentlich in Kontinuität zum vorherigen historischen Verlauf der Zeit vor der Boomphase stand und der Trend zum Ende des 20. Jahrhunderts statistisch gesehen vielmehr als Teil eines anhaltenden Prozesses verstanden werden muss.

Rekapitulierend kann festgehalten werden, dass die Krisendiagnose der Familie fürs Ende des 20. Jahrhunderts die Entwicklung überzeichnete und stärker als Fehldeutung denn als Realbeschreibung zu bewerten ist.[47] Bei genauerer Analyse erwiesen sich merkliche Rückgänge vieler statistischer Werte als Ergebnis lebensgeschichtlicher Verschiebungen.[48] Bedingt durch strukturelle Neuerungen und sich ändernde soziale Normen erfuhr die Institution Familie einen Bedeutungswandel. Dieser Wandel – als Ergebnis eines Emanzipationsprozesses – lässt sich allerdings nicht zwangsläufig mit einer geminderten Relevanz gleichsetzen. Nicht jede Veränderung ist gleichbedeutend mit einem Niedergang. Im Gegenteil erwies sich der Wandel als eine prozesshafte Adaption

46 In der unmittelbaren Nachkriegszeit nach dem Zweiten Weltkrieg ging man von einer fortwährenden hohen Geburtenrate aus. Bundeskanzler Adenauer soll im Jahr 1957 Kritik an einer perspektivisch unsicheren Finanzierung des Rentensystems mit den Worten abgewiegelt haben, dass die Leute schließlich immer Kinder bekämen. Die implizit formulierte Fortschreibung hoher Geburtenzahlen entsprach dem optimistischen Klima in der Zeit des Wirtschaftswunders. Vgl. Conze (2009): Suche nach Sicherheit, S. 178; Hahn (2009): Familienutopien, S. 308.

47 Als Zeitdiagnose war die Beobachtung einer Krise der Familie im 19. und 20. Jahrhundert häufig in Mode. Wilhelm Heinrich Riehl, ein Vordenker der Familiensoziologie, beklagte bereits Mitte des 19. Jahrhunderts ein Voranschreiten egoistischer Verhaltensweisen auf Kosten familiärer Interessen. Für die Zeit zwischen den beiden Weltkriegen häuften sich die Wortmeldungen zum Verfall der Institution Familie. Die Schilderungen der amerikanischen Forscher William Ogburn und Clark Tibbitts ähneln jenen Gegenwartsdiagnosen, die ein halbes Jahrhundert später Autoren wie Ulrich Beck formulierten. Im Mittelpunkt stand ebenso die Zunahme individuellen Handelns und damit die Schwächung des familiären Zusammenhalts, sei es durch gestiegene Scheidungsraten, durch den Anstieg der weiblichen Erwerbstätigkeit oder durch zeitintensive Mobilitätsanforderungen. Der Einzelne habe auf äußere Zwänge reagiert und Adaptionsstrategien entwickelt. Vgl. Riehl (1861): Naturgeschichte des Volkes, S. 265; Ogburn / Tibbitts (1933): Family and Functions, S. 707 f.

48 Selbst vermeintlich eindeutige Indikatoren sind in Wahrheit häufig wesentlich interpretationsbedürftiger und nur selten untrügliche Indizien. So führen viele Autoren für die zunehmenden Auflösungserscheinungen und Labilität der Institution Familie die sehr stark gestiegenen Scheidungszahlen an. Der Konnex mit dem Niedergang der Familie ergibt sich hierbei allerdings nicht zwangsläufig. Im Gegenteil könnte man eine hohe Trennungshäufigkeit ebenso als Anhaltspunkt dafür sehen, dass der Partnerschaft als häufige Basis einer Familie ein größerer Stellenwert beigemessen wird. Dieser Sichtweise entsprechend gäben sich die Trennenden nicht mit einer suboptimalen Konstellation zufrieden.

an veränderte äußere Verhältnisse. »Im Ergebnis löst[e] sich die Familie nicht auf, aber sie gew[ann] eine historisch neue Gestalt.«[49] Das implizit ausgedrückte Kontrastbild der guten Familienverhältnisse früherer Zeiten stellte eine inadäquate Glorifizierung dar. Zugleich raubt eine wirkliche Gegenüberstellung und Einordnung in historische, langfristige Trends zeitweiligen Entwicklungen das Dramatisierungspotenzial.[50]

2. Erwerbsmuster von Frauen

Der hinführende Blick auf größere, strukturelle Entwicklungen soll nicht den Schluss nahelegen, dass Menschen als passive Objekte des sozialen Wandels misszuverstehen sind. Um Wirkungszusammenhänge besser zu beleuchten, fällt der Blick nun auf Lebenslaufmuster. Im Allgemeinen gebräuchliche Querschnittsbetrachtungen erweisen sich für Mustererkennungen als wenig hilfreich, da auf Basis dieser kein Wandel im individuellen Verhalten wahrgenommen werden kann. Längsschnittliche Analysen können hingegen zu aussagekräftigen Ergebnissen führen, da hier tatsächliche Folgeerscheinungen und Verschiebungen ableitbar sind. Besonderes Augenmerk liegt bei der vorgenommenen Sequenzmusteranalyse auf der Mustererkennung hinsichtlich Wechselwirkungen von Mobilitätspraktiken und Familienplanung.[51] Verschärfte Mobilität das Ver-

49 Beck-Gernsheim (1994): Auf dem Weg, S. 116.

50 Entwicklungen des familiären Lebens aus der Zeit vor dem zweiten Weltkrieg werden für den heutigen Betrachter leicht durch die 1950er und frühen 1960er Jahre als Art goldenes Jahrzehnt der Familie überstrahlt. Im Stile einer nachholenden Entwicklung florierte die westeuropäische Wirtschaft nach dem zweiten Weltkrieg in historisch beispiellosem Ausmaß. Zeitgleich verwirklichten die meisten in einer wertekonservativen Gesellschaft das Ideal von Heirat und Kernfamilie. So bedeuteten Heiratsquoten von bis zu 95 Prozent ganzer Jahrgänge in den 1960ern einen absoluten historischen Höchststand. In der sogenannten goldenen Zeit der Familie erreichte das Kernfamilienmodell eine scheinbar allseits gelebte Wirklichkeit. Das Wort »scheinbar« ist zu betonen. Denn auch zu jener Zeit existierten andere Familienformen. Das Bild der Kernfamilie der 1950er Jahre bildet eine in hohem Maße im Nachhinein entstandene verklärte Vorstellung. Vgl. Gehrmann (2003): Heiratsverhalten als Problem, S. 25; Bahle (1995): Familienpolitik in Westeuropa, S. 41; Großbölting (2014): Vom sozialwissenschaftlichen Postulat, S. 150. Seit den 1970er Jahren schwächte sich die normative Verbindlichkeit des bürgerlichen Familienmusters ab. Das in den Jahren zuvor vermeintlich universell gelebte Modell der Kernfamilie in der Nachkriegszeit verstellt den Blick darauf, dass dies eine Sondersituation darstellte. In historischer Perspektive repräsentierte die Kernfamilie zu keiner Zeit die vorherrschende Familienform. Im historischen Normalfall bestimmte die Verschiedenartigkeit des familiären Zusammenlebens die gesellschaftliche Realität, begleitet vom Lamentieren über den Niedergang der Familie. Vgl. weitergehend auch Gestrich / Krause / Mitterauer (2003): Geschichte der Familie.

51 Sequenzmusteranalyse ist hier im wörtlichen Sinne gemeint. Eine Vereinfachung fand in der Vorauswahl von Statuspassagen und in der Interpretation statt. Es wurde an dieser

einbarkeitsproblem, oder änderte Mobilität sogar die Taktung im Lebenslauf, sodass sich dadurch beispielsweise eine mobile und kinderlose Single- oder Doppelverdiener-Subgesellschaft abzeichnete?[52] Hatten Frauen auffallend weniger oder später Kinder, wenn sie über einen längeren Zeitraum mobile Lebensweisen pflegten oder stellte die Familie umgekehrt für Frauen ein Mobilitätshindernis dar?

Eine Kohortenbetrachtung soll typische Verläufe verdeutlichen. Jedoch ist diese nicht dahingehend auszulegen, dass Prägungen durch gleiche zeithistorische äußere Umstände einen Determinismus zu identischen Lebensläufen und zwingenden Abfolgen von Lebensphasen bedingten.[53]

Für die Kohortenanalyse fanden Lebenslaufmuster von Frauen eingehende Betrachtung, die in der zweiten Hälfte der 1960er Jahre geboren wurden. Mitte der 1980er Jahre erreichten diese die Volljährigkeit und waren Ende der 2000er bereits im fünften Lebensjahrzehnt angekommen. Dementsprechend können die Daten des Sozio-oekonomischen Panels für diesen Personenkreis Auskunft über zentrale Entwicklungen in deren Leben geben. Nach der Ausbildung erfolgte in jener Zeit für viele eine Phase der beruflichen Positionierung und Etablierung. Die Erwerbstätigkeit steht zugleich in Wechselwirkung mit der Familienplanung und zeigte dabei in individuellen Lebensläufen nicht nur Vereinbarkeitslösungen, sondern suggerierte in manchen Fällen auch eine sich ausschließende Konkurrenz. Zum Ende des Erhebungszeitraums waren die Frauen jenseits des 40. Lebensjahres. Hiernach gibt es im Allgemeinen allenfalls noch einzelne Kindergeburten. Entsprechend kann für diese Frauen angenommen werden, dass ihre Familienplanung im Regelfall beendet war und der Beobachtungszeitraum somit im Wesentlichen die gesamte aktive Familienplanungsphase der Frauen umfasst.

Als erste Annäherung wird anhand einer Differenzierung nach Berufsabschlüssen grob skizziert, wie sich die Anzahl der Kinder verteilte und welche Mobilitätserfahrungen die Frauen kennzeichneten. Entscheidend ist hierbei nicht ein exakter Prozentwert, sondern die grundsätzliche Tendenz.

Stelle favorisiert, die unverfälschten Sequenzen zu analysieren und somit ebenso überlagernde Spezifika zu berücksichtigen, anstatt auf ein clusterndes Reduktionsverfahren zurückzugreifen wie beispielsweise das Optimal-Matching-Verfahren.

52 In dieser Hinsicht ist die in Deutschland vermeintlich zentrale Studie zu Auswirkungen von Mobilität auf familiäre Verhältnisse enttäuschend. Die vom Familienministerium des Bundes und der Länder geförderte Untersuchung »Berufsmobilität und Lebensform« von Norbert Schneider und Forscherkollegen beruht lediglich auf querschnittlichen Daten und kann somit schwerlich den Anspruch erheben, Entwicklungsverläufe aufzuzeigen. Sie stellt bestenfalls eine Momentaufnahme dar. Die Arbeit wurde erneut weitgehend identisch als Monografie mit dem Titel »Mobil, flexibel, gebunden« publiziert. Siehe Schneider / Limmer / Ruckdeschel (2002): Berufsmobilität und Lebensform; Schneider / Limmer / Ruckdeschel (2002): Mobil flexibel gebunden.

53 Seit den 1960ern nimmt die Sozialgeschichte verstärkt ebenso den Durchschnittsbürger in den Blick. Vgl. Hareven (1999): Familiengeschichte Lebenslauf, S. 47, 217.

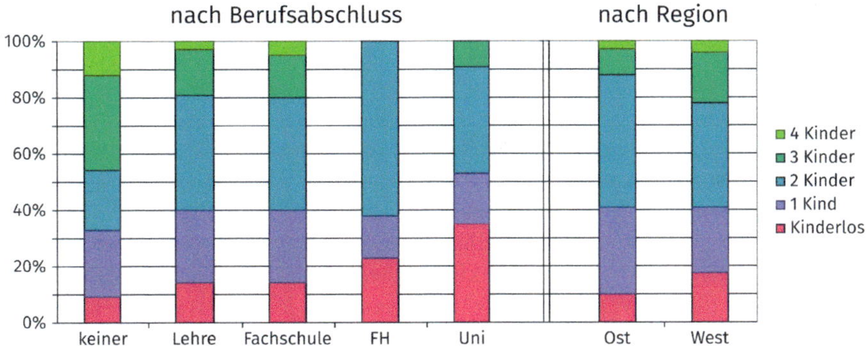

Abb. 17: Kinderanzahl bei Frauen der Geburtsjahrgänge 1965–1969[54]

Auffallend ist, dass ein fehlender Berufsabschluss häufig mit einer großen Kinderzahl einherging. Die mittleren Berufsabschlüsse zeigten in einer Binnendifferenzierung hinsichtlich der Kinderzahl kaum Unterschiede. Als hervorstechendes Merkmal von Frauen mit Hochschulabschluss erwies sich die mit Abstand höchste Rate an Kinderlosigkeit. Dem Datensatz zufolge betraf dies gut jede dritte Akademikerin. Bemerkenswert ist allerdings, dass die Zahl von Einzelkindern bei weiblichen Universitätsabsolventen keine besondere Ausprägung aufwies. Im Falle einer Elternschaft hatte die große Mehrheit aller Frauen mehrere Kinder. Hierbei ist ein ostdeutsches Spezifikum charakteristisch. In den neuen Bundesländern blieben die Frauen, die in der zweiten Hälfte der 1960er geboren wurden, merklich seltener kinderlos, wiesen allerdings als Mütter eine deutlich niedrigere Kinderzahl auf. Das Phänomen der Mehrkindfamilien war in Westdeutschland deutlich stärker ausgeprägt (siehe Abb. 17).[55]

Bezüglich der Mobilitätserfahrung bewegen sich die Unterschiede zwischen den Frauengruppen unterschiedlicher Berufsabschlüsse meist graduell. In der Untersuchungspopulation gibt es keine Frau ohne Berufsabschluss, die mit ausgedehnten berufsbedingten Pendlerphasen konfrontiert war. Relevanz besaß dies erst bei Frauen mit Berufsabschlüssen. Ein schemenhafter Blick auf die

54 Als Grundlage dienten die Daten des Sozio-oekonomischen Panels von Frauen, die mindestens 20 Mal befragt wurden. Die Gesamtfallzahl lag bei 317. Die Fallzahlen schlüsseln sich nach Berufsabschluss folgendermaßen auf: 33 mit keinem Abschluss, 139 mit einer absolvierten Lehre (zum Teil differenziert nach Hauptschulbesuch und höherer Schulart mit 60 respektive 79 Fällen), 104 mit Fachschulzeugnis (zum Teil differenziert nach Hauptschulbesuch und höherer Schulart mit 29 respektive 75 Fällen), 13 mit Fachhochschul- und 28 mit Universitätsabschluss. Die niedrige Fallzahl der Fachhochschulabsolventen, die zudem ostdeutsch dominiert ist, muss mit Vorsicht bewertet werden.

55 Dies wurde gleichfalls bei einer kartografischen Aufbereitung von Sebastian Klüsener sehr deutlich. Insbesondere nordwestdeutsche Regionen wiesen nach der zusammengefassten Geburtenrate mit Stand des Jahres 2010 eine hohe Dichte an Frauen mit drei und mehr Kindern auf. Vgl. Klüsener (2013): Geburtenraten und Geburtsalter, S. 7.

Bedeutung des beruflichen Pendelns über einen Zeitraum von mehreren Jahren zeigt auf, dass diese bei den Frauen geordnet nach der Berufsabschlusshöhe stufenweise zunahm. Für Frauen mit abgeschlossener Lehre bei vorherigem Hauptschulbesuch betraf es in der Erwerbsphase bis zum Alter von Anfang vierzig etwa jede Sechste. War der Ausbildung der Besuch einer höheren Schule vorausgegangen, galt dies für mehr als jede Fünfte. Fachschul- und Fachhochschulabsolventinnen mussten in rund jedem vierten Fall für einen längeren Zeitraum von mindestens einem halben Jahrzehnt eine Arbeitsstrecke von mehr als 20 Kilometern zur Arbeit zurücklegen. Bei Frauen mit Hochschulabschluss steigerte sich dieser Wert nochmals. Hier war etwa jede Dritte betroffen. Eine Mobilitätsbetrachtung nach Wohnortwechseln über Bundeslandgrenzen durchbricht hingegen das monoton ansteigende Schema. Nur in seltenen Fällen zogen Frauen – unabhängig von ihrem Berufsabschluss – in ein anderes Bundesland. Eine deutliche Ausnahme stellten allerdings Akademikerinnen dar.[56] Bei diesen wechselte jede Zweite vor, während und insbesondere nach dem Studium das Bundesland, was im Zusammenhang mit einem grundlegend anders strukturierten akademischen Arbeitsmarkt stand.[57] Werden die »Extreme« – Frauen ohne Berufsabschluss und mit Universitätsabschluss – ausgeklammert, hatte die Hälfte aller Frauen Mobilitätserfahrungen in Form von mindestens kurzzeitigem berufsbedingtem Pendeln oder vereinzelten Bundeslandwechseln vorzuweisen.[58] Ein höherer Berufsabschluss wie ein Fachhochschuldiplom bedeuteten pauschal nur marginal mehr Vertrautheit mit Mobilität. Lag hingegen ein Universitätsabschluss vor, hatten die Frauen bis zum Jahr 2009 fast ausnahmslos mobile Phasen erlebt.[59] Berücksichtigt man lediglich das berufsbedingte Pendeln, kannten 80 Prozent der Akademikerinnen dieses aus eigener Erfahrung. Die statistische Überschau legt nahe, einen Zusammenhang zwischen Mobilitätsbeteiligung und der Familienplanung in Betracht zu ziehen.

56 Ein deutlicher Zusammenhang zwischen Bildung und Migration betonten ebenso wiederholt verschiedene Forschungsarbeiten. Vgl. etwa Hadermann / Käppeli / Koller (1975): Räumliche Mobilität, S. 363; Clark (1986): Human Migration, S. 22; Wagner (1992): Bedeutung räumlicher Mobilität, S. 158; Meil (2008): Summary, S. 316.

57 Zugleich blieb es ein unveränderter Sachverhalt – ob in den 1970er, 1980er, 1990er oder in den 2000er Jahren –, dass eine deutliche Mehrheit zumindest als Studienanfänger eine heimatnahe Hochschule wählte. Dies zeigte sich zudem ausgeprägter, wenn Studierende nicht aus einem akademischen Elternhaus stammten. Vgl. Hitpass / Mock (1972): Image der Universität, S. 81 f.; Nutz (1991): Mobilität der Studierenden, S. 182 f.; Lörz (2008): Mobilität beim Übergang, S. 429.

58 Nahe Umzüge fanden keine Berücksichtigung, da dies im Grunde ausnahmslos alle Befragten betraf. Darunter fallen insbesondere Umzüge im Zusammenhang mit dem Verlassen des Elternhauses, dem Zusammenzug mit einem Partner, geänderten Raumansprüche durch eigenen Nachwuchs, dem Bezug eines Eigenheims oder einer Trennung.

59 Von den 28 Akademikerinnen in der Untersuchungspopulation fielen zwei Frauen aus dem Raum Duisburg aus dem Rahmen, eine Sozialpädagogin und eine Lehrerin. Im Falle eines fehlenden Berufsabschlusses zeigte sich nur bei rund jeder vierten Frau eine grundsätzliche Mobilitätserfahrung nach formulierter Definition.

Mittels einer Analyse biografischer Verläufe soll nun die Art des Zusammenhangs zwischen Mobilität und Familie herausgearbeitet werden. Von besonderer Bedeutung sind diesbezüglich die Lebensläufe der Akademikerinnen.

Verfolgt man den Werdegang der Frauen ohne Berufsabschluss, fällt eine Zweiteilung auf. Die eine Hälfte lebte im Wesentlichen als Hausfrauen, was eine berufsbedingte Mobilität ausschloss. Die andere Hälfte war stark im Berufsleben eingebunden und ging – bei überproportional ostdeutscher Lokalisierung – einer Vollzeitanstellung nach oder bemühte sich zumindest um eine solche. Alle diese Frauen kennzeichneten tendenziell frühe Kindergeburten mit einem Schwerpunkt im Alter von Mitte zwanzig. Eine starke persönliche Mobilitätserfahrung erwies sich in ihren Lebensläufen als ein absolutes Randphänomen. In den wenigen Fällen, in denen jene Frauen mit Varimobilität, also wechselnden Arbeitsorten konfrontiert waren, oder längere tägliche Arbeitswege bewältigen mussten, zeigte sich ein abweichendes Muster hinsichtlich der Kinderzahl. Gegenüber den anderen Frauen ohne Berufsabschluss blieben diese Frauen im Regelfall kinderlos oder hatten ein Einzelkind. In letzterem Fall beendeten Frauen ihre Mobilitätsbeteiligung oft grundsätzlich, wenn das Kind zur Welt kam. Nur bei wenigen spielte berufsbedingte Mobilität im weiteren Lebensverlauf erneut eine Rolle, und dies auch erst, wenn das Einzelkind das mittlere Schulalter erreichte. Bei größerer Fallzahl offenbarten jene Frauen ein differenzierteres Schema, die eine Lehre abgeschlossen hatten. Unter jenen, die zuvor die Hauptschule besucht hatten, sticht besonders jenes mobilitätsferne Drittel ins Auge, das sich bei ausgeprägt hoher Kinderzahl am Modell der Hausfrau orientierte. Frauen mit Realschul- und Gymnasialabschluss entsprachen in weitaus geringerem Maße diesem Familienmodell.[60] In rund jedem fünften Fall aller 139 Frauen mit einem Ausbildungsabschluss sind längere Mobilitätsphasen zu beobachten. Sie lassen sich wiederum in drei etwa gleich große Gruppen unterteilen. Den ersten Typus bilden konstant mobile und zugleich kinderlos bleibende Frauen. Ihr Lebensweg war häufig gekennzeichnet durch wiederholte Arbeitgeberwechsel, gelegentlich auch durch den Umzug in ein anderes Bundesland. Die anderen beiden Typen ähneln sich in ihren Charakteristika. Eine Phase als berufsbedingt pendelnde Vollzeitarbeitskraft wurde durch die Geburt von zumeist zwei Kindern und einer sich anschließenden Elternzeit beendet. Doch im Regelfall folgte der beruflichen Unterbrechung eine erneute Anstellung in Teilzeit. Die beiden ähnlichen Typen unterscheiden sich darin, ob die aufgenommene Beschäftigung das Zurücklegen eines weiten Arbeitsweges erforderte. Legten Frauen zum Arbeitgeber eine Strecke von mehr als 20 Kilometern zurück, gingen sie einer Teilzeittätigkeit gewöhnlich erst nach, nachdem das jüngste Kind das Schulalter erreicht hatte. War für die Arbeitsstelle nur ein kurzer Reiseweg vonnöten, übten Frauen in

60 Es zeigt sich eine Umkehr im Vergleich zum 19. Jahrhundert, als jene mit dem niedrigsten Bildungsstand das bürgerliche Familienmodell nicht leben konnten, in der zweiten Hälfte des 20. Jahrhunderts indes diejenigen waren, welche diesem Lebensentwurf am stärksten folgten.

größerer Zahl bereits ab dem dritten Lebensjahr des jüngsten Kindes wieder eine berufliche Tätigkeit aus. Auffallend sind einzelne Verläufe ostdeutscher Frauen, die diesem Muster nicht entsprachen, sondern bereits nach einjähriger Auszeit nach der Geburt wieder als Vollzeitkraft ins Arbeitsleben einstiegen, was teilweise mit langen Arbeitswegen einherging.

Die aufgezeigten Lebensverlaufsmuster verdeutlichen, dass Mobilitätsphasen im Zusammenhang mit einer Vollzeitbeschäftigung und einer gelebten Elternschaft pauschal für alle westdeutschen und die meisten ostdeutschen Frauen in Ausbildungsberufen nicht zusammenfielen. Längere Arbeitswege – bei zugleich reduziertem Arbeitsstundenumfang – stellten zumindest in Westdeutschland im Regelfall erst wieder eine Option dar, wenn der Nachwuchs dem Kleinkindalter entwachsen war. Hinsichtlich dieses Sachverhaltes ist zu betonen, dass westdeutsche Frauen bei Teilzeitanstellungen nach einer ausgedehnten Elternzeit in nicht geringem Ausmaße auch mit längeren Arbeitswegen konfrontiert waren. Dass die Typenbildung insgesamt stark vereinfacht und individuelle Lebenspfade sich wesentlich individueller gestalteten, deutet Abbildung 18 an.

Einen aufschlussreicheren Einblick in die Lebensumstände der Frauen erhält man, wenn zusätzlich der etwaige Partner und dessen Beschäftigungssituation in den Blick genommen werden. Unter den kinderlosen Frauen, die nach ihrer Berufsausbildung im Wesentlichen durchgehend in Vollzeit arbeiteten, waren auffällig viele über lange Zeitphasen ebenso partnerlos. Unter jenen mit Kindern dominierte ein stets in Vollzeit beschäftigter, berufsbedingt pendelnder Partner, dessen Erwerbstätigkeit, Arbeitsumfang und Mobilitätsaktivitäten auch durch die Geburt eines Kindes keine Beeinträchtigung erfuhr (siehe Abb. 19). Diesem Muster entsprachen im Grunde alle Paare mit Kindern, wenngleich im Einzelfall die Berufstätigkeit des Mannes kurzzeitig oder in zwei ostdeutschen Fällen wiederholt für längere Phasen durch Arbeitslosigkeit unterbrochen sein konnte. Nur ein Ausnahmefall, dem im Sozio-oekonomischen Panel die Kennung 240603 zugeordnet ist, fällt bezüglich des väterlichen Berufsengagements deutlich aus dem Rahmen.[61] Es sei an dieser Stelle der biografische Verlauf jenes fiktiv mit Pfaff benannten Paares aus dem Rhein-Main-Raum skizziert, um zu verdeutlichen, dass es die beobachteten Grundmuster nicht erlauben, aus ihnen einen Determinismus abzuleiten.

In den 1990er Jahren arbeitete sie als Finanzangestellte bei einem größeren Unternehmen, er war in Leitungsfunktion in einem gastronomischen Großbetrieb beschäftigt. Zur Arbeit mussten beide von ihrer Eigentumswohnung im Haus seiner Eltern in einer Kleinstadt einen Arbeitsweg von circa 50 Kilometern zurücklegen, was er mit dem eigenen Fahrzeug in knapp einer Stunde bewältigte und sie bei Nutzung öffentlicher Verkehrsmittel gut eine Stunde Zeit kostete. Im Alter von Anfang dreißig heirateten sie. In zeitlicher Nähe kam im Herbst des

61 Bei der Zahlenfolge handelt es sich genau genommen um die Identifikationsnummer der Frau, womit ihr Partner mit dem Nummerncode 854802 implizit eine Referenzierung erfuhr.

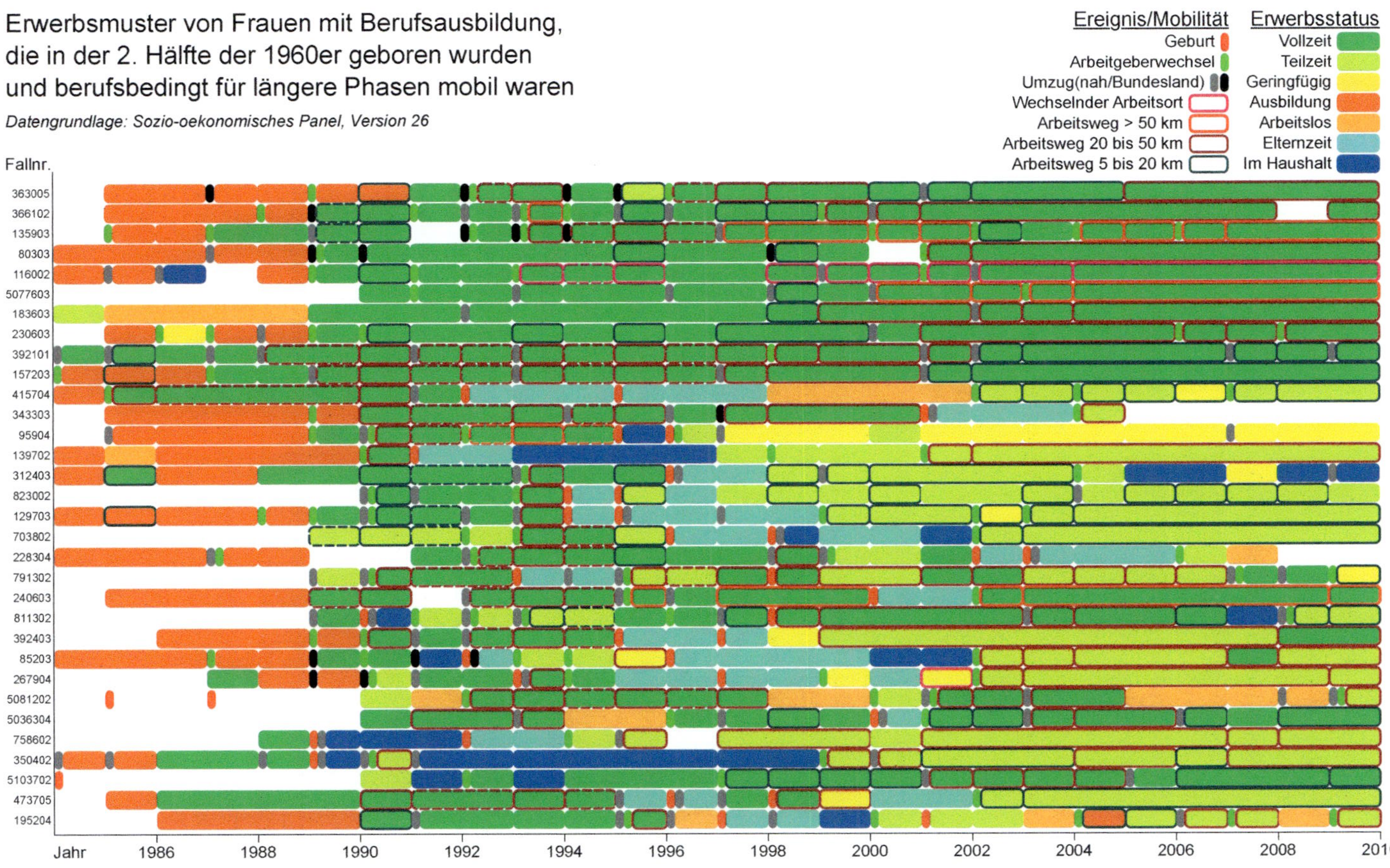

Abb. 18: Erwerbsmuster bei berufsmobilen Frauen mit Ausbildungsabschluss der Generation 1965–1969

Für die Jahre 1986 bis 1989 als auch für die Jahre 1991, 1992, 1994 und 1996 liegen keine Angaben zu den jeweiligen Wegentfernungen zur Arbeitsstätte vor. Naheliegende Annahmen wurden gestrichelt angedeutet.

Jahres 1999 ihr einziges Kind auf die Welt, woraufhin Frau Pfaff eine eineinhalbjährige Elternzeit nahm. Ein beruflicher Wiedereinstieg bei ihrem alten Arbeitgeber erfolgte für die ersten drei Monate auf Teilzeitbasis bevor sie im Sommer des Jahres 2001 wieder auf eine Vollzeittätigkeit heraufgestuft wurde. Darauf abgestimmt nahm Herr Pfaff ab dem Zeitpunkt ihrer erneuten Vollzeitberufstätigkeit eine gut einjährige Elternzeit, wofür ihn sein Arbeitgeber beurlaubte. Bei der Rückkehr an seinen Arbeitsplatz ging er bei reduziertem Stundenumfang von rund 25 Wochenstunden zunächst seiner vorherigen qualifizierten Tätigkeit nach. Parallel zu einer Arbeitszeitverkürzung zu Anfang des Jahres 2004 auf 20 Wochenarbeitsstunden war für ihn eine niedrigere berufliche Position im Betrieb verbunden. Seit dem Jahr beschrieb sich Herr Pfaff neben seiner Teilzeitanstellung auch als Teilzeithausmann. Mit der für ihn unterqualifizierten Tätigkeit zeigte er sich weniger zufrieden. Zudem hatten sich durch die Herabstufung auf eine Teilzeittätigkeit seine Berufsaussichten in selbigem Unternehmen verschlechtert, was schließlich in einer betriebsseitigen Kündigung mündete. Damit war Herr Pfaff ab dem Sommer des Jahres 2008 arbeitslos. Bis zu Frau Pfaffs Rückkehr ins Berufsleben entsprach der skizzierte Berufs- und Lebensverlauf einem für Westdeutschland üblichen Muster. Hiernach musste eine Lösung für die Inkompatibilität zweier gewünscht vollzeitberufstätiger Partner mit einem damit verbundenen langen Arbeitsweg und dem Großziehen eines Kindes gefunden werden. Mit der anschließenden Präferenz für ihre Erwerbstätigkeit und seiner Übernahme zentraler häuslicher Pflichten und einer damit dokumentierten vertauschten traditionellen Rollenaufteilung wich dieser Einzelfall von gängigen westdeutschen Lebensverläufen ab. Es ist vorstellbar, dass es für die Entscheidung zur Bevorzugung ihrer Berufstätigkeit von Belang war, dass sie einer sicheren und besser bezahlten Arbeit nachging. Schließlich verdiente Frau Pfaff als Bankfachkraft mit durchschnittlich 4.000 Euro brutto deutlich mehr.[62]

Neben diesem kontrastierenden Fall ist ein anderer vermehrt auftretender Sachverhalt auffällig. Bei jenen Müttern, die im Rahmen ihrer Berufsrückkehr zu ihrem zumeist vorherigen Arbeitgeber durch lange Arbeitswege zeitlich stark beansprucht waren, ist eine auffällig hohe Zahl von Beziehungsabbrüchen auszumachen. Die Koinzidenz einer geringen Beziehungsstabilität und einer höheren, mobilitätsbedingten zeitlichen Belastung der Frauen erscheint nicht zufällig. Die Daten ermöglichen allerdings keine weitergehende Überprüfung eines kausalen Zusammenhanges.

Die Frauen mit Fachschulabschluss zeigen in der Summe der schematischen Lebensverläufe ähnliche Muster, wie jene Frauen mit einem einfachen Berufs-

62 Nachdem er in Vollzeitanstellung in den 1990ern zwischen 3.000 bis 3.500 Euro brutto im Monat verdient hatte, belief sich sein Beitrag zum Haushaltseinkommen in Teilzeitanstellung in den 2000ern anfänglich auf 2.000 Euro brutto und nach weiterem reduzierten Stundenumfang kam er schließlich auf ein Gehaltseinkommen von 1.400 Euro.

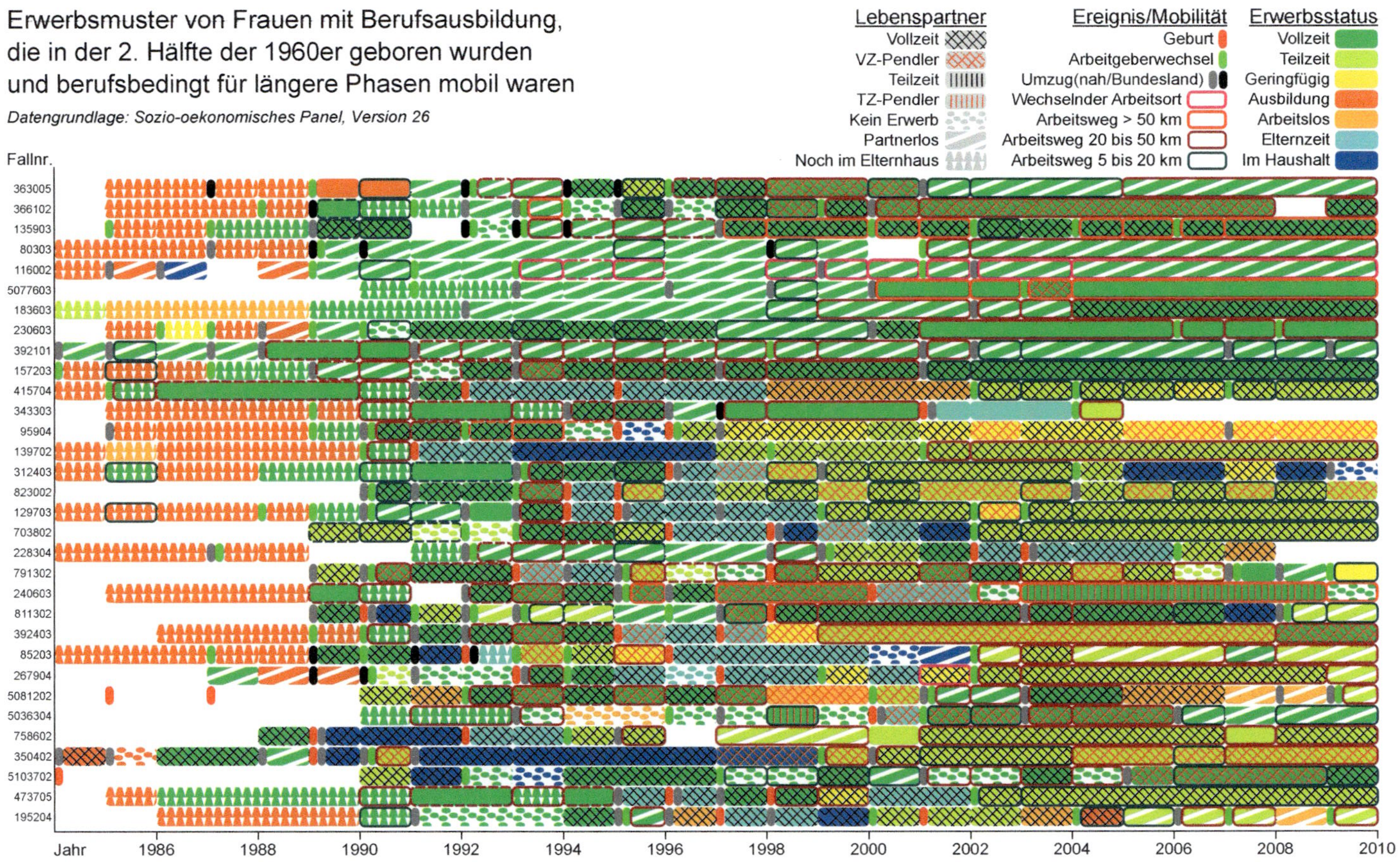

Abb. 19: Erwerbsmuster bei berufsmobilen Frauen mit Ausbildungsabschluss der Generation 1965–1969 und Lebenspartner

Für die Jahre 1986 bis 1989 als auch für die Jahre 1991, 1992, 1994 und 1996 liegen keine Angaben zu den jeweiligen Wegentfernungen zur Arbeitsstätte vor. Naheliegende Annahmen wurden gestrichelt angedeutet.

abschluss.[63] So ließen vormals weibliche Vollzeitarbeitskräfte in Westdeutschland unabhängig von beruflichen Mobilitätserfordernissen nach der Geburt von Kindern ihre berufliche Laufbahn für einige Jahre ruhen, und stiegen im Regelfall nur mit reduziertem Stundenumfang wieder ins Berufsleben ein. Weite Arbeitswege spielten dann bei wesentlich weniger Frauen noch eine Rolle. In Ostdeutschland war sowohl das westdeutsche Modell als auch das erneute Anstreben einer Vollzeitstelle zu beobachten. Ein größerer Mobilitätsaufwand zu einem früheren Zeitpunkt nach Geburt des Kindes begleitete hierbei häufig die Arbeitswiederaufnahme.

Die Fallzahl von 13 Frauen mit Fachhochschulabschluss, wovon acht aus Ostdeutschland stammten, ist zu klein, um eine als repräsentativ einzustufende Betrachtung durchzuführen.[64] Dementsprechend richtet sich der abschließende Fokus auf die Gruppe der Akademikerinnen.

Die Frauen mit Universitätsabschluss fallen grundsätzlich mit einer hohen Rate an Kinderlosen und nur wenigen kinderreichen Müttern auf (siehe Abb. 20). Unter Vorbehalt niedriger Fallzahlen war annähernd jede zweite Akademikerin mit ausgeprägter Mobilitätserfahrung kinderlos. Bei jenen mit keiner oder tendenziell wenig eigener Mobilitätserfahrung betraf dies in etwa jede Dritte. Eine Vollzeitbeschäftigung, die womöglich zusätzlich alltäglich lange Arbeitswege oder einen Wohnortwechsel bedingte, findet sich im Grunde nur bei temporär und dauerhaft Kinderlosen, in einzelnen Fällen auch bei Frauen mit Einzelkindern. Für die westdeutschen Akademikerinnen, die in der zweiten Hälfte der 1960er Jahre geboren wurden, schlossen mehrere Kinder eine gleichzeitige Vollzeitberufstätigkeit aus. Im Allgemeinen strebten die westdeutschen Akademikerinnen – vergleichbar mit vielen Frauen, die einfachere Abschlüsse vor-

63 Die Nicht-Mobilen untergliedern sich in ein knappes Drittel, die bei überwiegender Vollzeitbeschäftigung keine oder nur wenige Kinder haben, und eine mehr als doppelt so große Gruppe aus Frauen, welche mit einer im Schnitt deutlich höheren Kinderzahl nach einigen Jahren Elternzeit mehrheitlich in eine Teilzeitbeschäftigung wechselten. Von den Nicht-Mobilen lässt sich eine Gruppe von jeder vierten bis fünften der Fachschulabsolventinnen unterscheiden, deren Lebensweg von deutlichen Mobilitätserfahrungen geprägt war.

64 Die Einzelbeispiele seien stichpunktartig skizziert. Bei einer deutlich ostdeutschen Überrepräsentation lag eine Dominanz meist durchgehender Vollzeitanstellungen vor. Bei den wenigen Fällen verfolgte keine Frau – auch nicht phasenweise – das Lebensmodell einer Hausfrau. Die drei Frauen mit Arbeitspendlererfahrung gingen im betrachteten Zeitraum beinahe ununterbrochen einer Arbeit mit Mobilitätsanforderung nach. Mit Kindern sah es bei den drei mobilen Frauen wie folgt aus: In einem ostdeutschen Fall blieb die Frau kinderlos, in einem anderen bekam die ostdeutsche Frau im Alter von Mitte zwanzig zwei Kinder, ohne eine lange berufliche Auszeit zu nehmen. Im einzigen westdeutschen Fall gebar die Frau erst im Alter von 37 Jahren ein Einzelkind, um nach knapp zwei Jahren Elternzeit beim gleichen Arbeitgeber – nun allerdings in Teilzeit – weiterzuarbeiten. Obwohl die geringe Fallzahl keine Repräsentativität beanspruchen kann, erscheinen sie in vielen Punkten dennoch symptomatisch für berufsorientierte Frauen in West- und Ostdeutschland.

Abb. 20: Erwerbsmuster bei Akademikerinnen der Generation 1965–1969

Für die Jahre 1986 bis 1989 als auch für die Jahre 1991, 1992, 1994 und 1996 liegen keine Angaben zu den jeweiligen Wegentfernungen zur Arbeitsstätte vor. Naheliegende Annahmen wurden gestrichelt angedeutet.

zuweisen hatten – spätestens nach dem zweiten Kind eine Teilzeitbeschäftigung an. Gelegentlich hatten auch Teilzeitarbeitskräfte längere Arbeitswege in ihren Tagesablauf zu integrieren. Eine Gleichzeitigkeit von Familie, einer Vollzeitstelle und einem womöglich zusätzlich zeitraubenden langen Arbeitsweg war für diese Frauen nicht vereinbar; auf eine kurze Formel gebracht: Karriere und Familie scheint in der untersuchten Gruppe von Akademikerinnen unvereinbar.

Die Daten des Sozio-oekonomischen Panels legen es hingegen nicht nahe, dass bei einer Entscheidung für Kinder mobile Lebensformen die Familienplanung speziell verzögerten. Sowohl weniger mobile Akademikerinnen als auch jene mit vielen Wohnortwechseln und mit Phasen langer Arbeitswege wiesen bei einer Erstgeburt einen Altersschnitt von gut 31 Jahren auf. Eine grundsätzliche Entscheidung für Kinder bedeutete für die meisten in der Konsequenz eine neue Prioritätensetzung und damit einen Verzicht auf Mobilität und eigene Karriereabsichten. Wissenschaftler warfen bisweilen die Frage auf, ob die Familie ein Mobilitätshindernis darstellt. Im Falle der Frauen ist dies zu bejahen. Mobilität kann für die Akademikerinnen allgemein als Chiffre für Karriere, als oftmals notwenige Begleiterscheinung für eine berufliche Laufbahn verstanden werden. Doch zeitraubende und räumlich trennende Mobilität erachteten Frauen für familiäre Anforderungen als wenig kompatibel. Namentlich gut ausgebildete Frauen stellte der Anspruch, dauerhaft einer herausfordernden Berufstätigkeit nachzugehen und zugleich einen Kinderwunsch zu hegen, vor ein Dilemma. Dementsprechend kann Kinderlosigkeit oder eine geringe Kinderzahl nicht mit einem grundsätzlich weniger ausgeprägten Kinderwunsch gleichgesetzt werden. Mit dem gleichzeitigen Wunsch nach einer qualifikationsadäquaten beruflichen Anstellung und einer familiären Verwirklichung waren besonders Frauen in akademischen Berufen mit Gegensätzlichkeiten, sich wechselseitig ausschließenden Anforderungen konfrontiert.

Die in der Zeitungslandschaft der 1990er und 2000er polemisch aufgegriffene Kinderlosigkeit der Akademikerinnen repräsentierte indes kein Novum.[65] Im Sozio-oekonomischen Panel lässt sich bis zu den Frauen der Jahrgänge aus der Weimarer Republik nachverfolgen, dass der Anteil Kinderloser unter Akademikerinnen stets deutlich über 20 Prozent lag.[66] Kinderlosigkeit unter Akademikerinnen kennzeichnet folglich kein neues gesellschaftliches Phänomen, als neu erweist sich die gesellschaftliche Tragweite generiert durch den gestiegenen Anteil hochqualifizierter Frauen. Ein größerer Anteil von Akademikerinnen unter der Gesamtbevölkerung führte zu einer höheren Gesamtquote an kinderlosen Frauen in Deutschland, wie es gleichfalls in anderen europäischen Ländern be-

65 Vgl. etwa Rückert (2004): Freiheit und Preis; Gaschke (2005): Kinder Küche Karriere; Bonstein / Jung / Theile (2005): Generation Kinderlos; Ohne Verfasserangabe (1996): Wozu die Quälerei, S. 80 f.

66 Bereits in den 1920ern war ein ähnlicher Frauentypus Gegenstand der Diskussion. Die Schriftstellerin Alice Rühle-Gerstel sah »[d]ie neue Frau [aus jener Zeit als] eine seltene Vorbotin des Morgen« an, eine sich bestätigende Prognose. Vgl. Rühle-Gerstel (1932): Frauenproblem der Gegenwart, S. 408 f.

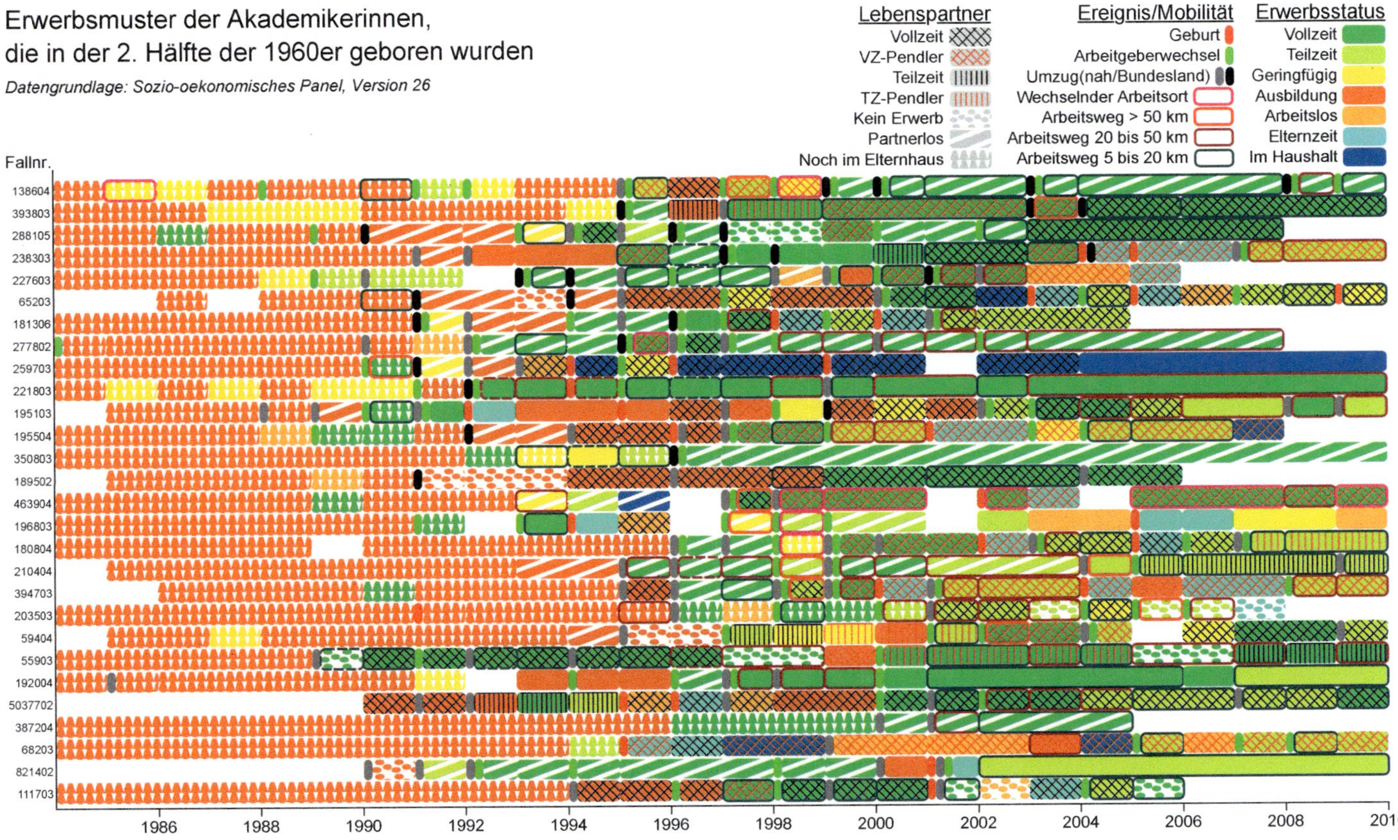

Abb. 21: Erwerbsmuster bei Akademikerinnen der Generation 1965–1969 und Lebenspartner

Für die Jahre 1986 bis 1989 als auch für die Jahre 1991, 1992, 1994 und 1996 liegen keine Angaben zu den jeweiligen Wegentfernungen zur Arbeitsstätte vor. Naheliegende Annahmen wurden gestrichelt angedeutet.

obachtet werden konnte.[67] Die Forschung wertete die niedrige Gesamtfertilität mehrheitlich als Ergebnis eines Konfliktes zwischen Beruf und Familie. In Folge eines weit verbreiteten Aufschubs der Familienplanung erhöhte sich der Gesamtanteil derjenigen, die den Zeitpunkt für Kindergeburten verpassten. Allerdings arbeiteten einzelne Studien für die 2000er heraus, dass sich bei Frauen, die mobile Lebensformen pflegten, nicht nur die Familiengründung verzögerte, sondern auch die Etablierung einer festen Partnerschaft.[68] Dies bestätigte sich in der hiesigen Untersuchung. Bei Männern zeigte sich im Gegensatz dazu keine negative Auswirkung auf das Eingehen von Lebensgemeinschaften und die Familiengründung in Folge eines verstärkten Mobilitätsverhaltens (siehe Abb. 21).[69]

3. Exkurs: Leitbilder und staatliche Rahmenbedingungen

Man muss sich vergegenwärtigen, dass die Lebensplanung und das Rollenverhalten des Einzelnen unter dem Einfluss gesellschaftlicher Trends und zeitgenössisch prägender Leitbilder stehen. Aber auch politisches Handeln kann konservierend oder formend wirken. An dieser Stelle seien ausgewählte familienpolitische Entwicklungen und Entscheidungen, die den gesellschaftlichen Rahmen für das Familienleben schaffen, für die Zeit der zweiten Hälfte des 20. Jahrhunderts in Erinnerung gerufen.

In der Bundesrepublik wurde erst im Jahr 1953 ein Bundesministerium für Familienfragen eingerichtet. Nach Auffassung des ersten Bundesfamilienministers Franz-Josef Wuermeling entbehrten Bedenken bezüglich des männlichen Weisungsrechts jeglicher Grundlage. In einer Bundestagsrede aus dem Jahr 1954

67 Vgl. Jaehrling u.a. (2011): Situation von Alleinerziehenden, S. 12; Krätschmer-Hahn (2012): Kinderlosigkeit in Deutschland, S. 11.

68 Vgl. Meil (2010): Job Mobility, S. 216f.; Rüger u.a. (2011): Zirkuläre berufsbezogene Mobilität, S. 211; Schneider/Ruppenthal/Lück (2009): Beruf Mobilität, S. 123f. Dieser Sachverhalt wurde desgleichen in der Publizistik aufgegriffen. Beispielsweise titelte *Die Zeit* in einer Januarausgabe des Jahres 2004 »Jung, gebildet, allein« und spielte auf beruflich erfolgreiche Frauen an, die im Gegenzug oftmals partner- und kinderlos blieben. Vgl. Bittner (2004): Jung gebildet allein.

69 Stefanie Kleys Befragung in Magdeburg und Freiburg im Breisgau zufolge stieg die Trennungswahrscheinlichkeit im Kontext weiblichen Fernpendelns nur in Ostdeutschland signifikant. Im westdeutschen Fall genügte hierfür bereits eine weibliche Vollerwerbstätigkeit. Ein Zurücklegen weiter Arbeitswege hatte für Freiburger Frauen keinen weiteren negativen Effekt auf die Beziehungsstabilität. Die Soziologin Kley machte auf das ausgeprägtere traditionelle Rollenverständnis in Westdeutschland aufmerksam, was bereits bei der zeitlichen Beanspruchung durch eine einfache Vollzeitbeschäftigung der Frau vermehrt zu partnerschaftlichen Komplikationen führte. Vgl. Kley (2012): Gefährdet Pendelmobilität, S. 356, 366, 370.

sah er den Gleichheitsgrundsatz »als eine schematische Gleichmacherei« missverstanden. In seiner Rede vertrat er ferner die zu jener Zeit salonfähige Position, dass er kaum glaube, »daß irgendeine Frau und Mutter eine formale Gleichberechtigung […] überhaupt will. […] [U]nsere Frauen und Mütter [, die arbeiten müssen, sind] auch in Gefahr, ihrer echten, vor allem auch der mütterlichen Aufgabe in der Familie nicht mehr gerecht werden zu können.«[70] Der CDU-Politiker Wuermeling vertrat ein konservatives Weltbild und agierte als entschiedener Verfechter des bürgerlichen Familienmodells, welches den Eheleuten klare Rollen zuteilt. Der Ehemann fungiert als Haupternährer der Familie, die Frau sorgt sich um die gemeinsamen Kinder und den Haushalt. Die Gesetzeslage jener Zeit legitimierte die geschlechtsspezifische Rollenzuweisung normativ.[71] So führte das Bürgerliche Gesetzbuch bis 1977 die Ehefrau als alleinige Verantwortliche für die Haushaltsführung an, deren Recht auf Erwerbstätigkeit durch ihre ehelichen und familiären Pflichten begrenzt war. Erst eine Gesetzesnovelle aus dem Jahr 1977 modifizierte das allgemeine Privatrecht dahingehend, dass es in Einklang mit dem Gleichstellungsgebot des Grundgesetzes stand, indem fortan die gemeinschaftliche Absprache als Richtschnur für die Aufgabenverteilung unter Eheleuten bestimmt wurde.[72] Zugleich hielt man mit der Einführung eines halbjährigen *Mutterschaftsurlaubs* am Verständnis einer weiblichen Zuständigkeit für die Kindererziehung fest. Eine zaghafte Abkehr hiervon zeichnete sich im *Gesetz über die Gewährung von Erziehungsgeld und Erziehungsurlaub* ab, welches der Bundestag im Jahr 1985 verabschiedete. Die Novelle war formal geschlechtsneutral verfasst. Faktisch hielt die regierende Union Mitte der 1980er Jahre allerdings weiterhin an ihrem bürgerlichen Familienbild fest.[73] In den poli-

70 Deutscher Bundestag (1954): 15. Sitzung des Bundestages, S. 488 f., 492.

71 In der Eigenheimförderung zeigt sich der Zusammenhang zwischen Familienpolitik und beruflicher Mobilität besonders deutlich. In der politischen Vorstellung jener Zeit setzte das Eigenheim im Grünen sowohl den männlichen Pendler als auch die Hausfrau voraus. Bereits die Hochphase der Kernfamilie in den 1950er und 1960er Jahren fiel mit einer Hochphase der Suburbanisierung zusammen. Der Traum von der heilen Familienwelt und der Traum vom Eigenheim im Grünen waren eng miteinander verknüpft.

72 Vgl. Keiser (1997): Vereinbarkeit von Familie, S. 244. Allein die normative Abkehr vom männlichen Weisungsrecht führte zu keinem allgemeinen abrupten Einstellungswandel. Noch in einer repräsentativen Befragung des Allensbach-Instituts in Baden-Württemberg im Jahr 1982 sprach sich bei Unterscheidung nach Geschlecht, grundsätzlicher Berufstätigkeit und Alterskohorten im Grunde stets die Mehrheit der einzelnen Befragungsgruppen dafür aus, dass junge Frauen ihre Arbeitszeit reduzierten sollten, wenn der Mann dies wünschte. Nur die jüngeren Frauen in ihren Zwanzigern sahen es mit einer knappen Mehrheit von 52 Prozent nicht als zwingend an, ihre Arbeit einzig aufgrund des Wunsches des Partners zurückzustellen. Dies bedeutet aber, dass sich selbst unter den jungen Frauen ein erheblicher Anteil nicht explizit gegen das männliche Weisungsrecht aussprach. Vgl. Institut für Demoskopie Allensbach (1985): Situation der Frau, S. 46–48.

73 Angesichts eines anmahnenden Beschlusses des Europäischen Gerichtshofs aus dem Jahr 1984 erscheint die geschlechtsunspezifischere Wortwahl keinem Sinneswandel konservativer Politiker entsprungen zu sein, sondern ist vielmehr als notwendige Reaktion auf das Urteil zu verstehen. Vgl. Ostner (2006): Paradigmenwechsel in Familienpolitik, S. 166.

tischen Debatten jener Zeit gab es jedoch auch abweichende Vorstellungen von Familie und andere politische Impulse. So verfasste die sozialdemokratische Opposition mit dem *Elternurlaubsgesetz* einen Gesetzesgegenentwurf.[74] Darin befürwortete sie eine Abkehr von alten Rollenbildern. Durch die Schaffung eines gezielten Anreizes für Eltern sollte eine Elternzeit – damals hieß dies noch *Erziehungsurlaub* – anteilig von der Mutter und dem Vater in Anspruch genommen werden.[75] Dieser Ansatz, einen Anreiz für die partnerschaftliche Aufteilung des *Erziehungsurlaubes* zu setzen, wurde in der Tat politisch umgesetzt, allerdings erst unter der Großen Koalition im Jahr 2007.[76] Bereits im Jahr 2001 hatte die rot-grüne Regierung ein Gesetz zur Elternzeit in die Wege geleitet, welches ausdrücklich keine geschlechtsspezifische Zuschreibung der Kinderfürsorge formulierte, sondern beiden Elternteilen eine aktive Elternrolle zugestand. Galten egalitärere Elternrollen als das erklärte politische Ziel, so war Handlungsbedarf angezeigt, denn unter jenen, die Elternzeit beantragten, war – beruhend auf Daten aus dem Jahr 1998 – nicht einmal jeder Fünfzigste männlich. Zum Zeitpunkt der Einführung der neuen Elternzeit- und Elterngeldregelung im Jahr 2007 betrug der Anteil der Männer 3,5 Prozent und stieg hierauf binnen drei Jahren deutlich auf 23 Prozent. Indes machten die Männer mehrheitlich nur von der Bonuszeit der zwei zusätzlichen Monate Gebrauch, die einem Paar im Falle einer Elternzeitnahme beider zustand.[77] Dennoch kann man die Gesetzesgrundlage aus dem Jahr 2007 als politische Abkehr von der einseitigen Betonung der mütterlichen Elternrolle verstehen.[78]

Für die finanzielle Situation eines Haushalts mit Kindern besitzen familienpolitische Leistungen wie das Kindergeld, das Elterngeld oder steuerliche

74 Vgl. Deutscher Bundestag (1985): Förderung der Vereinbarkeit.

75 Mit diesem emanzipatorischen Ansatz profilierte sich die SPD gegenüber den regierenden Parteien und beließ es nicht als Alleinstellungsmerkmal der neuen politischen Kraft der Grünen, Positionen der damaligen Frauenbewegung zu vertreten. Eindringliches Gehör für eine Auflösung der eindimensionalen Geschlechterrollen verschafften sich die bundesrepublikanischen Frauen erstmals mit dem Erstarken der Frauenbewegungen in den 1970er Jahren. Für den Wandel in der Familienpolitik waren diese soziale Bewegung und ihre Positionen von herausragender Bedeutung. Vgl. Beck-Gernsheim (2010): Was nach Familie, S. 10 f.

76 Vgl. Deutscher Bundestag (2006): Einführung des Elterngeldes. Diese politischen Maßnahmen in den 2000ern offenbarten eine Abkehr der CDU von einer grundsätzlich konservativen Familienpolitik als späte Reaktion auf einen bereits Jahrzehnte zuvor eingesetzten gesellschaftlichen Wandel.

77 Vgl. Koch (2000): Analysen und Alternativen, S. 592; Gephart (2011): Familiengründung, S. 170.

78 Solch eine familienpolitische Position, die beide Eltern eine theoretisch gleiche Bedeutung für die Kindererziehung zudachte, vertrat bereits die Familienministerin Rita Süssmuth in den 1980ern. Ihr Anliegen fand allerdings in ihrer Partei keine Mehrheit, obgleich der wissenschaftliche Beirat des Familienministeriums im Jahr 1984 einen erheblichen familienpolitischen Nachholbedarf in Vereinbarkeitsfragen angemahnt hatte. Vgl. Ostner (2006): Paradigmenwechsel in Familienpolitik, S. 193; Bundesminister für Jugend, Familie und Gesundheit (1984): Familie und Arbeitswelt, S. 262.

Freibeträge eine beachtliche Relevanz.[79] Hinsichtlich der paarintern gelebten Arbeitsteilung und Rollenrealität ist speziell die Wirkung des steuerlichen Splittingverfahrens hervorzuheben. Das Ehegattensplitting bevorteilte ungleiche Arbeitsbeteiligung bei steuerlich zusammenveranlagten Ehepartnern, denn je stärker die Einkommen der Eheleute voneinander abwichen, umso größer fiel der steuerliche Vorteil aus.[80] Das Ehegattensplitting, 1958 eingeführt, entstammt einer Zeit, als ein bürgerliches Familienbild mehrheitlich vertreten und gelebt wurde. Insofern entsprach die Begünstigung des Haupternährer-Hausfrauen-Modells dem damaligen Zeitgeist. Die steuerliche Regelung behielt allerdings in den folgenden Jahrzehnten seine Gültigkeit und bewirkte, dass bei zwei Einkommensbeziehern die Einkünfte des weniger Verdienenden – und damit zumeist der Frau – marginalisiert wurden. Somit zeitigte und zeitigt das Ehegattensplitting einen Negativanreiz für eine vollzeitberufstätige Arbeitsmarktbeteiligung beider Partner, was einer institutionellen Bevorzugung des Alleinverdienermodells in Deutschland gleichkommt.[81] Elisabeth Beck-Gernsheim sprach in diesem Zusammenhang von einer »Prämie für die Nichterwerbstätigkeit der Frau«[82].

Die Regelungen in Deutschland harmonierten mit einem althergebrachten Verständnis der Mutter als personifizierte Institution der häuslichen Fürsorge und Erziehung. Ein weibliches Bemutterungsverhalten entsprach dem von außen herangetragenen Erwartungen als auch dem vermuteten Drang bei Frauen, dieses auszuleben.[83] Demgemäß erwies es sich in der Nachkriegszeit als eine gängige Annahme, dass Kinder unter der Abwesenheit einer erwerbstätigen Mutter Schaden nehmen. Die Gleichsetzung einer berufstätigen Mutter mit einer Rabenmutter drückt eine Sichtweise aus, die auch Frauen selbst aussprachen. Dies spiegelt sich in einer Befragung von Abiturientinnen aus dem Jahr 1959 wider, in der 93 Prozent der jungen Frauen für sich kategorisch ausschlossen, parallel

79 Deutschland führte als eines der letzten westeuropäischen Länder das Kindergeld im Jahr 1955 ein. Dies galt zunächst lediglich ab dem dritten Kind, wurde sechs Jahre später auf das zweite Kind ausgeweitet und gilt seit 1975 universell für jedes Kind. Ein familienbezogener steuerlicher Freibetrag wurde in Deutschland seit 1891 gewährt. Vgl. Bahle / Maucher (2003): Kindergeldsysteme und Steuererleichterungen, S. 3 f.; Rosenbaum / Timm (2008): Private Netzwerke, S. 114; Wirsching (2003): Familie in Moderne, S. 53 f.

80 Auf Beschluss von Bundestag und Bundesrat gilt das Ehegattensplitting seit 2013 überdies für eingetragene Lebenspartnerschaften. Die Mitberücksichtigung galt als zwingend geboten, nachdem das Bundesverfassungsgericht die vorherige Regelung als verfassungswidrig eingestuft hatte. Vgl. Bundesrat (2013): Stenographischer Bericht, S. 402 f.

81 Als Alternative für die Einkommenssteuerberechnung gelten die Individualbesteuerung und das für Frankreich prominente Verfahren des Familiensplittings. Vgl. Luci (2010): Finanzielle Unterstützung, S. 12, 22 f., 25; Wegener / Lippert (2004): Familie und Arbeitswelt, S. 55.

82 Beck-Gernsheim (2008): Störfall Kind, S. 30.

83 Allein die Existenz des Wortes *bemuttern* und das Fehlen eines äquivalenten Ausdrucks im Zusammenhang mit dem männlichen Elternteil besagt viel zur überkommenen gesellschaftlichen Attribuierung der kindlichen Fürsorgeaufgaben aus.

zu einer Elternschaft berufstätig sein zu wollen. Selbst unter den übrigen sieben Prozent galt eine Gleichzeitigkeit von Familienzeit und Berufsleben nur unter der Bedingung zwingender finanzieller Notwendigkeit als vorstellbar. Definitiv fehlte es jenen Abiturientinnen an berufstätigen Vorbildern im Alltag. Dies lässt die Aussage verstehen, dass etwa jede dritte befragte junge Frau Berufstätigkeit als solches für Frauen als wesensfremd einstufte und damit einhergehend die Gefahr einer Vermännlichung nannte. Die zentrale Lebensaufgabe der Frau sah die Mehrheit in der Familienarbeit.[84] Eine vorwiegende Fremdbetreuung von Kleinkindern in staatlichen Einrichtungen stieß in der bundesrepublikanischen Gesellschaft in den Nachkriegsjahrzehnten auf eine breite Ablehnung. Mindestens bis Ende der 1970er Jahre galt die Kinderbetreuung in unmittelbaren Händen der Mutter als Idealtypus schlechthin.[85]

Dass sich die Mutterrolle bei Kleinkindern nicht mit einer Berufstätigkeit vertrüge, sondern stattdessen die Kinder darunter zu leiden hätten, bildete eine Überzeugung, die aber auch in den folgenden Jahrzehnten eine große Mehrheit der bundesrepublikanischen Gesellschaft teilte. Anfang der 1980er Jahre vertraten fast 90 Prozent eine solche Auffassung und so zeigten sich generationen-, bildungs- und geschlechtsspezifisch lediglich marginale Abweichungen.[86] Ein gradueller Einstellungswandel, ein Aufbrechen der damit verbundenen Norm und gelebten Praxis deutete sich in den folgenden Jahren und Jahrzehnten nur behutsam an. Bei abnehmender Tendenz dokumentierten gleichfalls die Daten der Allgemeinen Bevölkerungsumfrage der Sozialwissenschaften für die 1990er Jahre, dass eine kohortenübergreifende deutliche Mehrzahl eine Vernachlässigung von Kleinkindern durch eine arbeitende Mutter befürchtete.[87] Ende der 2000er teilte nach wie vor eine knappe Mehrheit der Westdeutschen jene Sorgen. Berücksichtigt man in einer gesamtdeutschen Perspektive zudem die ostdeutsche Seite, hielten sich die Für- und Widersprecher der Vernachlässigungsthese in den späten 2000er Jahren erstmals die Waage.[88] Auch für die 1990er und 2000er

84 Vgl. Schmidt-Relenberg (1965): Berufstätigkeit der Frau, S. 138, 145, 150.

85 Vgl. Rosenbaum / Timm (2008): Private Netzwerke, S. 116, 118.

86 Dass die Unverträglichkeit von Beruf und Mutterrolle in den frühen 1980er Jahren zumindest unter westdeutschen Männern eine Standardannahme darstellte, zeigt eine in Baden-Württemberg im Jahr 1982 durchgeführte Befragung. In dieser gaben Männer mit berufstätigen Frauen in fünf von sechs Fällen an, dass es nach ihrer Beobachtung Kindern in ihrem Bekanntenkreis zuträglicher war, wenn Mütter zu Hause blieben. Allerdings erwies sich die Haltung zur weiblichen Erwerbstätigkeit nicht grundsätzlich als eindimensional. Demnach sahen Männer im Falle der Erwerbstätigkeit der eigenen Frau insgesamt mehr Vor- als Nachteile. Vgl. Institut für Demoskopie Allensbach (1985): Situation der Frau, S. 41, 43 f., 52.

87 Seit den 1990ern deuteten sich geschlechtsspezifische Unterschiede an, die gleichwohl in überschaubarem Maße ausgeprägt blieben. Am deutlichsten dokumentierte sich naheliegenderweise unter berufstätigen Frauen ein voranschreitendes Abrücken von einer kritischen Bewertung einer Muttererwerbstätigkeit.

88 Unter Westdeutschen zeigten junge Erwachsene im Alter von bis zu 30 Jahren seit den 1980er Jahren stets die niedrigste Zustimmungsquote zur Schädlichkeitsbehauptung

vermitteln Befragungen den Eindruck, dass unter westdeutschen Erwachsenen zumindest eine Skepsis gegenüber einer Ganztagsbetreuung von Kleinkindern überwog. Zugleich erscheint eine gut ausgebaute Betreuungsinfrastruktur essenziell, jedenfalls unter der Prämisse, Arbeitstätigkeit und die Erziehung von Kleinkindern miteinander zu vereinbaren. In dieser Hinsicht zeichnete sich nach der Wiedervereinigung in der bundesrepublikanischen Politik ein gradueller Wandel ab.

Nachdem Ende der 1980er Jahre eine politische Diskussion zu einem allgemeinen Rechtsanspruch auf einen Kindergartenplatz aufgekommen war, verabschiedete der Bundestag ein solches im Rahmen des Schwangeren- und Familienhilfegesetzes im Jahr 1992.[89] Die staatlich zugesicherte Betreuung bezog sich auf Kinder im Vorschulalter ab dem vierten Lebensjahr. Allerdings garantierte der Gesetzgeber nur einen Halbtageskindergartenplatz.[90] Eine lediglich vierstündige Betreuungszusicherung ohne eine Mittagsverpflegung stellte indes keine ausreichende Basis dar, einer Vollzeitberufstätigkeit nachzugehen, geschweige denn etwaigen Zeit konsumierenden Mobilitätsanforderungen nachzukommen. Selbst eine auf die Betreuungszeiten abgestimmte Halbtagsarbeit bei gleichzeitiger Vollzeitberufstätigkeit eines Partners war nur mit kurzen Arbeitswegzeiten kompatibel, ohne privat eigene weitergehende Betreuungsarrangements zu treffen. Gemäß den Daten des Sozio-oekonomischen Panels waren zwischen Mitte der 1990er bis Ende der 2000er Jahre bei etwas mehr als jedem dritten Klein- und Vorschulkind in West- wie Ostdeutschland die Großeltern oder andere Verwandte in die Kinderbetreuung eingebunden.[91] Verschiedene statistische Auswertungen legen sogar einen positiven Effekt eines räumlich

weiblicher Berufstätigkeit für Kleinkinder, allerdings lag deren Bejahungsrate erstmals Ende der 2000er unterhalb von 50 Prozent. Zu jenem Zeitpunkt pflichtete dem generationenübergreifend nur mehr jeder vierte Ostdeutsche bei. Vgl. zu den statistischen Angaben Peuckert (2012): Familienformen im Wandel, S. 422; Kreyenfeld / Geisler (2006): Müttererwerbstätigkeit, S. 339. Grundlage für die gesamtdeutsche Abschätzung sind eigene Berechnungen auf Basis der Daten der Allgemeinen Bevölkerungsumfrage der Sozialwissenschaften unter Verwendung von Gewichtungsverfahren. Siehe für die Grunddaten GESIS – Leibniz-Institut für Sozialwissenschaften (2012): Allgemeine Bevölkerungsumfrage.

89 Das im Kinder- und Jugendhilferecht verbriefte Anrecht trat indes erst im Jahr 1996 in Kraft. Vgl. Deutscher Bundestag (1995): Sicherung des Rechtsanspruches, S. 1.

90 Die Kinderbetreuung blieb zwar Angelegenheit der Länder, jedoch wurden hiermit bundesweite Minimalstandards festgelegt. Für einzelne Bundesländer galten großzügigere Regelungen, insbesondere in den neuen Bundesländern. Vgl. zu den neuen Ländern Deutscher Bundestag (1995): Materialien zur Einheit, S. 241.

91 Vgl. hierzu auch Bundesministerium für Familie, Senioren, Frauen und Jugend (2012): Zeit für Familie, S. 27. Entsprechend hoben auch verschiedene Studien die besondere Bedeutung familiärer Unterstützung als wichtige Ressource für die Kinderbetreuung hervor. Vgl. etwa Rosenbaum / Timm (2010): Relationship between Family, S. 155; Thelen / Baerwolf / Grätz (2006): Ambivalenzen der Flexibilisierung, S. 11.

nicht weit entfernten Elternhauses auf die Geburtenwahrscheinlichkeit nahe.[92] Gegenüber der Schlussfolgerung einer fertilitätssteigernden Wirkung räumlicher Nähe des Elternhauses erscheint allerdings Zurückhaltung angebracht. Nicht zuletzt ist eine Parallelität zur erhöhten Kinderlosigkeit unter Akademikerinnen und deren verstärkten Fernumzugsraten festzustellen. Die Zusammenhänge sind komplexer, als dass sie eine einfache kausale Ableitung erlaubten.

Eine auffallende Wechselwirkung zwischen elterlicher Nähe und einer ausgeprägten Unterstützung durch das eigene soziale Netzwerk lässt sich indes speziell bei einer Personengruppe belegen: den ostdeutschen Rückkehrerinnen, die nach einem Beziehungsende mit ihren Kindern von Westdeutschland nach Ostdeutschland zurückgegangen waren. Die Daten des Sozio-oekonomischen Panels dokumentieren, dass sich deren Verwandte und Freundeskreis bei der Kinderbetreuung in der Regel auffallend stark einbrachten.[93] Für eine Umzugsentscheidung jener Frauen dürfte neben anderen Motiven eine etabliertere staatliche Kinderbetreuungskultur in Ostdeutschland bestärkend gewirkt haben. Ganz allgemein wies Ostdeutschland wesentlich umfassendere Kinderbetreuungsangebote, namentlich eine gut ausgebaute Ganztagesbetreuungsinfrastruktur auf. Dieses Erbe aus DDR-Zeiten verbunden mit der größeren Akzeptanz einer Erwerbstätigkeit von Müttern ermöglichte Frauen in Ostdeutschland eine bessere Vereinbarkeit von beruflicher und familiärer Sphäre. Im Gegensatz dazu polarisierte das Angebot eines meist nur halbtägigen Kindergartenplatzes in Westdeutschland zwischen Arbeits- und Familienleben und hemmte damit speziell die Frauen in den alten Bundesländern an einer ausgedehnten beruflichen Teilhabe.

Während im Vorwendejahr 1989 eine Mehrheit von rund 80 Prozent der ostdeutschen Kleinkinder im Alter von unter drei Jahren einen Kinderkrippenplatz hatte, betrug der Anteil zum gleichen Zeitpunkt in Westdeutschland gerade einmal zwei Prozent. Selbst nach der Wende blieb eine betonte Kinderbetreuungspolitik ein länderspezifisches Charakteristikum der neuen Länder. Trotz einer Reduzierung des Angebots in den neuen Bundesländern in den 1990ern blieb die Diskrepanz in den Betreuungszahlen eklatant. Während die Anzahl an Kleinkrippenplätzen in den einzelnen ostdeutschen Landkreisen Anfang der 2000er einen Versorgungsgrad von meist um die 50 Prozent gewährleistete, beliefen sich die gestiegenen westdeutschen Werte durchschnittlich weiterhin auf einstellige Prozentangaben.[94] Bedenkt man, dass es sich im ostdeutschen Fall

92 Vgl. Hank / Kreyenfeld (2003): A Multilevel Analysis, S. 591 f.; Ette / Ruckdeschel (2007): Oma macht Unterschied, S. 51 f.; Grünheid (2004): Junge Frauen, S. 43.

93 Vgl. exemplarisch die Frauen mit den Kennungen 5159301, 5112403, 892903 und 5035204.

94 In ähnlicher Größenordnung lagen und entwickelten sich die Zahlen der Kinderhortplätze in Ost- und Westdeutschland vor und in den zwei Jahrzehnten nach der Wende. Vgl. Scheller (2006): Die Transformation Ostdeutschlands, S. 794, 796; Besenthal u. a. (2006): Struktur und Dynamik, S. 87; Leibert (2012): Stand der Kleinkinderbetreuung, S. 4.

vornehmlich um Ganztageseinrichtungen handelte, fällt der Kontrast noch wesentlich stärker aus. Insgesamt ist bis Ende der 2000er Jahre nur eine leichte Angleichungstendenz zu konstatieren.[95]

Neben dem ostdeutschen Fall verweisen ebenso Vergleiche mit Staaten wie Frankreich und Schweden darauf, dass eine bessere Vereinbarkeit durch eine stärker ausgebaute Kindergarteninfrastruktur und längere Betreuungszeiten politisch positiv beeinflussbar war.[96] Die internationalen Beispiele deuten an, dass einer besseren Alltagsorganisation eine Schlüsselrolle zukommt. Diese Erkenntnis wurde in den 2000ern in der bundesrepublikanischen Politik aufgegriffen. Nach dem Beschluss des Tagesbetreuungsausbaugesetzes im Jahr 2004 folgte vier Jahre später die Verabschiedung des Kinderförderungsgesetzes, welches ab dem Jahr 2013 den Rechtsanspruch auf Kinderbetreuung für Kinder ab dem zweiten Lebensjahr festschrieb.[97]

4. Erwerbsmodelle bei Paaren mit Kindern

Es ist zu vermuten, dass sich gesellschaftlich dominierende Rollenvorstellungen als auch strukturelle Rahmenbedingungen auf paarintern gelebte Erwerbskonstellationen und Aufgabenteilungen auswirkten.[98] Um charakteristische

95 Deutliche regionale Unterschiede sind allerdings auch innerhalb der alten und neuen Länder auszumachen, wobei der westdeutsche Landkreis mit der besten Kindertagesstätteninfrastruktur nach Stand vom Jahr 2011 im Vergleich zu allen ostdeutschen Landkreisen weiterhin das Schlusslicht stellen würde. Vgl. ebd., S. 4.

96 Um die Jahrtausendwende verfügte Frankreich über einen flächendeckenden Ausbau von vorschulartigen und im Wesentlichen auf die Ganztagsbetreuung ausgelegten Kindergärten. Entsprechend lag die mütterliche Erwerbstätigenquote in Frankreich wesentlich höher als in Westdeutschland. Speziell für Grundschüler wies Schweden Ende der 1990er eine sehr stark ausgeprägte nachmittägliche Grundschulkinderbetreuung auf und übertraf dabei die relativ hohe französische Betreuungsquote. Zugleich war Schweden ähnlich wie Frankreich von einer deutlich höheren Geburtenrate gekennzeichnet. Vgl. Wegener/Lippert (2004): Familie und Arbeitswelt, S. 51; Veil (2003): Kinderbetreuungskulturen in Europa, S. 12f.; Lewis/Campbell/Huerta (2008): Patterns of Paid, S. 33.

97 Vgl. Deutscher Bundestag (2004): Ausbau der Tagesbetreuung; Bundesrat (2008): Gesetz zur Förderung, S. 2, 6f. Aber in der Landespolitik hielten sich weiterhin auch skeptische Töne gegenüber einer außerhäuslichen Ganztagesbetreuung. Insbesondere aus dem Lager der konservativen Landesregierungen in Bayern und Niedersachsen war Anfang der 2010er Kritik zu vernehmen. Vgl. Leibert (2012): Stand der Kleinkinderbetreuung, S. 2.

98 Da mit gelebten Erwerbsmodellen und interner Arbeitsteilung das Paarverhalten vornehmlich in Familienhaushalten im Fokus stand, fanden Alleinerziehenden-Haushalte mit minderjährigen Kindern im Text keine Beachtung. Es soll allerdings Erwähnung finden, dass die gesamtgesellschaftliche Bedeutung der Alleinerziehenden enorm zunahm. Anfang der 1980er Jahre ist in der Bundesrepublik von einer Größenordnung von etwa jedem fünfzehnten Familienhaushalt mit einem partnerlos lebenden Elternteil auszuge-

Muster, mögliche Entwicklungen und Veränderungen gelebter Erwerbsmodelle bei Paaren mit Kindern auszumachen, fällt der Blick wiederum auf Paare, bei denen die Frauen den Geburtskohorten der Jahre 1965 bis 1969 zuzuordnen sind. Um gesamtgesellschaftlich gesehen keinen Artefakten künstlich generierter Teilgruppen aufzusitzen, beschränkt sich der Blick hierbei nicht nur auf beruflich mobile Eltern. Vielmehr berücksichtigt die Betrachtung unterschiedslos alle Elternpaare, solange die Frauen in den ausgewählten Jahrgängen geboren wurden. Um Muster zu erkennen, verfolgte die Untersuchung die paarintern gelebten Erwerbskonstellationen ab der Geburt des ersten Kindes für die folgenden gut eineinhalb Jahrzehnte.[99] Zentral stellte sich die Frage, inwieweit Eltern mobilen Anforderungen nachkamen. Dabei wurden zwei Sachverhalte ausgewiesen: Arbeitsentfernungen von über 20 Kilometern, womit implizit lange Arbeitswegzeiten unterstellt werden können, des Weiteren ein Umzug, der ein Verlassen der vertrauten Alltagsumgebung bedingte. Letzteres wurde mittels Wohnortwechseln über Regierungsbezirksgrenzen operationalisiert.

In der Mehrheit der westdeutschen Fälle verlegte sich die Frau nach der Geburt des ersten Kindes auf Aufgaben der Kinderbetreuung und der Haushalsführung, während der Mann in Vollzeit außerhäuslich arbeitete (siehe Abb. 22). Diese für das männliche Ernährermodell charakteristische Aufteilung währte im Durchschnittsfall mehrere Jahre, häufig bis zur Einschulung eines Kindes – sei es im konkreten Fall das einzige, älteste oder jüngste. Abgelöst wurde jene Phase auffallend oft von einer Teilzeitanstellungs- bisweilen auch einer geringfügigen Beschäftigungsaufnahme von Seiten der Frau. Der Mann blieb im Durchschnittsfall unverändert vollzeitbeschäftigt. Diese Erwerbskonstellation entspricht dem Ernährer-Zuverdiener-Modell und repräsentierte in den 1990er und 2000er Jahren das charakteristische westdeutsche Lebensmuster, an welchem sich die meisten

hen. Im Jahr 2009 stand bereits gut jeder sechsten Familie in den alten Bundesländern und gut jeder vierten Familie in den neuen Bundesländern ein Alleinerziehender vor. In den 2000ern handelte es sich bei dem Status des Alleinerziehenden für viele um einen dauerhaften Zustand. Nur bei einem Drittel der Alleinerziehenden fand binnen drei Jahren ein Zusammenzug mit einem (neuen) Partner statt. Vgl. Bedau / Freitag / Göseke (1987): Einkommenslage der Familien, S. 24; Napp-Peters (1995): Armut von Alleinerziehenden, S. 107; Bundesministerium für Familie, Senioren, Frauen und Jugend (2008): Alleinerziehende in Deutschland, S. 6; Statistisches Bundesamt (2010): Alleinerziehende in Deutschland, S. 9.

99 Um sicherzustellen, dass altersspezifische, bildungsspezifische und familiengrößenspezifische Einflüsse die abstrahierende Betrachtungsweise nicht konterkarieren, fanden diese Aspekte in der Auswertung Berücksichtigung. Bezüglich des Altersfaktors war das Augenmerk sowohl auf Grobeinteilungen des Alters der Mutter bei einer Erstgeburt als auch auf Altersunterschiede in Partnerschaften gerichtet. Es bestand die Vermutung, dass ältere männliche Partner durch ihren Altersvorsprung paarintern überproportional einen Karrierevorsprung und damit eine bessere berufliche Positionierung besaßen, der sich nach der Geburt eines Kindes verstärkte. Demnach könnte bei diesen Paaren in auffälligerem Maße eine Aufgabenteilung in Erwerbs- und Sorgearbeit erfolgt sein.

westdeutschen Elternpaare orientierten.[100] Ein dauerhaftes Leben als Hausfrau wurde nur in wenigen Fällen mit mehreren im Haushalt lebenden Kindern beobachtet.[101] Gesamtgesellschaftlich spielte das reine männliche Ernährermodell als eine in der Biografie andauernde Lebensweise eine vernachlässigbare Rolle.[102] Aber auch einer doppelten Vollerwerbstätigkeit von westdeutschen Paaren mit Kindern im Haushalt kam insgesamt eine geringe Bedeutung zu.[103]

Wie bei den Erwerbsmustern zeigten sich auch geschlechtsspezifische Unterschiede hinsichtlich berufsbedingter Mobilität. Nimmt man speziell das Pendeln in den Blick, schloss sich dieses für berufstätige Frauen mit jungen Kindern weitgehend aus. Das Vorhandensein kleiner Kinder im Haushalt zeitigte im Durchschnittsfall indes keine Auswirkung auf die Arbeitsweglänge beim Mann. Etwa jeder dritte vollzeitberufstätige Partner pendelte ungeachtet kleiner Kinder täglich weiterhin mehr als zwanzig Kilometer zum Arbeitgeber.[104] Dies legt die

100 In Westdeutschland nahm speziell in den 1990ern die Bedeutung des Zuverdienermodells bei Familien zugunsten des Ernährermodells stark zu. Dies war insbesondere für die betrachteten Jahrgänge symptomatisch. Der sukzessive Wandel vom dauerhaften hin zum temporär gelebten Hausfrauenmodell setzte sich bei den Frauenjahrgängen der späten 1960er Jahre fort. Vgl. auch Peuckert (2012): Familienformen im Wandel, S. 418 f.; Ebert / Fuchs (2012): Haushalt Familie, S. 572, 576.

101 In der Regel änderte aber eine größere Kinderzahl nichts am grundsätzlichen Schema. Als Konsequenz zeigte sich einzig bei den Frauen eine entsprechend ausgedehnte Phase der Zurückstellung der Erwerbstätigkeit zugunsten der Kinderfürsorge. Des Weiteren war zu beobachten, dass auch hinsichtlich des Alters bei Geburt oder dem Altersunterschied zwischen den Partnern keine besonders markanten Differenzen die Erwerbskonstellationen der Paare kennzeichneten. Somit bestätigte es sich bei den betrachteten Frauenjahrgängen nicht, dass dem Altersvorsprung des Mannes eine zentrale Bedeutung für die paarinterne Ungleichheit zukam, wie es Bourdieu mutmaßte. Vgl. Bourdieu (1997): Eine sanfte Gewalt, S. 227.

102 Hier führten querschnittliche Analysen in die Irre. Der Soziologe Rüdiger Peuckert etwa nannte in seiner grundlegenden Monografie zu Familienformen noch für das Jahr 2007 einen 20 prozentigen Anteil von »Hausfrauenehen« in Westdeutschland. Jedoch verschleiert der statische, querschnittliche Blick, dass es sich in den meisten Fällen nicht um dauerhafte Arrangements handelte. Vgl. Peuckert (2012): Familienformen im Wandel, S. 413.

103 Bei den in Westdeutschland lebenden Frauenjahrgängen muss allerdings nach dem Kriterium des Migrationshintergrundes unterschieden werden. Besonders im Falle ohne eigene oder familiäre Einwanderungsvorgeschichte wiesen Familienhaushalte nur selten zwei vollerwerbstätige Verdiener auf. Bei der Gruppe mit Migrationshintergrund selbst handelte es sich um eine sehr heterogene Gruppe mit konträren Wertevorstellungen. Neben der größeren Anzahl an Doppelverdienerpaaren mit Kindern orientierte sich bei diesen ein wesentlich größerer Teil langfristig ebenso an der Rollenzuweisung des männlichen Ernährers und der weiblichen Haushaltszuständigkeit.

104 Zu einer ähnlichen Diagnose gelangte ebenfalls ein Gutachten des wissenschaftlichen Beirats für Familienfragen für die Zeit Anfang der 1980er Jahre. Vgl. Bundesminister für Jugend, Familie und Gesundheit (1984): Familie und Arbeitswelt, S. 177 f. Dass jene Differenzierung nach Müttern und allen anderen Berufstätigen auch später weiterhin Gültigkeit besaß, zeigten vergleichbare Resultate einer Studie drei Jahrzehnte später. Vgl. Rahn (2013): Suburbia, S. 173.

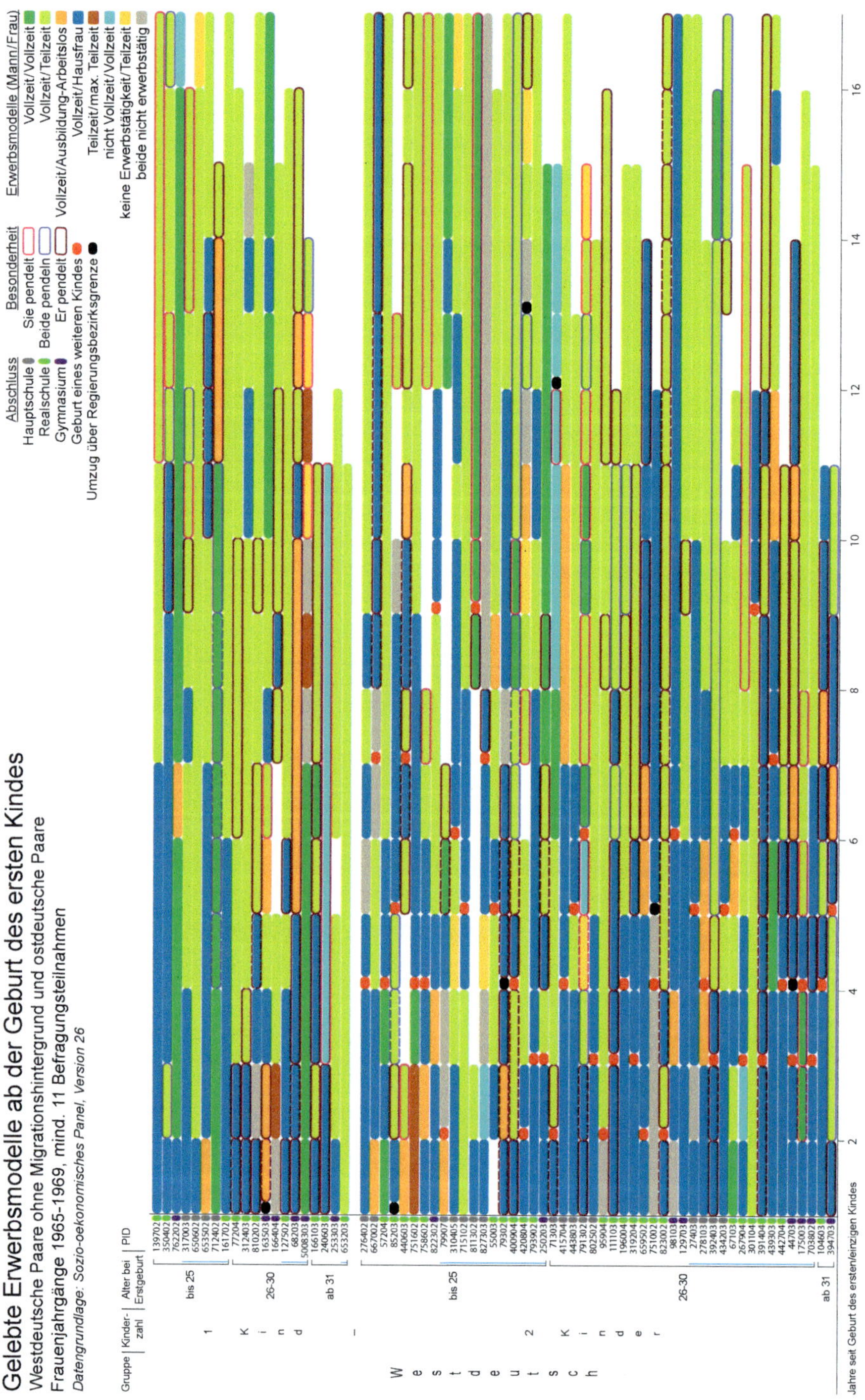
Gelebte Erwerbsmodelle ab der Geburt des ersten Kindes
Westdeutsche Paare ohne Migrationshintergrund und ostdeutsche Paare
Frauenjahrgänge 1965-1969, mind. 11 Befragungsteilnahmen
Datengrundlage: Sozio-oekonomisches Panel, Version 26
Abschluss
Hauptschule
Realschule
Gymnasium
Geburt eines weiteren Kindes
Umzug über Regierungsbezirksgrenze
Besonderheit
Sie pendelt
Beide pendeln
Er pendelt
Erwerbsmodelle (Mann/Frau)
Vollzeit/Vollzeit
Vollzeit/Teilzeit
Vollzeit/Ausbildung-Arbeitslos
Vollzeit/Hausfrau
Teilzeit/max. Teilzeit
nicht Vollzeit/Vollzeit
keine Erwerbstätigkeit/Teilzeit
beide nicht erwerbstätig
Gruppe
Kinder-zahl
Alter bei Erstgeburt
PID
Westdeutsch
1 Kind
2 Kinder
bis 25
26-30
ab 31
2
4
6
8
10
12
14
16
Jahre seit Geburt des ersten/einzigen Kindes

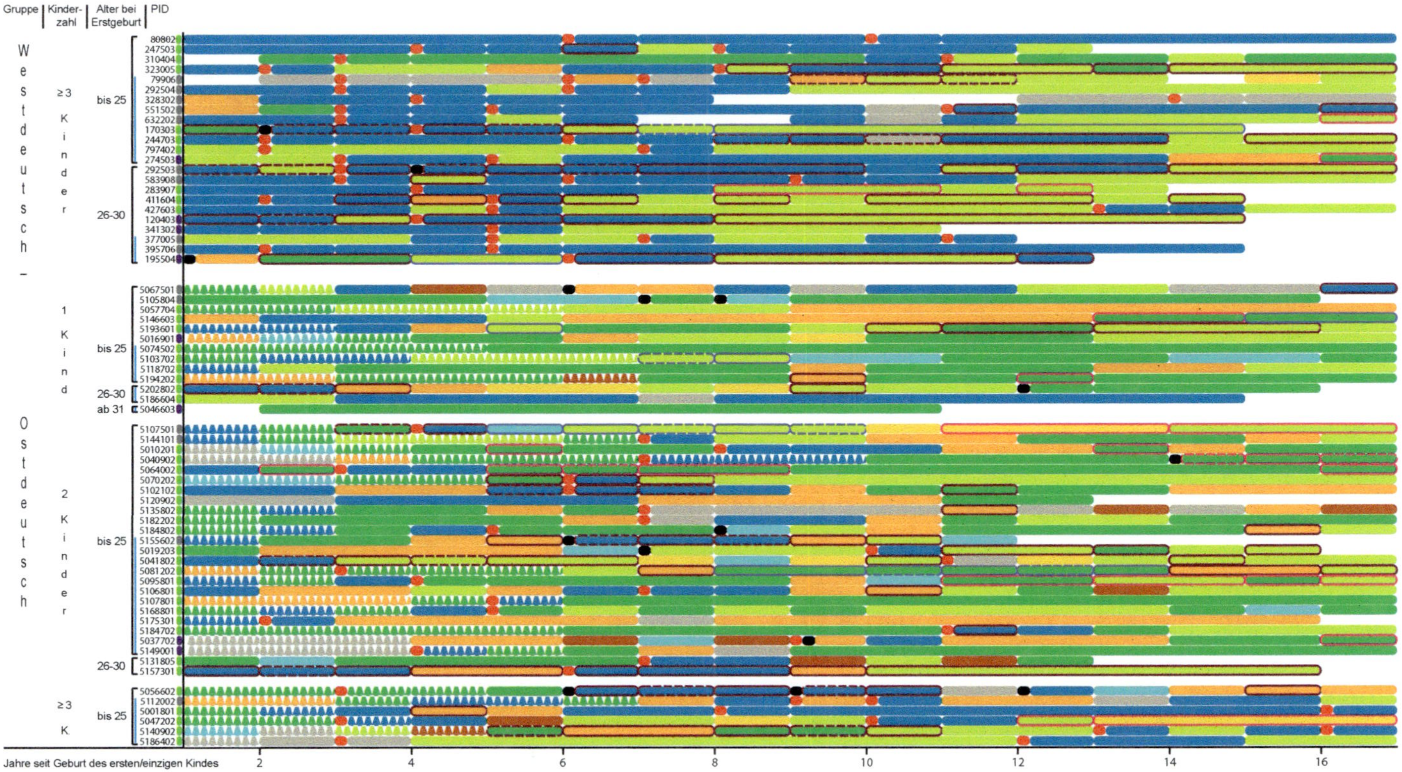

Abb. 22: Erwerbsmodelle bei westdeutschen Eltern ohne Migrationshintergrund und bei ostdeutschen Eltern

Als Pendler wurden jene Personen markiert, die einen Arbeitsweg von mehr als 20 Kilometern zurückzulegen hatten. Gestrichelte Pendlerangaben bedeuten, dass die Erhebung in den betreffenden Jahren den Arbeitsweg nicht abfragte, allerdings aufgrund eines Pendlerstatus im Vor- und Folgejahr sowie weiterer beruflicher Angaben auch im Jahr der Nichterhebung von einem längeren Arbeitsweg auszugehen ist. Hinter der zusammenfassenden Klammer des Alters der Frau bei einer Erstgeburt findet sich teilweise eine bläuliche Markierung. In betreffenden Fällen war der Partner mindestens vier Jahre älter als seine Frau. Bei Passagen, die in der Grafik nicht durchgehend eingefärbt, sondern mit einem Muster belegt sind, handelt es sich um Erhebungsjahre vor der Wiedervereinigung. Entsprechend lagen in den entsprechenden Jahren nur Informationen zum Berufsstatus und zu Kindergeburten vor.

Vermutung nahe, dass jene Frauen die größere alltägliche zeitliche Auslastung des Mannes und deren daraus folgende zeitlich mangelnde Verfügbarkeit für alltägliche familiäre Erfordernisse kompensierten.

Insgesamt lässt sich für Westdeutschland pauschal folgendes festhalten. In Teilzeit zu arbeiten erwies sich in allen Jahrzehnten als nahezu exklusive Domäne der Frauen.[105] Eine Teilzeitbeschäftigung des Mannes, begründet durch die Geburt eigener Kinder und die anschließenden Erziehungsaufgaben, spielte im Allgemeinen keine Rolle.[106]

Im Vergleich zu Westdeutschland erwiesen sich die Erwerbsmuster von Paaren in Ostdeutschland als anders strukturiert (siehe Abb. 22). Die in der ehemaligen DDR geborenen späten 1960er Frauenjahrgänge bekamen wesentlich früher Kinder als ihr westdeutsches Pendant, im Schnitt überwiegend mit Anfang zwanzig. Damit wurden die meisten bereits Ende der 1980er und somit vor dem Mauerfall Mütter.[107] Zwar waren es auch hier die Frauen, die im Regelfall nach der Geburt eines Kindes eine berufliche Auszeit nahmen, allerdings stiegen sie meist nach einer wesentlich kürzeren Phase von ein bis zwei Jahren wieder in die Berufstätigkeit ein. Zugleich strebten ostdeutsche Frauen viel häufiger eine erneute Vollzeitanstellung an. Dies zeigte sich in statistischen Auswertungen sehr deutlich.[108] So wies lediglich jedes sechste ostdeutsche Paar mit dem jüngsten

105 Vgl. Bundesministerium für Arbeit und Soziales (2012): Lebenslagen in Deutschland, S. 121; Statistisches Bundesamt (2006): Leben und Arbeiten, S. 11. Einer Erhebung in der Europäischen Union aus dem Jahr 2001 zufolge übertraf einzig die Niederlande Westdeutschland in der Höhe der Teilzeitquote erwerbstätiger Frauen deutlich. Im Umkehrschluss wies Westdeutschland um die Jahrtausendwende in Europa mit die niedrigsten Quoten bei Familienhaushalten mit zwei Vollerwerbstätigen auf, Ostdeutschland rangierte hingegen mit Frankreich, Schweden und Dänemark unter den europäischen Regionen mit den höchsten Raten. Vgl. Lohmann (2007): Armut von Erwerbstätigen, S. 158; Dathe (2000): Erwerbs- und Arbeitszeitmuster, S. 136.

106 Lebte ein Kind im Alter von unter zehn Jahren im Haushalt der betrachteten westdeutschen Frauen, überschritt die Quote ihrer Partner, die in Teilzeit arbeiteten, nie zwei Prozent. Als Standardfall erwies sich vielmehr eine Vollzeitanstellung. Lediglich ein Anteil von weniger als einem Prozent der Partner von Frauen der späten 1960er-Jahrgänge nahm eine Elternzeit. Dieser Wert findet ebenfalls in den niedrigen Quoten männlicher Bezieher von Erziehungsgeld Bestätigung.

107 Für ostdeutsche Paare ist in den Anfangsjahren des Elternseins vereinzelt eine Nichterwerbstätigkeit ausgewiesen. Dies darf nicht als Arbeitslosigkeitsphase missverstanden werden. Da die Partner in Ostdeutschland häufig in jungen Jahren Eltern wurden, fiel die Zeit mit kleinen Kindern in einigen Fällen mit Ausbildungsphasen oder der Wehrdienstableistung zusammen.

108 Bei einer Betrachtung der Erwerbsbeteiligung der Mütter der späten 1960er-Generation ist zu betonen, dass ein anhaltender Unterschied zwischen ostdeutschen und westdeutschen Frauen existierte. Bei einem Kleinkind im Alter von bis zu drei Jahren arbeitete jede vierte bis fünfte Frau in den neuen Bundesländern weiterhin in Vollzeit und damit dreimal häufiger als Mütter mit entsprechend jungen Kindern in Westdeutschland. Annähernd die dreifachen Werte erreichten die ostdeutschen Mütter der betrachteten Jahrgänge ebenso bei Kindern im Vorschul- sowie Grundschulalter. Die hohen Anteile

Kind im Grundschulalter einen vollerwerbstätigen Partner und eine nicht erwerbstätige Partnerin auf. Daraus lässt sich jedoch nicht ableiten, dass jeder sechste Paarhaushalt mit Grundschulkind willentlich das bürgerliche Ernährermodell lebte, denn von den nicht erwerbstätigen Frauen mit vollzeitberufstätigem Partner gaben mehr als zwei Drittel an, arbeitslos zu sein. Von allen Frauen mit Partner und jüngstem Kind im Grundschulalter verstand sich nicht einmal jede 20. explizit als Hausfrau. Eine einzig auf die männliche Arbeit beruhende Einverdienerfamilie ist somit für die gemusterten Paare in Ostdeutschland auch nach der Wende als selten und untypisch zu beschreiben. Im Falle einer Erwerbstätigkeit war stets die Mehrheit unter den betrachteten ostdeutschen Müttern in Vollzeit tätig. Ein Doppelverdienerhaushalt schien aus ökonomischer und ideologischer Sicht zumeist die angestrebte Lebensweise.[109] Jene dominierende Präferenz zeigte sich unterschiedslos bei den analysierten Frauenjahrgängen, gleich ob die Frauen vor oder nach der Wiedervereinigung Mütter wurden. Demnach erfolgte mitnichten eine eindimensionale Übernahme der in Westdeutschland stark ausgeprägten grundsätzlicheren geschlechtsdifferenten Einstellung zu Beruf und Familie. Allerdings ließ sich das aus DDR-Zeiten identitätsprägende und fortwirkende Leitbild der berufstätigen Mutter nicht immer problemlos und wunschgemäß umsetzen. Konfrontiert mit einem anders strukturierten Arbeitsmarkt und geringerer staatlicher Unterstützung, was etwa in sinkenden Kinderbetreuungsangeboten zum Ausdruck kam, häuften sich diskontinuierliche Erwerbsverläufe und ein Zurückstellen beruflicher Ambitionen als Folge aufkommender Vereinbarkeitsprobleme.[110] Insgesamt ergab sich ein wesentlich heterogeneres Bild der partnerschaftlich gelebten Erwerbsmuster als in Westdeutschland, wobei bei einer größeren Streuung und einer Häufung von zumindest temporären Mischformen der Erwerbsmodelle die Favorisierung einer beiderseitigen Vollerwerbstätigkeit weiterhin erkennbar bleibt. Eine »Verwestdeutschlandisierung«[111] der ostdeutschen Frau, wie sie Tatjana Thelen

westdeutscher Mütter an Teilzeitanstellungen und geringfügigen Beschäftigungen erklären, weshalb die Unterschiede in den Nichterwerbstätigkeitsraten nicht gravierend ausfielen, obgleich sie dennoch deutlich bestanden.

109 Den Erfahrungen aus der DDR-Zeit entstammend gab es in Ostdeutschland für Frauen im Allgemeinen nicht die Gepflogenheit, über lange Zeit lediglich einem Hausfrauendasein nachzugehen oder in Teilzeit zu arbeiten. Auch eine im Jahr 1994 gestartete staatliche Teilzeitoffensive bewirkte keinen allgemeinen Einstellungswandel bei ostdeutschen Frauen. Aus verschiedenen Befragungen in den 2000ern geht hervor, dass mindestens die Hälfte aller in Teilzeit angestellten Frauen in den neuen Bundesländern aus einem einfachen Grund nicht mehr Stunden arbeiteten: sie hatten keine Vollzeitanstellung gefunden. Dementsprechend arbeiteten viele ostdeutsche Frauen unfreiwillig in Teilzeit. Vgl. Deutscher Bundestag (1995): Materialien zur Einheit, S. 240; Besenthal u. a. (2006): Struktur und Dynamik, S. 84; Statistisches Bundesamt (2006): Leben und Arbeiten, S. 11.

110 Vgl. auch Völker (2004): Hybride Geschlechterpraktiken, S. 72–74; Reichart (2007): Doppelte Transformation, S. 299; Spellerberg (1996): Frauen zwischen Familie, S. 118 f.

111 Thelen / Baerwolf (2008): Traditionalisierung in Flexibilisierung, S. 278.

und Astrid Baerwolf für die ostdeutschen Frauen in Bezug auf das Verhältnis von Berufstätigkeit und Mutterdasein auszumachen meinten, ist zumindest für die beobachteten Jahrgänge nicht zu konstatieren. Vielmehr lässt sich für die betrachteten Kohorten ein ostdeutsches Spezifikum im Verständnis von Berufs- und Privatleben ausmachen, welches stärker an skandinavische Realitäten als an westdeutsche Verhältnisse erinnert.[112] Ungeachtet allen weiblichen Strebens nach Vollzeitberufstätigkeit erhöhte sich indes in den neuen Bundesländern in den zwei Jahrzehnten nach der Wiedervereinigung der Anteil der in Teilzeit beschäftigten Frauen und Mütter. Demzufolge nahmen in jener Zeit pauschal geschlechtsspezifische Differenzen auch für die betrachteten Jahrgänge in Ostdeutschland zu.[113]

Die Zahlen zum Pendelverhalten deuten an, dass weite Arbeitswege in Konstellationen ostdeutscher Familien nach der Wende weniger ausgeprägt waren als in westdeutschen Familien. Entsprechend betraf dies in den neuen Bundesländern in etwa jeden vierten Paarhaushalt mit Kindern.[114] Die für die betrachteten Paare beobachtete niedrigere Pendlerneigung ostdeutscher Familien verleitet zu verschiedenen Annahmen, welche Gründe für geringere Arbeitswegstrecken vorlagen. Es ist vorstellbar, dass eine höhere Eigenheimquote unter Westdeutschen bei diesen im Gesamtschnitt zu weiteren Pendlerentfernungen führte. Denn durch das Wohneigentum dürften sie sich stärker an ihre Wohnstätte gebunden gefühlt haben, sodass im Falle eines Arbeitgeberwechsels nur selten eine Wohnortanpassung erfolgte. Gleichfalls kommt die umgekehrte Logik der Inkaufnahme überproportional weiter Arbeitswege zu Gunsten des Erwerbs eines schön gelegenen Eigenheims in Frage. Zwar lässt sich zweifellos eine höhere Eigenheimquote für westdeutsche Paare konstatieren, allerdings greift diese Argumentation zu kurz.[115] Obgleich Eigenheimbesitzer in der Tat einen durchschnittlich etwas längeren Arbeitsweg besaßen, fielen die Unterschiede nicht

112 Ob die Entwicklung in Ostdeutschland nach der Wende insgesamt als Traditionalisierungstendenz zu interpretieren ist, darüber gibt es in der Forschung unterschiedliche Meinungen. Fakt ist, dass in den 1990ern als auch weiterhin in den 2000ern klare Unterschiede zwischen ostdeutschen und westdeutschen Müttern auszumachen waren, sich die Erwerbsintegration der ostdeutschen Frauen allerdings verschlechterte. Vgl. zu unterschiedlichen Bewertungen ebd., S. 275; Diewald u. a. (1995): Umbrüche und Kontinuitäten, S. 348; Klenner (2009): Wer ernährt Familie, S. 624.

113 Vgl. hierzu auch Geißler (2006): Die Sozialstruktur Deutschlands, S. 325.

114 Aussagen zu den beobachteten ostdeutschen Fällen der Frauenjahrgänge der späten 1960er Jahre zum Mobilitätsverhalten vor der Wende können nicht getroffen werden, da diese in den Daten des Sozio-oekonomischen Panels erst für die Zeit nach der Wiedervereinigung erfasst wurden. Für die Zeit vor der Wende liegen lediglich Angaben zu unmittelbaren berufsbiografischen Statuspassagen vor.

115 Bei einem Alter der Frau von 35 Jahren wohnten die betrachteten Paare in Westdeutschland in sechs aus zehn Fällen in einer eigenen Immobilie – gesetzt der Fall, dass kein Migrationshintergrund vorlag. Bei gleichaltrigen Frauen aus Ostdeutschland oder bei jenen mit Migrationshintergrund war dies bei knapp vier von zehn Paaren der Fall. Ein ähnlicher Abstand ließe sich auch bei anderen Alters- oder Lebensabschnittsvergleichen ziehen.

derart ausgeprägt aus, dass sie die Differenzen zwischen Ost- und Westdeutschen erklärten. Ebenfalls wiesen gesonderte Betrachtungen nach Wohnformen Unterschiede zwischen den beiden deutschen Landesteilen auf. Insofern kommt dem Eigenheim keine ausschlaggebende Bedeutung zu. Vielmehr muss man von einem komplexeren Zusammenhang ausgehen, bei dem siedlungsstrukturspezifischen Aspekten als auch der Lokalisierung der Arbeitgeberniederlassungen eine hohe Relevanz beizumessen ist. Ferner bildet die in der Forschung und ebenso an dieser Stelle verwendete Einstufung als Pendler anhand des Kriteriums eines Arbeitsweges von mehr als 20 Kilometern eine diskutable Hilfskonstruktion. Verschiebt man den Schwellwert auf eine Mindeststrecke von 50 Kilometern, drehen sich die Vorzeichen. Nun wären die ostdeutschen Männer die mobileren. In den Jahren zwischen Mitte der 1990er bis Ende der 2000er legte jeder zehnte bis elfte berufstätige ostdeutsche Familienvater einen einfachen Arbeitsweg von mehr als 50 Kilometern zurück. Dies galt in Westdeutschland nur bei jedem dreizehnten bis vierzehnten Familienvater. Des Weiteren war in Ostdeutschland etwa jeder siebte beschäftigte Vater als sogenannter Varimobiler mit wechselnden Arbeitsorten konfrontiert, was in Westdeutschland lediglich jeden dreizehnten betraf.[116] Insgesamt stieg die durchschnittliche Länge der Wegstrecken in den 1990ern und 2000ern, was in den neuen Bundesländern zu alledem ausgeprägter ausfiel. Die allgemeine Zunahme erscheint unstrittig, das recht niedrige ostdeutsche Ausgangsniveau Anfang der 1990er Jahre mag indes einer datentechnischen Untererfassung geschuldet sein.

Speziell für die Mütter der Jahrgangskohorten 1965 bis 1969 bildete Mobilität in Form langer Arbeitswege eine Ausnahme, zumindest solange kleine Kinder im Haushalt lebten. Berufsbedingte Pendelentfernungen von über 20 Kilometern betraf unterschiedslos in Ost- und Westdeutschland in etwa jede Zehnte der vollzeitberufstätigen Mütter mit Klein- oder Grundschulkindern. Dementsprechend stellten vier Prozent den Maximalwert dar, den jene Mütter in den neuen Bundesländern erzielten. Somit ging jede 25. ostdeutsche Mutter mit Vorschul- oder Grundschulkindern einer Vollzeitberufstätigkeit mit ausgeprägten täglichen Mobilitätsanforderungen nach.

In den analysierten Fällen mobiler vollzeitberufstätiger Frauen mit kleinen Kindern zeigte sich die für die beiden deutschen Landesteile charakteristische Nutzung respektive Problematik der Kinderbetreuung. Die ostdeutschen Frauen und deren Partner, die in den vorliegenden Einzelfällen allesamt ebenso in Vollzeit angestellt waren, profitierten von einer kommunalen Ganztagsbetreuung ihrer Kinder.[117] In den westdeutschen Fällen, in denen die Vollzeitberufstätigkeit

116 Die Daten fußen auf eigene Berechnungen auf Grundlage der Daten des Sozio-oekonomischen Panels. Berücksichtigung fanden erwerbstätige Männer mit minderjährigen Kindern im Haushalt.

117 Vgl. etwa die Frauen im Datensatz des Sozio-oekonomischen Panels mit den Kennungen 5064002, 5107501, 5010201, 5081202. Teilweise wird ebenfalls in den ostdeutschen Fällen explizit eine Unterstützung durch das familiäre Umfeld genannt.

der Mutter eine alltägliche Mobilität einforderte und ihr Partner für gewöhnlich ebenso einer Vollzeitbeschäftigung nachging, fehlte in aller Regel eine Ganztagsbetreuung. Zumeist bestand lediglich eine halbtägige Kindergartenbetreuung. Unter diesen Umständen mussten individuelle Lösungen gefunden werden, die in der Mehrzahl ein Engagement von Verwandten, selten aus dem Freundeskreis einschloss. Der zusätzliche Bedarf verstärkte sich dadurch, dass der arbeitende Partner in der Hälfte der Fälle selbst längere Arbeitswege von mehr als 20 Kilometern zurücklegte, und damit zeitlich gleichfalls entsprechend eingeschränkt war.[118]

Wie stark fallen die Kontraste zu kinderlosen Paaren aus? Lebten die Frauen der Jahrgänge der späten 1960er Jahre mit einem Partner zusammen ohne Kinder zu haben, erwiesen sich die Haushalte in rund zwei Drittel der Fälle als eine Doppelverdienergemeinschaft. Dies galt sowohl für dauerhaft kinderlose Beziehungen als auch für jene, deren Elternschaft zu diesem Zeitpunkt in der Zukunft lag.[119] In jenen Fällen zweier vollerwerbstätiger Lebenspartner differierten auch die Arbeitsweglängen paarintern nicht signifikant. Bemüht man eine mindestens 20 Kilometer lange Pendlerstrecke als Hilfskonstrukt zur Ermittlung gesteigerter täglicher berufsbedingter Mobilitätsanforderungen, sahen sich über die Jahre zwischen jedem dritten und jedem vierten dieser Paare damit konfrontiert.[120] Von jenen täglich als mobil eingestuften Doppelverdienerhaushalten bewältigten zu fast 25 Prozent beide Partner einen längeren Arbeitsweg, zu gut 40 Prozent ausschließlich der Mann und zu 35 Prozent einzig die Frau. Ein Hausfrauendasein der Partnerin kam für kinderlose Paare offensichtlich nicht in Frage.[121] Vergegenwärtigt man sich diese mehrheitlich gelebte berufliche Gleichstellung der Partner, erscheint die Geburt eines Kindes insbesondere in Westdeutschland eine erneute Rollenaufteilung befördert zu haben. Zwar ist die Relevanz des männlichen Alleinernährers nicht vergleichbar mit dessen Bedeutungshöhepunkt in den 1960er Jahren. Es scheint jedoch in abgeschwächter Form normativ weiterhin in den analysierten Paarbeziehungen gewirkt zu haben. Demzufolge war es für Paare der betrachteten Generation in den späten 1980ern bis zu den frühen 2000ern selbstverständlich, dass sich die Frau in den ersten Jahren nach der Geburt eines Kindes der elterlichen Hauptverantwortung stellte und dementsprechend eine berufliche Auszeit nahm. Dies galt sowohl für Ost- als auch für Westdeutschland. Allerdings zeigte sich bei den ostdeutschen

118 Eine Ganztagsbetreuungseinrichtung als Lösung fanden die Paare mit den Haushaltskennungen 87211, 88684 und 93300 sowie temporär gleichfalls jene mit den Nummern 81132 und 96032. Eine halbtägige Betreuungssituation in einer Kindergartenstätte stellte für die Paare mit den Haushaltskennungen 79138, 79537, 81132, 85480, 90328, 96032, 99376 lediglich eine Anfangslösung dar.

119 Die Werte der kinderlosen Paare blieben überdies stabil, wenn auf Altersverzerrungen getestet wurde.

120 Eine ähnliche Größenordnung mobiler Paare machten auch Heiko Rüger und Katharina Becker aus. Vgl. Rüger / Becker (2011): Berufsmobilität Geschlecht, S. 381.

121 Die statistischen Auswertungen wiesen lediglich ein bis zwei Prozent an Hausfrauen aus.

Frauen – wie oben ausgeführt – nicht nur vor der Wende ein größeres Streben nach einer erneuten Vollzeitberufstätigkeit und somit nach einer beruflichen Gleichstellung. Das traf auch für die Zeit nach der Wiedervereinigung zu. Den Alltag der westdeutschen Frauen hingegen prägte nach Familiengründung ein längeres Verweilen in der Elternzeit, gegebenenfalls eine anschließende Teilzeitbeschäftigung. Eine zunächst längere Phase familienbedingter Erwerbslosigkeit nach einer Kindsgeburt schloss für die Mütter quasi automatisch berufsbedingte mobile Lebensweisen aus. Die anzutreffende mobilitätshemmende Wirkung von Kindern stellte indes keine unausweichliche Folge dar, wie sich im Fall von doppelverdienenden Eltern zeigte. Wie bei den kinderlosen Paaren zeichneten sich bei diesen keine grundsätzlichen Unterschiede in den Arbeitsweglängen ab.[122]

5. Arbeitsteilung im Falle eines beruflich mobilen Elternteils

Neben den Erwerbsmodellen stellt der Beitrag zur Hausarbeit ein Maß dafür dar, welche Rollenwirklichkeit Paare lebten. Betrachtet man die Frauenjahrgänge der späten 1960er Jahre, pflegten ganz allgemein rund zwei Drittel aller kinderlosen Paare eine in etwa ausgeglichene häusliche Aufgabenteilung, bei einem Drittel zeigte sich tendenziell eine frauenlastige Übernahme häuslicher Pflichten. Lebten Kinder im Haushalt, verschoben sich die Anteile deutlich. Den Frauen kam dann in mehr als 80 Prozent der Fälle die Hauptarbeit zu. Diese unterschiedliche Beteiligung im Haushalt lässt sich im Allgemeinen mit der ungleichen zeitlichen Belastung durch das Berufsleben begründen. Interessant ist es indes zu beleuchten, inwieweit spezifische Mobilitätsanforderungen als auch starke berufliche Beanspruchungen der Frauen sich auf die Verteilung der Hausarbeit auswirkten und inwieweit ein traditionelles Rollenverständnis von Haushaltstätigkeiten als Zuständigkeitsbereich der Frau in betreffenden Fällen zum Tragen kam oder schwand.

Um die Bedeutung dieses Falls einzuschätzen, soll quantifiziert werden, in welchem Ausmaß Mütter Erfahrungen als in Vollzeit arbeitende Pendlerinnen machten. Pauschal gab es selten in Vollzeit arbeitende Mütter mit erhöhten beruflichen Mobilitätsanforderungen, etwa in Form von langen Arbeitswegen von über 20 Kilometern oder wechselnden Arbeitsorten. Für die Generation der 1965 bis 1969 geborenen betraf dies in Westdeutschland nach querschnittlicher Berechnung drei bis vier Prozent und in Ostdeutschland zehn bis zwölf Prozent.

122 Aber es ist nachdrücklich darauf hinzuweisen, dass auch die Frauen, die wieder in Teilzeitanstellungen arbeiteten, kein sonderlich unterdurchschnittlicher Pendleranteil kennzeichnete. Sie waren zumindest ebenso bei mittleren Distanzen repräsentativ vertreten.

Die alleinige Betrachtung dieser Momentaufnahme führt allerdings dazu, das eigentliche Ausmaß berufsbedingt mobiler Mütter beträchtlich zu unterschätzen. Nach einer längsschnittlichen Beurteilung waren sieben bis acht Prozent der Mütter genannter Jahrgänge in den alten Bundesländern phasenweise als mobile Vollzeitberufstätige einzustufen. Die Hochrechnung für die neuen Bundesländer quantifiziert eine Größenordnung von etwas mehr als jeder Fünften.

Gingen Frauen einer Vollzeitbeschäftigung nach, für die mehr tatsächliche Arbeitsstunden anfielen als bei ihrem Partner und die zudem das Zurücklegen längerer Arbeitswege von über 20 Kilometern erforderte, brachten sich beide Partner an Werktagen im Allgemeinen in gleichem zeitlichen Umfang in die Hausarbeit ein. Ein abweichender Zeitaufwand für die Hausarbeit von mehr als zwei Stunden gegenüber dem Partner lag bei Männern wie Frauen in rund zehn Prozent der Fälle vor. Im Falle einer Elternschaft der Paare streuten die Werte etwas stärker, wobei ebenso unter dieser Voraussetzung im Gros eine Gleichverteilung vorlag. Bei der Kinderbetreuung fiel hingegen insgesamt ein männliches Übergewicht auf. So investierte die Hälfte der Eltern gleiche Zeitanteile in die Kinderbetreuung, in einem Drittel der Fälle sorgte der Mann sich zeitlich stärker um den Nachwuchs.[123] An dieser Stelle wäre es vorschnell, bei jenen Paaren ein grundsätzlich egalitäres Verständnis abzuleiten. Denn auffällig ist, dass Männer einzig bei nicht bestehender Vollzeittätigkeit – und selbst dann lediglich gegebenenfalls – ein überproportionales Engagement zeigten. Die Fälle, in denen Männer mehr Hausarbeit leisteten, erwiesen sich zumeist als temporäre Zustände, die vornehmlich an Arbeitslosigkeitsphasen gekoppelt waren. Vor der Arbeitslosigkeit oder bei Rückkehr in eine Vollzeitberufstätigkeit der Männer stellte sich – wie nicht minder bei durchgehend vollzeitbeschäftigten Männern – bei betreffenden Paaren eine gleich verteilte oder von der Frau tendenziell stärker getragene Hausarbeitsaufteilung heraus. Da in den ausgewählten Fällen nur die Frau längere Arbeitswege zurücklegte und die Frau zudem im Beruf mehr Arbeitsstunden erbrachte, entsprach eine zumeist egalitäre Aufgabenteilung im Haushalt keiner gleichen zeitlichen Belastung durch Beruf und Haushalt.[124] Lag hingegen keine zeitlich größere Berufsbeanspruchung der Frau vor, sondern bewegten sich diese bei den Partnern auf ähnlichem Niveau, änderte ein ausschließlich der Frau abverlangter langer Arbeitsweg nichts daran, dass sie in der Mehrheit der Fälle deutlich mehr Hausarbeit übernahm.[125]

123 Dies galt zumindest für die Arbeitstage. An Wochenenden unterschied sich die mit den Kindern verbrachte Zeit nicht.

124 Nach einer dezidierten Aufschlüsselung nach verschiedenen Erwerbskonstellationen der Partner in Ost- und Westdeutschland für das Jahr 2001 kamen Nick Kratzer und seine Forscherkollegen zu dem Schluss, dass Frauen in Familienhaushalten in allen Arrangements stets mehrheitlich die größte zeitliche Belastung in der Summe häuslicher und außerhäuslicher Arbeit trugen. Vgl. Kratzer u. a. (2005): Zeitmuster, S. 397 f.

125 In einem guten Drittel der Fälle war die Hausarbeitszeit etwa gleich verteilt. Bei einem knappen Drittel erledigte die Frau etwas, beim verbleibenden Drittel deutlich mehr Hausarbeit.

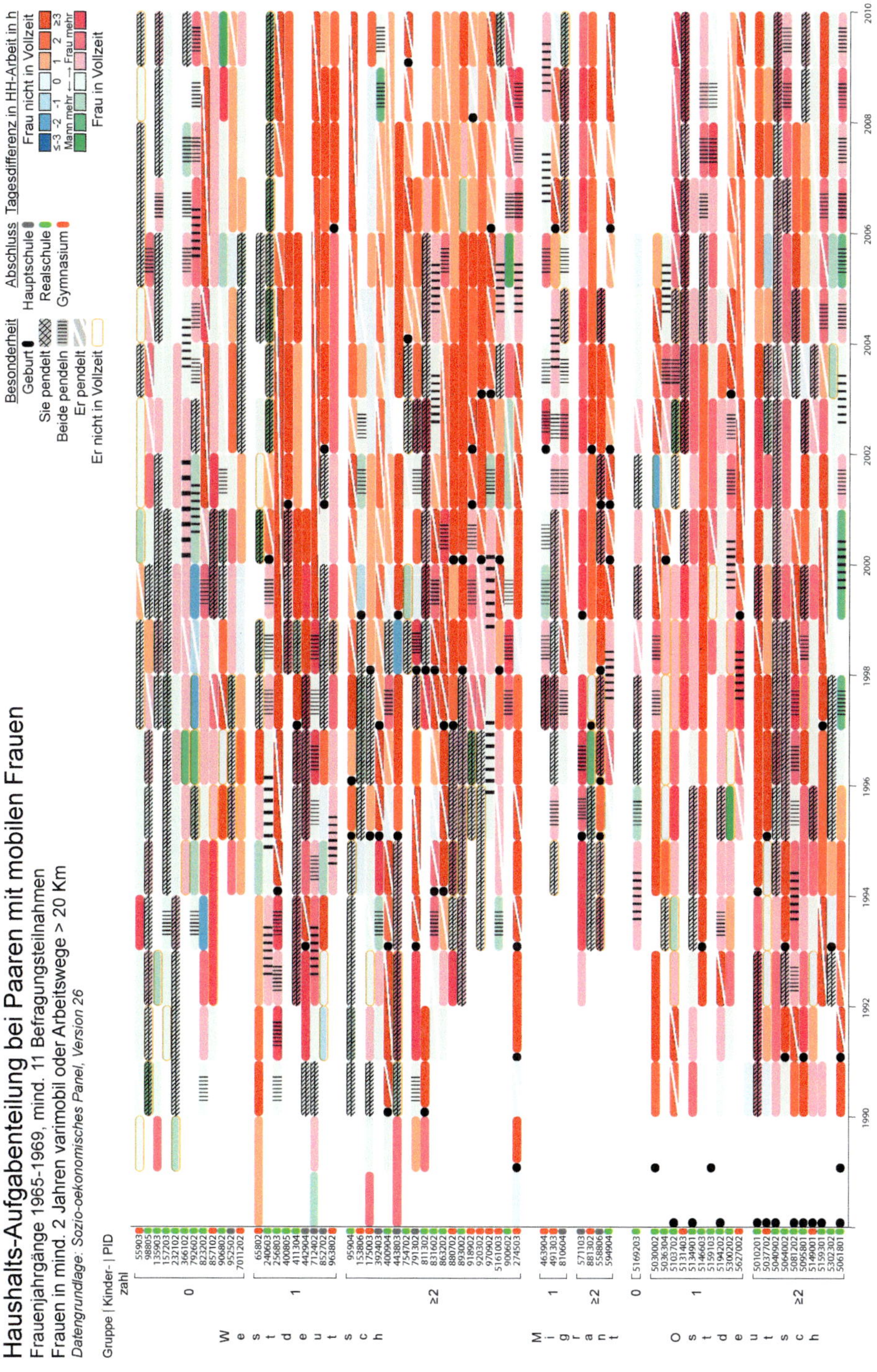

Abb. 23: Aufgabenteilung im Falle berufsmobiler Frauen

Alle Geburten von ostdeutschen Frauen vor dem Jahr 1988 wurden ebenso an der Stelle des Jahres 1988 gekennzeichnet. Ferner ist anzumerken, dass sich bei der Betrachtung der Grafik ein Paar mit Einzelkind, welches mit der Nummer 240603 indexiert ist, deutlich von den anderen abhebt. Dieser Fall wurde bereits auf den Seiten 230 bis 232 eingehender vorgestellt.

In Abbildung 23 wird deutlich, dass besonders Frauen aus den alten Bundesländern im frühen Erwachsenenalter mobile Berufsphasen mit einer tendenziell ausgeglicheneren paarinternen Hausarbeitsteilung dokumentierten. Mit der Geburt von Kindern stellte eine Vollzeitbeschäftigung und noch viel weniger eine zusätzliche berufsbedingte Mobilitätsanforderung eine Option dar. Kinder bewirkten im Allgemeinen einen Traditionalisierungseffekt, der sich ebenfalls in der häuslichen Aufgabenteilung widerspiegelt. Nur unter den Kinderlosen finden sich in signifikantem Ausmaß westdeutsche Frauen, die mit Anfang vierzig nach wie vor beruflich mobil eingebunden waren und eine tendenziell egalitäre Haushaltsführung praktizierten. Bei den ostdeutschen Frauen finden sich mit Anfang vierzig – entsprechend der größeren Neigung, einer Vollzeitbeschäftigung nachzugehen – höhere Anteile berufsbedingt Mobiler, und dies galt gleichfalls für die Teilgruppe der ostdeutschen Mütter. Eine geringere Differenz im paarinternen Zeitengagement ging bei jenen allerdings nicht auf eine ausgedehntere Beteiligung des Mannes zurück. Die Zeitreduktion bei den mobilen, vollzeitbeschäftigten ostdeutschen Frauen glichen deren Partner nicht aus.[126] Ob jene Paare somit eine externe Haushaltshilfe in Anspruch nahmen, oder schlicht bemüht waren, sich in den Haushaltstätigkeiten auf das Wesentliche zu beschränken und die damit verbundene Zeit effizienter zu nutzen, ist nicht bekannt. Festgehalten werden kann indes, dass ein ausgeglichenerer Zeitaufwand für Haushaltstätigkeiten nicht durch ein Entgegenkommen des Mannes zustande kam.[127]

Es ist zu unterstreichen, dass sich in der Konstellation zweier vollzeitbeschäftigter Partner im Falle mobiler Frauen teilweise und im Falle mobiler Männer häufig eine geschlechtsspezifische Aufteilung der häuslichen Arbeit zeigte. War

126 Die Vereinbarkeitsschwierigkeiten einer Vollzeitbeschäftigung mit dem Großziehen eigener Kinder nahmen für ostdeutsche Frauen nach der Wende an Intensität deutlich zu. Entsprechend erfuhr die in Deutschland geführte Debatte zu Vereinbarkeitsfragen nach der Wiedervereinigung eine Zuspitzung. Vgl. Schreier (1996): Erwerbssituation von Müttern, S. 154. Es darf aber nicht übersehen werden, dass das Frauenleitbild in der früheren DDR durchaus ambivalent war. Parallel zum egalitär anmutenden und im Jahr 1950 beschlossenen Recht der Frau auf Arbeit und einer damit erklärten Geschlechtergleichheit dominierte eine patriarchalische Arbeitsteilung, welche im Allgemeinen der Frau unhinterfragt die Hauptzuständigkeit im Haushalt und in der Sorgearbeit für die Kinder zuordnete. Auch in der DDR-Politik wurden Vereinbarkeitsfragen als Frauenangelegenheit angesehen. Ein bedeutender Unterschied bestand allerdings darin, dass geschlechtsspezifische Ungleichheiten in der DDR-Zeit durch stärkere staatliche Unterstützung insbesondere in Form von staatlicher Ganztagskinderbetreuung besser kaschiert und wenig thematisiert wurden.

127 Die Anstellung von externem Reinigungspersonal im Haushalt war allerdings stärker in Westdeutschland üblich und finanziell leistbar. Vgl. Cooke (2007): Persistent Policy Effects, S. 944 f. In Fällen, in denen Externe Haushaltstätigkeiten als Dienstleistung erbringen, sieht der Soziologe Günter Burkart die Frage nach Geschlechterungleichheit als nicht mehr entscheidend an. Stattdessen verschiebe sich bei diesen die Ungleichheit hin zu einer sozialstrukturellen Polarisierung. Vgl. Burkart (2007): Zukünfte des Geschlechterverhältnisses, S. 403 f.

speziell der Mann durch zeitintensive Mobilität beansprucht, verstärkte dies tendenziell eine weitergehende ungleiche Verteilung der Hausarbeit – zusätzlich zum Effekt männlicher Vollerwerbstätigkeit.[128] In dieser Situation übernahm die Frau in zwei Drittel der Fälle mehr Verantwortung in der Hausarbeit. Arbeitete der Mann im Beruf deutlich mehr Überstunden als sie, erhöhte sich der Wert auf 80 Prozent. Nur in einzig einem der über 200 Fälle übernahm der Mann auch im Haushalt die meiste Arbeit (siehe Abb. 24).[129]

War eine Frau indes vollzeitberufstätig und mit langen Arbeitswegen konfrontiert, verhalf ihr das in der Summe zumeist nicht zu einer dem mobilen Mann vergleichbaren begünstigenden Position, weniger Hausarbeit verrichten zu müssen.[130] Vielmehr hatten auch dann überkommene Zuschreibungen und vermeintliche Selbstverständlichkeiten mehrheitlich Bestand. Frauen übernahmen somit im Allgemeinen wenig beeinflusst von äußeren Umständen den Hauptteil der Hausarbeit. Damit griff oftmals selbst bei beruflich ähnlich gestellten Partnern der analysierten Jahrgänge ein althergebrachtes Rollenverständnis.

Eine ungleiche häusliche Aufgabenverteilung stellte nicht nur in den 1980er Jahren trotz steigender weiblicher Berufspartizipation eine allgemeine Gepflogenheit dar.[131] Ebenfalls änderte sich in den zwei folgenden Jahrzehnten am Umstand einer mehrheitlich geschlechtsspezifischen Ungleichheit wenig, obgleich tendenziell eine leichte und insbesondere generationenbedingte Annäherung der Geschlechter bezüglich der Hausarbeitsaufteilung zu konstatieren ist.[132]

128 Infolge berufsbedingter Mobilität zeichnete sich bei vollerwerbstätigen Männern eine leichte zusätzliche Traditionalisierungstendenz ab. Auch im Umkehrfall verharrte die Zuständigkeit für Haushalt und Kinder trotz weiblicher Mobilität überwiegend bei den Frauen. Bestenfalls war eine schwache Entwicklung zu einer egalitäreren Aufteilung zu beobachten. Die bei Norbert Schneider, Ruth Limmer und Kerstin Ruckdeschel formulierte Diagnose einer ausgesprochen egalisierenden Wirkung weiblicher Mobilität erscheint relativierungsbedürftig. Vgl. Schneider / Limmer / Ruckdeschel (2002): Mobil flexibel gebunden, S. 153. Der Traditionalisierungseffekt im Zusammenhang mit Berufsmobilität bildete zweifelsfrei kein deutsches Spezifikum. Vgl. Manderscheid (2013): Mobilität als Aushandlung, S. 63; Becerril (2003): Cuando el Trabajo, S. 192; Hofmeister / Hünefeld / Proch (2010): Job-Related Spatial Mobility, S. 324.

129 Auch im Falle einer regelmäßigen Mobilität des Mannes waren hingegen vollzeitbeschäftigte Paare ohne Kinder deutlich egalitärer. Die Hälfte zollte dem Haushalt dieselbe tägliche Aufmerksamkeit. Ein Drittel der Frauen verbrachten täglich eine Stunde mehr mit Haushaltstätigkeiten. Bei einem Sechstel fielen die Unterschiede mit mindestens zwei Stunden Mehrarbeit im Haushalt sehr deutlich aus.

130 Hatten beide vollzeitberufstätigen Partner lange Arbeitswege zu bewältigen, zeigte sich im Grunde unterschiedslos dieselbe Tendenz wie im Falle des Mannes als alleinigen Mobilen.

131 Dies war bereits in den 1980ern selbst Gegenstand von Untersuchungen. Vgl. Lempp (1986): Familie im Umbruch, S. 69; Institut für Demoskopie Allensbach (1985): Situation der Frau, S. 3.

132 In diesem Zusammenhang machten Annelene Wengler und ihre Forscherkollegen auf Zeitbudgetstudien aufmerksam. Vgl. Wengler / Trappe / Schmitt (2009): Alles wie gehabt, S. 61. Siehe auch Klaus / Steinbach (2002): Determinanten innerfamilialer Arbeitsteilung, S. 21.

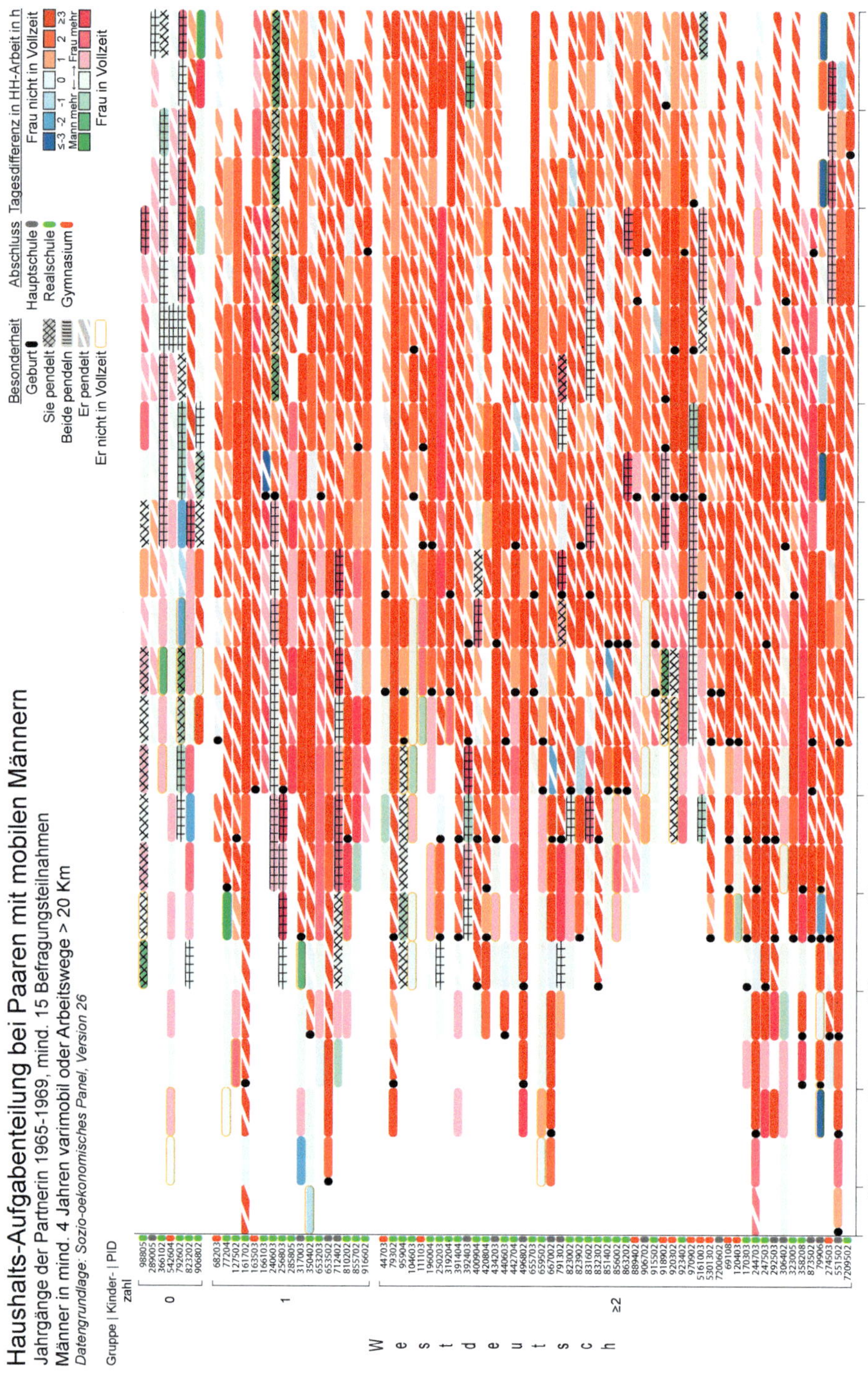

Haushalts-Aufgabenteilung bei Paaren mit mobilen Männern
Jahrgänge der Partnerin 1965-1969, mind. 15 Befragungsteilnahmen
Männer in mind. 4 Jahren varimobil oder Arbeitswege > 20 Km
Datengrundlage: Sozio-oekonomisches Panel, Version 26

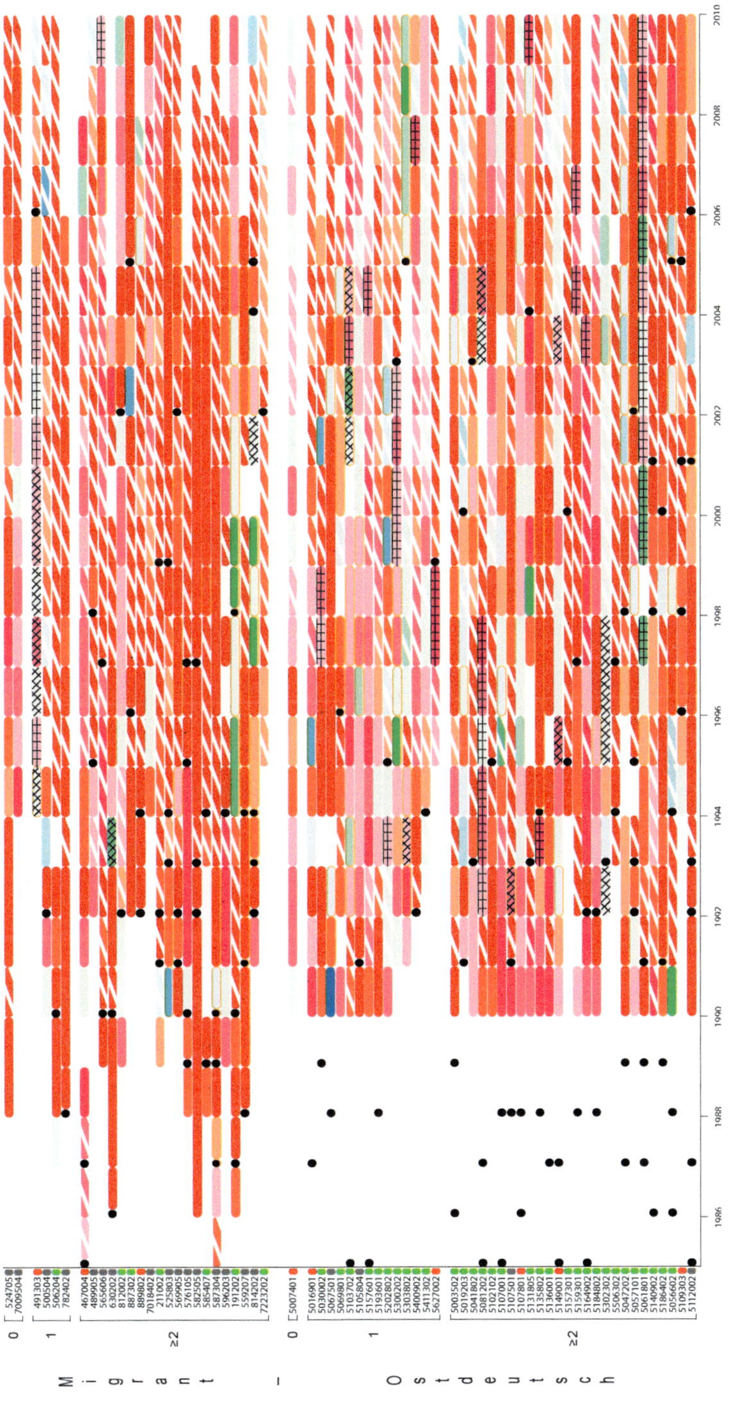

Abb. 24: Aufgabenteilung im Falle berufsmobiler Männer

Hinsichtlich einer weit verbreiteten geschlechtsungleichen Aufteilung der Haushaltsarbeit erwiesen sich normativ vertretene Werte zu Lebenseinstellungen tendenziell egalitärer als sich die gelebte Praxis bei den Paaren der betrachteten Frauenjahrgänge darbot. Auch Paare, die nach ihrem Selbstverständnis egalitär ausgerichtet waren, reproduzierten überkommene Handlungsmuster. Die Diskrepanz zwischen dem Anspruch beziehungsweise der Intention und einer Verwirklichung einer geschlechtergleichen Hausarbeitsaufteilung betonten gleichfalls verschiedene vornehmlich soziologische Studien.[133]

Die aufgezeigten Konstellationen und die in diesen gelebten Haushaltsaufgabenverteilungen machen deutlich, welch Schwierigkeiten und wirklichkeitsbezogene Begrenztheit ökonomische Erklärungsmuster bergen, die sich auf den Grundgedanken des rationalen Handelns berufen. Denn nach einer Kosten-Nutzen-Logik zur Maximierung des familiären Gesamtinteresses ließe sich die geschlechtsspezifische Spezialisierung im Falle der männlichen Mobilität begründen. Das theoretische Konstrukt versagt allerdings im Falle der weiblichen Mobilität, wenn eine tendenziell weibliche Übervorteilung zu beobachten ist.[134] Dem Verständnis dienlicher sind Ansätze wie das Konzept des Habitus nach Pierre Bourdieu. Der französische Sozialphilosoph begründete den geschlechtsspezifischen Antagonismus mit der »vergeschlechtlichten und vergeschlechtlichenden«[135] Eigenart des Habitus. Dabei basiert die besondere Wirkmächtigkeit des Habitus auf seinem latenten Charakter eines kollektiven Unbewussten.[136] Hiermit lässt sich das überproportional weibliche Engagement im Haushalt und damit das tendenzielle Verharren in traditionellen Rollen selbst bei größerer außerhäuslicher Zeitbelastung dadurch deuten, dass sozialen Normen wie den Rollenvorstellungen starke Beharrungskräfte anhaften, die sich selbst bei veränderten Rahmenbedingungen allenfalls langsam wandeln. Salopp könnte man von der Macht der Gewohnheit und einer damit korrespondierenden Trägheitswirkung sprechen. Eine Nivellierung von Geschlechterdifferenzen ist somit bestenfalls als behäbiger, langwieriger Prozess zu begreifen. Eingedenk der habituellen Logik stellt die beharrliche Relevanz geschlechtsspezifischer Un-

133 Vgl. Meuser (2000): Entgrenzte Geschlechterverhältnisse, S. 232; Glatzer u. a. (1992): Recent Social Trends, S. 104 f., 110 f.; Levy / Ernst (2002): Lebenslauf und Regulation, S. 104; Röhler (2009): Zukunft der Hausarbeit, S. 187. Ein entsprechender Zusammenhang deutete sich ebenfalls in den Befragungsdaten des Sozio-oekonomischen Panels an.

134 Vgl. zur Fragwürdigkeit ökonomischer Modelle zur Begründung der häuslichen Arbeitsteilung Schulz / Blossfeld (2006): Häusliche Arbeitsteilung, S. 23–29, 46; Klaus / Steinbach (2002): Determinanten innerfamilialer Arbeitsteilung, S. 39–41; Grunow / Schulz / Blossfeld (2007): Was erklärt Traditionalisierungsprozesse, S. 177 f.; Cooke (2007): Persistent Policy Effects, S. 936.

135 Bourdieu (1997): Die männliche Herrschaft, S. 167. Siehe auch die Ausführungen in Bourdieus Veröffentlichung auf den Seiten 171 und 210–212.

136 Im Habitus hat sich der Einzelne die sozialen Normen seines Sozialisationsumfeldes zu eigen gemacht und agiert demgemäß. Entsprechend rücken lediglich gewisse Handlungsmöglichkeiten ins Blickfeld oder erscheinen als adäquat.

gleichheiten eine nur scheinbare Inkonsistenz dar, angesichts der Fortschritte, die in der Bundesrepublik etwa in puncto rechtlicher Geschlechtergleichheit in der jüngeren Vergangenheit erzielt wurden.[137] Die im Deutschland der letzten Jahrzehnte zu beobachtenden gegenläufigen Entwicklungen lassen sich vielleicht am treffendsten mit einer paradoxen Formulierung umschreiben: »Verharrender Wandel«[138].

6. Vereinbarkeitsfragen

Die Vereinbarkeit von Familie und Beruf galt bereits in den 1980ern als ein zentrales Problem des weiblichen Lebensweges, wie exemplarisch der Buchtitel einer sozialpsychologischen Studie treffend umriss: »Eines ist zuwenig – beides ist zuviel«[139]. In den beiden Folgejahrzehnten erschwerte sich eine Harmonisierung beider Lebensbereiche für Frauen zusätzlich durch gestiegene mobile und flexible Postulate des Arbeitsmarktes.

Den entscheidenden Kardinalpunkt im Werdegang stellte der Übergang zur Elternschaft dar, womit bei den Frauen zugleich ein Bruch im Mobilitätsverhalten einherging. Bei jungen, kinderlosen Paaren wiesen Männer und Frauen vergleichbare Berufsbiografien auf. Dies galt für die betrachteten Paare der späten 1960er Frauenjahrgänge weitestgehend auch für das Ausmaß berufsbedingter

137 Es ist zu vergegenwärtigen, dass die bundesrepublikanische Gesetzgebung eine Geschlechterungleichheit im Haushalt lange Zeit explizit verankerte. Bis in die 1970er schrieb das Bürgerliche Gesetzbuch ein Weisungsrecht des Mannes gegenüber der Frau und die Hauptverantwortung der Frau für die Erledigung der Hausarbeit gesetzlich fest. Diese Novelle erfuhr erst im Jahr 1977 eine Überarbeitung. Vgl. Ohne Verfasserangabe (1952): Bürgerliches Gesetzbuch, S. 334 f.; Beck (1986): Risikogesellschaft, S. 165. In einer Veröffentlichung im Auftrag des baden-württembergischen Ministeriums für Arbeit, Gesundheit, Familie und Sozialordnung aus dem Jahr 1985 hieß es, dass die gesellschaftliche Wirklichkeit die umgesetzte rechtliche Gleichstellung bislang nicht widerspiegle. Eine normative Weichenstellung konnte somit bestenfalls als erster Schritt gelten. Vgl. Institut für Demoskopie Allensbach (1985): Situation der Frau, S. 1. Die Verfasser des siebten Familienberichts der Bundesregierung aus dem Jahr 2006 zogen ein ähnliches Fazit, dass die geschlechtsspezifischen Zuschreibungen in der Lebenswirklichkeit weiterhin Bestand hatten, sich teilweise sogar weiter verstärkten. Vgl. Bundesministerium für Familie, Senioren, Frauen und Jugend (2006): Familie zwischen Flexibilität, S. 221.

138 Oppen / Simon (2004): Verharrender Wandel.

139 Becker-Schmidt / Knapp / Schmidt (1985): Eines ist zuwenig. Im Konkreten befragten Regina Becker-Schmidt und ihre Forscherkolleginnen in der Untersuchung Frauen aus dem Arbeitermilieu nach ihren Erfahrungen mit ihrer Doppelrolle als Fabrikarbeiterinnen und Familienmütter. Siehe beispielhaft als weitere Untersuchungen zu Vereinbarkeitsfragen in den 1980ern Krüger u. a. (1987): Privatsache Kind; Loeber-Pautsch / Langguth (1985): Eines zu wenig.

Mobilität.[140] Die Geburt eines beziehungsweise des ersten Kindes fungierte in vielen Fällen allerdings als Auslöser, konservative Rollenmuster aufzugreifen und das paarinterne Lebensarrangement entsprechend neu zu organisieren. Für die Mütter der Jahrgänge der späten 1960er Jahre bestanden geschlechtsspezifische Rollenzuschreibungen von den 1980ern bis in die 2000er maßgeblich fort.[141] Entsprechend zeichnete sich bei diesen Frauen ein deutlich negativer Familieneffekt auf die Arbeitsmarktintegration ab.[142] Frauen mit niedrigem und mittlerem Bildungsniveau tendierten stärker dazu, die Familie von früh an zu priorisieren. Bei den westdeutschen Akademikerinnen zeigte sich ein stärker polarisierendes Bild, einen karriereorientierten und damit oftmals kinderlosen Weg oder einen familienorientierten Weg einzuschlagen. Bei letzteren fand eine Bevorzugung der Berufslaufbahn oftmals nur anfänglich und damit temporär statt.[143] Mit entsprechender Aufschubwirkung realisierten sich bei jenen Akademikerinnen die Kinderwünsche im Wesentlichen in ihrem vierten Lebensjahrzehnt.[144]

Eine im Zuge der Familiengründung einsetzende Traditionalisierungsdynamik bezeugte bei den beobachteten Frauen eine lang anhaltende Wirkung. Bezogen auf den Arbeitsmarkt gestaltete sich diese nicht mehr derart radikal, wie in früheren Jahrzehnten des 20. Jahrhunderts, als eine Mutterschaft oftmals ein

140 Laut einer Untersuchung von Norbert Schneider waren junge Frauen ohne Kinder in den 2000ern sogar mobiler als ihre männlichen Pendants. Sie wiesen eine höhere Umzugs- und Pendlerquote auf. Dies galt nicht mehr, wenn sie Kinder hatten. Da erreichten sie nicht einmal ein Viertel der väterlichen Mobilitätswerte. Vgl. Schneider (2009): Vielfalt der Familie, S. 47.

141 Die beobachteten Verschiebungen in den geschlechtsspezifischen Rollenbildern in den 1980ern bis 2000ern galten in der Praxis quantitativ gesehen demnach nicht, wenn es zu einer Elternschaft kam. In jenem Fall zeigte sich vielmehr die Beharrungskraft überkommener Rollenvorstellungen. Zudem muss sich ein Einstellungswandel nicht in den Praktiken widerspiegeln. Der Historiker Paul Nolte erklärte sich die Divergenz in formulierter Grundeinstellung und abweichender gelebter Praxis darin, dass dies ein Reflex auf erhöhte »Flexibilitätsimperative« darstelle. Hierunter dürfte er ebenso die Zunahme von Mobilitätsanforderungen gefasst haben. Vgl. Nolte (2007): Familie in Deutschland, S. 51.

142 Dies hoben ebenfalls verschiedene Forschungsarbeiten wiederholt hervor. Vgl. Rüger / Becker (2011): Berufsmobilität Geschlecht, S. 373 f.; Mühling u. a. (2006): Kontinuität trotz Wandel, S. 135; Beck-Gernsheim (1994): Mobilitätsleistungen und Mobilitätsbarrieren, S. 713; Bathmann / Cornelißen / Müller (2013): Gemeinsam zum Erfolg, S. 130 f.

143 Norbert Schneider und seine Forscherkollegen sahen für viele ehemals berufsbedingt mobile Akademikerinnen die Erfahrung einer ersten beruflichen Etablierung als Grundvoraussetzung für eine Offenheit zur Elternschaft. Vgl. Schneider / Limmer / Ruckdeschel (2002): Berufsmobilität und Lebensform, S. 260.

144 Dies kennzeichnet einen zentralen Umbruch. Während in jüngerer Vergangenheit vor allem ehedem nicht-bürgerliche Frauen das bürgerliche Familienideal lebten, wandten sich Frauen aus ehemals bürgerlichen Kreisen dauerhaft oder zeitweise von dem bürgerlichen Familienmodell ab.

grundsätzliches Ende einer beruflichen Beteiligung bedeutete.[145] Westdeutsche Mütter, die in der zweiten Hälfte der 1960er Jahre geboren worden waren, kehrten im Vergleich zu vorangegangenen Frauenjahrgängen nach mehreren Jahren Elternzeit häufiger und tendenziell früher ins Berufsleben zurück.[146] Jene Frauen favorisierten und realisierten dies zumeist in Form einer Teilzeitanstellung, womit ein Wandel vom mehrheitlich gelebten alleinig männlichen Ernährermodell zum – weiterhin durch die männliche Vollzeitberufstätigkeit geprägten – Zuverdienermodell verbunden war.[147] Die Bedeutungszunahme von weiblichen Teilzeitbeschäftigungen zeigt, wie Frauen im Rahmen des wahrgenommen Möglichen versuchten, ein biografisches Nebeneinander von Beruf und Familie in Ansätzen zu realisieren. Bei allen im Einzelnen sehr verschiedenen Lebensverläufen ist in abstrahierender Perspektive bei westdeutschen Müttern durch die zunehmende Teilzeitdominanz zwischen den 1970er und 2000er Jahren eine nivellierende Tendenz auszumachen. Zwar nahm der Anteil erwerbstätiger westdeutscher Frauen mit minderjährigen Kindern in den letzten drei Jahrzehnten des 20. Jahrhunderts deutlich zu, bei Kindern im Vorschulalter um knapp sechs Prozent, bei Kindern zwischen sechs und vierzehn Jahren um knapp 23 Prozent. Der zweistellige Wert verdeutlicht, dass ein zunehmender Anteil von Müttern grundsätzlich und schneller wieder ins Arbeitsleben zurückkehrte. Der enorme

145 In der frühen Weimarer Republik war es gesetzlich sogar geregelt, dass ein Beamtenverhältnis einer Frau automatisch mit einer Eheschließung endete. Dieser Paragraph wurde im Jahr 1923 zwar aufgehoben, verlor seine Wirkmächtigkeit in der Praxis damit aber nicht unmittelbar. Vgl. Bien / Bayer (1996): Quo vadis familia, S. 11 f. Pauschal verbindet man insbesondere die Nachkriegsjahrzehnte der 1950er und 1960er Jahre mit einem Hausfrauendasein von Müttern. Doch selbst in den Hochzeiten der Hausfrauenehe in den Nachkriegsjahrzehnten arbeitete stets ein erheblicher Anteil an Müttern, wenngleich bei vielen die Kinder dann bereits dem Kleinkindalter deutlich entwachsen waren. Der Gesamtanteil erwerbstätiger Frauen mit Minderjährigen im Haushalt belief sich in der bundesrepublikanischen Geschichte stets auf mehr als 30 Prozent. Vgl. Bertram (2007): Krise der Familie, S. 18. Speziell für den Zeitraum der 1980er bis 2000er spiegeln die Zahlen – berechnet auf Grundlage der Daten des Sozio-oekonomischen Panels – einen ausgeprägten Umbruch wider. Ausgehend von berufstätigen Männern als Partner fiel die Rate der Hausfrauen kontinuierlich stark von Mitte der 1980er bis zum Ende der 2000er von über 40 auf 14 Prozent. Auch wenn dies nur einen zeitlichen Ausschnitt darstellt, deuten die angeführten Zahlen die große Tragweite eines damit gestriffenen sozialen Wandels an.

146 Eine tendenziell frühere Rückkehr in die Berufstätigkeit erfolgte insbesondere bei Frauen mit hoher Bildung und vormals hohen Gehaltsstufen. Vgl. Frodermann / Müller / Abraham (2013): Determinanten des Wiedereinstiegs, S. 648. Publizistische Artikel hatten überraschend selten Fragen der Berufsrückkehr von Müttern nach deren Elternzeit zum Gegenstand.

147 Die lange Wirkung eines Traditionalisierungseffekts in Form eines nun modifizierten Haupternährermodells wurde wiederholt konstatiert. Vgl. etwa Huinink / Reichart (2008): Weg in Arbeitsteilung, S. 75; Levy / Ernst (2002): Lebenslauf und Regulation, S. 116 f., 125 f.; Lenz (2009): Soziologie der Zweierbeziehung, S. 115; Dierks (2005): Karriere Kinder Küche, S. 239.

Anstieg der Teilzeittätigkeiten erfolgte indes nicht nur zu Lasten eines Hausfrauendaseins, sondern zugleich als Alternative zur Vollzeitberufstätigkeit. Dementsprechend nahm der Anteil vollzeitberufstätiger Mütter in den drei Jahrzehnten als Gegenentwicklung ab; bei den Müttern mit Kindern unter sechs Jahren um deutliche acht Prozent, bei Kindern zwischen sechs und vierzehn Jahren um gut fünf Prozent. Als Ergebnis von insgesamt mehr aber tendenziell kürzer arbeitenden Müttern änderte sich das gesamte von westdeutschen Müttern erbrachte Arbeitszeitvolumen in den letzten drei Jahrzehnten des 20. Jahrhunderts nicht.[148]

Den geringen Stundenumfang einer Teilzeitbeschäftigung werten Forschungsmeinungen zumeist ambivalent. Durch die berufliche Partizipation erreichte die Frau eine größere gesellschaftliche Teilhabe und war nicht allein auf die Mutterrolle beschränkt. Zugleich dürften sich durch Teilzeitanstellungen nur selten weitergehende Berufschancen eröffnet haben, da in der Berufswelt im Allgemeinen einzig Vollzeitbeschäftigte als potenziell förderungswürdig galten und somit lediglich Letzteren als zeitlich Flexibleren vermehrt Aufstiegschancen offen standen.[149] Insofern ist der berufliche Wiedereinstieg als Teilzeitarbeitskraft bestenfalls als Kompromisslösung einzustufen, bei Verzicht auf weitergehende Karriereambitionen.

Fälle wie jener der Philologin und Kulturanthropologin Aleida Assmann, die nach der Geburt von fünf Kindern und einer zwölfjährigen beruflichen Pause einen Ruf für eine Professur erhielt, ist besonderen Begleitumständen und ausnehmendem Engagement geschuldet. Es stellte alles andere als die Regel dar.[150] Im Durchschnittsfall bestand bei einem Wiedereinstieg in eine Berufstätigkeit nach einer mehrjährigen Auszeit keine Aussicht auf Karrieresprünge. Gleichwohl verdeutlicht selbst der Fall von Aleida Assmann, dass eine Gleichzeitigkeit der Sorgearbeit für Kleinkinder und des Verfolgens der beruflichen Laufbahn selten kompatibel war. Dies bedeutet nicht, dass elterliche Pflichten grundsätzlich als Aufgabe der Mutter determiniert waren und sind. Wie die Erziehungsberechtigten die zeitliche Verantwortung untereinander aufteilen, ist

148 Selbiges traf ebenso für den allgemeineren Fall aller westdeutschen Frauen zu. Vgl. Engstler / Menning (2003): Familie im Spiegel, S. 112; Bertram u. a. (2012): Familienpolitik für Kinder, S. 223; Kreyenfeld / Geisler (2006): Müttererwerbstätigkeit, S. 353. Die angesprochenen Veränderungen der Arbeitszeiten stehen im Zusammenhang mit einem strukturellen Wandel der Wirtschaft. So verschwanden typische industrielle Vollzeitarbeitsplätze im Zuge von Rationalisierungsumstellungen hin zu einem vermehrt computergestützten Maschineneinsatz oder der Verlagerung von Produktionsbereichen ins Ausland, wie es beispielsweise in der Lebensmittelindustrie und in der Textilbranche zu beobachten war. Hinzu kamen neue Beschäftigungen im Dienstleistungsbereich, in denen Teilzeitanstellungen möglich waren beziehungsweise diese nur mit geringerem Stundenumfang offeriert wurden, da sich dies für die Arbeitgeber als kostengünstiger erwies. Unter Letzteren sind insbesondere sogenannte prekäre, geringfügig bezahlte Beschäftigungen im Dienstleistungssektor zu subsumieren.

149 Vgl. Jurczyk u. a. (2009): Entgrenzte Arbeit, S. 331; Oechsle (2009): Vereinbarkeit von Beruf, S. 53 f.; Kaiser (2008): Arbeitsmarktflexibilität Arbeitsmarktübergänge, S. 311.

150 Vgl. Assmann (2003): Karriere Ehe Kinder, S. 33 f., 37.

theoretisch frei verhandelbar. Allerdings zeigte sich speziell bei den betrachteten Paaren in den meisten Fällen die Wirkmächtigkeit des Musters der weiblichen Zuständigkeit für die Kinderbetreuung und damit die Beibehaltung der traditionellen geschlechtsspezifischen Arbeitsteilung.

Daran hatte selbst ein sich gewandeltes gesellschaftliches Bild von der Mutter nichts geändert. Seit den 1990ern ließ sich zwar eine – zumindest begrenzte – Erwerbstätigkeit im Allgemeinverständnis mit dem Bild der »guten Mutter« vereinbaren, doch brachte die westdeutsche Öffentlichkeit einer weitergehenden zeitlichen Vereinnahmung der Mutter, etwa durch Vollzeitbeschäftigung und erst recht einer Abwesenheit aus Mobilitätsgründen, mehrheitlich wenig Verständnis entgegen.[151]

Entsprechend der evozierten Beharrlichkeit von Rollenmustern widmeten sich Mütter überproportional der Kinderumsorgung. Demgemäß dokumentierten Mütter eine stärkere Abhängigkeit von haushaltsstrukturellen Gegebenheiten als Väter. Gegenüber Männern als auch kinderlosen Frauen festigte sich dadurch eine einseitige Benachteiligung von Müttern hinsichtlich der Beteiligungsmöglichkeiten am Arbeitsmarkt. Diese zeigte sich zudem stärker ausgeprägt, wenn Beschäftigungsmöglichkeiten mit einer zeitintensiven Mobilitätsnotwendigkeit einhergingen. Ein deutlicher Traditionalisierungseffekt war überproportional in Konstellationen mit mobilen Vätern zu beobachten. Unter den skizzierten Umständen kam den Frauen mit oftmals flexiblen Teilzeitanstellungen der stabilisierende Part im Familienalltag und der Kinderfürsorge zu.[152] Waren Frauen selbst hingegen regelmäßig von beruflich bedingten Ortswechseln betroffen, erschwerte dies die Familienentwicklung im Allgemeinen erheblich. Ulrich Beck etikettierte die weibliche Mobilität dementsprechend als »Familiengift«[153]. Aber auch die umgekehrte Logik traf zu. Familiäre Verpflichtungen minderten die berufliche Mobilitätsbeteiligung von Frauen. Sie können also ihrerseits als »Karrieregift«[154] verstanden werden.

151 Nahm sie sich ähnliche Rechte wie der Vater heraus, drohte ihr in den alten Bundesländern ein Ruf als vernachlässigende Rabenmutter. Der langen Tradition arbeitender Mütter in Ostdeutschland entsprechend existierte in den neuen Bundesländern hingegen eine überwiegend positive Einstellung zur mütterlichen Erwerbstätigkeit. Vgl. Schier (2010): Mobilität und Multilokalität, S. 136; Scheunemann (2009): Mobilitätserfordernisse von Akademikerinnen, S. 180; Dathe (2000): Erwerbs- und Arbeitszeitmuster, S. 135.

152 Eine lokale Untersuchung von Ines Schmidt zu den Auswirkungen des berufsbedingten Pendelns aus dem Jahr 1993 unterstreicht ebenso, dass in Bezug auf die Kinderbetreuung speziell das Pendeln des Mannes eine gesteigerte Ungleichverteilung bewirkte. Vgl. Schmidt (1993): Westpendler Ostpendler, S. 1167.

153 Beck (1986): Risikogesellschaft, S. 127.

154 Ruckdeschel (2003): Unterwegs, S. 1. Ähnlich äußerten sich andere Wissenschaftler. Aus einem marktorientierten Blickwinkel erschien der eigene Nachwuchs als »Störfall Kind«, der den Handlungsspielraum auch hinsichtlich mobiler Lebensformen einschränkte. Vgl. dazu Beck-Gernsheim (2008): Störfall Kind, S. 28; Kesselring/Vogl (2010): Betriebliche Mobilitätsregime, S. 158; Völker (2003): Hybride Praktiken, S. 56.

Eine in der Forschung häufig beschworene Pluralisierung in Form vermehrter Handlungsmöglichkeiten in den letzten Jahrzehnten des 20. Jahrhunderts ist somit zumindest für die betrachteten westdeutschen Mütter in beruflicher Hinsicht keineswegs zu erkennen. Mit Blick auf die analysierten Frauenkohorten der späten 1960er Jahre und ihre Lebenswege in den 1980er, 1990er und 2000er Jahren ist die Einschätzung eines Trends zu mehr Individualisierung von Frauen im Sinne gestiegener Selbstverwirklichungsmöglichkeiten als eine Fehldeutung zu werten.[155] Vielmehr blieben Frauen mehrheitlich allein mit Vereinbarkeitsproblemen konfrontiert. Geschlechtsspezifisch ungleiche Chancen reproduzierten sich – und dies schloss alle Bildungsschichten ein.

Das ausgeführte Vereinbarkeitsproblem beschreibt wahrlich kein neues Phänomen.[156] Verglichen mit den Nachkriegsjahrzehnten sind allerdings durchaus ein auffälligerer Kontrast und eine Problemhäufung wahrzunehmen, nicht zuletzt aufgrund gestiegener weiblicher Erwerbsquoten.

Dass eine Unvereinbarkeit von Beruf und Familie keine Zwangsläufigkeit darstellte, veranschaulicht das französische Gegenbeispiel. So zeichnete sich Frankreich ebenso wie Schweden durch eine aktive Geburten- und Vereinbarkeitspolitik aus. Parallel hierzu zeigte die Fertilitätsentwicklung in Frankreich in den 2000ern einen deutlich positiveren Verlauf. Die durchschnittliche Kinderzahl belief sich gegenüber Deutschland auf einen um etwa ein Drittel höheren Wert. Zugleich gingen mit vier von fünf französischen Müttern zu Anfang der 2000er deutlich mehr Mütter einer Erwerbstätigkeit nach als in Deutschland, wo dies lediglich auf etwa drei von fünf Frauen mit Kindern zutraf. Gleichzeitig bestand in Frankreich im Gegensatz zu Deutschland kein solch ausgeprägtes Korrelat zwischen hohem Bildungsniveau und weiblicher Kinderlosigkeit. Neben einem Verständnis von egalitäreren Geschlechterrollen und flexiblen Arbeitsmodellen spielte ein guter Ausbau des öffentlichen Angebotes außerhäuslicher Kinderbetreuung eine gewichtige Rolle. Dementsprechend wiesen französische Frauen und explizit auch französische Mütter eine höhere arbeitsbedingte Mobilitätsbeteiligung in Form langer Arbeitswege auf.[157]

Die Schwierigkeiten einer gleichberechtigten väterlichen und mütterlichen Lebensführung in Deutschland lagen allerdings nicht zwangsläufig daran, dass

155 Zu diesem Urteil kommt man zumindest dann, wenn man das Augenmerk auf die Mütter richtet und nicht retrospektiv deren potenziell mögliche berufliche Verwirklichungschance bei Verzicht auf Kinder in Rechnung stellt. Vgl. auch Herlyn / Krüger (2003): Resümee, S. 175; Rerrich (1994): Zusammenfügen was auseinanderstrebt, S. 214 f.

156 Grundsätzlich ist anzumerken, dass in geführten Debatten zu Vereinbarkeitsfragen die Sicht auf weibliche Problemlagen seit jeher dominierte. Eine mögliche defizitäre Einbeziehung des Vaters in die Sorgearbeit der Kinder war seltener Gegenstand der Erörterungen. Obgleich ab den 1980ern Diskussionen über eine neue Väterlichkeit den normativen Horizont etwas weiteten. Vgl. Krüger (2006): Geschlechterrollen im Wandel, S. 193; Meuser (2007): Vereinbarkeit von Beruf, S. 141 f., 147.

157 Vgl. Fagnani (2006): Familienpolitik in Frankreich, S. 395; Collet / Bonnet (2010): Decisions Concerning Mobility, S. 201, 212.

Frauen und Männer unterschiedliche Vorstellungen hierzu besaßen, sondern dass den Alltag konstituierende gesellschaftlich-politische Konstrukte und Vorgaben unter der Grundannahme eines allgemeingültigen männlichen Einverdienermodells aufgestellt worden waren und diese weiterhin ihre Wirksamkeit entfalteten. Durch Rahmenbedingungen wie die steuerpolitische Regelung eines Ehegattensplittings und einer bis in die 2000er mangelnden staatlichen Ganztageskinderbetreuung stützte der deutsche Staat mittelbar eine ungleiche Erwerbsbeteiligung der Partner.[158] Exemplarisch sei auf die Öffnungszeiten von Betreuungseinrichtungen verwiesen, die sich selten kompatibel zeigten mit flexiblen, sich ändernden Arbeitszeiten und Schichtdiensten, wie sie etwa im Einzelhandel, im Krankenhauswesen oder in der Medienbranche an der Tagesordnung waren.[159] Zusätzliche Mobilitätsanforderungen an zwei vollzeitbeschäftigte Elternteile hätten eine praxistaugliche und finanzierbare Kinderbetreuung vielmals überstiegen.[160] Im Gegenteil setzten die Öffnungszeiten bundesrepublikanischer Einrichtungen wie Kindergärten und Grundschulen einen stets verfügbaren Elternteil und damit implizit eine Orientierung am Hausfrauen- oder bestenfalls Teilzeitmodell voraus.[161] Damit wurde suggeriert, dass Vereinbarkeitsschwierigkeiten ein privates Problem darstellten, und keiner strukturellen Weichenstellungen bedurften.[162] Zugleich wurde die familiäre

158 Ein gesetzlicher Rahmen kann durchaus zu einem gewandelten Verhalten beitragen. Nach einer modifizierten Elternzeit-Regelung notierte das Statistische Bundesamt für das erste Halbjahr des Jahres 2010, dass ein deutlich gestiegener Anteil von Vätern von insgesamt knapp einem Viertel aller ihr Recht auf eine Elternzeit nutzte. Vgl. Gephart (2011): Familiengründung, S. 168f.

159 Galt die Bundesrepublik lange Zeit als Nachzügler in Fragen der staatlichen Kinderbetreuung, dokumentieren politische Maßnahmen in den letzten Jahren einen Wandel. Der Ausbau der Kindertagesbetreuung – auch und gerade für Kinder unter drei Jahren – und die Förderung von flexibleren Betreuungszeiten, die Eltern eine bessere Vereinbarkeit mit ihrem Berufsleben ermöglichen, standen in verschiedenen Gesetzesbeschlüssen der letzten Jahre im Fokus. Zentral sind in diesem Bezug das Kinderförderungsgesetz, das Kinderbetreuungsfinanzierungsgesetz, aber ebenso Förderprogramme wie »KitaPlus« oder »Betriebliche Kinderbetreuung« zu nennen. Vgl. Bundesministerium der Justiz und für Verbraucherschutz (2008): Gesetz zur Förderung; Deutscher Bundestag (2014): Ausbau der Kindertagesbetreuung; Deutscher Bundestag (2015): Finanzplan des Bundes, S. 15; Bundesministerium für Familie, Senioren, Frauen und Jugend (2015): Betriebliche Kinderbetreuung.

160 Vgl. etwa Schier / Szymenderski / Jurczyk (2007): Eltern in Erwerbsarbeit, S. 6, 9f.; Peinl / Völker (2001): Arbeit und Geschlechterverhältnisse, S. 68f., 72.

161 Dies zog nach der Wende desgleichen in den neuen Bundesländern sichtbare Auswirkungen nach sich. Dort nahm die Teilzeitbeschäftigung genauso unter den Müttern der späten 1960er Jahrgänge erheblich zu, obgleich sich die Präferenzen mehrheitlich mit einem Vollzeitanstellungswunsch unverändert zeigten.

162 Indes wurde es im politischen Feld wiederkehrend als normativer Anspruch formuliert, dass eine gleichverteilte Familienarbeit und gleiche Karrierechancen für beide Geschlechter anzustreben seien. Vgl. Bundesministerium für Familie, Senioren, Frauen und Jugend (2006): Familie zwischen Flexibilität, S. 260; Deutscher Bundestag (1979): Stellungnahme der Bundesregierung, S. 6.

Reproduktionsarbeit wie in den vorangegangenen Jahrzehnten auch in den 2000ern in der Bundesrepublik gesellschaftlich vornehmlich als weiblicher Verantwortungsbereich gewertet. Aber in der Mehrzahl schien gleichfalls eine weibliche Selbstzuschreibung zu greifen.[163] Insofern überrascht es nicht, dass ein Blick auf die untersuchte Frauengeneration der späten 1960er Jahre als auch ein Abgleich mit der allgemeinen Statistik unterstreicht, dass es ebenfalls in den 1990ern und 2000ern insbesondere die Mütter betraf, deren familiäre Verpflichtungen und berufliche – und oft Mobilität erfordernde – Ambitionen mehrheitlich in Konkurrenz standen und sich gegenseitig beeinträchtigten.

Die zentrale Schwierigkeit der Vereinbarkeit von mobilen Anforderungen und Familienleben stellt der zusätzlich zur Arbeitszeit anfallende Zeitaufwand dar, der für das tägliche Familiengeschehen fehlt.[164] Je nach Mobilitätsform kam eine fehlende räumliche Alltagspräsenz hinzu. Dies ist insofern als problematisch zu bewerten, da wiederkehrende elterliche Abwesenheiten einem gemeinsam gelebten Familienalltag zuwiderlaufen. Der aufkommende Redebedarf eines Kindes beispielsweise kann sich schwerlich nach terminlich fixierten Zeitfenstern richten. »Familie lässt sich nur bedingt geplant und ›auf Knopfdruck‹ herstellen.«[165]

Aus der schweren Vereinbarkeit zwischen (mobilen) Berufsanforderungen und Familienleben zogen die Frauen oftmals die Konsequenz, von einer uneingeschränkten Gleichzeitigkeit beider Lebensdimensionen Abstand zu nehmen.[166] Die äußerst geringe Fallzahl mobiler, vollzeitberufstätiger Mütter der späten 1960er-Generation verweist darauf, dass solch eine Simultanität für Frauen im Grunde nicht vereinbar und damit realisierbar war. In der vorgenommenen verknüpften Betrachtung der Familienplanung und der beruflichen Lebenswege der Frauenjahrgänge der zweiten Hälfte der 1960er offenbarte sich vielmehr, dass Deutschland für eine Politik des zeitlichen Nacheinanders von Familie und

163 Vgl. Bathmann/Cornelißen/Müller (2013): Gemeinsam zum Erfolg, S. 131 f.; Dettmer (2006): Lebensgestaltung in Paarbeziehungen, S. 273; Nolte (2007): Familie in Deutschland, S. 49.

164 Wiederholt konstatierten Untersuchungen der letzten Jahrzehnte, dass sich Pendeln negativ auf die allgemeine Lebenszufriedenheit auswirkt. Dies sei insbesondere darauf zurückzuführen, dass Berufspendler überdurchschnittlich unter Zeitknappheit litten und es ihnen somit an Erholungsphasen und der Zeit für Privates mangelte. Vgl. Muth (2008): Mobil und heimatlos, S. 38; Barlet (1953): Die Pendelwanderung, S. 13; Stutzer/Frey (2007): Commuting and Life, S. 179, 187; Ipsen u. a. (1957): Standort und Wohnort, S. 253; Ott/Gerlinger (1992): Die Pendlergesellschaft, S. 168 f.

165 Schier (2010): Multilokaler Alltag, S. 8 f. Vgl. ferner Lück/Schneider (2010): Issue on Mobility, S. 143; Notz (2001): Frauen Manager Paare, S. 146.

166 Die Anteile von Vätern unter mobilen und nicht-mobilen Arbeitnehmern differierten nur unwesentlich. Hingegen stellten Mütter nach verschiedenen Berechnungen zwischen zwei Drittel und drei Viertel aller nicht-mobilen Erwerbstätigen, waren allerdings mit rund einem Drittel am Anteil der mobilen weiblichen Arbeitskräfte auffallend stark unterrepräsentiert. Vgl. auch Meil (2008): Summary, S. 310; Rüger/Becker (2011): Berufsmobilität Geschlecht, S. 376 f.

Beruf stand.[167] Bei Männern hingegen zeigten sich wechselseitige Wirkungen zwischen beruflichen Perspektiven, Mobilitätsbeteiligung und Familienleben im Allgemeinen als schwach ausgeprägt.[168] Mobile Lebensformen, die ausgesprochenes Fernpendeln oder einen zweiten Wohnsitz bedingten, und eine gleichzeitige Existenz minderjähriger eigener Kinder waren als Lebenskonzept für berufstätige Männer durchaus weitverbreitet. Demnach manifestierte sich auch für die Paare der Frauengeneration der späten 1960er Jahre die Gültigkeit geschlechtsspezifischer Rollenzuschreibungen.[169] Entsprechend lassen sich die unterschiedlichen Effekte berufsbezogener Mobilität auf die allgemeine beziehungsweise partnerbezogene Zufriedenheit bei Vätern und Müttern deuten. Michael Feldhaus und Monika Schlegel diagnostizierten eine überwiegend positive Wirkung bei Männern, was sie damit erklärten, dass sie weniger in Haushaltsaufgaben eingebunden wären und sich damit ganz ihrem eigenen Rollenverständnis als Ernährer widmen konnten. Für Frauen zeigte Mobilität stärker eine abträgliche Wirkung, da sie durch ihre gesteigerte Doppelrolle verschärft unter Überlastung und damit unzufriedenen Anwandlungen litten.[170]

Wiederholt mahnten Autoren in den 2000ern bezüglich allgemeiner Vereinbarkeitsschwierigkeiten von Beruf und Familie zudem an, dass die meisten Unternehmen zunehmend auf entgrenzte Arbeitsformen setzten und die damit einhergehenden Belastungen sowie Vereinbarkeitsschwierigkeiten ihrer Angestellten hinsichtlich der beruflichen und privaten Lebenssphäre ignorierten. Auf ökonomische Kosteneffizienz abzielende Unternehmen, die in diesem Zuge der Optimierungslogik folgend ihre Flexibilisierungs- und Mobilitätsanforderungen ausweiteten, bewirkten damit insbesondere eine arbeitsmarktbezogene Diskriminierung von Müttern.[171] Mangelndes Bewusstsein für die gesellschaftliche Tragweite unternehmerischen Handelns ließen die Spitzenverbände der Wirt-

167 Länder wie Frankreich, Belgien und Dänemark orientierten sich hingegen an einem Modell der Gleichzeitigkeit. Vgl. Lohkamp-Himmighofen (1994): Vereinbarkeit von Familie, S. 12.

168 Dies arbeiteten ebenfalls diverse Forschungsarbeiten heraus. Vgl. Piérart u. a. (2010): Individual Legitimacy, S. 149; Schneider / Limmer / Ruckdeschel (2002): Berufsmobilität und Lebensform, S. 142 f., 439 f.; Heinrich (2013): Auf der Strecke; Kesselring / Vogl (2010): Betriebliche Mobilitätsregime, S. 158.

169 Thomas Gesterkamp schlussfolgerte dementsprechend nachvollziehbar, dass sich weibliche Lebensentwürfe nur dann verändern könnten, wenn sich gleichfalls bei männlichen Änderungen einstellten. Vgl. Gesterkamp (2009): Vielfalt der Geschlechterrollen, S. 9.

170 Vgl. Feldhaus / Schlegel (2013): Berufsbezogene zirkuläre Mobilität, S. 331, 335. Eine Gegenwartsstudie drei Jahrzehnte zuvor beobachtete Umgekehrtes. In dieser litten die Hausfrauen unter mehr Stress als Folge einer Unterbelastung. Vgl. Munz (1980): Doppelbelastung der Frauen, S. 124.

171 Vgl. Eichhorst u. a. (2007): Vereinbarkeit von Familie, S. 108; Peinl / Völker (2001): Arbeit und Geschlechterverhältnisse, S. 64, 73; Jurczyk u. a. (2009): Entgrenzte Arbeit, S. 58–60. Als Extrembeispiel gelten in diesem Zusammenhang Leiharbeitsfirmen. Siehe hierzu Niehaus (2012): Leiharbeit und Privatleben, S. 586, 588.

schaft durchblicken. Bis Mitte der 1990er Jahre vertraten sie die Position, dass Vereinbarkeitsfragen eine rein private Herausforderung darstellten.[172]

Da Mütter oftmals die familiäre Hauptverantwortung übernahmen und ihnen somit paarintern mehr Zeitressourcen für die berufliche Betätigung fehlten, erscheinen Mütter in mobiler Hinsicht als die Mobilitätsverliererinnen. Zugleich ermöglichten sie durch die Übernahme vielfältiger familiärer Aufgaben jedoch, dass Männer unbeeinflusst und unabhängig von einem Familienleben, ihrem Beruf und mobilen Anforderungen nachkommen konnten. Denn ein negativer Zusammenhang zwischen Vaterschaft und dem männlichen Berufsverlauf sowie den damit zusammenhängenden Mobilitätspraktiken zeichnete sich im Allgemeinen nicht ab. Im Gegensatz zu den Frauen wirkten Kinder für Männer nicht mobilitätshemmend.[173]

In seiner Gegenwartsdiagnose kam der Soziologe Richard Münch zu dem Schluss, dass die Auflösungstendenzen der Familie eine notwendige Voraussetzung für die zunehmende Mobilität der postindustriellen Gesellschaft darstellte, da sich einzig der vollmobile Single den Erfordernissen der sich wandelnden Arbeitswelt anpassen könne.[174] Es zeigte sich aber in den Beobachtungen, dass die Familie den Anforderungen strategisch begegnete, in dem oftmals eine althergebrachte, geschlechtsspezifische Aufgabenteilung griff. Um es zugespitzt zu formulieren: die Familie wurde mobilen Anforderung neuer Zeiten gerecht, indem sie sich auf alte Verhaltensmuster besann.[175]

172 Vgl. Becker (2007): Familie und Beruf, S. 129. Die um 2000 einsetzende Diskussion um das Managementkonzept »Work-Life-Balance« zeigt indes, dass zumindest teilweise ein Umdenken einsetzte und einige Unternehmen einen eigenen Vorteil in einer familienfreundlicheren Arbeitsorganisation erkannten. Vgl. Rost (2004): Work-Life-Balance; Bundesministerium für Familie, Senioren, Frauen und Jugend (2005): Work-Life-Balance; Klimpel / Schütte (2006): Work-Life-Balance.

173 Im Gegenteil waren lange Pendlerstrecken bei Vätern sogar leicht überproportional ausgeprägt.

174 Vgl. Münch (1993): Das Projekt Europa, S. 183, 202, 206 f.

175 Offen bleibt, ob ebenso andere familiäre Lösungen als Vorgehensweise praktikabel gewesen wären. Vorstellbar sind etwa Konzepte eines phasenweisen paarinternen Rotationsprinzips oder ein wie in den Niederlanden verbreitetes Teilzeit-Modell beider Elternteile. Voraussetzung eines Funktionierens eines gelebten doppelten Teilzeit-Ansatzes wäre, dass Karrierechancen nicht am stündlichen Arbeitsumfang, sondern stärker an Arbeitsergebnisse geknüpft sein müssten. Als Ausdruck des Bemühens um die Suche und Verwirklichung neuer Gestaltungschancen bestand in den Niederlanden ein eigenes Regierungsressort für Lebenslaufpolitik. Vgl. Burkart (2007): Zukünfte des Geschlechterverhältnisses, S. 403; Lewis / Campbell / Huerta (2008): Patterns of Paid, S. 22, 24 f.; Bundesministerium für Familie, Senioren, Frauen und Jugend (2006): Familie zwischen Flexibilität, S. 268.

VII. Mobilität in der Hochindustrialisierungsphase um 1900

1. Mobilität als Zeichen des Wandels

»Ist das letzte Resultat unsrer heutigen socialen Zustände eine hausierende Vagabundage der ganzen arbeitenden Bevölkerung, ein Durcheinanderschütteln der Menschen von Ort zu Ort, von Geschäft zu Geschäft, wie es selbst die Nomaden nicht kannten?«[1] Eine Dekade vor dem Jahrhundertwechsel um 1900 schätzte der Sozialökonom Gustav Schmoller Mobilität und Flexibilität bereits als alles durchdringende Totalphänomene ein, als deren Folge ein apokalyptisches Szenario drohe.

Es waren also nicht erst Zeitdiagnosen um die Jahrtausendwende wie jene des britischen Soziologen John Urry, die das Leben des Menschen omnipräsent und permanent von mobilen Praktiken durchdrungen sahen und Mobilität als konstituierenden Faktor der gegenwärtigen Gesellschaft verstanden.[2] Vielmehr ähneln zeitgenössische Wahrnehmungen aus der Zeit des deutschen Kaiserreiches jenen Deutungen um die Jahrtausendwende. Zu beiden Zeiten wurde Mobilität als spezifisches Phänomen der Gegenwart apostrophiert.

Um einschätzen zu können, wie sehr Mobilität die Gesellschaft der letzten Jahrzehnte durchdrungen hat, bietet es sich an, die Entwicklungen um 1900 in den Blick zu nehmen.[3] Dies ermöglicht, in einer historischen Vergleichsperspektive zeitgenössische Deutungen einer als singulär wahrgenommenen allgemeinen Rastlosigkeit in ihrer Verhältnismäßigkeit zu beurteilen und gegebenenfalls zu relativieren.

In der Tat nahm auch die räumliche Mobilität in Deutschland in den letzten Jahrzehnten des 19. Jahrhunderts bis zum Ersten Weltkrieg ein beträchtliches Ausmaß an. In der historischen Forschung herrscht darüber einvernehmen, dass die Mehrheit der Deutschen mit Wanderungserfahrungen in mittelbarer

1 Schmoller (1890): Wesen und Verfassung, S. 397.

2 Vgl. Urry (2000): Sociology Beyond Societies, S. 49; Urry (2007): Mobilities, S. 3; Bauman (1998): Globalization, S. 77; Cresswell (2006): On the Move.

3 In jüngerer Zeit verwiesen hierauf ebenso verschiedenen Autoren. Vgl. Reitmayer (2014): Nach dem Boom, S. 16 f.; Alderson / Nielsen (2002): Globalization and U-Turn, S. 1288; Doering-Manteuffel (2014): Vielfalt der Strukturbrüche, S. 135. Einzelne Wissenschaftler führten auch die Zeit der Weimarer Republik wiederholt als Phase mit ähnlichen Umwälzungsprozessen an. Vgl. Wehler (2008): Deutsche Gesellschaftsgeschichte 3, S. 707 f.; Bertram (2007): Krise der Familie, S. 17.

oder unmittelbarer Weise konfrontiert war.[4] Wolfgang Köllmann sah in dem Massenphänomen der »deutsche[n] Binnenwanderungsbewegung in der Phase der Hochindustrialisierung [sogar] die größte Massenbewegung der deutschen Geschichte.«[5]

Der hohe Mobilitätsgrad im deutschen Kaiserreich wird als Indiz für soziale und wirtschaftliche Umbrüche gewertet. Die Umbruchsphasen in den Jahrzehnten der Hochindustrialisierung und jene des ausgehenden 20. Jahrhunderts scheinen strukturelle Parallelen aufzuweisen. Zum Ende des 19. Jahrhunderts wandelte sich das Deutsche Reich von einem agrarisch geprägten Staat mit starkem Handwerk zu einem Industriestaat mit landwirtschaftlichem Unterbau. Die Verschiebungen im Gefüge der Wirtschaftssektoren waren in der Industrialisierungsphase beträchtlich. So stieg der Anteil des gewerblich-industriellen Sektors am deutschen Nettoinlandsprodukt zwischen Mitte des 19. Jahrhunderts bis zum Ausbruch des Ersten Weltkrieges von 20 auf gut 40 Prozent.[6] Entsprechend nahm die Zahl der Fabrikarbeiter beträchtlich zu. Schätzungen für das Jahr 1907 gehen von knapp 14 Prozent aller Deutschen aus, die sich als Fabrikarbeiter einen Lohn verdienten. Rechnet man die Familienangehörigen hinzu, war über ein Drittel der deutschen Bevölkerung mindestens mittelbar über Haushaltsangehörige mit dem Fabrikarbeiterleben konfrontiert.[7] Ein vergleichbarer sektoraler Wandel – und damit verbunden eine ähnliche Verlagerung wirtschaftlicher Schwerpunkte – erfolgte in der Bundesrepublik in den Jahrzehnten vor der Jahrtausendwende, als eine Veränderung von einem Industriestaat mit starkem Dienstleistungssektor hin zu einer Dienstleistungsdominanz mit starkem industriellen Kern zu beobachten war.

2. Migrationsgeschehen

2.1 Migrationsströme im städtischen Kontext

Im Folgenden soll dargelegt werden, was das Mobilitätsgeschehen um 1900 auszeichnete. Bei einer ersten Lektüre zum Mobilitätsgeschehen im ausgehenden 19. Jahrhundert tritt die Anfälligkeit zu einer unkritischen Übernahme subjektiver, zeitgenössischer Deutungen zutage. So galt der Binnenwanderung große Aufmerksamkeit. Als Ursache der ausgeprägten Wanderungsintensität in der zweiten Hälfte des 19. Jahrhunderts machten die Zeitgenossen eine Überbevöl-

4 Vgl. Ehmer (2013): Bevölkerungsgeschichte und Demographie, S. 21; Mergel (2009): Kaiserreich als Migrationsgesellschaft, S. 378; Huber (2010): Multiple Mobilities, S. 318.

5 Köllmann (1976): Bevölkerungsgeschichte 1800–1970, S. 20.

6 Vgl. Kösters-Kraft (2000): Großbaustelle und Arbeitswanderung, S. 26 f.; Bade (1983): Vom Auswanderungsland, S. 13.

7 Vgl. Becker (1978): Die Esslinger Fabrikarbeiter, S. 203.

kerung und einen damit evozierten Bevölkerungsdruck auf dem Lande aus. Durch die Schaffung städtischer Fabrikarbeitsplätze in Folge der Industrialisierung und dem damit einhergehenden Zuzug in urbane Räume habe sich die Populationsdysbalance ausgeglichen. Diese Argumentation fand unhinterfragt Eingang als historische Gewissheit. Bedeutende Vertreter der historischen Zunft wie Werner Conze und Wolfgang Köllmann stützten sich in den 1950er Jahren bei der Erklärung des Mobilitätsgeschehens im 19. Jahrhundert auf den angedeuteten Gedanken der Überbevölkerung, was speziell letzterer wiederholt bekräftigte.[8] Der aus Vorstellungen der Zeitgenossen des 19. Jahrhunderts abgeleitete Standpunkt der beiden Sozialhistoriker fand seither breite Rezeption in der Geschichtswissenschaft, etwa in der Dissertation von Gerard Schwarz zum Strukturwandel des bayerischen Handwerks im Industrialisierungsprozess oder in Beiträgen zum Mobilitätsverhalten im 19. Jahrhundert bei Dieter Langewiesche und Christoph Kleßmann.[9] Der einseitige Land-Stadt-Wanderungsstrom als bestimmender Faktor der enormen Binnenwanderungsbewegungen im 19. Jahrhundert gibt indes eine Einschätzung wider, welche die historische Forschung derweil revidiert hat.[10] Bereits in den 1990ern warnte der Wirtschafts- und Sozialhistoriker Josef Ehmer davor, die These eines Bevölkerungsdruckes unkritisch zu übernehmen.[11] Allerdings hielt auch in den 2000ern die Fortschreibung der vormals etablierten Überzeugung an, da Dissertationen, Überblicksdarstellungen und Enzyklopädiebeiträge die historischen Klassiker unverändert zitierten.[12] Dies zeigt, dass zeitgenössische Deutungen mit Bedacht gemustert werden müssen, um sie nicht mit feststehenden Tatbeständen zu verwechseln und sie damit zu einer bleibenden, scheinbar historischen Wahrheit unreflektiert aufzuwerten.

Die bipolare Vorstellung eines eingleisigen Binnenwanderungsgeschehens verkennt indes die komplexeren Gefüge sozialer Wirklichkeit, die gleichfalls hohe Fluktuationsraten und einen bedeutenden Rückwanderungsstrom bedingten. In Fällen saisonaler Verpflichtungen etwa kaschieren rein quantitative Statistiken, dass derartigen Zuzügen in eine Stadt von vornherein ein absehbarer Wegzug vorherbestimmt war.

8 Vgl. Conze (1954): Pöbel zum Proletariat, S. 335; Köllmann (1958): Binnenwanderung und Bevölkerungsstrukturen, S. 220; Köllmann (1971): Die Bevölkerung Rheinland-Westfalens, S. 387 f.

9 Vgl. Schwarz (1974): Nahrungsstand und Gesellenstand, S. 15 f.; Langewiesche (1979): Mobilität in Großstädten, S. 70; Kleßmann (1987): Long-Distance Migration, S. 102.

10 Vgl. Langewiesche (1977): Wanderungsbewegungen in Hochindustrialisierungsperiode, S. 5, 18 f.; Lüdtke (1979): Erfahrung von Industriearbeitern, S. 503 f.; Beetz (2004): Dörfer in Bewegung, S. 21 f.; Ehmer (2013): Bevölkerungsgeschichte und Demographie, S. 20.

11 Vgl. Ehmer (1998): Migration und Bevölkerung, S. 9, 11, 13. Josef Ehmer verweist explizit darauf, dass sich in Lokalstudien kein Zusammenhang zwischen der Hypothese eines Bevölkerungsdruckes und hoher Fortzugszahlen belegen lässt.

12 Vgl. etwa Switalski (2005): Landmüller und Industrialisierung, S. 188; Pierenkemper (2005): Wirtschaftsgeschichte, S. 151; McCook (2007): Polnische industrielle Arbeitswanderer, S. 871.

Entgegen der landläufigen Auffassung der Konzentration des Wanderungsgeschehens auf Städte sprach Steve Hochstadt davon, dass die umfänglichsten Wanderungsbewegungen im 19. Jahrhundert in deutschsprachigen Territorien zwischen ländlichen Gebieten stattfanden.[13] Selbiges scheint in jener Zeit ebenso in anderen westeuropäischen Regionen zugetroffen zu haben. Claire Lemercier und Paul-André Rosental belegten auch für das 19. Jahrhundert eine innerländliche Wanderungsdominanz in der Industrieregion Nordfrankreichs rund um Lille. Einzig für eine kurze Phase um 1880 erachteten sie es für jene Region als legitim, das Bild einer Landflucht zu verwenden. Betreffendes stellte allerdings für das Frankreich des 19. Jahrhunderts eine Ausnahmesituation und nicht die Regel dar.[14]

Betrachtet man speziell das durchaus in enormem Ausmaß erfolgende städtische Wanderungsgeschehen in Deutschland, ist dessen quantitativer Höhepunkt um die Jahrhundertwende 1900 zu verorten. Die Berliner Vorstädte Charlottenburg, Schöneberg und Wilmersdorf wiesen hierbei statistisch erfasste Extremwerte auf. So wurden ebendort im Jahr 1910 auf je 100 Einwohner bis zu 46 Zugezogene registriert.[15] Der Zuwanderungsstrom bildet aber nur eine Seite der Entwicklung ab. Ein besseres Verständnis gewinnt man erst, wenn zugleich die Fortzugszahlen mitbedacht werden. In der zweiten Hälfte des 19. Jahrhunderts und zu Anfang des 20. Jahrhunderts erreichten diese häufig ein annähernd gleichgroßes Ausmaß wie die Zuzugszahlen.[16] Das deutet auf hohe Fluktuationsraten hin. Für den Berliner Raum galt zudem die Besonderheit, dass durch die Nähe Berlins zu angrenzenden, noch nicht eingemeindeten Städten ein höheres Maß an Stadtgrenzen überschreitenden Wanderungen erfasst wurde, bei denen es sich jedoch in erheblichem Umfang faktisch um innerstädtische Umzüge handelte – schließlich wuchs Berlin mit den Vorstädten real bereits zusammen.[17]

Bei einer hohen Fluktuation in und aus der Stadt hielten sich in vielen Städten die Zu- und Fortzüge annähernd die Waage. Bei dem entstehenden Bild einer allgemeinen mobilen Unrast ist hervorzuheben, dass die deutliche Mehrheit der deutschen Stadtbewohner zumeist sesshaft war.[18] Von größerem Ausmaß als

13 Vgl. Hochstadt (1981): Migration and Industrialization, S. 457 f.

14 Vgl. Lemercier / Rosental (2009): Structure and Dynamics, S. 12, 48.

15 Vgl. Weichhart (2009): Multilokalität, S. 3; Ehmer (2013): Bevölkerungsgeschichte und Demographie, S. 21.

16 James Jackson betrachtete dies für die Städte Berlin, Düsseldorf, Krefeld und insbesondere für die Stadt Duisburg. Bezüglich seiner Beobachtungen ist festzuhalten, dass die gesamten Wanderungsraten der Zu- und Fortzüge in den gemusterten Städten im 19. und frühen 20. Jahrhundert von ähnlichen Verläufen von zeitnah vergleichbaren Schwankungen gekennzeichnet waren. Vgl. Jackson (1995): Migration in Duisburg, S. 158, 171.

17 Vgl. Matzerath (1990): Wachstum und Mobilität, S. 209 f.

18 Es ist je nach Stadt von einer Größenordnung von zwei Drittel bis fünf Sechstel der Einwohner auszugehen, die um die Jahrhundertwende mindestens über ein Jahrzehnt in der gleichen Stadt verweilte. Vgl. Bleek (1989): Mobilität und Seßhaftigkeit, S. 12. Zu Anfang

die beachtlichen Wanderungszahlen gestaltete sich um die Jahrhundertwende die innerörtliche Wohnmobilität. Befristete Mietverträge, in der Finanzierung zu teuer gewordene Wohnungen oder der Wunsch nach einer wohnlichen Verbesserung verursachten in vielen Städten eine hohe Quartiersmobilität. Gerhard Neumeier arbeitete dies in seiner Dissertation sehr deutlich heraus. Die Arbeiter der Münchner Lokomotivfabrik Krauss zogen zwischen den Jahren 1880 und 1908 durchschnittlich alle elf Monate in eine andere Wohnung. Und dies stellte kein durch kurzeitig Angestellte hervorgerufenes Artefakt dar, da sich die Bleibedauer in derselben Wohnung selbst bei langjährigen Arbeitskräften auf gerade einmal zwanzig Monate belief. Die meisten fanden im gleichen Wohnquartier ihre neue Bleibe, sodass die Hälfte der Umzüge nicht einmal eine Entfernung von 500 Metern überbrückte.[19] Das Ausmaß innerörtlicher Mobilität wird ebenfalls deutlich, wenn man den statischen Bevölkerungsanteil in den Blick nimmt. Demgemäß traf es im Jahr 1895 nur auf jede vierte Wohnung in deutschen Großstädten zu, dass derselbe Hauptmieter bereits seit mehr als fünf Jahren für die gleiche Anschrift registriert war.[20]

In der Gesamtrechnung verzeichneten die deutschen Städte in jener Zeit allerdings fraglos Wanderungsüberschüsse. Zum städtischen Wachstum trugen als wichtiger Faktor jedoch ebenso Eingemeindungen bei. Der städtische Bevölkerungszuwachs in der Hochindustrialisierungsphase ging zu rund 20 Prozent auf kommunale Zusammenlegungen zurück. Die infolgedessen eintretende städtische Flächenvergrößerung war für das mittelbare Wachstumspotenzial indes oftmals von noch größerer Relevanz.[21] Desgleichen verstärkten ausgeprägte Geburtenüberschüsse einen sichtlichen Bevölkerungsanstieg der Städte. Insbesondere ein Absinken der Kindersterblichkeit beeinflusste die natürliche Bevölkerungsentwicklung positiv.

Die angedeuteten Aspekte verdeutlichen, dass sich Wanderungen lediglich als ein Faktor – unter anderen gewichtigen – erwies, der zu einem bedeutenden Städ-

des 20. Jahrhunderts lebte in den deutschen Großstädten allerdings nur ein Drittel bis die Hälfte an Ortsgebürtigen. Vgl. Köllmann (1992): Verstädterung im Kaiserreich, S. 207 f.

19 Jüngere tendierten zu einer höheren Wohnfluktuationsrate. Aber selbst bei Kraussmitarbeitern in einem Alter von 40 Jahren wurden durchschnittlich alle vier Jahre Wohnungsumzüge beobachtet. Vgl. Neumeier (1995): München um 1900, S. 430. Monika Leopold-Rieks verwies in ihrer Untersuchung zu einem Bremer Arbeiterstadtviertel insbesondere auf den hohen Anteil an jenen, die sich durch instabile Einkommensverläufe gezwungen sahen, sich eine günstigere Wohnung zu suchen. Auch die neue Bleibe lag zumeist im gleichen Quartier, oftmals sogar im gleichen Straßenzug. Vgl. Leopold-Rieks (1998): Viertel in Bewegung, S. 432 f.

20 Für die Zeit um 1895 ist in dieser Hinsicht zumindest ein lokaler Extremfall zu verorten, auch wenn die Fluktuationsraten im Jahrzehnt davor und danach ebenfalls sehr ausgeprägt waren. Vgl. Langewiesche (1977): Wanderungsbewegungen in Hochindustrialisierungsperiode, S. 11.

21 Insgesamt gingen in den drei Jahrzehnten vor dem ersten Weltkrieg rund 200 Eingemeindungen im Deutschen Reich vonstatten. Vgl. Reulecke (1985): Geschichte der Urbanisierung, S. 81 f.

tewachstum führte, sodass aus den acht deutschen Großstädten zum Zeitpunkt der Gründung des Deutschen Reiches binnen vier Jahrzehnten 48 Verwaltungseinheiten mit mehr als 100.000 Einwohnern wurden.[22] Dabei unterschied sich die Bedeutung der angesprochenen Faktoren für das kommunale Bevölkerungswachstum je nach lokalen Gegebenheiten beträchtlich. Zwei Beispiele aus dem Ruhrgebiet seien angeführt. Die Stadt Essen verzeichnete in den vier Jahrzehnten zwischen 1870 und 1910 einen Bevölkerungsanstieg von über 500 Prozent von knapp 50.000 auf circa 300.000 Einwohner. Gut zwei Fünftel des Zuwachses waren auf Eingemeindungseffekte und weitere zwei Fünftel auf eine positive Geburtenbilanz zurückzuführen. Lediglich 17 Prozent entfielen auf Wanderungsgewinne. Im gleichen Zeitraum vergrößerte sich die Einwohnerzahl Dortmunds um über 400 Prozent auf rund 214.000 Personen. Hierbei hielten sich die Anteile von Geburtenüberschüssen und Wanderungsgewinnen annähernd die Waage. Eingemeindungen spielten im westfälischen Industrieort bis 1910 eine vernachlässigbare Rolle.[23] Der Deutung des Historikers Horst Matzerath von räumlicher Mobilität als »der entscheidende oder gar ausschließliche Faktor der modernen Großstadtentwicklung«[24] ist demzufolge zu widersprechen. Räumliche Mobilität spielte eine gewichtige Rolle, kann allerdings keinen kausalen Alleinvertretungsanspruch für das Städtewachstum in Anspruch nehmen. Zugleich beleuchtete die Forschung wenig, inwieweit auch ländliche Gebiete Bevölkerungsanstiege erlebten. Dass alleine in Preußen zur Zeit des deutschen Kaiserreichs hunderte von Landgemeinden die 2.000-Einwohnergrenze überschritten, ist ein Indiz für ein mindestens partielles Wachstum kleinerer Kommunen.[25]

Eine pauschale Bewertung der Entwicklung auf Grundlage eines derartig statischen Datensatzes, der Orte nach Größenklassen einteilt, ist problematisch. Eine Änderung zur nächst höheren Gemeindegrößenklasse stufte in vielen Fällen eine vormals ländlich kategorisierte Gemeinde hiernach als städtisch ein, wonach dies häufig als Beleg städtischen Wachstums gewertet wurde. Doch selbiges könnte auch in umgekehrter Logik als Beleg des Wachstums in ländlichen Regionen herangezogen werden, zumal die alleinige Änderung der Einwohnerzahl nichts dazu besagt, inwieweit sich vormalig dörfliche Lebensmuster grundsätzlich wandelten.

Die formulierten Aussagen negieren nicht, dass das Mobilitätsgeschehen den in starkem Maße Ende des 19. Jahrhunderts zu beobachtenden Verstädterungsprozess deutlich beeinflusste.

22 Vgl. ebd., S. 68.

23 Bis zum Jahr 1910 wurde einzig die Gemeinde Körne in die Dortmunder Stadt eingemeindet. Größere Eingemeindungen fanden erst in den 1910er und 1920er Jahren statt. Vgl. Reekers (1977): Gebietsentwicklung der Kreise, S. 227; Köllmann (1992): Verstädterung im Kaiserreich, S. 202 f.

24 Matzerath (1990): Wachstum und Mobilität, S. 207.

25 Vgl. Reulecke (1985): Geschichte der Urbanisierung, S. 69 f.

Es ist indes zu betonen, dass eine Gleichsetzung der Wanderungsbewegungen mit dem Urbanisierungsprozess vor und um 1900 eine fälschliche Vereinfachung wiedergibt. Die Wirkungszusammenhänge zwischen Bevölkerungsentwicklung, Wanderungsbewegungen, Industrialisierung und Urbanisierung sind als komplexes Gebilde aufzufassen. Gleichfalls standen die Wanderungsvolumen in einem vielfältigen Kontext zu nahräumlichen Umlandsbezügen, verkehrstechnischer Anbindung und wirtschaftlichen Strukturen.[26] Selbst bei isolierter Betrachtung des Mobilitätsgeschehens handelte es sich keineswegs um ein eindimensionales Schema. Allgemein ist in der Hochindustrialisierungsphase, wie Josef Ehmer betont, »von einer Überlagerung und Vermengung neuer und traditioneller Migrationsmuster auszugehen.«[27]

2.2 Zuwanderung am lokalen Beispiel von Kirchheim unter Teck

Am lokalen Beispiel der Stadt Kirchheim unter Teck soll dem Migrationsgeschehen zur Jahrhundertwende um 1900 jenes zur Jahrtausendwende um 2000 gegenübergestellt werden. Für den zeitlichen Vergleich fällt der Blick bewusst auf eine Kleinstadt, um eine durchschnittliche Konstellation zu beleuchten und einen Kontrapunkt zu dem auf Großstädten liegenden Forschungsschwerpunkt zu setzen. Hierbei stützen sich die Befunde für die Jahrhundertwende auf Schriftgut des Kirchheimer Stadtarchivs. Die Daten für die Zuzugszahlen zur Jahrtausendwende wurden vom statistischen Landesamtes Baden-Württemberg eingeholt.

Die erstellte Karte bildet die Herkunft Zugezogener nach Kirchheim zur Jahrhundert- und Jahrtausendwende ab (Abb. 25). Im Falle der Jahrhundertwende fehlen die Angaben des zuvor bewohnten Ortes. Stattdessen griff die Arbeit auf die Geburtsorte zurück. Da die Neubürgerlisten der Jahre 1900 bis 1902 nur wenige Fallzahlen verzeichnen, wurden alle Fälle der Jahre 1900 bis 1902 visualisiert.[28] Angesichts der Fülle an kommunalen Herkunftsorten in den Jahren 2000 bis 2002 fanden in der Visualisierung Zusammenfassungen statt – entsprechend

26 Ein Beispiel dafür, dass die Industrialisierung nicht einzig ein großstädtisches Phänomen war und wirtschaftlich positive Veränderungen in unmittelbaren Großstädten brachte, ist das ehemalige Weinbauerndorf Feuerbach. Damals noch im Umland von Stuttgart gelegen, zählte die Gemeinde Mitte des 19. Jahrhunderts circa 2.500 Einwohner. Als Stuttgart im Jahr 1861 bereits 173 Fabriken aufwies, war in der Winzer-Kleinstadt von einer Industrialisierungswelle wenig zu spüren. Doch in der Hochindustrialisierungsphase erfasste die Industrialisierung diesen Ort, wie es auch für viele andere Kleinstädte galt. Damit einher gingen hohe Zuzugsraten Ortsfremder und ein ausgeprägtes Pendlerwesen. Entsprechend zählte Feuerbach im Jahr 1910 bereits rund 14.000 Einwohner. Vgl. Müller / Schraut (2001): Folgen werden schlimm, S. 136, 138.

27 Ehmer (1994): Soziale Traditionen, S. 107.

28 Vgl. Kirchheim unter Teck (Archiv): Tabellarisches Protokoll.

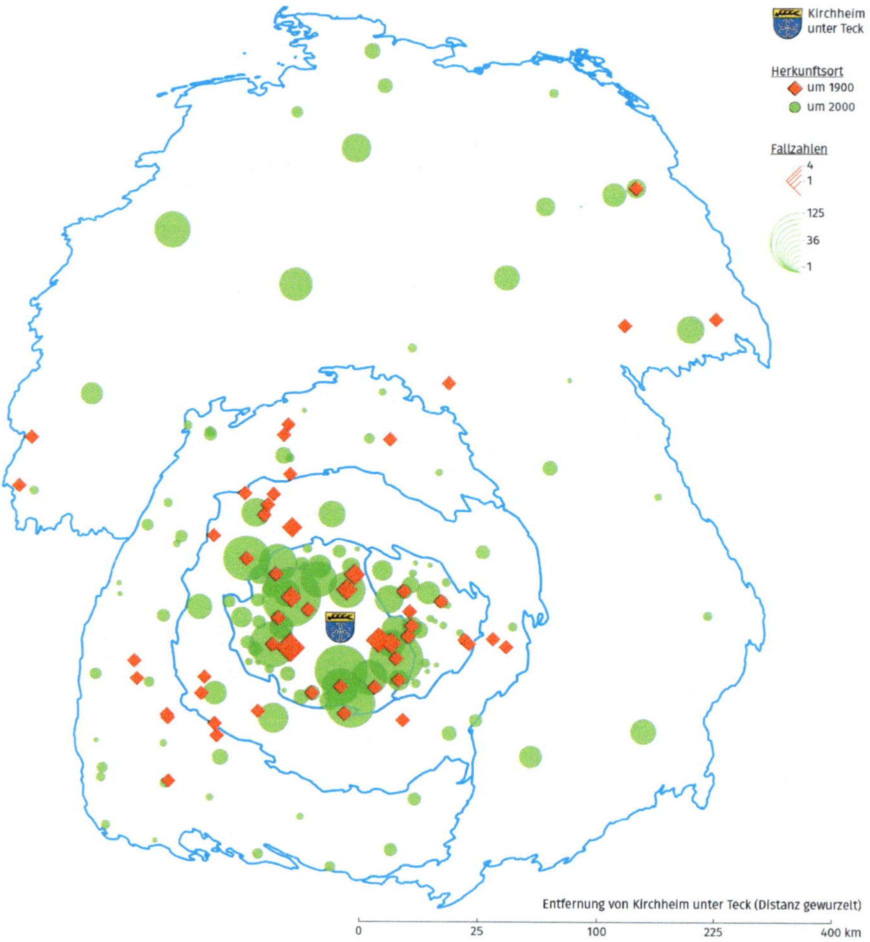

Abb. 25: Binnenmigration nach Kirchheim unter Teck. Herkunft der Neubürger zur Jahrhundert- und Jahrtausendwende[29]

29 Die Symbolgrößen der Herkunftsorte sind entsprechend der Fallzahlen auf Basis der Quadratwurzel skaliert. In der Legende sind die den Fallzahlen zugeordneten Raute- und Kreisgrößen angedeutet. Aus Platzgründen finden sich in der Legende nicht alle Abstufungen ausgezeichnet. Die beiden nicht beschrifteten, angedeuteten Rautegrößen in der Legende symbolisieren die Fallzahl zwei und drei. Bei den grünen Kreisgrößen handelt es sich in aufsteigender Reihenfolge um die ersten zehn Quadratzahlen, also eins, vier, neun, 16, 25, 36, 49, 64, 81 und 100. Als letzter Kreis in der Legende wurde mit einem Äquivalent von 125 die größte anzutreffende Fallzahl von Zuzügen aus einer Raumgröße eingezeichnet. Im Konkreten handelte es sich hierbei um die Stadt Wendlingen am Neckar. Entsprechend der Entfernungsangaben zu Kirchheim in der Legende wurden in der Karte Entfernungskreise nach Kirchheim unter Teck kenntlich gemacht, die von innen nach außen Distanzen von 25, 100, 225 und 400 Kilometern andeuten.

der Fallzahlen in Abstufungen.[30] Kirchheim unter Teck liegt heute im Landkreis Esslingen. Aufgrund der Vielzahl der nahräumlichen Zuzüge aus selbigem Landkreis wurden die Fallzahlen aller Gemeinden dieses Landkreises dargestellt. Da die Stadt Kirchheim selbst an den benachbarten Landkreis Göppingen angrenzt, gilt die gemeindegenaue Abbildung der Herkunftskommunen auch für den östlichen benachbarten Landkreis. Für die anderen Gemeinden im Bundesland Baden-Württemberg fand eine Zusammenfassung auf jeweiliger Landkreisebene statt. Zuzüge aus anderen Teilen Deutschlands wurden auf Bundeslandebene aggregiert. Einzig für das relativ nahe gelegene Flächenland Bayern fand eine weitergehende Aufschlüsselung auf Grundlage der sieben Regierungsbezirke statt.[31] Da sich die Wanderungen insbesondere im Bereich des Nahraumes konzentrierten, würde eine lineare Darstellung viele unübersichtliche Überlagerungen generieren. Insofern ist die kartografische Visualisierung entsprechend der gewurzelten Wegstrecke des Herkunftsortes nach Kirchheim unter Teck skaliert. Somit erscheinen die in hellblauer Farbe eingezeichneten Verwaltungseinheiten entsprechend der Wurzelskalierung verzerrt. Die eingezeichneten administrativen Grenzen bilden ein Grobraster von Entfernungsringen um Kirchheim unter Teck. Kartiert sind die Landkreise Esslingen und Göppingen. Als erweiterter Nahbereich wurde ein umgebender Ring der angrenzenden Landkreise Böblingen, Tübingen, Reutlingen, Alb-Donaukreis, Heidenheim, Ostalbkreis, Rems-Murr-Kreis und Ludwigsburg sowie der Stadtkreise Stuttgart und Ulm angedeutet, die alle innerhalb von Württemberg liegen. Die verbleibenden Landkreise des Bundeslandes Baden-Württemberg bilden einen halbmondförmigen zweiten Ring. Alle deutschen Gebiete jenseits des südwestlichen Bundeslandes bilden die oberste Entfernungsebene in der Binnenwanderungsperspektive. Differenziert man schematisch nach diesen Entfernungskategorien, ähneln sich die prozentualen Zuzugswerte aus den unterschiedlich entfernten Nah- und Fernräumen um die Jahrhundert- und die Jahrtausendwende. In jüngerer Zeit bestand ein leichtes Übergewicht bei naher und ferner Herkunft, bei mittlerer Distanz wies die Zeit der Jahrhundertwende einen überproportionalen Anteil auf (siehe Tab. 2). Gemessen an einem unterschiedlichen Entfernungsempfinden zu beiden Zeitschnitten ist kein signifikanter Unterschied im Verhältnis von Nah- und Fernwanderungen um 1900 und um 2000 auszumachen.[32]

30 Teilweise zeigten sich in einzelnen Jahren Anomalien in den Zuzugszahlen, wie etwa im Fall des Landkreises Raststatt im Jahr 2000. Dies dürfte im Zusammenhang mit einem dortigen überregionalen Aufnahmelager stehen. Um starke Schwankungen der Wanderungszahlen in einzelnen Jahren abzufedern, wurde auf die mittlerste Fallzahl aus jeder Region aus den drei Jahren zwischen 2000 und 2002 zurückgegriffen.

31 Entsprechend der Fallzahlgröße wurde das die entsprechende Raumeinheit repräsentierende Symbol in Abbildung 26 auf dem Mittelpunkt der jeweiligen Raumeinheit eingezeichnet.

32 Berücksichtigt man die unterschiedlichen technischen Möglichkeiten, längere Wegstrecken zu überbrücken, erscheinen die wahrnehmbaren Entfernungen um 1900 sogar als weiter.

Tab. 2: Binnenzuwanderung nach Kirchheim unter Teck. Jahrhundert- und Jahrtausendwende im Vergleich (in Prozent)[33]

Zeitpunkt / **Herkunftsgebiet**	um 1900	um 2000
Landkreis Esslingen	46	56
Landkreis Göppingen	10	8
Landkreise des erweiterten Nahbereiches	19	12
Entfernte Landkreise in Baden-Württemberg	15	7
Außerhalb Baden-Württembergs	10	17

Ein Vergleich der Zuzugszahlen nach Kirchheim unter Teck mittels der amtlichen Zählung der Melderegister aus den Jahren 2000 bis 2002 sowie anhand des Verzeichnisses der Gesuche um Bürgerrechtsaufnahme aus den Jahren 1900 bis 1902 weisen hingegen eine eklatant divergente Größenordnung auf. Die ersten Jahre des neuen Jahrtausends verzeichneten einen jährlichen Zuzug von rund 2.000 binnenmigrierenden Personen. Zu Anfang des 20. Jahrhunderts beliefen sich die Aufnahmezahlen von Neubürgern im Jahr auf 18 bis 34 Beurkundete, was knapp ein bis gut eineinhalb Prozent der Werte ein Jahrhundert später entspräche.[34] Ein Vergleich der beiden statistischen Listungen suggeriert eine extrem gestiegene Mobilitätsbedeutung bis zur Jahrtausendwende und eine beinahe

33 Die Jahrhundertwende wird repräsentiert durch 72 Neubürgeraufnahmen in den Jahren 1900 bis 1902. Für die Jahrtausendwende griff die Arbeit auf die Zuzugsangaben für die Jahre 2000 bis 2002 zurück, die das statistische Landesamt Baden-Württemberg auf Nachfrage zur Verfügung stellte. Von den rund 2.000 jährlichen innerdeutschen Zuzügen nach Kirchheim wurden die rund 160 Aussiedlerzuzüge aus dem Landkreis Göttingen ausgeklammert. Da das Binnenwanderungsgeschehen im Blick war, fanden ebenso die rund 400 jährlichen Zuwanderungsfälle aus dem Ausland keine Beachtung. Auslandsbezüge finden sich in den Ausführungen der Bürgerrechtserteilung zur Jahrhundertwende wenig. Genau genommen ist in den drei betrachteten Jahren um 1900 nur ein Zuzugsfall eines im Ausland Gebürtigen im Verzeichnis nachgewiesen. Ein gewisser Textilarbeiter Alexander Schwab war im Jahr 1866 im mährischen Zwittau geboren und wurde seit dem 8. Februar 1902 als Kirchheimer Bürger geführt. Dass aber grundsätzlich ein Austausch mit dem Ausland bestand, belegt die Kirchheimer Auswanderungsstatistik. So zogen im ersten Jahrzehnt des 20. Jahrhunderts 34 Kirchheimer ins Ausland, bevorzugt in die Schweiz, fort. Im Gegensatz zu einigen Amerikaauswanderern dürfte es sich bei den meisten Europawanderern um Gastarbeiter gehandelt haben, die schließlich wieder nach Deutschland zurückkehrten. Allemal lag die Hochzeit der Auswanderungen für das damalige Kirchheim in der Vergangenheit. In Kirchheim wurden alleine in den 1850er Jahren 480 Wegzüge ins Ausland registriert. Vgl. Kirchheim unter Teck (Archiv): Tabellarisches Protokoll; Schattel (2003): Von wahnsinnigen Lüsternheit, S. 106, 109–138.

34 Vgl. Kirchheim unter Teck (Archiv): Tabellarisches Protokoll.

statische Immobilität zur Jahrhundertwende. Spielten Umzüge in diesem Raum um 1900 demnach im Gesamtumfang nur eine geringe Rolle – eine Art ländliche Gegenwirklichkeit zum geschäftigen Treiben der urbanen Hochindustrialisierung? Bei dem angestellten zahlenmäßigen Vergleich ist Vorsicht geboten. Zum einen änderte sich die Stadtgröße und damit der Referenzraum. Zählte die Stadt Kirchheim unter Teck um die Jahrhundertwende gut 8.000 Einwohner, hatte sich dies – auch durch Eingemeindungen – einhundert Jahre später mit knapp 40.000 fast verfünffacht.[35] Der Einwohnerzahlunterschied ist bei einem Vergleich zu berücksichtigen. Ein eingehendes Aktenstudium der erhaltenen Verwaltungsquellen aus der Zeit der Jahrhundertwende macht auf einen noch gewichtigeren Sachverhalt aufmerksam. Allem Anschein nach erfasste die Neubürgerliste um 1900 nur einen marginalen Anteil der Neuankömmlinge. Dies sei am Beispiel der Gemeinde Ötlingen im Oberamt Kirchheim erläutert, einer Kommune, die im Jahr 1935 in die Teck-Stadt eingemeindet wurde.

Den am 13. Januar 1867 im bayerischen Hof geborenen Färbermeister Hermann Bankwitz nahm die Gemeinde Ötlingen mit der Verzeichnisnummer 343 im Jahr 1909 als Neubürger in die betreffende Bürgerliste auf. Jene Registrierung erfolgte jedoch mutmaßlich nicht in unmittelbarer zeitlicher Nähe zum Zuzug nach Ötlingen. So weisen die Ötlinger Verwaltungsakten – in Form verfügter Heimatscheine und Staatsangehörigkeitsausweise – in den Jahren 1925, 1928 und 1935 die Ausstellung eines Reisepasses für einen gewissen Lehrer Walter Bankwitz aus, der am 7. April 1899 in Ötlingen geboren wurde. Da der Nachname für das schwäbische Dorf als unüblich gelten kann, ist davon auszugehen, dass es sich hierbei um den Sohn von Hermann Bankwitz handelte. Sonach ist zu schlussfolgern, dass der im Jahr 1909 eingebürgerte Färbermeister bereits Ende des 19. Jahrhunderts in lokalem Bezug zur Ötlinger Gemeinde stand. Dies bildete keinen Einzelfall. Den im Jahr 1861 im elsässischen Straßburg geborenen Dreher Philipp Trauschweizer notierte die Gemeinde Ötlingen im Jahr 1904 mit der Nummer 278 als Neubürger. Auch bei ihm scheinen bereits einige Jahre vor seiner Einbürgerung nach Ötlingen in selbiger Gemeinde Söhne geboren worden zu sein. So finden sich in den Reisepassausstellungsnachweisen Ötlingens ein am 19. Januar 1895 geborener Kesselschmied Eugen Trauschweizer, ein am 16. Oktober 1896 geborener Fabrikarbeiter Adolf Trauschweizer und ein am 17. März 1900 ebenso in Ötlingen geborener Metzger Richard Trauschweizer.[36]

Im Allgemeinen ist davon auszugehen, dass die Aufnahme einer Person als Neubürger mit einem deutlichen Verzug zu ihrem tatsächlichen Zuzug erfolgte. Alleine dieser Umstand legt nahe, dass eine solche Listung nicht sämtliche Zugezogene erfasste, da etwa temporär Zuziehende, wie Saisonarbeiter, bereits vor einer Eintragung weitergezogen wären. Doch auch länger in Ötlingen lebende Personen waren nicht verpflichtet, Neubürger zu werden. So findet sich in den Akten der Fremdenpolizei beispielsweise ein aus dem preußischen Ver-

35 Zur Einwohnerzahl vgl. Widmer (1987): Kirchheim unter Teck, S. 191.

36 Vgl. Gemeinde Oetlingen (Archiv): Verwaltungs-Akten über Ausstellung.

waltungsbezirk Angermünde Stammender namens Friedrich August Wilhelm Cantignon, der Anfang des 20. Jahrhunderts als Stationsmeister in Ötlingen tätig und wohnhaft war.[37] Ebenjene Personenangabe fand sich allerdings nicht in der Neubürgerliste Ötlingens wieder. Eine ausbleibende Eintragung Zugezogener als Neubürger scheint der Regelfall gewesen zu sein, denn den Beilagen zum Verzeichnis neuzuziehender Personen ist ein großer Stapel von Wohnungsanmeldungen beigefügt. Die unsortierten Schriftstücke für das Jahrzehnt der Jahre 1905 bis 1914 belaufen sich auf gut 1.000 Dokumente.[38] Dies bedeutet eine ungeheuere Mobilitätsrate, wenn man bedenkt, dass für das Dorf Ötlingen des Jahres 1905 insgesamt 1.054 Einwohner ausgewiesen werden.[39] Ein besonders interessanter Fall ist in den Akten mit der Nummer 179 erhalten. Hier bestätigte ein gewisser Gottlob Süss als Vermieter den Einzug einer dreiköpfigen Familie zum 31. Dezember des Jahres 1907 in eine Wohnung seines Ötlinger Hauses Nummer 76 im ersten Stock. Als Mieter trat der 1876 in Salzburg geborene Kutscher Dominikus Sabin auf. Er lebte zusammen mit seiner Ehefrau, der 13 Jahre älteren Maria Sabin, die als Maria Keyvoll im Böhmischen geboren worden war. Gleichfalls in selbigem Ötlinger Haushalt führte das Dokument eine ledige Maria Keyvoll an, die im oberösterreichischen Enns zur Welt gekommen war. Bereits volljährig ging sie als Erdarbeiterin einer Beschäftigung nach. Da sie lediglich 11 Jahre jünger als der Mann des Hauses war, ist Dominikus Sabin als ihr Stiefvater anzusehen. Beschriebene ausländische Stieffamilie, deren einzelne Mitglieder jeweils aus unterschiedlichen Regionen stammten, dokumentiert ein reges Migrationsgeschehen jener Zeit, welches sich nicht in der Bürgerliste widerspiegelte. Zugleich verweist der konkrete Fall darauf, dass Wanderungsbewegungen nicht als statische, einmalige Vorgänge aufgefasst werden dürfen, sondern Folgewanderungen durchaus auf der Tagesordnung standen. So konnten sich an Fernwanderungen durchaus weitergehende Nahwanderungen anschließen, wie dies für die Familie Sabin und Keyvoll zutraf. Als letzt bekannten Wohnort der Stieffamilie erwähnt das Anmeldedokument das Luftlinie nur fünf Kilometer entfernte Köngen.[40] Die Annahme, dass es sich bei dem Neubürgerverzeichnis um den gesetzten, auf lange Zeit immobil gewordenen Teil der Zugezogenen gehandelt haben mag, ist ebenso anzuzweifeln. Dies veranschaulicht beispielsweise der Fall des zuvor erwähnten Elsässers Philipp Trauschweizer, denn dem Genannten wurde fünf Jahre nach Aufnahme als Neubürger Ötlingens auf Beschluss des Gemeinderats dieser Status wieder entzogen. Als Grund führte das kommunale Gremium die Nichtbezahlung der Rekognitionsgebühr an, also die noch ausstehende Aufnahmegebühr als

37 Vgl. Gemeinde Oetlingen (Archiv): Fremdenpolizei.

38 Vgl. Gemeinde Oetlingen (Archiv): Beilagen zum Verzeichnis.

39 Zur Einwohnerentwicklung vgl. Hofacker / Mühlnickel (1995): Ötlingen als Gemeinde, S. 273.

40 Vgl. Gemeinde Oetlingen (Archiv): Beilagen zum Verzeichnis.

Bürger. Habhaft konnte man ihm nicht mehr werden, da er nach Uhlbach, einem heutigen Stadtteil Stuttgarts, fortgezogen war.[41]

Die Ausführungen zur Stadt Kirchheim und der Gemeinde Ötlingen verdeutlichen, dass das Bürgerverzeichnis die Migrationsbewegungen um 1900 deutlich untererfasste. Eingedenk der überlieferten Wohnungsanmeldungen wird indes ersichtlich, dass das Wanderungsverhalten im Oberamt Kirchheim unter Teck zur Jahrhundertwende nicht nur qualitativ, sondern auch quantitativ nicht minder zu bewerten ist, wie das Mobilitätsgeschehen zur Jahrtausendwende.

2.3 Nah- und Fernwanderung

Betrachtet man allgemein das Wanderungsgeschehen im Deutschen Reich vor und um 1900, dominierte die Thematisierung der Auswanderung ins Ausland. Der Auswanderungsstrom von deutschen Territorien – als auch von Europa insgesamt – nach Übersee gilt als eindrückliches Phänomen des 19. und frühen 20. Jahrhunderts.[42] Unter den fünfzig bis sechzig Millionen Europäern, die im Jahrhundert vor dem Ersten Weltkrieg auf einen anderen Erdteil emigrierten, waren rund zehn Prozent Deutsche. Die Ausreisewellen verliefen in den europäischen Regionen nicht stets parallel. Verzeichneten andere europäische Länder im letzten Jahrzehnt des 19. Jahrhunderts einen zahlenmäßigen Höhepunkt der Abwanderungen, insbesondere in die Vereinigten Staaten von Amerika, hatte Deutschland sein Maximum bereits ein Jahrzehnt zuvor erreicht gehabt. Für das Deutsche Reich war die reale Bedeutung der Auswanderung Ende des 19. Jahrhunderts bereits stark abgeklungen und betraf nur noch wenige Zehntausende im Jahr. Vielmehr stellte in den 1890ern – und damit in der Boom-

41 Vgl. Gemeinde Oetlingen (Archiv): Verzeichnis außerhalb Wohnenden. Philipp Trauschweizer wird in der Akte mit der Nummer 128 geführt. Die Aufkündigung des Bürgerrechts bei Nichterstattung der Rekognitionsgebühr binnen fünf Jahren entsprach dem kommunalen Gesetz zur Gemeindeangehörigkeit. Vgl. zur Gebührenerhebung Schattel (2003): Von wahnsinnigen Lüsternheit, S. 96f. Aber auch jene, die als Neubürger aufgenommen worden waren und ihre Zahlungen entrichteten, verlegten bisweilen ihren Wohnsitz wieder, wie der aus Hagen stammende Fabrikant Friedrich Müschenborn, der – im Jahr 1907 als Ötlinger Bürger aufgenommen – im Jahr 1922 nach Kirchheim umsiedelte. In den Verwaltungsakten zu außerhalb der Gemeinde Wohnender ist Herrn Müschenborn die Nummer 160 zugeordnet.

42 Zu betonen ist, dass das Bild vom armen Entwurzelten, der sich als Folge dessen zur Emigration entscheidet, unzutreffend ist. Schließlich beliefen sich alleine die Überfahrtskosten etwa für das Jahr 1852 von Mannheim nach New York auf 49 bis 70 Gulden, ohne dass dies eine Verpflegung eingeschlossen hätte. Derartige finanzielle Möglichkeiten standen den Ärmsten schlicht nicht offen. Ferner sei angemerkt, dass es sich bei der Migrationsform des Auswanderns maßgeblich um Kettenwanderungen handelte. So lebten bei 95 Prozent der deutschen Amerikaauswanderer jener Zeit bereits Verwandte und Bekannte am Bestimmungsort. Vgl. Widmer (1987): Kirchheim unter Teck, S. 69, 193; Mergel (2009): Kaiserreich als Migrationsgesellschaft, S. 378.

phase der Hochindustrialisierung – die Ost-West-Binnenwanderung aus den östlichen preußischen Gebieten die prägende Migrationsbewegung dar. Entsprechend wurden in der Zeit des Deutschen Kaiserreiches über vier Millionen Ost-West-Binnenfernwanderer gezählt. Hinzu kamen deutlich mehr als eine Million ausländische Arbeitseinwanderer und – nicht zu vergessen – zumindest temporär rund fünfeinhalb Millionen Transitwanderer. Die exzessive öffentliche Berichterstattung und das politische Augenmerk auf die internationale Migration spiegelte nicht deren quantitativ wesentlich kleinere Rolle im Vergleich zum Binnenwanderungsgeschehen des 19. und 20. Jahrhunderts wider.[43] Im Gegenteil erwies sich gegenwartsnah und in der Vergangenheit, ob zur Jahrhundertwende um 1900 oder zur Jahrtausendwende, die Binnenwanderung als die quantitativ bei weitem bedeutendste Migrationsform in Deutschland. Die Größenordnung an Binnenwanderern beläuft sich für den Zeitraum des halben Jahrhunderts vor dem Ersten Weltkrieg in deutschen Territorien auf mehr als sechzig Millionen Personen. Zugleich führte nicht erst die Volkszählung aus dem Jahr 1907, sondern bereits jene des Jahres 1871 an, dass circa die Hälfte der Bevölkerung fern ihres Geburtsortes lebte. Gleichwohl kann man die Mehrzahl der innerdeutschen Umzüge auf Nahwanderungen eingrenzen.[44] Dementsprechend betonten ebenfalls Studien zur Herkunft von Fabrikarbeitern am Neckar, im Rhein-Main-Raum, im Ruhrgebiet, in der Saarindustrie oder in bayerischen Betrieben, dass der Großteil der Belegschaft aus der Umgebung stammte.[45]

Die großen Maschinenwerke in Württemberg, namentlich die Daimler-Motoren-Gesellschaft, das Bosch-Unternehmen und die Maschinenfabrik Esslingen, profitierten um 1900 von einem großen, potenziellen Arbeitskräftepool in ihrer näheren Umgebung. Dank einer handwerklichen Tradition im Neckarraum und der Etablierung eines metallverarbeitenden Gewerbes in vielen Ortschaften des Stuttgarter Umlandes im 19. Jahrhundert konnten die württembergischen Großbetriebe fachlich vorgeschulte Arbeitskräfte der näheren Umgebung anwerben und eine sesshafte Stammbelegschaft aufbauen. Exemplarisch sei ein Blick auf die 1846 gegründete Maschinenfabrik Esslingen geworfen, die in der zweiten Hälfte des 19. Jahrhunderts zu den bedeutendsten deutschen Lokomotivbauern zählte. Ende des 19. Jahrhunderts stammten Hubert Becker zufolge 95 Prozent der Fabrikarbeiter Esslingens aus dem Königreich Württemberg.[46] Anhand von gut 5.200 Einträgen in Personalbüchern des betreffenden Zeitraums ermittelte Heilwig Schomerus hingegen einen geringeren Anteil von rund

43 Vgl. ebd., S. 388; Ehmer (2013): Bevölkerungsgeschichte und Demographie, S. 26–28; Bade (1985): Überseeische Massenauswanderung, S. 262 f., 269.

44 Vgl. Ehmer (2013): Bevölkerungsgeschichte und Demographie, S. 19 f.

45 Vgl. etwa Präger (2011): Die Fuchssche Waggonfabrik, S. 154 f.; Hippel (1979): Herkunft der Bevölkerung, S. 51–53, 56; Jackson (1995): Migration in Duisburg, S. 174; Leiner (1994): Migration und Urbanisierung, S. 323 f.; Neumeier (1995): München um 1900, S. 240 f., 416 f. In den folgenden Ausführungen im Haupttext finden sich weitere Verweise zu regionalen Studien.

46 Vgl. ebd., S. 416 f.; Becker (1978): Die Esslinger Fabrikarbeiter, S. 207, 217.

84 Prozent Württembergern, die zwischen Mitte des 19. Jahrhunderts und erstem Weltkrieg die Belegschaft der Esslinger Maschinenfabrik stellten. Mit niedrigen einstelligen Prozentwerten waren Personen aus den Nachbarstaaten Bayern und Baden als auch den Bodenseeanrainern Schweiz und Österreich in der Arbeiterschaft vertreten. Arbeiter mit entfernterer Herkunft wie Sachsen oder Italien waren selten.[47] Obgleich die Mehrheit aus der näheren Umgebung kam, ist es beachtlich, dass rund 40 Prozent der Belegschaft von weiter als 50 Kilometern entstammte, womit die Ursprungsregion außerhalb des üblichen Tagesreiseradius lag.[48] Hierbei wiesen die einzelnen Berufsgruppen deutliche Unterschiede auf. Während etwa Facharbeiter an der Drehbank leichter angelernt werden konnten und somit nur zu rund einem Fünftel als Zugezogene eine Strecke von mehr als 50 Kilometern zurückgelegt hatten, betraf dies bei den Schlossern der Maschinenfabrik Esslingen zwischen 1846 und 1914 beinahe drei aus vier. Zugleich stieg der Anteil weiter Zuzugswanderstrecken im beobachteten Zeitverlauf.[49] Auffallend starke Wanderungskonzentrationen lagen bei gleichen Herkunftsorten vor. Hier ist davon auszugehen, dass eine Erstwanderung aus einem Ort häufig eine Folgewanderung von Verwandten oder Bekannten nach sich zog. Indem die gleichsam als Pionierwanderer Agierenden als erste Anlaufstelle dienen konnten, Informationen zu Arbeits- und Wohnmöglichkeiten weitergaben und teilweise selbst Schlafmöglichkeiten einrichteten, wirkten sie auch im Falle der Stadt Esslingen nachweislich multiplizierend.[50]

Das Ausmaß der Wanderungsbewegungen in der Hochphase der Industrialisierung wird deutlich, wenn man sich vergegenwärtigt, dass um 1900 ungefähr die Hälfte aller deutschen Einwohner fern des Geburtsortes lebte.[51] In Großstädten stellten die Einheimischen häufig eine Minderheit. Beispielsweise erwiesen sich in der bayerischen Landeshauptstadt im Jahr 1895 nur gut ein Drittel der Gemeldeten als gebürtige Münchner. Allerdings handelte es sich in der Mehrzahl nicht um Fernwanderungen. So waren beinahe fünf von sechs Ortsfremden

47 Im Mitarbeiterverzeichnis werden 189 Personen aus Bayern (3,7 Prozent), 104 aus Baden (2,0 Prozent), 74 aus der Schweiz (1,4 Prozent) und 51 aus Österreich (1,0 Prozent) aufgeführt. Folgender regionaler Ursprung war in der Belegschaft zumindest zwischen einem halben und ganzen Prozent präsent: Hessen, Italien, Sachsen und Elsass-Lothringen. Vgl. Schomerus (1978): Soziale Differenzierungen, S. 60.

48 Die Werte ähneln damit den Befunden zur Stadt Kirchheim unter Teck.

49 Vgl. Schomerus (1978): Soziale Differenzierungen, S. 30, 61; Becker (1978): Die Esslinger Fabrikarbeiter, S. 213 f. Ähnliches galt für die meisten Fabriken, beispielsweise auch für die nahe gelegene Fabrik der Daimler-Motoren-Gesellschaft in Untertürkheim. Vgl. Neumeier (1995): München um 1900, S. 416.

50 Vgl. Becker (1978): Die Esslinger Fabrikarbeiter, S. 220.

51 Es ist übliche Praxis, Analysen zur Herkunft der Bevölkerung im deutschen Kaiserreich mittels des Geburtsortes zu operationalisieren. Vgl. Ehmer (2013): Bevölkerungsgeschichte und Demographie, S. 19; Göbel (1920): Arbeitsstätten-Wanderungen, S. 171; Mergel (2009): Kaiserreich als Migrationsgesellschaft, S. 382. Der hohe Anteil Ortsfremder war geschlechtsunspezifisch, wie der Fall Stuttgart zeigt. Vgl. Müller / Schraut (2001): Folgen werden schlimm, S. 145.

gebürtige Bayern.[52] Ähnlich verhielt es sich in der oft als extrem wanderungsintensiv charakterisierten Stadt Berlin. Einer Zählung des Jahres 1905 zufolge waren dessen Einwohner zu 92 Prozent in Berlin oder zumindest in Preußen geboren.[53] Höhere Fernwanderanteile wies insbesondere das Ruhrgebiet als Brennpunkt der Industrialisierung auf. In den dortigen Großstädten beliefen sich um die Jahrhundertwende die Anteile jener, die über Provinzgrenzen zugezogenen waren, zwischen einem Fünftel und einem Drittel der städtischen Gesamtbevölkerung.[54] Der ebenso in ländlicheren Regionen eingesetzte Wandel dokumentiert sich exemplarisch im starken Anstieg von Nahwanderungen anlässlich von Eheschließungen. Dies sei mit Zahlen am Beispiel des alten Winzerortes Feuerbach verdeutlicht. Stammten Anfang des 19. Jahrhunderts neun von zehn verheirateten Feuerbacher Einwohnerinnen aus dem Ort selbst, oder zumindest seinem unmittelbaren Umland, waren dies im vorletzten Jahrzehnt des 19. Jahrhunderts nicht einmal mehr vier aus zehn.[55]

Insgesamt stellten Nahwanderungen um die Jahrhundertwende die prägende Migrationsform dar, allerdings lässt sich circa jede dritte Binnenwanderung als Fernwanderung klassifizieren.[56] Allgemein kennzeichnete nicht allein die Großstädte eine hohe Mobilität, jedoch profitierten insbesondere die Großstädte und Industrieagglomerationen wie der Berliner Raum und das Ruhrgebiet von innerdeutscher Fernwanderung und einem damit einhergehenden verstärkten Bevölkerungswachstum. Der Zuzug in kleinere Orte konzentrierte sich hingegen in weitaus stärkerem Maße auf die nähere Umgebung. Aber auch kleine Orte wiesen durchaus Zuzüge aus der Ferne auf. Im Bürgerverzeichnis des schwäbischen Dorfes Ötlingen waren die Neubürger der 1900er Jahre mehrheitlich aus der unmittelbaren Umgebung. Gleichwohl sind für diese Jahre ebenso Zuwanderungen eines Tagelöhners aus dem elsässischen Straßburg, eines Färbermeisters aus dem fränkischen Hof, eines Buchhalters aus dem thüringischen Gera und eines Werkzeugfabrikanten aus der Stadt Hagen im südöstlichen Ruhrgebiet belegt. Die ursprünglichen Zuzüge der Neubürger standen im Zusammenhang mit Anstellungsverhältnissen bei den örtlich ansässigen Unternehmen.[57]

52 Vgl. Neumeier (1995): München um 1900, S. 240 f. In allen Großstädten des Ruhrgebiets waren die Ortsgebürtigen ebenfalls in der Minderheit. Den niedrigsten und mit München vergleichbaren Anteil wies Bochum auf. Vgl. Köllmann (1958): Binnenwanderung und Bevölkerungsstrukturen, S. 219 f.

53 Vgl. Matzerath (1990): Wachstum und Mobilität, S. 211. Josef Ehmer zufolge belief sich der nicht-preußische Anteil im Jahr 1907 auf deutlichere 13 Prozent. Zudem handelte es sich bei 28 Prozent um Fernwanderer aus den östlichen Provinzen Preußens. Vgl. Ehmer (2013): Bevölkerungsgeschichte und Demographie, S. 21.

54 Vgl. Köllmann (1958): Binnenwanderung und Bevölkerungsstrukturen, S. 219–221; Mergel (2009): Kaiserreich als Migrationsgesellschaft, S. 382.

55 Ein beachtliches Sechstel war nicht in Württemberg geboren. Vgl. Müller / Schraut (2001): Folgen werden schlimm, S. 141.

56 Vgl. Ehmer (2013): Bevölkerungsgeschichte und Demographie, S. 20 f.

57 Vgl. Gemeinde Oetlingen (Archiv): Bürgerliste, Eintrag 274, 278, 323, 343.

In Bezug auf die Korrelation von Wanderungsentfernung und Qualifikationsniveau der Migrierenden helfen allerdings pauschale Aussagen wenig weiter. Vielmehr überlagerten sich verschiedene Migrationsmuster. Es kann einerseits konstatiert werden, dass in der Sichtung nach Berufsgruppen in Unternehmen wie der Esslinger Maschinenfabrik, der Maschinenfabrik Augsburg-Nürnberg und der Fuchs'schen Waggonfabrik in Heidelberg besser Qualifizierte im Durchschnitt häufig weitere Wanderungsstrecken zurückgelegt hatten. Im Falle des nordbadischen Eisenbahnbauers handelte es sich bei der obersten Führungs- und Leitungsebene im Grunde ausschließlich um aus der Ferne Zugezogene.[58] Ähnliches identifizierte Paul-André Rosental bei der Betrachtung von Wanderungsentfernungen für das Frankreich des 19. Jahrhunderts, indem er nach grundsätzlicher Lese- und Schreibfähigkeit unterschied.[59] Wolfgang von Hippel machte darauf aufmerksam, dass Alteingesessene in Ludwigshafen zur Jahrhundertwende unter den Statushöheren deutlich überrepräsentiert waren, da sie vermeintlich von Netzwerkvorteilen profitierten.[60] Zugleich ist nicht von der Hand zu weisen, dass infolge einer massenhaften Anwerbung von – oftmals auch ausländischen – Ortsfremden als Hilfskräfte, eine proletarische Unterschichtung durch die Immigranten beklagt wurde.[61] Bei den insbesondere im Bergbau und in der Landwirtschaft als unqualifizierte Arbeitskräfte eingesetzten Ausländern handelte es sich im Regelfall um ausgewiesene Fernwanderer. Dies passt ins Bild des Mobs, der sich im Gegensatz zur tugendhaften sesshaften Bevölkerung aus mobilen Arbeitssuchenden zusammensetzte.[62]

Entsprechend der individuell unterschiedlichen Qualifizierungen der einzelnen Migrationsgruppen kann undifferenziert nicht von einer Verknüpfung eines sozialen Aufstieges im Rahmen räumlicher Mobilität gesprochen werden. Selbst bei ein und derselben Person erscheinen eindimensionale Kategorisierungen nicht stets angebracht zu sein, da Mobilität hier – je nach Blickwinkel – durchaus als Folge eines Scheiterns wie auch gegenteilig als neue Chance inter-

58 Dem im Jahr 1919 angelegten und bis zum Jahr 1872 zurückreichenden Mitarbeiterverzeichnis ist zu entnehmen, dass der Direktor aus Halle stammte. Unter den Konstrukteuren und Ingenieuren befanden sich viele aus Gebieten gebürtig, die heute in Polen und den neuen Bundesländern liegen. Vgl. Präger (2011): Die Fuchssche Waggonfabrik, S. 153–155; Schomerus (1978): Soziale Differenzierungen, S. 33, 36; Rupieper (1979): Regionale Herkunft, S. 98–100.

59 Unter den Umziehenden legten 55 Prozent der Analphabeten eine Strecke von maximal 15 Kilometern zurück. Nur zwölf Prozent dieses ungebildeten Personenkreises wanderte weiter als 100 Kilometer. Unter den Lese- und Schreibkundigen hingen waren es 29 Prozent die eine derart definierte Fernwanderung vollzogen und im Verhältnis lediglich 34 Prozent, die im unmittelbaren Umkreis von 15 Kilometern ihren Wohnstandort wechselten. Vgl. Rosental (2006): Macro and Micro, S. 473.

60 Vgl. Hippel (1979): Herkunft der Bevölkerung, S. 57.

61 Vgl. Kösters-Kraft (2000): Großbaustelle und Arbeitswanderung, S. 60.

62 In der Frühen Neuzeit wäre die Entsprechung ortsfremde Vagabunden gewesen. Manuela Bojadžijev und Serhat Karakayali bezeichneten diese mobilen Arbeiter als erste Proletarier Europas. Vgl. Bojadžijev / Karakayali (2007): Autonomie der Migration, S. 208.

pretierbar war. Auch bei vergleichbaren Migranten unterschieden sich trotz ähnlicher vorangegangener Wanderungen die soziale Neupositionierung und der ihnen beigemessene soziale Status, da die Begleitumstände divergierten. Stephan Beetz verweist etwa darauf, dass um die Jahrhundertwende viele ländliche Fortziehende durch das anschließende Ausüben eines Angestelltenberufes einen sozialen Aufstieg erfuhren. Doch gleichfalls sah sich ein großer Anteil der ländlichen Abwanderer im weiteren Verlauf mit unsicheren Beschäftigungsverhältnissen als unqualifizierte Hilfsarbeiter in Fabrikunternehmen konfrontiert. Als unqualifizierte Ortsfremde stellten Unternehmen sie je nach konjunktureller Situation ein, kündigten sie aber auch als erste wieder. Diese Form der Flexibilität gereichte jenen nicht dazu, ihren sozialen Status zu verbessern.[63] Ähnliches konstatierte Klaus Tenfelde für Zuwanderer ins Ruhrgebiet um 1900, die im Bergbau körperlich schwer arbeiteten. Hier war zumindest für die erste Zuwanderergeneration kein weitergehender unmittelbarer sozialer Aufstieg mit der vorherigen räumlichen Mobilität verknüpft.[64]

2.4 Exkurs: Anwerbung von Ortsfremden

Arbeitswanderungen resultierten nicht nur aus einer aktiven Suche nach Arbeitsplätzen, sondern wurden ebenso durch unternehmerseitige Anwerbungen gezielt angeregt. Einen besonderen Anwerbebedarf an ortsfremden Arbeitern sahen Arbeitgeber im Hamburger Hafen im Jahr 1896 gegeben. Grund dafür war ein umfassender Streik der Hafenarbeiter. Der rund ein Jahr währende Ausstand der Hamburger Arbeiter konnte durch auswärtig engagierte Arbeitskräfte, die als Streikbrecher fungierten, abgefedert werden. Zugleich drohte den ehemaligen Arbeitern mit einfachen Tätigkeiten fortan eine anhaltende Anstellungslosigkeit, da die ungelernten Ortsfremden nach Anfangsschwierigkeiten angemessen eingearbeitet waren und deren Arbeitsplätze eingenommen hatten. Dementsprechend lief der Streik ins Leere. Die vormaligen Arbeiter mussten sich ihre Niederlage einräumen. Deren Enttäuschung darüber mündete in Gewaltexzessen auf den Straßen Hamburgs, die letztlich dazu beitrugen, dass die einstigen Hamburger Hafenarbeiter ihre alten Anstellungen wieder einnehmen konnten, denn die Mehrheit der ortsfremden Neuangeworbenen verließ die Hansestadt aus Furcht vor Übergriffen. Entsprechend belief sich der Anteil der vormals auswärtig angeworbenen Streikbrecher an allen Hamburger Hafenarbeitern zwei Jahre nach Ende des Streiks lediglich noch auf fünf Prozent.[65]

Aber nicht nur in der Sondersituation eines Arbeitskampfes beklagten Unternehmer einen Arbeitskräftemangel und begegneten dem mit der Anwerbung

63 Vgl. Beetz (2004): Dörfer in Bewegung, S. 25; Köllmann (1974): Industrialisierung Binnenwanderung, S. 112–116.

64 Vgl. Tenfelde (1979): Bildung und Aufstieg, S. 491.

65 Vgl. Grüttner (1981): Mobilität und Konfliktverhalten, S. 147, 149.

Auswärtiger. Als das Chemieunternehmen Bayer sein Stammwerk um 1900 von der Wupper an den Rhein verlagerte, fehlte es in der Umgebung an Personal, das geeignet oder bisweilen auch gewillt war, sich der gesundheitsgefährdenden Fabrikation des expandierenden Betriebes auszusetzen. Das Akquirieren von Arbeitskräften über städtische Arbeitsnachweise – wie jener der am Main gelegenen Stadt Frankfurt – funktionierte mäßig gut.[66] Externe Vermittler warben allerdings in größerem Umfang Arbeiter aus Schlesien und Pommern an.[67]

Ausländischen Arbeitskräften, allen voran aus polnischen Gebieten, kam speziell im Bereich der Schwerarbeit im Deutschland der Hochindustrialisierungszeit eine große Bedeutung zu. Die erste gezielte Anwerbung von Polen für den Ruhrbergbau erfolgte im Jahr 1871 durch die in Bottrop ansässige Zeche Prosper. Das Engagement einiger hundert oberschlesischer Bergarbeiter markierte den Beginn der industriellen Ost-West-Arbeitsmigration.[68] Im Vergleich zu anderen Migrationsbewegungen in Europa war die einsetzende polnische Arbeitswanderung in ihrem Ausmaß beispiellos. Bereits vor dem Ersten Weltkrieg überstieg die Bevölkerungszahl der Polen und Masuren im Ruhrgebiet eine halbe Million, was ungefähr einem Zehntel der Bevölkerung dieser westdeutschen Region entsprach. Unter den Industriearbeitern stellten sie dort sogar jeden Fünften. Dehnt man den Blick auf alle Industrieregionen der Rheinprovinzen und Westfalens sowie auf den Berliner Großraum und Sachsen aus, sind einige hunderttausend polnische Arbeitswanderer mehr zu veranschlagen. Grobe Schätzungen gehen von vier Millionen Menschen aus, die als binneneuropäische Wanderer zwischen 1860 und 1910 aus den preußischen Ostprovinzen in Richtung Westen migrierten.[69] Typisch waren Kettenwanderungen. Nachdem erste Personen gleich Pionieren aus einer bestimmten Ostregion zugewandert waren, folgten in späteren Jahren weitere Menschen aus deren ursprünglichem sozialen Netzwerk. Dies zeigte sich beispielsweise deutlich im Bitterfelder Raum. In jener vom Braunkohletagebau und der chemischen Industrie geprägten Region stammten in der Hochindustrialisierungsphase mehr als neun von zehn der zugewanderten Polen aus der Provinz Posen.[70]

66 Kommunale Arbeitsnachweise konstituierten sich im Deutschen Reich seit den 1880er Jahren und stellten aus der Armenfürsorge hervorgegangene Vorläufer der Arbeitsämter dar. Vgl. Paulini (2001): Dienst am Volksganzen, S. 197.

67 Vgl. Schulz (1978): Integrationsprobleme der Arbeiterschaft, S. 76. Aber auch eine Rekrutierung von Ausländern war nicht stets Erfolg beschienen, wie das Beispiel des Trierer Bezirks um 1900 zeigt. Angeworbene Landarbeiter aus Westpreußen, Posen und Schlesien verließen die Moselregion allesamt wieder nach kurzer Zeit. Vgl. Leiner (1994): Migration und Urbanisierung, S. 263 f.

68 Vgl. McCook (2007): Polnische industrielle Arbeitswanderer, S. 870 f.

69 Vgl. Mergel (2009): Kaiserreich als Migrationsgesellschaft, S. 382 f.; Ehmer (2013): Bevölkerungsgeschichte und Demographie, S. 20; Kleßmann (1987): Long-Distance Migration, S. 102.

70 Vgl. Frackowiak (2011): Wanderer im Niemandsland, S. 28, 33, 41 f.

Der Bergbau und die Schwerindustrie zeichneten sich als die ersten Branchen aus, die seit den 1870er und 1880er Jahren systematisch ausländische Arbeitskräfte engagierten, um den erhöhten Bedarf der expandierenden Unternehmen abzudecken. Der gewerblich-industrielle Sektor machte hiervon in größerem Ausmaß erst ab der hochindustriellen Boomphase des letzten Jahrzehnts des 19. Jahrhunderts Gebrauch.[71] Neben der Industrie benötigten die preußische und sächsische Landwirtschaft ebenfalls billige Saisonarbeitskräfte.[72] Im Gegensatz zu Sachsen unterschied der preußische Staat repressiv zwischen russischen und preußischen Polen.[73] Für Erstere erließ die preußische Obrigkeit diskriminierende Regularien, welche Legitimationsnachweise und einen Rückkehrzwang für Polen mit russischer Staatsbürgerschaft festlegten. Gepaart mit der Trennung von der Familie machte diese Form der Ausländerkontrolle die russischen Polen zu zwangsentrechteten immobilen Mobilen. Sie waren an ihren Arbeitgeber gebunden und durften ihn innerhalb einer Arbeitssaison nicht wechseln, was ein Zusatz in ihren Arbeitspapieren entsprechend vermerkte. Zugleich verpflichtete man sie unter Strafandrohung, während der winterlichen Arbeitssperrfirst in ihre Heimat zurückzukehren. Diese antipolnische Politik war nationalistisch motiviert.[74] Ungefähr die Hälfte der ausländischen Saisonarbeiter im Deutschen Kaiserreich stammte aus den polnischen Gebieten des russischen und österreichisch-ungarischen Reiches.[75]

Durch den gestiegenen, sich vervielfachten Ausländeranteil sprach etwa in der Industriestadt Duisburg circa jeder Zehnte um die Jahrhundertwende kein Deutsch. Ende der 1900er ist die Ausländerzahl im Deutschen Reich mit rund

71 Vgl. Riemer-Schäfer (1978): Sozialstatistik und Sozialstruktur, S. 112 f.; Kösters-Kraft (2000): Großbaustelle und Arbeitswanderung, S. 29.

72 Vgl. Bade / Oltmer (2007): Polnische landwirtschaftliche Arbeitskräfte, S. 879; Spieker (2011): Bilder in Bewegung, S. 505.

73 Die unterschiedliche Staatsbürgerschaft der Polen ging auf die einstige mehrfache Aufteilung Polens zwischen Preußen, Russland und teilweise dem österreichisch-ungarischen Reich zurück.

74 Bei Ausbruch des Ersten Weltkrieges wurde den militärfähigen russischen Polen allerdings die Rückkehr untersagt. Als immobile Zwangsarbeiter waren sie nun gleichfalls ihrer Heimat beraubt. Vgl. Spieker (2011): Bilder in Bewegung, S. 505; Bade / Oltmer (2007): Polnische landwirtschaftliche Arbeitskräfte, S. 880–882.

75 Als ausländischen Wanderarbeitern kamen ebenso Ostslawen aus den Gebieten der Habsburgermonarchie und Arbeitern aus Böhmen eine große Bedeutung zu. Vgl. Ehmer (2013): Bevölkerungsgeschichte und Demographie, S. 29 f. Speziell in Nahwanderungsverflechtungen wie zwischen dem sächsischen und böhmischen Raum dürfte ein Grenzempfinden für den einzelnen Akteur im 19. Jahrhundert häufig gering ausgeprägt gewesen sein. Doch wurde im Zuge der Nationalstaatsbildung das staatliche Territorium eindeutiger definiert und kontrolliert, was ebenso mobile Arbeiter tangierte. »Die ›Mobilisierung‹, die die europäische ›Modernisierung‹ begleitete, ging somit Hand in Hand mit dem Versuch verschiedener Staaten, ihre Populationen zu stabilisieren, das heißt bestimmte Gruppen zu immobilisieren.« Huber (2010): Multiple Mobilities, S. 333.

eineinhalb Millionen zu veranschlagen.[76] Neben der größten Gruppe der Polen hatte zu jenem Zeitpunkt auch die italienische Einwandergruppe an Bedeutung gewonnen. Aus ihren Reihen kam jeder zehnte Ausländer. Damit hatte sich ihre Zahl binnen vier Jahrzehnten mehr als verdreißigfacht und ihr Anteil unter den Ausländern verfünffacht.[77] Da die zuvor erwähnten Arbeitsmarktbeschränkungen exklusiv für russische Polen galten, waren die Italiener nicht an Arbeitgeber und Arbeitsorte gebunden. Vielmehr bestimmten bei den italienischen Migranten maßgeblich das praktizierte Berufsfeld, die Vertragsdauer der Arbeitsverhältnisse und die Bedürfnisse ihrer aktuellen Familienkonstellation, ob ein Wohnort zu einer neuen Heimat wurde oder eine Durchgangsstation blieb. Letzt genannter Einflussfaktor änderte sich bisweilen im Laufe der Zeit, da sich oftmals familiäre Kettenwanderungen ereigneten. Viele italienische Wanderarbeiter verdienten sich ihren Lohn im Baugewerbe. Ebenso waren sie in Deutschland in der Montanindustrie zahlreich, im landwirtschaftlichen Bereich hingegen äußerst selten vertreten. Trotz häufig vorhandener handwerklicher Qualifikation stellte man Italiener insbesondere als Hilfskräfte ein. Die damit einhergehende Dequalifizierung fand Ausdruck in einer teilweisen sozialen Unterschichtung der alteingesessenen Arbeiterschaft. Dies bezeichnet man als Subproletarisierung.[78] Entsprechend ihrer schlechteren sozialen Stellung kam hinzu, dass Ortsfremde im Allgemeinen und Ausländer im Speziellen bei einem Personalabbau überdurchschnittlich von Entlassungen betroffen waren. Gegenüber den Ortsansässigen verspürte man in Politik und Unternehmertum im Regelfall eine größere Verantwortung.[79]

Angesichts des angedeuteten Migrationsstroms aus dem Ausland klassifizierte der ungarische Historiker Imre Ferenczi das Deutschland jener Zeit als »zweitgrößte[s] Arbeitseinfuhrland der Erde«[80] nach den USA. Diesen Gedanken griff der Migrationsforscher Klaus Bade wiederholt auf, in dem er beginnend mit dem Ende des 19. Jahrhunderts für Deutschland eine Verschiebung von einem Auswanderland zu einem Arbeitereinfuhrland konstatierte.[81]

76 Bei dieser Zahl sind die Saisonarbeiter wohl lediglich teilweise inbegriffen. Erfasst man sie vollständig, dürfte sich die Gesamtzahl an Ausländern im Deutschen Reich bei rund zwei Millionen bewegt haben. Vgl. Del Fabbro (1996): Transalpini, S. 83; Bade / Oltmer (2007): Polnische landwirtschaftliche Arbeitskräfte, S. 881 f.; Ehmer (2013): Bevölkerungsgeschichte und Demographie, S. 29 f.; Jackson (1995): Migration in Duisburg, S. 168.

77 Auch der Gegenstrom war nicht unbedeutend. Die italienische Statistik führte knapp zwei Drittel so viele deutsche Italienwanderer an, wie sie an Migranten selbst ins Deutsche Reich abgab. Vgl. Del Fabbro (1996): Transalpini, S. 86.

78 Vgl. ebd., S. 96–98, 102 f.; Del Fabbro (2007): Italienische industrielle Arbeitskräfte, S. 690 f.; Kösters-Kraft (2000): Großbaustelle und Arbeitswanderung, S. 60.

79 Vgl. Leiner (1994): Migration und Urbanisierung, S. 265.

80 Ferenczi (1930): Kontinentale Wanderungen, S. 21.

81 Vgl. Bade (1983): Vom Auswanderungsland, S. 34 f.; Bade (1985): Zum Arbeitseinfuhrland, S. 438 f., 480 f.

2.5 Fluktuation und saisonale Wanderschaft

Eine Fluktuation speziell durch Saisonarbeitskräfte kam nicht nur durch ausländische Hilfsarbeiter zustande. Dazu trug desgleichen auch die Gegenrichtung temporär im Ausland weilender deutscher Arbeitswanderer bei, die in den meisten Fällen als Einzelwanderer auftraten.[82] Die Größenordnung der im Ausland tätigen Deutschen belief sich zu Anfang des 20. Jahrhunderts beispielsweise in der Schweiz auf eine knappe Viertel Million, die in der Bauwirtschaft und in Handwerksberufen engagiert waren, und in Frankreich auf gut 100.000, die im Baugewerbe, als Haushaltshilfe oder als Straßenreiniger arbeiteten.[83] Hervorzuheben sind ebenso die Hollandgänger, wie etwa die in den Sommermonaten wandernden Ziegler aus dem deutschen Fürstentum Lippe.[84]

Eine größere Bedeutung und ein größeres Ausmaß dokumentierten indes die innerdeutschen, meist nahräumlichen, saisonal bedingten Wanderungsbewegungen. So erwies sich eine jahreszeitliche Fluktuation zwischen landwirtschaftlicher und industrieller Arbeit um 1900 als stark ausgeprägt. Geschätzt war jeder neunte Fabrikarbeitsplatz zur Jahrhundertwende von Arbeiterbauern besetzt. Oftmals konnten diese erst durch die Teilhabe an beiden beruflichen Sphären einen ausreichenden Lebensunterhalt sichern. Da sich die industrielle Saisonbeschäftigung von Landwirten teilweise auf die Wintermonate beschränkte, mussten einige Unternehmen in den Sommermonaten Fernwanderer zu höheren Gehaltsbezügen anstellen. Auch die angeführten, oftmals jungen und ledigen Arbeiter erhöhten die saisonalen Fluktuationsraten. Thomas Mergel schätzt, dass infolge der beschriebenen Formen jahreszeitlicher Wanderschaft bis zu einem Drittel der urbanen Bevölkerung nur episodisch in der Stadt lebte. Dies dokumentiert einen dynamischen Wanderungsaustausch zwischen Städten mit ihrem Umland, in geringerem Ausmaß ebenso zwischen Städten untereinander. Damit zeigt sich, dass Migrationsbewegungen nicht eindimensional verliefen.[85]

82 In der Forschung wird zumeist die Position vertreten, dass es sich bei diesen überproportional um Männer handelte. Aber es finden sich auch Gegenbeispiele. Etwa waren unter den im Jahr 1894 in Zürich tätigen Gastarbeitern aus dem württembergischen Rottenburg 87 Männer und 88 Frauen. Letztere verdingten sich insbesondere als Dienstbotinnen. Vgl. Kaschuba (1982): Bauern und andere, S. 163.

83 Vgl. Mergel (2009): Kaiserreich als Migrationsgesellschaft, S. 377; Cheptou (2011): Deutsche Gastwirtsgehilfen, S. 192.

84 In diesem Territorium im Raum Detmold war um 1900 jeder dritte erwerbstätige Mann im dort traditionell vertretenen Zieglergewerbe tätig. Die Ziegler zeichneten im Unterschied zu den anderen Beispielen zumeist Gruppenwanderungen aus. Vgl. Zimmermann (2013): Wanderziegler, S. 31 f.

85 Vgl. Mergel (2009): Kaiserreich als Migrationsgesellschaft, S. 381; Ehmer (1988): Lohnarbeit und Lebenszyklus, S. 460; Langewiesche (1977): Wanderungsbewegungen in Hochindustrialisierungsperiode, S. 18 f.

Die teilweise hochmobile Lebenswirklichkeit manch jungen Arbeitssuchenden soll das Beispiel eines 18-Jährigen namens Carl Dinger verdeutlichen, wobei darauf zu verweisen ist, dass im konkreten Fall Erfahrungen aus einer Zeit unmittelbar vor der Hochindustrialisierungsphase in Deutschland angeführt werden. Der junge Mann beschrieb die Stationen seiner Arbeiterwanderschaft der letzten zwanzig Monate in einem Brief aus dem Jahre 1864 wie folgt.

»[V]on Eßlingen aus ging ich nach Mainz wo ich am Neujahrstage 3 Stunden von Mainz in Eltville a/R. [am Rhein] Arbeit bekam. Hier war ich ein halbes Jahr, von da gings nach Berlin. Da mir mein Reisegeld unterwegs ausging so mußte ich in Burg bei Magdeburg auf 6 Wochen Arbeit nehmen. Im Oktober kam ich nach Berlin wo ich in einer Photographie Album Fabrik Arbeit erhielt. Zum Frühjahr ging es schlecht, wegen dem Krieg in Schleswig-Holstein und so machte ich am 9. März in Begleitung eines Freundes, dem Paul Döring aus Eßlingen nach Dresden, welcher, soviel ich erfahren habe, schon wieder zu hause ist. In Dresden bekam ich Arbeit, da aber der Lohn schlecht und alles sehr teuer ist, so machte ich fort nach Chemnitz wo ich bei dem Portefeuille-Arbeiter Herrn Ernst Friedrich Arbeit erhielt, bei welchem ich auch jetzt noch bin.«[86]

Der Fall steht sinnbildlich für eine Vermengung verschiedenster Einflüsse und Umstände auf Migrationsbewegungen und lässt an der Dienlichkeit einfacher Wanderschemata zweifeln. Die unrhythmisch vollzogenen Ortswechsel sind sowohl einer Eigenmotivation zur Verbesserung der eigenen Lage zuzuschreiben, als auch – wie im Falle Berlins – durch äußere Einflüsse und zwar im Konkreten durch wirtschaftlich schlechte Entwicklungen bedingt. Zudem beeinflussen oftmals Informationen aus dem Verwandten- oder Bekanntenkreis das Migrationsverhalten. Nicht selten häuften sich Wanderungen bei jenen, die Vorerfahrungen aus dem Elternhaus mitbrachten. So hatte Carl Dinger bereits als Kind viele Umzüge miterlebt: von Bayern nach Frankreich und weiter nach Hessen, von dort in die Pfalz und zuletzt nach Esslingen, von wo er dann als junger Mann seine eigene Wanderschaft begann.[87]

Die Fluktuationsraten in der Arbeiterschaft zur Zeit der Hochindustrialisierung fielen bisweilen extrem aus. Eine Studie zur Situation im Düsseldorfer Bezirk im Jahre 1906 und 1907 nahm 412 Betriebe mit insgesamt über 160.000 Beschäftigten in den Blick. Hierbei wies die Textilbranche unter den Angestellten eine jährliche Austauschrate von 54 Prozent auf. Dieser hohe Wert bedeutete zugleich den niedrigsten Messwert aller Wirtschaftszweige. Die auffallendste Umwälzung der Belegschaft vollzog sich in der chemischen Industrie. Dort fand innerhalb eines Jahres ein Austausch von 170 Beschäftigten in Bezug auf 100 Mitarbeiter statt. Somit verweilte eine große Zahl in chemischen Fabriken deutlich kürzer als ein Jahr an der gleichen Arbeitsstelle. Aber auch im Metall-

86 Carl Dinger: Brief vom 24. August 1864, zitiert nach: Schomerus (1979): Saisonarbeit und Fluktuation, S. 113.
87 Vgl. zu den Umzügen des Carl Dinger in seiner Kindheit ebd., S. 113.

gewerbe als größter Einzelbranche betrug die Fluktuationsrate ausgesprochen hohe 90 Prozent.[88] Ebenso lässt sich aus den städtischen Wanderungszahlen eine Unstetigkeit ablesen. Beispielsweise überstieg in der Stadt Bochum in den letzten beiden Jahrzehnten des 19. Jahrhunderts das Wandervolumen der Zu- und Fortziehenden das Dreizehnfache der Wohnbevölkerung aus dem Jahr 1880. Die Durchgangsbevölkerung bestand maßgeblich aus ungebundenen jungen Männern, vergleichbar dem oben angeführten Carl Dinger.[89] Das hohe Ausmaß an Zirkulation charakterisierte nicht nur das rheinisch-westfälische Industriegebiet der Hochindustrialisierungszeit, sondern war gleichfalls in anderen Industrieregionen und Großstädten des Deutschen Reiches zu beobachten. Symptomatisch waren eine hohe Fluktuationsrate und eine Vermengung von einer großen Zahl Nahwanderer, die wieder zu ihrem Ursprungsort zurückkehrten, als auch jene, die Folgewanderungen vollzogen. Das galt ebenfalls für Bayerns größte Stadt, wie das Beispiel der Münchner Lokomotivbaufirma Krauss zeigt. Dort quittierten in den Jahren 1880 bis 1913 45 Prozent der Mitarbeiter binnen eines Jahres den Arbeitsdienst.[90] Berufliche und damit teilweise auch räumliche Veränderungen folgten nicht unbedingt einer intrinsischen Motivation der Arbeiter, wenngleich ein solcher Eindruck in der Forschungsliteratur häufig entsteht. Von nicht minderer Bedeutung war die allgemeine konjunkturelle Lage, die entsprechende Schwankungen in den Belegschaftsgrößen eines Unternehmens zeitigte. So wies etwa die in den Jahren 1870 bis 1913 insgesamt deutlich expandierende Maschinenfabrik Esslingen eine sehr unstete Entwicklung der Mitarbeiterzahlen auf. In jenem Zeitraum erfolgte in 24 Jahren eine Belegschaftsvergrößerung. Zugleich zeichnete der Verlauf in 19 Jahren mit einem durchschnittlichen Belegschaftsschwund von acht Prozent die temporär schlechten Wirtschaftslagen nach.[91] Ebenso konnten firmeneigene Fehlentwicklungen zu Arbeitsplatzverlusten führen. Dies sei an zwei lokalen Beispielen aus der Stadt Kirchheim unter Teck verdeutlicht.

Die bedeutendste Kirchheimer Firma jener Zeit, das Textilunternehmen Kolb & Schüle, hatte bis zum Ende des 19. Jahrhunderts eine moderat, aber stetig wachsende Belegschaft zu verzeichnen gehabt. Nach anhaltend positiver Entwicklung vergrößerte sich das Unternehmen im Jahr 1897 deutlich durch den Bau eines Zweitwerkes in Bissingen unter Teck. Dadurch stieg die Mitarbeiterzahl sprunghaft binnen zwei Jahre von 452 auf 803 Arbeitskräfte. Als allerdings nach über dreieinhalb Jahrzehnten Kontinuität an der Geschäftsspitze zur Jahrhundertwende ein Führungswechsel anstand, erlebte der Textilhersteller

88 Vgl. Hochstadt (1999): Mobility and Modernity, S. 208.
89 Vgl. Crew/Beutler (1975): Regionale Mobilität, S. 100 f.; Ehmer (2013): Bevölkerungsgeschichte und Demographie, S. 20.
90 Vgl. Neumeier (1995): München um 1900, S. 427 f.; Jackson (1995): Migration in Duisburg, S. 174; Leiner (1994): Migration und Urbanisierung, S. 323 f.
91 Vgl. Hochstadt (1999): Mobility and Modernity, S. 206.

zeitgleich Absatzprobleme. Im Zuge dessen schrumpfte die Belegschaftsgröße in den 1900ern auf weniger als die Hälfte.[92]

Nicht nur Schwankungen der Betriebsgröße zeigte die Maschinenfabrik Kirchheim, die dem Traditionsunternehmen Kolb & Schüle kurzzeitig die Spitzenposition des größten Betriebes vor Ort streitig machte. In Anlehnung an die prosperierende Maschinenfabrik in Esslingen wurde im Mai 1871 die Maschinenfabrik und Gießerei Kirchheim unter Teck eröffnet. Die kommunale Bevorzugung des Unternehmens, etwa durch die erstmalige städtische Gasversorgung eines Kirchheimer Betriebes, sowie die im großen Stil erfolgenden Erweiterungen der Betriebsanlage in den ersten beiden Geschäftsjahren, spiegelten die lokalen Hoffnungen und Erwartungen in die zukünftige Unternehmensbedeutung wider. Im Jahr 1873 stellte die Firma bereits 740 Personen an. Die schnelle Betriebsvergrößerung und der rapid steigende Produktionsausstoß beflügelte ebenso das lokale Eisenbahnwesen. Der private Bahnanbieter profitierte durch gestiegene Beförderungszahlen im Personen- und Güterverkehr unmittelbar. Als der wichtige österreichische Absatzmarkt in Folge des Kurseinbruches an den Wiener Börsen im Sommer des Jahres 1873 einbrach, wirkte sich dies auf das Unternehmen verheerend aus. Das Großunternehmen, für welches der lenkbare Aufsichtsrat keine funktionierende Kontrollinstanz bot, musste schon vier Jahre nach seiner Gründung abgewickelt werden und ließ viele neuzugezogene Personen mit dem Verlust ihres Arbeitsplatzes zurück.[93]

Die beiden Exempel aus Kirchheim führen vor Augen, dass unstete Firmenentwicklungen substanziell zu erhöhten Fluktuationsraten und damit teilweise zu einer ausgeprägten Mobilität unter den Beschäftigten beitrugen. Dabei waren jene, die sich durch einen Zuzug als mobil erwiesen hatten, in Phasen eines Mitarbeiterabbaus häufig unter den ersten, die von Arbeitgebern entlassen wurden. Sie gehörten oftmals zu den schlechter vernetzten und sozial benachteiligten. Darunter befanden sich überproportional häufig Ausländer und Frauen – ein

92 Vgl. Widmer (1987): Kirchheim unter Teck, S. 135–137. Seit den 1910ern ging es mit Kolb & Schüle wieder deutlich aufwärts. Mitte des 20. Jahrhunderts etablierte sich das Unternehmen als deutscher Marktführer im Spezialbereich daunendichter Gewebetextilien. Bis in die 1980er Jahre stabilisierte und vergrößerte es sich immer wieder durch die Übernahme anderer Textilbetriebe. Im globalen Wettstreit mit billig produzierenden Niedriglohnländern wurde die Produktion nach Südosteuropa und schließlich nach China ausgelagert, was den Untergang des Kirchheimer Traditionsunternehmens einleitete. Vor der Insolvenz im Jahr 2000 hatte die Firma sich in den 1990ern von ihrer Textil-Kernsparte gelöst und sich zu einer Immobiliengesellschaft gewandelt. Eine detaillierte Aufarbeitung dieser Unternehmensgeschichte als Beispiel der Bemühungen einer globalen Positionierung und des Niedergangs der europäischen Textilindustrie erscheint lohnend. Mit neun laufenden Metern Aktenbestand mutet der Archivbestand im Wirtschaftsarchiv Baden-Württemberg vermeintlich gut an. Siehe zum Archivbestand B 55 zum Unternehmen Wirtschaftsarchiv Baden-Württemberg (2015): Archivbestände Kolb & Schüle.

93 Vgl. Widmer (1987): Kirchheim unter Teck, S. 126–128.

Zusammenhang, der auch in den vergangenen Jahrzehnten nicht unbekannt war.

Zugleich besteht die Gefahr, durch die hohen Fluktuationsraten und die Vielzahl an Mobilitätsvorgängen das Ausmaß zu überschätzen, in welchem eine tatsächliche Durchmischung der Bevölkerung erfolgte. Denn festzuhalten ist, dass Durchgangswanderungen und temporäre Wanderungen in den Jahrzehnten um die Jahrhundertwende dominierten. Die Mobilitätsform temporärer Wanderschaft prägte oftmals eine am Lebenszyklus orientierte individuelle Übergangsphase und mündete – betrachtet man biografische Verläufe über Jahrzehnte – für den Einzelnen selten in einer Dauerwanderschaft. Dies zeigte sich insbesondere in einer höheren Ortsgebundenheit von Personen im Alter von über dreißig Jahren, die sich nach einer Familiengründung um mehr räumliche und soziale Konstanz bemühten.[94] Im Rahmen seiner Forschungen zu historischen Berufszählungen konstatierte Wolfgang Kleber parallel dazu bei vielen Männern im Laufe ihres Lebens eine Abkehr vom Arbeiterdasein. Von jenen Männer der Geburtsjahrgänge 1855 bis 1865, die in ihrem frühen Erwerbsleben als Arbeiter tätig gewesen waren, machten sich drei aus fünf im Verlauf ihres Berufslebens – verstärkt in ihren Dreißigern – selbstständig, sei es mit einem Gewerbe oder – oftmals als Rückkehr – in der Landwirtschaft.[95] Darin mag eine verstärkte Fixierung auf einen Wohnort zum Ausdruck kommen.

Außerdem trügen die statistischen Wanderzahlen. Stichproben geben Grund zur Annahme, dass es sich bei jeder dritten städtischen Wanderungsfallzahl um wiederholte Anmeldungen von Personen handelte, die sich im selben Jahr bereits registriert hatten. Dies war etwa bei in der Gastronomie Beschäftigten, bei Hausangestellten oder auch bei Bauarbeitern nicht unüblich.[96] In den Saisonarbeitswanderschaften lassen sich teilweise klare regionale Verflechtungen ausmachen. So konzentrierten sich beispielsweise saisonale Hilfsarbeiter aus Oberhessen auf die Ruhrregion oder Tagelöhner aus dem agrarisch geprägten nordthüringischen Raum gingen saisonal bevorzugt als Ziegler nach Braunschweig, als landwirtschaftliche Hilfskräfte in den Magdeburger Raum oder zu Montagearbeiten ins Rheinland. Die Eingebundenheit von industriell Beschäftigten in saisonale Muster – und damit auch die Fluktuationsraten – erreichten zur Jahrhundertwende in Deutschland ihren Höhepunkt. Im Zuge von Rationalisierungsmaßnahmen in der industriellen und landwirtschaftlichen Produktion verlor die Saisonarbeit im Laufe des 20. Jahrhunderts hiernach ihre zentrale Bedeutung auf dem Arbeitsmarkt.[97]

94 Vgl. Bleek (1989): Mobilität und Seßhaftigkeit, S. 17, 30; Hochstadt (1981): Migration and Industrialization, S. 459, 461; Ehmer (1988): Lohnarbeit und Lebenszyklus, S. 451.

95 Vgl. Kleber (1985): Wandel der Beschäftigungsstruktur, S. 202, 204. Den Sachverhalt bestärkte Josef Ehmer nochmals. Vgl. Ehmer (1988): Lohnarbeit und Lebenszyklus, S. 463, 468 f.

96 Vgl. Bleek (1989): Mobilität und Seßhaftigkeit, S. 28 f.

97 Vgl. Hochstadt (1999): Mobility and Modernity, S. 212 f., 278.

3. Eisenbahn und Berufspendler

Das Mobilitätsgeschehen um 1900 beschränkte sich nicht nur auf Wanderungen. Auch dem regelmäßigen Zurücklegen von längeren Arbeitswegen kam eine gestiegene Bedeutung zu. In diesem Zusammenhang ist speziell auf die zunehmende Verbreitung der Eisenbahn zu verweisen, die nicht nur aus verkehrlicher Sicht ein hervorstechendes Merkmal der Industrialisierungszeit beschreibt. Aufgrund der leichteren und schnelleren Raumüberwindung, der evozierten Beschleunigung galt die Dampflok als Sinnbild des Fortschritts, »als Schmiermittel der industriellen Revolution«[98]. Binnen sechs Jahrzehnten verzehnfachte sich das deutsche Schienennetz bis zum Jahr 1910 auf knapp 60.000 Kilometer Netzlänge. Im gleichen Zeitraum schnellte die Beförderungsleistung deutlich empor. Als Maßzahl hierfür kann eine Vervierzigfachung der Passagierkilometer und eine Verhundertsiebzigfachung der Gütertransportleistung angeführt werden.[99]

Auch ein Blick auf die lokale Maßstabsebene dokumentiert Dynamik. Die Mitte des 19. Jahrhunderts vollzogene Schienenvernetzung deutscher Städte schloss Kirchheim unter Teck nicht ein. Beim staatlichen württembergischen Eisenbahnbau hatte man weder bei der Fernstrecke zum Bodensee von Stuttgart über Ulm nach Friedrichshafen noch bei der Neckartalbahn von Stuttgart nach Tübingen den Bitten der Kirchheimer Vertreter nach Einbezug ihrer Stadt in die Streckenführung entsprochen.[100] Dennoch verfolgte die Bürgerschaft der schwäbischen Stadt weiterhin mit aller Vehemenz die Teilhabe an der verkehrsinfrastrukturellen Anbindung. Schließlich versprachen sich die Kirchheimer von einem Eisenbahnanschluss eine Absatz- und Umsatzstärkung der heimischen Wirtschaft, wie etwa eine weitergehende Belebung des örtlichen Wollmarktes. Außerdem verband sich mit verbesserten Rahmenbedingungen die Hoffnung auf weitere Industrieansiedlungen. Nach ersten abschlägigen Entscheidungen zum Bau einer Verbindungsstrecke von Kirchheim zur Neckar-

98 Merki (2008): Verkehrsgeschichte und Mobilität, S. 20. Vgl. auch Borscheid (2004): Das Tempo-Virus, S. 115. Als Veröffentlichung zu den Anfängen der Eisenbahn vgl. Roth (2008): Eisenbahn und Folgen.

99 Der Streckenausbau selbst erforderte viele mobile, vorwiegend saisonweise eingestellte Arbeiter. Zur Zeit des deutschen Kaiserreiches lag ihre Zahl stets über 300.000. Eine hohe Fluktuation war hier vorprogrammiert. Vgl. Hochstadt (1999): Mobility and Modernity, S. 202 f.

100 Als erste Eisenbahnstreckeneröffnung wird gewöhnlich die Verbindung zwischen Nürnberg und Fürth aus dem Jahr 1835 genannt. Zeitnah erfolgten erste Teilstrecken in anderen deutschen Teilstaaten. Im Vergleich zu den anderen Territorien verzögert wurde im Jahr 1845 zwischen Cannstatt und Untertürkheim die erste württembergische Bahnstrecke eingeweiht. Der Streckenbau der Bodenseebahn und Neckartalbahn wurde im Jahr 1850 respektive 1859 abgeschlossen. Vgl. Ammoser (2014): Buch vom Verkehr, S. 213 f.; Knittel (2011): Organisierte Mobilität, S. 310 f.; Widmer (1987): Kirchheim unter Teck, S. 107 f.

talbahn genehmigte die württembergische Staatsregierung schließlich den Bau der ersten württembergischen Privatbahn. Die im Jahr 1864 eröffnete, privat betriebene Zubringerstrecke von lediglich sechs Kilometern Länge beförderte bereits im ersten vollständigen Betriebsjahr einige Megatonnen an Gütern und über 100.000 Fahrgäste. Von der Eisenbahnanbindung stimuliert, erlebte die Kirchheimer Wirtschaft im letzten Drittel des 19. Jahrhunderts einen Aufschwung. Neben dem traditionell starken Textil- und Papiergewerbe etablierten sich eine Reihe metallverarbeitender Betriebe, die auf den An- und Abtransport von Material und Produkten angewiesen waren. Beispielhaft ist die mittelständische Firma Emil Helfferich Nachfolger zu nennen, die sich auf die Produktion von dichten und zugleich wieder lösbaren Verbindungsstücken von Rohrleitungen – sogenannten Flanschen – spezialisiert hatte und der damit im süddeutschen Raum zur Jahrhundertwende eine Alleinstellung zukam.[101] Im Zusammenhang mit der Eisenbahninfrastruktur und dem wirtschaftlichen Boom nahm gleichfalls das Pendleraufkommen zu. Entsprechend zählte man im Jahr 1900 am Bahnhof Kirchheim eine jährliche Beförderung von einer knappen Viertel Million Fahrgästen, was sich aufgrund einer Streckenerweiterung im Jahr 1899 nach Oberlenningen binnen vier Jahren um weitere 100.000 Passagiere steigerte.[102] Laut statistischer Erfassung lag die Einpendlerquote im Jahr 1900 mit gut 700 Personen bei knapp neun Prozent aller Einwohner der schwäbischen Stadt Kirchheim unter Teck. Mit nur vier gezählten Auspendlern war letztere Kategorie zu jener Zeit vernachlässigbar. Dies sollte sich allerdings im 20. Jahrhundert ändern. Bereits für das Jahr 1925 sind 224 Beschäftigte erfasst, welche die Stadt wegen auswärtiger Arbeitsstellen täglich verließen. Zugleich hatte sich auch die Einpendlerzahl in absoluten Zahlen mehr als verdoppelt und entsprach damit knapp 15 Prozent der städtischen Einwohnerzahl.[103]

Bevor die Verkehrsinfrastruktur für den einfachen Arbeiter praktikable und günstige Möglichkeiten bot, bei längeren Strecken täglich von der Arbeitsstätte nach Hause zu kehren, kam dem unregelmäßigen, zumeist im wöchentlichen Rhythmus erfolgenden Pendeln eine große Bedeutung zu. So agierte ein gutes Drittel der Bergleute im Saargebiet um 1875 als Wochenendpendler und war hierdurch mit einer doppelten Lebensführung konfrontiert. Im Zuge steigender Tagespendelmöglichkeiten sank der Anteil der Wochenendpendler und nahm ebenso der Anteil der im Regelfall ungeliebten, aber preisgünstigen Nutzung von werkseigenen Schlafhäusern ab. Der rückläufige Prozentsatz ging jedoch nicht allein auf die verbesserten Verkehrsmöglichkeiten zurück, denn ein großer Anteil wählte schlicht eine andere Unterkunftsvariante und lebte zur Untermiete.

101 Vgl. Dieterlen (1983): Emil Helfferich Nachfolger, S. I f.; Widmer (1987): Kirchheim unter Teck, S. 107 f., 133.

102 Im Rahmen der Streckenerweiterung im Jahr 1899 wurde die Kirchheimer Privatbahn verstaatlicht und die vormaligen Aktionäre mit einer ausgesprochen hohen Gewinnausschüttung bedacht. Vgl. ebd., S. 167.

103 Vgl. ebd., S. 194.

Im Kostgängerwesen sah die öffentliche Meinung allerdings eine erhöhte moralische Gefahr, dass sich im Zuge dessen zwischen Untermietern und weiblichen Hausbewohnern Liebschaften entspinnen konnten.[104] Mit den moralischen Vorstellungen der Zeit in Einklang standen die arbeitgeberseitig erfolgenden Errichtungen von Fabrikwohnungen.[105] Die Arbeitgeber im Saarbergbau präferierten die unmittelbare Förderung des Wohnungsbaus ihrer Belegschaft. Dies trieb man insbesondere in den 1870er und 1880er Jahren voran. In der Folgezeit wurde die Wohnbauförderung reduziert, da sich für die Arbeitgeber des Saarbergbaus die Förderpolitik zum Hausbau als zu kostspieliges Unterfangen erwies. Entsprechend erblickte man gegen Ende des 19. Jahrhunderts in der monetäreren Beteiligung am Bahnstreckenbau in abgelegenen Gegenden eine kostengünstigere Alternative, die Arbeiterrekrutierung und den Mitarbeiterverbleib zu sichern. Bis zum Ende des ersten Jahrzehnts des 20. Jahrhunderts hatten 15 Prozent der Bergleute in der Saarregion von den Wohnbaufördermaßnahmen profitiert. Die Regularien verpflichteten sie hierbei, im Bezirk ihrer zugeordneten Werksgrube zu bauen, womit sie ihren Arbeitgebern die Sicherheit boten, ortsansässig zu bleiben. Insgesamt verfügte zu jener Zeit über ein Drittel der Belegschaft über ein eigenes Heim. Die Begünstigungen zum Eigenheimbau als auch die finanziellen Aufwendungen für die Eisenbahninfrastruktur trugen dazu bei, dass der Anteil nicht täglich heimkehrender Bergkumpel im Saargebiet bis zum Jahr 1909 auf weniger als 20 Prozent der Belegschaft zurückging. Die gewichtige Bedeutung der Bahnnutzung darf allerdings nicht überschätzt werden, wie es das Beispiel der Kumpel im Saarrevier zeigt. Zwar griff die deutliche Mehrheit der Wochenendpendler für die Heimfahrten auf dieses Transportmittel zurück. Bezüglich des Bestreitens ihres Arbeitsweges kam der Eisenbahn jedoch für die Mehrzahl der täglich heimkehrenden Bergleute keine Relevanz zu. Unter jenen fuhren Ende der 1900er nur 23 Prozent regelmäßig mit dem Zug oder der Straßenbahn zur Arbeit.[106]

In der Anfangszeit des Schienenverkehrs galt die Eisenbahnnutzung zum täglichen Bestreiten des Arbeitsweges als wenig erschwinglich und mäßig praktikabel. Für den einfachen Arbeiter waren die Beförderungsentgelte zu hoch

104 Vgl. Brüggemeier (1983): Leben vor Ort, S. 17; Mallmann (1981): Anfänge der Bergarbeiterbewegung, S. 39 f.; Banken (2003): Industrialisierung der Saarregion, S. 115; Ott/Gerlinger (1992): Die Pendlergesellschaft, S. 32 f. Auch in anderen Abbauregionen war es um die Jahrhundertwende eine weit verbreitete Praxis, als Bergmann zur Untermiete zu leben. So bot etwa im Ruhrgebiet die Mehrzahl der Haushalte Bergarbeitern als Schlafgänger Quartier in Zechenwohnungen. Vgl. Brüggemeier (1983): Leben vor Ort, S. 52.

105 Prominente Beispiele für Arbeitersiedlungen aus der Zeit der Industrialisierung sind insbesondere jene der Gussstahlfabrik Krupp und des Chemiekonzerns Bayer. Bei letzterem Unternehmen wohnte vor Ausbruch des Ersten Weltkrieges ungefähr jeder fünfte Angestellte in einer Werkswohnung. Vgl. Krämer (2012): Deutsche Unternehmer, S. 180 f.; Schulz (1978): Integrationsprobleme der Arbeiterschaft, S. 77.

106 Vgl. Banken (2003): Industrialisierung der Saarregion, S. 111–113, 115–118; Mallmann (1981): Anfänge der Bergarbeiterbewegung, S. 326.

und die Fahrpläne ungünstig angesetzt. Zum Ende des 19. und beginnenden 20. Jahrhunderts änderte sich dies. Neben der Einführung vergünstigter Arbeiterfahrkarten wurden teilweise spezielle Pendlerzüge eingerichtet, die besser auf die Arbeitszeiten abgestimmt waren. Entsprechend nutzten Arbeitspendler die Eisenbahn zunehmend. Aufgrund eines im Deutschen Reich diversen Bahnbetreibergeflechts aus unzähligen Privatbahnen und unterschiedlichen staatlichen Betreibern gestalteten sich die Veränderung und Vereinheitlichung der Tarifstrukturen sowie eine Anpassung der Abfahrtszeiten an die Bedürfnisse der Arbeiterschaft regional sehr unterschiedlich. Für den badischen Nahverkehr belegt etwa die Einführung vergünstigter Fahrpreise im Jahr 1885 eine verstärkte Kundenorientierung. Als maßgebliche Zielgruppe galten hier die pendelnden Arbeitskräfte. Die positive Auswirkung dieser Maßnahme zeigte sich in einer Vervielfachung der Nahverkehrsnutzung. Beliefen sich die Fahrgastzahlen im Jahr 1885 noch auf 90.000 Personen, wurde im Folgejahr die halbe Million und drei Jahre nach Einführung der Lokaltarife die Millionengrenze deutlich überschritten. Für die Jahrhundertwende näherten sich die Beförderungszahlen im Badischen bereits der Vier-Millionen-Marke.[107] Die günstigeren Preise ermöglichten eine Verschiebung vom wöchentlichen zum täglichen Pendeln, wie es auch im benachbarten Hessen für Arbeitstätige zwischen Odenwald und Darmstadt zu beobachten war.[108] Der Einzugsbereich – und damit die gelebte Praxis des täglichen Arbeitspendelns – vergrößerte sich erheblich. Selbst manch Arbeitgeber richtete sich nach dem Zugfahrplan. So verbürgte etwa die Arbeitsordnung der Sternwoll-Spinnerei in Altona-Bahrenfeld aus dem Jahr 1892, dass der Arbeitsbeginn in der Fabrik mit der Ankunft des Morgenzuges verknüpft war.[109]

Allgemein ist zu konstatieren, dass das tägliche Pendeln noch in der ersten Hälfte des 19. Jahrhunderts mit Ausnahme einiger Agglomerationsräume eine geringe Relevanz besaß. Doch mit dem Aufkommen der Eisenbahn änderte sich dies und vergrößerte sich der Radius von tagtäglich zurücklegbaren Arbeitswegen. Besonders ab den 1870ern zeigte sich eine Zunahme des täglichen Arbeitspendelns. Für die Jahrhundertwende ist zu beobachten, dass Beschäftigte das Pendeln im Zuge einer sich ausweitenden Eisenbahninfrastruktur zunehmend als Möglichkeitserweiterung in Betracht zogen. Das tägliche Bestreiten zeitintensiver Arbeitswege begann sich als grundsätzliche Alternative zu Umzügen zu etablieren.[110] Es ermöglichte, in der vertrauten Umgebung zu bleiben und zugleich fehlender Arbeit vor Ort zu begegnen. Trotz des täglichen zeitlichen

107 Vgl. Ott / Gerlinger (1992): Die Pendlergesellschaft, S. 44.

108 Vgl. Blaich (1974): Einfluß der Eisenbahnpolitik, S. 105 f. Siehe für weitere lokale Beispiele, die neben den Vorortbahnen auch die Bedeutung der Straßenbahnen und die einsetzende Verstaatlichung von Privatbahnen hervorheben: Hilger (2014): Erfahrung von Beschleunigung, S. 242; Brüggemeier (1983): Leben vor Ort, S. 61; Knittel (2011): Organisierte Mobilität, S. 314, 321.

109 Vgl. Bayerl / Meyer / Tetzlaff (1995): Arbeitswege, S. 61 f.

110 Vgl. Ott / Gerlinger (1992): Die Pendlergesellschaft, S. 19 f., 45; Zimmermann (2006): Arbeitslosigkeit in Deutschland, S. 124 f.

Mehraufwandes bot es zudem grundsätzlich jenen mit Agrarbesitz die Möglichkeit, zumindest in kleinem Maßstab weiterhin Pflanzen anzubauen und Kleintiere zu halten.

Schätzungen für das Jahr 1900 stuften eineinviertel Millionen Beschäftigte als Pendler ein, die in anderen Kommunen als der Wohngemeinde einer Tätigkeit nachgingen. Dies entsprach gut fünf Prozent der erwerbstätigen Bevölkerung im Deutschen Reich.[111] Ein Zeitgenosse wertete das Ausmaß bereits als Ressourcenverschwendung. »Was diese Tageswanderung kostet, an Zeit und Geld, das ist kaum zu errechnen; auf jeden Fall sind es Riesensummen, die für die Wanderung vom Wohnort zum Arbeitsort jährlich ausgegeben werden.«[112]

In industriellen Zentren lag die Pendlerquote um ein wesentliches höher. Für das Jahr 1890 wird etwa für Mannheim berichtet, dass dort bereits fast jeder Achte einen täglichen Arbeitsweg in einfacher Richtung von über zehn Kilometern zurückzulegen hatte.[113] Am Beispiel des Opel-Werkes lässt sich die Bedeutungszunahme des Pendlertums in der Zeit der Hochindustrialisierung deutlich vor Augen führen. Das anfänglich als Nähmaschinenfabrikant operierende Unternehmen konnte in den ersten beiden Jahrzehnten seines Bestehens in den 1860er und 1870er Jahren seinen Arbeitskräftebedarf weitgehend in Rüsselsheim und der unmittelbaren Umgebung decken. In Folge einer Betriebserweiterung und einer Produktbereichsausweitung als Fahrradhersteller in den 1880ern sowie einer anhaltenden wirtschaftlichen Prosperitätsphase in den 1890ern stieg die Beschäftigtenzahl stark an, was ebenso mit einer signifikanten Zunahme auswärtig wohnender Mitarbeiter einherging. Von den knapp 600 Arbeitskräften im Jahr 1897 wohnte mehr als jede Dritte außerhalb Rüsselsheims.

Bei all den Wachstumszahlen darf nicht übersehen werden, dass Entwicklungen selten stets linear verliefen. Im betrachteten Zeitraum geriet auch der angeführte Opel-Betrieb in eine Unternehmenskrise, in deren Folge in den letzten drei Jahren des 19. Jahrhunderts vielen Mitarbeitern gekündigt wurde und sich die Belegschaft dadurch insgesamt um ein Viertel verkleinerte. Die Kündigungswelle betraf die Auswärtigen stark überproportional. Entsprechend halbierte sich der Pendleranteil unter den Opel-Mitarbeitern.[114] Für höhere Kündigungszahlen unter den Mobilen gab es zwei mutmaßliche Gründe. Als Auswärtige gereichte es ihnen zum Nachteil, dass sie vor Ort weniger vernetzt waren und somit auch im Betrieb eine schwächere Stellung innehatten. Da viele Mobile zudem überproportional erst seit kürzerer Zeit bei Opel arbeiteten, rechnete man sie weniger der Stammbelegschaft zu. Mobil zu sein, konnte sich auf dem Arbeitsmarkt also durchaus als unvorteilhaft erweisen.

111 Vgl. Grabe (1926): Einfluß der Pendelwanderung, S. 6; Wolff (1910): Die inneren Wanderungen, S. 180.

112 Ebd., S. 176 f.

113 Vgl. Eisenhauer / Spielkamp (2003): Die mobile Arbeitsgesellschaft, S. 112; Ott / Gerlinger (1992): Die Pendlergesellschaft, S. 45.

114 Vgl. Weigand (1956): Rüsselsheim und Funktion, S. 75 f.

Der dramatische Rückgang der Beschäftigtenzahlen stellte bei Opel allerdings lediglich eine Momentaufnahme dar. Im Fortlauf nahmen die Beschäftigtenzahlen Ortsfremder wieder deutlich zu. Nachdem Opel im Jahr 1898 zusätzlich in die Automobilproduktion einstieg, avancierte das Unternehmen zu einem Großbetrieb. Auch das Einzugsgebiet seiner stark wachsenden Arbeiterschaft erweiterte sich nochmals erheblich.[115] Dies verdeutlichen insbesondere die gestiegenen Pendlerzahlen aus Mainz, und damit eine zunehmende Verflechtung mit einer Stadt, die aus Opel-Sicht jenseits des Rheins lag. Wies die Belegschaft zur Jahrhundertwende noch keinen Arbeiter aus dem linksrheinischen Raum auf, war im Jahr 1912 jeder vierte auswärtige Opel-Beschäftigte in Mainz und dessen Vororten wohnhaft. Zwei Jahre vor Ausbruch des Ersten Weltkrieges belief sich die Pendlerquote unter den rund 4.500 Opel-Mitarbeitern insgesamt auf 58 Prozent, die aus achtzig unterschiedlichen Wohnorten tägliche Arbeitswege von bis zu 40 Kilometern zum Opel-Werk zurücklegten. Die skizzierte Mitarbeiterentwicklung und die hohen Werte an auswärtig wohnender Belegschaft fanden – wie bei den Farbwerken in Höchst am Main oder der südlich von Heidelberg ansässigen Waggonfabrik Fuchs – bei vielen Industrieunternehmen im Rhein-Main-Raum eine Entsprechung.[116] Gleichfalls sind in Industrieunternehmen anderer Großstädte und Wirtschaftszentren im Deutschen Reich gemeindeüberschreitende Pendlerquoten von gut einem Drittel der Arbeiterschaft belegt, wobei ein überproportionaler Anteil Ungelernter auffällt. Die Pendlerratenanstiege standen in einem Zusammenhang mit dem Ausbau der Verkehrsinfrastruktur, wie das Beispiel der Bielefelder Metallindustrie verdeutlicht. Dort gingen nach dem Bau eines Kleinbahnnetzes zur Jahrhundertwende anschließend auch viele Arbeitskräfte aus den umgebenden Dörfern einer Beschäftigung nach.[117]

In Industrieregionen gestaltete sich die Suche nach einer günstigen und nahe zum Arbeitsort gelegenen Wohnmöglichkeit für Zuziehende oftmals als schwierig. Die Knappheit an bezahlbaren Wohnungen im Stadtzentrum und der Ausbau des lokalen Verkehrsnetzes hatten zur Folge, dass viele Zugezogene eine Bleibe im Umland fanden und tagtäglich als Pendler zur Arbeit fuhren. Entsprechend lebte zur Jahrhundertwende die Hälfte der in Stuttgart tätigen

115 Die gesamtgesellschaftliche Bedeutung des Automobils war um 1900 noch marginal. Im Vergleich zur Eisenbahn wurde der erste Motorwagen spät patentiert, und zwar im Jahr 1886 durch Carl Benz. Vgl. Hilger (2014): Erfahrung von Beschleunigung, S. 242 f. Für den Individualverkehr war das Fahrrad zu jener Zeit von größerem Belang. Entsprechend sind Gründungen von Arbeiter-Radfahrervereinen belegt, die sich gezielt an Mitarbeiter einzelner Betriebe richteten. Vgl. Bönnen (2011): Bemerkungen zu Bindung, S. 139 f.

116 Vgl. Weigand (1956): Rüsselsheim und Funktion, S. 78 f. Speziell zur Fuchs'schen Waggonfabrik vgl. Grabe (1926): Einfluß der Pendelwanderung, Vorwort [ohne Seitenangabe]; Präger (2011): Die Fuchssche Waggonfabrik, S. 154 f.

117 Vgl. Ditt (1979): Technologischer Wandel, S. 253; Ott/Gerlinger (1992): Die Pendlergesellschaft, S. 21.

Ziegelmacher oftmals nur wegen niedrigerer Mieten außerhalb der Stadt.[118] Aber auch für viele Einheimische aus der näheren Umgebung erschien es wenig lukrativ, sich um überteuerte Stadtwohnungen zu bemühen, ganz zu schweigen davon, dass dies die Aufgabe des sozialen Netzwerkes und des heimatlich Vertrauten bedingte. Da bot die Pendelmöglichkeit eine lebenspraktische Alternative. Entsprechend erstreckte sich etwa das Einzugsgebiet der Daimler-Motoren-Gesellschaft in Untertürkheim Anfang des 20. Jahrhunderts auf über 100 Ortschaften.[119]

Die sich abzeichnende allgemeine Zunahme des Pendlerwesens wurde gesellschaftlich nicht allseits gutgeheißen, sondern stieß bisweilen auf Skepsis und Kritik. Diese bezog sich zum einen unmittelbar auf den pendelnden Akteur. Das tägliche Bestreiten eines längeren Arbeitsweges, in dessen Folge Stresserfahrungen als auch Unfälle zunahmen, verstand man als einen zentralen Grund für ein erhöhtes Gesundheitsrisiko und vermehrte Krankheitstage.[120] Darüber hinaus befürchtete man durch die fehlende Aufsicht des eigenen Haushalts eine Abstumpfung und einen moralischen Verfall. In diesem Zusammenhang ist eine Maßnahme der Stadt Trier zu deuten, die gemäß einer Polizeiverordnung aus dem Jahr 1883 einen morgendlichen Alkoholausschank untersagte.[121] Die Zeitgenossen erkannten ebenfalls negative Auswirkungen für die Angehörigen, die etwa bei agrarischem Besitz die gestiegenen Fehlzeiten des Pendlers durch Mehrarbeit kompensieren mussten. Charlotte Grabe resümierte in ihrer Dissertation aus dem Jahr 1923: »Überall zeigt sich der familienauflösende, hemmende oder zersetzende Einfluß der Pendelwanderung, der die schädlichen Folgen der Industrialisierung noch vermehrt.«[122] Der Wissenschaftlerin Grabe zufolge fehlte es auf den langen Arbeitswegen an sittlicher Kontrolle durch vertraute und bekannte Personen, schadete übermäßig schnelles Radfahren dem Herzen und seien die Strapazen des Pendelns im Allgemeinen nichts für die Natur der Frauen gewesen.[123] Angedeutete Ausführungen zu moralischen und körperlichen Verfallserscheinungen als negative Folgen der Pendelmobilität sind nur

118 Vgl. Zimmermann (2006): Arbeitslosigkeit in Deutschland, S. 166f.; Saalfeld (1984): Lebensverhältnisse der Unterschichten, S. 245f.

119 Vgl. Müller (2005): Einfluss des Werks, S. 107f. Ähnliches war zu jener Zeit auch andernorts zu beobachten, wie etwa in Ludwigshafen. Vgl. Hippel (1979): Herkunft der Bevölkerung, S. 55.

120 Gesundheitliche Beeinträchtigungen und daraus resultierend überproportional zahlreiche berufliche Fehlzeiten als implizite Folge des Pendelns thematisierten die Medien auch zu Beginn des neuen Jahrtausends wiederholt. In jenen Zeitungsartikeln war es beliebt, auf sachverständige Aussagen von Medizinern und anderen Experten hinzuweisen und die Problemlagen mittels negativer Einzelbeispiele oder positiver Berichte von erfolgreichen »Aussteigern« zu illustrieren. Vgl. etwa Bös (2010): ICE statt Umzugswagen; Tatje (2014): Die Pendlerrepublik, S. 23; Prüver (2004): Erfolgreich mobil.

121 Vgl. Ott/Gerlinger (1992): Die Pendlergesellschaft, S. 62; Grabe (1926): Einfluß der Pendelwanderung, S. 19, 30, 34.

122 Ebd., S. 21.

123 Vgl. ebd., S. 14f., 17, 19.

in Anbetracht der zeitgenössischen Perspektive zu verstehen. Neben manch plausibler Argumentation gaben sie mindestens genauso viel über allgemeine Wertevorstellungen jener Zeit preis. Ein offensichtlicher Hang zum Sensationsorientierten fand ebenso in Berichterstattungen der Printmedien in jüngerer Vergangenheit eine Entsprechung. Außerdem ist eine weitere Parallele hervorzuheben. Charlotte Grabe vertrat die Ansicht, dass Pendelanforderungen häufig einzig wirtschaftlichen Gesichtspunkten gerecht wurden und weniger auf menschliche Bedürfnisse Rücksicht nahmen.[124] Diese Auffassung teilten ebenso Autoren in späteren Jahrzehnten. Nicht nur zur Jahrtausendwende finden sich derartige Diagnosen, auch in den 1950er und 1960er Jahren wurde das Pendeln »als Krankheitserscheinung an unserem gegenwärtigen Sozial- und Wirtschaftsgefüge angesehen«[125] und eine Beschränkung des Pendlerwesens »auf ein menschenwürdiges Maß«[126] angemahnt.

Im Zusammenhang mit dem Pendeln stand häufig eine (erstmalige) Trennung von Wohnstätte und Arbeitsplatz. Doch dies als zentrale, unmittelbar räumliche Folge der Industrialisierung zu fassen, suggeriert mit einem zeitlich klar fassbaren Bruch eine falsche statische Vorstellung. Auch zur Zeit der Jahrhundertwende verfolgten Menschen divergente Lebenskonzepte. Dabei behaupteten genauso vorindustrielle Lebensformen ihren gesellschaftlichen Platz und wurden bisweilen in Kontinuität fortgeführt. Besonders im Textilbereich war ein häusliches Gewerbe auch um 1900 noch stark verbreitet. Mag man das Zusammenfallen der Wohn- und Arbeitsfunktion in einer Behausung im ländlichen Raum stärker erwarten, ist dies auch in Großstädten um 1900 nicht zu unterschätzen. Für München ist ungefähr jeder fünfte Haushalt, in Hamburg sogar jeder dritte Haushalt zu veranschlagen, bei dem noch um die Jahrhundertwende Arbeiten und Wohnen in derselben Stätte miteinander einhergingen.[127]

Kann statistisch festgehalten werden, dass sich das Ausmaß des beruflichen Pendelns zur Jahrtausendwende extrem von jenem 100 Jahre früher unterschied? Im ersten Hauptkapitel dieser Arbeit wurde eine stetige Zunahme der die Gemeindegrenzen überquerenden Tagespendlerzahlen im 20. Jahrhundert beobachtet (siehe Abb. 3).[128] Dies lässt allerdings nicht unmittelbar die Schluss-

124 Vgl. ebd., S. 38.

125 Ipsen u. a. (1957): Standort und Wohnort, S. 253.

126 Staubach (1962): Pendelwanderung und Raumordnung, S. 9.

127 Hierunter fällt sowohl das Heimgewerbe als auch das Kleingewerbe mit Ladengeschäften oder Werkstätten im Wohnhaus. Vgl. Neumeier (1995): München um 1900, S. 188, 190. Siehe auch Bayerl / Meyer / Tetzlaff (1995): Arbeitswege, S. 62; Zimmermann (2006): Arbeitslosigkeit in Deutschland, S. 54.

128 Die kommunale Tagespendlerquote stieg in Württemberg anteilig an der gesamten Erwerbsbevölkerung in den Jahren 1900, 1925, 1939 und 1950 recht kontinuierlich von 6 auf 10, auf 14 und schließlich auf 20 Prozent an. Bezogen auf Deutschland betraf dies in den frühen 1960ern laut einer Volks- und Berufszählung bereits jeden vierten Arbeitnehmer und überstieg in den 1980ern jeden dritten Erwerbstätigen. Der Mikrozensus des Jahres 2000 wies schließlich jeden zweiten Erwerbstätigen als täglich über Gemeinde-

folgerung einer konträren Wertigkeit der Pendelpraxis zu den unterschiedlichen Zeitpunkten zu. Das Kriterium des Gemeindeübertritts auf dem Arbeitsweg stellt vielmehr eine Definition dar, deren Vergleichbarkeit zu unterschiedlichen Zeitschnitten zu hinterfragen ist, denn die zu verschiedenen Zeiten voneinander abweichenden Quoten geben nur scheinbar einen ähnlichen Tatbestand wider. So lässt eine gewisse Beliebigkeit dieser Pendlerdefinition bezweifeln, dass ein gemeindeüberschreitender Arbeitsweg alltagspraktisch zur Jahrhundertwende dasselbe bedeutete wie zur Jahrtausendwende. Da sich die Fortbewegungsmöglichkeiten und die Verkehrsinfrastruktur in der Zwischenzeit deutlich wandelten, erschiene es angebrachter, für einen Vergleich statt der überwundenen Raumstrecke den benötigten Zeitaufwand in den Blick zu nehmen. Dann wäre davon auszugehen, dass die Unterschiede wesentlich geringer ausfielen.[129] Zudem standen speziell im späten 19. Jahrhundert und um die Jahrhundertwende mit Umzügen, sowie mit Saisonarbeitern und Pendlern mit unregelmäßigen Rhythmen, andere Mobilitätspraktiken im Vordergrund. Eine größere Bedeutung des täglichen Pendelns, das häufig als Komplementärprodukt zu Wanderungen verstanden wird, konzentrierte sich noch lokaler. Bei aller Dramatik in der zeitgenössischen Raumwahrnehmung und in der heutigen Bewertung ist Folgendes zu konstatieren: In gesamtnationaler Sicht erreichte das Ausmaß des Pendelns um 1900 keine Extremwerte. Das heißt – und das gilt gleichfalls für das Ende des 20. Jahrhunderts –, dass Mobilität zu keiner Zeit allerorts und in allen Ausformungen auch nur annähernd omnipräsent war. Die Mobilitätsformen zur Jahrhundertwende stellten überdies keine grundsätzlich neuen Phänomene dar. Hatten Wanderungen um 1900 durchaus viele in Bewegung gebracht, so kam der durch Verkehrsmittel gestützten Alltagsmobilität in der gesellschaftlichen Gesamtwirkung noch keine vergleichbare Tragweite wie im späten 20. Jahrhundert zu. Die Zeit der Hochindustrialisierung brach nicht von einem Tag auf den anderen mit mobilen Praktiken der Vergangenheit. Auch dem Fußmarsch kam weiterhin große Bedeutung zu. So lebten etwa im Jahr 1907 beim Münchner Lokomotivbauer Krauss – quasi einem Mobilitätsunternehmen – die Arbeiter selbst zu 96 Prozent in einer fußläufigen Entfernung von weniger als drei Kilometern zu ihrem Arbeitsplatz. Desgleichen ist von den Angestellten im Ludwigshafener BASF-Werk des Jahres 1895 überliefert, dass viele für ihren Arbeitsweg stundenlange Fußmärsche auf sich nahmen.[130] Entsprechend dürften sich die täglich von einer Person zurückgelegten Strecken zwischen 1800

grenze pendelnde Arbeitskraft aus. Wenngleich die offiziellen Zahlen des Bundesministeriums für Verkehr, Bau- und Wohnungswesen für 2002 eine niedrigere Quote von 43 Prozent angeben, ist der Gesamttrend eindeutig. Vgl. Mackensen / Vanberg / Krämer (1975): Probleme regionaler Mobilität, S. 19; Gräbe / Ott (2003): Alles doppelt, S. 10; Bundesministerium für Verkehr, Bau- und Wohnungswesen (2002): Verkehr in Zahlen, S. 104; Tully (2006): Mobiler Alltag, S. 37 f.

129 Leider fehlt es hinsichtlich der Arbeitswegzeiten an vergleichbaren Daten.

130 Vgl. Neumeier (1995): München um 1900, S. 432 f.; Blaich (1974): Einfluß der Eisenbahnpolitik, S. 104.

und 1900 nicht exorbitant geändert haben. Arnulf Grüblers Berechnungen für das Nachbarland Frankreich wiesen überschaubare Änderungen innerhalb des hundertjährigen Zeitraums von knapp vier auf gut fünf Kilometern aus.[131] Die Vorstellung eines für jeden Akteur geltenden Mobilitätsimperatives erweist sich somit als falsch. Entsprechend ist gleichfalls folgender Fall nicht als ahistorisch zu verstehen, der von den gängigen Mobilitätslogiken abzuweichen scheint. Das bedeutendste Kirchheimer Unternehmen jener Zeit, die Textilfirma Kolb & Schüle, erbaute fünf Jahre vor dem Jahrhundertwechsel ein Zweitwerk im bahntechnisch abgelegenen Bissingen an der Teck. Erhöhtem Transportaufwand standen zwei entscheidende Vorteile gegenüber. Aufgrund der verkehrsinfrastrukturell dürftigen Anbindung bewegten sich die Baulandpreise auf einem sehr niedrigen Niveau. Zudem garantierte die abgeschiedene Lage, die wenig örtliche Arbeitsmöglichkeiten bot, dass die agrarisch geprägte sowie landwirtschaftlich gebundene und damit weitgehend immobile Bevölkerung als verlässliche Arbeitskräfte akquiriert werden konnte. Das Beispiel der Weberei zeigt auf, dass es in einer als hochmobil bezeichneten Epoche durchaus auch weiterhin immobile Arbeitskräfte gab. Zudem kam es in Betracht, dass sich der Arbeitgeber als mobil erwies und entsprechend seinen Standort wählte.[132]

Allgemein kann festgehalten werden, dass das tägliche Pendeln über die Gemeindegrenze in der Zeit der Industrialisierung erstmals bei Tätigkeiten eine Relevanz erreichte, die von Haus aus keinen mobilen Beruf darstellten.[133] Dies bedeutete zu Anfang des 20. Jahrhunderts nur einen Auftakt einer gesellschaftlich breit partizipierten Mobilitätspraxis. Langes, ausgeprägtes Arbeitspendeln bildet somit kein Spezifikum der Jahrtausendwende. Im Einzelnen erforderten die täglichen Arbeitspendelroutinen auch zu Anfang des 20. Jahrhunderts einen extremen Zeitbedarf. So führen zeitgenössische Berichte aus den 1920er Jahren viele Beispiele an, in denen sich der Arbeitsweg von Arbeitern aus einem langen Fußmarsch zum nächstgelegenen Bahnhof und Bahnfahrten mit Umstiegen und entsprechenden Wartezeiten zusammensetzten. Dies konnte für den Arbeitsweg in der Tagessumme schnell einen zeitlichen Aufwand von vier Stunden, aber auch mehr bedeuten. Entsprechend waren morgendliche Aufstehzeiten um vier Uhr in der Früh keine Seltenheit. Überdies zollten einzelne Pendler saisonal den schlechten winterlichen Wegbedingungen Tribut und verlegten sich in entsprechenden Monaten auf ein wöchentliches Pendeln, wobei sie dann eine Schlafstätte am Arbeitsort nutzten. Derartige Vorkommnisse verdeutlichen,

131 Hier hoben erst die Massenmotorisierung seit Mitte des 20. Jahrhunderts und das Aufkommen eines breit genutzten Personenflugverkehrs sowie die Einführung des TGV-Schnellzuges – was in Deutschland die Entsprechung im ICE fand – den Tagesdurchschnitt zum Ende des Jahrtausends auf circa 40 Kilometern deutlich an. Vgl. Grübler (1998): Technology and Change, S. 318.

132 Vgl. Widmer (1987): Kirchheim unter Teck, S. 133, 135.

133 Denn bei Berufsgruppen wie Kaufleuten lag es bereits zuvor in der Natur der Sache, dass sie täglich mobil sein mussten.

dass pauschale Jahresstatistiken den Blick auf reale im Jahr sich ändernde Abläufe verstellen können.[134]

4. Einordnung der Gegenwartsdeutungen

Das zu Anfang des Hauptkapitels referierte Bild Gustav Schmollers einer total mobilen Gesellschaft teilten viele Zeitgenossen zur Jahrhundertwende. Der pessimistische Standpunkt jener wurde geprägt vom Bild des in die Stadt gezogenen Entwurzelten. Eine kulturpessimistische Sicht auf das Wanderungsgeschehen verband sich auf polemische Weise mit der Großstadtkritik. Der Neu-Urbane galt als gefährdet und anfällig für die unmoralischen Vergnügungen der Stadt und zugleich war dem Zugezogenen in der Stadt nur ein soziales Schattendasein beschieden, das Schicksal eines ausgebeuteten Arbeitnehmers. Das große Mobilitätsgeschehen bedrohte vermeintlich das gesellschaftliche Ordnungsgefüge.[135] Bereits Heinrich Heine sah ein mobiles Zeitalter heraufziehen, als er am 5. Mai des Jahres 1843 festhielt: »Durch die Eisenbahnen wird der Raum getötet«[136]. Der Abgesang auf die Bedeutung räumlicher Entfernung wiederholte sich in der Industrialisierungsepoche in vielen Zeitdiagnosen und fand ebenfalls in der politischen Debatte Eingang. Symptomatisch ist die Äußerung Arthur von Posadowsky-Wehners, seines Zeichens Staatssekretär des Inneren, die er im Rahmen von Beratungen eines neuen Zolltarifgesetzes im Reichstag Ende des Jahres 1901 kundtat: »Man hat einmal das Bild gebraucht, durch unsere modernen Verkehrsverhältnisse wäre der Erdball zusammengepreßt wie ein Gummiball; dieser Vergleich ist drastisch und wahr.«[137]

In alten – aber auch in den letzten Jahren noch wiederholten – Vorstellungen meinte man, die »Wurzel für die Mobilität«[138] in der Industrialisierung erkennen zu können. Entsprechend wäre die vormoderne Gesellschaft als statisches Gebilde zu begreifen, deren Wandel zur Moderne mit einem bis dahin unbekannten Mobilitätsaufkommen Hand in Hand ging. Der wichtige Vertreter der Wirtschafts- und Sozialgeschichte Hartmut Kaelble resümierte im Jahr 1979: Es »herrscht weitgehende Einmütigkeit darüber, daß die Industrialisierung zumindest in Europa zu einer außergewöhnlichen, räumlichen und beruflichen Mobilisierung der Angehörigen damaliger Gesellschaften und damit zu einem entscheidenden Bruch mit der immobileren vorindustriellen

134 Vgl. Grabe (1926): Einfluß der Pendelwanderung, S. 11 f., 25; Decker (1929): Die Tagespendelwanderungen, S. 41–43, 46.

135 Vgl. Zimmermann (2006): Arbeitslosigkeit in Deutschland, S. 35; Beetz (2004): Dörfer in Bewegung, S. 28; Langewiesche (1977): Wanderungsbewegungen in Hochindustrialisierungsperiode, S. 1.

136 Heine (1887): Lutetia, S. 64.

137 Posadowsky-Wehner (1902): Entwurfs eines Zolltarifgesetzes, S. 2909.

138 Fülgraff (1965): Pendelwanderung im Raum, S. 179.

Gesellschaft führte.«[139] In das damalige Bild der historischen Diagnose fügen sich ebenso jüngere Deutungen wie Gedanken des Verkehrssoziologen Stephan Rammler, der bei einem eingeschränkteren Mobilitätsverständnis »eine Wahlverwandtschaft von Mobilität und Moderne«[140] postulierte. Eine Verknüpfung der räumlichen Mobilität mit der Epoche der Moderne – und ihrem Anbeginn als solchen – ist jedoch verfehlt und irreführend. Bereits vor der Etablierung der Eisenbahn zeichneten sich Wachstumsregionen ab, deren Entwicklung der Ausbau der Schienenverkehrsinfrastruktur dann ohne Frage beschleunigte.[141] Auch der Mobilität kam in vorindustrieller Zeit eine große Bedeutung zu. Der US-amerikanische Historiker Steve Hochstadt stufte Migration als integralen Bestandteil der funktionierenden Gesellschaft und der stabilen Wirtschaftsordnung des vorindustriellen Deutschlands ein.[142] Manch Neuzeithistoriker stellte sogar in Abrede oder zumindest in Frage, dass die Mobilität zur Zeit der Hochindustrialisierung tatsächlich von größerem Ausmaß war, als in vorangegangenen Zeiten. Die Wirtschafts- und Sozialhistorikerin Annemarie Steidl mutmaßte, dass das Wanderungsvolumen der Gesellenwanderung in Wien in der ersten Hälfte des 19. Jahrhunderts das Ausmaß der allgemeinen Mobilität um 1900 übertraf.[143] Ähnliches konstatierte ebenfalls Friedrich Lenger bei Betrachtung des Mobilitätsgeschehens des Kreises Düsseldorf im 19. Jahrhundert. Hier bewegten sich die Wanderungsraten der 1840er gegenüber jenen um 1880 auf vergleichbarem Niveau. Insofern erscheint eine Argumentation, die dem aufkommenden Fabrikwesen eine zentrale Erklärungskraft für das allgemeine Mobilitätsgeschehen zuspricht, als inadäquat.[144] Eine Unterschätzung des Mobilitätsverhaltens früher Zeiten dürfte häufig schlicht durch den Mangel entsprechender Daten bedingt sein. Doch die wenigen Studien zu zum Teil wesentlich früheren Zeiten – blickt man ins 18. Jahrhundert oder sogar bis ins Mittelalter

139 Kaelble (1979): Einführung und Auswertung, S. 19. Vgl. etwa auch Lampard (1969): Historical Contours, S. 19 f.

140 Rammler (2008): Wahlverwandtschaft of Modernity, S. 59.

141 Vgl. Huber (1979): Regionale Expansion, S. 39.

142 Vgl. Hochstadt (1983): Migration in Preindustrial, S. 213.

143 Vgl. Steidl (2001): Regionale Zuwanderungsräume, S. 116. Eine weit entfernt gelegene Herkunft – etwa bei vielen nach Wien zugewanderten Kleidermachergesellen – war im 18. und 19. Jahrhundert nicht unüblich. So wurde eine Vielzahl von Fällen mit Distanzen von mehr als 500 Kilometern registriert. Fernwanderungen aus deutschen Territorien waren im 18. Jahrhundert sogar ausgeprägter als im Folgejahrhundert, da dann die Bedeutung von Territorien und Grenzen im Zuge von Nationalstaatsbildungen stärker hervortraten. Vgl. ebd., S. 116–118, 121. Die Auswirkungen der Etablierung von Grenzen auf Mobilitätspraxen betonte auch Katrin Lehnert. Vgl. Lehnert (2011): Multilocal Locals, S. 97.

144 Vgl. Lenger (1986): Kleinbürgertum und Proletariat, S. 68. Gleichfalls sah James Jackson in seiner Fallstudie zu Duisburg zwischen den Migrationsmustern der vorindustriellen und industriellen Phase einen eher kontinuierlichen Verlauf. Vgl. Jackson (1995): Migration in Duisburg, S. 174. Die Kontinuität zeigte sich nicht nur im städtischen, sondern, wie Paul-André Rosental für das Frankreich des 19. Jahrhunderts demonstrierte, auch in agrarisch geprägten Räumen. Vgl. Rosental (1999): Les Sentiers Invisibles.

zurück – legen nahe, dass in Zeiten der Hochindustrialisierung nicht zwingend die Mobilität zunahm, sondern sich maßgeblicher deren Zusammensetzung und Richtung verschob.[145] Doch zugleich hatten auch Mobilitätsformen der Handwerker und damit althergebrachte Migrationsformen in einer sich industrialisierenden Gesellschaft Ende des 19. Jahrhunderts weiterhin Bestand.[146]

Die sozialhistorische Geschichtsschreibung zu vorindustriellen Mobilitätspraktiken hat das Bild von Mobilität als modernes Phänomen korrigiert und die zeitliche Persistenz eines vielfältigen und ausgeprägten Mobilitätsgeschehens hervorgehoben. Somit handelt es sich bei räumlicher Mobilität wider alle dramatischen zeitgenössischen Darstellungen und deren Nacherzählungen im Allgemeinen um normale Prozesse menschlicher Lebensweisen. Die realistischste Einschätzung gibt vielleicht der österreichische Sozialhistoriker Josef Ehmer ab, welcher der Hochindustrialisierungsphase durchaus eine höhere Mobilitätsrate zugestand, den Niveauunterschied zu vorangegangenen Zeiten aber als nicht eklatant einstufte.[147]

Die gesamtgesellschaftliche Kontinuität scheint bei verbreiteten Mobilitätspraktiken erklärungskräftiger zu sein, als vielbeschworene Brüche. Auch vielen vermeintlich fundamentalen Veränderungen ging zumeist ein schleichender Übergangsprozess voraus. Die vermeintlichen Sollbruchstellen wären damit wohl besser mit besonderen Beschleunigungsphasen beschrieben. Beschleunigung ist dabei nicht misszuverstehen als eine Vereinheitlichungsmaschinerie. Phasen des Wandels sind durchsetzt mit fortdauernden Prozessen und persistenten Praktiken. Als bezeichnend erweisen sich gerade die Gleichzeitigkeit und das Nebeneinander von Kontinuitäten und Veränderungen mit ihren jeweils unterschiedlichen strukturellen Eigenlogiken und zeitlichen Implikationen.[148]

145 Vgl. Hochstadt (1981): Migration and Industrialization, S. 446; Ehmer (2011): Quantifying Mobility, S. 331. Der amerikanische Wissenschaftler Charles Tilly führte für das dörfliche Leben im Europa des 18. Jahrhunderts an, dass jährlich Umzüge von zehn Prozent der Bevölkerung keine Seltenheit gewesen seien. Des Weiteren verdeutlichte Reinhold Reith, dass saisonaler Pendlerverkehr im vorindustriellen Handwerk keineswegs unbekannt war. Vgl. Tilly (1978): Migration in History, S. 63; Reith (1988): Arbeits- und Lebensweise, S. 109–133.

146 Das im Jahr 1890 beschlossene Regelwerk der Zimmergesellen legte weiterhin eine verpflichtende mehrjährige Wanderzeit fest, in welcher Zeit sich der Geselle im Regelfall stets fern heimatlicher Gefilde bewegen musste. Vgl. Lemke (2002): Wir waren hier, S. 24. Siehe zur Gesellenmobilität ausführlicher die Dissertation von Sigrid Wadauer: Wadauer (2005): Tour der Gesellen.

147 Vgl. Ehmer (2011): Quantifying Mobility, S. 337. Hinsichtlich der Beurteilung von Mobilität vorindustrieller und industrieller Zeiten kommt Ehmers wissenschaftlichem Wirken eine herausgehobene Bedeutung zu. Entsprechend erkannten auch die Sozialhistoriker Jan und Leo Lucassen die ehmersche Mahnung an, dass sie das vorindustrielle Ausmaß der Mobilität aufgrund einer Nicht-Berücksichtigung der Gesellenwanderung unterschätzt hatten. Vgl. Lucassen / Lucassen (2011): From Mobility Transition, S. 303.

148 Vgl. Doering-Manteuffel (2007): Nach dem Boom, S. 572; Raphael (2008): Ordnungsmuster der Hochmoderne, S. 90 f.

Dies wird besonders auch für die zweite Hälfte des 19. Jahrhunderts und die Zeit um die Jahrhundertwende deutlich, als eine zur Vorvergangenheit gestiegene Mobilitätsrate nicht nur wegen neuer Mobilitätspraktiken, sondern gerade erst durch die gleichzeitige Beibehaltung althergebrachter Mobilitätsformen erreicht wurde. Klammert man die unmittelbaren Nachkriegsjahre Ende der 1940er aus, blieb die Binnenmobilität im 20. Jahrhundert hinter dem Ausmaß der Hochindustrialisierungsphase zurück.[149] Zugleich blieb die Nahwanderung – oft eine mit dem Lebenszyklus im Zusammenhang stehende Erfahrung – ebenso im 20. Jahrhundert die wichtigste Migrationsform in Deutschland.[150] Die Praxis berufsbedingter räumlicher Mobilität scheint sich allerdings im Laufe des 20. Jahrhunderts stärker von residenzieller zu zirkulärer Mobilität verschoben zu haben. Dies hieße, dass sich das Mobilitätsphänomen nicht im Umfang, sondern in der Gestalt wandelte.[151]

149 Vgl. auch Ehmer (2011): Quantifying Mobility, S. 337; Hochstadt (1999): Mobility and Modernity, S. 270, 277.

150 Vgl. Ehmer (2013): Bevölkerungsgeschichte und Demographie, S. 19. Nahwanderungen vereinen den Vorteil das eigene Leben zu gestalten und zugleich das Familiennetzwerk aufrecht zu erhalten. Dies hat Paul-André Rosental speziell fürs Frankreich des 19. Jahrhunderts beispielhaft herausgearbeitet. Vgl. Rosental (2006): Macro and Micro, S. 464.

151 Doch selbst die zirkuläre Erscheinungsform könnte – zumindest in Teilräumen – in ähnlichem Ausmaß bereits um 1900 eine vergleichbare Relevanz gehabt haben, wie es zur Jahrtausendwende zutraf. Hierfür sprechen Vergleichszahlen aus dem englischen Raum. Vgl. Pooley (2008): Travelling to Work, S. 57.

VIII. Resümee

Wie ist die Ausgangsfrage nun zu beantworten? Erwies sich die Gesellschaft um die Jahrtausendwende im Vergleich zu früheren gesellschaftlichen Erfahrungen als räumlich mobiler? Markierten die letzten Jahrzehnte demnach eine mobile Zeit von historischer Singularität? Am Beispiel der Berufspendler wurde deutlich, dass sich die überwundene Raumstrecke in den letzten Jahrzehnten erheblich verlängert hat. Dies kann als Indiz dafür aufgefasst werden, dass im letzten Jahrhundert ein grundsätzlicher Umbruch stattgefunden hat. In der Tat ist der Raum durch technische Neuerungen des Verkehrswesens sowie durch einen Wegenetzausbau durchlässiger geworden und entsprechend konnten die zurückgelegten Distanzen bei gleichem Zeitaufwand absolut gesehen zunehmen. Spätestens seit den 1950er Jahren ist hierbei dem Automobil ein zentraler Stellenwert beizumessen. Im Allgemeinen schlug sich eine schnellere Überbrückung von Entfernungen allerdings nicht in einem Zeitgewinn nieder, da im Durchschnittsfall längere Wegstrecken eine potenzielle Zeitersparnis nivellierten. Im Ergebnis bedeutet dies, dass der Zeitaufwand für Arbeitswege in den letzten 100 Jahren gesamtgesellschaftlich allenfalls mäßig anstieg. Gegenläufig zu den zwar kaum zeitintensiveren, aber doch weiteren Berufswegen ging die Zahl von Wohnsitzverlegungen in der bundesrepublikanischen Geschichte zurück. Die Entwicklungen nach der Wiedervereinigung durchbrachen diesen rückläufigen Trend nur temporär. Langfristig gesehen nahm die Zahl der Umzüge weiter ab. Für die Mehrheit der Bevölkerung lässt sich kein extrem gestiegener Bedeutungszuwachs von räumlicher Mobilität in Form von Arbeitswegen und Wohnungsumzügen ausmachen. Vielmehr verdeutlicht ein Blick auf längere Zeitreihen, dass der Mobilitätshype der letzten Jahrzehnte zu relativieren ist. Dies erstaunt nicht, da zeitgenössische Beobachtungen oftmals dazu tendieren, Entwicklungen zu dramatisieren und als neuartig auszumachen.[1] Das aufsehenerregend Neue, das manchmal sogar Zäsuren zu implizieren scheint, findet – wie im Falle des Mobilitätsphänomens – oftmals durchaus seine Entsprechungen in vergangenen Zeiten. So wies etwa die Zeit der Hochindustrialisierung eindrücklich ein Mobilitätsgeschehen auf, das im Vergleich zur Jahrtausendwende in seinem Ausmaß als mindestens ebenbürtig einzustufen ist. Das geläufige Heranziehen der Nachkriegsjahrzehnte und damit ein Abgleich mit der unmittelbaren Vorvergangenheit könnte fälschlicherweise eine Einmaligkeit der letzten Jahrzehnte nahelegen. Der Vergleich mit den 1950er und 1960er Jahren als Phase einer historischen Sondersituation ergibt einen Befund, welcher

1 Vgl. Rödder (2014): Wertewandel in Perspektive, S. 26.

ohne weitergehende Interpretation in die Irre führen kann.[2] In übergeordneter Zeitperspektive ist jedoch zu betonen, dass das räumliche Mobilitätsgeschehen der letzten Jahrzehnte in Kontinuität zu früheren gesellschaftlichen Erfahrungen stand. Auch wenn sich die gesellschaftliche Relevanz einzelner Mobilitätsformen wandelte, änderte sich die Quantität räumlicher Mobilität nur bedingt.

Viele Kontinuitätslinien, welche die statistischen Befunde dokumentierten, konnten für einzelne Personengruppen durchaus Konträres bedeuten. So erwies sich beispielsweise die mobile Praktik des Bestreitens langer Arbeitswege speziell in den alten und neuen Bundesländern nach der Wiedervereinigung als unterschiedlich motiviert. Den finanziellen Vorteil, den westdeutsche Beschäftigte mit dem beruflichen Pendeln erfuhren, teilten die Ostdeutschen quantitativ betrachtet nicht. Als Ergebnis einer schwierigen Arbeitsmarktlage wandten viele ostdeutsche Arbeitnehmer das Pendeln als Strategie an, um ihren sozioökonomischen Status zu wahren. Mit der Pendelmobilität erreichten ostdeutsche Erwerbstätige in den zwei Jahrzehnten nach der Wiedervereinigung sonach selten einen sozialen Aufstieg. Viele vermieden dadurch vielmehr einen Abstieg.

Derartige zeithistorische Entwicklungen spiegelten sich ebenfalls in anderen mobilitätsspezifischen Beobachtungen wider, die etwa Konjunkturen der *New Economy* nachzeichneten, oder ein zunehmendes ökonomisches Süd-Nord-Gefälle vermerkten. Hervorzuheben ist besonders ein neoliberaler Zeitgeist in den 1990er und 2000er Jahren, der in den Betrachtungen deutlich zutage trat. In einer ausgesprochenen Mobilitätseuphorie artikulierte sich das neoliberale Ideal, gemäß dem das einzelne Individuum bestenfalls als Hochmobiler auftrat.[3] Gerade Wirtschaftseliten wie mobile Manager und Unternehmensberater verkörperten – als Inbegriff schlechthin – den Prototyp des neoliberalen Akteurs. Im Gegensatz zu Immobilität, die mit Stagnation in Verbindung gebracht wurde, schrieb man Mobilität in der jüngeren Vergangenheit mehrheitlich positive Entfaltungspotenziale zu. Ein derartiges Verständnis von räumlicher Mobilität lag ebenso den analysierten Zumutbarkeitsbestimmungen zugrunde, die in den letzten Jahrzehnten deutliche Verschärfungen erfuhren. Speziell mit den Änderungen im Rahmen der Hartz-Gesetzgebung im Jahr 2003 erreichten die

2 Zur Vorsicht bei der Nutzung der Phase des Nachkriegsbooms als Referenzzeitraum mahnten bereits verschiedene Autoren. Bei einer entsprechenden Einordnung erscheinen neben dem Mobilitätsverhalten auch andere seit den 1980er Jahren auftretende Phänomene nicht mehr derart dramatisch und ahistorisch, wie beispielsweise der Fertilitätsrückgang oder die abnehmende Stabilität des Arbeitsmarktes. Vgl. Lutz (1984): Der kurze Traum; Ehmer (2011): Significance of Looking, S. 11, 31; Pleinen / Raphael (2014): Zeithistoriker in Archiven, S. 183.

3 Das Hochmobile stellen soziologische Zeitdiagnosen in einen Zusammenhang mit der Globalisierungsphase seit Ende der 1980er, Anfang der 1990er Jahre. Vgl. etwa Rosa (2005): Beschleunigung, S. 461; Tully (2006): Mobiler Alltag, S. 16; Müller (2002): Globalisierung, S. 7 f. In nicht-historischen Veröffentlichungen ist oft davon die Rede, dass die Globalisierung um das Jahr 1990 einsetzte. Damit wird suggeriert, dass Globalisierung ein neuartiges Phänomen sei. Aus Historikersicht ist dies zu beanstanden. Geeigneter erscheint es, von einem erneuten Globalisierungsschub seit jener Zeit zu sprechen.

allgemeinen Mobilitätserwartungen an den Einzelnen eine neue Qualität. Dabei bedingten die ausgeweiteten Zumutbarkeitsregelungen ein regeres Mobilitätsverhalten von zuvor Erwerbslosen. Doch nachhaltig besserte sich die Arbeitsmarktperspektive vieler Betroffener nicht, da sich im untersuchten Zeitraum ein Großteil – insbesondere der vormals Langzeitarbeitslosen – nach kurzer Zeit wieder beschäftigungslos meldete. Mobilität zeigte sich gesamtgesellschaftlich somit nicht als Schlüssel zu einer erfolgreichen Arbeitsmarktsteuerung.

Für ein ganzheitlicheres Verständnis des Mobilitätsphänomens ist zu vergegenwärtigen, dass historische Entwicklungen meist ein Nebeneinander unterschiedlicher Phänomene kennzeichnete. Auch ein Blick auf die Frauenkohorte der späten 1960er verdeutlicht diese Gleichzeitigkeit des Ungleichzeitigen. So verdichteten sich einerseits in der sozialen Figur der mobilen, kinderlosen Akademikerin gesellschaftliche Veränderungen seit den späten 1960er Jahren. Eine neue Generation von Frauen nahm für sich in Anspruch, eine progressive Entwicklung auf dem Weg zu gleichberechtigten Geschlechtern voranzutreiben. Anderseits wirkten althergebrachte Rollenmuster bei der Mehrheit der betrachteten Frauen fort. Speziell die Geburt eines Kindes fungierte mehrheitlich als Anlass, Verantwortung in einer Partnerschaft nach konservativen Vorstellungen aufzuteilen. Für Mütter, die im besonderen Maße die familiären Hauptlasten bewältigten, wirkten Kinder demnach deutlich mobilitätshemmend. Zugleich ermöglichten eben diese Frauen durch die Übernahme vielfältiger familiärer Aufgaben, dass Männer unabhängig vom Familienleben ihrer Erwerbstätigkeit nachgehen und mobilen Anforderungen entsprechen konnten. Ein derart komplementäres Rollenverhalten in Partnerschaften förderte der deutsche Staat mittelbar, indem er durch steuerpolitische Bestimmungen wie das Ehegattensplitting und einer bis in die 2000er Jahre eingeschränkten staatlichen Ganztageskinderbetreuung ungleiche Erwerbsmodelle bevorzugte.

Die Ausführungen zu Familienbelangen verdeutlichten ebenfalls, dass bei weitem nicht alle fortwährend mobile Praktiken ausübten. Doch für die individuelle Wahrnehmung des Einzelnen war nicht nur dessen eigene Erfahrungswelt ausschlaggebend. Eine wichtige Beeinflussung ging auch von den Medien aus. Die mediale Thematisierung des Mobilen wurde anhand ausgewählter Beispiele in der Presselandschaft dargelegt. Die Medien zeichneten wirkmächtige Bilder, was sich exemplarisch deutlich in deren Betrachtungen zum ostdeutschen Abwanderungsverhalten zeigte. In Zeitungsbeiträgen galten die Wegziehenden zumeist als diejenigen jungen und dynamischen Personen, die mittels Mobilität ihr Leben aktiv positiv gestalteten. Mobilität kennzeichnete vorgeblich die Leistungswilligen. Wer hingegen in den neuen Bundesländern blieb, wurde oftmals als unflexibel, einfach gestrickt und ewig gestrig charakterisiert. Man kann dies derart interpretieren, dass in einer verklärten allgemeinen Wahrnehmung räumliche Mobilität »Züge eines kulturellen Mythos«[4] annahm. Zudem be-

4 Hildebrandt/Deubel/Dick (2001): Mobilität, S. 15. Siehe dazu auch weitergehend den kurzen Aufsatz Hertig (1990): Mythos Mobilität.

scheinigten zentrale überregionale Presseorgane Ostdeutschland eine Exodusbewegung in Richtung Westdeutschland. Eine derartige Beurteilung verdreht indes die statistische Wirklichkeit. In einer gesamtdeutschen Perspektive erreichten die neuen Bundesländer in den zwei Jahrzehnten nach der Wiedervereinigung keine überdurchschnittlichen Wegzugszahlen. Als statistisch signifikant stellten sich vielmehr die niedrigen Zuzugszahlen heraus. Damit prägte der Journalismus die allgemeine Wahrnehmung mit einer falschen Vorstellung.

Das in den Medien gezeichnete Bild zum ostdeutschen Wanderungsverhalten fügt sich auch in eine umfassendere Beobachtung ein. Trotz aller zeitgenössischen Dramatisierung ereignete sich in den letzten Jahrzehnten kein grundsätzlicher mobiler Umbruch. Exzeptionell war eine Verherrlichung alles Mobilen, ein regelrechter sprachlicher Mobilitätsfetisch. Eine inflationäre Thematisierung von Mobilitätsphänomenen in der jüngeren Vergangenheit wirkte sich verfälschend auf die zeitgenössische Wahrnehmung aus, sodass die Wirklichkeit und die Annahme eines spezifisch gegenwärtigen Mobilitätsbooms nicht übereinstimmten. Mobile Praktiken wurden nicht in dem Ausmaß gelebt, wie man in einer überhöhten gesellschaftlichen Selbstwahrnehmung über sie sprach und sich grundsätzlicher Mobilitätsmöglichkeiten bewusst war.

Die These einer außerordentlichen Mobilitätszunahme als Kennzeichen der letzten Jahrzehnte – oder wie andere für den längeren Zeitraum der Moderne behaupteten – impliziert, dass es früheren Gesellschaften an Mobilität mangelte. Dies übersieht indes, dass sich deren Mobilitätsaktivitäten teilweise schlicht in anderen als uns heute vertrauten Formen entfalteten. Vielmehr stellte räumliches Mobilitätsgeschehen zu jedweder Zeit einen wichtigen Sozialprozess dar. Der Mensch reagierte gleichfalls in früheren Zeiten auf Änderungen seiner Umwelt oder eigenen geänderten Bedürfnissen mit mobilen Praktiken. Er handelte auch damals entsprechend der Lebensumstände, den gesellschaftlichen Rahmenbedingungen sowie dem sozialen Netzwerk unter Berücksichtigung wirtschaftlicher Gesichtspunkte. »Den ›Homo migrans‹ gibt es, seit es den ›Homo sapiens‹ gibt; denn Wanderungen [– und Mobilität im Allgemeinen –] gehören zur Conditio humana wie Geburt, Fortpflanzung, Krankheit und Tod.«[5] Räumliche Mobilität und ihre unterschiedlichen Ausprägungen sind stets im historischen Kontext zu sehen. Man muss sich vergegenwärtigen, dass Bewegungen im Raum – ja bereits die Vorstellungen dazu – im historischen Verlauf Veränderungen erfahren. Demnach stellten die Jahrzehnte *nach dem Boom* mitnichten ein singuläres Zeitalter der Mobilität dar, vorausgesetzt, man übernimmt nicht unreflektiert den in der Forschung weitverbreiteten und medial geschürten zeitgenössischen Mobilitätshype.

5 Bade (2000): Europa in Bewegung, S. 11.

Quellen- und Literaturverzeichnis

Archiv

Gemeinde Oetlingen (Oberamt Kirchheim): Bürgerliste. Verzeichnis derjenigen Bürger welche in hiesiger Gemeinde wohnen 1886–1906, archiviert im Stadtarchiv Kirchheim unter Teck, Signatur: Ötlingen B201.

Gemeinde Oetlingen (Oberamt Kirchheim): Verzeichnis der außerhalb des Gemeinde-Bezirks wohnenden Gemeinde-Bürger 1886–1912, archiviert im Stadtarchiv Kirchheim unter Teck, Signatur: Ötlingen B202.

Gemeinde Oetlingen (Oberamt Kirchheim): Verwaltungs-Akten betreffend Mitteilung der Oberämter über Ausstellung von Heimatscheinen und Staatsangehörigkeitsausweisen 1901–1934, archiviert im Stadtarchiv Kirchheim unter Teck, Signatur: Ötlingen A228.

Gemeinde Oetlingen (Oberamt Kirchheim): Beilagen zum Verzeichnis der neuanziehenden Personen. Wohnungs- An- & Abmeldungen 1905–1914, archiviert im Stadtarchiv Kirchheim unter Teck, Signatur: Ötlingen A226.

Gemeinde Oetlingen (Oberamt Kirchheim): Fremdenpolizei. Vorstrafen neu anziehender Personen 1905–1919, archiviert im Stadtarchiv Kirchheim unter Teck, Signatur: Ötlingen A227.

Kirchheim unter Teck (Oberamts-Stadt): Tabellarisches Protokoll über die bei dem Ortsvorsteher mündlich vorgebrachten Gesuche um Erteilung des Bürgerrechts 1893–1912, archiviert im Stadtarchiv Kirchheim unter Teck, Signatur: Kirchheim B1335.

Literatur

Werner Abelshauser: Deutsche Wirtschaftsgeschichte. Von 1945 bis zur Gegenwart, Bonn 2004.

Barbara Ackermann: Zumutbare Arbeit nach dem Sozialgesetzbuch (SGB) III und dem Bundessozialhilfegesetz (BSHG), zugl. Diss. Univ. Erlangen-Nürnberg, Berlin 2003.

Frank Adloff: Marcel Mauss. Durkheimien oder eigenständiger Klassiker der französischen Soziologie?, in: Berliner Journal für Soziologie 17/2 (2007), S. 231–251.

Günter Albrecht: Soziologie der geographischen Mobilität. Zugleich ein Beitrag zur Soziologie des sozialen Wandels, zugl. Diss. Univ. Köln 1971, Stuttgart 1972.

Arthur S. Alderson / François Nielsen: Globalization and the Great U-Turn. Income Inequality Trends in 16 OECD Countries, in: American Journal of Sociology 107/5 (2002), S. 1244–1299.

Björn Alecke / Gerhard Untiedt: Determinanten der Binnenwanderung in Deutschland seit der Wiedervereinigung. Eine makroökonometrische Analyse mit Paneldaten für die Bundesländer und den Zeitraum 1991 bis 1997, Münster 2000.

Beate Althammer / Peter Bell / Rainer Barzen / Nora Blaes-Herrmanns / Katrin Dort / Monika Escher-Apsner / Sebastian Schmidt / Dirk Suckow: Vom falschen Bettler zum Sozialschmarotzer. Arbeitswille und Armenfürsorge in der Geschichte, in: Unijournal. Zeitschrift der Universität Trier 34 (2008), S. 9–17, online unter: http://www.uni-trier.de/fileadmin/organisation/Presse/Unijournal/Themenheft_SFB_600.pdf (Stand: 08.04.2014).

Hendrik Ammoser: Das Buch vom Verkehr. Die faszinierende Welt von Mobilität und Logistik, Darmstadt 2014.

Amt für Stadtentwicklung und Statistik Trier: Volkszählung 1987. Pendler in der Stadt Trier, Trier 1993.

Elaine A. Anderson: Decision-Making Style. Impact on Satisfaction of the Commuter Couples' Lifestyle, in: Journal of Family and Economic Issues 13/1 (1992), S. 5–21.

Arbeitskreis Erwerbstätigenrechnung des Bundes und der Länder (Hrsg.): Erwerbstätigenrechnung. Erwerbstätige in den Ländern der Bundesrepublik Deutschland 2000 bis 2014, Berechnungsstand: Februar 2015, Wiesbaden 2015, online unter: http://aketr.de/tl_files/aketr/DATA/Downloads/ETR_R1B1_2014FS_hj.pdf (Stand: 02.09.2015).

Arbeitskreis Umweltökonomische Gesamtrechnungen der Länder (Hrsg.): Umweltökonomische Gesamtrechnungen der Länder. Private Haushalte – Ökonomie – Ökologie. Analysen und Ergebnisse, Düsseldorf 2009, online unter: http://www.ugrdl.de/pdf/ugrdl_analyse_2009.pdf (Stand: 02.09.2015).

Arbeitskreis Umweltökonomische Gesamtrechnungen der Länder (Hrsg.): Umweltökonomische Gesamtrechnungen der Länder. Band 1: Indikatoren und Kennzahlen, Düsseldorf 2014, online unter: http://www.ugrdl.de/pdf/ugrdl_tab_2014.xls (Stand: 02.09.2015).

Ulrike von Arnim / Manfred Fellhauer: Im Sog der Haupt- und Residenzstadt Karlsruhe. Industrialisierung und Eingemeindung 1871–1910, in: Werner Burkart / Gottfried Ganz / Manfred Fellhauer / Manfred Koch / Edgar Morrison-Cleator (Hrsg.): Daxlanden. Die Ortsgeschichte, Karlsruhe 2007, S. 217–267.

Aleida Assmann: Karriere – Ehe – Kinder. Eine unmögliche Trias?, in: Gegenworte. Hefte für den Disput über Wissen 6/11 (2003), S. 33–37.

Anthony B. Atkinson / Lee Rainwater / Timothy M. Smeeding: Income Distribution in OECD Countries. Evidence from the Luxembourg Income Study, Paris 1996.

Franz-Josef Bade / Klaus Spiekermann: Arbeit und Berufsverkehr. Das tägliche Pendeln, in: Leibniz-Institut für Länderkunde (Hrsg.): Nationalatlas Bundesrepublik Deutschland. Band 9: Verkehr und Kommunikation, Heidelberg 2001, S. 78 f.

Klaus J. Bade: Vom Auswanderungsland zum Einwanderungsland? Deutschland 1880–1980, Berlin 1983.

Klaus J. Bade: Die deutsche überseeische Massenauswanderung im 19. und frühen 20. Jahrhundert. Bestimmungsfaktoren und Entwicklungsbedingungen. Band 1, in: Klaus J. Bade (Hrsg.): Auswanderer – Wanderarbeiter – Gastarbeiter. Bevölkerung, Arbeitsmarkt und Wanderung in Deutschland seit der Mitte des 19. Jahrhunderts, Ostfildern 1985, S. 259–299.

Klaus J. Bade: Vom Auswanderungsland zum »Arbeitseinfuhrland«. Kontinentale Zuwanderung und Ausländerbeschäftigung in Deutschland im späten 19. und frühen 20. Jahrhundert. Band 2, in: Klaus J. Bade (Hrsg.): Auswanderer – Wanderarbeiter – Gastarbeiter. Bevölkerung, Arbeitsmarkt und Wanderung in Deutschland seit der Mitte des 19. Jahrhunderts, Ostfildern 1985, S. 433–485.

Klaus J. Bade: Sozialhistorische Migrationsforschung, in: Ernst Hinrichs / Henk van Zon (Hrsg.): Bevölkerungsgeschichte im Vergleich. Studien zu den Niederlanden und Nordwestdeutschland, Aurich 1988, S. 63–74.

Klaus J. Bade: Europa in Bewegung. Migration vom späten 18. Jahrhundert bis zur Gegenwart, München 2000.

Klaus J. Bade: Historische Migrationsforschung, in: Jochen Oltmer (Hrsg.): Migrationsforschung und interkulturelle Studien. Zehn Jahre IMIS, Osnabrück 2002, S. 55–74.

Klaus J. Bade / Pieter C. Emmer / Leo Lucassen / Jochen Oltmer (Hrsg.): Enzyklopädie Migration in Europa. Vom 17. Jahrhundert bis zur Gegenwart, 3., durchgesehene Aufl., Paderborn u. a. 2010.

Klaus J. Bade / Jochen Oltmer: Deutschland, in: Klaus J. Bade / Pieter C. Emmer / Leo Lucassen / Jochen Oltmer (Hrsg.): Enzyklopädie Migration in Europa. Vom 17. Jahrhundert bis zur Gegenwart, Paderborn u. a. 2007, S. 141–170.

Klaus J. Bade / Jochen Oltmer: Polnische landwirtschaftliche Arbeitskräfte in Preußen-Deutschland vom späten 19. Jahrhundert bis zum Zweiten Weltkrieg, in: Klaus J. Bade / Pieter C. Emmer / Leo Lucassen / Jochen Oltmer (Hrsg.): Enzyklopädie Migration in Europa. Vom 17. Jahrhundert bis zur Gegenwart, Paderborn u. a. 2007, S. 879–885.

Joachim Bahlcke / Rainer Leng / Peter Scholz (Hrsg.): Migration als soziale Herausforderung. Historische Formen solidarischen Handelns von der Antike bis zum 20. Jahrhundert, Stuttgart 2011.

Thomas Bahle: Familienpolitik in Westeuropa. Ursprünge und Wandel im internationalen Vergleich, zugl. Diss. Univ. Mannheim 1993, Frankfurt am Main / New York 1995.

Thomas Bahle / Mathias Maucher: Kindergeldsysteme und Steuererleichterungen für Kinder in Westeuropa. Institutionelle Merkmale und quantitative Indikatoren im Ländervergleich. 1950–2000, Mannheim 2003, online unter: http://www.mzes.uni-mannheim.de/publications/wp/wp-72.pdf (Stand: 17.12.2014).

Ralf Banken: Die Industrialisierung der Saarregion 1815–1914. Band 2: Take-Off-Phase und Hochindustrialisierung 1850–1914, Stuttgart 2003.

Hans Barbier: Zumutung oder zumutbar, in: Süddeutsche Zeitung vom 11.10.1978, Nr. 234, S. 4.

Heinz Barlet: Die Pendelwanderung im Rhein-Neckar-Raum. Unter besonderer Berücksichtigung der Wohn- und Besitzverhältnisse der Mannheimer Einpendler, Diss. Wirtschaftshochschule Mannheim 1953.

Hermann Bartmann: Verteilungstheorie, München 1981.

Jörg Baten: Computerkartographie und Geographische Informationssysteme am Arbeitsplatz des Historikers, in: Martin Fell / Wolfgang Spickermann / Lothar Wierschowski (Hrsg.): Machina Computatoria. Zur Anwendung von EDV in den Altertumswissenschaften, St. Katharinen 1997, S. 145–158.

Nina Bathmann / Waltraud Cornelißen / Dagmar Müller: Gemeinsam zum Erfolg? Berufliche Karrieren von Frauen in Paarbeziehungen, Wiesbaden 2013.

Gerrit Bauer / Marita Jacob: Fertilitätsentscheidungen im Partnerschaftskontext. Eine Analyse der Bedeutung der Bildungskonstellation von Paaren für die Familiengründung anhand des Mikrozensus 1996–2004, in: Kölner Zeitschrift für Soziologie und Sozialpsychologie 62/1 (2010), S. 31–60.

Christopher F. Baum: An Introduction to Modern Econometrics Using Stata, College Station (Texas) 2006.

Zygmunt Bauman: Globalization. The Human Consequences, Cambridge 1998.

Mareike Baumann: Selbst- und Fremdbilder von Arbeitslosigkeit, zugl. Diss. Univ. Augsburg 2009, Frankfurt am Main 2010.

Hermann Bausinger: Heimat und Globalisierung, in: Österreichische Zeitschrift für Volkskunde 104/2 (2001), S. 121–135.

Riccardo Bavaj: Was bringt der »spatial turn« der Regionalgeschichte? Ein Beitrag zur Methodendiskussion, in: Westfälische Forschungen 56 (2006), S. 457–484.

Bayerisches Landesamt für Statistik und Datenverarbeitung (Hrsg.): Verbraucherpreisindex für Bayern. Monatliche Indexwerte von Januar 2005 bis Januar 2010, München 2010, online unter: https://www.statistik.bayern.de/veroeffentlichungen/download/M1301C%20201001/M1301C%20201001.pdf (Stand: 04.03.2013).

Günter Bayerl / Torsten Meyer / Sven Tetzlaff: Arbeitswege. Facetten und Perspektiven eines vernachlässigten Themas, in: Andreas Kuntz-Stahl (Hrsg.): Lokale und biographische Erfahrungen. Studien zur Volkskunde »Gast am Gabelmann«, Münster / New York 1995, S. 59–76.

Diego Ruiz Becerril: Cuando el Trabajo Separa. Los Matrimonios de Fin de Semana, in: Portularia Revista de Trabajo Social 3/3 (2003), S. 179–202, online unter: http://rabida.uhu.es/dspace/bitstream/handle/10272/149/b13844398.pdf (Stand: 09.12.2013).

Grit Beck: Wandern gegen den Strom. West-Ost-Migration in Deutschland, in: Frank Swiaczny / Sonja Haug (Hrsg.): Bevölkerungsgeographische Forschung zur Migration und Integration, Wiesbaden 2004, S. 95–111.

Ulrich Beck: Risikogesellschaft. Auf dem Weg in eine andere Moderne, Frankfurt am Main 1986.

Hubert Becker: Die Esslinger »Fabrikarbeiter« in der zweiten Hälfte des 19. Jahrhunderts. Soziale Lage, Mobilität und Verhalten, in: Zeitschrift für Württembergische Landesgeschichte 37 (1978), S. 203–260.

Irene Becker: Die Entwicklung von Einkommensverteilung und Einkommensarmut in den alten Bundesländern von 1962 bis 1988, in: Irene Becker / Richard Hauser (Hrsg.): Einkommensverteilung und Armut. Deutschland auf dem Weg zur Vierfünftel-Gesellschaft?, Frankfurt am Main / New York 1997, S. 43–61.

Irene Becker / Markus M. Grabka / Joachim R. Frick / Peter Westerheide: Integrierte Analyse der Einkommens- und Vermögensverteilung. Abschlussbericht zur Studie im Auftrag des Bundesministeriums für Arbeit und Soziales. Eine kürzere Fassung, Mannheim 2007, online unter: https://ub-madoc.bib.uni-mannheim.de/2142/1/a369_forschungsprojekt.pdf (Stand: 26.01.2013).

Irene Becker / Richard Hauser: Anatomie der Einkommensverteilung. Ergebnisse der Einkommens- und Verbrauchsstichproben 1969–1998, Berlin 2003.

Stefan Becker: Familie und Beruf. Karriereleiter und Karriereknick, in: Susanne Mayer / Dietmar Schulte (Hrsg.): Die Zukunft der Familie, München / Paderborn 2007, S. 126–136.

Regina Becker-Schmidt / Gudrun-Axeli Knapp / Beate Schmidt: Eines ist zuwenig – beides ist zuviel. Erfahrungen von Arbeiterfrauen zwischen Familie und Fabrik, 2. Aufl., Bonn 1985.

Elisabeth Beck-Gernsheim: Das halbierte Leben. Männerwelt Beruf, Frauenwelt Familie, Nachdruck der Originalausgabe von 1980, Frankfurt am Main 1992.
Elisabeth Beck-Gernsheim: Auf dem Weg in die postfamiliale Familie. Von der Notgemeinschaft zur Wahlverwandtschaft, in: Ulrich Beck / Elisabeth Beck-Gernsheim (Hrsg.): Riskante Freiheiten. Individualisierung in modernen Gesellschaften, Frankfurt am Main 1994, S. 115–138.
Elisabeth Beck-Gernsheim: Mobilitätsleistungen und Mobilitätsbarrieren von Frauen. Perspektiven der Arbeitsmarktentwicklung im neuen Europa, in: Petra Beckmann / Gerhard Engelbrecht (Hrsg.): Arbeitsmarkt für Frauen 2000. Ein Schritt vor oder ein Schritt zurück? Kompendium zur Erwerbstätigkeit von Frauen, Nürnberg 1994, S. 712–726.
Elisabeth Beck-Gernsheim: »Störfall Kind«. Frauen in der Planungsfalle, in: Aus Politik und Zeitgeschichte 58/24–25 (2008), S. 26–31.
Elisabeth Beck-Gernsheim: Was kommt nach der Familie? Alte Leitbilder und neue Lebensformen, 3., überarbeitete und erweiterte Aufl., München 2010.
Klaus-Dietrich Bedau / Bernd Freitag / Gerhard Göseke: Die Einkommenslage der Familien in der Bundesrepublik Deutschland in den Jahren 1973 und 1981, Berlin 1987.
Stephan Beetz: Dörfer in Bewegung. Ein Jahrhundert sozialer Wandel und räumliche Mobilität in einer ostdeutschen ländlichen Region, Hamburg 2004.
Stephan Beetz: »Meine Kinder sollen frei entscheiden«. Migrationsorientierungen von Jugendlichen in ostdeutschen ländlichen Regionen, in: Anton Sterbling (Hrsg.): Migrationsprozesse. Probleme von Abwanderungsregionen. Identitätsfragen, Hamburg 2006, S. 255–281.
Stephan Beetz: Analysen zum Entscheidungsprozess Jugendlicher zwischen »Gehen und Bleiben«. Die Relevanz kollektiver Orientierungen bei Migrationsentscheidungen ostdeutscher Jugendlicher, in: Wilfried Schubarth / Karsten Speck (Hrsg.): Regionale Abwanderung Jugendlicher. Theoretische Analysen, empirische Befunde und politische Gegenstrategien, Weinheim / München 2009, S. 135–151.
Thomas Behnen / Erich Ott: Arbeitskräftemobilität. Fernpendler und ihre Lebenssituation, in: Leibniz-Institut für Länderkunde (Hrsg.): Nationalatlas Bundesrepublik Deutschland. Band 7: Arbeit und Lebensstandard, Heidelberg 2006, S. 56–59.
Marc Beise: »Wer zumutbare Arbeit ablehnt, der muss mit Sanktionen rechnen.« Das Zitat von Wolfgang Clement (SPD), Bundeswirtschafts- und -arbeitsminister, in: Süddeutsche Zeitung vom 25.03.2003, Nr. 70, S. 20.
Stefan Bender / Anette Haas / Christoph Klose: Mobilität allein kann Arbeitsmarktprobleme nicht lösen. Die Entwicklung der beruflichen und betrieblichen Mobilität von 1985–1995, Nürnberg 1999, online unter: http://doku.iab.de/kurzber/1999/kb0299.pdf (Stand: 01.03.2014).
Stefan Berg / Konstantin von Hammerstein / Marc Hujer / Horand Knaup / Gunther Latsch / René Pfister / Michael Sontheimer: Aufschrei Ost, in: Der Spiegel 59/34 (2005), S. 28–35.
Stefan Berg / Andreas Wassermann / Steffen Winter: Permanente Revolution, in: Der Spiegel 59/36 (2005), S. 84–91.
Matthias Bernt / Andreas Peter: Bevölkerungsrückgang und Alterung als maßgebliche Entwicklungsdeterminanten. Der Fall Weißwasser, in: Raumforschung und Raumordnung 63/3 (2005), S. 216–222.

Roland Berntsen: Dynamik in der Einkommensverteilung privater Haushalte. Eine empirische Längsschnittanalyse für die Bundesrepublik Deutschland, zugl. Diss. Univ. Frankfurt am Main 1991, Frankfurt am Main / New York 1992.

Jörg Berres: Vorwort, in: Statistisches Landesamt Rheinland-Pfalz (Hrsg.): Amtliches Gemeindeverzeichnis 2006, Bad Ems 2006, S. 3.

Lothar Bertels: Zur Erwerbsbiographie verschiedener Generationen, in: Ulfert Herlyn / Lothar Bertels (Hrsg.): Stadt im Umbruch. Gotha. Wende und Wandel in Ostdeutschland, Opladen 1994, S. 202–231.

Hendrik Berth / Peter Förster / Elmar Brähler: Psychosoziale Folgen einer Migration aus den neuen in die alten Bundesländer. Ergebnisse einer Längsschnittstudie, in: Psychosozial 27/1 (2004), S. 81–95.

Hendrik Berth / Peter Förster / Elmar Brähler / Yve Stöbel-Richter: Einheitslust und Einheitsfrust. Junge Ostdeutsche auf dem Weg vom DDR- zum Bundesbürger. Eine sozialwissenschaftliche Längsschnittstudie von 1987–2006, Gießen 2007.

Hans Bertram: Zur Krise der modernen Familie, in: Susanne Mayer / Dietmar Schulte (Hrsg.): Die Zukunft der Familie, München / Paderborn 2007, S. 14–36.

Hans Bertram / Martin Bujard / Gerda Neyer / Ilona Ostner / C. Katharina Spieß: Familienpolitik für Kinder und Eltern, in: Günter Stock / Hans Bertram / Alexia Fürnkranz-Prskawetz / Wolfgang Holzgreve / Martin Kohli / Ursula M. Staudinger (Hrsg.): Zukunft mit Kindern. Fertilität und gesellschaftliche Entwicklung in Deutschland, Österreich und der Schweiz, Frankfurt am Main / New York 2012, S. 198–293.

Hans Bertram / Martin Bujard / Wiebke Rösler: Rushhour des Lebens. Geburtenaufschub, Einkommensverläufe und familienpolitische Perspektiven, in: Journal für Reproduktionsmedizin und Endokrinologie 8/2 (2011), S. 91–99, online unter: http://www.kup.at/kup/pdf/9836.pdf (Stand: 01.10.2013).

Andrea Besenthal / Cornelia Lang / C. Katharina Spieß / Katharina Wrohlich: Struktur und Dynamik der weiblichen Erwerbstätigkeit, in: Leibniz-Institut für Länderkunde (Hrsg.): Nationalatlas Bundesrepublik Deutschland. Band 7: Arbeit und Lebensstandard, Heidelberg 2006, S. 84–87.

Heinrich Best: Cadres into Managers. Structural Changes of East German Economic Elites before and after Reunification, in: Historical Social Research 30/2 (2005), S. 6–24.

Heinrich Best / Reinhard Mann (Hrsg.): Quantitative Methoden in der historisch-sozialwissenschaftlichen Forschung, Stuttgart 1977.

Walter Bien / Hiltrud Bayer: Quo vadis familia?, in: Walter Bien (Hrsg.): Familie an der Schwelle zum neuen Jahrtausend. Wandel und Entwicklung familialer Lebensformen, Opladen 1996, S. 5–22.

Martin Biewen: Contributions to the Measurement of German Income Inequality, Diss. Univ. Heidelberg 1999.

Martin Biewen: The Covariance Structure of East and West German Incomes and its Implications for the Persistence of Poverty and Inequality, in: German Economic Review 6/4 (2005), S. 445–469.

Ralf Bill: Grundlagen der Geo-Informationssysteme, 5., völlig neu bearbeitete Aufl., Berlin / Offenbach 2010.

Herwig Birg: Einführung in die Forschungsthematik des Arbeitskreises regionale und biographische Mobilität im Lebensverlauf, in: Akademie für Raumforschung und

Landesplanung (Hrsg.): Regionale und biographische Mobilität im Lebensverlauf, Hannover 1992, S. 1–5.

Herwig Birg: Längsschnittanalyse der Zusammenhänge zwischen Typen von Wanderungsbiographien und Typen von Erwerbs- und Familienbiographien, in: Akademie für Raumforschung und Landesplanung (Hrsg.): Regionale und biographische Mobilität im Lebensverlauf, Hannover 1992, S. 6–26.

Hans Birkner: Die Pendelwanderung in der Bundesrepublik Deutschland. Ergebnisse der Volks- und Berufszählung am 13.9.1950, in: Wirtschaft und Statistik 7/10 (1955), S. 491–495.

Jochen Bittner: Jung, gebildet, allein, in: Die Zeit vom 29.01.2004, Nr. 6, online unter: http://www.zeit.de/2004/06/Singles/komplettansicht (Stand: 21.05.2014).

Fritz Blaich: Der Einfluß der Eisenbahnpolitik auf die Struktur der Arbeitsmärkte im Zeitalter der Industrialisierung, in: Hermann Kellenbenz (Hrsg.): Wirtschaftspolitik und Arbeitsmarkt. Bericht über die 4. Arbeitstagung der Gesellschaft für Sozial- und Wirtschaftsgeschichte in Wien am 14. und 15. April 1971, München / Wien 1974, S. 86–109.

Stephan Bleek: Mobilität und Seßhaftigkeit in deutschen Großstädten während der Urbanisierung, in: Geschichte und Gesellschaft 15/1 (1989), S. 5–33.

Uwe Blien / Steffen Kaimer / Klara Kaufmann / Van Phan thi Hong / Daniel Werner: Beschäftigung und Arbeitslosigkeit in ostdeutschen Regionen. Entwicklung in konzentrischen Kreisen, in: IAB-Forum 5/2 (2009), S. 12–18.

Ulrich Blum / Herbert S. Buscher / Hubert Gabrisch / Jutta Günther / Gerhard Heimpold / Cornelia Lang / Udo Ludwig / Martin Rosenfeld / Lutz Schneider: Ostdeutschlands Transformation seit 1990 im Spiegel wirtschaftlicher und sozialer Indikatoren, 2. aktualisierte und verbesserte Aufl., Halle (Saale) 2010, online unter: http://www.iwh-halle.de/d/publik/sh/dkompendium.pdf (Stand: 05.05.2014).

Norbert Blüm: Beratung zum Arbeitsförderungsgesetz. Aussprache im Bundestag, in: Deutscher Bundestag (Hrsg.): Stenographischer Bericht zur 113. Sitzung des Bundestages, Plenarprotokoll 13/113, Bonn 20.06.1996, S. 10008–10012, online unter: http://dipbt.bundestag.de/doc/btp/13/13113.pdf (Stand: 03.03.2014).

Klaus Blume: »Üble Kampagne gegen Arbeitslose«, in: Stern (online) vom 20.10.2005, online unter: http://www.stern.de/wirtschaft/job/wolfgang-clement-ueble-kampagne-gegen-arbeitslose-548045.html (Stand: 08.04.2014).

Volker Bode / Joachim Burdack: Jugendarbeitslosigkeit. Eine Herausforderung für Europa, in: Nationalatlas aktuell 6/13 (2012), online unter: http://aktuell.nationalatlas.de/wp-content/uploads/12_13_Jugendarbeitslosigkeit.pdf (Stand: 13.01.2014).

Dieter Bogai / Holger Seibert / Doris Wiethölter: Pendlerbericht Berlin-Brandenburg 2006. Arbeitskräftemobilität in den gemeinsamen Branchenkompetenzfeldern Berlin-Brandenburgs, Nürnberg 2007, online unter: http://doku.iab.de/regional/BB/2007/regional_bb_0207.pdf (Stand: 05.05.2014).

Manuela Bojadžijev / Serhat Karakayali: Autonomie der Migration. 10 Thesen zu einer Methode, in: Transit Migration Forschungsgruppe (Hrsg.): Turbulente Ränder. Neue Perspektiven auf Migration an den Grenzen Europas, Bielefeld 2007, S. 203–209.

Marcel Boldorf: Elitentausch? Die betrieblichen Führungskräfte in Ostdeutschland seit den 1980er Jahren, in: Friederike Sattler / Christoph Boyer (Hrsg.): European Economic Elites. Between a New Spirit of Capitalism and the Erosion of State Socialism, Berlin 2009, S. 265–280.

Jochen Bölsche: Deutsche Provinz. Verlassenes Land, verlorenes Land, in: Der Spiegel (online) vom 14.03.2006, online unter: http://www.spiegel.de/politik/deutschland/deutsche-provinz-verlassenes-land-verlorenes-land-a-404888.html (Stand: 14.05.2014).

Jochen Bölsche: Verlassenes Land, verlorenes Land. Polinnen als letzte Hoffnung, in: Der Spiegel (online) vom 16.03.2006, online unter: http://www.spiegel.de/politik/deutschland/verlassenes-land-verlorenes-land-polinnen-als-letzte-hoffnung-a-404896-2.html (Stand: 14.05.2014).

Jochen Bölsche / Petra Bornhöft / Annette Bruhns / Horst von Buttler / Anke Dürr / Dietmar Hipp / Hans Michael Kloth / Alexander Neubacher / Norbert F. Pötzl / Harald Schumann / Claudia Voigt: Land ohne Lachen, in: Der Spiegel 58/2 (2004), S. 38–48.

Timm Bönke / Matthias Giesecke / Holger Lüthen: Ungleichheitsdynamik in Deutschland. Permanente Divergenz oder transitorische Fluktuation?, in: Deutsche Rentenversicherung Bund (Hrsg.): Gesundheit, Migration und Einkommensungleichheit. Bericht vom siebten Workshop des Forschungsdatenzentrums der Rentenversicherung (FDZ-RV) am 18. und 19. Juni 2010 im Wissenschaftszentrum Berlin für Sozialforschung (WZB), Berlin 2010, S. 177–193.

Gerold Bönnen: Bemerkungen zu ländlicher Bindung, Wohnungsfürsorge und Mobilität der Arbeiterschaft in der Wormser Lederindustrie (ca. 1890–1955), in: Martin Krauß / Ulrich Nieß (Hrsg.): Stadt, Land, Heimat. Beiträge zur Geschichte der Metropolregion Rhein-Neckar im Industriezeitalter, Ubstadt-Weiher u. a. 2011, S. 133–142.

Wolfgang Bonß / Sven Kesselring / Anja Weiß: »Society on the Move«. Mobilitätspioniere in der Zweiten Moderne, in: Ulrich Beck / Christoph Lau (Hrsg.): Entgrenzung und Entscheidung. Was ist neu an der Theorie reflexiver Modernisierung?, Frankfurt am Main 2004, S. 258–280.

Julia Bonstein / Alexander Jung / Merlind Theile: Generation Kinderlos, in: Der Spiegel 59/37 (2005), S. 62–72.

Knut Borchardt: Einleitung. Podiums-Diskussion zum Thema: Einkommensverteilung in historischer Perspektive, in: Vierteljahrschrift für Sozial- und Wirtschaftsgeschichte 91/4 (2004), S. 478–480.

Christoph Borcherdt: Baden-Württemberg. Eine geographische Landeskunde, Darmstadt 1991.

Christoph Borcherdt: Das unterschiedliche Ausmaß der Pendlerbeziehungen. Beispiele aus dem nördlichen Baden-Württemberg, Stuttgart 1995.

Peter Borscheid: Das Tempo-Virus. Eine Kulturgeschichte der Beschleunigung, Frankfurt am Main / New York 2004.

Nadine Bös: ICE statt Umzugswagen, in: Frankfurter Allgemeine Zeitung vom 04.09. 2010, Nr. 205, S. C1.

Christina Boswell / Andrew Geddes: Migration and Mobility in the European Union, London u. a. 2011.

Pierre Bourdieu: Physischer, sozialer und angeeigneter physischer Raum, in: Martin Wentz (Hrsg.): Stadt-Räume, Frankfurt am Main / New York 1991, S. 25–34.

Pierre Bourdieu: Die männliche Herrschaft, in: Irene Dölling / Beate Krais (Hrsg.): Ein alltägliches Spiel. Geschlechterkonstruktion in der sozialen Praxis, Frankfurt am Main 1997, S. 153–217.

Pierre Bourdieu: Eine sanfte Gewalt. Pierre Bourdieu im Gespräch mit Irene Dölling und Margareta Steinrücke, in: Irene Dölling / Beate Krais (Hrsg.): Ein alltägliches Spiel. Geschlechterkonstruktion in der sozialen Praxis, Frankfurt am Main 1997, S. 218–230.

Pierre Bourdieu / Lutz Raphael: Über die Beziehungen zwischen Geschichte und Soziologie in Frankreich und Deutschland. Pierre Bourdieu im Gespräch mit Lutz Raphael, in: Geschichte und Gesellschaft 22/1 (1996), S. 62–89.

Olaf Boustedt: Pendelverkehr, in: Akademie für Raumforschung und Landesplanung (Hrsg.): Handwörterbuch der Raumforschung und Raumordnung, Hannover 1966, Sp. 1308–1335.

Fernand Braudel: Die Demographie und die Dimensionen der Wissenschaften vom Menschen, in: Fernand Braudel: Schriften zur Geschichte. Band 1: Gesellschaften und Zeitstrukturen, Stuttgart 1992, S. 183–221.

Fernand Braudel / Frank Spooner: Die Preise in Europa von 1450 bis 1750, in: Fernand Braudel: Schriften zur Geschichte. Band 2: Menschen und Zeitalter, Stuttgart 1993, S. 11–161.

Beatrix Brecht: Analyse der Rückkehr von Gastarbeitern, zugl. Diss. Univ. Konstanz 1994, Berlin 1995.

Ingrid Breckner: »Wohnen und Wandern« in nachindustriellen Gesellschaften, in: Peter Döllmann / Robert Temel (Hrsg.): Lebenslandschaften. Zukünftiges Wohnen im Schnittpunkt von privat und öffentlich, Frankfurt am Main / New York 2002, S. 145–153.

Karl Brenke: Die Jahre 1989 und 1990. Das wirtschaftliche Desaster der DDR. Schleichender Niedergang und Schocktherapie, in: Vierteljahrshefte zur Wirtschaftsforschung 78/2 (2009), S. 18–31.

Karl Brenke / Markus M. Grabka: Schwache Lohnentwicklung im letzten Jahrzehnt, in: DIW Wochenbericht 78/45 (2011), S. 3–15, online unter: https://www.diw.de/documents/publikationen/73/diw_01.c.388567.de/11-45-1.pdf (Stand: 23.10.2013).

Wilhelm Brepohl: Deutscher Geist in westfälischer Prägung. Blut und Bildung in der Geschichte eines Stammes. Betrachtung und Studien, Köln 1936.

Wilhelm Brepohl: Der Aufbau des Ruhrvolkes im Zuge der Ost-West-Wanderung. Beiträge zur deutschen Sozialgeschichte des 19. und 20. Jahrhunderts, Recklinghausen 1948.

Toni Breuer / Dieter Müller: Grenzenlose Mobilität? Deutsche Auslandsbevölkerung in Europa, in: Leibniz-Institut für Länderkunde (Hrsg.): Nationalatlas Bundesrepublik Deutschland. Band 11: Deutschland in der Welt, Heidelberg 2005, S. 68–71.

Christian Brinkmann: Arbeitslosigkeit und Mobilität, in: Mitteilungen aus der Arbeitsmarkt- und Berufsforschung 10/2 (1977), S. 201–223.

Wolfgang Brinkmann / Andrea Dittrich-Wesbuer / Bernd Mielke: Pendelverflechtungen in Nordrhein-Westfalen. Strukturen, Entwicklungen, Einschätzungen, in: Informationen zur Raumentwicklung 34/2–3 (2007), S. 93–104.

Rogers Brubaker / Frederick Cooper: Beyond »Identity«, in: Theory and Society 29/1 (2000), S. 1–47.

Franz-Josef Brüggemeier: Leben vor Ort. Ruhrbergleute und Ruhrbergbau 1889–1919, zugl. Diss. Univ. Essen 1982, München 1983.

Wolf Gunter Brügmann: Widerstand gegen Forderung nach totaler Umzugsbereitschaft, in: Frankfurter Rundschau vom 06.10.1978, Nr. 222, S. 4.

Alexander Brunner: Einkommensverteilung in Deutschland. Theoretische Überlegungen empirische Befunde wirtschaftspolitische Implikationen, zugl. Diss. Univ. Würzburg, Hamburg 2012.

Christian Brzinsky-Fay / Ulrich Kohler / Magdalena Luniak: Sequence Analysis with Stata, in: Stata Journal 6/4 (2006), S. 435–460, online unter: http://www.stata-journal.com/sjpdf.html?articlenum=st0111 (Stand: 30.10.2014).

Tanja Buch: Regionale Mobilität auf dem deutschen Arbeitsmarkt. Eine theoretische und empirische Analyse regionaler Mismatcharbeitslosigkeit in Zeiten der Hartz-Reformen, zugl. Diss. Univ. Hamburg, Hamburg 2006.

Felix Büchel: Arbeits-Pendler zwischen West- und Ostdeutschland. Personen-, Haushalts- und Arbeitsplatzstrukturen, in: Gerhard Mahnken / Petra Koch (Hrsg.): Migration in Stadtregionen der neuen Bundesländer. Workshop im Rahmen des Projekts »Migration im Metropolenraum Berlin, Brandenburg« am 16. Oktober 1996 im IRS Erkner, Erkner 1998, S. 31–48.

Felix Büchel / Johannes Schwarze: Die Migration von Ost- nach Westdeutschland. Absicht und Realisierung. Ein sequentielles Probitmodell mit Kontrolle unbeobachteter Heterogenität, in: Mitteilungen aus der Arbeitsmarkt- und Berufsforschung 27/1 (1994), S. 43–52.

Hansjörg Bucher / Martina Kocks / Mathias Siedhoff: Die künftige Bevölkerungsentwicklung in den Regionen Deutschlands bis 2010. Annahmen und Ergebnisse einer BfLR-Bevölkerungsprognose, in: Informationen zur Raumentwicklung 21/12 (1994), S. 815–852.

Heinz Bude / Thomas Medicus / Andreas Willisch (Hrsg.): ÜberLeben im Umbruch. Am Beispiel Wittenberge. Ansichten einer fragmentierten Gesellschaft, Hamburg 2011.

Friedrich Bülow: Zur Philosophie des Einkommens, in: Annalen der Philosophie und philosophischen Kritik 8 (1929), S. 146–168.

Bundesagentur für Arbeit (Hrsg.): Förderung aus dem Vermittlungsbudget gemäß § 45 SGB III. Geschäftsanweisung, Nürnberg 20.12.2011, online unter: http://www.arbeitsagentur.de/web/wcm/idc/groups/public/documents/webdatei/mdaw/mtax/~edisp/l6019022dstbai399757.pdf (Stand: 21.04.2014).

Bundesamt für Migration und Flüchtlinge (Hrsg.): Aktuelle Zahlen zu Asyl. Juli-Ausgabe, Nürnberg 2015, online unter: https://www.bamf.de/SharedDocs/Anlagen/DE/Downloads/Infothek/Statistik/Asyl/statistik-anlage-teil-4-aktuelle-zahlen-zu-asyl.pdf (Stand: 26.08.2015).

Bundesinstitut für Bau-, Stadt- und Raumforschung (Hrsg.): Raumordnungsbericht 2011, Bonn 2012, online unter: http://www.bbsr.bund.de/BBSR/DE/Veroeffentlichungen/Sonderveroeffentlichungen/2012/DL_ROB2011.pdf (Stand: 21.05.2014).

Bundesminister für Jugend, Familie und Gesundheit (Hrsg.): Familie und Arbeitswelt. Gutachten des wissenschaftlichen Beirats für Familienfragen beim Bundesministerium für Jugend, Familie und Gesundheit, Stuttgart u. a. 1984.

Bundesministerium der Justiz und für Verbraucherschutz (Hrsg.): Gesetz zur Förderung von Kindern unter drei Jahren in Tageseinrichtungen und in Kindertagespflege (Kinderförderungsgesetz – KiföG), Berlin 10.12.2008, online unter: http://www.bmfsfj.de/RedaktionBMFSFJ/Abteilung5/Pdf-Anlagen/kifoeg-gesetz.pdf (Stand: 10.11.2015).

Bundesministerium des Innern (Hrsg.): Modellrechnungen zur Bevölkerungsentwicklung in der Bundesrepublik Deutschland bis zum Jahr 2040, Bonn 1996.

Bundesministerium des Innern (Hrsg.): Jahresbericht der Bundesregierung zum Stand der Deutschen Einheit 2010, Berlin 2010, online unter: http://www.bmi.bund.de/SharedDocs/Downloads/BODL/Jahresberichte/2010.pdf (Stand: 17.12.2013).

Bundesministerium für Arbeit und Soziales (Hrsg.): Lebenslagen in Deutschland. Entwurf des 4. Armuts- und Reichtumsberichts der Bundesregierung, Berlin 2012, online unter: http://www.sozialpolitik-aktuell.de/tl_files/sozialpolitik-aktuell/_Politikfelder/Einkommen-Armut/Dokumente/Entwurf%204.%20Armutsbericht%20der%20Bundesregierung%2017.9.2012.pdf (Stand: 02.02.2013).

Bundesministerium für Familie, Senioren, Frauen und Jugend (Hrsg.): Work-Life-Balance. Motor für wirtschaftliches Wachstum und gesellschaftliche Stabilität. Analyse der volkswirtschaftlichen Effekte. Zusammenfassung der Ergebnisse, Berlin 2005, online unter: http://www.bmfsfj.de/RedaktionBMFSFJ/Broschuerenstelle/Pdf-Anlagen/Work-Life-Balance.pdf (Stand: 10.11.2015).

Bundesministerium für Familie, Senioren, Frauen und Jugend (Hrsg.): Familie zwischen Flexibilität und Verlässlichkeit. Perspektiven für eine lebenslaufbezogene Familienpolitik. Siebter Familienbericht, auch als Drucksache 16/1360, Berlin 2006.

Bundesministerium für Familie, Senioren, Frauen und Jugend (Hrsg.): Alleinerziehende in Deutschland. Potenziale, Lebenssituationen und Unterstützungsbedarfe, Berlin 2008, online unter: http://www.bmfsfj.de/RedaktionBMFSFJ/Abteilung2/Newsletter/Monitor-Familienforschung/2008-04/medien/monitor-2008-04,property=pdf,bereich=bmfsfj,sprache=de,rwb=true.pdf (Stand: 23.09.2013).

Bundesministerium für Familie, Senioren, Frauen und Jugend (Hrsg.): Zeit für Familie. Familienzeitpolitik als Chance einer nachhaltigen Familienpolitik. Achter Familienbericht, Drucksache 17/9000, Berlin 15.03.2012, online unter: http://www.bmfsfj.de/RedaktionBMFSFJ/Abteilung2/Pdf-Anlagen/Achter-familienbericht (Stand: 04.11.2014).

Bundesministerium für Verkehr, Bau und Stadtentwicklung (Hrsg.): Jahresbericht der Bundesregierung zum Stand der Deutschen Einheit 2009, Berlin 2009, online unter: http://www.bmi.bund.de/SharedDocs/Downloads/BODL/Jahresberichte/2009.pdf (Stand: 17.12.2013).

Bundesministerium für Verkehr, Bau und Stadtentwicklung (Hrsg.): Mobilität in Deutschland 2008. Kurzbericht. Struktur – Aufkommen – Emissionen – Trends, Bonn 2010, online unter: http://www.mobilitaet-in-deutschland.de/pdf/MiD2008_Kurzbericht_I.pdf (Stand: 14.09.2012).

Bundesministerium für Verkehr, Bau und Stadtentwicklung (Hrsg.): 10 Jahre Stadtumbau Ost. Berichte aus der Praxis, Berlin 2012, online unter: http://www.bmvi.de/SharedDocs/DE/Anlage/StadtUndLand/Stadtentwicklung/stadtumbau-ost-10-jahre-bericht.pdf (Stand: 02.07.2014).

Bundesministerium für Verkehr, Bau und Stadtentwicklung (Hrsg.): Stadtumbau West. Evaluierung des Bund-Länder-Programms, Berlin 2012, online unter: http://www.bmvi.de/SharedDocs/DE/Anlage/StadtUndLand/stadtumbau-west-evaluierung-des-bund-laender-programms.pdf (Stand: 02.07.2014).

Bundesministerium für Verkehr, Bau- und Wohnungswesen (Hrsg.): Verkehr in Zahlen 2002/2003, Erweiterte Ausgabe, Hamburg 2002.

Bundesministerium für Wirtschaft und Arbeit (Hrsg.): Vorrang für die Anständigen. Gegen Missbrauch, »Abzocke« und Selbstbedienung im Sozialstaat. Ein Report vom Arbeitsmarkt im Sommer 2005, Berlin 2005, online unter: http://www.harald-thome.de/media/files/Gesetzestexte%20SGB%20II%20+%20VO/Gesetzestexte%20SGB%20XII%20+%20VO/Seminare/Clement/Sozialmissbrauch_Bericht_BMWA.pdf (Stand: 08.04.2014).

Bundesrat (Hrsg.): Gesetz zur Förderung von Kindern unter drei Jahren in Tageseinrichtungen und in Kindertagespflege (Kinderförderungsgesetz – KiföG). Gesetzesbeschluss des Deutschen Bundestages, Drucksache 730/08, Berlin 17.10.2008, online unter: http://dipbt.bundestag.de/dip21/brd/2008/0730-08.pdf (Stand: 27.01.2015).

Bundesrat (Hrsg.): Stenographischer Bericht zur 912. Sitzung des Bundesrats, Berlin 05.07.2013, online unter: http://dipbt.bundestag.de/dip21/brp/912.pdf (Stand: 17.12.2014).

Bundesverband der Deutschen Luftverkehrswirtschaft: Zahlen zur Lage der deutschen Luftverkehrswirtschaft. Jahrespressekonferenz, Berlin 2015, online unter: http://www.bdl.aero/download/1712/jahrespressekonferenz-zahlen-zur-lage-der-deutschen-luftverkehrswirtschaft.pdf (Stand: 28.08.2015).

Bundesverfassungsgericht: Verfassungswidrigkeit der Zweitwohnungssteuersatzungen der Städte Dortmund und Hannover. Beschluss vom 11.10.2005, in: Juristen-Zeitung 61/5 (2006), S. 253–256.

Michael C. Burda: The Determinants of East-West German Migration, in: European Economic Review 37/2–3 (1993), S. 452–461.

Simone Burel: Identitätspositionierungen der DAX-30-Unternehmen. Die sprachliche Konstruktion von Selbstbildern, zugl. Diss. Univ. Heidelberg, Berlin / Boston 2015.

Tanja Bürgel: Ostdeutsche Generationen als Einwanderer in der Bundesrepublik und die Perspektiven der Wendekinder als Generation, in: Heinrich Best / Everhard Holtmann (Hrsg.): Aufbruch der entsicherten Gesellschaft. Deutschland nach der Wiedervereinigung, Frankfurt am Main / New York 2012, S. 172–186.

Reiner Burger: Zurückgelassen in der Ödnis, in: Frankfurter Allgemeine Zeitung (online) vom 08.06.2007, online unter: http://www.faz.net/aktuell/politik/ostdeutschlands-maenner-zurueckgelassen-in-der-oednis-1439864.html (Stand: 15.05.2014).

Alexander Bürgin: Flucht aus dem Osten. Vergreisung, Verarmung, Verdummung, in: Der Spiegel (online) vom 30.04.2004, online unter: http://www.spiegel.de/unispiegel/studium/flucht-aus-dem-osten-vergreisung-verarmung-verdummung-a-297613.html (Stand: 08.05.2014).

Günter Burkart: Positionen und Perspektiven. Zum Stand der Theoriebildung in der Familiensoziologie, in: Zeitschrift für Familienforschung 18/2 (2006), S. 175–205.

Günter Burkart: Zukünfte des Geschlechterverhältnisses. Kommentar zum Siebten Familienbericht, in: Zeitschrift für Soziologie 36/5 (2007), S. 401–405.

Lutz Burkart / Dieter Kreuz: Wochenendpendler. Eine Extremform des Erwerbsverhaltens in wirtschaftlich schwachen Gebieten. Dargestellt am Beispiel Ostbayerns, München 1968.

Carola Burkert / Kai Kirchhof / Annette Röhrig / Peter Schaade: Regionale Mobilität von Arbeitnehmern. Pendlerbericht Hessen 2005, Nürnberg 2007, online unter: http://doku.iab.de/regional/H/2007/regional_h_0107.pdf (Stand: 09.07.2012).

Richard V. Burkhauser / Joachim R. Frick / Johannes Schwarze: A Comparison of Alternative Measures of Economic Well-Being for Germany and the United States, in: Review of Income and Wealth 43/2 (1997), S. 153–171.

Ulrich Busch: Der Aufholprozess Ostdeutschlands. Konvergenz auch nach 20 Jahren nicht erreicht, in: Cornelie Kunze (Hrsg.): Wirtschaftlicher Aufholprozess und EU-Integration in Mittel- und Osteuropa. Das europäische Wachstumsmodell in der Krise?, Leipzig 2010, S. 69–85.

Ulrich Busch / Rainer Land: Ostdeutschland. Vom staatssozialistischen Fordismus in die Entwicklungsfalle einer Transferökonomie, in: Forschungsverbund Sozioökonomische Berichterstattung (Hrsg.): Berichterstattung zur sozioökonomischen Entwicklung in Deutschland. Teilhabe im Umbruch. Zweiter Bericht, Wiesbaden 2012, S. 153–183.

Wolfgang Büser: Jetzt sind drei Stunden lange Arbeitswege zumutbar, in: Süddeutsche Zeitung vom 02.04.1997, Nr. 74, S. 26.

Wolfgang Büser: Arbeitslose ohne Familie müssen umziehen, in: Süddeutsche Zeitung vom 08.01.2003, Nr. 5, S. 20.

Weert Canzler / Vincent Kaufmann / Sven Kesselring (Hrsg.): Tracing Mobilities. Towards a Cosmopolitan Perspective, Aldershot / Burlington 2008.

Weert Canzler / Andreas Knie: Möglichkeitsräume. Grundrisse einer modernen Mobilitäts- und Verkehrspolitik, Wien u. a. 1998.

Manuel Castells: Space Flow. Der Raum der Ströme, in: Stefan Bollmann (Hrsg.): Kursbuch Stadt. Stadtleben und Stadtkultur an der Jahrtausendwende, Stuttgart 1999, S. 39–81.

Gaël Cheptou: Deutsche Gastwirtsgehilfen in Paris vor dem Ersten Weltkrieg, in: Dittmar Dahlmann / Margrit Schulte Beerbühl (Hrsg.): Perspektiven in der Fremde? Arbeitsmarkt und Migration von der Frühen Neuzeit bis zur Gegenwart, Essen 2011, S. 191–198.

Oskar de la Chevallerie: Die Entwicklung der Einkommensverteilung in der Bundesrepublik, in: Fritz Burgbacher / Oskar de la Chevallerie / Rudolf Henschel / Harald Jürgensen / Heinz-Dietrich Ortlieb / Fritz Schiettinger (Hrsg.): Einkommensverteilung und Vermögensbildung in der Bundesrepublik Deutschland, Opladen 1964, S. 9–25, 170–173.

William A. V. Clark: Human Migration, Beverly Hills u. a. 1986.

Beate Collet / Estelle Bonnet: Decisions Concerning Job-related Spatial Mobility and Their Impact on Family Carrers in France and Germany, in: Zeitschrift für Familienforschung 22/2 (2010), S. 196–214.

Christoph Conrad: Die Dynamik der Wenden. Von der neuen Sozialgeschichte zum Cultural Turn, in: Jürgen Osterhammel / Dieter Langewiesche / Paul Nolte (Hrsg.): Wege der Gesellschaftsgeschichte, Göttingen 2006, S. 133–160.

Eckart Conze: Die Suche nach Sicherheit. Eine Geschichte der Bundesrepublik Deutschland von 1949 bis in die Gegenwart, München 2009.

Werner Conze: Vom »Pöbel« zum »Proletariat«. Sozialgeschichtliche Voraussetzungen für den Sozialismus in Deutschland, in: Vierteljahrschrift für Sozial- und Wirtschaftsgeschichte 41/4 (1954), S. 333–364.

Lynn Prince Cooke: Persistent Policy Effects on the Division of Domestic Tasks in Reunified Germany, in: Journal of Marriage and Family 69/4 (2007), S. 930–950.

Waltraud Cornelißen: Kinderwunsch und Kinderlosigkeit im Modernisierungsprozess, in: Peter A. Berger / Heike Kahlert (Hrsg.): Der demographische Wandel. Chancen für die Neuordnung der Geschlechterverhältnisse, Frankfurt am Main / New York 2006, S. 137–163.

Tim Cresswell: On the Move. Mobility in the Modern Western World, New York / London 2006.

David Crew / Inge Beutler: Regionale Mobilität und Arbeiterklasse. Das Beispiel Bochum 1880–1901, in: Geschichte und Gesellschaft 1/1 (1975), S. 99–120.

Jutta Czeguhn: MTU bleibt in Ottobrunn. Gute Nachrichten für den Technologie-Standort, in: Süddeutsche Zeitung. Landkreisausgabe München Süd vom 14.10.2009, Nr. 236, S. R2.

Jan Dams / Steffen Fründt: Die neuen Leiden der deutschen Pendler, in: Berliner Morgenpost vom 07.12.2008, online unter: http://www.morgenpost.de/wirtschaft/finanzen/article993895/Die-neuen-Leiden-der-deutschen-Pendler.html (Stand: 13.01.2014).

Rainer Danielzyk / Rainer Krüger / Benjamin Schäfer: Ostfriesland. Leben in einer »besonderen Welt«, Oldenburg 1995.

Dietmar Dathe: Erwerbs- und Arbeitszeitmuster von Ehepaaren mit Kindern. Angleichung oder Fortbestehen des ostdeutschen »Sonderweges«?, in: Heinz-Herbert Noll / Roland Habich (Hrsg.): Vom Zusammenwachsen einer Gesellschaft. Analysen zur Angleichung der Lebensverhältnisse in Deutschland, Frankfurt am Main / New York 2000, S. 133–150.

Sofia Davilla: Die Eigenverantwortung im SGB III und SGB II. Obliegenheiten und Sanktionen zur Beendigung von Arbeitslosigkeit und Hilfebedürftigkeit, zugl. Diss. Univ. Köln 2010, Frankfurt am Main 2011.

Walther Decker: Die Tagespendelwanderungen der Berufstätigen nach Frankfurt a. M., Diss. Univ. Frankfurt am Main 1929.

Jürgen Deiters / Peter Gräf / Günter Löffler: Verkehr und Kommunikation. Eine Einführung, in: Leibniz-Institut für Länderkunde (Hrsg.): Nationalatlas Bundesrepublik Deutschland. Band 9: Verkehr und Kommunikation, Heidelberg 2001, S. 12–29.

René Del Fabbro: Transalpini. Italienische Arbeitswanderung nach Süddeutschland im Kaiserreich 1870–1918, zugl. Diss. Europäisches Hochschulinstitut Florenz 1993, Osnabrück 1996.

René Del Fabbro: Italienische industrielle Arbeitskräfte in West- und Mitteleuropa im späten 19. und frühen 20. Jahrhundert, in: Klaus J. Bade / Pieter C. Emmer / Leo Lucassen / Jochen Oltmer (Hrsg.): Enzyklopädie Migration in Europa. Vom 17. Jahrhundert bis zur Gegenwart, Paderborn u. a. 2007, S. 689–696.

David Depenau: Von Dohlenatze und Schwarzbückel. Die Übernamen der Karlsruher und ihrer Nachbarn, Karlsruhe / Hamburg 2000.

Hans-Ulrich Derlien: Elitezirkulation zwischen Implosion und Integration. Abgang, Rekrutierung und Zusammensetzung ostdeutscher Funktionseliten 1989–1994, in: Hellmut Wollmann / Hans-Ulrich Derlien / Klaus König / Wolfgang Renzsch / Wolfgang Seibel (Hrsg.): Transformation der politisch-administrativen Strukturen in Ostdeutschland, Opladen 1997, S. 329–415.

Susanne Dettmer: Berufliche und private Lebensgestaltung in Paarbeziehungen. Zum Spannungsfeld von individuellen und gemeinsamen Zielen, Diss. FU Berlin, Berlin 2006, online unter: http://www.diss.fu-berlin.de/diss/receive/FUDISS_thesis_000000002094 (Stand: 05.07.2013).

Deutsche Presse-Agentur: Deutz-Belegschaft will keinen Umzug nach Bayern, in: Süddeutsche Zeitung vom 11.06.1996, Nr. 133, S. 25.

Deutscher Bundestag (Hrsg.): Stenographischer Bericht zur 280. und 281. Sitzung des Bundestages, Plenarprotokoll 1/280, Bonn 03.07.1953, online unter: http://dip21.bundestag.de/dip21/btp/01/01280.pdf (Stand: 19.04.2014).

Deutscher Bundestag (Hrsg.): Stenographischer Bericht zur 15. Sitzung des Bundestages, Plenarprotokoll 2/15, Bonn 12.02.1954, online unter: http://dip21.bundestag.de/dip21/btp/02/02015.pdf (Stand: 17.07.2014).

Deutscher Bundestag (Hrsg.): Jahreswirtschaftsbericht 1969 der Bundesregierung, Drucksache 5/3786, Bonn 31.01.1969, online unter: http://dip21.bundestag.de/dip21/btd/05/037/0503786.pdf (Stand: 19.04.2014).

Deutscher Bundestag (Hrsg.): Bericht des Haushaltsausschusses zu dem von der Bundesregierung eingebrachten Entwurf eines Gesetzes zur Verbesserung der Haushaltsstruktur. Bericht der Abgeordneten Dr. von Bülow und Schröder, Drucksache 7/4243, Bonn 04.11.1975, online unter: http://dip21.bundestag.de/dip21/btd/07/042/0704243.pdf (Stand: 04.04.2014).

Deutscher Bundestag (Hrsg.): Entwurf eines Fünften Gesetzes zur Änderung des Arbeitsförderungsgesetzes (5. AFG-ÄndG). Gesetzentwurf der Bundesregierung, Drucksache 8/2624, Bonn 07.03.1979, online unter: http://dip21.bundestag.de/dip21/btd/08/026/0802624.pdf (Stand: 02.04.2014).

Deutscher Bundestag (Hrsg.): Die Lage der Familien in der Bundesrepublik Deutschland. Dritter Familienbericht. Bericht der Sachverständigenkommission der Bundesregierung, Drucksache 13/9678, Bonn 20.08.1979, online unter: http://dip21.bundestag.de/dip21/btd/13/096/1309678.pdf (Stand: 18.11.2014).

Deutscher Bundestag (Hrsg.): Stellungnahme der Bundesregierung zum Bericht der Sachverständigenkommission für den Dritten Familienbericht, Drucksache 8/3120, Bonn 20.08.1979, online unter: http://www.bmfsfj.de/doku/Publikationen/familienbericht/download/3_Familienbericht.pdf (Stand: 04.11.2014).

Deutscher Bundestag (Hrsg.): Entwurf eines Gesetzes zur Förderung der Vereinbarkeit von Familie und Beruf (Elternurlaubsgesetz). Gesetzentwurf der Fraktion der SPD, Drucksache 10/3806, Bonn 10.09.1985, online unter: http://dip21.bundestag.de/dip21/btd/10/038/1003806.pdf (Stand: 16.12.2014).

Deutscher Bundestag (Hrsg.): Ländlicher Raum und Landwirtschaft. Antwort der Bundesregierung auf die Große Anfrage der Abgeordneten Sauter u. a. der Fraktion der CDU / CSU und der Fraktion der FDP, Drucksache 10/5384, Bonn 23.04.1986, online unter: http://dipbt.bundestag.de/doc/btd/10/053/1005384.pdf (Stand: 06.03.2014).

Deutscher Bundestag (Hrsg.): Familien und Familienpolitik im geeinten Deutschland. Zukunft des Humanvermögens. Fünfter Familienbericht. Unterrichtung durch die Bundesregierung, Drucksache 12/7560, Bonn 15.06.1994, online unter: http://dipbt.bundestag.de/doc/btd/12/075/1207560.pdf (Stand: 06.03.2014).

Deutscher Bundestag (Hrsg.): Sicherung des Rechtsanspruches auf einen Kindergartenplatz ab Januar 1996. Antwort der Bundesregierung auf die Kleine Anfrage der Abgeordneten Heidemarie Lath, Rosel Neuhäuser und der weiteren Abgeordneten der PDS, Drucksache 13/722, Bonn 09.03.1995, online unter: http://dip21.bundestag.de/dip21/btd/13/007/1300722.pdf (Stand: 27.01.2015).

Deutscher Bundestag (Hrsg.): Materialien zur Deutschen Einheit und zum Aufbau in den neuen Bundesländern. Unterrichtung durch die Bundesregierung, Drucksache 13/2280, Bonn 08.09.1995, online unter: http://dip21.bundestag.de/dip21/btd/13/022/1302280.pdf (Stand: 07.03.2014).

Deutscher Bundestag (Hrsg.): Entwurf eines Gesetzes zur Reform der Arbeitsförderung. Gegenäußerung der Bundesregierung zu der Stellungnahme des Bundesrates, Drucksache 13/5730, Bonn 09.10.1996, online unter: http://dipbt.bundestag.de/doc/btd/13/057/1305730.pdf (Stand: 06.03.2014).

Deutscher Bundestag (Hrsg.): Zum Entwurf eines Gesetzes zur Reform der Arbeitsförderung. Bericht des Ausschusses für Arbeit und Sozialordnung. 11. Ausschuß, Drucksache 13/5936, Bonn 05.11.1996, online unter: http://dipbt.bundestag.de/doc/btd/13/059/1305936.pdf (Stand: 06.03.2014).

Deutscher Bundestag (Hrsg.): Beschlußempfehlung und Bericht des Ausschusses für Arbeit und Sozialordnung zu dem Gesetzentwurf der Bundesregierung. 11. Ausschuß, 13/6845, Bonn 29.01.1997, online unter: http://dip21.bundestag.de/dip21/btd/13/068/1306845.pdf (Stand: 19.04.2014).

Deutscher Bundestag (Hrsg.): Stenographischer Bericht zur 182. Sitzung des Bundestages, Plenarprotokoll 13/182, Bonn 13.06.1997.

Deutscher Bundestag (Hrsg.): Stenographischer Bericht zur 26. Sitzung des Bundestages, Plenarprotokoll 14/26, Bonn 17.03.1999, online unter: http://dipbt.bundestag.de/doc/btp/14/14026.pdf (Stand: 06.03.2014).

Deutscher Bundestag (Hrsg.): Entwurf eines Zweiten Gesetzes zur Änderung des Dritten Buches Sozialgesetzbuch und anderer Gesetze. Gesetzentwurf der Bundesregierung, Drucksache 14/873, Bonn 30.04.1999, online unter: http://dipbt.bundestag.de/doc/btd/14/008/1400873.pdf (Stand: 06.03.2014).

Deutscher Bundestag (Hrsg.): Stenographischer Bericht zur 47. Sitzung des Bundestages, Plenarprotokoll 14/47, Bonn 24.06.1999, online unter: http://dipbt.bundestag.de/doc/btp/14/14047.pdf (Stand: 06.03.2014).

Deutscher Bundestag (Hrsg.): Lebenslagen in Deutschland. Erster Armuts- und Reichtumsbericht der Bundesregierung, Drucksache 14/5990, Berlin 2001, online unter: http://dip21.bundestag.de/dip21/btd/14/059/1405990.pdf (Stand: 02.02.2013).

Deutscher Bundestag (Hrsg.): Für eine wirksame und effiziente Arbeitsmarktpolitik. Antrag der Abgeordneten Dirk Niebel u. a. und der Fraktion der F. D. P., Drucksache 14/6621, Berlin 04.07.2001, online unter: http://dipbt.bundestag.de/doc/btd/14/066/1406621.pdf (Stand: 06.03.2014).

Deutscher Bundestag (Hrsg.): Beschlussempfehlung und Bericht des Ausschusses für Bildung, Forschung und Technikfolgenabschätzung. 19. Ausschuss, Drucksache 14/7910, Berlin 18.12.2001, online unter: http://dip21.bundestag.de/dip21/btd/14/079/1407910.pdf (Stand: 19.04.2014).

Deutscher Bundestag (Hrsg.): Entwurf eines Ersten Gesetzes für moderne Dienstleistungen am Arbeitsmarkt. Gesetzentwurf der Fraktionen SPD und BÜNDNIS 90/DIE GRÜNEN, Drucksache 15/25, Berlin 05.11.2002, online unter: http://dipbt.bundestag.de/doc/btd/15/000/1500025.pdf (Stand: 06.03.2014).

Deutscher Bundestag (Hrsg.): Entwurf eines Gesetzes zum Fördern und Fordern in der Sozialhilfe und Arbeitslosenhilfe. Gesetzentwurf der Fraktion der CDU / CSU, Drucksache 15/46, Berlin 12.11.2002, online unter: http://dipbt.bundestag.de/doc/btd/15/000/1500046.pdf (Stand: 06.03.2014).

Deutscher Bundestag (Hrsg.): Beschlussempfehlung des Ausschusses für Wirtschaft und Arbeit. 9. Ausschuss, Drucksache 15/77, Berlin 13.11.2002, online unter: http://dip21.bundestag.de/dip21/btd/15/000/1500077.pdf (Stand: 19.04.2014).

Deutscher Bundestag (Hrsg.): Entwurf eines Gesetzes zur Sicherung der Existenzgrundlagen. Gesetzentwurf der Fraktion der CDU / CSU, Drucksache 15/1523, Berlin 08.09.2003, online unter: http://dipbt.bundestag.de/doc/btd/15/015/1501523.pdf (Stand: 06.03.2014).

Deutscher Bundestag (Hrsg.): Entwurf eines Gesetzes zur Durchführung einer Repräsentativstatistik über die Bevölkerung und den Arbeitsmarkt sowie die Wohnsituation der Haushalte. Mikrozensusgesetz 2005, Drucksache 15/2543, Berlin 18.02.2004, online unter: http://dip21.bundestag.de/dip21/btd/15/025/1502543.pdf (Stand: 25.02.2015).

Deutscher Bundestag (Hrsg.): Entwurf eines Gesetzes zum qualitätsorientierten und bedarfsgerechten Ausbau der Tagesbetreuung und zur Weiterentwicklung der Kinder- und Jugendhilfe. Beschlussempfehlung und Bericht des Ausschusses für Familie, Senioren, Frauen und Jugend, Drucksache 15/4045, Berlin 27.10.2004, online unter: http://dip21.bundestag.de/dip21/btd/15/040/1504045.pdf (Stand: 27.01.2015).

Deutscher Bundestag (Hrsg.): Folgen der Abwanderung für die neuen Bundesländer. Antwort der Bundesregierung auf die Große Anfrage der Abgeordneten Cornelia Pieper u. a. und der Fraktion der FDP, Drucksache 15/3555, Berlin 10.12.2004, online unter: http://dip21.bundestag.de/dip21/btd/15/044/1504478.pdf (Stand: 06.12.2013).

Deutscher Bundestag (Hrsg.): Entwurf eines Gesetzes zur Einführung des Elterngeldes (Bundeselterngeld- und Elternzeitgesetz). Gesetzentwurf der Bundesregierung, Drucksache 16/2454, Berlin 25.08.2006, online unter: http://dip21.bundestag.de/dip21/btd/16/024/1602454.pdf (Stand: 16.12.2014).

Deutscher Bundestag (Hrsg.): Jahresbericht der Bundesregierung zum Stand der Deutschen Einheit 2008. Unterrichtung durch die Bundesregierung, Drucksache 16/10454, Berlin 24.09.2008, online unter: http://dip21.bundestag.de/dip21/btd/16/104/1610454.pdf (Stand: 17.12.2013).

Deutscher Bundestag (Hrsg.): Antwort der Bundesregierung auf die Kleine Anfrage der Fraktion DIE LINKE zur Neuausrichtung der arbeitsmarktpolitischen Instrumente, Drucksache 16/11153, Berlin 02.12.2008, online unter: http://dip21.bundestag.de/dip21/btd/16/111/1611153.pdf (Stand: 19.04.2014).

Deutscher Bundestag (Hrsg.): Bund-Länder-Bericht zum Programm Stadtumbau Ost. Unterrichtung durch die Bundesregierung, Drucksache 17/10942, Berlin 01.10.2012, online unter: http://dipbt.bundestag.de/dip21/btd/17/109/1710942.pdf (Stand: 02.07.2014).

Deutscher Bundestag (Hrsg.): Entwurf eines Gesetzes zur weiteren Entlastung von Ländern und Kommunen ab 2015 und zum quantitativen und qualitativen Ausbau der Kindertagesbetreuung. Gesetzentwurf der Bundesregierung, Drucksache 18/2586, Berlin 22.09.2014, online unter: http://dip21.bundestag.de/dip21/btd/18/025/1802586.pdf (Stand: 10.11.2015).

Deutscher Bundestag (Hrsg.): Finanzplan des Bundes 2015 bis 2019. Unterrichtung durch die Bundesregierung, Drucksache 18/5501, Berlin 14.08.2015, online unter: http://dip21.bundestag.de/dip21/btd/18/055/1805501.pdf (Stand: 10.11.2015).

Deutscher Bundestag (Hrsg.): Aktuelle Stunde betr. Haltung der Bundesregierung zur Äußerung des Bundeskanzlers über den »kollektiven Freizeitpark Bundesrepublik Deutschland« im Hinblick auf drohende Arbeitslosigkeit in den Regionen Main-Rhön / Schweinfurt, Thüringen / Zella Mehlis, Leipzig, in: Deutscher

Bundestag (Hrsg.): Stenographischer Bericht zur 185. Sitzung des Bundestages, Plenarprotokoll 12/185, Bonn 28.10.1993, S. 16015–16032, online unter: http://dip21.bundestag.de/dip21/btp/12/12185.pdf (Stand: 04.04.2014).

Rainer Diaz-Bone: Statistik für Soziologen, 2., überarbeitete Aufl., Konstanz 2013.

Winfried Didzoleit: Grenzen der Zumutbarkeit, in: Frankfurter Rundschau vom 12.10.1978, Nr. 227, S. 3.

Busso Diekamp / Reinhold Haffke: Verflechtungen im Raume Mönchengladbach. Band 2: Bilder und Tabellen, Mönchengladbach 1968.

Kai Diekmann / Rolf Kleine: »Redet den Aufschwung nicht kaputt!«. Bundeskanzler Schröder über Konjunkturkrise und Arbeitslosigkeit, in: Bild vom 06.04.2001, Nr. 82, S. 2.

Christiane Dienel: Abwanderung aus Ostdeutschland. Vom Wendephänomen zum langfristigen Trend?, in: Rainer Hufnagel / Titus Simon (Hrsg.): Problemfall Deutsche Einheit. Interdisziplinäre Betrachtungen zu gesamtdeutschen Fragestellungen, Wiesbaden 2004, S. 93–110.

Christiane Dienel / Antje Gerloff / Loreen Lesske: Zukunftschancen junger Frauen in Sachsen-Anhalt. Eine Studie im Auftrag der Landesregierung Sachsen-Anhalt, Ministerium für Bau und Verkehr, Ministerium für Gesundheit und Soziales. Abschlussbericht, Magdeburg 2004, online unter: http://www.sachsen-anhalt.de/fileadmin/Elementbibliothek/Bibliothek_Politik_und_Verwaltung/Bibliothek_MS/Demografie/Daten_und_Studien__Konzepte/AbschlussberichtCP2.pdf (Stand: 20.12.2013).

Hans-Liudger Dienel / Angela Jain / Daphne Reim / Jenny Schmithals / Susanne Thies: Rückwanderung als dynamischer Faktor für ostdeutsche Städte. Abschlussbericht, Berlin 2006, online unter: http://www.menschen-fuer-ostdeutschland.nexusinstitut.de/media/downloads/Endbericht%20Rueckwanderung.pdf (Stand: 07.05.2014).

Marianne Dierks: Karriere! – Kinder, Küche? Zur Reproduktionsarbeit in Familien mit qualifizierten berufsorientierten Müttern, zugl. Diss. Univ. Hamburg, Wiesbaden 2005.

Traute Dieterlen: Emil Helfferich Nachfolger. Flanschenfabrik Kirchheim / Teck. 1883–1977, Bestand B9 im Wirtschaftsarchiv Baden-Württemberg, Stuttgart 1983.

Ina Dietzsch: Einführung in das Panel. Entschleunigung in der Mitte Europas, in: Reinhard Johler / Max Matter / Sabine Zinn-Thomas (Hrsg.): Mobilitäten. Europa in Bewegung als Herausforderung kulturanalytischer Forschung, Münster u. a. 2011, S. 121–124.

Martin Diewald / Anne Goedicke / Karl Ulrich Mayer: Unusual Turbulences. Unexpected Continuities. Transformation Life Courses in Retrospective, in: Martin Diewald / Anne Goedicke / Karl Ulrich Mayer (Hrsg.): After the Fall of the Wall. Life Courses in the Transformation of East Germany, Stanford 2006, S. 293–317.

Martin Diewald / Johannes Huinink / Heike Solga / Annemette Sørensen: Umbrüche und Kontinuitäten. Lebensverläufe und die Veränderung von Lebensbedingungen seit 1989, in: Johannes Huinink / Karl Ulrich Mayer / Martin Diewald / Heike Solga / Annemette Sørensen / Heike Trappe (Hrsg.): Kollektiv und Eigensinn. Lebensverläufe in der DDR und danach, Berlin 1995, S. 307–348.

Christof Dipper / Lutz Raphael: »Raum« in der Europäischen Geschichte. Einleitung, in: Journal of Modern European History 9/1 (2011), S. 27–41.

Karl Ditt: Technologischer Wandel und Strukturveränderung der Fabrikarbeiterschaft in Bielefeld 1860–1914, in: Werner Conze / Ulrich Engelhardt (Hrsg.): Arbeiter im Industrialisierungsprozeß. Herkunft, Lage und Verhalten, Stuttgart 1979, S. 237–261.

Anselm Doering-Manteuffel: Nach dem Boom. Brüche und Kontinuitäten der Industriemoderne seit 1970, in: Vierteljahrshefte für Zeitgeschichte 55/4 (2007), S. 559–581.

Anselm Doering-Manteuffel: Die Vielfalt der Strukturbrüche und die Dynamik des Wandels in der Epoche nach dem Boom, in: Morten Reitmayer / Thomas Schlemmer (Hrsg.): Die Anfänge der Gegenwart. Umbrüche in Westeuropa nach dem Boom, München 2014, S. 135–145.

Anselm Doering-Manteuffel / Lutz Raphael: Der Epochenbruch in den 1970er-Jahren. Thesen zur Phänomenologie und den Wirkungen des Strukturwandels »nach dem Boom«, in: Knud Andresen / Ursula Bitzegeio / Jürgen Mittag (Hrsg.): »Nach dem Strukturbruch«? Kontinuität und Wandel von Arbeitsbeziehungen und Arbeitswelt(en) seit den 1970er-Jahren, Berlin 2011, S. 25–40.

Anselm Doering-Manteuffel / Lutz Raphael: Nach dem Boom. Perspektiven auf die Zeitgeschichte seit 1970, 3., ergänzte Aufl., Göttingen 2012.

Jürgen Dorbritz / Kerstin Ruckdeschel: Die langsame Annäherung. Demografisch relevante Einstellungsunterschiede und der Wandel in den Lebensformen in West- und Ostdeutschland, in: Insa Cassens / Marc Luy / Rembrandt Scholz (Hrsg.): Die Bevölkerung in Ost- und Westdeutschland. Demografische, gesellschaftliche und wirtschaftliche Entwicklungen seit der Wende, Wiesbaden 2009, S. 261–294.

Klaus Dörre: Ende der Planbarkeit? Lebensentwürfe in unsicheren Zeiten, in: Aus Politik und Zeitgeschichte 59/41 (2009), S. 19–24.

Claudia Dreke: Der fremde Osten. Formen der Verarbeitung von Fremdheit in der West-Ost-Migration nach 1990 am Beispiel von Verwaltungsangestellten, Berlin 2003.

Ernst Gerhard Dresel / Charlotte Grabe: Einfluß der Pendelwanderung auf die Arbeitnehmer, in: Deutsche medizinische Wochenschrift 50/28 (1924), S. 959–961.

Günther Drosdowski / Paul Grebe / Rudolf Köster / Wolfgang Müller (Hrsg.): Der Große Duden in 10 Bänden. Band 5: Duden. Fremdwörterbuch, 3., völlig neu bearbeitete und erweiterte Aufl., Mannheim u. a. 1974.

Günther Drosdowski / Wolfgang Müller / Werner Scholze-Stubenrecht / Matthias Wermke (Hrsg.): Der Duden in 10 Bänden. Band 5: Duden. Fremdwörterbuch, 5., neu bearbeitete und erweiterte Aufl., Mannheim u. a. 1990.

Günther Drosdowski / Werner Scholze-Stubenrecht / Matthias Wermke (Hrsg.): Der Duden in 12 Bänden. Band 5: Duden. Fremdwörterbuch, 6., überarbeitete und erweiterte Aufl., Mannheim u. a. 1997.

Dudenredaktion (Hrsg.): Der Große Duden in 9 Bänden. Band 5: Duden. Fremdwörterbuch, 2., verbesserte und vermehrte Aufl., Mannheim 1966.

Dudenredaktion (Hrsg.): Der Duden in 12 Bänden. Band 10: Duden. Das Bedeutungswörterbuch, 3., neu bearbeitete und erweiterte Aufl., Mannheim u. a. 2002.

Dudenredaktion (Hrsg.): Duden. Deutsches Universalwörterbuch, 7., überarbeitete und erweiterte Aufl., Mannheim / Zürich 2011.

Christian Dustmann / Johannes Ludsteck / Uta Schönberg: Revisiting the German Wage Structure, in: The Quarterly Journal of Economics 124/2 (2009), S. 843–881.

Dietrich Ebeling (Hrsg.): Historisch-thematische Kartographie. Konzepte, Methoden, Anwendungen, Bielefeld 1999.

Heinz J. Ebenrett / Dieter Hansen / Klaus J. Puzicha: Verlust von Humankapital in Regionen mit hoher Arbeitslosigkeit, in: Aus Politik und Zeitgeschichte 53/6–7 (2003), S. 25–31.

Andreas Ebert / Tatjana Fuchs: Haushalt, Familie und soziale Nahbeziehung, in: Forschungsverbund Sozioökonomische Berichterstattung (Hrsg.): Berichterstattung zur sozioökonomischen Entwicklung in Deutschland. Teilhabe im Umbruch. Zweiter Bericht, Wiesbaden 2012, S. 565–595.

Paul Eckart: Die Hauptströme der Pendelwanderung in der sächsischen Industrie. Teil 1: Die beschwerlichen Fälle der Pendelwanderung und die Wohnraumbeschaffung für den verheirateten Pendler. Feststellungen und Vorschläge der Landesplanungsgemeinschaft Sachsen, Dresden 1940.

Josef Ehmer: Die Herkunft der Handwerker in überregionalen städtischen Zentren. Zürich, Wien und Zagreb zur Mitte des 19. Jahrhunderts, in: Klaus Roth (Hrsg.): Handwerk in Mittel- und Südosteuropa. Mobilität, Vermittlung und Wandel im Handwerk des 18. bis 20. Jahrhunderts, München 1987, S. 47–67.

Josef Ehmer: Lohnarbeit und Lebenszyklus im Kaiserreich, in: Geschichte und Gesellschaft 14/4 (1988), S. 448–471.

Josef Ehmer: Soziale Traditionen in Zeiten des Wandels. Arbeiter und Handwerker im 19. Jahrhundert, Frankfurt am Main / New York 1994.

Josef Ehmer: Migration und Bevölkerung. Zur Kritik eines Erklärungsmodells, in: Tel Aviver Jahrbuch für deutsche Geschichte 27 (1998), S. 5–29.

Josef Ehmer (Hrsg.): Vor- und frühindustrielle Arbeitsmigration. Massenmigrationen in Zentraleuropa im 18. und 19. Jahrhundert, Gütersloh 2003.

Josef Ehmer: Quantifying Mobility in Early Modern Europe. The Challenge of Concepts and Data, in: Journal of Global History 6/2 (2011), S. 327–338.

Josef Ehmer: The Significance of Looking Back. Fertility Before the »Fertility Decline«, in: Historical Social Research 36/2 (2011), S. 11–34.

Josef Ehmer: Bevölkerungsgeschichte und historische Demographie. 1800–2010, 2., um einen Nachtr. erw. Aufl., München 2013.

Josef Ehmer / Jens Ehrhardt / Martin Kohli: Fertilität in historischer Perspektive, in: Günter Stock / Hans Bertram / Alexia Fürnkranz-Prskawetz / Wolfgang Holzgreve / Martin Kohli / Ursula M. Staudinger (Hrsg.): Zukunft mit Kindern. Fertilität und gesellschaftliche Entwicklung in Deutschland, Österreich und der Schweiz, Frankfurt am Main / New York 2012, S. 32–71.

Werner Eichhorst / Lutz C. Kaiser / Eric Thode / Verena Tobsch: Vereinbarkeit von Familie und Beruf im internationalen Vergleich. Zwischen Paradigma und Praxis, Gütersloh 2007.

Martin Eichler: Die volkswirtschaftlichen Effekte des Pendelns. Eine Studie im Auftrag des Bundesamtes für Verkehr (Schweiz), Basel 2010, online unter: http://www.bakbasel.ch/downloads/services/reports_studies/2010/20101130_bakbasel_schlussbericht_pendeln.pdf (Stand: 26.09.2013).

Astrid Eiling: Verfassungs- und europarechtliche Vorgaben an die Einführung neuer Verbrauchsteuern. Verprobt am Beispiel der Kernbrennstoffsteuer, zugl. Diss. Univ. Düsseldorf, München 2014.

Klaus Einig / Thomas Pütz: Regionale Dynamik der Pendlergesellschaft. Entwicklung von Verflechtungsmustern und Pendeldistanzen, in: Informationen zur Raumentwicklung 34/2–3 (2007), S. 73–91.

Andreas Eisenhauer / Matthias Spielkamp: Die mobile Arbeitsgesellschaft und das Ende der Ausbeutung, in: Daniel Dettling / Max von Bismarck (Hrsg.): Marke D. Das Projekt der nächsten Generation, Wiesbaden 2003, S. 110–119.

Gundula Englisch: Jobnomaden. Wie wir arbeiten, leben und lieben werden, Frankfurt am Main / New York 2001.

Heribert Engstler / Sonja Menning: Die Familie im Spiegel der amtlichen Statistik. Lebensformen, Familienstrukturen, wirtschaftliche Situation der Familien und familiendemographische Entwicklung in Deutschland, erweiterte Neuauflage 2003, online unter: http://www.bmfsfj.de/RedaktionBMFSFJ/Broschuerenstelle/Pdf-Anlagen/PRM-24184-Gesamtbericht-Familie-im-Spieg,property=pdf.pdf (Stand: 03.11.2014).

Paul Erker: Zeitgeschichte als Sozialgeschichte. Forschungsstand und Forschungsdefizite, in: Geschichte und Gesellschaft 19/2 (1993), S. 202–238.

Andreas Ette / Kerstin Ruckdeschel: Die Oma macht den Unterschied! Der Einfluss institutioneller und informeller Unterstützung für Eltern auf ihre weiteren Kinderwünsche, in: Zeitschrift für Bevölkerungswissenschaft 32/1–2 (2007), S. 51–72.

Europäische Kommission: Verordnung (EU) Nr. 31/2011 der Kommission vom 17. Januar 2011 zur Änderung der Anhänge der Verordnung (EG) Nr. 1059/2003 des Europäischen Parlaments und des Rates über die Schaffung einer gemeinsamen Klassifikation der Gebietseinheiten für die Statistik (NUTS), in: Amtsblatt der Europäischen Union. Rechtsvorschriften. L13 (2011), S. 3–54, online unter: http://eur-lex.europa.eu/LexUriServ/LexUriServ.do?uri=OJ:L:2011:013:0003:0054:DE:PDF (Stand: 18.11.2013).

Europäische Stiftung zur Verbesserung der Lebens- und Arbeitsbedingungen: Pendelverkehr. Partizipationserfahrungen. Konsolidierter Bericht, Dublin 1986.

Europäische Stiftung zur Verbesserung der Lebens- und Arbeitsbedingungen (Hrsg.): Pendelverkehr in der Europäischen Gemeinschaft. Informationsbroschüre, Luxemburg 1988.

Uwe Fachinger: Lohnmobilität in der Bundesrepublik Deutschland. Eine Untersuchung auf der Basis von prozeßproduzierten Längsschnittsdaten der gesetzlichen Rentenversicherung, zugl. Diss. FU Berlin 1988, Berlin 1991.

Jeanne Fagnani: Familienpolitik in Frankreich. Vor- und Nachteile, in: Hans Bertram / Helga Krüger / C. Katharina Spieß (Hrsg.): Wem gehört die Familie der Zukunft? Expertisen zum 7. Familienbericht der Bundesregierung, Opladen 2006, S. 383–401.

Heinz Fassmann / Rainer Münz (Hrsg.): Ost-West-Wanderung in Europa. Rückblick und Ausblick, Wien u. a. 2000.

Sonja Fehr / Georg Vobruba: Die Arbeitslosigkeitsfalle vor und nach der Hartz-IV-Reform, in: WSI-Mitteilungen 64/5 (2011), S. 211–217, online unter: http://www.boeckler.de/wsimit_2011_05_fehr.pdf (Stand: 04.03.2014).

Michael Feldhaus / Monika Schlegel: Berufsbezogene zirkuläre Mobilität und Partnerschaftszufriedenheit, in: Zeitschrift für Bevölkerungswissenschaft 38/2 (2013), S. 315–340.

Imre Ferenczi: Kontinentale Wanderungen und die Annäherung der Völker. Ein geschichtlicher Überblick, Jena 1930.

Hartmut Fischer / Ursula Kück: Migrationsgewinner und -verlierer. Mecklenburg-Vorpommern im Vergleich, in: Nikolaus Werz / Reinhard Nuthmann (Hrsg.): Abwanderung und Migration in Mecklenburg und Vorpommern, Wiesbaden 2004, S. 201–216.

Peter A. Fischer: On the Economics of Immobility. Regional Development and Migration in the Age of Globalisation, zugl. Diss. Univ. der Bundeswehr Hamburg, Bern u. a. 1999.

Peter A. Fischer: Richtige Antworten auf die falschen Fragen? Weshalb Migration die Ausnahme und Immobilität die Regel ist, in: Achim Wolter (Hrsg.): Migration in Europa. Neue Dimensionen, neue Fragen, neue Antworten, Baden-Baden 1999, S. 86–94.

Ernst-Jürgen Flöthmann: Der biographische Ansatz in der Binnenwanderungsforschung, in: IMIS-Beiträge 3/5 (1997), S. 25–45.

Ernst-Jürgen Flöthmann: Wanderungen, in: Akademie für Raumforschung und Landesplanung (Hrsg.): Handwörterbuch der Raumordnung, Hannover 2005, S. 1267–1276.

Roderick Floud: Einführung in quantitative Methoden für Historiker, aus dem Englischen von Volker Henn und Ursula Irsigler, Stuttgart 1980.

Johannes Frackowiak: Wanderer im nationalen Niemandsland. Polnische Ethnizität in Mitteldeutschland von 1880 bis zur Gegenwart, Paderborn u. a. 2011.

Peter Franz: Soziologie der räumlichen Mobilität. Eine Einführung, Frankfurt am Main / New York 1984.

Joachim R. Frick: Lebenslagen im Wandel. Determinanten kleinräumlicher Mobilität in Westdeutschland, zugl. Diss. Univ. Bochum 1995, Frankfurt am Main / New York 1996.

Joachim R. Frick: Kleinräumliche Mobilität und Wohnungsmarkt. Empirische Ergebnisse für Westdeutschland 1984–1994, in: Informationen aus der Forschung des BBR 25/11–12 (1998), S. 777–791.

Joachim R. Frick / Markus M. Grabka / Olaf Groh-Samberg: Dealing with Incomplete Household Panel Data in Inequality Research, Berlin 2010, online unter: http://www.diw.de/documents/publikationen/73/diw_01.c.354683.de/diw_sp0290.pdf (Stand: 13.12.2012).

Joachim R. Frick / Kristina Krell: Einkommensmessungen in Haushaltspanelstudien für Deutschland. Ein Vergleich von EU-SILC und SOEP, Berlin 2009, online unter: http://www.diw.de/documents/publikationen/73/diw_01.c.343744.de/diw_sp0237.pdf (Stand: 17.03.2013).

Horst Friedrich / Michael Wiedemeyer: Arbeitslosigkeit. Ein Dauerproblem im vereinten Deutschland? Dimensionen, Ursachen, Strategien. Ein problemorientierter Lehrtext, 2., aktualisierte Aufl., Opladen 1994.

Klaus Friedrich / Andrea Schultz: Mit einem Bein noch im Osten? Abwanderung aus Ostdeutschland in sozialgeographischer Perspektive, in: Christiane Dienel (Hrsg.): Abwanderung, Geburtenrückgang und regionale Entwicklung. Ursachen und Folgen des Bevölkerungsrückgangs in Ostdeutschland, Wiesbaden 2005, S. 203–216.

Klaus Friedrich / Andrea Schultz: Der Sog des Westens, in: Leibniz-Institut für Länderkunde (Hrsg.): Nationalatlas Bundesrepublik Deutschland. Band 12: Leben in Deutschland, München 2006, S. 64 f.

Michael Fritsch / Elisabeth Bublitz / Alina Rusakova / Yvonne Schindele / Michael Wyrwich: Die regionale Kultur unternehmerischer Selbstständigkeit im Transformationsprozess, in: Heinrich Best / Everhard Holtmann (Hrsg.): Aufbruch der entsicherten Gesellschaft. Deutschland nach der Wiedervereinigung, Frankfurt am Main / New York 2012, S. 239–259.

Corinna Frodermann / Dana Müller / Martin Abraham: Determinanten des Wiedereinstiegs von Müttern in den Arbeitsmarkt in Vollzeit oder Teilzeit, in: Kölner Zeitschrift für Soziologie und Sozialpsychologie 65/4 (2013), S. 645–668.

Julius Frost: Belgische Wanderarbeiter, Berlin 1908.

Werner Fuchs / Rolf Klima / Rüdiger Lautmann / Otthein Rammstedt / Hanns Wienold (Hrsg.): Lexikon zur Soziologie, Opladen 1973.

Werner Fuchs / Rolf Klima / Rüdiger Lautmann / Otthein Rammstedt / Hanns Wienold (Hrsg.): Lexikon zur Soziologie, 2., verbesserte und erweiterte Aufl., Opladen 1978.

Werner Fuchs-Heinritz / Daniela Klimke / Rüdiger Lautmann / Otthein Rammstedt / Urs Stäheli / Christoph Weischer / Hanns Wienold (Hrsg.): Lexikon zur Soziologie, 5., überarbeitete Aufl., Wiesbaden 2011.

Werner Fuchs-Heinritz / Rüdiger Lautmann / Otthein Rammstedt / Hanns Wienold (Hrsg.): Lexikon zur Soziologie, 3., völlig neu bearbeitete und erweiterte Aufl., Opladen 1994.

Werner Fuchs-Heinritz / Rüdiger Lautmann / Otthein Rammstedt / Hanns Wienold (Hrsg.): Lexikon zur Soziologie, 4., grundlegend überarbeitete Aufl., Wiesbaden 2007.

Nicola Fuchs-Schündeln / Matthias Schündeln: Who Stays, who Goes, who Returns? East-West Migration within Germany since Reunification, in: Economics of Transition 17/4 (2009), S. 703–738, online unter: http://www.wiwi.uni-frankfurt.de/profs/fuchs/staff/fuchs/paper9.pdf (Stand: 18.12.2013).

Barbara Fülgraff: Pendelwanderung im Raum Karlsruhe, in: Arnold Bergstraesser / Friedrich E. Tenbruck / Barbara Fülgraff / Hans Oswald (Hrsg.): Soziale Verflechtung und Gliederung im Raum Karlsruhe. Grundlagen zur Neuordnung eines Großstadtbereiches, Karlsruhe 1965, S. 179–221.

Klaus Funken: Keine Wende am Arbeitsmarkt in Ostdeutschland. Eine Zwischenbilanz im Jahre 1996, Bonn 1996, online unter: http://library.fes.de/fulltext/fowirtschaft/00323toc.htm (Stand: 06.05.2014).

Alexia Fürnkranz-Prskawetz / Ina Jaschinski / Michaela Kreyenfeld / Tomáš Sobotka / Dimiter Philipov / Laura Bernardi / Joshua Goldstein / Kryštof Zeman: Demographische Analyse der Fertilitätsentwicklung, in: Günter Stock / Hans Bertram / Alexia Fürnkranz-Prskawetz / Wolfgang Holzgreve / Martin Kohli / Ursula M. Staudinger (Hrsg.): Zukunft mit Kindern. Fertilität und gesellschaftliche Entwicklung in Deutschland, Österreich und der Schweiz, Frankfurt am Main / New York 2012, S. 116–197.

Dietrich Galow: Der Einfluß des Pendelns auf die Wanderungsbewegung, in: Ernst Weichbrodt (Hrsg.): Geographische Mobilität im ländlichen Raum am Beispiel des Landkreises Eschwege, Berlin 1977, S. 67–94.

Cerstin Gammelin: Die Strippenzieher. Manager, Minister, Medien. Wie Deutschland regiert wird, Düsseldorf 2005.

Hermann Gartner / Thomas Hinz: Geschlechtsspezifische Lohnungleichheit in Betrieben, Berufen und Jobzellen (1993–2006), in: Berliner Journal für Soziologie 19/4 (2009), S. 557–575.

Susanne Gaschke: Das kinderlose Land, in: Die Zeit vom 15.01.2004, Nr. 4, online unter: http://www.zeit.de/2004/04/Demografie/komplettansicht (Stand: 21.05.2014).

Susanne Gaschke: Kinder, Küche, Karriere? Nicht bei uns, in: Die Zeit vom 11.08.2005, Nr. 33, online unter: http://www.zeit.de/2005/33/Emanzipationsfalle/komplettansicht (Stand: 21.05.2014).

Manuela Gastmeyer: Strukturelle Arbeitslosigkeit und Mobilität in der Bundesrepublik Deutschland, zugl. Diss. Univ. Hamburg 1980, Göttingen 1981.

Ronald Gebauer: Arbeit gegen Armut. Grundlagen, historische Genese und empirische Überprüfung des Armutsfallentheorems, zugl. Diss. Univ. Leipzig, Wiesbaden 2007.

Gunther Gebhard / Oliver Geisler / Steffen Schröter: Heimatdenken. Konjunkturen und Konturen. Statt einer Einleitung, in: Gunther Gebhard / Oliver Geisler / Steffen Schröter (Hrsg.): Heimat. Konturen und Konjunkturen eines umstrittenen Konzepts, Bielefeld 2007, S. 9–56.

Rolf Gehrmann: Heiratsverhalten als historisches Problem, in: Historical Social Research 28/3 (2003), S. 8–28.

Robert Geipel: Die Pendelwanderung, in: Geographische Rundschau 6/12 (1954), S. 468–474.

Ferdinand Geissler / Thomas Leopold / Sebastian Pink: Gender Differences in Residential Mobility. The Case of Leaving Home in East Germany, in: Schmollers Jahrbuch. Zeitschrift für Wirtschafts- und Sozialwissenschaften 133/2 (2013), S. 239–248.

Rainer Geißler: Nachholende Modernisierung mit Widersprüchen. Eine Vereinigungsbilanz aus modernisierungstheoretischer Perspektive, in: Heinz-Herbert Noll / Roland Habich (Hrsg.): Vom Zusammenwachsen einer Gesellschaft. Analysen zur Angleichung der Lebensverhältnisse in Deutschland, Frankfurt am Main / New York 2000, S. 37–60.

Rainer Geißler: Die Sozialstruktur Deutschlands. Zur gesellschaftlichen Entwicklung mit einer Bilanz zur Vereinigung, 4., überarbeitete und aktualisierte Aufl., Wiesbaden 2006.

Brigitte Gemmer: Räumliche Strukturen und Tendenzen in Bayern am Beginn der 90er Jahre, München 1994.

Joachim Genosko: Ursachen und Auswirkungen räumlicher Mobilität. Eine empirische Untersuchung der Bevölkerungsbewegung innerhalb und über die Grenzen der bayerischen Planungsregion Donau-Wald, Diss. Univ. Regensburg 1977, Regensburg 1978.

Hella Gephart: Familiengründung. Die entscheidende Nahtstelle für Geschlechtergerechtigkeit bei Paaren, in: Gruppendynamik und Organisationsberatung 42/2 (2011), S. 163–172.

Alexandra Gerlach: Gießkanne oder Leuchttürme. Der Streit um die Förderpolitik in Ostdeutschland, Beitrag auf Deutschlandradio Kultur vom 30.09.2010, Berlin 2010, online unter: http://www.deutschlandradio.de/giesskanne-oder-leuchttuerme.331.de.html?dram:article_id=203528 (Stand: 12.09.2015).

Antje Gerloff: Besonderheiten im Wanderungsverhalten von Frauen und Männern in Sachsen-Anhalt, in: Nikolaus Werz / Reinhard Nuthmann (Hrsg.): Abwanderung und Migration in Mecklenburg und Vorpommern, Wiesbaden 2004, S. 217–230.

Antje Gerloff: Wanderung und Heimatbindung junger Menschen aus Sachsen-Anhalt. Ergebnisse der Wanderungsstudie: Zukunftschancen junger Frauen in Sachsen-Anhalt. Eine Studie im Auftrag der Landesregierung Sachsen-Anhalt, Ministerium für Bau und Verkehr, Ministerium für Gesundheit und Soziales. Abschlussbericht, Magdeburg 2004, S. 100–170.

Antje Gerloff: Abwanderung und Heimatbindung junger Menschen aus Sachsen-Anhalt. Ergebnisse einer empirischen Untersuchung, in: Christiane Dienel (Hrsg.): Abwanderung, Geburtenrückgang und regionale Entwicklung. Ursachen und Folgen des Bevölkerungsrückgangs in Ostdeutschland, Wiesbaden 2005, S. 33–51.

Thomas Gesterkamp: Vielfalt der Geschlechterrollen, in: Aus Politik und Zeitgeschichte 59/41 (2009), S. 7–12.

Andreas Gestrich / Harald Kleinschmidt / Holger Sonnabend (Hrsg.): Historische Wanderungsbewegungen. Migration in Antike, Mittelalter und Neuzeit, Münster / Hamburg 1991.

Andreas Gestrich / Jens-Uwe Krause / Michael Mitterauer: Geschichte der Familie, Stuttgart 2003.

Andreas Gestrich / Marita Krauss (Hrsg.): Zurückbleiben. Der vernachlässigte Teil der Migrationsgeschichte, Stuttgart 2006.

Wolfgang Glatzer: Dauerbeobachtung der Gesellschaft. Der Sonderforschungsbereich 3 und seine langfristigen Auswirkungen, Berlin 2010, online unter: http://www.ratswd.de/download/RatSWD_WP_2010/RatSWD_WP_133.pdf (Stand: 20.01.2016).

Wolfgang Glatzer / Karl Otto Hondrich / Heinz-Herbert Noll / Karin Stiehr / Barbara Wörndl: Recent Social Trends in West Germany 1960–1990, Frankfurt am Main u. a. 1992.

Nina Glick-Schiller / Linda Basch / Cristina Blanc-Szanton: Transnationalism. A New Analytic Framework for Understanding Migration, in: Annals of the New York Academy of Sciences 645/1 (1992), S. 1–24.

Heinz Christian Göbel: Arbeitsstätten-Wanderungen, in: Zeitschrift für die gesamte Staatswissenschaft 74/2 (1920), S. 141–208.

Jan Goebel: Informationen zur SOEP-Geocode CD. Raumordnungsregionsnummern seit 1985 und Regionalindikatoren für Raumordnungsregionen der alten Bundesländer 1984–1994, Berlin 2011, online unter: https://www.diw.de/documents/dokumentenarchiv/17/diw_01.c.74806.de/ror_dokumentation.pdf (Stand: 21.01.2016).

Jan Goebel / Markus M. Grabka / Peter Krause / Martin Kroh / Rainer Pischner / Ingo Sieber / Martin Spieß: Mikrodaten, Gewichtung und Datenstruktur der Längsschnittstudie Sozio-oekonomisches Panel (SOEP), in: Vierteljahrshefte zur Wirtschaftsforschung 77/3 (2008), S. 77–109.

Jan Goebel / Peter Krause / Rainer Pischner / Ingo Sieber / Gert G. Wagner: Daten- und Datenbankstruktur der Längsschnittstudie Sozio-oekonomisches Panel (SOEP), Berlin 2008, online unter: http://www.diw.de/documents/publikationen/73/diw_01.c.79473.de/diw_sp0089.pdf (Stand: 17.03.2013).

Wolfgang Görl: »Hof – das wäre katastrophal«. Das Geologische Landesamt vor dem Zwangs-Umzug nach Oberfranken. Ein Interview mit dem Personalratsvorsitzenden Helge Wittmeier, in: Süddeutsche Zeitung. Ausgabe Bayern vom 19.11.2004, Nr. 269, S. 39.

Manfred Görtemaker: Die Berliner Republik. Wiedervereinigung und Neuorientierung, Berlin 2009.

Charlotte Grabe: Der Einfluß der Pendelwanderung auf die Arbeitnehmer. Unter besonderer Berücksichtigung der ländlichen Industriearbeiter, zugl. Diss. Univ. Heidelberg 1923, Karlsruhe 1926.

Sylvia Gräbe / Erich Ott: »... man muss alles doppelt haben«. Wochenpendler mit Zweithaushalt am Arbeitsort, Münster 2003.

Markus M. Grabka / Jan Goebel / Jürgen Schupp: Höhepunkt der Einkommensungleichheit in Deutschland überschritten?, in: DIW Wochenbericht 79/43 (2012), S. 3–15, online unter: http://www.diw.de/documents/publikationen/73/diw_01.c.410475.de/12-43-1.pdf (Stand: 23.01.2013).

Nadia Granato / Anette Haas / Silke Hamann / Annekatrin Niebuhr: Arbeitskräftemobilität in Deutschland. Qualifikationsspezifische Befunde regionaler Wanderungs- und Pendlerströme, in: Raumforschung und Raumordnung 67/1 (2009), S. 21–33.

Paul Grebe / Rudolf Köster / Wolfgang Müller (Hrsg.): Der große Duden. Band 10: Duden. Bedeutungswörterbuch, Mannheim u. a. 1970.

Ian N. Gregory: A Place in History. A Guide to Using GIS in Historical Research, Oxford 2003.

Margaret Grieco / John Urry (Hrsg.): Mobilities. New Perspectives on Transport and Society, Farnham / Burlington 2011.

Claire Grobecker / Elle Krack-Roberg / Olga Pötzsch / Bettina Sommer: Bevölkerungsstand und Bevölkerungsentwicklung, in: Statistisches Bundesamt / Wissenschaftszentrum Berlin für Sozialforschung (Hrsg.): Datenreport 2013. Ein Sozialbericht für die Bundesrepublik Deutschland, Bonn 2013, S. 11–25.

Thomas Großbölting: Vom sozialwissenschaftlichen Postulat zur historischen Erforschung des »Wertewandels«. Ein Versuch am Beispiel von Familienwerten und Religion, in: Thomas Großbölting / Massimiliano Livi / Carlo Spagnolo (Hrsg.): Jenseits der Moderne? Die siebziger Jahre als Gegenstand der deutschen und der italienischen Geschichtswissenschaft, Berlin 2014, S. 141–158.

Utta Gruber: Einkommensverteilung. Wirtschaft und Gerechtigkeit, München / Wien 1974.

Arnulf Grübler: Technology and Global Change, Cambridge u. a. 1998.

Siegfried Grundmann: Migrationsbereitschaft und Wohnortbindung der Bevölkerung von ausgewählten Regionen des Landes Sachsen-Anhalt im November 1992, Berlin 1994.

Siegfried Grundmann: Die Ostdeutschen. Räumlich immobil?, in: Paul Gans / Franz-Josef Kemper (Hrsg.): Mobilität und Migration in Deutschland. Beiträge zur Tagung des Arbeitskreises »Bevölkerungsgeographie« des Verbandes der Geographen an Deutschen Hochschulen am 15. und 16. September 1994 in Erfurt, Erfurt 1995, S. 51–62.

Siegfried Grundmann: Die Ost-West-Wanderung in Deutschland. 1989–1992, in: Hans Bertram / Stefan Hradil / Gerhard Kleinhenz (Hrsg.): Sozialer und demographischer Wandel in den neuen Bundesländern, Berlin 1995, S. 3–46.

Evelyn Grünheid: Junge Frauen in Deutschland. Bei hoher Arbeitslosigkeit kinderlos?, in: Psychosozial 27/1 (2004), S. 35–46.

Evelyn Grünheid / Christian Fiedler: Bevölkerungsentwicklung. Daten, Fakten, Trends zum demografischen Wandel, Wiesbaden 2013, online unter: http://www.bib-demografie.de/SharedDocs/Publikationen/DE/Broschueren/bevoelkerung_2013.pdf (Stand: 14.05.2014).

Daniela Grunow / Florian Schulz / Hans-Peter Blossfeld: Was erklärt die Traditionalisierungsprozesse häuslicher Arbeitsteilung im Eheverlauf. Soziale Normen oder ökonomische Ressourcen?, in: Zeitschrift für Soziologie 36/3 (2007), S. 162–181.

Michael Grüttner: Mobilität und Konfliktverhalten. Der Hamburger Hafenarbeiterstreik 1896/97, in: Klaus Tenfelde / Heinrich Volkmann (Hrsg.): Streik. Zur Geschichte des Arbeitskampfes in Deutschland während der Industrialisierung, München 1981, S. 143–161.

Alois Guger: The Distribution of Household Income in Germany, in: Kommission der Europäischen Gemeinschaften (Hrsg.): Trends and Distribution of Incomes. An Overview, Luxemburg 1989, S. 64–105.

Dennis Guth / Joachim Scheiner: Wohnen und Arbeiten im ländlichen Raum. Trends der Pendlerverkehrsentwicklung seit 1970, in: Ländlicher Raum 62/3 (2011), S. 14–17.

Anette Haas: Wohin nach der Berufsausbildung? Regionale Mobilität am Arbeitsmarkt. Die Ost / West-Mobilität von jungen Fachkräften, Nürnberg 2002, online unter: http://doku.iab.de/kurzber/2002/kb0702.pdf (Stand: 01.03.2014).

Anette Haas / Silke Hamann: Pendeln. Ein zunehmender Trend vor allem bei Hochqualifizierten, Nürnberg 2008, online unter: http://doku.iab.de/kurzber/2008/kb0608.pdf (Stand: 04.10.2013).

Maria Hackl: Pendler. Räumliche Bindung und der Zwang zur Mobilität. Die Trennung von Wohnort und Arbeitsort am Beispiel von Wochenendpendlern im Bayerischen Wald, Diss. Univ. Erlangen-Nürnberg 1992.

Jochen Hadermann / Josef Käppeli / Peter Koller: Räumliche Mobilität. Grundlagen und empirische Untersuchung in der Planungsregion St. Gallen, Zürich 1975.

Inga Haese: Das doppelbödige Charisma. Charismatische Lösungen in prekären Zeiten, in: Heinz Bude / Thomas Medicus / Andreas Willisch (Hrsg.): ÜberLeben im Umbruch. Am Beispiel Wittenberge. Ansichten einer fragmentierten Gesellschaft, Hamburg 2011, S. 108–114.

Alois Hahn: Familienutopien, in: Günter Burkart (Hrsg.): Zukunft der Familie. Prognosen und Szenarien, Opladen / Farmington Hills 2009, S. 299–310.

Toni Hahn / Gerhard Schön / Dietmar Wittich: Verläufe und subjektive Bewältigung von Arbeitslosigkeit, Wiederbeschäftigung. Strukturell-regionale und personell-familiale sowie sozialbiographische Komponenten, Berlin 1996.

Anne Hähnig: Da sind wir wieder, in: Die Zeit vom 19.07.2012, Nr. 30, S. 10.

Anne Hähnig: Zurück für die Zukunft, in: Die Zeit vom 12.12.2013, Nr. 51, S. 10.

Silke Hamann: Does Labour Mobility Reduce Disparities between Regional Labour Markets in Germany?, Nürnberg 2009, online unter: http://doku.iab.de/discussionpapers/2009/dp1509.pdf (Stand: 05.05.2014).

Konstantin von Hammerstein / Michael Sauga: »Das System ist faul«, in: Der Spiegel 55/21 (2001), S. 96–102.

Johann Handl: Der langfristige Geburtenrückgang in Deutschland. Heiratskohorten 1920–1960, in: Zeitschrift für Bevölkerungswissenschaft 14/3 (1988), S. 295–317.

Walter Hanesch / Peter Krause / Gerhard Bäcker / Michael Maschke / Birgit Otto: Armut und Ungleichheit in Deutschland. Der neue Armutsbericht der Hans-Böckler-Stiftung, des DGB und des Paritätischen Wohlfahrtsverbands, Reinbek bei Hamburg 2000.

Karsten Hank: Eine Mehrebenenanalyse regionaler Einflüsse auf die Familiengründung westdeutscher Frauen in den Jahren 1984 bis 1999, in: Kölner Zeitschrift für Soziologie und Sozialpsychologie 55/1 (2003), S. 79–98.

Karsten Hank / Michaela Kreyenfeld: A Multilevel Analysis of Child Care and Women's

Fertility Decisions in Western Germany, in: Journal of Marriage and Family 65/3 (2003), S. 584–596.

Christine Hannemann: Schrumpfende Städte in Ostdeutschland. Ursachen und Folgen einer Stadtentwicklung ohne Wirtschaftswachstum, in: Aus Politik und Zeitgeschichte 53/28 (2003), S. 16–24.

Winfried Hansch: Wanderungsbewegungen aus den alten Bundesländern in die Region Berlin-Brandenburg. Zustrom aus der Gruppe der Eliten, in: Hans Bertram / Stefan Hradil / Gerhard Kleinhenz (Hrsg.): Sozialer und demographischer Wandel in den neuen Bundesländern, Berlin 1995, S. 47–67.

Klaus-Peter Hansen: Förderung aus dem Vermittlungsbudget nach § 16 SGB II i. V. m und § 44 SGB III. Geschäftsanweisung Nr. 03/2013 des Jobcenters Berlin Neukölln, Berlin 28.05.2013, online unter: http://www.berlin.de/imperia/md/content/jobcenter/neukoelln/geschaeftsanweisungen/ga_2013_03_foerderung_vermittlungsbudget_130528.pdf (Stand: 21.04.2014).

Toshihiko Hara: Increasing Childlessness in Germany and Japan. Toward a Childless Society?, in: International Journal of Japanese Sociology 17/1 (2008), S. 42–62.

Werner Harenberg: Vereint und verschieden. Die wichtigsten Ergebnisse der SPIEGEL-Untersuchung, in: Spiegel Special 4/1 (1991), S. 10–23.

Tamara K. Hareven: Familiengeschichte, Lebenslauf und sozialer Wandel, Frankfurt am Main / New York 1999.

Bennett Harrison / Barry Bluestone: The Great U-Turn. Corporate Restructuring and the Polarizing of America, New York 1988.

Günter Hartfiel: Wörterbuch der Soziologie, Stuttgart 1972.

Günter Hartfiel: Wörterbuch der Soziologie, 2., überarbeite und ergänzte Aufl., Stuttgart 1976.

Josef Hartmann / Gerd Schütz / Sibylle Zynda: Die Vercodung der offenen Angaben zu den Ausbildungsberufen im Sozio-oekonomischen Panel, München 2005, online unter: https://www.diw.de/documents/dokumentenarchiv/17/diw_01.c.44359.de/vercod_ausb_berufe.pdf (Stand: 21.01.2016).

Sonja Haug: Soziales Kapital und Kettenmigration. Italienische Migranten in Deutschland, zugl. Diss. Univ. Mannheim 1999, Opladen 2000.

Richard Hauser: Die Entwicklung der Einkommensverteilung in den neuen Bundesländern seit der Wende, in: Martin Diewald / Karl Ulrich Mayer (Hrsg.): Zwischenbilanz der Wiedervereinigung. Strukturwandel und Mobilität im Transformationsprozeß, Opladen 1996, S. 165–188.

Richard Hauser: Vergleichende Analyse der Einkommensverteilung in den alten und neuen Bundesländern von 1990 bis 1995, in: Irene Becker / Richard Hauser (Hrsg.): Einkommensverteilung und Armut. Deutschland auf dem Weg zur Vierfünftel-Gesellschaft?, Frankfurt am Main / New York 1997, S. 63–82.

Richard Hauser: Die Entwicklung der Einkommens- und Vermögensverteilung in Deutschland in den letzten Dekaden, in: Thomas Druyen / Wolfgang Lauterbach / Matthias Grundmann (Hrsg.): Reichtum und Vermögen. Zur gesellschaftlichen Bedeutung der Reichtums- und Vermögensforschung, Wiesbaden 2009, S. 54–68.

Hartmut Häußermann: Ost-West-Mobilität in Deutschland. Ende der Abwanderung?, in: Seminarbericht der Gesellschaft für Regionalforschung 37 (1996), S. 55–73.

Rudolf Heberle: Theorie der Wanderungen. Soziologische Betrachtungen, in: Schmollers Jahrbuch für Gesetzgebung, Verwaltung und Volkswirtschaft 75/1 (1955), S. 1–23.

Martin Heilmann: Die Umverteilung der Einkommen durch den Staat in der Bundesrepublik Deutschland 1960–1972, Göttingen 1976.

Heinrich Heine: Lutetia. Berichte über Politik, Kunst und Volksleben. Teil 2, in: Heinrich Heine: Heinrich Heines sämtliche Werke in zwölf Bänden. Mit einer biographisch-literarhistorischen Einleitung von Stephan Born. Band 12, Stuttgart 1887, S. 5–206.

Christian Heinrich: Auf der Strecke geblieben. Warum Pendler gefährlich leben. Ein Gespräch mit dem Soziologen Norbert F. Schneider, in: Die Zeit vom 21.03.2013, Nr. 13, S. 79, online unter: http://www.autorchristianheinrich.de/wp-content/uploads/2013/09/07-ZEIT_2013_13_0079.pdf (Stand: 26.09.2013).

Andreas Henkes / Ulrich Baur / Joachim Kopp / Christiane Polduwe: Handbuch Arbeitsförderung SGB III, München 1999.

Ulrich Herbert: Geschichte der Ausländerpolitik in Deutschland. Saisonarbeiter, Zwangsarbeiter, Gastarbeiter, Flüchtlinge, München 2001.

Rose-Elisabeth Herden: Probleme der Binnenwanderung in der DDR, in: Jahrbuch für Wirtschaftsgeschichte 19/2 (1978), S. 255–260.

Günter Herfert: Regionale Polarisierung der demographischen Entwicklung in Ostdeutschland. Gleichwertigkeit der Lebensverhältnisse?, in: Raumforschung und Raumordnung 65/5 (2007), S. 435–455.

Günter Herfert: Bevölkerungsentwicklung. Wachsende Polarisierung in Ostdeutschland, in: Nationalatlas aktuell 2/2 (2008), online unter: http://aktuell.nationalatlas.de/bevoelkerungsentwicklung-ostdeutschland-2_02-20080-0-html/ (Stand: 13.01.2014).

Günter Herfert: West-Ost-Wanderung. Attraktive Zuzugsinseln in Ostdeutschland, in: Nationalatlas aktuell 3/8 (2009), online unter: http://aktuell.nationalatlas.de/wp-content/uploads/09_08_West-Ost-Wanderung.pdf (Stand: 13.01.2014).

Ingrid Herlyn / Dorothea Krüger: Resümee. Späte erste Mutterschaft – Ein neues biografisches Muster?, in: Ingrid Herlyn / Dorothea Krüger (Hrsg.): Späte Mütter. Eine empirisch-biographische Untersuchung in West- und Ostdeutschland, Opladen 2003, S. 169–175.

Ursula Hermann (Hrsg.): Wahrig. Deutsches Wörterbuch. Mit einem »Lexikon der deutschen Sprachlehre«, völlig überarbeitete Neuausgabe, München 1980.

Paul Hertig: Mythos Mobilität, in: Puls. Drucksache aus der Behindertenbewegung 32/2 (1990), S. 13–15.

Gerhard Heske: Zur Entwicklung gesamtwirtschaftlicher Indikatoren in Ostdeutschland von 1970–2000. Neue Ergebnisse einer volkswirtschaftlichen Gesamtrechnung, in: Jahrbuch für Wirtschaftsgeschichte 48/2 (2007), S. 243–284.

Gerhard Heske: Wertschöpfung, Erwerbstätigkeit und Investitionen in der Industrie Ostdeutschlands 1950–2000. Daten, Methoden, Vergleiche, in: Historical Social Research 38/4 (2013), S. 7–254.

Markus Hesse / Joachim Scheiner: Räumliche Mobilität im Kontext des sozialen Wandels. Eine Typologie multilokalen Wohnens, in: Geographische Zeitschrift 95/3 (2007), S. 138–154.

Markus Hesse / Joachim Scheiner: Mobilität, Erreichbarkeit und gesellschaftliche Teilhabe. Die Rolle von strukturellen Rahmenbedingungen und subjektiven Präferenzen, in: Vierteljahrshefte zur Wirtschaftsforschung 79/2 (2010), S. 94–112.

Günther Heydemann: »Blühende Landschaften« oder entvölkerte Landkreise? Die neuen Bundesländer zwischen Wachstums- und Schrumpfungsprozessen, in: Totalitarismus und Demokratie 6/1 (2009), S. 87–100.

Rudolf Hickel: Hartz-Konzept. Arbeitslose effektiver in billige Jobs. Deregulierungsschub auf den Arbeitsmärkten, in: Aus Politik und Zeitgeschichte 53/6–7 (2003), S. 7–9.

Nikolaus Hildebrandt / Katja Deubel / Michael Dick: »Mobilität«. Ein multidisziplinärer Begriff im Alltagsverständnis, Hamburg 2001, online unter: http://d-nb.info/991308565/34 (Stand: 31.03.2014).

Susanne Hilger: Erfahrung von Beschleunigung. Mobilität und Moderne im Rheinland am Vorabend des Ersten Weltkrieges, in: Thomas Schlepper (Hrsg.): Aggression und Avantgarde. Zum Vorabend des Ersten Weltkrieges, Essen 2014, S. 240–249.

Paul B. Hill / Johannes Kopp: Familiensoziologie. Grundlagen und theoretische Perspektiven, 5., grundlegend überarbeitete Aufl., Wiesbaden 2013.

Frank Hillebrandt: Totale soziale Tatschen als Formen der Praxis. Wie uns Marcel Mauss hilft, Sozialität neu zu verstehen, in: Soziologische Revue 35/3 (2012), S. 253–260.

Karl-Heinz Hillmann: Wörterbuch der Soziologie, begründet von Günter Hartfiel, 4., überarbeite und ergänzte Aufl., Stuttgart 1994.

Karl-Heinz Hillmann: Wörterbuch der Soziologie, begründet von Günter Hartfiel, 5., vollständig überarbeitete und erweiterte Aufl., Stuttgart 2007.

Dagmar Hilpert: Wohlfahrtsstaat der Mittelschichten? Sozialpolitik und gesellschaftlicher Wandel in der Bundesrepublik Deutschland (1949–1975), Göttingen 2012.

Nicola Hilti: Lebenswelten multilokal Wohnender. Eine Betrachtung des Spannungsfeldes von Bewegung und Verankerung, zugl. Diss. ETH Zürich 2011, Wiesbaden 2013.

Wilhelm Hinrichs: Die Ostdeutschen in Bewegung. Formen und Ausmaß regionaler Mobilität in den neuen Ländern, in: Wilhelm Hinrichs / Eckhard Priller (Hrsg.): Handeln im Wandel. Akteurskonstellationen in der Transformation, Berlin 2001, S. 251–281.

Wilhelm Hinrichs / Sandra Jurkschat: Wohnortwechsel zwischen den Bundesländern im Kontext der Vereinigung, Berlin 1996, online unter: www.ssoar.info/ssoar/bitstream/handle/document/19774/ssoar-1996-hinrichs_et_al-wohnortwechsel_zwischen_den_bundeslandern_im.pdf (Stand: 17.10.2012).

Wolfgang von Hippel: Regionale und soziale Herkunft der Bevölkerung einer Industriestadt. Untersuchungen zu Ludwigshafen a. Rh. 1867–1914, in: Werner Conze / Ulrich Engelhardt (Hrsg.): Arbeiter im Industrialisierungsprozeß. Herkunft, Lage und Verhalten, Stuttgart 1979, S. 51–69.

Josef Hitpass / Albert Mock: Das Image der Universität. Studentische Perspektiven, Düsseldorf 1972.

Carolin Hoch: Die Determinanten der Panelmortalität. Eine Analyse am Beispiel des Nationalen Bildungspanels, Bamberg 2013, online unter: https://www.neps-data.de/Portals/0/Working%20Papers/WP_XXVI.pdf (Stand: 24.04.2014).

Marc Hoch: Nadelstiche in die faule Haut. Arbeitsämter haben eine Reihe von Sanktionsmöglichkeiten gegen Drückeberger, in: Süddeutsche Zeitung vom 10.04.2001, Nr. 84, S. 2.

Steve Hochstadt: Migration and Industrialization in Germany. 1815–1977, in: Social Science History 5/4 (1981), S. 445–468.

Steve Hochstadt: Migration in Preindustrial Germany, in: Central European History 16/3 (1983), S. 195–224.
Steve Hochstadt: Mobility and Modernity. Migration in Germany 1820–1989, Ann Arbor 1999.
Hans Günter Hockerts: Zeitgeschichte in Deutschland. Begriff, Methoden, Themenfelder, in: Historisches Jahrbuch 113 (1993), S. 98–127.
Hans Günter Hockerts: Vom Problemlöser zum Problemerzeuger? Der Sozialstaat im 20. Jahrhundert, in: Archiv für Sozialgeschichte 47 (2007), S. 3–29.
Heidrun Hofacker / Gabriele Mühlnickel: Ötlingen als selbständige Gemeinde (1829–1935), in: Rainer Kilian (Hrsg.): Ötlingen. Bauerndorf Industriegemeinde Stadtteil, Kirchheim unter Teck 1995, S. 238–378.
Dierk Hoffmann: Binnenwanderung und Arbeitsmarkt. Beschäftigungspolitik unter dem Eindruck der Bevölkerungsverschiebung in Deutschland nach 1945, in: Dierk Hoffmann / Marita Krauss / Michael Schwartz (Hrsg.): Vertriebene in Deutschland. Interdisziplinäre Ergebnisse und Forschungsperspektiven, München 2000, S. 219–235.
Ursula Hoffmann-Lange: Elite West – Elite Ost? Eliten in den alten und den neuen Bundesländern, in: Der Bürger im Staat 50/4 (2000), S. 203–210.
Jürgen Hoffmeyer-Zlotnik: Wanderungen. Formen und Vorkommen, in: Ulrich Mueller / Bernhard Nauck / Andreas Diekmann (Hrsg.): Handbuch der Demographie. Band 2: Anwendungen, Berlin u. a. 2000, S. 916–957.
Hannes Hofmann: Mein Papa ist Pendler. Warum ist er nie da?, in: Superillu 15/19 (2005), S. 12–15.
Heather Hofmeister / Lena Hünefeld / Celina Proch: The Role of Job-Related Spatial Mobility in Constructing Gender Relations in Society and in Intimate Relationships in Germany and Poland, in: Zeitschrift für Familienforschung 22/3 (2010), S. 308–330.
Rüdiger Hohls: Eine (Kurz-)Geschichte des Computers und seiner Nutzbarmachung in den Geschichtswissenschaften, in: Bärbel Biste / Rüdiger Hohls (Hrsg.): Fachinformation und EDV. Arbeitstechniken für Historiker. Einführung und Arbeitsbuch, Köln 2000, S. 23–50.
Christian Holz-Rau / Dennis Guth / Joachim Scheiner: Der Pendler – das unbekannte Wesen. Wie Verkehrs- und Raumforscher das Alltagsphänomen Berufspendeln entdecken, in: forschung. Das Magazin der Deutschen Forschungsgemeinschaft 36/2 (2011), S. 4–8.
Bernhard Honnigfort: Frau = schlau = weg, in: Frankfurter Rundschau. Stadtausgabe vom 31.05.2007, S. 7.
Hans-Günter Hoppe: Redebeitrag in der dritten Beratung des von der Bundesregierung eingebrachten Entwurfs eines Gesetzes über die Feststellung des Bundeshaushaltsplans für das Haushaltsjahr 1981, in: Deutscher Bundestag (Hrsg.): Stenographischer Bericht zur 43. Sitzung des Bundestages, Plenarprotokoll 9/43, Bonn 05.06.1981, S. 2467–2470, online unter: http://dip21.bundestag.de/dip21/btp/09/09043.pdf (Stand: 04.04.2014).
Werner Hoppe: Fünftes AFG-ÄndG in Kraft getreten. Die Novelle bringt zahlreiche Änderungen des Arbeitsförderungsrechts, in: Arbeit und Beruf 30/8 (1979), S. 225–227.
Werner Hoppe: Zum Begriff »zumutbare Beschäftigung« i. S. des § 103 Arbeitsför-

derungsgesetz. Ein Beitrag zur Diskussion um den Runderlaß 230/78 der Bundesanstalt für Arbeit, in: Das Zentralblatt für Sozialversicherung, Sozialhilfe und Versorgung 33/2 (1979), S. 39–44.

Werner Hoppe: Die Zumutbarkeits-Anordnung der BA (§ 103 Abs. 1a AFG). Jüngstes Anordnungsrecht seit fünf Monaten in Kraft, in: Arbeit und Beruf 31/4 (1980), S. 99–103.

Stefan Hradil: Der deutsche Armutsdiskurs. Essay, in: Aus Politik und Zeitgeschichte 60/51–52 (2010), S. 3–8.

Paul B. Huber: Regionale Expansion und Entleerung im Deutschland des neunzehnten Jahrhunderts. Eine Folge der Eisenbahnentwicklung?, in: Rainer Fremdling / Richard H. Tilly (Hrsg.): Industrialisierung und Raum. Studien zur regionalen Differenzierung im Deutschland des 19. Jahrhunderts, Stuttgart 1979, S. 27–55.

Valeska Huber: Multiple Mobilities. Über den Umgang mit verschiedenen Mobilitätsformen um 1900, in: Geschichte und Gesellschaft 36/2 (2010), S. 317–341.

Norbert Huchler / Nicole Dietrich / Ingo Matuschek: Multilokalität in der kommerziellen Luftfahrt. Bedingungen des multilokalen Arbeitens und Lebens von Flugbegleitern und Piloten [Manuskript auf CD unter Sektion Arbeits- und Industriesoziologie, Entwicklungssoziologie, Stadt- und Regionalsoziologie], in: Hans-Georg Soeffner / Kathy Kursawe / Margrit Elsner / Manja Adlt (Hrsg.): Unsichere Zeiten. Herausforderungen gesellschaftlicher Transformationen. Verhandlungen des 34. Kongresses der Deutschen Gesellschaft für Soziologie in Jena 2008, Wiesbaden 2010.

Johannes Huinink: Bildung und Familienentwicklung im Lebensverlauf, in: Zeitschrift für Erziehungswissenschaft 3/2 (2000), S. 209–227.

Johannes Huinink / Michael Feldhaus: Fertilität und Pendelmobilität in Deutschland, in: Zeitschrift für Bevölkerungswissenschaft 37/3–4 (2012), S. 463–490.

Johannes Huinink / Elisabeth Reichart: Der Weg in die traditionelle Arbeitsteilung – eine Einbahnstraße?, in: Walter Bien / Jan H. Marbach (Hrsg.): Familiale Beziehungen, Familienalltag und soziale Netzwerke. Ergebnisse der drei Wellen des Familiensurvey, Wiesbaden 2008, S. 43–79.

Alfred Hullmann / Bertram Cloos: Mobilität und Verkehrsverhalten der Ausbildungs- und Berufspendlerinnen und -pendler, in: Statistische Analysen und Studien Nordrhein-Westfalen 3/2 (2002), S. 5–90.

Hermann Hummel-Liljegren: Zumutbare Arbeit. Das Grundrecht des Arbeitslosen, Berlin 1981.

Karin Hunn: »Nächstes Jahr kehren wir zurück …«. Die Geschichte der türkischen »Gastarbeiter« in der Bundesrepublik, zugl. Diss. Univ. Freiburg im Breisgau 2004, Göttingen 2005.

Jennifer Hunt: Why Do People Still Live in East Germany?, Bonn 2000, online unter: ftp://ftp.iza.org / RePEc / Discussionpaper / dp123.pdf (Stand: 13.01.2014).

Industrie- und Handelskammer Frankfurt am Main (Hrsg.): Mobile Arbeitnehmer. Pendlerverflechtungen im IHK-Bezirk Frankfurt am Main, Frankfurt am Main 2014, online unter: http://www.rtw-hessen.de/uploads/downloads/ihk_frankfurt_mobile_arbeitnehmer.pdf (Stand: 10.06.2015).

Infratest Burke Sozialforschung: SOEP ›99. Methodenbericht zum Befragungsjahr 1999 (Welle 16) des Sozio-oekonomischen Panels, München 2000.

Infratest Sozialforschung: SOEP 2009. Methodenbericht zum Befragungsjahr 2009 (Welle 26) des Sozio-oekonomischen Panels, München 2010.

Infratest Sozialforschung: SOEP 1984. Methodenbericht zum Befragungsjahr 1984 (Welle 1) des Sozio-oekonomischen Panels, Neudruck von München 1985, Berlin 2011, online unter: http://panel.gsoep.de/soep-docs/surveypapers/diw_ssp0001.pdf (Stand: 20.01.2016).
Institut für Demoskopie Allensbach: Die Situation der Frau in Baden-Württemberg. Eine Repräsentativuntersuchung unter Frauen, ihren Partnern und Kindern über die Situation der Frau im Spannungsfeld von Beruf und Familie, Stuttgart 1985.
Institut für Medienforschung und Urbanistik (Hrsg.): Warum umziehen? Untersuchung der Motive von Zu- und Fortzügen privater Haushalte in den Jahren 1999–2001 am Beispiel von 13 Städten und Gemeinden in der Region München, München 2004.
Gunther Ipsen / Walter Christaller / Wolfgang Köllmann / Rainer Mackensen: Standort und Wohnort. Ökologische Studien, Köln / Opladen 1957.
Franz Irsigler: Vorwort, in: Franz Irsigler (Hrsg.): Quantitative Methoden in der Wirtschaft- und Sozialgeschichte der Vorneuzeit, Stuttgart 1978, S. 7 f.
Bettina Isengard: »Der Apfel lebt nicht weit vom Stamm«. Wohnentfernungen zwischen Eltern und ihren erwachsenen Kindern in Europa, in: Zeitschrift für Bevölkerungswissenschaft 38/2 (2013), S. 263–290.
James H. Jackson: Migration in Duisburg. 1821–1914, in: Dirk Hoerder / Jörg Nagler (Hrsg.): People in Transit. German Migrations in Comparative Perspective 1820–1930, Cambridge u. a. 1995, S. 147–175.
Robert Jacobi: Härtere Zeiten für Arbeitslose, in: Süddeutsche Zeitung vom 01.04.2003, Nr. 76, S. 27.
Klaus Jacobs: Einkommensbezug im Lebensverlauf. Positive und normative Aspekte aus verteilungspolitischer Sicht, zugl. Diss. FU Berlin, Frankfurt am Main 1991.
Karen Jaehrling / Marcel Erlinghagen / Thorsten Kalina / Sarah Mümken / Leila Mesaros / Manuela Schwarzkopf: Arbeitsmarktintegration und sozio-ökonomische Situation von Alleinerziehenden. Ein empirischer Vergleich. Deutschland, Frankreich, Schweden, Vereinigtes Königreich, Duisburg 2011, online unter: http://www.bmas.de/SharedDocs/Downloads/DE/PDF-Publikationen-DinA4/fb420-allein erziehende.pdf (Stand: 23.09.2013).
Angela Jain / Jenny Schmithals: Motive für die Wanderung von West- nach Ostdeutschland und Rückkehrtypen, in: Insa Cassens / Marc Luy / Rembrandt Scholz (Hrsg.): Die Bevölkerung in Ost- und Westdeutschland. Demografische, gesellschaftliche und wirtschaftliche Entwicklungen seit der Wende, Wiesbaden 2009, S. 313–333.
Konrad Hugo Jarausch: Verkannter Strukturwandel. Die siebziger Jahre als Vorgeschichte der Probleme der Gegenwart, in: Konrad Hugo Jarausch (Hrsg.): Das Ende der Zuversicht? Die siebziger Jahre als Geschichte, Göttingen 2008, S. 9–26.
Konrad Hugo Jarausch / Gerhard Arminger / Manfred Thaller: Quantitative Methoden in der Geschichtswissenschaft. Eine Einführung in die Forschung, Datenverarbeitung und Statistik, Darmstadt 1985.
Karin Jurczyk / Michaela Schier / Peggy Szymenderski / Andreas Lange / G. Günter Voß: Entgrenzte Arbeit – entgrenzte Familie. Grenzmanagement im Alltag als neue Herausforderung, Berlin 2009.
Sigrun Kabisch: Wenn das Kleid der Stadt nicht mehr passt. Strategien im Umgang mit dem Wohnungsleerstand in ostdeutschen Städten, in: Christine Hannemann / Sigrun Kabisch / Christine Weiske (Hrsg.): Neue Länder – Neue Sitten?

Transformationsprozesse in Städten und Regionen Ostdeutschlands, Berlin 2002, S. 29–54.

Sigrun Kabisch / Matthias Bernt / Andreas Peter: Stadtumbau unter Schrumpfungsbedingungen. Eine sozialwissenschaftliche Fallstudie, Wiesbaden 2004.

Hartmut Kaelble: Historische Mobilitätsforschung. Westeuropa und die USA im 19. und 20. Jahrhundert, Darmstadt 1978.

Hartmut Kaelble: Einführung und Auswertung, in: Werner Conze / Ulrich Engelhardt (Hrsg.): Arbeiter im Industrialisierungsprozeß. Herkunft, Lage und Verhalten, Stuttgart 1979, S. 18–30.

Hartmut Kaelble: Soziale Mobilität und Chancengleichheit im 19. und 20. Jahrhundert. Deutschland im internationalen Vergleich, Göttingen 1983.

Hartmut Kaelble: Der Wandel der Einkommensverteilung während der zweiten Hälfte des 20.Jahrhunderts. Gedanken zu einer Trendwende, in: Stefan Ryll / Alparslan Yenal (Hrsg.): Politik und Ökonomie. Problemsicht aus klassischer, neo- und neuklassischer Perspektive. Festschrift für Gerhard Huber, Marburg 2000, S. 227–242.

Hartmut Kaelble / Mark Thomas: Introduction, in: Yehojachin S. Brenner / Hartmut Kaelble / Mark Thomas (Hrsg.): Income Distribution in Historical Perspective, Cambridge u. a. 1991, S. 1–56.

Lutz C. Kaiser: Arbeitsmarktflexibilität, Arbeitsmarktübergänge und Familie. Die europäische Perspektive, in: Marc Szydlik (Hrsg.): Flexibilisierung. Folgen für Arbeit und Familie, Wiesbaden 2008, S. 295–313.

Frank Kalter: Pendeln statt Migration? Die Wahl und Stabilität von Wohnort-Arbeitsort-Kombinationen, in: Zeitschrift für Soziologie 23/6 (1994), S. 460–476.

Frank Kalter: Partnerschaft und Migration. Zur theoretischen Erklärung eines empirischen Effekts, in: Kölner Zeitschrift für Soziologie und Sozialpsychologie 50/2 (1998), S. 283–309.

Angelika Kampfer: Übergänge. Von der DDR zur Bundesrepublik Deutschland, unter künstlerischer Mitarbeit von Ewald Hentze, Wien u. a. 2006.

Heinz-Dieter Kantel: Grundsicherungsarbeit. Armuts- und Arbeitsmarktpolitik nach Hartz IV, Wiesbaden 2008.

Jürgen Karasch: Der Begriff der »Zumutbarkeit« im Wandel der Rechtsauffassungen vom AVAVG 1927 bis zum AFKG 1982, in: Das Zentralblatt für Sozialversicherung, Sozialhilfe und Versorgung 37 (1983), S. 65–72.

Werner Karr / Martin Koller / Herbert Kridde / Heinz Werner: Regionale Mobilität am Arbeitsmarkt, in: Mitteilungen aus der Arbeitsmarkt- und Berufsforschung 20/2 (1987), S. 197–212, online unter: http://doku.iab.de/mittab/1987/1987_2_mittab_karr_koller_kridde_werner.pdf (Stand: 26.09.2013).

Wolfgang Kaschuba: Bauern und andere. Zur Systematik dörflicher Gesellschaftserfahrung zwischen Vorindustrialisierung und Weltwirtschaftskrise, in: Wolfgang Kaschuba, Carola Lipp: Dörfliches Überleben. Zur Geschichte materieller und sozialer Reproduktion ländlicher Gesellschaft im 19. und frühen 20. Jahrhundert, Tübingen 1982, S. 1–285.

Stefanie Kattinger: Die Kinderfrage in Deutschland. Gründe für den Realisierungsaufschub vorhandener Kinderwünsche bei hoch qualifizierten Frauen, Saarbrücken 2007.

Matthias Kaufmann: Kein Recht auf Faulheit. Das Bild von Erwerbslosen in der Debatte um die Hartz-Reformen, Wiesbaden 2013.

Sarina Keiser: Vereinbarkeit von Familie und Beruf. Nur eine Frauenfrage?, in: Lothar Böhnisch / Karl Lenz (Hrsg.): Familien. Eine interdisziplinäre Einführung, Weinheim / München 1997, S. 235–250.

Wolfram Kempe: Neuer Trend in der Bildungsstruktur der Ost-West-Wanderung?, in: Wirtschaft im Wandel 7/9 (2001), S. 205–210, online unter: http://www.iwh-halle.de/e/publik/wiwa/9-01-3.pdf (Stand: 07.05.2014).

Franz-Josef Kemper: Die Bedeutung des Lebenszyklus-Konzepts für die Analyse intraregionaler Wanderungen, in: Franz-Josef Kemper / Hans-Dieter Laux / Günter Thieme (Hrsg.): Geographie als Sozialwissenschaft. Beiträge zu ausgewählten Problemen kulturgeographischer Forschung. Wolfgang Kuls zum 65. Geburtstag, Bonn 1985, S. 180–212.

Franz-Josef Kemper: Internal Migration in Eastern and Western Germany. Convergence or Divergence of Spatial Trends after Unification?, in: Regional Studies 38/6 (2004), S. 659–678.

Kees van Kersbergen: The Declining Resistance of Welfare States to Change?, in: Stein Kuhnle (Hrsg.): Survival of the European Welfare State, London / New York 2000, S. 19–36.

Sven Kesselring / Gerlinde Vogl: Betriebliche Mobilitätsregime. Die sozialen Kosten mobiler Arbeit, Berlin 2010.

Marc Keuschnigg / Jochen Groß: Nationale und internationale Einkommensverteilung, in: Norman Braun / Marc Keuschnigg / Tobias Wolbring (Hrsg.): Wirtschaftssoziologie. Band 2: Anwendungen, München 2012, S. 195–226.

Roland Kirbach: Land ohne Leute, in: Die Zeit vom 10.05.2001, Nr. 20, S. 13.

Betty Frankle Kirschner / Laurel Richardson Walum: Two-Location Families. Married Singles, in: Alternative Lifestyles 1/4 (1978), S. 513–525.

Ralf Klassen: »Irgendwie der Arsch der Welt«, in: Der Spiegel 50/43 (1996), S. 46–52.

Daniela Klaus / Anja Steinbach: Determinanten innerfamilialer Arbeitsteilung. Eine Betrachtung im Längsschnitt, in: Zeitschrift für Familienforschung 14/1 (2002), S. 21–43.

Wolfgang Kleber: Sektoraler und sozialer Wandel der Beschäftigungsstruktur in Deutschland 1882–1978. Eine Analyse aus der Perspektive des Lebensverlaufs. Band 1, in: Klaus J. Bade (Hrsg.): Auswanderer – Wanderarbeiter – Gastarbeiter. Bevölkerung, Arbeitsmarkt und Wanderung in Deutschland seit der Mitte des 19. Jahrhunderts, Ostfildern 1985, S. 179–215.

Thomas Klein / Jan Eckhard: Partnerschafts- und berufsbezogene Aspekte des Kinderwunsches von Männern und Frauen, in: Michael Feldhaus / Johannes Huinink (Hrsg.): Neuere Entwicklungen in der Beziehungs- und Familienforschung. Vorstudien zum Beziehungs-und Familienentwicklungspanel (PAIRFAM), Würzburg 2008, S. 379–401.

Thomas Klein / Gunter E. Zimmermann: Zur ökonomischen Mobilität von Individuen und Familien. Determinanten und Armutsrisiken, in: Ulrich Rendtel / Gert G. Wagner (Hrsg.): Lebenslagen im Wandel. Zur Einkommensdynamik in Deutschland seit 1984, Frankfurt am Main / New York 1991, S. 437–456.

Christina Klenner: Wer ernährt die Familie? Erwerbs- und Einkommenskonstellationen in Ostdeutschland, in: WSI-Mitteilungen 62/11 (2009), S. 619–626, online unter: http://www.boeckler.de/wsimit_2009_11_klenner.pdf (Stand: 19.12.2013).

Christoph Kleßmann: Long-Distance Migration, Integration and Segregation of an

Ethnic Minority in Industrial Germany. The Case of the »Ruhr-Poles«, in: Klaus J. Bade (Hrsg.): Population, Labour and Migration in 19th- and 20th-Century Germany, Leamington Spa u. a. 1987, S. 101–114.

Stefanie Kley: Gefährdet Pendelmobilität die Stabilität von Paarbeziehungen? Einflüsse von Erwerbskonstellationen und Haushaltsarrangements in Ost- und Westdeutschland auf die Trennungswahrscheinlichkeit von Paaren, in: Zeitschrift für Soziologie 41/5 (2012), S. 356–374.

Melanie Klimpel / Tina Schütte: Work-Life-Balance. Eine empirische Erhebung, München / Mering 2006.

Sebastian Klüsener: Geburtenraten und Geburtsalter der Mütter im regionalen Vergleich, in: Nationalatlas aktuell 7/4 (2013), online unter: http://aktuell.nationalatlas.de/wp-content/uploads/13_04_Geburten.pdf (Stand: 13.01.2014).

Sebastian Klüsener / Michaela Kreyenfeld: Nichteheliche Geburten im regionalen Vergleich, in: Nationalatlas aktuell 3/10 (2009), online unter: http://aktuell.nationalatlas.de/wp-content/uploads/09_10_Nichteheliche_Geburten.pdf (Stand: 13.01.2014).

Gundi Knies / C. Katharina Spieß: Regional Data in the German Socio-Economic Panel Study (SOEP), Berlin 2007, online unter: http://www.diw.de/documents/publikationen/73/diw_01.c.55738.de/diw_datadoc_2007-017.pdf (Stand: 20.01.2016).

Hartmut Knittel: Organisierte Mobilität per Schiene und Fahrplan. Vom Vorort- und Nahverkehr zur S-Bahn in der Metropolregion Rhein-Neckar, in: Martin Krauß / Ulrich Nieß (Hrsg.): Stadt, Land, Heimat. Beiträge zur Geschichte der Metropolregion Rhein-Neckar im Industriezeitalter, Ubstadt-Weiher u. a. 2011, S. 309–329.

Andreas Koch: Lebenswelten von Fernfahrern, in: Leibniz-Institut für Länderkunde (Hrsg.): Nationalatlas Bundesrepublik Deutschland. Band 12: Leben in Deutschland, München 2006, S. 72 f.

Angelika Koch: Analysen und Alternativen. Vereinbarkeit von Familie und Beruf für beide Geschlechter? Zum Gesetzentwurf der rot-grünen Bundesregierung, in: Blätter für deutsche und internationale Politik 45/5 (2000), S. 590–599.

Helmut Kohl: Regierungserklärung zum Vertrag vom 18. Mai 1990 über die Schaffung einer Währungs-, Wirtschafts- und Sozialunion zwischen der BRD und der DDR, in: Deutscher Bundestag (Hrsg.): Stenographischer Bericht zur 217. Sitzung des Bundestages, Plenarprotokoll 11/217, Bonn 21.06.1990, S. 17141–17148, online unter http://dipbt.bundestag.de/doc/btp/11/11217.pdf (Stand: 23.04.2014).

Helmut Kohl: Der Solidarpakt als Grundlage für die Sicherung des Standortes Deutschland. Regierungserklärung, in: Deutscher Bundestag (Hrsg.): Stenographischer Bericht zur 149. Sitzung des Bundestages, Plenarprotokoll 12/149, Bonn 25.03.1993, S. 12722–12730, online unter: http://dip21.bundestag.de/dip21/btp/12/12149.pdf (Stand: 04.04.2014).

Helmut Kohl: Zukunftssicherung des Standortes Deutschland. Regierungserklärung, in: Deutscher Bundestag (Hrsg.): Stenographischer Bericht zur 182. Sitzung des Bundestages, Plenarprotokoll 12/182, Bonn 21.10.1993, S. 15651–15660, online unter: http://dip21.bundestag.de/dip21/btp/12/12182.pdf (Stand: 04.04.2014).

Ulrich Kohler / Frauke Kreuter: Data Analysis Using Stata, College Station (Texas) 2005.

Martin Kohli / Harald Künemund / Andreas Motel / Marc Szydlik: Generationenbeziehungen, in: Martin Kohli / Harald Künemund (Hrsg.): Die zweite Lebenshälfte.

Gesellschaftliche Lage und Partizipation im Spiegel des Alters-Survey, Opladen 2000, S. 176–211.

Karsten Kohn: Rising Wage Dispersion, After All! The German Wage Structure at the Turn of the Century, Mannheim 2006, online unter: https://ub-madoc.bib.uni-mannheim.de/1247/1/dp06031.pdf (Stand: 31.10.2013).

Wolfgang Köllmann: Binnenwanderung und Bevölkerungsstrukturen der Ruhrgebietsgroßstädte im Jahre 1907, in: Soziale Welt 9/3–4 (1958), S. 219–233.

Wolfgang Köllmann: Die Bevölkerung Rheinland-Westfalens in der Hochindustrialisierungsperiode, in: Vierteljahrschrift für Sozial- und Wirtschaftsgeschichte 58/3 (1971), S. 359–388.

Wolfgang Köllmann: Bevölkerung in der industriellen Revolution. Studien zur Bevölkerungsgeschichte Deutschlands, Göttingen 1974.

Wolfgang Köllmann: Industrialisierung, Binnenwanderung und »Soziale Frage«. Zur Entstehungsgeschichte der deutschen Industriegroßstadt im 19. Jahrhundert, in: Wolfgang Köllmann: Bevölkerung in der industriellen Revolution. Studien zur Bevölkerungsgeschichte Deutschlands, Göttingen 1974, S. 106–124.

Wolfgang Köllmann: Bevölkerungsgeschichte 1800–1970, in: Hermann Aubin / Wolfgang Zorn (Hrsg.): Handbuch der deutschen Wirtschafts- und Sozialgeschichte. Band 2: Das 19. und 20. Jahrhundert, Stuttgart 1976, S. 9–50.

Wolfgang Köllmann: Versuch des Entwurfs einer historisch-soziologischen Wanderungstheorie, Werner Conze zum 31. Dezember 1975, in: Ulrich Engelhardt / Volker Sellin / Horst Stuke (Hrsg.): Soziale Bewegung und politische Verfassung. Beiträge zur Geschichte der modernen Welt, Stuttgart 1976, S. 260–269.

Wolfgang Köllmann: Verstädterung im deutschen Kaiserreich, in: Blätter für deutsche Landesgeschichte 128 (1992), S. 199–219.

Dirk Konietzka / Michaela Kreyenfeld: Zwischen soziologischen Makrotheorien und demographischen Vorausberechnungen. Möglichkeiten und Grenzen des Blicks in die Zukunft der Familien- und Geburtenentwicklung, in: Günter Burkart (Hrsg.): Zukunft der Familie. Prognosen und Szenarien, Opladen / Farmington Hills 2009, S. 51–71.

Johannes Kopp: Geburtenentwicklung und Fertilitätsverhalten. Theoretische Modellierungen und empirische Erklärungsansätze, zugl. Habil. Univ. Mannheim 1999, Konstanz 2002.

Christopher Kopper: Die Bahn im Wirtschaftswunder. Deutsche Bundesbahn und Verkehrspolitik in der Nachkriegsgesellschaft, zugl. Habil. Univ. Bielefeld 2005, Frankfurt am Main / New York 2007.

Michael Kösters-Kraft: Großbaustelle und Arbeitswanderung. Niederländer beim Bau des Dortmund-Ems-Kanals 1892–1900, zugl. Diss. Univ. Münster 1995, Osnabrück 2000.

Thomas Kralinski / Karl Nolle: Die Abwanderung und ihre Auswirkungen auf die sächsische Wirtschaft, in: Ifo Dresden berichtet 9/3 (2002), S. 30–42.

Caroline Kramer: Zeit für Mobilität. Räumliche Disparitäten der individuellen Zeitverwendung für Mobilität in Deutschland, zugl. Habil. Univ. Heidelberg, Stuttgart 2005.

Steffen Krämer: Deutsche Unternehmer und ihre Arbeiterkolonien im 19. und frühen 20. Jahrhundert, in: Uwe Altrock / Grischa Bertram (Hrsg.): Wer entwickelt die Stadt? Geschichte und Gegenwart lokaler Governance. Akteure – Strategien – Strukturen, Bielefeld 2012, S. 179–197.

Rabea Krätschmer-Hahn: Kinderlosigkeit in Deutschland. Zum Verhältnis von Fertilität und Sozialstruktur, zugl. Diss. Univ. Frankfurt am Main 2011, Wiesbaden 2012.

Nick Kratzer / Tatjana Fuchs / Alexandra Wagner / Dieter Sauer: Zeitmuster. Zeitverwendung im Kontext von Erwerbsarbeit und Haushalt, in: Soziologisches Forschungsinstitut / Institut für Arbeitsmarkt- und Berufsforschung / Institut für sozialwissenschaftliche Forschung / Internationales Institut für empirische Sozialökonomie (Hrsg.): Berichterstattung zur sozioökonomischen Entwicklung in Deutschland. Arbeit und Lebensweisen. Erster Bericht, Wiesbaden 2005, S. 381–402.

Michaela Kreyenfeld: Das zweite Kind in Ostdeutschland. Aufschub oder Verzicht?, in: Insa Cassens / Marc Luy / Rembrandt Scholz (Hrsg.): Die Bevölkerung in Ost- und Westdeutschland. Demografische, gesellschaftliche und wirtschaftliche Entwicklungen seit der Wende, Wiesbaden 2009, S. 100–123.

Michaela Kreyenfeld / Esther Geisler: Müttererwerbstätigkeit in Ost- und Westdeutschland. Eine Analyse mit den Mikrozensen 1991–2002, in: Zeitschrift für Familienforschung 18/3 (2006), S. 333–360.

Michaela Kreyenfeld / Dirk Konietzka: Kinderlosigkeit in Deutschland. Theoretische Probleme und empirische Ergebnisse, in: Dirk Konietzka / Michaela Kreyenfeld (Hrsg.): Ein Leben ohne Kinder. Kinderlosigkeit in Deutschland, Wiesbaden 2007, S. 11–41.

Michaela Kreyenfeld / Sandra Krapf: Demografischer Wandel. Geburtenentwicklung und Lebensformen, in: Statistisches Bundesamt / Wissenschaftszentrum Berlin für Sozialforschung (Hrsg.): Datenreport 2013. Ein Sozialbericht für die Bundesrepublik Deutschland, Bonn 2013, S. 34–41.

Martin Kroh: Documentation of Sample Sizes and Panel Attrition in the German Socio Economic Panel (SOEP). 1984 until 2010, Berlin 2011, online unter: http://www.diw.de/documents/publikationen/73/diw_01.c.385005.de/diw_datadoc_2011-059.pdf (Stand: 19.12.2015).

Steffen Kröhnert: Analysen zur geschlechtsspezifisch geprägten Abwanderung Jugendlicher, in: Wilfried Schubarth / Karsten Speck (Hrsg.): Regionale Abwanderung Jugendlicher. Theoretische Analysen, empirische Befunde und politische Gegenstrategien, Weinheim / München 2009, S. 91–110.

Steffen Kröhnert / Reiner Klingholz: Not am Mann. Von Helden der Arbeit zur neuen Unterschicht? Lebenslagen junger Erwachsener in wirtschaftlichen Abstiegsregionen der neuen Bundesländer, Berlin 2007, online unter: http://www.berlin-institut.org/fileadmin/user_upload/Studien/Not_am_Mann_Webversion.pdf (Stand: 09.05.2014).

Helga Krüger: Geschlechterrollen im Wandel. Modernisierung der Familienpolitik, in: Hans Bertram / Helga Krüger / C. Katharina Spieß (Hrsg.): Wem gehört die Familie der Zukunft? Expertisen zum 7. Familienbericht der Bundesregierung, Opladen 2006, S. 191–206.

Helga Krüger / Claudia Born / Beate Einemann / Stine Heintze / Helga Saifi: Privatsache Kind. Privatsache Beruf. »... und dann hab' ich ja noch Haushalt, Mann und Wäsche«. Zur Lebenssituation von Frauen mit kleinen Kindern in unserer Gesellschaft, Opladen 1987.

Kersten Krüger / Gyula Pápay / Stefan Kroll (Hrsg.): Stadtgeschichte und Historische Informationssysteme. Der Ostseeraum im 17. und 18. Jahrhundert. Beiträge des wissenschaftlichen Kolloquiums in Rostock vom 21. und 22. März 2002, Münster 2003.

Paul-Anton Krüger: Angst vor Job-Verlust. EADS-Mitarbeiter protestieren gegen Umzug nach Manching, in: Süddeutsche Zeitung. Ausgabe Bayern vom 21.02.2006, Nr. 43, S. 49.

Marianne Krüger-Potratz (Hrsg.): Neue Zuwanderung aus dem Osten?, Göttingen 2003.

Thomas Kühn: Die Bedeutung von Familiengründung für die Biografiegestaltung junger Männer, in: Angelika Tölke / Karsten Hank (Hrsg.): Männer. Das »vernachlässigte« Geschlecht in der Familienforschung, Wiesbaden 2005, S. 127–151.

Wolfgang Kühnel: Integrationsprobleme im gesellschaftlichen Strukturwandel Ostdeutschlands, in: Wilhelm Heitmeyer (Hrsg.): Was treibt die Gesellschaft auseinander? Bundesrepublik Deutschland. Auf dem Weg von der Konsens- zur Konfliktgesellschaft, Frankfurt am Main 1997, S. 586–626.

Bernhard Külp: Verteilung. Theorie und Politik, Stuttgart / Jena 1994.

Beat Kümin / Cornelie Usborne: At Home and in the Workplace. A Historical Introduction to the »Spatial Turn«, in: History and Theory 52/3 (2013), S. 305–318.

Peter Kümmel: Wie man in Deutschland als Paar lebt, in: Die Zeit vom 12.02.2004, Nr. 8, online unter: http://www.zeit.de/2004/08/Deutschland_2fPaar/komplettansicht (Stand: 21.05.2014).

Dirk Kurbjuweit: Viel bleibt auf der Strecke. Warum Ostfriesen in Stuttgart schaffen, aber dort nicht leben wollen, in: Die Zeit vom 25.12.1987, Nr. 53, S. 17–19.

Matthias Kurp: Der Fall (von) EM.TV. Börsen-Shooting-Star hat sich übernommen, Remscheid 2000, online unter: http://www.medienmaerkte.de/artikel/unternehmen/000612_em_tv.html (Stand: 03.11.2015).

Simon Kuznets: Economic Growth and Income Inequality, in: The American Economic Review 45/1 (1955), S. 1–28.

Christian Lambrecht / Ole Wittrock: Regionale Wirtschaftsstruktur 1994, in: Institut für Länderkunde (Hrsg.): Atlas Bundesrepublik Deutschland. Pilotband, Leipzig 1997, S. 64 f.

Eric E. Lampard: Historical Contours of Contemporary Urban Society. A Comparative View, in: Journal of Contemporary History 4/3 (1969), S. 3–25.

Egon Lampersbach: Redebeitrag zur Bundestagsdebatte zum Mittelstandsbericht der Bundesregierung und dem strukturpolitischen Aktionsprogramm der CDU / CSU-Fraktion, in: Deutscher Bundestag (Hrsg.): Stenographischer Bericht zur 248. Sitzung des Bundestages, Plenarprotokoll 7/248, Bonn 04.06.1976, S. 17663–17666, online unter: http://dip21.bundestag.de/dip21/btp/07/07248.pdf (Stand: 04.04.2014).

Klaus-Günter Lang: Eingliederungsbudget 2011, hier: Ermessenslenkende Weisungen. Interne Geschäftsanweisung Nr. 1/2011 des Jobcenter Bad Kreuznach, Bad Kreuznach 07.01.2011, online unter: http://www.harald-thome.de/media/files/GA_01-2011_ELW-W-JobcenterKH.pdf (Stand: 21.04.2014).

Thilo Lang / Aline Hämmerling / Jan Keil / Robert Nadler / Anika Schmidt / Stefan Haunstein / Stefanie Smoliner: Re-Turn Migrant Survey Report. The Migrants' Potential and Expectations, Leipzig 2012, online unter: http://www.re-migrants.eu/download/323_Migrant-Survey-Report.PDF (Stand: 23.05.2014).

Thilo Lang / Robert Nadler (Hrsg.): Return Migration to Central and Eastern Europe. Transnational Migrants' Perspectives and Local Businesses' Needs, Leipzig 2014.

Dieter Langewiesche: Wanderungsbewegungen in der Hochindustrialisierungsperiode. Regionale, interstädtische und innerstädtische Mobilität in Deutschland 1880–1914, in: Vierteljahrschrift für Sozial- und Wirtschaftsgeschichte 64/1 (1977), S. 1–40.

Dieter Langewiesche: Mobilität in deutschen Mittel- und Großstädten. Aspekte der Binnenwanderung im 19. und 20. Jahrhundert, in: Werner Conze / Ulrich Engelhardt (Hrsg.): Arbeiter im Industrialisierungsprozeß. Herkunft, Lage und Verhalten, Stuttgart 1979, S. 70–93.

Susanne Lantermann: Familie in der aufgesprengten Gesellschaft, in: Heinz Bude / Thomas Medicus / Andreas Willisch (Hrsg.): ÜberLeben im Umbruch. Am Beispiel Wittenberge. Ansichten einer fragmentierten Gesellschaft, Hamburg 2011, S. 172–178.

Dieter Läpple: Mobilität, in: Akademie für Raumforschung und Landesplanung (Hrsg.): Handwörterbuch der Raumordnung, Hannover 2005, S. 654–656.

Gisela Lauer: Kommentar zu § 140 Zumutbare Beschäftigungen, in: Bernd Mutschler / Reimund Schmidt-de Caluwe / Pablo Coseriu (Hrsg.): Sozialgesetzbuch III. Arbeitsförderung. Großkommentar, Baden-Baden 2013, S. 1061–1073.

Wolfgang Lauterbach / Alexander Tarvenkorn: Homogenität und Heterogenität von Reichen im Vergleich zur gesellschaftlichen Mitte, in: Wolfgang Lauterbach / Thomas Druyen / Matthias Grundmann (Hrsg.): Vermögen in Deutschland. Heterogenität und Verantwortung, Wiesbaden 2011, S. 57–94.

Brigitte Le Roux / Henry Rouanet / Mike Savage / Alan Warde: Class and Cultural Division in the UK, in: Sociology 42/6 (2008), S. 1049–1071.

Emmanuel Le Roy Ladurie: Le Territoire de l'Historien, Paris 1973.

Everett S. Lee: A Theory of Migration, in: Demography 3/1 (1966), S. 47–57.

Arne Lehmann: Gründe und Folgen des Brain Drain in Mecklenburg-Vorpommern. Zur Abwanderung in einem ostdeutschen Flächenland, Rostock 2008, online unter: http://www.wiwi.uni-rostock.de/fileadmin/Institute/IPV/Informationen/Publikationsreihe/IPV-Reihe28.pdf (Stand: 05.05.2014).

Katrin Lehnert: »Arbeit, nein danke«!? Das Bild des Sozialschmarotzers im aktivierenden Sozialstaat, zugl. Magisterarbeit HU Berlin 2003, München 2009.

Katrin Lehnert: Multilocal Locals. Grenzfälle mobiler Praxen und ihre nationale Vereindeutigung im 19. Jahrhundert, in: Reinhard Johler / Max Matter / Sabine Zinn-Thomas (Hrsg.): Mobilitäten. Europa in Bewegung als Herausforderung kulturanalytischer Forschung, Münster u. a. 2011, S. 91–97.

Tim Leibert: Aktueller Stand der Kleinkinderbetreuung, in: Nationalatlas aktuell 6/6 (2012), online unter: http://aktuell.nationalatlas.de/wp-content/uploads/12_06_Kleinkinderbetreuung.pdf (Stand: 13.01.2014).

Tim Leibert / Karin West: Ist die ländliche Peripherie männlich?, in: Nationalatlas aktuell 4/11 (2010), online unter: http://aktuell.nationalatlas.de/wp-content/uploads/10_11_Sexualproportion.pdf (Stand: 13.01.2014).

Stefan Leiner: Migration und Urbanisierung. Binnenwanderungsbewegungen, räumlicher und sozialer Wandel in den Industriestädten des Saar-Lor-Lux-Raumes 1856–1910, zugl. Diss. Univ. Saarbrücken 1993, Saarbrücken 1994.

Claire Lemercier / Paul-André Rosental: The Structure and Dynamics of Migration Patterns in 19th-century Northern France, Paris 2009, online unter: http://halshs.archives-ouvertes.fr/halshs-00450035 (Stand: 10.07.2012).

Grit Lemke: Wir waren hier, wir waren dort. Zur Kulturgeschichte des modernen Gesellenwanderns, zugl. Diss. HU Berlin 1999, Köln 2002.

Reinhart Lempp: Familie im Umbruch, München 1986.

Friedrich Lenger: Zwischen Kleinbürgertum und Proletariat. Studien zur Sozialgeschichte der Düsseldorfer Handwerker 1816–1878, zugl. Diss. Univ. Düsseldorf 1984/1985, Göttingen 1986.

Karl Lenz: Soziologie der Zweierbeziehung. Eine Einführung, 4. Aufl., Wiesbaden 2009.

Monika Leopold-Rieks: Ein Viertel in Bewegung. Hausbesitz, Mobilität und Wohnverhalten in der südlichen Vorstadt Bremens zwischen 1875 und 1914, zugl. Diss. Univ. Bremen 1996, Frankfurt am Main u. a. 1998.

Hartmut Leser (Hrsg.): Diercke. Wörterbuch der Allgemeinen Geographie. Band 1: A-M, 6. Aufl., München / Braunschweig 1992.

Hartmut Leser (Hrsg.): Diercke. Wörterbuch Allgemeine Geographie, 12. Aufl., München / Braunschweig 2001.

Hartmut Leser (Hrsg.): Diercke. Wörterbuch Allgemeine Geographie, 13., völlig überarbeitete Aufl., München / Braunschweig 2005.

Hartmut Leser (Hrsg.): Diercke. Wörterbuch Geographie. Raum, Wirtschaft und Gesellschaft, Umwelt, 15., völlig überarbeitete Aufl., Braunschweig 2011.

René Levy / Michèle Ernst: Lebenslauf und Regulation in Paarbeziehungen. Bestimmungsgründe der Ungleichheit familialer Arbeitsteilung, in: Zeitschrift für Familienforschung 14/2 (2002), S. 103–131.

Jane Lewis / Mary Campbell / Carmen Huerta: Patterns of Paid and Unpaid Work in Western Europe. Gender, Commodification, Preferences and the Implications for Policy, in: Journal of European Social Policy 18/1 (2008), S. 21–37.

Stefan Liebig / Carsten Sauer / Jürgen Schupp: Die wahrgenommene Gerechtigkeit des eigenen Erwerbseinkommens. Geschlechtstypische Muster und die Bedeutung des Haushaltskontextes, in: Kölner Zeitschrift für Soziologie und Sozialpsychologie 63/1 (2011), S. 33–59.

Silvia Liebrich: Der Steineklopfer. Der Geologe Christian Astl sucht für den österreichischen Energiekonzern OMV im Allgäu nach Erdgas, in: Süddeutsche Zeitung vom 14.10.2008, Nr. 239, S. 20.

Peter H. Lindert / Jeffrey G. Williamson: Growth, Equality and History, in: Explorations in Economic History 22/4 (1985), S. 341–377.

Rolf Lindner: Einleitung, in: Rolf Lindner (Hrsg.): Die Wiederkehr des Regionalen. Über neue Formen kultureller Identität, Frankfurt am Main / New York 1994, S. 7–12.

Uta Loeber-Pautsch / Heide Langguth: »Eines ist zu wenig, beides ist zu viel«. Frauen zwischen Beruf und Familie. Materialien zur politischen Frauenbildung, Oldenburg 1985.

Marlene Lohkamp-Himmighofen: Vereinbarkeit von Familie und Beruf. Die Situation in den zwölf Ländern der EG, in: Aus Politik und Zeitgeschichte 44/7–8 (1994), S. 3–13.

Henning Lohmann: Armut von Erwerbstätigen in europäischen Wohlfahrtsstaaten. Niedriglöhne, staatliche Transfers und die Rolle der Familie, Wiesbaden 2007.

Albert Löhr: Bildung als Standortfaktor der Oberlausitz, in: Anton Sterbling (Hrsg.): Migrationsprozesse. Probleme von Abwanderungsregionen, Identitätsfragen, Hamburg 2006, S. 235–253.

Daniel Lois / Nadia Lois: »Living apart together« – eine dauerhafte Alternative? Zur Bedeutung von beruflichen Lagen und Partnerschaftsbildern für das Leben in getrennten Haushalten, in: Soziale Welt 63/2 (2012), S. 117–140.

Markus Lörz: Räumliche Mobilität beim Übergang ins Studium und im Studienverlauf. Herkunftsspezifische Unterschiede in der Wahl und Nachhaltigkeit des Studienortes, in: Bildung und Erziehung 61/4 (2008), S. 413–436.

Hermann J. Losch: Die Ergebnisse der Volkszählung vom 1. Dezember 1900 für das Königreich Württemberg. Besprechung, in: Württembergische Jahrbücher für Statistik und Landeskunde 40 (1902), S. 187–244.

Hermann J. Losch: Die Volkszählung vom 1. Dezember 1910, in: Württembergische Jahrbücher für Statistik und Landeskunde 50/2 (1912), S. 175–426.

Wilfried Loth: Die Mehrschichtigkeit der Identitätsbildung in Europa. Nationale, regionale und europäische Identität im Wandel, in: Ralf Elm (Hrsg.): Europäische Identität. Paradigmen und Methodenfragen, Baden-Baden 2002, S. 93–109.

Jan Lucassen / Leo Lucassen: From Mobility Transition to Comparative Global Migration History, in: Journal of Global History 6/2 (2011), S. 299–307.

Angela Luci: Finanzielle Unterstützung von Familien in Deutschland und Frankreich. Hat Frankreich für erwerbstätige Mütter die Nase vorn?, in: Zeitschrift für Sozialreform 56/1 (2010), S. 3–29.

Detlev Lück: Walking the Tightrope. Combining Family Life, Carrrer and Job Mobility, in: Zeitschrift für Familienforschung 22/2 (2010), S. 216–241.

Detlev Lück / Norbert F. Schneider: Introduction to the Special Issue on Mobility and Family. Increasing Job Mobility. Changing Family Lives, in: Zeitschrift für Familienforschung 22/2 (2010), S. 135–148.

Carl August Lückerath: Prolegomena zur elektronischen Datenverarbeitung im Bereich der Geschichtswissenschaft, in: Historische Zeitschrift 207 (1968), S. 265–296.

Alf Lüdtke: Erfahrung von Industriearbeitern. Thesen zu einer vernachlässigten Dimension der Arbeitergeschichte, in: Werner Conze / Ulrich Engelhardt (Hrsg.): Arbeiter im Industrialisierungsprozeß. Herkunft, Lage und Verhalten, Stuttgart 1979, S. 494–512.

Peter-Bernd Lüdtke: Kommentar zu § 121. Zumutbare Beschäftigung, in: Jürgen Kruse / Peter-Bernd Lüdtke / Hans-Joachim Reinhard / Joachim Winkler / Irene Zamponi (Hrsg.): Sozialgesetzbuch III. Arbeitsförderung. Lehr- und Praxiskommentar, Baden-Baden 2008, S. 338–344.

Udo Ludwig / Brigitte L. Loose: Die wirtschaftliche Leistung im Lichte von Eigentum und Selbstbestimmung der Unternehmen in Posttransformationsökonomien. Beispiel Ostdeutschland, in: Cornelie Kunze (Hrsg.): Wirtschaftlicher Aufholprozess und EU-Integration in Mittel- und Osteuropa. Das europäische Wachstumsmodell in der Krise?, Leipzig 2010, S. 89–110.

Niklas Luhmann: Die Realität der Massenmedien, 4. Aufl., Wiesbaden 2009.

Burkart Lutz: Der kurze Traum immerwährender Prosperität. Eine Neuinterpretation der industriell-kapitalistischen Entwicklung im Europa des 20. Jahrhunderts, München 1984.

Burkart Lutz / Holle Grünert: Beschäftigung und Arbeitsmarkt, in: Hans Bertram / Raj Kollmorgen (Hrsg.): Die Transformation Ostdeutschlands. Berichte zum sozialen und politischen Wandel in den neuen Bundesländern, Opladen 2001, S. 133–162.

Martin Machowecz: Der Osten als Magnet, in: Die Zeit vom 19.07.2012, Nr. 30, S. 11.

Rainer Mackensen / Monika Vanberg / Klaus Krämer: Probleme regionaler Mobilität. Ergebnisse und Lücken der Forschung zur gegenwärtigen Situation in der Bundesrepublik Deutschland / Berlin (West), Göttingen 1975.
Ralf Mai: Abwanderung aus Ostdeutschland. Strukturen und Milieus der Altersselektivität und ihre regionalpolitische Bedeutung, zugl. Diss. Univ. Bamberg 2003, Frankfurt am Main u. a. 2004.
Ralf Mai: Die altersselektive Abwanderung aus Ostdeutschland, in: Raumforschung und Raumordnung 64/5 (2006), S. 355–369.
Ralf Mai / Manfred Scharein: Effekte der Binnenmigration auf die Bevölkerungsentwicklung und Alterung in den Bundesländern, in: Insa Cassens / Marc Luy / Rembrandt Scholz (Hrsg.): Die Bevölkerung in Ost- und Westdeutschland. Demografische, gesellschaftliche und wirtschaftliche Entwicklungen seit der Wende, Wiesbaden 2009, S. 75–99.
Iris Mainka: Full House, in: Die Zeit vom 05.02.2004, Nr. 7, online unter: http://www.zeit.de/2004/07/Kinderreiche/komplettansicht (Stand: 21.05.2014).
Tsugio Makimoto / David Manners: Digital Nomad, Chichester u. a. 1997.
Klaus-Michael Mallmann: Die Anfänge der Bergarbeiterbewegung an der Saar (1848–1904), zugl. Diss. Univ. Saarbrücken 1980, Saarbrücken 1981.
Gudrun Mallwitz: Die klugen Mädchen nehmen Reißaus, in: Die Welt (online) vom 12.07.2003, online unter: http://www.welt.de/246030 (Stand: 09.05.2014).
Katharina Manderscheid: Mobilität als relationale Aushandlung. Ein Vergleich zwischen England und der Schweiz, in: Maik Hömke (Hrsg.): Mobilität und Identität. Widerspruch in der modernen Gesellschaft, Wiesbaden 2013, S. 51–77.
Steffen Maretzke: Regionale Wanderungsprozesse in Deutschland sechs Jahre nach der Vereinigung, in: Informationen zur Raumentwicklung 25/11–12 (1998), S. 743–762.
Steffen Maretzke: Die Bevölkerungsentwicklung in den Regionen Deutschlands. Ein Spiegelbild der vielfältigen ökonomischen und sozialen Disparitäten, in: Insa Cassens / Marc Luy / Rembrandt Scholz (Hrsg.): Die Bevölkerung in Ost- und Westdeutschland. Demografische, gesellschaftliche und wirtschaftliche Entwicklungen seit der Wende, Wiesbaden 2009, S. 223–260.
Kai Marquadsen: Wie wirkt »Aktivierung« in der Arbeitsmarktpolitik?, in: Mitteilungen. SFB 580 Gesellschaftliche Entwicklungen nach dem Systemumbruch 6/26 (2008), S. 44–61, online unter: zs.thulb.uni-jena.de / servlets / MCRFileNode Servlet / jportal_derivate_00177815/Heft 26_3.pdf (Stand: 02.04.2014).
Peter Marschalck: Deutsche Überseewanderung im 19. Jahrhundert. Ein Beitrag zur soziologischen Theorie der Bevölkerung, zugl. Diss. Univ. Bochum 1970, Stuttgart 1973.
Heiko Martens / Christoph Pauly / Barbara Schmid / Hans-Ulrich Stoldt / Klaus Wiegrefe: Der Kinder-Crash, in: Der Spiegel 53/35 (1999), S. 36–47.
Karl Marx: Das Kapital. Kritik der politischen Oekonomie. Band 3/2: Der Gesammtprocess der kapitalistischen Produktion, Hamburg 1894.
Monika Mattes: »Gastarbeiterinnen« in der Bundesrepublik. Anwerbepolitik, Migration und Geschlecht in den 50er bis 70er Jahren, zugl. Diss. TU Berlin 2003, Frankfurt am Main / New York 2005.
Horst Matzerath: Urbanisierung in Preußen 1815–1914, zugl. Habil. FU Berlin 1980, Stuttgart u. a. 1985.
Horst Matzerath: Wachstum und Mobilität der Berliner Bevölkerung im 19. und frühen 20. Jahrhundert, in: Kaspar Elm / Hans-Dietrich Loock (Hrsg.): Seelsorge

und Diakonie in Berlin. Beiträge zum Verhältnis von Kirche und Großstadt im 19. und beginnenden 20. Jahrhundert, Berlin / New York 1990, S. 201–222.

Katharina Maul: Der Einfluss der beruflichen Tätigkeit auf die Familiengründung, zugl. Diss. Univ. Bremen 2011, Würzburg 2012.

Marcel Mauss: Die Gabe. Form und Funktion des Austauschs in archaischen Gesellschaften, zuerst erschienen in L' Année Sociologique 1 (1923–1924), in: Marcel Mauss: Soziologie und Anthropologie. Band 2: Gabentausch, Soziologie und Psychologie, Todesvorstellung, Körpertechniken, Begriff der Person, München / Wien 1975, S. 9–144.

Karl Ulrich Mayer / Heike Solga: Lebensverläufe im deutsch-deutschen Vereinigungsprozess, in: Peter Krause / Ilona Ostner (Hrsg.): Leben in Ost- und Westdeutschland. Eine sozialwissenschaftliche Bilanz der deutschen Einheit 1990–2010, Frankfurt am Main / New York 2010, S. 39–56.

Alois Mayr: Luftverkehr. Mobilität ohne Grenzen?, in: Leibniz-Institut für Länderkunde (Hrsg.): Nationalatlas Bundesrepublik Deutschland. Band 9: Verkehr und Kommunikation, Heidelberg 2001, S. 82–85.

Brian McCook: Polnische industrielle Arbeitswanderer im Ruhrgebiet (»Ruhrpolen«) seit dem Ende des 19. Jahrhunderts, in: Klaus J. Bade / Pieter C. Emmer / Leo Lucassen / Jochen Oltmer (Hrsg.): Enzyklopädie Migration in Europa. Vom 17. Jahrhundert bis zur Gegenwart, Paderborn u. a. 2007, S. 870–879.

Christian Meier: Eröffnungsansprache, in: Peter Schumann (Hrsg.): Bericht über die 36. Versammlung deutscher Historiker in Trier. 8. bis 12. Oktober 1986, Stuttgart 1988, S. 17–27.

Verena Meier: Frauen zwischen Beruf und Familie, in: Leibniz-Institut für Länderkunde (Hrsg.): Nationalatlas Bundesrepublik Deutschland. Band 1: Gesellschaft und Staat, Heidelberg 2000, S. 86 f.

Gerardo Meil: Summary. Job Mobility in Europe. Greater Differences among Social Groups than among Countries, in: Norbert F. Schneider / Gerardo Meil (Hrsg.): Mobile Living Across Europe. Band 1: Relevance and Diversity of Job-Related Spatial Mobility in Six European Countries, Opladen / Farmington Hills 2008, S. 305–318.

Gerardo Meil: Geographic Job Mobility and Parenthood Decisions, in: Zeitschrift für Familienforschung 22/2 (2010), S. 171–195.

Gerardo Meil: Job Mobility and Family Life, in: Norbert F. Schneider / Beate Collet (Hrsg.): Mobile Living Across Europe. Band 2: Causes and Consequences of Job-Related Spatial Mobility in Cross-National Comparison, Opladen / Farmington Hills 2010, S. 215–235.

Klaus Menne / Knud Alter (Hrsg.): Familie in der Krise. Sozialer Wandel, Familie und Erziehungsberatung, Weinheim / München 1988.

Thomas Mergel: Das Kaiserreich als Migrationsgesellschaft, in: Sven Oliver Müller / Cornelius Torp (Hrsg.): Das Deutsche Kaiserreich in der Kontroverse, Göttingen 2009, S. 374–391.

Christoph Maria Merki: Verkehrsgeschichte und Mobilität, Stuttgart 2008.

Rolf Messerschmidt: Aufnahme und Integration der Vertriebenen und Flüchtlinge in Hessen 1945–1950. Zur Geschichte der hessischen Flüchtlingsverwaltung, zugl. Diss. Univ. Marburg 1991, Wiesbaden 1994.

Thorsten Metzner: Bevölkerungsschwund wie im Dreißigjährigen Krieg, in: Der Ta-

gesspiegel vom 15.05.2010, online unter: http://www.tagesspiegel.de/berlin/brandenburg/bevoelkerungsentwicklung-bevoelkerungsschwund-wie-im-dreissigjaehrigen-krieg/1838836.html (Stand: 26.06.2014).
Michael Meuser: Entgrenzte Geschlechterverhältnisse? Enttraditionalisierung und habituelle Rahmen, in: Robert Hettlage / Ludgera Vogt (Hrsg.): Identitäten in der modernen Welt, Wiesbaden 2000, S. 217–238.
Michael Meuser: Vereinbarkeit von Beruf und Familie. Ein Problem für Männer? Familien und Lebensverlaufsplanung bei Männern, in: Eva Barlösius / Daniela Schiek (Hrsg.): Demographisierung des Gesellschaftlichen. Analysen und Debatten zur demographischen Zukunft Deutschlands, Wiesbaden 2007, S. 135–150.
Carsten Meyer: Identität. Pädagogische Praxis im Fokus ihres Schlüsselbegriffes, Norderstedt 2007.
Heinz Michaels: Nur Schwarzarbeiter und Drückeberger?, in: Die Zeit vom 03.09.1976, Nr. 37, S. 19.
Heinz Michaels: Familie kontra Arbeitsmarkt. Der Streit über die Anforderungen an die Mobilität der Arbeitslosen ist erneut entbrannt. Was ist zumutbar?, in: Die Zeit vom 18.05.1979, Nr. 21, S. 18.
Maria Michalk: Zumutbarkeit eines Umzuges zur Arbeitsaufnahme einer Beschäftigung außerhalb des zumutbaren Pendelbereiches für ledige Arbeitslose mit eigener Immobilie. Mit einer Antwort des Parlamentarischen Staatssekretärs Dr. Ditmar Staffelt, in: Deutscher Bundestag (Hrsg.): Schriftliche Fragen mit den in der Zeit vom 28. April bis 9. Mai 2003 eingegangenen Antworten der Bundesregierung, Drucksache 15/980, Berlin 09.05.2003, S. 31 f., online unter: http://dipbt.bundestag.de/doc/btd/15/009/1500980.pdf (Stand: 06.03.2014).
Ilja Mieck: Kleine Wirtschaftsgeschichte der neuen Bundesländer, Stuttgart 2009.
Meinhard Miegel / Stefanie Wahl / Martin Schulte: Von Verlierern und Gewinnern. Die Einkommensentwicklung ausgewählter Bevölkerungsgruppen in Deutschland, Bonn 2008, online unter: http://www.iwg-bonn.de/fileadmin/user_upload/pdf/Einkommensstudie_mit_Graphiken_160608.pdf (Stand: 26.01.2013).
Nadine Miesen / Irina Repke / Caroline Schmidt: »Schleichender Tod«, in: Der Spiegel 57/52 (2003), S. 40–42.
Jacob Mincer: Family Migration Decisions, in: Journal of Political Economy 86/5 (1978), S. 749–773.
Frauke Mingerzahn: »Ich will beides. Beruf und Familie«. Lebenslagen von Mädchen in Sachsen-Anhalt zwischen Wunsch und Wirklichkeit, in: Christiane Dienel (Hrsg.): Abwanderung, Geburtenrückgang und regionale Entwicklung. Ursachen und Folgen des Bevölkerungsrückgangs in Ostdeutschland, Wiesbaden 2005, S. 83–91.
Georges Minois: Geschichte der Zukunft. Orakel, Prophezeiungen, Utopien, Prognosen, aus dem Französischen übersetzt von Eva Moldenhauer, Düsseldorf / Zürich 1998.
Ludwig Mises: Die Ursachen der Wirtschaftskrise. Ein Vortrag, Tübingen 1931.
Dietrich Mittler: Bayern will Kombi-Lohn für Arbeitslose, in: Süddeutsche Zeitung vom 07.06.2001, Nr. 129, S. 44.
Stephan Moebius: Marcel Mauss, Konstanz 2006.
Katrin Mohr: Creeping Convergence. Wandel der Arbeitsmarktpolitik in Großbritannien und Deutschland, in: Zeitschrift für Sozialreform 54/2 (2008), S. 187–207.
Rita Mohr: Die Sehnsucht der Job-Hopper, in: Süddeutsche Zeitung vom 24.08.2002, Nr. 195, S. V1/13 [sic!].

Andreas Molitor: Umziehen oder absteigen, in: ZEIT Punkte 9/3 (2000), S. 56–61.

Joachim Möller: Die Entwicklung der Lohnungleichheit in Deutschland, in: Statistisches Bundesamt (Hrsg.): Einkommen und Vermögen in Deutschland. Messung und Analyse. Beiträge zum wissenschaftlichen Kolloquium am 13./14. November 1997 in Wiesbaden, Stuttgart 1998, S. 169–193.

Günter Moltmann (Hrsg.): Deutsche Amerikaauswanderung im 19. Jahrhundert. Sozialgeschichtliche Beiträge, Stuttgart 1976.

Wilhelm Mönckmeier: Die deutsche überseeische Auswanderung. Ein Beitrag zur deutschen Wanderungsgeschichte, zugl. Diss. Univ. Tübingen, Jena 1912.

Heinz-Peter Moritz: Nochmals. Die Auslegung des Begriffs der »zumutbaren Beschäftigung« nach § 103 AFG, in: Das Zentralblatt für Sozialversicherung, Sozialhilfe und Versorgung 33/8 (1979), S. 225–227.

Jan Motte / Rainer Ohliger / Anne von Oswald (Hrsg.): 50 Jahre Bundesrepublik. 50 Jahre Einwanderung. Nachkriegsgeschichte als Migrationsgeschichte, Frankfurt am Main / New York 1999.

Kurt Mühler / Karl-Dieter Opp: Region – Nation – Europa. Die Dynamik regionaler und überregionaler Identifikation, Wiesbaden 2006.

Tanja Mühling / Harald Rost / Marina Rupp / Florian Schulz: Kontinuität trotz Wandel. Die Bedeutung traditioneller Familienleitbilder für die Berufsverläufe von Müttern und Vätern, Weinheim / München 2006.

Franz Matthias Müller: Individualeinkommensverläufe in der Bundesrepublik Deutschland. Eine methodische und empirische Untersuchung, zugl. Diss. Univ. Wuppertal, Ahaus 1992.

Klaus Müller: Globalisierung, Frankfurt am Main 2002.

Reinhard Müller: Mobilitätsverhalten und Mobilitätspolitik. Eine theoretische Untersuchung unter besonderer Berücksichtigung finanzpolitischer Maßnahmen zur Förderung der Arbeitsmobilität, Diss. Univ. Freiburg im Breisgau 1980.

Rita Müller / Sylvia Schraut: »Die Folgen werden schlimm sein.«. Weibliche Migration im Industrialisierungsprozeß am Beispiel von Stuttgart und Feuerbach, in: Marita Krauss / Holger Sonnabend (Hrsg.): Frauen und Migration, Stuttgart 2001, S. 133–158.

Roland Müller: Der Einfluss des Werks Untertürkheim auf die Stadt Stuttgart im Spiegel der Quellen des Stadtarchivs, in: Harry Niemann / Wilfried Feldenkirchen (Hrsg.): 100 Jahre DaimlerChrysler-Werk Untertürkheim. 1904–2004. Wo das Auto anfing. Mobilität und Industrialisierung im Neckarraum, Vaihingen an der Enz 2005, S. 101–120.

Uwe Müller / Joachim Peter: »Es droht Einwohnerkannibalismus«, in: Die Welt (online) vom 16.03.2006, online unter: http://www.welt.de/204269 (Stand: 15.05.2014).

Wolfgang Müller (Hrsg.): Der Duden in 10 Bänden. Band 10: Duden. Bedeutungswörterbuch, 2., völlig neu bearbeitete und erweiterte Aufl., Mannheim u. a. 1985.

Richard Münch: Das Projekt Europa. Zwischen Nationalstaat, regionaler Autonomie und Weltgesellschaft, Frankfurt am Main 1993.

Claudia Munz: Die Doppelbelastung der Frauen durch Kindererziehung und Beruf. Ergebnisbericht der Arbeitsgruppe C, in: Bundesministerium für Jugend, Familie und Gesundheit (Hrsg.): Der Kinderwunsch in der modernen Industriegesellschaft. Dokumentation von der Jahrestagung 1979 der Deutschen Gesellschaft für Bevölkerungswissenschaft e. V., Stuttgart u. a. 1980, S. 123–127.

Rainer Münz: Deutschland und die Ost-West-Wanderung, in: Heinz Fassmann / Rainer Münz (Hrsg.): Ost-West-Wanderung in Europa. Rückblick und Ausblick, Wien u. a. 2000, S. 49–82.

Rainer Münz: Migration und Bevölkerungsentwicklung. Rückblick und Prognose, in: Leibniz-Institut für Länderkunde (Hrsg.): Nationalatlas Bundesrepublik Deutschland. Band 4: Bevölkerung, Heidelberg 2001, S. 30 f.

Cornelia Muth: Hilfe, ich bin mobil und heimatlos! Zur Hauslosigkeit postmoderner Menschen, Stuttgart 2008.

Robert Nadler / Anke Matuschewski: Ostdeutsche Rückwanderer und der Fachkräftemangel. Die Sicht ostdeutscher Unternehmen, in: Berichte. Geographie und Landeskunde 87/4 (2013), S. 419–440.

Robert Nadler / Mirko Wesling: Zunehmende Rückwanderung von Arbeitskräften nach Ostdeutschland, in: Nationalatlas aktuell 7/11 (2013), online unter: http://aktuell.nationalatlas.de/wp-content/uploads/13_11_Rueckwanderung.pdf (Stand: 13.01.2014).

Anneke Napp-Peters: Armut von Alleinerziehenden, in: Karl-Jürgen Bieback / Helga Milz (Hrsg.): Neue Armut, Frankfurt am Main / New York 1995, S. 107–121.

Rosemarie Nave-Herz: Die These über den »Zerfall der Familie«, in: Jürgen Friedrichs / M. Rainer Lepsius / Karl Ulrich Mayer (Hrsg.): Die Diagnosefähigkeit der Soziologie, Opladen 1998, S. 286–315.

Joachim Nawrocki: Kinder unerwünscht. Warum die Deutschen sich nicht vermehren wollen, in: Die Zeit vom 03.01.1979, Nr. 2, S. 9–11.

Joachim Nawrocki: Im Jahr 2030. Raum ohne Volk?, in: Die Zeit vom 22.02.1985, Nr. 9, S. 51–53.

Werner Nellner: Die Pendelwanderung in der Bundesrepublik Deutschland, ihre statistische Erfassung und kartographische Darstellung, in: Berichte zur deutschen Landeskunde 17/1 (1956), S. 229–253.

Ehrhart Neubert: Der KSZE-Prozeß und die Bürgerrechtsbewegung in der DDR, in: Klaus-Dietmar Henke / Peter Steinbach / Johannes Tuchel (Hrsg.): Widerstand und Opposition in der DDR, Köln u. a. 1999, S. 295–308.

Otto Neuloh / Kurt Bieg: Raumordnung und Pendlerfrage. Ergebnisse einer sozioökologischen Untersuchung mit empirischen Fallstudien, Saarbrücken 1973.

Hans Neumann: Territoriale Wirkungsbedingungen und Entwicklungstendenzen der Pendelwanderung. Möglichkeiten und Aspekte künftiger Gestaltung; dargestellt anhand der Analyse der Pendelwanderung und ihrer Wechselbeziehungen mit territorialen Einflußfaktoren in einem Beispielsgebiet, Diss. Univ. Halle-Wittenberg 1974.

Klaus Neumann: Arbeitslosigkeit in der Bundesrepublik. Öffentlicher Umgang mit einem Dauerproblem, Marburg 2013.

Gerhard Neumeier: München um 1900. Wohnen und Arbeiten, Familie und Haushalt, Stadtteile und Sozialstrukturen, Hausbesitzer und Fabrikarbeiter, Demographie und Mobilität. Studien zur Sozial- und Wirtschaftsgeschichte einer deutschen Großstadt vor dem Ersten Weltkrieg, zugl. Diss. LMU München 1992, Frankfurt am Main u. a. 1995.

Moritz Niehaus: Leiharbeit und Privatleben. Auswirkungen einer flexiblen Beschäftigungsform auf Partnerschaft und Familie, in: Berliner Journal für Soziologie 22/4 (2012), S. 569–594.

Oliver Nikutowski: Theorien zur Dynamik der Lohnspreizung, Diss. LMU München 2006, online unter: http://edoc.ub.uni-muenchen.de/6585/1/Nikutowski_Oliver.pdf (Stand: 20.11.2012).

Natascha Nisic: Mitgegangen – mitgefangen? Die Folgen von Haushaltsumzügen für die Einkommenssituation von Frauen in Partnerschaften, in: Kölner Zeitschrift für Soziologie und Sozialpsychologie 62/3 (2010), S. 515–549.

Natascha Nisic / Sören Petermann: Neue Stadt = neue Freunde? Die Restrukturierung sozialer Ressourcen nach einem Wohnortwechsel, in: Zeitschrift für Bevölkerungswissenschaft 38/1 (2013), S. 167–198.

Paul Nolte: Familie in Deutschland. Vom schwierigen Fortschritt und neuen Vätern, in: Liz Mohn / Ursula von der Leyen (Hrsg.): Familie gewinnt. Die Allianz und ihre Wirkungen für Unternehmen und Gesellschaft, Gütersloh 2007, S. 48–61.

Paul Nolte / Dagmar Hilpert: Wandel und Selbstbehauptung. Die gesellschaftliche Mitte in historischer Perspektive, in: Herbert-Quandt-Stiftung (Hrsg.): Zwischen Erosion und Erneuerung. Die gesellschaftliche Mitte in Deutschland. Ein Lagebericht, Frankfurt am Main 2007, S. 11–101.

Frank Nordhausen: Einstellungssache, in: Berliner Zeitung (online) vom 24.04.2001, online unter: http://www.berliner-zeitung.de/archiv/gerhard-schroeder-sagt--es-gibt-kein-recht-auf-faulheit--frank-lange-vom-arbeitsamt-sagt--es-gibt-kaum-faulenzer---sein-letzter-fall-liegt-zwei-jahre-zurueck-einstellungssache,10810590,9896534.html (Stand: 04.03.2014).

Petra Notz: Frauen, Manager, Paare. Wer managt die Familie? Die Vereinbarkeit von Beruf und Familie bei Führungskräften, München / Mering 2001.

Manfred Nutz: Räumliche Mobilität der Studierenden und Struktur des Hochschulwesens in der Bundesrepublik Deutschland. Eine Analyse des Entscheidungsverhaltens bei der Studienortwahl und der Einzugsgebiete der Universitäten, zugl. Diss. Univ. Köln 1990, Köln 1991.

Mechtild Oechsle: Vereinbarkeit von Beruf und Familie. Neue Problemlagen und Herausforderungen, in: IFF OnZeit, 1/1 (2009), S. 44–57, online unter: http://www.iffonzeit.de/ausgaben/IFFOnZeit_2009.pdf (Stand: 27.02.2014).

Ferdinand Oeter: Wandlungen der Familie, in: Ferdinand Oeter (Hrsg.): Familie im Umbruch, Gütersloh 1960, S. 9–80.

William F. Ogburn / Clark Tibbitts: The Family and Its Functions, in: Herbert Hoover (Hrsg.): Recent Social Trends in the United States. Report of the President's Research Committee on Social Trends, New York / London 1933, S. 661–708.

Ohne Verfasserangabe: Bürgerliches Gesetzbuch. Textausgabe mit Verweisungen und Sachverzeichnis nach dem Stand vom 15. Februar 1952, 57., durchgesehene Aufl., München / Berlin 1952.

Ohne Verfasserangabe: Die Kinder wollen keine Kinder mehr, in: Der Spiegel 29/13 (1975), S. 38–57.

Ohne Verfasserangabe: Baby-Baisse. Staat im Schlafzimmer, in: Der Spiegel 31/13 (1977), S. 68–78.

Ohne Verfasserangabe: Arbeitslose. Jeder vierte ein Drückeberger?, in: Der Spiegel 32/48 (1978), S. 100–116.

Ohne Verfasserangabe: Was ist zumutbar?, in: Frankfurter Allgemeine Zeitung vom 11.10.1978, Nr. 224, S. 13.

Ohne Verfasserangabe: Trittbrettfahrer im Sozialstaat. Unechte Arbeitslose, Unternehmer und Gewerkschaften bedienen sich aus der Kasse des Arbeitsamtes, in: Die Zeit vom 24.09.1982, Nr. 39, S. 25–27.

Ohne Verfasserangabe: Im Hochschulbau droht Stillstand, in: Süddeutsche Zeitung vom 23.02.1995, Nr. 45, S. 6.

Ohne Verfasserangabe: Wozu die Quälerei?, in: Der Spiegel 50/43 (1996), S. 78–101.

Ohne Verfasserangabe: Deutsche kaum bereit zum Wandel. Emnid-Umfrage beschreibt das Tangiert-mich-nicht-Syndrom, in: Süddeutsche Zeitung vom 15.12.1999, Nr. 290, S. 31.

Ohne Verfasserangabe: Alle Klugen weg?, in: Der Spiegel 57/43 (2003), S. 24.

Ohne Verfasserangabe: Wer Arbeit hat, ist glücklicher. Doch immer mehr freie Stellen bleiben unbesetzt, in: Die Welt (online) vom 20.07.2003, online unter: http://www.welt.de/98504 (Stand: 04.03.2014).

Ohne Verfasserangabe: Pendler fürchten um ihr Geld, in: Berliner Morgenpost vom 07.11.2005, online unter: http://www.morgenpost.de/printarchiv/politik/article330667/Pendler-fuerchten-um-ihr-Geld.html (Stand: 13.01.2014).

Ohne Verfasserangabe: Immer mehr Ostdeutsche kehren aus dem Westen zurück, in: Die Zeit (online) vom 18.07.2012, online unter: http://www.zeit.de/gesellschaft/zeitgeschehen/2012-07/ostdeutschland-heimkehr-studie (Stand: 07.05.2014).

Timo Ohnmacht / Andreas Frei / Kay W. Axhausen: Mobilitätsbiografie und Netzwerkgeografie. Wessen soziale Beziehungen sind räumlich dispers?, in: Schweizerische Zeitschrift für Soziologie 34/1 (2008), S. 131–164.

Jochen Oltmer: Einführung. Europäische Migrationsverhältnisse und Migrationsregime der Neuzeit, in: Geschichte und Gesellschaft 35/1 (2009), S. 5–27.

Maria Oppen / Dagmar Simon (Hrsg.): Verharrender Wandel. Institutionen und Geschlechterverhältnisse, Berlin 2004.

Frank Oschmiansky: Faule Arbeitslose? Zur Debatte über Arbeitsunwilligkeit und Leistungsmissbrauch, in: Aus Politik und Zeitgeschichte 53/6–7 (2003), S. 10–16.

Jürgen Osterhammel: Die Wiederkehr des Raumes. Geopolitik, Geohistorie und historische Geographie, in: Neue Politische Literatur 43/3 (1998), S. 374–397.

Heinz Osthues: Einkommensverhältnisse und private Geldkapitalbildung in Westdeutschland 1925–1953, Berlin 1957.

Ilona Ostner: Paradigmenwechsel in der (west)deutschen Familienpolitik, in: Peter A. Berger / Heike Kahlert (Hrsg.): Der demographische Wandel. Chancen für die Neuordnung der Geschlechterverhältnisse, Frankfurt am Main / New York 2006, S. 165–199.

Erich Ott: Wachsende Probleme von Fernpendlern. Ergebnisse einer empirischen Regionalstudie, in: Raumforschung und Raumordnung 47/5–6 (1989), S. 355–358.

Erich Ott / Thomas Gerlinger: Die Pendlergesellschaft. Zur Problematik der fortschreitenden Trennung von Wohn- und Arbeitsort, Köln 1992.

Hans-Joachim Otto: Die Trennung von Wohn- und Arbeitsstätte als empirisches Problem und ihre Auswirkungen im raumordnungspolitischen Bereich. Eine empirisch-analytische Untersuchung der Pendlerbeziehungen im Land Hessen, zugl. Diss. Univ. Frankfurt am Main 1977, Frankfurt am Main 1979.

Christoph Pallaske: Migrationen aus Polen in die Bundesrepublik Deutschland in den 1980er und 1990er Jahren. Migrationsverläufe und Eingliederungsprozesse in sozialgeschichtlicher Perspektive, zugl. Diss. Univ. Siegen, Münster u. a. 2002.

Eckart Pankoke: Grenzen der Arbeit. Mobilität und Solidarität in der Beschäftigungskrise Deutschland-Ost, in: Stefan Hradil / Eckart Pankoke (Hrsg.): Aufstieg für alle?, Wiesbaden 1997, S. 425–509.

Spiros Paraskewopoulos: Verteilungswirkungen staatlicher Vermögenspolitik, in: Dieter Cassel / H. Jörg Thieme (Hrsg.): Einkommensverteilung im Systemvergleich, Stuttgart 1976, S. 161–177.

Christa Paulini: »Der Dienst am Volksganzen ist kein Klassenkampf«. Die Berufsverbände der Sozialarbeiterinnen im Wandel der Sozialen Arbeit, zugl. Diss. Univ. Siegen, Wiesbaden 2001.

Constance Paulu: Mobilität und Karriere. Eine Fallstudie am Beispiel einer deutschen Großbank, zugl. Diss. LMU München 2000, Wiesbaden 2001.

Iris Peinl / Susanne Völker: Arbeit und Geschlechterverhältnisse im Umbruch. (Des) Integration der Lebenssphären?, in: Berliner Journal für Soziologie 11/1 (2001), S. 63–76.

Knut Petzold: Multilokalität als Handlungssituation. Lokale Identifikation, Kosmopolitismus und ortsbezogenes Handeln unter Mobilitätsbedingungen, zugl. Diss. Univ. Leipzig 2011, Wiesbaden 2013.

Rüdiger Peuckert: Die Commuter-Ehe als »alternativer« Lebensstil. Zur Ausbreitung einer neuen Form ehelichen und familialen »Zusammenlebens« in der individualisierten Gesellschaft, in: Zeitschrift für Bevölkerungswissenschaft 15/2 (1989), S. 175–187.

Rüdiger Peuckert: Die Destabilisierung der Familie, in: Wilhelm Heitmeyer (Hrsg.): Was treibt die Gesellschaft auseinander? Bundesrepublik Deutschland. Auf dem Weg von der Konsens- zur Konfliktgesellschaft, Frankfurt am Main 1997, S. 287–327.

Rüdiger Peuckert: Familienformen im sozialen Wandel, 8. Aufl., Wiesbaden 2012.

Simon Pfaff: Pendeln oder umziehen? Mobilitätsentscheidungen in Deutschland zwischen 2000 und 2009, in: Zeitschrift für Soziologie 41/6 (2012), S. 458–477.

Carmella Pfaffenbach: Die Transformation des Handelns. Erwerbsbiographien in Westpendlergemeinden Südthüringens, zugl. Habil. Univ. Bayreuth 2001, Wiesbaden 2002.

Eugen von Philippovich (Hrsg.): Auswanderung und Auswanderungspolitik in Deutschland. Berichte über die Entwicklung und den gegenwärtigen Zustand des Auswanderungswesens in den Einzelstaaten und im Reich, Leipzig 1892.

Dieter Piel: Zumutung, in: Die Zeit vom 13.10.1978, Nr. 42, S. 18.

Julien Piérart / Bertrand Montulet / Philippe Huynen / Michel Hubert: Individual Legitimacy of Mobility Culture, in: Norbert F. Schneider / Beate Collet (Hrsg.): Mobile Living Across Europe. Band 2: Causes and Consequences of Job-Related Spatial Mobility in Cross-National Comparison, Opladen / Farmington Hills 2010, S. 131–151.

Toni Pierenkemper: Wirtschaftsgeschichte. Eine Einführung – oder: Wie wir reich wurden, München / Wien 2005.

Toni Pierenkemper: Wirtschaftsgeschichte. Die Entstehung der modernen Volkswirtschaft, Berlin 2009.

Jörn-Steffen Pischke / Matthias Staat / Stefan Vögele: Let's Go West! Do East Germans Commute for Wages, Jobs or Skills?, Mannheim 1993, online unter: ftp://ftp.zew.de/pub/zew-docs/dp/dp9316.pdf (Stand: 07.05.2014).

Rainer Pischner: Die Querschnittsgewichtung und die Hochrechnungsfaktoren des

Sozio-oekonomischen Panels (SOEP) ab Release 2007 (Welle W). Modifikationen und Aktualisierungen, 22. Aufl., Berlin 2007, online unter: http://www.diw.de/documents/publikationen/73/diw_01.c.60091.de/diw_datadoc_2007-022.pdf (Stand: 20.11.2012).

Jenny Pleinen: Die Migrationsregime Belgiens und der Bundesrepublik seit dem Zweiten Weltkrieg, zugl. Diss. Univ. Trier 2011, Göttingen 2012.

Jenny Pleinen / Lutz Raphael: Zeithistoriker in den Archiven der Sozialwissenschaften. Erkenntnispotentiale und Relevanzgewinne für die Disziplin, in: Vierteljahrshefte für Zeitgeschichte 62/2 (2014), S. 173–196.

Rolf Plöger: GIS-Anwendungen in der Historischen Geographie, in: Ivo Asmus / Haik Thomas Porada / Dirk Schleinert (Hrsg.): Geographische und historische Beiträge zur Landeskunde Pommerns. Eginhard Wegner zum 80. Geburtstag, Schwerin 1998, S. 195–202.

Markus Pohlmann: Die Industriekrise in Ostdeutschland. Zur Rolle ökonomischer Eliten und ihrer Unternehmenspolitiken, in: Deutschland Archiv 38/417–424 (2005).

Matthias Pollmann-Schult: Führen verschärfte Zumutbarkeitsregeln der Arbeitsvermittlung zu schnellerer Wiederbeschäftigung? Empirische Analysen zur Wirkung der Neuregelung der Zumutbarkeitsbestimmungen im Jahr 1997, in: Zeitschrift für Sozialreform 51/3 (2005), S. 315–336.

Colin G. Pooley: Travelling to Work. A Century of Change, in: Donald Hislop (Hrsg.): Mobility and Technology in the Workplace, London / New York 2008, S. 57–73.

Maximilian Popp: Rückkehr Ost, in: Der Spiegel 66/17 (2012), S. 52–54.

Arthur von Posadowsky-Wehner: Wortbeitrag zur Berathung des Entwurfs eines Zolltarifgesetzes in der 103. Sitzung am Dienstag den 3. Dezember 1901, in: Deutscher Reichstag (Hrsg.): Stenographische Berichte über die Verhandlungen des Reichstages. X. Legislaturperiode. Session 1900/1902. Band 4: Von der 97. Sitzung am 26. November 1901 bis zur 131. Sitzung am 31. Januar 1902, Berlin 1902, S. 2903–2913, online unter: https://download.digitale-sammlungen.de/pdf/1430305527bsb00002793.pdf (Stand: 29.04.2015).

Olga Pötzsch: Kinderlosigkeit, in: Statistisches Bundesamt / Wissenschaftszentrum Berlin für Sozialforschung (Hrsg.): Datenreport 2013. Ein Sozialbericht für die Bundesrepublik Deutschland, Bonn 2013, S. 61–63.

Christmut Präger: Die Fuchssche Waggonfabrik in Heidelberg, ihre Arbeiter und deren Wanderungen zwischen 1872 und 1927, in: Martin Krauß / Ulrich Nieß (Hrsg.): Stadt, Land, Heimat. Beiträge zur Geschichte der Metropolregion Rhein-Neckar im Industriezeitalter, Ubstadt-Weiher u. a. 2011, S. 143–165.

Eswar S. Prasad: The Unbearable Stability of the German Wage Structure. Evidence and Interpretation, Washington 2004, online unter: http://www.imf.org/External/Pubs/FT/staffp/2004/02/pdf/prasad.pdf (Stand: 25.09.2013).

Ursula Praschma: Prognoseschreiben zur Zahl der im Verteilsystem EASY registrierten Personen nach § 44 Abs. 2 AsylVfG, Nürnberg 2015, online unter: http://www.bamf.de/SharedDocs/Anlagen/DE/Downloads/Infothek/DasBAMF/2015-08-20-prognoseschreiben-asylantraege.pdf (Stand: 26.08.2015).

Christina Prüver: Erfolgreich, mobil, aber unglücklich, in: Frankfurter Allgemeine Zeitung vom 11.09.2004, Nr. 212, S. 53.

Olaf Przybilla / Katja Auer / Birgit Kruse / Christian Sebald: Ein Umzug als Krisenhilfe. Auftrag von Seehofer. Innenminister soll Verlagerung des Statistischen

Landesamtes nach Fürth prüfen, in: Süddeutsche Zeitung. Ausgabe München vom 18.11.2009, Nr. 266, S. 33.

Thomas Pütz / Claus Schlömer: Wanderungen im Bezugssystem der metropolitanen Großregionen, in: Informationen zur Raumentwicklung 35/3–4 (2008), S. 171–184.

Julian Raff: Die Ottobrunner gehen in die Luft. Eurocopter-Betriebsrat befürchtet weiteren Stellenabbau und zieht mit 200 Mitarbeitern zur Spontandemo ans Haupttor, in: Süddeutsche Zeitung. Landkreisausgabe München Süd vom 02.10.2010, Nr. 228, S. R9.

Cornelia Rahn: Suburbia. Mobile Männer, ortsgebundene Frauen?, in: Joachim Scheiner / Hans Heinrich Blotevogel / Susanne Frank / Christian Holz-Rau / Nina Schuster (Hrsg.): Mobilitäten und Immobilitäten. Menschen Ideen Dinge Kulturen Kapital, Essen 2013, S. 165–178.

Helmut Rainer / Thomas Siedler: The Role of Social Networks in Determining Migration and Labour Market Outcomes. Evidence from German Reunification, in: Economics of Transition 17/4 (2009), S. 739–767.

Stephan Rammler: The Wahlverwandtschaft of Modernity and Mobility, in: Weert Canzler / Vincent Kaufmann / Sven Kesselring (Hrsg.): Tracing Mobilities. Towards a Cosmopolitan Perspective, Aldershot / Burlington 2008, S. 57–75.

Ute Rang: Thüringer sind die eifrigsten Rückkehrer in den Osten, in: Thüringer Allgemeine vom 14.12.2013, online unter: http://www.thueringer-allgemeine.de/web/zgt/leben/detail/-/specific/Thueringer-sind-die-eifrigsten-Rueckkehrer-in-den-Osten-2032252153 (Stand: 07.05.2014).

Lutz Raphael: Ordnungsmuster der »Hochmoderne«? Die Theorie der Moderne und die Geschichte der europäischen Gesellschaften im 20. Jahrhundert, in: Ute Schneider / Lutz Raphael (Hrsg.): Dimensionen der Moderne. Festschrift für Christof Dipper, Frankfurt am Main u. a. 2008, S. 73–91.

Lutz Raphael: Jenseits von Strukturwandel oder Ereignis? Neuere Sichtweisen und Schwierigkeiten der Historiker im Umgang mit Wandel und Innovation, in: Historische Anthropologie 17/1 (2009), S. 110–120.

Rat der Europäischen Union: Schlussfolgerungen des Rates zur beruflichen und geografischen Mobilität von Arbeitskräften und zur Freizügigkeit von Arbeitnehmern innerhalb der Europäischen Union, Dokument 6480/09, Brüssel 23.02.2009, online unter: http://register.consilium.europa.eu/pdf/de/09/st06/st06480.de09.pdf (Stand: 12.12.2013).

Rat der Stadt Aachen (Hrsg.): Satzung über die Erhebung der Zweitwohnungssteuer in der Stadt Aachen, Aachen 11.12.2002, online unter: http://www.aachen.de/DE/stadt_buerger/pdfs_stadtbuerger/pdfs_oeffentliche_bekanntmachungen/satzung_zweitwohnsitz.pdf (Stand: 15.09.2014).

Ernest G. Ravenstein: The Laws of Migration, in: Journal of the Statistical Society of London 48/2 (1885), S. 167–235.

Stephanie Reekers: Die Gebietsentwicklung der Kreise und Gemeinden Westfalens 1817–1967, Münster 1977.

Elisabeth Reichart: Doppelte Transformation des Ernährermodells? Eine Längsschnittstudie zur Erwerbsarbeitsteilung bei ost- und westdeutschen Paaren nach der Geburt des ersten Kindes, Würzburg 2007.

Ingrid Reinhardt: Flexibilität muss auch im Kopf stattfinden, in: Süddeutsche Zeitung. Landkreisausgabe Bad Tölz vom 08.05.2004, Nr. 106, S. R5.

Winfried Reinhardt: Geschichte des Öffentlichen Personenverkehrs von den Anfängen bis 2014. Mobilität in Deutschland mit Eisenbahn, U-Bahn, Straßenbahn und Bus, Wiesbaden 2015.

Stefanie Reisch: Entwicklung der Berufspendlerbewegungen in Mainz und der Region 2002–2011, Mainz 2013, online unter: http://www.mainz.de/medien/internet/downloads/Berufspendlerbewegungen_2002_2011.pdf (Stand: 10.06.2015).

Reinhold Reith: Arbeits- und Lebensweise im städtischen Handwerk. Zur Sozialgeschichte Augsburger Handwerksgesellen im 18. Jahrhundert (1700–1806), zugl. Diss. Univ. Konstanz 1987, Göttingen 1988.

Morten Reitmayer: Nach dem Boom – eine neue Belle Époque? Versuch einer vorläufigen Synthese, in: Morten Reitmayer / Thomas Schlemmer (Hrsg.): Die Anfänge der Gegenwart. Umbrüche in Westeuropa nach dem Boom, München 2014, S. 13–22.

Morten Reitmayer / Thomas Schlemmer (Hrsg.): Die Anfänge der Gegenwart. Umbrüche in Westeuropa nach dem Boom, München 2014.

Ulrich Rendtel: Lebenslagen im Wandel. Panelausfälle und Panelrepräsentativität, Frankfurt am Main / New York 1995.

Ulrich Rendtel: Attrition in Household Panels. A Survey, Wiesbaden 2002, online unter: https://www.destatis.de/DE/Methoden/Methodenpapiere/Chintex/ResearchResults/Downloads/WorkingPaper4.pdf (Stand: 19.01.2016).

Martina Rengers: Das international vereinbarte Labour-Force-Konzept, in: Wirtschaft und Statistik 56/12 (2004), S. 1369–1383, online unter: https://www.destatis.de/DE/Publikationen/WirtschaftStatistik/Monatsausgaben/WistaDezember04.pdf (Stand: 04.04.2013).

Irina Repke / Andreas Wassermann / Steffen Winter: Wieder der doofe Rest?, in: Der Spiegel 56/3 (2002), S. 42–47.

Maria S. Rerrich: Zusammenfügen, was auseinanderstrebt. Zur familialen Lebensführung von Berufstätigen, in: Ulrich Beck / Elisabeth Beck-Gernsheim (Hrsg.): Riskante Freiheiten. Individualisierung in modernen Gesellschaften, Frankfurt am Main 1994, S. 201–218.

Jürgen Reulecke: Geschichte der Urbanisierung in Deutschland, Frankfurt am Main 1985.

Darja Reuschke: Berufsbedingtes Pendeln zwischen zwei Wohnsitzen. Merkmale einer multilokalen Lebensform in der Spätmoderne, in: Zeitschrift für Bevölkerungswissenschaft 35/1 (2010), S. 135–164.

Darja Reuschke: Multilokales Wohnen. Raum-zeitliche Muster multilokaler Wohnarrangements von Shuttles und Personen in einer Fernbeziehung, zugl. Diss. TU Dortmund 2009, Wiesbaden 2010.

Rheinisch-Westfälisches Institut für Wirtschaftsforschung (Hrsg.): Monatliche Verbraucherpreisindices nach Bundesländern, Essen 2009, online unter: http://www.rwi-essen.de/media/content/pages/forschung-und-beratung/datenzeche/001_VPI_Bundeslaender_0907.pdf (Stand: 04.03.2013).

Ralph Richter: Ortsbezogene Identität. Die kognitive Repräsentanz von Orten im Zeichen zunehmender Wohnmobilität, in: Maik Hömke (Hrsg.): Mobilität und Identität. Widerspruch in der modernen Gesellschaft, Wiesbaden 2013, S. 11–30.

Erich Riedl: Redebeitrag zur zweiten Beratung des von der Bundesregierung eingebrachten Entwurfs eines Gesetzes über die Feststellung des Bundeshaushaltsplans für das Haushaltsjahr 1981, in: Deutscher Bundestag (Hrsg.): Stenographischer

Bericht zur 40. Sitzung des Bundestages, Plenarprotokoll 9/40, Bonn 02.06.1981, S. 2114–2122, online unter: http://dip21.bundestag.de/dip21/btp/09/09040.pdf (Stand: 04.04.2014).

Tobias Riedl: Mode oder Methode? Der *spatial turn* im Spannungsfeld einer zeitgenössischen Geschichtswissenschaft, in: Wolfgang Wüst / Michael Müller (Hrsg.): Reichskreise und Regionen im frühmodernen Europa. Horizonte und Grenzen im *spatial turn*. Tagung bei der Akademie des Bistums Mainz, Frankfurt am Main u. a. 2011, S. 25–37.

Wilhelm Heinrich Riehl: Die Naturgeschichte des Volkes als Grundlage einer deutschen Social-Politik. Band 3: Die Familie, 3. Aufl., Stuttgart / Augsburg 1861.

Ulla Riemer-Schäfer: Sozialstatistik und Sozialstruktur der Arbeiterschaft in der chemischen Industrie und im Maschinenbau des Rhein-Main-Gebietes 1870–1914, in: Hans Pohl (Hrsg.): Forschungen zur Lage der Arbeiter im Industrialisierungsprozeß, Stuttgart 1978, S. 107–117.

Andreas Rödder: Wertewandel in historischer Perspektive. Ein Forschungskonzept, in: Bernhard Dietz / Christopher Neumaier / Andreas Rödder (Hrsg.): Gab es den Wertewandel? Neue Forschungen zum gesellschaftlich-kulturellen Wandel seit den 1960er Jahren, München 2014, S. 17–39.

Helmut Rohde: Redebeitrag zur Bundestagsdebatte zum Bundeshaushaltsplans für das Haushaltsjahr 1980, in: Deutscher Bundestag (Hrsg.): Stenographischer Bericht zur 191. Sitzung des Bundestages, Plenarprotokoll 8/191, Bonn 11.12.1979, S. 15141–15147, online unter: http://dip21.bundestag.de/dip21/btp/08/08191.pdf (Stand: 04.04.2014).

Alexander Röhler: Zur Zukunft der Hausarbeit in Paarbeziehungen. Theoretische Überlegungen, empirische Befunde und ein Szenario für das Jahr 2050, in: Günter Burkart (Hrsg.): Zukunft der Familie. Prognosen und Szenarien, Opladen / Farmington Hills 2009, S. 179–194.

Jutta Roitsch: DGB verlangt die Rücknahme des Erlasses, in: Frankfurter Rundschau vom 13.10.1978, Nr. 228, S. 1 f.

Manfred Rolfes / Katharina Mohring: Diskursanalysen zur Abwanderung ostdeutscher Jugendlicher, in: Wilfried Schubarth / Karsten Speck (Hrsg.): Regionale Abwanderung Jugendlicher. Theoretische Analysen, empirische Befunde und politische Gegenstrategien, Weinheim / München 2009, S. 69–90.

Johanna Rolshoven / Justin Winkler: Auf der Spuren der schönen Pendlerin, in: Kuckuck. Notizen zur Alltagskultur 23/1 (2008), S. 9–13.

Johanna Rolshoven / Justin Winkler: Multilokalität und Mobilität, in: Informationen zur Raumentwicklung 36/1–2 (2009), S. 99–106.

Hartmut Rosa: Rasender Stillstand? Individuum und Gesellschaft im Zeitalter der Beschleunigung, in: Jürgen Manemann (Hrsg.): Befristete Zeit, Münster u. a. 1999, S. 151–176.

Hartmut Rosa: Beschleunigung. Die Veränderung der Zeitstrukturen in der Moderne, Frankfurt am Main 2005.

Hartmut Rosa: Dynamisierung und Erstarrung in der modernen Gesellschaft. Das Beschleunigungsphänomen, in: Jochen Oehler (Hrsg.): Der Mensch. Evolution, Natur und Kultur. Beiträge zu unserem heutigen Menschenbild, Berlin / Heidelberg 2010, S. 285–302.

Heidi Rosenbaum / Elisabeth Timm: Private Netzwerke im Wohlfahrtsstaat. Familie,

Verwandtschaft und soziale Sicherheit im Deutschland des 20. Jahrhunderts, Konstanz 2008.

Heidi Rosenbaum / Elisabeth Timm: The Relationship between Family, Kin and Social Security in Twentieth-Century Germany, in: Hannes Grandits (Hrsg.): Family, Kinship and State in Contemporary Europe. Band 1: The Century of Welfare. Eight Countries, Frankfurt am Main / New York 2010, S. 127–180.

Bernhard von Rosenbladt: Datenerhebung im SOEP. Die ersten 25 Jahre, in: Vierteljahrshefte zur Wirtschaftsforschung 77/3 (2008), S. 142–156.

Paul-André Rosental: Les Sentiers Invisibles. Espace, Familles et Migrations dans la France du 19e Siècle, Paris 1999.

Paul-André Rosental: Between Macro and Micro. Theorizing Agency in Nineteenth-Century French Migrations, in: French Historical Studies 29/3 (2006), S. 457–481.

Harald Rost: Work-Life-Balance. Neue Aufgaben für eine zukunftsorientierte Personalpolitik, Opladen 2004.

Ralf Roth: Die Eisenbahn und ihre Folgen für die Mobilität im 19. Jahrhundert, in: Andreas Hedwig (Hrsg.): »Auf eisernen Schienen, so schnell wie der Blitz«. Regionale und überregionale Aspekte der Eisenbahngeschichte, Marburg 2008, S. 1–15.

Kerstin Ruckdeschel: Unterwegs. Zwischen Beruf und Familie. Lösungsstrategien zur Vereinbarung von beruflicher Mobilität und Familie [Manuskript auf CD unter Sektion Familiensoziologie. Mobile Lebensformen], in: Jutta Allmendinger (Hrsg.): Entstaatlichung und soziale Sicherheit. Verhandlungen des 31. Kongresses der Deutschen Gesellschaft für Soziologie in Leipzig 2002, Opladen 2003.

Sabine Rückert: Die Freiheit und ihr Preis, in: Die Zeit vom 22.01.2004, Nr. 5, online unter: http://www.zeit.de/2004/05/Familie/komplettansicht (Stand: 21.05.2014).

Heiko Rüger / Katharina S. Becker: Berufsmobilität, Geschlecht und Lebensform. Berufsbedingte räumliche Mobilität und die Folgen für die Vereinbarkeit von Familie und Beruf und partnerschaftliche Arbeitsteilung, in: Ute Klammer / Markus Motz (Hrsg.): Neue Wege – Gleiche Chancen. Expertisen zum Ersten Gleichstellungsbericht der Bundesregierung, Wiesbaden 2011, S. 363–396.

Heiko Rüger / Michael Feldhaus / Katharina S. Becker / Monika Schlegel: Zirkuläre berufsbezogene Mobilität in Deutschland. Vergleichende Analysen mit zwei repräsentativen Surveys zu Formen, Verbreitung und Relevanz im Kontext der Partnerschafts- und Familienentwicklung, in: Zeitschrift für Bevölkerungswissenschaft 36/1 (2011), S. 193–220.

Alice Rühle-Gerstel: Das Frauenproblem der Gegenwart. Eine psychologische Bilanz, Leipzig 1932.

Hermann-Josef Rupieper: Regionale Herkunft, Fluktuation und innerbetrieblich Mobilität der Arbeiterschaft der Maschinenfabrik Augsburg-Nürnberg (MAN) 1844–1914, in: Werner Conze / Ulrich Engelhardt (Hrsg.): Arbeiter im Industrialisierungsprozeß. Herkunft, Lage und Verhalten, Stuttgart 1979, S. 94–112.

Diedrich Saalfeld: Lebensverhältnisse der Unterschichten Deutschlands im neunzehnten Jahrhundert, in: International Review of Social History 29/2 (1984), S. 215–253.

Reinhold Sackmann: Fertilität im Transformationsprozess, in: Reinhold Sackmann / Ansgar Weymann / Matthias Wingens (Hrsg.): Die Generation der Wende. Berufs- und Lebensverläufe im sozialen Wandel, Wiesbaden 2000, S. 231–253.

Stefan Sandbrink: Sozioökonomische Folgen der innerdeutschen Ost-West-Mobilität. Die Westpendler und ihre Familienangehörigen, in: Hans Bertram / Wolfgang

Kreher / Irene Müller-Hartmann (Hrsg.): Systemwechsel zwischen Projekt und Prozeß. Analysen zu den Umbrüchen in Ostdeutschland, Opladen 1998, S. 529–560.

Thilo Sarrazin: Deutschland schafft sich ab. Wie wir unser Land aufs Spiel setzen, München 2010.

Brunhilde Sauer: Regionale Mobilität der Arbeiter. Theoretischer Ansatz zur Untersuchung von Mobilitätsbarrieren bei vorwiegend beruflich wenig qualifizierten Arbeitern, zugl. Diss. Univ. Göttingen 1973, Göttingen 1976.

Hildegard Schaeper: Familiengründung von Hochschulabsolventinnen. Eine empirische Untersuchung verschiedener Examenskohorten, in: Dirk Konietzka / Michaela Kreyenfeld (Hrsg.): Ein Leben ohne Kinder. Kinderlosigkeit in Deutschland, Wiesbaden 2007, S. 137–166.

Christin Schäfer / Jörg-Peter Schräpler / Klaus-Robert Müller / Gert G. Wagner: Automatic Identification of Faked and Fraudulent Interviews in Surveys by Two Different Methods, Berlin 2004, online unter: http://www.diw.de/documents/publikationen/73/diw_01.c.42515.de/dp441.pdf (Stand: 19.01.2016).

Claus Schäfer: Einkommensentwicklung und Einkommensverteilung in Ostdeutschland. Kurzfristig angepaßt – langfristig abgehängt?, in: Dirk Nolte / Ralf Sitte / Alexandra Wagner (Hrsg.): Wirtschaftliche und soziale Einheit Deutschlands. Eine Bilanz, Köln 1995, S. 220–251.

Gerhard Schäfer: Die nivellierte Mittelstandsgesellschaft. Strategien der Soziologie in den 50er Jahren, in: Georg Bollenbeck / Gerhard Kaiser (Hrsg.): Die janusköpfigen 50er Jahre, Wiesbaden 2000, S. 115–142.

Renate Schattel: Von der »wahnsinnigen Lüsternheit des Wegziehens«. Auswanderungen aus Kirchheim unter Teck von 1742 bis 1927, in: Stadtarchiv Kirchheim unter Teck (Hrsg.): Barbara Gonzaga, Gewerbliches Schulwesen, Auswanderungen, Zinngiesserhandwerk, Albert Knapp, Wasserversorgung, Stuckdecken, Kirchheim unter Teck 2003, S. 91–140.

Juliane Schäuble: Wild auf den Westen, in: Der Tagesspiegel vom 13.08.2005, online unter: http://www.tagesspiegel.de/weltspiegel/wild-auf-den-westen/632736.html (Stand: 12.05.2014).

Joachim Scheiner: Erklärungsmodelle der Wohnmobilität. Die Rolle von Lebensstil, Lebenslage und Wohnsituation, in: Klaus J. Beckmann / Markus Hesse / Christian Holz-Rau / Marcel Hunecke (Hrsg.): StadtLeben. Wohnen, Mobilität und Lebensstil. Neue Perspektiven für Raum- und Verkehrsentwicklung, Wiesbaden 2006, S. 112–124.

Joachim Scheiner / Hans Heinrich Blotevogel / Susanne Frank / Christian Holz-Rau / Nina Schuster (Hrsg.): Mobilitäten und Immobilitäten. Menschen Ideen Dinge Kulturen Kapital, Essen 2013.

Gitta Scheller: Die Transformation Ostdeutschlands. »Verwestlichung« oder Abgrenzung?, in: Deutschland Archiv 39/5 (2006), S. 790–798.

Helmut Schelsky: Die Bedeutung des Schichtungsbegriffs für die Analyse der gegenwärtigen deutschen Gesellschaft [Aufsatz aus dem Jahr 1953], in: Helmut Schelsky: Auf der Suche nach Wirklichkeit. Gesammelte Aufsätze, Düsseldorf / Köln 1965, S. 331–336.

Jana Scheunemann: Mobilitätserfordernisse von Akademikerinnen in Fernbeziehungen. Eine Studie zu den Auswirkungen auf die Lebensführung akademisch gebildeter Frauen unter Einbeziehung narrativer Interviews, zugl. Diss. Univ. Lüneburg, Hamburg 2009.

Emil Schickendanz: Trier und seine Pendler, Trier 1965.

Michaela Schier: Mobilität und Multilokalität aus Sicht der Geschlechterforschung, in: Sybille Bauriedl / Michaela Schier / Anke Strüver (Hrsg.): Geschlechterverhältnisse, Raumstrukturen, Ortsbeziehungen. Erkundungen von Vielfalt und Differenz im Spatial Turn, Münster 2010, S. 121–144.

Michaela Schier: Multilokaler Alltag erwerbstätiger Eltern. Erweiterte Optionen oder erhöhte Probleme für die Lebensführung [Manuskript auf CD unter Sektion Arbeits- und Industriesoziologie, Entwicklungssoziologie, Stadt- und Regionalsoziologie], in: Hans-Georg Soeffner / Kathy Kursawe / Margrit Elsner / Manja Adlt (Hrsg.): Unsichere Zeiten. Herausforderungen gesellschaftlicher Transformationen. Verhandlungen des 34. Kongresses der Deutschen Gesellschaft für Soziologie in Jena 2008, Wiesbaden 2010.

Michaela Schier / Peggy Szymenderski / Karin Jurczyk: Eltern in entgrenzter Erwerbsarbeit. Differenzierte und flexible Betreuungsbedarfe. Teilergebnisse einer qualitativen Studie im Einzelhandel und in der Film- und Fernsehbranche, München 2007, online unter: http://www.dji.de/bibs/359_8113_ENTAF_Arbeitspapier_2.pdf (Stand: 10.12.2013).

Konrad Schliephake: Der Straßenverkehr, in: Leibniz-Institut für Länderkunde (Hrsg.): Nationalatlas Bundesrepublik Deutschland. Band 9: Verkehr und Kommunikation, Heidelberg 2001, S. 34 f.

Friso Schlitte / Ulrich Zierahn: Regionale Arbeitsmarktdisparitäten, in: Thomas Straubhaar (Hrsg.): Wege zur Vollbeschäftigung, Hamburg 2011, S. 27–50.

Karl Schlögel: Im Raume lesen wir die Zeit. Über Zivilisationsgeschichte und Geopolitik, München / Wien 2003.

Claus Schlömer: Binnenwanderungen seit der deutschen Einigung, in: Raumforschung und Raumordnung 62/2 (2004), S. 96–108.

Claus Schlömer: Binnenwanderungen in Deutschland zwischen Konsolidierung und neuen Paradigmen. Makroanalytische Untersuchungen zur Systematik von Wanderungsverflechtungen, zugl. Diss. Univ. Bonn 2008, Bonn 2009.

Andrea Schmelz: West-Ost-Migration im geteilten Deutschland der fünfziger und sechziger Jahre, in: Jan Motte / Rainer Ohliger / Anne von Oswald (Hrsg.): 50 Jahre Bundesrepublik. 50 Jahre Einwanderung. Nachkriegsgeschichte als Migrationsgeschichte, Frankfurt am Main / New York 1999, S. 88–108.

Ines Schmidt: Westpendler, Ostpendler. Zum Arbeitspendeln im Umland von Berlin, in: Deutschland Archiv 26/10 (1993), S. 1159–1170.

Rudi Schmidt: Restrukturierung und Modernisierung der ostdeutschen Industrie, in: Hans Bertram / Raj Kollmorgen (Hrsg.): Die Transformation Ostdeutschlands. Berichte zum sozialen und politischen Wandel in den neuen Bundesländern, Opladen 2001, S. 163–193.

Norbert Schmidt-Relenberg: Die Berufstätigkeit der Frau und die Familien in den Leitbildern von Abiturientinnen, in: Soziale Welt 16/2 (1965), S. 133–150.

Christian Schmitt / Ulrike Winkelmann: Wer bleibt kinderlos? Was sozialstrukturelle Daten über Kinderlosigkeit bei Frauen und Männern verraten, in: Feministische Studien 23/1 (2005), S. 9–23.

Christoph Schmitt: Einkommensverteilung und Einkommensungleichheit im Vergleich. Deutschland und die USA in den 80er und 90er Jahren, in: Andreas Aust / Sigrid Leitner / Stephan Lessenich (Hrsg.): Sozialmodell Europa. Konturen eines Phänomens, Opladen 2000, S. 201–232.

Matthias Schmitt: Innovationskraft steigt. Werte für die Region Trier zeigen: Es bleibt noch Luft nach oben, in: Blickpunkt Wirtschaft. Nachrichten der Industrie- und Handelskammer Trier 21/12 (2012), S. 11.

Gustav Schmoller: Über Wesen und Verfassung der großen Unternehmungen (1889), in: Gustav Schmoller: Zur Social- und Gewerbepolitik der Gegenwart. Reden und Aufsätze, Leipzig 1890, S. 372–440.

Jens Schneider: Fehlende Jobs kann man nicht ablehnen. Schröders Vorstoß gegen leistungsunwillige Arbeitslose geht an der ostdeutschen Realität vorbei, in: Süddeutsche Zeitung vom 10.04.2001, Nr. 84, S. 2.

Lutz Schneider: Ost-West-Binnenwanderung. Gravierender Verlust an Humankapital, in: Wirtschaft im Wandel 11/10 (2005), S. 309–314, online unter: http://www.iwh-halle.de/e/publik/wiwa/10-05-3.pdf (Stand: 07.05.2014).

Lutz Schneider / Alexander Kubis / Daniela Wiest: Selektivität, soziale Bindung und räumliche Mobilität. Eine Analyse der Rückkehrpräferenz, Halle (Saale) 2010, online unter: http://www.iwh-halle.de/d/publik/disc/17-10.pdf (Stand: 31.03.2014).

Norbert F. Schneider: Einführung. Mobilität und Familie, in: Zeitschrift für Familienforschung 17/2 (2005), S. 90–94.

Norbert F. Schneider: Leben an zwei Orten. Die Folgen beruflicher Mobilität für Familie und Partnerschaft, in: Anina Mischau / Mechtild Oechsle (Hrsg.): Arbeitszeit, Familienzeit, Lebenszeit. Verlieren wir die Balance?, Wiesbaden 2005, S. 110–126.

Norbert F. Schneider: Zur Vielfalt der Familie in Europa. Betrachtungen zum Einfluss von Leitbildern und Entwicklungen des Arbeitsmarktes auf die Gestaltung der Familie, in: Olaf Kapella / Christiane Rille-Pfeiffer / Marina Rupp / Norbert F. Schneider (Hrsg.): Die Vielfalt der Familie. Tagungsband zum 3. Europäischen Fachkongress Familienforschung, Opladen / Farmington Hills 2009, S. 39–51.

Norbert F. Schneider / Ruth Limmer / Kerstin Ruckdeschel: Berufsmobilität und Lebensform. Sind berufliche Mobilitätserfordernisse in Zeiten der Globalisierung noch mit Familie vereinbar?, Stuttgart 2002, online unter: http://www.bmfsfj.de/RedaktionBMFSFJ/Broschuerenstelle/Pdf-Anlagen/PRM-23529-SR-Band-208,property=pdf,bereich=bmfsfj,sprache=de,rwb=true.pdf (Stand: 14.09.2012).

Norbert F. Schneider / Ruth Limmer / Kerstin Ruckdeschel: Mobil, flexibel, gebunden. Familie und Beruf in der mobilen Gesellschaft, Frankfurt am Main / New York 2002.

Norbert F. Schneider / Silvia Ruppenthal / Detlev Lück: Beruf, Mobilität und Familie, in: Günter Burkart (Hrsg.): Zukunft der Familie. Prognosen und Szenarien, Opladen / Farmington Hills 2009, S. 111–136.

Peter Schöller: Die Pendelwanderung als geographisches Problem, in: Berichte zur deutschen Landeskunde 17/2 (1956), S. 254–265.

Heilwig Schomerus: Soziale Differenzierungen und Nivellierungen der Fabrikarbeiterschaft Esslingens 1846–1914, in: Hans Pohl (Hrsg.): Forschungen zur Lage der Arbeiter im Industrialisierungsprozeß, Stuttgart 1978, S. 20–64.

Heilwig Schomerus: Saisonarbeit und Fluktuation. Überlegungen zur Struktur der mobilen Arbeiterschaft 1850–1914, in: Werner Conze / Ulrich Engelhardt (Hrsg.): Arbeiter im Industrialisierungsprozeß. Herkunft, Lage und Verhalten, Stuttgart 1979, S. 113–118.

Karl Peter Schön / Dieter Hillesheim / Petra Kuhlmann: Die Entwicklungsphasen der Städte und Regionen im Spiegel der Volkszählungen, Bonn 1993.

Jörg-Peter Schräpler: Respondent Behavior in Panel Studies. A Case Study of the German Socio-Economic Panel (GSOEP), Berlin 2001, online unter: http://www.diw.de/documents/publikationen/73/diw_01.c.38560.de/dp244.pdf (Stand: 21.01.2016).

Sylvia Schraut: Flüchtlingsaufnahme in Württemberg-Baden 1945–1949. Amerikanische Besatzungsziele und demokratischer Wiederaufbau im Konflikt, zugl. Habil. Univ. Mannheim 1994, München 1995.

Karl-Heinz Schreiber: Wanderungsursachen und idealtypische Verhaltensmuster mobiler Bevölkerungsgruppen. Untersucht in ausgewählten Gemeinden der kernstadtnahen Zone des Rhein-Main-Gebietes, zugl. Diss. Univ. Frankfurt am Main 1974, Frankfurt am Main 1975.

Kerstin Schreier: Zur Erwerbssituation von Müttern mit minderjährigen Kindern, in: Walter Bien (Hrsg.): Familie an der Schwelle zum neuen Jahrtausend. Wandel und Entwicklung familialer Lebensformen, Opladen 1996, S. 154–163.

Paul Schröder: Der Einfluß der gegenwärtigen Wirtschaftsordnung auf die Einkommen- und Besitzverteilung, Jena 1928.

Helmut Schröer (Hrsg.): Satzung über die Erhebung der Zweitwohnungsteuer in der Stadt Trier, Trier 28.09.2006, online unter: http://www.trier.de/File/2409-full-pdf (Stand: 15.09.2014).

Hans Schuh: Systematischer Frauenklau, in: Die Zeit (online) vom 16.03.2006, Nr. 12, online unter: http://www.zeit.de/2006/12/Demografie/komplettansicht (Stand: 15.05.2014).

Andrea Schultz: Wandern und Wiederkommen? Humankapitalverlust und Rückkehrpotenzial für Mecklenburg-Vorpommern, in: Nikolaus Werz / Reinhard Nuthmann (Hrsg.): Abwanderung und Migration in Mecklenburg und Vorpommern, Wiesbaden 2004, S. 231–249.

Andrea Schultz: Brain Drain aus Ostdeutschland? Ausmaß, Bestimmungsgründe und Folgen selektiver Abwanderung, zugl. Diss. Univ. Halle-Wittenberg 2008, Leipzig 2009.

Florian Schulz / Hans-Peter Blossfeld: Wie verändert sich die häusliche Arbeitsteilung im Eheverlauf? Eine Längsschnittstudie der ersten 14 Ehejahre in Westdeutschland, in: Kölner Zeitschrift für Soziologie und Sozialpsychologie 58/1 (2006), S. 23–49.

Günther Schulz: Integrationsprobleme der Arbeiterschaft in der Metall-, Papier- und chemischen Industrie in der Rheinprovinz 1850–1914, in: Hans Pohl (Hrsg.): Forschungen zur Lage der Arbeiter im Industrialisierungsprozeß, Stuttgart 1978, S. 65–106.

Sven Schulze: Einige Beobachtungen zum Pendlerverhalten in Deutschland, Hamburg 2009.

Hans-Jörg Schuster: Soziologische Aspekte der Wanderungs- und Pendlerbewegungen unter besonderer Berücksichtigung von Regionen Südthüringens, in: Paul Gans / Franz-Josef Kemper (Hrsg.): Mobilität und Migration in Deutschland. Beiträge zur Tagung des Arbeitskreises »Bevölkerungsgeographie« des Verbandes der Geographen an Deutschen Hochschulen am 15. und 16. September 1994 in Erfurt, Erfurt 1995, S. 135–149.

Michael Schwartz: Vertriebene und »Umsiedlerpolitik«. Integrationskonflikte in den deutschen Nachkriegs-Gesellschaften und die Assimilationsstrategien in der SBZ / DDR 1945–1961, zugl. Habil. Univ. Münster 2001, München 2004.

Gerard Schwarz: »Nahrungsstand« und »erzwungener Gesellenstand«. Mentalité und Strukturwandel des bayerischen Handwerks im Industrialisierungsprozeß um 1860, zugl. Diss. LMU München, Berlin 1974.

Karl Schwarz: Analyse der räumlichen Bevölkerungsbewegung, Hannover 1969.

Doris Schwarzer: Arbeitsbeziehungen im Umbruch gesellschaftlicher Strukturen. Bundesrepublik Deutschland, DDR und neue Bundesländer im Vergleich, zugl. Diss. Univ. Erlangen-Nürnberg 1995, Stuttgart 1996.

Björn Schwentker: Von wegen 40 Prozent, in: Die Zeit (online) vom 09.10.2005, online unter: http://pdf.zeit.de/online/2005/41/kinderlos_demografie.pdf (Stand: 25.02.2015).

Björn Schwentker: Der Kinderschock, in: Die Zeit (online) vom 22.03.2006, online unter: http://www.zeit.de/online/2006/12/kinderschock_kommentar/komplettansicht (Stand: 15.05.2014).

Gwénola Sebaux: Migration von Ost nach West. Gewinn oder Verlust?, in: Anton Sterbling (Hrsg.): Migrationsprozesse. Probleme von Abwanderungsregionen, Identitätsfragen, Hamburg 2006, S. 151–165.

Elmar Seebold: Kluge. Etymologisches Wörterbuch der deutschen Sprache, 25., durchgesehene und erweiterte Auflage, Berlin / Boston 2011.

Mirjam Seils: Die fremde Hälfte. Aufnahme und Integration der Flüchtlinge und Vertriebenen in Mecklenburg nach 1945, zugl. Diss. Univ. Rostock 2009, Schwerin 2012.

Stefan Sell: Entwicklung und Reform des Arbeitsförderungsgesetzes als Anpassung des Sozialrechts an flexible Erwerbsformen? Zur Zumutbarkeit von Arbeit und Eigenverantwortung von Arbeitnehmern, in: Mitteilungen aus der Arbeitsmarkt- und Berufsforschung 31/3 (1998), S. 532–549.

Richard Sennett: The Corrosion of Character. The Personal Consequences of Work in the New Capitalism, New York / London 1998.

Richard Sennett: Der flexible Mensch. Die Kultur des neuen Kapitalismus, aus dem Englischen von Martin Richter, Berlin 2006.

Mimi Sheller / John Urry: The New Mobilities Paradigm, in: Environment and Planning A 38/2 (2006), S. 207–226.

Barbara Sichtermann: Immer schneller in den Stillstand, in: ZEIT Punkte 9/3 (2000), S. 10 f.

Nico A. Siegel / Salma Stimmel: SOEP-Interviewerbefragung 2006. Methodenbericht, München 2007, online unter: https://www.diw.de/sixcms/detail.php/239773 (Stand: 21.01.2016).

Georg Simmel: Soziologie des Raumes, in: Jahrbuch für Gesetzgebung, Verwaltung und Volkswirtschaft im Deutschen Reich 27/1 (1903), S. 27–71.

Adam Smith: Der Wohlstand der Nationen. Eine Untersuchung seiner Natur und seiner Ursachen, vollständige Ausgabe nach der 5. Auflage (letzter Hand), London 1789, aus dem Englischen übertragen und mit einer umfassenden Würdigung des Gesamtwerkes herausgegeben von Horst Claus Recktenwald, 6. Aufl., München 1993.

Ariadne Sondermann: Die Ambivalenz des Bleibens. Erfahrungen von Arbeitslosen mit dem Leben an der Peripherie, in: Eva Barlösius / Claudia Neu (Hrsg.): Peripherisierung. Eine neue Form sozialer Ungleichheit?, Berlin 2008, S. 57–64.

Sozio-oekonomisches Panel / Infratest Sozialforschung: SOEP 1984. Pretestbericht und Tabellen zum Befragungsjahr 1984 (Welle 1) des Sozio-oekonomischen Panels (vorläufige Fassung), Neudruck von München 1983, Berlin 2011, online unter: http://panel.gsoep.de/soep-docs/surveypapers/diw_ssp0002.pdf (Stand: 21.01.2016).

Karsten Speck/Wilfried Schubarth: Ostdeutsche Jugend im Westen angekommen? Empirische Befunde zur Lebenslage und regionale Mobilität ostdeutscher Jugendliche, in: Deutschland Archiv 39/5 (2006), S. 799–813.

Karsten Speck/Wilfried Schubarth: Regionale Abwanderung Jugendlicher als Teil des demografischen Wandels. Eine ostdeutsche oder gesamtdeutsche Herausforderung?, in: Wilfried Schubarth/Karsten Speck (Hrsg.): Regionale Abwanderung Jugendlicher. Theoretische Analysen, empirische Befunde und politische Gegenstrategien, Weinheim/München 2009, S. 11–40.

Annette Spellerberg: Frauen zwischen Familie und Beruf, in: Wolfgang Zapf/Roland Habich (Hrsg.): Wohlfahrtsentwicklung im vereinten Deutschland. Sozialstruktur, sozialer Wandel und Lebensqualität, Berlin 1996, S. 99–120.

Oswald Spengler: Der Untergang des Abendlandes. Umrisse einer Morphologie der Weltgeschichte. Band 2: Welthistorische Perspektiven, München 1922.

Rudolf Speth/Thomas Leif: Lobbying und PR am Beispiel der Initiative Neue Soziale Marktwirtschaft, in: Thomas Leif/Rudolf Speth (Hrsg.): Die fünfte Gewalt. Lobbyismus in Deutschland, Wiesbaden 2006, S. 302–316.

Ira Spieker: Bilder in Bewegung? Mobilität und Stereotype in sächsischen Grenzregionen im 19. Jahrhundert. Zur Nationalisierung und Ethnifizierung von Fremdheit, in: Reinhard Johler/Max Matter/Sabine Zinn-Thomas (Hrsg.): Mobilitäten. Europa in Bewegung als Herausforderung kulturanalytischer Forschung, Münster u. a. 2011, S. 500–509.

Martin Spieß: Derivation of Design Weights. The Case of the German Socio-Economic Panel (SOEP), Berlin 2005, online unter: https://www.diw.de/documents/publikationen/73/diw_01.c.43561.de/diw_datadoc_2005-008.pdf(Stand: 19.01.2015).

Martin Spiewak: Die Uhr tickt unerbittlich, in: Die Zeit vom 12.02.2004, Nr. 8, online unter: http://www.zeit.de/2004/08/biologische_Uhr/komplettansicht (Stand: 21.05.2014).

Konrad Spyra: Die Pendelwanderung nach Karlsruhe nach den Ergebnissen der Volkszählung am 6. Juni 1961, Karlsruhe 1965.

Stadt Essen (Hrsg.): Wohnungsmarkt in Essen 2010. Bericht der Projektgruppe »Perspektive Wohnen«, Essen 2011, online unter: http://media.essen.de/media/wwwessende/aemter/68/download_1/step/Wohnungsmarkt_in_Essen_2010a_ges.pdf (Stand: 02.07.2014).

Stadtkämmerei Erfurt (Hrsg.): Informationsblatt zur Zweitwohnungssteuer, Erfurt 2003, online unter: http://www.erfurt.de/mam/ef/rathaus/buergerservice/doc/informationsblatt_zweitwohnungssteuer.pdf (Stand: 16.09.2014).

Statistische Ämter des Bundes und der Länder (Hrsg.): Arbeitsmärkte im Wandel, Wiesbaden 2010, online unter: http://www.statistikportal.de/statistik-portal/arbeitsmaerkte_im_wandel.pdf (Stand: 06.05.2014).

Statistisches Amt der Landeshauptstadt Stuttgart (Hrsg.): Pendleranalyse für den Nachbarschaftsverband Stuttgart 1970 und 1987, Stuttgart 1992.

Statistisches Bundesamt (Hrsg.): Bevölkerung und Kultur. Volks- und Berufszählung vom 27. Mai 1970, Fachserie A, Heft 21: Pendler, Stuttgart/Mainz 1974.

Statistisches Bundesamt (Hrsg.): Datenreport 2002. Zahlen und Fakten über die Bundesrepublik Deutschland, 2., aktualisierte Aufl., Bonn 2003, online unter: https://www.destatis.de/DE/Publikationen/Datenreport/Downloads/Datenreport2002.pdf (Stand: 19.12.2013).

Statistisches Bundesamt (Hrsg.): Leben und Arbeiten in Deutschland. Ergebnisse des Mikrozensus 2004, Wiesbaden 2005, online unter: http://www.bmfsfj.de/doku/Publikationen/genderreport/01-Redaktion/PDF-Anlagen/lit-mikrozensus-ergebnisse,property%3Dpdf,bereich%3Dgenderreport,sprache%3Dde,rwb%3Dtrue.pdf (Stand: 06.12.2013).

Statistisches Bundesamt (Hrsg.): Leben und Arbeiten in Deutschland. Sonderheft 2: Vereinbarkeit von Familie und Beruf. Ergebnisse des Mikrozensus 2005, Wiesbaden 2006, online unter: https://www.destatis.de/DE/Publikationen/Thematisch/Bevoelkerung/HaushalteMikrozensus/LebenArbeitenSonderheft2_1023102059004.pdf (Stand: 06.12.2013).

Statistisches Bundesamt (Hrsg.): Wanderungssaldo von Ost- nach Westdeutschland ändert sich wenig. Pressemitteilung Nr. 375, Wiesbaden 01.10.2009, online unter: https://www.destatis.de/DE/PresseService/Presse/Pressemitteilungen/2009/10/PD09_375_12711.html (Stand: 05.05.2014).

Statistisches Bundesamt (Hrsg.): Alleinerziehende in Deutschland. Ergebnisse des Mikrozensus 2009. Begleitmaterial zur Pressekonferenz, Wiesbaden 2010, online unter: https://www.destatis.de/DE/PresseService/Presse/Pressekonferenzen/2010/Alleinerziehende/pressebroschuere_Alleinerziehende2009.pdf (Stand: 23.09.2013).

Statistisches Bundesamt: Wanderungen zwischen dem früheren Bundesgebiet und den neuen Ländern sowie von und nach Berlin. Zeitreihe 1996 bis 2009. Tabelle 2.4, in: Statistisches Bundesamt (Hrsg.): Bevölkerung und Erwerbstätigkeit. Wanderungen (Fachserie 1 Reihe 1.2), Wiesbaden 2011, S. 61.

Statistisches Bundesamt: Preise. Verbraucherpreisindizes für Deutschland. Lange Reihen ab 1948, Wiesbaden 2016, online unter: https://www.destatis.de/DE/Publikationen/Thematisch/Preise/Verbraucherpreise/VerbraucherpreisindexLangeReihenPDF_5611103.pdf (Stand: 19.01.2016).

Statistisches Bundesamt (Hrsg.): Gemeindeverzeichnis. Gemeinden in Deutschland nach Fläche, Bevölkerung und Postleitzahl am 31.12.2013, Wiesbaden 2014, online unter: https://www.destatis.de/DE/ZahlenFakten/LaenderRegionen/Regionales/Gemeindeverzeichnis/Administrativ/Aktuell/09GemeindenFlaechengroessen.xls (Stand: 07.09.2015).

Statistisches Bundesamt: Wanderungen zwischen dem früheren Bundesgebiet und den neuen Ländern sowie von und nach Berlin. Zeitreihe 1997 bis 2012. Tabelle 2.4, in: Statistisches Bundesamt (Hrsg.): Bevölkerung und Erwerbstätigkeit. Wanderungen (Fachserie 1 Reihe 1.2), Wiesbaden 2014, S. 57 f.

Statistisches Bundesamt / Wissenschaftszentrum Berlin für Sozialforschung (Hrsg.): Datenreport 2013. Ein Sozialbericht für die Bundesrepublik Deutschland, 14. Aufl., Bonn 2013, online unter: http://www.bpb.de/system/files/dokument_pdf/Datenreport%202013.pdf (Stand: 05.05.2014).

Hermann Staubach: Pendelwanderung und Raumordnung. Der Einfluß der Pendelwanderung auf die Standortpolitik im Wohnungs- und Siedlungswesen, Köln / Opladen 1962.

Michael Stegmann / Julia Werner / Heiko Müller: Sequenzmusteranalyse. Einführung in Theorie und Praxis, München / Mering 2013.

Annemarie Steidl: Regionale Zuwanderungsräume Wiener Handwerker im 18. und 19. Jahrhundert, in: IMIS-Beiträge 7/18 (2001), S. 107–121, online unter: http://

www.imis.uni-osnabrueck.de/fileadmin/4_Publikationen/PDFs/imis18.pdf (Stand: 19.03.2015).

Ulrike Steinbacher: Proteste ohne jegliche Wirkung, in: Süddeutsche Zeitung. Landkreisausgabe München Nord vom 29.04.2010, Nr. 98, S. R1.

André Steiner: Zwischen Konsumversprechen und Innovationszwang. Zum wirtschaftlichen Niedergang der DDR, in: Konrad Hugo Jarausch / Martin Sabrow (Hrsg.): Weg in den Untergang. Der innere Zerfall der DDR, Göttingen 1999, S. 153–192.

Christine Steiner: »Schuster, bleib bei deinen Leisten!«. Berufliche Mobilität im ostdeutschen Transformationsprozeß, in: Sabine Schenk (Hrsg.): Ostdeutsche Erwerbsverläufe zwischen Kontinuität und Wandel, Opladen 1997, S. 113–152.

Christine Steiner / Sabine Böttcher / Gerald Prein / Sylvia Terpe: Land unter. Ostdeutsche Jugendliche auf dem Weg ins Beschäftigungssystem, Halle (Saale) 2004, online unter: http://www.zsh-online.de/fileadmin/PDF-Dokumente/Forschungs berichte/04_1FB.pdf (Stand: 14.05.2014).

Viktor Steiner / Kersten Wagner: Has Earning Inequality in Germany Changed in the 1980's?, in: Zeitschrift für Wirtschafts- und Sozialwissenschaften 118/1 (1998), S. 29–59.

Steueramt Halle (Hrsg.): Merkblatt, Halle (Saale) 2014, online unter: http://www.halle.de/Publications/3038/merkblatt__zur_zweitwohnungssteuer.pdf (Stand: 16.09.2014).

Yve Stöbel-Richter: Fertilität und Partnerschaft. Eine Längsschnittstudie zu Familienbildungsprozessen über 20 Jahre, zugl. Habil. Univ. Leipzig 2008, Gießen 2010.

Wolfgang Stöckmann: Die Wohnort- und Arbeitsplatzmobilität der Bevölkerung in ländlichen Räumen. Gutachten erstellt im Auftrage des Bundesministeriums des Innern, Frankfurt am Main 1971.

Ulrich Stoll: Einmal Freiheit und zurück. Die Geschichte der DDR-Rückkehrer, Berlin 2009.

Manfred Stolpe: Vorwort, in: Bundesministerium für Verkehr, Bau- und Wohnungswesen (Hrsg.): Verkehr in Zahlen 2002/2003, Hamburg 2002, S. 3.

Bernd Stöver: Zuflucht DDR. Spione und andere Übersiedler, München 2009.

Michael Stremlau: Dienstanweisung Nr. 5/2013 zu Förderrichtlinien AZ: II – 500.5.1. Jobcenter Kiel, Kiel 10.06.2013, online unter: http://www.jobcenter-ge.de/lang_de/nn_507748/Argen/ArgeKiel/SharedDocs/Publikationen/F_C3_B6rderrichtlinien_202013,property=publicationFile.pdf (Stand: 21.04.2014).

Gabriele Sturm / Katrin Meyer: Was können die Melderegister deutscher Großstädte zur Analyse von residenzieller Multilokalität beitragen?, in: Informationen zur Raumentwicklung 36/1–2 (2009), S. 15–29.

Alex F. Stute: Schändet Arbeit?, in: Die Welt vom 13.10.1978, Nr. 239, S. 6.

Alois Stutzer / Bruno S. Frey: Commuting and Life Satisfaction in Germany, in: Informationen zur Raumentwicklung 34/2–3 (2007), S. 179–189.

Herbert Susteck: Das gesellschaftliche Verständnis der Familie in der Bundesrepublik Deutschland, in: Aus Politik und Zeitgeschichte 45/52–53 (1995), S. 16–25.

Frank Swiaczny: Ausländer in der Bundesrepublik Deutschland, in: Institut für Länderkunde (Hrsg.): Atlas Bundesrepublik Deutschland. Pilotband, Leipzig 1997, S. 44f.

Martina Switalski: Landmüller und Industrialisierung. Sozialgeschichte fränkischer Mühlen im 19. Jahrhundert, zugl. Diss. Univ. Augsburg 2004, Münster u. a. 2005.

Claas Tatje: Die Pendlerrepublik, in: Die Zeit vom 22.05.2014, Nr. 22, S. 23 f.

Klaus Tenfelde: Bildung und sozialer Aufstieg im Ruhrbergbau vor 1914. Vorläufige Überlegungen, in: Werner Conze / Ulrich Engelhardt (Hrsg.): Arbeiter im Industrialisierungsprozeß. Herkunft, Lage und Verhalten, Stuttgart 1979, S. 465–493.

Tatjana Thelen / Astrid Baerwolf: Traditionalisierung in der Flexibilisierung. Familiäre Arbeitsteilung in Ostdeutschland, in: Marc Szydlik (Hrsg.): Flexibilisierung. Folgen für Arbeit und Familie, Wiesbaden 2008, S. 275–294.

Tatjana Thelen / Astrid Baerwolf / Tilo Grätz: Ambivalenzen der Flexibilisierung. Traditionalisierung in Familien- und Geschlechterbeziehungen in Ostberlin und Brandenburg 2006, online unter: http://www.eth.mpg.de/cms/en/publications/working_papers/pdf/mpi-eth-working-paper-0089.pdf (Stand: 25.11.2013).

Ramona Thiele / Johanna Wittzell: »Froh sein kann, wer Arbeit hat.«. Pendlerinnen und Pendler, in: Ute Mohrmann / Leonore Scholze-Irrlitz / Sigrid Jacobeit (Hrsg.): FrauenAlltag im östlichsten deutschen Osten. Eisenhüttenstadt, Münster u. a. 2008, S. 61–79.

Michael Tibudd: Bloß nicht nach Fürth! Beschäftigte des statistischen Landesamts wollen nicht umziehen, in: Süddeutsche Zeitung. Ausgabe München vom 24.03.2010, Nr. 69, S. N1.

Charles Tilly: Migration in Modern European History, in: William Hardy McNeill / Ruth S. Adams (Hrsg.): Human Migration. Patterns and Policies, Bloomington / London 1978, S. 48–72.

Karsten Toparkus: Zumutbare Beschäftigung im Arbeitsförderungsrecht. § 121 SGB III, zugl. Diss. Univ. Freiburg im Breisgau 1998, Frankfurt am Main u. a. 1999.

Mark Trede: Einkommensmobilität, in: Statistisches Bundesamt (Hrsg.): Einkommen und Vermögen in Deutschland. Messung und Analyse. Beiträge zum wissenschaftlichen Kolloquium am 13./14. November 1997 in Wiesbaden, Stuttgart 1998, S. 89–109.

Till van Treeck: »Wohlstand ohne Wachstum« braucht gleichmäßige Einkommensverteilung [Das Deckblatt der Zeitschrift nennt einen anderen Titel: Ungleiche Einkommensverteilung als Hindernis], in: Aus Politik und Zeitgeschichte 62/27–28 (2012), S. 32–38.

Till van Treeck / Simon Sturn: Income Inequality as a Cause of the Great Recession? A Survey of Current Debates, Genf 2012, online unter: http://www.ilo.org/wcmsp5/groups/public/---ed_protect/---protrav/---travail/documents/publication/wcms_187497.pdf (Stand: 25.09.2013).

Klaus Trutzel / Walter Schneider: Nürnberg als Arbeitszentrum. Pendelbeziehungen und Pendelverkehr nach den Ergebnissen der Volkszählung 1961, Nürnberg 1966.

Claus J. Tully: Mobiler Alltag. Mobilität zwischen Option und Zwang, Vom Zusammenspiel biographischer Motive und sozialer Vorgaben, Wiesbaden 2006.

Claus J. Tully: Alles in Bewegung. Wie sich die Mobilität der Deutschen durch gewandelte Lebensstile von Grund auf verändert, in: Süddeutsche Zeitung vom 23.04.2012, Nr. 94, S. 41.

Gerwin Udke: Dableiben, Weggehen, Wiederkommen. Abwanderung aus Ostdeutschland. 1945 bis heute. Motive, Hintergründe, Folgen, Auswege, Mering 2008.

Arndt Ullmann: Unternehmensgründungen im Freistaat Sachsen, in: Wilhelm Hinrichs / Eckhard Priller (Hrsg.): Handeln im Wandel. Akteurskonstellationen in der Transformation, Berlin 2001, S. 283–298.

Hans Unrein: Arbeitslosigkeit. Fakten, Aspekte, Wirkungen, Köln 1978.
John Urry: Sociology Beyond Societies. Mobilities for the Twenty-first Century, London / New York 2000.
John Urry: Globale Komplexitäten, in: Helmuth Berking (Hrsg.): Die Macht des Lokalen in einer Welt ohne Grenzen, Frankfurt am Main / New York 2006, S. 87–102.
John Urry: Mobilities, Cambridge / Malden 2007.
Hans Uske: Das Fest der Faulenzer. Die öffentliche Entsorgung der Arbeitslosigkeit, zugl. Diss. Univ. Duisburg 1994, Duisburg 1995.
Dieter Uthoff: Der Pendelverkehr im Raum um Hildesheim. Eine genetische Untersuchung zu seiner Raumwirksamkeit, Diss. Univ. Göttingen 1967.
Leandro Valgolio: Voraussetzungen und Dauer des Arbeitslosengeldanspruchs, in: Wolfgang Spellbrink / Wolfgang Eicher (Hrsg.): Kasseler Handbuch des Arbeitsförderungsrechts. Das SGB III in Recht und Praxis, München 2003, S. 561–657.
Jean E. Veevers: Voluntary Childlessness. A Neglected Area of Family Study, in: The Family Coordinator 22/2 (1973), S. 199–205.
Mechthild Veil: Kinderbetreuungskulturen in Europa. Schweden, Frankreich, Deutschland, in: Aus Politik und Zeitgeschichte 53/44 (2003), S. 12–22.
Verlag Herder (Hrsg.): Herder Lexikon Geographie, 8. Aufl., Freiburg im Breisgau u. a. 1981.
Verlag Herder (Hrsg.): Herder Lexikon Geographie, 10., neubearbeitete Aufl., Freiburg im Breisgau u. a. 1990.
Rudolf Vierhaus: Die Rekonstruktion historischer Lebenswelten. Probleme moderner Kulturgeschichtsschreibung, in: Hartmut Lehmann (Hrsg.): Wege zu einer neuen Kulturgeschichte. Mit Beiträgen von Rudolf Vierhaus und Roger Chartier, Göttingen 1995, S. 5–28.
Paul Virilio: Rasender Stillstand. Essay, aus dem Französischen von Bernd Wilczek, München / Wien 1992.
Gil Viry / Heather Hofmeister / Eric D. Widmer: Earyl Life Course Relocation. Effects on Motility, Mobility and Social Integration, in: Norbert F. Schneider / Beate Collet (Hrsg.): Mobile Living Across Europe. Band 2: Causes and Consequences of Job-Related Spatial Mobility in Cross-National Comparison, Opladen / Farmington Hills 2010, S. 153–172.
Wolfgang Voges / Ilona Ostner: Wie arm sind alleinerziehende Frauen?, in: Karl-Jürgen Bieback / Helga Milz (Hrsg.): Neue Armut, Frankfurt am Main / New York 1995, S. 122–147.
Gerlinde Vogl: Betriebliche Mobilitätsregime. Die strukturierende Kraft betrieblicher Mobilitätspolitik auf Arbeit und Leben, in: Olaf Kapella / Christiane Rille-Pfeiffer / Marina Rupp / Norbert F. Schneider (Hrsg.): Die Vielfalt der Familie. Tagungsband zum 3. Europäischen Fachkongress Familienforschung, Opladen / Farmington Hills 2009, S. 259–272.
Walter Vogt: Was ist und welchen Sinn hat Mobilität? Mobilität und gesellschaftliche Entwicklung, in: Der Bürger im Staat 52/3 (2002), S. 118–126.
Susanne Völker: Hybride Praktiken zwischen Anpassung und Widerständigkeit. Erwerbsorientierungen und Lebensarrangements ostdeutscher Frauen im (betrieblichen) Transformationsprozess, in: Potsdamer Studien zur Frauen und Geschlechterforschung 7 (2003), S. 33–59.
Susanne Völker: Hybride Geschlechterpraktiken. Erwerbsorientierungen und Lebens-

arrangements von Frauen im ostdeutschen Transformationsprozess, teilweise zugl. Diss. HU Berlin, Wiesbaden 2004.

G. Günter Voß: Subjektivierung und Mobilisierung. Und: Was würde Odysseus zum Thema Mobilität beitragen?, in: Irene Götz / Barbara Lemberger / Katrin Lehnert / Sanna Schondelmayer (Hrsg.): Mobilität und Mobilisierung. Arbeit im sozioökonomischen, politischen und kulturellen Wandel, Frankfurt am Main / New York 2010, S. 95–136.

Sigrid Wadauer: Die Tour der Gesellen. Mobilität und Biographie im Handwerk vom 18. bis zum 20. Jahrhundert, zugl. Diss. Univ. Wien 2001, Frankfurt am Main / New York 2005.

Sigrid Wadauer: Historische Migrationsforschung. Überlegungen zu Möglichkeiten und Hindernissen, in: Österreichische Zeitschrift für Geschichtswissenschaften 19/1 (2008), S. 6–14.

Johannes Waechter: Das Pendeln hat Tradition, in: Berliner Zeitung (online) vom 12.01.1998, online unter: http://www.berliner-zeitung.de/archiv/vor-der-wende-fuhren-taeglich-60-000-in-die-hauptstadt-zur-arbeit-das-pendeln-hat-tradition,10810590,9384406.html (Stand: 13.01.2014).

Gert G. Wagner: Arbeitslosigkeit, Abwanderung und Pendeln von Arbeitskräften der neuen Bundesländer, in: Sozialer Fortschritt 41/4 (1992), S. 84–89.

Gert G. Wagner / Joachim R. Frick / Jürgen Schupp: The German Socio-Economic Panel Study (SOEP). Scope, Evolution and Enhancements, in: Schmollers Jahrbuch. Zeitschrift für Wirtschafts- und Sozialwissenschaften 127/1 (2007), S. 139–169.

Gert G. Wagner / Jan Goebel / Peter Krause / Rainer Pischner / Ingo Sieber: Multidisziplinäres Haushaltspanel und Kohortenstudie für Deutschland. Eine Einführung (für neue Datennutzer) mit einem Ausblick (für erfahrene Anwender), in: AStA Wirtschafts- und Sozialstatistisches Archiv 2/4 (2008), S. 301–328.

Michael Wagner: Räumliche Mobilität im Lebensverlauf. Eine empirische Untersuchung sozialer Bedingungen der Migration, zugl. Diss. FU Berlin 1987, Stuttgart 1989.

Michael Wagner: Wanderungen im Lebensverlauf, in: Karl Ulrich Mayer (Hrsg.): Lebensverläufe und sozialer Wandel, Opladen 1990, S. 212–238.

Michael Wagner: Zur Bedeutung räumlicher Mobilität für den Erwerbsverlauf bei Männern und Frauen, in: Akademie für Raumforschung und Landesplanung (Hrsg.): Regionale und biographische Mobilität im Lebensverlauf, Hannover 1992, S. 149–167.

Renate Wahrig-Burfeind (Hrsg.): Wahrig. Deutsches Wörterbuch. Mit einem »Lexikon der deutschen Sprachlehre«, 7., vollständig neu bearbeitete und aktualisierte Aufl., Gütersloh / München 2000.

Rolf Walter: Einführung in die Wirtschafts- und Sozialgeschichte, Köln u. a. 2008.

Gerlind Weber / Tatjana Fischer: Gehen oder Bleiben? Die Motive des Wanderungs- und Bleibeverhaltens junger Frauen im ländlichen Raum der Steiermark und die daraus resultierenden Handlungsoptionen. Endbericht, Wien 2010, online unter: http://www.landentwicklung.steiermark.at/cms/dokumente/11348748_19700052/97c73ba6/endbericht_gehen_bleiben_03_10.pdf (Stand: 06.12.2013).

Max Weber: Grundriss der Sozialökonomik. Band 3: Wirtschaft und Gesellschaft, Tübingen 1922.

Edgar Wedel: Berufs- und Ausbildungspendler 1987. Ergebnisse der Volkszählung, in: Wirtschaft und Statistik 43/8 (1991), S. 522–530.

Alexander Wegener / Inge Lippert: Familie und Arbeitswelt. Rahmenbedingungen und Unternehmensstrategien in Großbritannien, Frankreich und Dänemark, Berlin 2004, online unter: http://www.kompetenzzentrum-bw.de/ffbetr/Infomaterial/Datenbank/20080107.1.pdf (Stand: 18.12.2014).

Michael Wegener: Die Dialektik der Mobilität, in: Joachim Scheiner / Hans Heinrich Blotevogel / Susanne Frank / Christian Holz-Rau / Nina Schuster (Hrsg.): Mobilitäten und Immobilitäten. Menschen Ideen Dinge Kulturen Kapital, Essen 2013, S. 81–90.

Hans-Ulrich Wehler: Deutsche Gesellschaftsgeschichte. Band 3: Von der »Deutschen Doppelrevolution« bis zum Beginn des Ersten Weltkrieges 1849–1914, 1. durchgesehene Aufl. der broschierten Studienausgabe, München 2008.

Hans-Ulrich Wehler: Deutsche Gesellschaftsgeschichte. Band 5: Bundesrepublik und DDR 1949–1990, München 2008.

Peter Weichhart: Raumbezogene Identität. Bausteine zu einer Theorie räumlich-sozialer Kognition und Identifikation, Stuttgart 1990.

Peter Weichhart: Multilokalität. Konzepte, Theoriebezüge und Forschungsfragen, in: Informationen zur Raumentwicklung 36/1–2 (2009), S. 1–14.

Karl Weigand: Rüsselsheim und die Funktion der Stadt im Rhein-Main-Gebiet. Mit besonderer Berücksichtigung der Pendelwanderung, zugl. Diss. Univ. Frankfurt am Main 1955, Frankfurt am Main 1956.

Christoph Weischer: Sozialforschung, Konstanz 2007.

Christoph Weischer: Die Modellierung des Sozialen Raums, in: Nicole Burzan / Peter A. Berger (Hrsg.): Dynamiken (in) der gesellschaftlichen Mitte, Wiesbaden 2010, S. 107–134.

Christine Weiske / Knut Petzold / Diana Zierold: Neue multilokale Haushaltstypen [Manuskript auf CD unter Sektion Arbeits- und Industriesoziologie, Entwicklungssoziologie, Stadt- und Regionalsoziologie], in: Hans-Georg Soeffner / Kathy Kursawe / Margrit Elsner / Manja Adlt (Hrsg.): Unsichere Zeiten. Herausforderungen gesellschaftlicher Transformationen. Verhandlungen des 34. Kongresses der Deutschen Gesellschaft für Soziologie in Jena 2008, Wiesbaden 2010.

Wolfgang Weiß: Bevölkerungsentwicklung im ländlichen Raum Ostdeutschlands am Beispiel der Region Vorpommern. Aktuelle Prozesse, Potentiale und Restriktionen für die Raumentwicklung, in: Paul Gans / Franz-Josef Kemper (Hrsg.): Mobilität und Migration in Deutschland. Beiträge zur Tagung des Arbeitskreises »Bevölkerungsgeographie« des Verbandes der Geographen an Deutschen Hochschulen am 15. und 16. September 1994 in Erfurt, Erfurt 1995, S. 115–133.

Hubert Welp: Das Wirtschaftsleben der Stadt Münster (Westf.) in seiner räumlichen Struktur. Eine Analyse und Synthese, Diss. Univ. Münster 1963.

Hartmut Wendt: Wanderungen nach und innerhalb von Deutschland unter besonderer Berücksichtigung der Ost-West-Wanderungen, in: Zeitschrift für Bevölkerungswissenschaft 19/4 (1994), S. 517–540.

Hartmut Wendt: Wanderungen in Deutschland zwischen Ost und West vor und nach der Vereinigung, in: Paul Gans / Franz-Josef Kemper (Hrsg.): Mobilität und Migration in Deutschland. Beiträge zur Tagung des Arbeitskreises »Bevölkerungsgeographie« des Verbandes der Geographen an Deutschen Hochschulen am 15. und 16. September 1994 in Erfurt, Erfurt 1995, S. 5–17.

Hartmut Wendt: Asylbewerber. Herkunft und rechtliche Grundlagen, in: Leibniz-

Institut für Länderkunde (Hrsg.): Nationalatlas Bundesrepublik Deutschland. Band 4: Bevölkerung, Heidelberg 2001, S. 136–139.

Annelene Wengler / Heike Trappe / Christian Schmitt: Alles wie gehabt? Zur Aufteilung von Hausarbeit und Elternaufgaben in Partnerschaften, in: Zeitschrift für Bevölkerungswissenschaft 34/1–2 (2009), S. 57–78.

Matthias Wermke / Kathrin Kunkel-Razum / Werner Scholze-Stubenrecht (Hrsg.): Der Duden in zwölf Bänden. Band 5: Duden. Das Fremdwörterbuch, 10., aktualisierte Aufl., Mannheim / Zürich 2010.

Guido Westerwelle: Hartz IV und die Frage, wer das alles zahlt. Vergesst die Mitte nicht, in: Die Welt vom 11.02.2010, Nr. 35, S. 6.

Sabine Widmer: Kirchheim unter Teck zwischen Handwerk und Industrie. 1806–1914, zugl. Diss. Univ. Tübingen 1986, Kirchheim unter Teck 1987.

Karin Wiest / Tim Leibert: Wanderungsmuster junger Frauen im ländlichen Sachsen-Anhalt. Implikationen für zielgruppenorientierte Regionalentwicklungsstrategien, in: Raumforschung und Raumordnung 71/6 (2013), S. 455–469.

Rolf G. Wieting / Jörg Hübschle: Struktur und Motive der Wanderungsbewegungen in der Bundesrepublik Deutschland. Unter besonderer Berücksichtigung der kleinräumigen Mobilität, Basel 1968.

Mathias Wilde: Rezension zu: Peter Adey (2010): Mobility, in: Raumforschung und Raumordnung 69/1 (2011), S. 65 f.

Andreas Willisch: Umbruch und Überleben, in: Heinz Bude / Thomas Medicus / Andreas Willisch (Hrsg.): ÜberLeben im Umbruch. Am Beispiel Wittenberge. Ansichten einer fragmentierten Gesellschaft, Hamburg 2011, S. 82–89.

Andreas Willisch (Hrsg.): Wittenberge ist überall. Überleben in schrumpfenden Regionen, Berlin 2012.

Michael Windzio: Kann der regionale Kontext zur »Arbeitslosenfalle« werden? Der Einfluss der Arbeitslosigkeit auf die Mobilität zwischen regionalen Arbeitsmärkten in Westdeutschland, in: Kölner Zeitschrift für Soziologie und Sozialpsychologie 56/2 (2004), S. 257–278.

Michael Windzio: Regionale Arbeitslosigkeit und Distanz zur Grenze. Individual- und Kontexteffekte auf die Abwanderung von Arbeitskräften von Ost- nach Westdeutschland, in: Schmollers Jahrbuch. Zeitschrift für Wirtschafts- und Sozialwissenschaften 127/4 (2007), S. 553–583.

Michael Windzio: Die Abwanderung Arbeitsloser von Ost- nach Westdeutschland. Zur »institutionellen Bindewirkung« des Wohlfahrtsstaates, in: Peter Krause / Ilona Ostner (Hrsg.): Leben in Ost- und Westdeutschland. Eine sozialwissenschaftliche Bilanz der deutschen Einheit 1990–2010, Frankfurt am Main / New York 2010, S. 277–298.

Rolf Winkel: Jede zumutbare Stelle muss angenommen werden, in: Süddeutsche Zeitung vom 28.08.2002, Nr. 198, S. 22.

Rolf Winkel: Ein Umzug ist zumutbar, in: Süddeutsche Zeitung vom 17.12.2003, Nr. 290, S. 18.

Ulrike Winkelmann: Berufspendler in Baden-Württemberg. Keine (ganz) unbekannten Wesen, in: Statistisches Monatsheft Baden-Württemberg 6/3 (2008a), S. 30–34.

Ulrike Winkelmann: Berufspendler in Baden-Württemberg. Wo sind die Arbeitswege am längsten?, in: Statistisches Monatsheft Baden-Württemberg 6/8 (2008b), S. 35–40.

Ulrike Winkelmann: Berufspendler in Baden-Württemberg. Die Mobilität steigt weiter, in: Statistisches Monatsheft Baden-Württemberg 7/7 (2009), S. 28–31.

Andreas Wirsching: Die Familie in der Moderne. Eine Krisengeschichte?, in: Wolfgang E. J. Weber / Markwart Herzog (Hrsg.): »Ein Herz und eine Seele?«. Familie heute, Stuttgart 2003, S. 45–56.

Andreas Wirsching: Abschied vom Provisorium. 1892–1990, München 2006.

Andreas Wirsching: Der Preis der Freiheit. Geschichte Europas in unserer Zeit, München 2012.

Wirtschafts- und Sozialpolitisches Forschungs- und Beratungszentrum der Friedrich-Ebert-Stiftung (Hrsg.): Die Hartz-Reform. Neue Dynamik für den Arbeitsmarkt. Ergebnisse einer Fachtagung des Gesprächskreises Arbeit – Betrieb – Politik in der Friedrich-Ebert-Stiftung, Bonn 2002.

Wissenschaftlicher Rat der Dudenredaktion (Hrsg.): Duden. Das große Wörterbuch der deutschen Sprache in sechs Bänden. Band 4: Kam-N, Mannheim u. a. 1978.

Wissenschaftlicher Rat der Dudenredaktion (Hrsg.): Duden. Das große Wörterbuch der deutschen Sprache in acht Bänden. Band 5: Leg-Pow, 2., völlig neu bearbeitete und erweiterte Aufl., Mannheim u. a. 1994.

Wissenschaftlicher Rat der Dudenredaktion (Hrsg.): Duden. Das große Wörterbuch der deutschen Sprache in zehn Bänden. Band 6: Lein-Peko, 3., völlig neu bearbeitete und erweiterte Aufl., Mannheim u. a. 1999.

Hellmuth Wolff: Die inneren Wanderungen, unter besonderer Berücksichtigung der Wanderungen mit fester Wohnstätte, in: Jahrbücher für Nationalökonomie und Statistik 39/1 (1910), S. 166–181.

Ting Yan / Stephanie Eckman: Panel Conditioning. Change in True Value versus Change in Self-Report, in: American Statistical Association (Hrsg.): Proceedings of the Survey Research Methods Section, Alexandria (Virginia) 2012, S. 4726–4736, online unter: https://www.amstat.org/Sections/Srms/Proceedings/y2012/files/306203_76099.pdf (Stand: 19.12.2015).

Irene Zander: Das große Heer der Arbeitsnomaden, in: Die Zeit vom 27.07.1962, Nr. 30, S. 7.

Sonja Zekri: Eine Stadt bleibt übrig, in: Süddeutsche Zeitung vom 07.08.2003, Nr. 180, S. 11.

Bénédicte Zimmermann: Arbeitslosigkeit in Deutschland. Zur Entstehung einer sozialen Kategorie, aus dem Französischen von Manuela Lenzen und Martin Klaus, Frankfurt am Main / New York 2006.

Gunter E. Zimmermann: Räumliche Mobilität, in: Bernhard Schäfers / Wolfgang Zapf (Hrsg.): Handwörterbuch zur Gesellschaft Deutschlands, Opladen 2001, S. 529–538.

Horst Zimmermann: Regionale Präferenzen. Wohnortorientierung und Mobilitätsbereitschaft der Arbeitnehmer als Determinanten der Regionalpolitik, Bonn 1973.

Jessica Zimmermann: Schausteller. Zwischen Tradition und Moderne, in: Westfälisches Landesmuseum für Industriekultur (Hrsg.): Wanderarbeit. Mensch – Mobilität – Migration. Historische und moderne Arbeitswelten, Essen 2013, S. 19–29.

Jessica Zimmermann: Wanderziegler. Vom Leben in der Fremde, in: Westfälisches Landesmuseum für Industriekultur (Hrsg.): Wanderarbeit. Mensch – Mobilität – Migration. Historische und moderne Arbeitswelten, Essen 2013, S. 31–41.

Peter Zoche / Simone Kimpeler / Markus Joepgen: Virtuelle Mobilität. Ein Phänomen mit physischen Konsequenzen? Zur Wirkung der Nutzung von Chat, Online-

Banking und Online-Reiseangeboten auf das physische Mobilitätsverhalten, Berlin u. a. 2002.

Reimut Zohlnhöfer: Die Wirtschaftspolitik der Ära Kohl. Eine Analyse der Schlüsselentscheidungen in den Politikfeldern Finanzen, Arbeit und Entstaatlichung. 1982–1998, Diss. Univ. Heidelberg 2001, online unter: http://www.uni-heidelberg.de/md/politik/personal/zohlnhoefer/person/dissertation.pdf (Stand: 20.02.2014).

Internetseiten

Bundesinstitut für Bau-, Stadt- und Raumforschung: Siedlungsstrukturelle Regionstypen Europas. NUTS 2-Typen (Stand 31.12.2008), Bonn 2009, online unter: http://www.bbsr.bund.de/BBSR/DE/Raumbeobachtung/Raumabgrenzungen/SiedlungsstrukturelleRegionstypenEuropa/NUTS2/download_RefTab_N2.xls (Stand: 18.11.2013).

Bundesministerium für Familie, Senioren, Frauen und Jugend (Hrsg.): Förderprogramm »Betriebliche Kinderbetreuung«, Berlin 2015, online unter: http://www.bmfsfj.de/BMFSFJ/familie,did=129890.html (Stand: 10.11.2015).

Rainer Geißler: Wandel der Sozialstruktur. Nachholende Modernisierung, Bonn 2009, online unter: http://www.bpb.de/geschichte/deutsche-einheit/deutsche-teilung-deutsche-einheit/43842/wandel-der-sozialstruktur?p=all (Stand: 17.02.2014).

GESIS – Leibniz-Institut für Sozialwissenschaften: Allgemeine Bevölkerungsumfrage der Sozialwissenschaften ALLBUS. Kumulation 1980–2010, Köln 2012, online unter: http://dx.doi.org/10.4232/1.11486 (Stand: 15.06.2015).

Industrie- und Handelskammer Dresden (Hrsg.): Sachse komm zurück. Fachkräfte für Sachsen, Dresden, online unter: www.sachsekommzurueck.de (Stand: 07.10.2014).

Information und Technik Nordrhein-Westfalen (Hrsg.): NRW. Jede(r) zweite Erwerbstätige pendelt in eine andere Gemeinde, Düsseldorf 2012, online unter: https://www.it.nrw.de/presse/pressemitteilungen/2012/pres_267_12.html (Stand: 02.09.2015).

Information und Technik Nordrhein-Westfalen (Hrsg.): Regionale Gliederung Nordrhein-Westfalens, Düsseldorf 2013, online unter: http://www.it.nrw.de/statistik/a/daten/eckdaten/r511geo2.html (Stand: 07.09.2015).

Information und Technik Nordrhein-Westfalen (Hrsg.): Erwerbsbeteiligung der Bevölkerung in NRW. Ergebnisse des Mikrozensus, Düsseldorf 2014, online unter: https://www.it.nrw.de/statistik/b/daten/eckdaten/r514mz_erwerb1.html (Stand: 02.09.2015).

Information und Technik Nordrhein-Westfalen (Hrsg.): IT.NRW legt neue Pendlerrechnung vor. 4,4 Millionen Erwerbstätige pendeln in NRW in eine andere Gemeinde, Düsseldorf 2014, online unter: https://www.it.nrw.de/presse/pressemitteilungen/2014/pres_309_14.html (Stand: 02.09.2015).

Initiative Neue Soziale Marktwirtschaft: Soziale Gerechtigkeit. Einkommensarmut fast konstant, Berlin 2009, online unter: http://www.wohlstandsbilanz-deutschland.de/einkommensarmut-fast-konstant.html (Stand: 13.03.2013).

Antonia Milbert: Laufende Raumbeobachtung. Raumabgrenzungen. Siedlungsstrukturelle Kreistypen, Bonn 2015, online unter: http://www.bbsr.bund.de/cln_032/nn

_1067638/BBSR/DE/Raumbeobachtung/Raumabgrenzungen/Kreistypen4/kreis typen.html (Stand: 12.09.2014).
Ohne Verfasserangabe: Jahrelange Job-Verluste im Osten, Hamburg 21.02.2014, online unter: http://www.tagesschau.de/wirtschaft/beschaeftigung104.html (Stand: 10.10.2014).
Stadt Weißwasser (Hrsg.): Zahlen & Fakten, Weißwasser 2014, online unter: http://weisswasser.de/zahlen_fakten (Stand: 26.06.2014).
Stadtverwaltung Wittenberge: Stadt Wittenberge, Wittenberge 2014, online unter: http://www.wittenberge.de/verzeichnis/objekt.php?mandat=43340 (Stand: 26.06.2014).
Statistikstelle der Stadt Karlsruhe: Berufseinpendler und -auspendler mit Arbeits- bzw. Wohnort Karlsruhe, Karlsruhe 2014, online unter: https://web1.karlsruhe.de/Stadtentwicklung/siska/sgt/sgt04090.htm (Stand: 31.08.2015).
Statistikstelle der Stadt Karlsruhe: Beschäftigte Arbeitnehmer mit Wohn- bzw. Arbeitsort Karlsruhe seit 1992, Karlsruhe 2014, online unter: https://web1.karlsruhe.de/Stadtentwicklung/siska/sgt/sgt04080.htm (Stand: 31.08.2015).
Statistikstelle der Stadt Karlsruhe: Sozialversicherungspflichtig beschäftigte Arbeitnehmer nach Wirtschaftsabschnitten, Karlsruhe 2014, online unter: https://web1.karlsruhe.de/Stadtentwicklung/siska/sgt/sgt04110.htm (Stand: 31.08.2015).
Statistische Ämter des Bundes und der Länder (Hrsg.): Regionaldatenbank Deutschland, Düsseldorf, online unter: https://www.regionalstatistik.de (Stand: 12.09.2014).
Statistische Ämter des Bundes und der Länder (Hrsg.): Sozialversicherungspflichtig Beschäftigte am Arbeits- und Wohnort sowie Ein- und Auspendler über Gemeindegrenzen nach Geschlecht – Stichtag 30.06. – regionale Ebene, Düsseldorf 2015, online unter: https://www.regionalstatistik.de/link/tabelleErgebnis/254-04-5-B (Stand: 31.08.2015).
Statistisches Bundesamt (Hrsg.): Gemeindeverzeichnis-Informationssystem (GV-ISys). Namens- und Gebietsänderungen der Gemeinden, Wiesbaden 2015, online unter: https://www.destatis.de/DE/ZahlenFakten/LaenderRegionen/Regionales/Gemeindeverzeichnis/NamensGrenzAenderung/NamensGrenzAenderung.html (Stand: 27.08.2015).
Statistisches Landesamt Baden-Württemberg: Sozialversicherungspflichtig Beschäftigte sowie Berufspendler über die Gemeindegrenzen, Stuttgart 2014, online unter: http://www.statistik.baden-wuerttemberg.de/SRDB/Tabelle.asp?H=6&U=03&T=03025003&E=LA&R=LA (Stand: 31.08.2015).
UdW GmbH (Hrsg.): mv4you. Fach- und Führungskräfte für Mecklenburg-Vorpommern, Neubrandenburg, online unter: http://mv4you.de (Stand: 07.10.2014).
Wirtschaftsarchiv Baden-Württemberg (Hrsg.): Archivbestände Kolb & Schüle (Textilfabrik), Stuttgart 2015, online unter: https://wabw.uni-hohenheim.de/70019.html (Stand: 27.03.2015).

Abbildungs- und Tabellenverzeichnis

Register

Ortsregister*

* Manche Raumangaben subsumieren Einzelnennungen von Teilräumen. Mit der Ausnahme von Böhmen, Jugoslawien, Preußen und Schlesien wurden historische Ortsangaben heutigen administrativen Gegebenheiten und Benennungen zugeordnet. Angaben zu Deutschland, Westdeutschland und Ostdeutschland als Gesamtregion werden nicht ausgewiesen.

Personenregister

Sachregister*

* Bei inhaltlichen Ausführungen in Fußnoten wird ohne besondere Kennzeichnung auf die entsprechende Seitenzahl verwiesen.